W0071117

Gerhard Taddey

Kein kleines Jerusalem

Geschichte der Juden
im Landkreis Schwäbisch Hall

Forschungen aus Württembergisch Franken

Herausgegeben vom
Historischen Verein für Württembergisch Franken,
dem Stadtarchiv Schwäbisch Hall
und dem Hohenlohe-Zentralarchiv Neuenstein

Band 36

Jan Thorbecke Verlag Sigmaringen
1992

Gerhard Taddey

Kein kleines Jerusalem

Geschichte der Juden
im Landkreis Schwäbisch Hall

Jan Thorbecke Verlag Sigmaringen
1992

Für die Förderung der Drucklegung danken Herausgeber und Verlag

dem Landkreis Schwäbisch Hall, der Stadt Crailsheim, der Stadt Schwäbisch Hall, der Gemeinde Blaufelden, der Gemeinde Braunsbach, der Gemeinde Fichtenau, der Stadt Gerabronn, der Gemeinde Wallhausen, der Kreissparkasse Schwäbisch Hall-Crailsheim, der Stiftung Kunst und Wissenschaft der Württembergischen Hypothekenbank, dem Kreisverband der Volksbanken Schwäbisch Hall, der Crailsheimer Volksbank eG, der Volksbank Schwäbisch Hall eG, der Limpurger Bank Gaildorf eG, der Volksbank Gerabronn eG und der Südwestdeutschen Landesbank.

Die Deutsche Bibliothek – CIP-Kurztitelaufnahme
Taddey, Gerhard:
Kein kleines Jerusalem: Geschichte der Juden im Landkreis Schwäbisch Hall / Gerhard Taddey. – Sigmaringen: Thorbecke; Schwäbisch Hall: Historischer Verein für Württembergisch-Franken, 1992
(Forschungen aus Württembergisch-Franken; Bd. 36)
ISBN 3-7995-7636-3 (Thorbecke)
ISBN 3-921429-36-6 (Historischer Verein für Württembergisch-Franken)
NE: GT

© 1992 by Jan Thorbecke Verlag GmbH & Co., Sigmaringen

Alle Rechte vorbehalten. Ohne schriftliche Genehmigung des Verlages ist es nicht gestattet, das Werk unter Verwendung mechanischer, elektronischer und anderer Systeme in irgendeiner Weise zu verarbeiten und zu verbreiten. Insbesondere vorbehalten sind die Rechte der Vervielfältigung – auch von Teilen des Werkes – auf photomechanischem oder ähnlichem Wege, der tontechnischen Wiedergabe, des Vortrags, der Funk- und Fernsehsendung, der Speicherung in Datenverarbeitungsanlagen, der Übersetzung und der literarischen oder anderweitigen Bearbeitung.

Dieses Buch ist aus säurefreiem Papier hergestellt und entspricht den Frankfurter Forderungen zur Verwendung alterungsbeständiger Papiere für die Buchherstellung.

Gesamtherstellung: M. Liehners Hofbuchdruckerei GmbH & Co. Verlagsanstalt, Sigmaringen
Printed in Germany
ISBN 3-7995-7636-3 Jan Thorbecke Verlag GmbH & Co.
ISBN 3-921429-36-6 Historischer Verein für Württembergisch Franken e. V.

Inhaltsverzeichnis

Zum Geleit

Wir sind es gewohnt, Tage der Erinnerung festlich, fröhlich zu begehen. Die Vergangenheit hat uns gelehrt, auch solcher Ereignisse zu gedenken, die keinen Grund zum Jubel, zur Festesfreude bieten. So wurde 1978 an zahlreichen Stellen der 40jährigen Wiederkehr des Tages gedacht, an dem in ganz Deutschland die Synagogen brannten, jüdische Friedhöfe verwüstet, Mitbürger eines anderen Glaubens gedemütigt, mißhandelt, in Konzentrationslager gesperrt wurden.

Damals, 1978, kam der Gedanke auf, den Schicksalen der jüdischen Gemeinden im jungen Landkreis Schwäbisch Hall nachzuspüren, zu zeigen, wie sich die Verfolgung einer mit pseudo-wissenschaftlichen Gründen zur fremden, minderwertigen Rasse erklärten Minderheit hierzulande ausgewirkt hat. Mein Amtsvorgänger konnte den Kreistag dafür gewinnen, die zu leistende Forschungsarbeit zu unterstützen, die Publikation der Ergebnisse zu finanzieren.

Wegen der wenigen verfügbaren Quellen schien die Aufgabe rasch lösbar zu sein. Doch es fehlte fast überall an Vorarbeiten. Systematische, wenn auch mühevolle und zeitraubende Suche führte erfolgreich bis in die Anfänge der jüdischen Gemeinden unseres Kreises zurück, zu nachprüfbaren, konkreten Aussagen. Als der Verfasser dieser Arbeit rund zehn Jahre nach dem Aufkommen der Idee in einer Feierstunde zur 50jährigen Wiederkehr der Erinnerung an die Reichskristallnacht in der Schwäbisch Haller Hospitalkirche einen ersten Überblick über die Forschungsergebnisse vortrug, wurde deutlich, daß die nachwirkende Geschichte der Juden nicht auf die wenigen Jahre der Verfolgung zusammengedrängt werden darf.

So kann ich heute feststellen, daß dieses Buch einen Teil der Geschichte unseres Kreises darstellt, einen in weiten Strecken nicht erfreulichen Teil. Menschliche Probleme verlangen menschliche Lösungen. Wenn in diesen Wochen über Ausschreitungen gegen Minderheiten berichtet wird, dann sollte aus den nachfolgenden Darstellungen klar werden, daß dieser Weg ein Irrweg ist. So ist aus einem Zeugnis der Erinnerung zugleich ein Zeugnis ernster Mahnung und Warnung geworden.

Mit großer Genugtuung habe ich festgestellt, daß die Hand der Versöhnung, ausgestreckt von einer nicht persönlich mit dem Unrecht des Dritten Reiches verbundenen Generation, ergriffen wurde. Vor allem in Crailsheim und in Schwäbisch Hall wurden die Besuche ehemaliger jüdischer Bürger und ihrer Kinder zu ergreifenden Manifestationen der Wiederbegegnung – in vollkommener Kenntnis des Geschehenen. Wahrheit ist das Fundament, auf dem Versöhnung möglich wird. Dieses Buch wird dazu beitragen.

Ich danke dem Verfasser des Werkes für die sorgfältige Aufarbeitung eines umfangreichen Dokumentenbestandes. Er scheute keine Mühen, um an die weit verstreuten und zum Teil im

Ausland befindlichen Quellen heranzukommen. Es ist ihm gelungen, ein vielschichtiges Thema klar und fundiert darzustellen.

Danken möchte ich auch dem Verlag für die zuverlässige und gut gestaltete Herstellung des Werkes, aber auch den Herausgebern für die Aufnahme des Buches in die Schriftenreihe »Forschungen aus Württembergisch Franken«.

Schließlich danke ich auch allen Zuschußgebern und Spendern, die das Werk überhaupt erst ermöglicht haben. Ich wünsche ihm eine weite Verbreitung.

Stückle
Landrat

Vorwort der Herausgeber

»Vergangenheitsbewältigung« – ein eigentlich sinnloses Schlagwort – ist in aller Munde, bei jedem Anlaß, der an die Schrecken des Dritten Reiches erinnert. Vergangenheit kann nicht »bewältigt« werden, sie existiert. Sie kann vergessen, aus dem Gedächtnis verdrängt werden, aber sie kann in ihren Abläufen nicht nachträglich verändert werden. In der Vergangenheit aufgehoben sind Freude und Leid, Leben und Tod, Aufbau und Zerstörung. Und diese Vergangenheit existiert dadurch, daß wir uns an sie erinnern, erinnern müssen, wenn Fehlentwicklungen in der Zukunft verhindert werden sollen.

So will dieses Buch, das im Auftrag des Landkreises Schwäbisch Hall entstand, die Vergangenheit nüchtern – nicht ohne Anteilnahme – für einen kleinen Ausschnitt aus der Geschichte Württembergisch Frankens darstellen, gestützt auf eine Vielfalt nachprüfbarer Quellen.

Zwar ist in den letzten beiden Jahrzehnten eine Fülle von Publikationen über die allgemeine Geschichte der Juden, der Juden in Deutschland, der nationalsozialistischen Verfolgung erschienen. Die Gemeinden in Württembergisch Franken sind erst in den letzten Jahren, sieht man von einigen früheren Lehrerprüfungsarbeiten ab, zögernd ins Blickfeld gerückt, die Ereignisse des Dritten Reiches etwa in den Büchern von Bruno Stern über Niederstetten, von H. Fechenbach über Mergentheim oder die Entwicklung in Crailsheim durch Pfarrer H.-J. König.

In dem vorliegenden Band, erstellt von einem im Aufspüren und Verarbeiten von Quellen fachlich versierten Archivar, wurden vielfach – die Kenner werden es bemerken – neue Wege beschritten, beispielhaft gezeigt, wo Informationen zu bestimmten Themen an unvermuteter Stelle zu finden sind. So ist mehr daraus geworden, als die ursprünglich beabsichtigte Darstellung der Entwicklung der Verfolgung im Dritten Reich, die hier schon 1942 brutal beendet war.

Wenn die vorgestellten methodischen Wege Nachahmer auch in anderen Bereichen von Württembergisch Franken finden, dann wird dem Anliegen dieser Forschungsreihe besonders entsprochen: der Entwicklung dieser Region in allen historischen und landeskundlichen Aspekten nachzuspüren und einer interessierten Öffentlichkeit vorzustellen.

Die Herausgeber danken dem Verfasser für das mühevolle und zeitraubende Aufspüren der in vielen und weit verstreuten Archiven befindlichen Quellen und deren Verarbeitung zu einer abgerundeten Darstellung. Der Dank gebührt auch den zahlreichen Spendern und Zuschußgebern, vorweg dem Landkreis Schwäbisch Hall, der das Werk nachdrücklich finanziell unterstützt.

Manfred Akermann
Stadtarchiv
Schwäbisch Hall

Dr. Franz Moegle-Hofacker
Hohenlohe-Zentralarchiv
Neuenstein

Albert Rothmund
Historischer Verein für
Württembergisch Franken

DEN OPFERN DER VERFOLGUNG

Einleitung

Vor rund zehn Jahren beschloß der Landkreis Schwäbisch Hall, der Geschichte der Juden im heutigen Kreisgebiet nachspüren zu lassen. Geschichte der Juden war mir seit meiner Mitarbeit in der beim Hauptstaatsarchiv Stuttgart in den frühen sechziger Jahren eingerichteten Judendokumentation nicht fremd. Sie hatte von der Landesregierung den Auftrag erhalten, die Schicksale aller jüdischen Bürger des Landes Baden-Württemberg, die 1933 dort ansässig waren oder später dorthin zogen, aufzuklären. Ihre Ergebnisse wurden in rascher Folge in sechs Bänden publiziert, für die vor allem Dr. Paul Sauer verantwortlich zeichnete.

Außer einigen Lehrerarbeiten, einigen kurzen Abhandlungen in verschiedenen historischen Zeitschriften und Zeitungsbeilagen gab es wenig Informationen über das konkrete Thema, nämlich die Juden im Landkreis Hall. So ging ich von der Vorstellung aus, daß es nur wenige Quellen geben könne, die über das bereits Bekannte hinausführen. Die Beschäftigung mit der Geschichte der Juden war nach der Ausstrahlung der amerikanischen Serie »Holocaust« im deutschen Fernsehen in eine neue Phase getreten. Die Aufklärung der Schicksale jüdischer Mitbürger unter dem Naziregime stieß auf neues Interesse, vor allem auch bei der jungen Generation.

Hätte man nun die vorliegenden Informationen kompiliert, wäre sehr rasch ein schmales Bändchen fertiggestellt gewesen, neue, weiterführende Erkenntnisse schwerlich erreicht worden. Zwangsläufig enthielten z. B. die genannten Lehrerarbeiten identische Informationen, wo es um grundlegende Schilderungen, sei es im Mittelalter oder unter dem Nationalsozialismus, ging.

Meine amtliche Tätigkeit in verschiedenen Archiven hatte allerdings gezeigt, daß es dringend notwendig war, den Zeitraum des Dritten Reiches zu verlassen, denn hier gibt es kaum noch neue grundlegende Fakten zu klären. Es überwiegt in neueren Darstellungen die subjektive Schilderung von Einzelerlebnissen, die das Grauen erlebbar machen. Um nun bloßes Referieren allgemeiner Erkenntnisse aus der Literatur zu vermeiden, waren neue Wege einzuschlagen. Sie kosteten viel Zeit, mehr als vorgesehen – dienstfreie Zeit, wie ich betonen möchte.

Erste vorsichtige Nachforschungen im Staatsarchiv Ludwigsburg und im Hauptstaatsarchiv Stuttgart führten zu bislang offensichtlich nicht verwerteten Quellenfunden. Die Renovierung der Synagoge in Michelbach an der Lücke und die Erforschung der Geschichte seiner jüdischen Gemeinde machten mehrere Reisen in die Tschechoslowakei notwendig, wo heute kriegsbedingt die wichtigsten einschlägigen Archivalien aufbewahrt werden. Es wäre schön, wenn sie im Zeichen der Entspannung wieder an ihren angestammten Ort, die Burg Schwarzenberg in Franken, zurückkommen könnten. Einmaliges Material zur fränkischen Landesgeschichte ist dort zu finden. In mehreren Jahren wurden Hunderte von Archivalieneinheiten in vielen Archiven systematisch durchgearbeitet. Nicht in jedem Fall, wie in Krumau, konnten alle vorhandenen und vermuteten Quellen vollständig erfaßt werden. Das muß im Einzelfall vertiefender ortsgeschichtlicher Forschung überlassen bleiben.

Ausgehend von den Ereignissen des Dritten Reiches wurde versucht, rückwärtsschreitend die Anfänge jüdischen Lebens in den Gemeinden des Kreises zu rekonstruieren. Viele Fehler, Unsicherheiten und Ungenauigkeiten in der durchgesehenen Literatur konnten aufgeklärt und stillschweigend bereinigt werden. Faszinierend ist es, den Familienverhältnissen der Juden als weit verstreuter, aber in sich geschlossener Gruppe nachzuspüren. Wesentlich dafür sind die jüdischen Familienregister. Ihre Originale mußten 1943 an das Reichssippenamt in Berlin abgegeben werden. Trotz immer wieder neu aufkeimender Hoffnung, daß die Originale den Krieg überstanden haben, müssen sie als verloren gelten. Sie finden sich weder in Moskau, noch in Berlin oder Jerusalem. Zum Glück wurden sie vor der Ablieferung verfilmt, und trotz mangelhafter Qualität der Filme helfen sie, die Verknüpfung der emanzipierten Familien mit ihren nichtjüdischen Familiennamen seit etwa 1825 mit den Schutzjuden des Alten Reiches herzustellen. Und diese Schutzjuden findet man zumindest in den Rechnungen der verschiedenen Herrschaften an den verschiedensten Stellen, nicht nur unter der Rubrik Schutzjuden oder Judenschutzgelder. Strafen, Abgaben im Erbfall oder beim Hauskauf hatten sie wie die Christen zu entrichten, und so findet man eine Fülle von Informationen, die zuverlässige Verknüpfungen und Identifizierungen, ja den Aufbau weit zurückreichender Genealogien ermöglichen. Aus ungezählten punktuellen Nachrichten lassen sich Entwicklungslinien aufzeigen, nicht immer ohne Bruch, aber ohne allzu große Lücken.

Ganz klar wird, daß es im Heiligen Römischen Reich Deutscher Nation keine generell gültigen Entwicklungen gibt. Jede Gemeinde hat ihr individuelles Schicksal, ihr eigenes Gesicht. Vorschnelle Generalisierungen belasten die Forschung. Sie wurden weitgehend vermieden. Listen der Juden, Stammtafeln einzelner bedeutender Familien zeigen beispielhaft, welche Schlüsse sich aus der Kombination verschiedenster Quellen auch für jüdische Familien ergeben.

Subjektive Kritik richtet sich vor allem gegen die Darstellung von Utz Jeggle in seinem Werk über »Judendörfer in Württemberg«. Sie ist grundsätzlicher, quellenkritischer Art. Entscheidungen über alle möglichen Fragen des täglichen Lebens wurden im 19. Jahrhundert auf der Ebene der Oberämter getroffen. Eine Appellation gegen negative Entscheidungen war möglich. Bei ganz besonderen, grundsätzlichen oder außergewöhnlichen Fällen berichtete die den Oberämtern vorgesetzte Kreisregierung dem Innenministerium. Die dort entschiedenen Fälle sind wirklich die Spitze eines Eisbergs, von der nicht zulässig oder zuverlässig auf die allgemeinen Verhältnisse geschlossen werden darf, wenn auch hier und da ein Rückschluß möglich scheint. Jeggle hat fast ausschließlich für die Darstellung konkreter Situationen solche Rekursfälle ausgewertet, weil er natürlich nur diese gebündelt in den Akten des Ministeriums fand. Es waren Einzelentscheidungen unter singulären Voraussetzungen, die eine Generalisierung strikt verbieten. Um den Alltag des Landlebens zu schildern, darf man sich – übertragen gemeint – nicht das Leben der Millionäre betrachten. Das Bild des Lebens in den Gemeinden stellt sich anhand allgemeinerer, der Basis näherer Quellen doch wesentlich anders dar. An Einzelbeispielen soll diese allgemeine Kritik untermauert werden, um nicht unbeweisbare Klischees zu verfestigen.

Bewußt wurde nicht allgemein auf die jüdische Theologie, die religiösen Gebräuche, die liturgischen Gerätschaften, die Symbolik der Grabsteine eingegangen. Es gibt inzwischen eine riesige Fülle auch für Laien verständlicher Spezialwerke über diese Themen, die hier nicht referiert werden sollen, zumal – außer der Unterlimpurger Synagoge oder der Döttinger Laubhütte – nur wenige unmittelbare Sachüberlieferung aus dem Landkreis existiert. Die ganze Fülle findet sich mit hervorragenden Abbildungen im großen Katalog über die

Ausstellung zur Geschichte der Juden in Bayern, die 1988 unter dem Titel »Siehe, der Stein schreit aus der Mauer« im Germanischen Nationalmuseum in Nürnberg stattfand.

Die bildliche Überlieferung über die alten Synagogen ist spärlich. Was vorhanden ist, wurde hier wiedergegeben. Möglich wäre eine unendliche Fülle von Abbildungen der Steine auf jüdischen Gräbern. Aber auch hier gibt es inzwischen Spezialwerke über die jüdischen Friedhöfe, auf die verwiesen werden kann.

Trotz dieses bewußten Verzichts ist das Buch von Monat zu Monat unter den Händen gewachsen, wurde schließlich der Verzicht auf ausführliche Darstellung einzelner Quellen notwendig, um den roten Faden nicht zu verlieren. Die selbst gesetzte Frist und die durch die Änderung meines Dienstorts eingetretenen Erschwernisse verboten schließlich weitere Suche, obwohl gerade die Gemeindearchive, leider häufig sehr schlecht erschlossen, für das 19. und 20. Jahrhundert noch manchen Fund wahrscheinlich machen. Es ist einleuchtend, daß mit der vollen Emanzipation seit 1864 die Überlieferungsdichte nachläßt. Juden als gleichberechtigte Bürger fallen nicht mehr und nicht weniger auf als jeder christliche Nachbar.

Die Überlieferung der jüdischen Gemeinden des Kreises selbst muß als verloren betrachtet werden. Mit dieser Tatsache und den daraus folgenden Lücken der Erkenntnis muß man leben. Trotz aller dieser Einschränkungen wird, so glaube ich, das Wissen um die lange jüdische Vergangenheit im Kreisgebiet als unverzichtbarer Teil unserer Vergangenheit auf eine nachprüfbare Basis gestellt. In der Beschränkung auf einen konkret umschriebenen Raum kann diese Vergangenheit mit ihren greifbaren Anknüpfungspunkten vielleicht gerade der jüngeren Generation vermittelt werden. Aber das ist ein möglicherweise zu hoher Anspruch.

Zum Schluß habe ich zu danken. Mein erster Dank gilt dem Landkreis, insbesondere Herrn Ltd. Regierungsdirektor Albert Rothmund, für seine stete Förderung und die nicht abreißende Geduld. Viele Kolleginnen und Kollegen in den verschiedenen Archiven haben mir bereitwillig geholfen und die Arbeit auch unter außergewöhnlichen Umständen erleichtert. Genannt seien Herr Dr. Jiri Zaloha vom Staatsarchiv in Cesky Crumlov (Krumau), Frau Herta Beutter vom Stadtarchiv Schwäbisch Hall, Herr Dr. Hans Peter Müller vom Kreisarchiv Schwäbisch Hall und Herr Ltd. Archivdirektor Dr. Alois Seiler vom Staatsarchiv Ludwigsburg. Freiherr Dr. Dieter von Crailsheim öffnete mir das Archiv in Schloß Morstein. Mein Sohn Robert malträtierte für mich den Computer und erfaßte den größten Teil der Texte in maschinenlesbarer Form. Meine Frau Ute las in verschiedenen Stadien die Korrekturen mit. Ohne Verzicht auf manche gemeinsame Stunde kann ein solches Buch nicht erarbeitet werden.

Aber was bedeutet dieser Verzicht gegenüber den Opfern, die einer ganzen Generation zugemutet wurden, nur, weil sie zum Sündenbock gestempelt wurde. Sie dürfen nicht vergessen werden, damit sich niemand mit Unkenntnis herausreden kann, wenn es – was Gott verhüte – wieder einmal gilt, schrecklichen Anfängen zu wehren.

Warum der Titel? Nach dem Anfall an Württemberg sahen die Mediatisierten das Anwachsen der Judenschaft zum Teil mit Unbehagen. Der Amtmann des Amts Morstein schrieb damals an das Oberamt Gerabronn im Zusammenhang mit einem neuen Niederlassungsgesuch: »... denn wollte man ... allen ortseingeborenen Juden und Jüdinnen gestatten sich einzukaufen und anzusiedeln..., so würde Dünsbach bald ein kleines Jerusalem werden.« Im Landkreis Schwäbisch Hall ist es nirgendwo dahin gekommen.

Neuenstein, Ostern 1991   *Gerhard Taddey*

A.
JUDEN IN FRANKEN
IM HEILIGEN RÖMISCHEN REICH

I.
Die allgemeine Entwicklung

1. Im Mittelalter

Vielgestaltig und abwechslungsreich wie die allgemeine geschichtliche Entwicklung des deutschen Südwestens ist das Schicksal einer konfessionellen Minderheit, das Schicksal der Anhänger des mosaischen Glaubens, der Juden. Die menschenverachtende, nahezu totale brutale Vernichtung des Judentums in Deutschland unter der Herrschaft des Nationalsozialismus überschattet die Beschäftigung mit der Geschichte der Juden – und doch wäre es sicher falsch, die vielhundertjährige wechselvolle Existenz von Juden im Heiligen Römischen Reich, im Deutschen Bund und im Deutschen Reich lediglich als Vorgeschichte der Vernichtung zu betrachten.

Die ältesten urkundlichen Belege für die Anwesenheit im Bereich des vormaligen Baden stammen aus dem Beginn des 13. Jahrhunderts. Nur wenig älter sind die spärlichen Nachweise aus Württemberg. Ein singuläres Zeugnis ist eine in Stein gehauene Inschrift, die in einem wohl ursprünglich als Mikweh, als rituellem Bad genutzten Keller in Heilbronn gefunden wurde. Sie soll aus dem späten 11. Jahrhundert stammen.

Die Juden waren nach der Zerstörung ihres Staates durch die Römer in alle Winde verstreut worden. Im Heiligen Römischen Reich Deutscher Nation standen sie seit dem Mainzer Landfrieden Kaiser Heinrichs IV. 1103 unter königlichem Schutz und galten seit Kaiser Friedrich II. als des Kaisers Kammerknechte, die im besonderen Schutz des Reiches standen. Der Kaiser erlaubte ihre Ansiedlung, ihm zahlten sie zunächst Steuern. Wie andere kaiserliche Rechte wurde auch das Privileg, Juden aufzunehmen, nach und nach vom Kaiser auf die sich entwickelnden Territorialherrschaften übertragen, die nach Ort und Zeit wechselnd mit den Juden verfuhren. Im Prinzip bedeutete das den Übergang der Judensteuern vom Reich auf den hohen Adel, später auch auf Reichsstädte und den niederen Adel.

Das hohe und späte Mittelalter war überall in Deutschland für die Juden eine Zeit der Verfolgung und des Leides. Die Memorbücher oder Gedenkbücher mancher jüdischen Gemeinden bestätigen und verdeutlichen die Grausamkeiten, denen sie immer wieder ausgesetzt waren, sei es aus religiöser Verblendung, aus Aberglauben oder aus purer Habgier. Einer der wichtigsten Verfolgungsgründe war die Behauptung, Juden ermordeten Christen, um ihr Blut zu rituellen Zwecken zu benützen – ein absurder, phantastischer, aber nur zu gern geglaubter Vorwand. So wurden schon 1235 Juden in Tauberbischofsheim nach grausamen Folterungen wegen eines angeblichen Ritualmordes hingerichtet. Diese Mordlegende führte immer wieder zu Ausschreitungen und Hinrichtungen.

Aus dem religiösen Bereich stammte auch der Vorwurf der Hostienschändung durch Juden. Er war Anlaß für eine große Verfolgungswelle in Franken 1298, angeführt von einem verarmten Ritter namens Rindfleisch. Die Blutkapelle in Lauda erinnert an diese Ereignisse, die wohl mehrere tausend Juden das Leben kosteten, ehe ein Landfriedensgebot von König Albrecht die Ruhe wieder herstellte.

Ein merkwürdiger Grabstein in der Kirche zu Uissigheim bei Tauberbischofsheim erinnert an eine weitere Verfolgung. Abgebildet ist ein jugendlicher Adliger mit gefesselten Händen, der von einem Engel mit einem Schwert geköpft wird. Der Tote trägt Lederflicken auf den Armen. Es ist der Ritter Arnold von Uissigheim, der sich mit einem anderen Ritter berufen fühlte, den Tod Christi an seinen Mördern zu rächen. Welches groteske Mißverständnis des christlichen Heilsplanes! Wegen ihrer ledernen Armschützer als die Armleder bezeichnet, zogen sie zwischen 1336 und 1338 eine blutige Spur durch Franken – so in Buchen, Bretten und Krautheim –, bis die aufgeschreckten Territorialherren dem Spuk mit militärischer Gewalt ein Ende bereiteten und einen der Armleder, den Ritter Arnold, in Kitzingen mit dem Schwert hinrichten ließen.

Doch die schlimmste Verfolgungswelle stand den Juden noch bevor. Die große Pestepidemie, der »Schwarze Tod« der Jahre 1348/49, der die Bevölkerung erschreckend dezimierte, schuf eine schwer vorstellbare Atmosphäre, in der vor allem nach Schuldigen für das Unerklärliche gesucht wurde. Man fand sie in den Juden, die angeblich die Brunnen vergiftet hatten, als ob sie nicht selbst hätten daraus trinken müssen. In über 50 Orten des Südwestens wurden die jüdischen Gemeinschaften vernichtet, die Besitztümer der ermordeten und vertriebenen Opfer eingezogen, ihre Gotteshäuser zerstört. An der Stelle der Synagoge der perfiden Juden, wie es in der Gründungsurkunde heißt, wurde in Öhringen ein Spital mit Kirche gegründet.

Wie die übrige Bevölkerung, so erholten sich auch die jüdischen Gemeinden allmählich von diesen Schlägen. Ihre Mitglieder lebten unter besonderem Recht, waren also nicht vogelfrei. Stark eingeschränkt waren ihre Möglichkeiten zum Broterwerb. Während sie sich in der Berufsausübung zunächst nicht von den Christen unterschieden, durften sie als Nichtchristen den Handwerkszünften, ursprünglich religiösen Bruderschaften, nicht beitreten, blieben daher seit dem 12. Jahrhundert von allen zunftgebundenen Handwerksberufen ausgeschlossen. Landwirtschaft durften sie ebenfalls nicht betreiben. So blieb ihnen der Handel mit Waren und Geld, später auch mit Immobilien. Durch ihre einheitliche hebräische Sprache, ihre Familienverflechtungen und ihren gemeinsamen Glauben bildeten sie eine die damaligen Grenzen überschreitende Gruppe. Sie konnten die immer wieder benötigten Kapitalien beschaffen, weil sie im Gegensatz zu den Christen kein Zinsverbot kannten. Reichtum und Bedeutung gewannen nur einzelne. Einige wenige Juden waren erfolgreich als Ärzte und Schriftsteller.

Einer der ersten Landesherren, der vom Judenregal profitierte, war 1303 der Graf von Wertheim. Zunächst für acht Jahre wurden ihm die Abgaben der Juden seines Herrschaftsbereichs verpfändet. Die Goldene Bulle von 1356 sprach den Kurfürsten das Judenregal zu.

Die Reichspolizeiordnung von 1548 übertrug schließlich das Judenschutzrecht auf alle Reichsstände und ebnete damit vor allem der Reichsritterschaft den Weg zur Aufnahme von Juden. Dieser Öffnung der Möglichkeiten zur Niederlassung stand eine schroffe Abschließungspolitik zahlreicher Reichsstände – vor allem nach der Reformation – gegenüber. Seit etwa 1520 schlossen fast alle Reichsstädte in Südwestdeutschland ihre Juden aus. Diese Verfolgung war vergleichsweise human, ging nicht an Leib und Leben. In Rothenburg hieß es etwa, daß der Rat die Juden *beurlaubte*. Sie erhielten eine Frist, in der sie Schulden eintreiben, Häuser und andere Besitztümer veräußern konnten. Es kam nicht zu blutigen

Ausschreitungen, und doch hatte man aus den oft schon mehrere Generationen Seßhaften Heimatlose gemacht.

Insgesamt stellten die Juden zahlenmäßig immer eine bedeutungslose Minderheit dar. Aber sie hob sich deutlich von der christlichen Umwelt durch ihre von der Religion vorgeschriebenen Sitten und Gebräuche ab. Sie hatten einen anderen Kalender, andere Feste, eine andere Wocheneinteilung. Zeitweilig war ihnen eine besondere Kleidung oder das Tragen von besonderen Kennzeichen vorgeschrieben.

2. Die Zeit der Territorien

Die Vertreibung der Juden aus vielen Reichsstädten des deutschen Südwestens in der Frühphase der Reformation, die mit dem Augsburger Religionsfrieden von 1555 im wesentlichen abgeschlossene Glaubensspaltung und die Reichspolizeiordnung von 1548 mit der vollständigen Delegation des Judenregals markieren ein neues Zeitalter für die Anhänger des mosaischen Glaubens.

Die Entwicklung der einzelnen Gemeinden muß im Zusammenhang mit der individuellen Judenpolitik der jeweiligen Ortsherrschaft gesehen werden. Soweit für solche generellen Entwicklungen bei der Suche nach Quellen für die lokalen Begebenheiten Informationen gefunden wurden, die in der vorhandenen Literatur nicht oder anders dargestellt sind, werden sie in die Ortsgeschichte eingebunden, so vor allem die äußerst dicht dokumentierte Entwicklung in der Herrschaft Schwarzenberg am Beispiel von Michelbach oder die brandenburg-ansbachische Politik am Beispiel von Crailsheim.

Werfen wir einen kurzen Blick auf den späteren Landesherren Württemberg und den Territorialnachbarn Hohenlohe und ihre Judenpolitik.

Im Herzogtum Württemberg legte die Regimentsordnung von 1498 die Ausschließung der Juden fest. Bis zur Schaffung des Königreichs hielt man generell an dieser Bestimmung fest. Ausnahmen bildeten jüdische Geldgeber, die als Hoffaktoren im Dienste der Landesherren standen. Sie durften wie der bekannte Joseph Süß-Oppenheimer in der Residenz wohnen. Als im 18. Jahrhundert die Herzöge ritterschaftliche Besitzungen mit bereits bestehenden jüdischen Gemeinden erwarben, wie Freudental oder Hochberg, durften die Juden dort bleiben.

Ähnlich war es in der Grafschaft Hohenlohe. Generell galt ein Ansiedlungsverbot für Israeliten. Lediglich in der Teilgrafschaft Weikersheim, wo der Deutsche Orden als zeitweiliger Inhaber der dem geächteten Grafen Georg Friedrich entzogenen Herrschaft im Dreißigjährigen Krieg Juden ansiedelte, durften sie nach der Rückgabe der Herrschaft an die Hohenlohe bleiben.

Einige allgemeine Bemerkungen sollen das Verständnis für die Organisation einer jüdischen Gemeinde der frühen Neuzeit verdeutlichen. Sie gelten generell, auch wenn hier und da ein Einzelnachweis fehlt. Das ist der Hintergrund, vor dem sich auch die Geschichte der jüdischen Gemeinden im Landkreis Schwäbisch Hall bis in die Zeit des Humanismus und der Reformation abspielte.

Wenn mindestens zehn religiös mündige männliche Juden beieinander waren, konnten sie Gottesdienst halten, zunächst in der Regel in Privathäusern, später mit wachsender Gemeindegröße in eigenen Versammlungsräumen, den Synagogen oder Schulen. Sie waren keine Kirchen im christlichen Sinne. Hier wurde zwar auch gebetet und gesungen, aber auch »gelernt«, wie man das Studium der Thora, der Heiligen Schrift, und des Talmud nannte.

Die Gemeinden wählten ihre Vorsteher selber. Fast jede besaß einen Vorsänger, größere einen Rabbiner, der nicht mit einem Priester verwechselt werden darf. Er war derjenige, der Rechtsfragen entschied, Ehen als Rechtsakte vollzog und in Streitfällen die heiligen Schriften verbindlich interpretierte. Zu den Funktionären zählten noch der Schochet oder Schächter, der die zum Genuß bestimmten Tiere nach den talmudischen Vorschriften schlachtete, und der Mohel, der die Beschneidung der jüdischen Knaben in alter Tradition vornahm.

Außer der Synagoge besaß jede Gemeinde eine Mikweh, ein mit Quell-, Grund- oder Flußwasser gespeistes Bad für die zwingend vorgeschriebenen Reinigungsbäder. In der Neuzeit kamen gelegentlich eigene Schulgebäude dazu. Weit war häufig der letzte Weg für die Verstorbenen. Zunächst wurden den Juden abgelegene, für andere Zwecke unbrauchbare Grundstücke angewiesen, auf denen die Toten eines größeren Gebietes bestattet wurden. Die Kosten für den Grunderwerb und die Unterhaltung trugen Begräbnisverbände, zu denen sich manchmal recht zahlreiche Gemeinden über Landesgrenzen hinweg zusammenschlossen.

So kam es vor, daß für Leichen beim Grenzübertritt Zoll wie für eine Ware entrichtet werden mußte. Solche Verbandsfriedhöfe entstanden abseits der Siedlungen in hügeligen Wäldern, auf Bergkuppen und für den Pflug zu steilen Hängen. So wurden die Schutzjuden des Deutschen Ordens in der Mergentheimer Gegend in Unterbalbach beigesetzt, im heute bayerischen Schopfloch unter anderem die Juden zahlreicher Reichsritter in Franken. Auf manchem Friedhof zählt man mehrere tausend Gräber. Eine eigenartige, friedvolle Stimmung liegt über den Totenäckern mit ihren häufig halb im Erdreich versunkenen Grabsteinen.

Nur selten noch findet man einen oder mehrere kleine Steine auf dem Grab, die andeuten, daß ein Angehöriger, ein Freund den Friedhof besucht hat. In der Hitze Palästinas welkten Blumen viel zu rasch. Ein Stein, zu jeder Zeit greifbar, war dort dauerhaftes Zeichen für den Besuch. Und diese Tradition behielt man auch im Abendland bei.

Jede jüdische Gemeinde war zunächst auf sich gestellt. Erst allmählich bildeten sich übergreifende Organisationen aus wie die Landjudenschaft in Brandenburg-Ansbach, zu der mehrere Gemeinden im Landkreis Schwäbisch Hall zählten (Crailsheim, Gerabronn, Goldbach, Ingersheim, Jagstheim und Wiesenbach).

Diese Organisationen erstreckten sich in der Regel auf das Gebiet eines Territorialherren. Sie hatten in erster Linie die Funktion, die von den Landesherren festgesetzten Steuern für die gesamte Judenschaft auf die einzelnen Gemeinden, zum Teil auf die einzelnen Haushalte umzulegen – eine undankbare Aufgabe, mit der man sich kaum Freunde machte.

Wie schon gesagt, waren die Juden trotz aller Verfolgungen nicht rechtlos. Ihre Stellung wurde vom 16. Jahrhundert an durch sogenannte Schutzbriefe klar umrissen. Dieser Schutzbrief war im Grunde ein Vertrag zwischen einem Landesherrn und einem jüdischen Haushaltsvorstand. Er weist formal starke Ähnlichkeit zu Lehensbriefen auf, mit denen auch ein besonderes persönliches Band zwischen zwei Menschen geknüpft wurde. Mit dem Tode eines der beiden Partner zerriß dieses Band und mußte erneuert werden. Daß manche Landesherren auch ohne den Tod eines Schutzjuden abzuwarten die Erneuerung aller Schutzbriefe in bestimmten Abständen forderten, hatte rein fiskalische Gründe. Mit in den auf Antrag gewährten Schutz aufgenommen waren in der Regel die Frau und – soweit vorhanden – minderjährige Kinder, Knechte und Mägde des Bittstellers.

Für die Schutzaufnahme mußte eine einmalige Aufnahmegebühr entrichtet werden, danach jährliche Abgaben, die sogenannten Schutzgelder. Man sollte darin nicht unbedingt nur eine diskriminierende Abgabe sehen. Jeder Bauer hatte neben Gült und Schatzung, die auch jüdische Hausbesitzer entrichten mußten, den Zehnten vom Ertrag seiner Arbeit abzuliefern. Eine vergleichbare Ertragssteuer für Handelsgewinne gab es nicht. Die Schutzgelder dürfen daher nicht nur unter dem Aspekt einer Sondersteuer für eine andersgläubige Minderheit, sondern auch als Ertragsabgabe gewertet werden.

Die Höhe dieser Schutzgelder war sehr unterschiedlich. Manche Landesherren orientierten sich am Leistungsvermögen des einzelnen Schutzbefohlenen. Wenn er alt wurde oder wegen Krankheit seinen Geschäften nicht mehr nachgehen konnte, wurde das Schutzgeld reduziert, oft darauf verzichtet. Zahlungsunfähigkeit aus selbstverschuldeten Gründen führte zum Entzug des Schutzes und damit zur Heimatlosigkeit.

Wie bereits gesagt, glich das Schutzverhältnis einem persönlichen, nicht erblichen Band. Über diese individuellen Vereinbarungen hinaus erließen die Landesherren generelle Regeln für den Aufenthalt, die Rechte und Pflichten ihrer Schutzbefohlenen, die sogenannten Judenordnungen. Sie wurden den sich wechselnden Verhältnissen immer wieder angepaßt.

Manche Landesherren setzten eine bestimmte Anzahl von jüdischen Haushalten fest, die nicht überschritten werden durfte. Es waren gleichsam Planstellen, die nur beim Ausscheiden eines Schutzjuden durch Tod, Abwanderung oder Ausweisung wieder besetzt werden durften. Diese Politik verfolgten etwa die Markgrafen von Brandenburg-Ansbach.

Während die Quellen zur Geschichte der mittelalterlichen Judengemeinden nur spärlich fließen, wird die Dokumentation in der Neuzeit mit ihrer ständig wachsenden Schriftlichkeit erfreulich dicht. Das hängt zum Teil damit zusammen, daß sich die Wohnverhältnisse entscheidend verändert hatten. Das mittelalterliche Judentum lebte in den Städten, den Handelszentren. Als diese ihre Juden nach 1500 verjagten, fanden sie vor allem Aufnahme in katholischen, geistlichen Territorien, in den Bistümern, bei den Ritterorden und den Reichsabteien sowie im Gebiet der Reichsritterschaft – unabhängig von ihrer Konfession. Die Zahl der Siedlungen mit jüdischen Einwohnern stieg rasch, die Dokumentation vervielfältigt sich.

Dieses Landjudentum war gezwungen, vom Handel, vor allem dem sogenannten Schacherhandel, zu leben. Es war ein hartes Brot, und die wenigen reich gewordenen Hoffaktoren waren eine verschwindende Minderheit gegenüber der großen Masse, die sich recht und schlecht durchschlug, wenn sie das Glück hatte, sich als Schutzjude ein kleines Häuschen als sicheren Hort kaufen oder bauen zu können.

Die Stellung der Juden in den einzelnen Dörfern war sehr unterschiedlich. In der Regel wohnten sie in bunter Reihe mit den Christen, zum Teil gemeinsam in einem Haus. Manchmal konnten sie sogar Gemeinderechte erwerben, waren aber von der Übernahme von Gemeindefunktionen wie der Wahl zum Bürgermeister ausgeschlossen. Für die Erlaubnis, Gottesdienst halten zu dürfen und zu schächten, wurde vielfach eine Gebühr erhoben. Natürlich hatten sie sämtliche auf den Häusern oder auf Vermögen ruhenden Abgaben wie Schatzung und Kontribution zu entrichten. Zivil- und strafrechtlich waren sie den Christen gleichgestellt, sei es als Kläger oder Beklagte.

Das sittliche Niveau war trotz bedrückender Lebensverhältnisse hoch. Es gab so gut wie keine Eheverstöße, keine vor- oder außerehelichen Geburten, äußerst selten eine Scheidung. Geheiratet wurde im Normalfall nicht innerhalb eines Ortes. Der weite Aktionsradius der Händler und jüdischen Heiratsvermittler brachte Ehepartner aus weit auseinanderliegenden Orten zueinander. Eine Ehe war in erster Linie ein wirtschaftliches Unternehmen, mußte es damals wohl sein. So existierte das eigentlich bei einer so geschlossenen Minderheit naheliegende Problem der Inzucht generell nicht. Juden und Christen tolerierten einander, wo sie aufeinander angewiesen waren. Der Handelsjude war ein wesentlicher Versorgungsfaktor für den ländlichen Bereich, für die vielen Kleinigkeiten, für die man nicht extra in die Stadt reiste. Mehr und mehr wurde zudem der Viehhandel eine Domäne der Juden. Sie wußten, wo Vieh benötigt und wo es überflüssig war.

In der Spätaufklärung erhoben sich erstmals Stimmen, die eine Veränderung der Lage der Juden forderten. Im Amt Emmendingen, von Goethes Schwager Schlosser geführt, wurde die erste »teutsche Judenschule« eingerichtet. Unter dem Eindruck der Schrift des preußischen Kriegsrats von Dohm »Über die bürgerliche Verbesserung der Juden« und dem Gesetz Kaiser Josephs II. von 1781 über die bürgerliche Rechtsstellung der Juden veranlaßte der badische Markgraf Karl Friedrich Rundfragen, wie man das Leben der Juden erleichtern könne. Ein zusammenfassender Bericht des Hofrats Holzmann, mitbeeinflußt durch Gedanken der Französischen Revolution, forderte, daß alle Juden zunächst ein Handwerk erlernen sollten, damit »der kaufmännische Geist durch körperliche Arbeit gebrochen werde«. Bevor diese zum Teil fortschrittlichen Ideen in die Tat umgesetzt werden konnten, veränderte sich unter dem Einfluß Napoleons die europäische Szene, natürlich auch die Szene im deutschen Südwesten, grundlegend. Aus der Fülle von Klein- und Kleinstterritorien kristallisierten sich Baden, Hohenzollern und Württemberg als neue Mittelstaaten heraus. Auch die Anhänger des mosaischen Glaubens standen damit vor einer für viele völlig veränderten Situation.

3. Hohenlohe

Einige, die Juden im Landkreis Hall nur mittelbar betreffende zufällige Nachrichten werfen Schlaglichter auf die Politik der Landesherren, die selbst keine Juden, wohl aber ihren Handel duldeten, wie die Hohenlohe. Aber auch einige bemerkenswerte Vorfälle sollen hier berichtet werden.

Eine undatierte Ordnung des Amts Langenburg, die wohl um 1620 aufgezeichnet wurde, aber ältere Zustände widerspiegelt, enthält auch einen Abschnitt über die Juden, aus dem die Einstellung der Landesherren deutlich hervorgeht. Er lautet[1]:

Nachdem auch mäniglichen unverborgen, welchermaßen die nagenden und schädlichen Würmb, die Juden, dem gemeinen Nutzen beschwerlich, die Armen mit ihrem schändlichen Gesuch und Wucher wider Gottes Befelch und Ordnung in Verderben und Sterben richten, derohalben soll auch Ambtsverwanten allen hiermit ganz ernstlich bevohlen sein, bey den Juden oder Jüdin nichts zu entlehnen, uff Borgs zu kaufen, noch in ander Weeg mit ihnen zu Hantieren oder in einigen wucherlichen Handel einlaßen, es sey uff Merkten, zu Hauß oder anderstwo, auch keiner den Juden oder Jüdin weder Kleider, Kleinot, Haußrat oder ander dergleichen fahrende Habe pfandsweiß versetzen, darzu auch keiner, er sey auch, wer er wolle, für kein Untertanen gegen den Juden oder Jüdin Bürg oder Schuldner werden oder einig Unterpfand für ihne einsetzen soll, alles bey der Herrschaft höchster Straf.

Es soll auch hiermit allen Bevelchsleuten eines jeden Fleckens im Amt ufferlegt und gebotten sein, wo sie ein oder mehr vermerken oder erfahren würden, der sich über diß Verbott, mit den Juden zu handeln einlaßen wurde, daß sie denselbigen bey der Herrschaft

1 K.(†) und M. Schumm, Hohenlohische Dorfordnungen, S. 186.

hoher und unnachläßiger Straf anzeigen sollen. Es wäre einmal interessant, aber mühsam, in den Amtsrechnungen nachzuschlagen, ob jemals ein Untertan wegen seiner Geschäfte mit einem Juden tatsächlich bestraft worden ist – und der Partner im verbotenen Geschäft müßte zumeist aus dem heutigen Landkreis stammen.

Auch die Herrschaft rückte bald von diesen rigorosen Vorschriften ab. Im Gegensatz dazu wurde der Handel mit Juden gefördert. So wurde 1775 der jährliche Viehmarkt in der Residenz Langenburg um zwei Tage verlegt, weil der übliche 10. Oktober *vor heuer auf das Lauberhüttenfest der Juden fällt und somit diese an Besuchung solchen Markts dadurch behindert werden*[2]. Diese Terminverschiebung teilte die hohenlohische Regierung höchst offiziell den benachbarten Landesherren mit, in deren Schutz Juden wohnten. Dazu gehörten die Herren von Crailsheim in Morstein und ihre Schutzjuden in Dünsbach.

Die Belastung der Juden vor dem Dreißigjährigen Krieg geht auch aus einer alten Zollordnung hervor, die in der Herrschaft Hohenlohe-Neuenstein für Juden und Wiedertäufer galt. Sie hatten zu zahlen

von einem zu Fuß gehenden Juden 30 kr.

von einem reitenden Juden   1 fl.

von einem toten Juden   2 fl.

von einem Juden, so Hausrat führet 1½ fl.

von einem Juden, der Güter führet, das normale Weggeld

von Waren den doppelten üblichen Zoll.

Am 2. Juni 1663 bat Maria Juliane Schenk von Limpurg zu Gaildorf ihren Schwager Graf Philipp Gottfried von Hohenlohe-Waldenburg, die Patenschaft für ein ungenanntes *Juden Mägdlein, die sich eine Zeitlang zu Jagstheim bei ihren Glaubensgenossen in Diensten aufgehalten,* zu übernehmen. Sie war in Gaildorf von Geistlichen unterrichtet worden, und so wurde das Dreifaltigkeitsfest am 14. Juni 1663 als Tauftag festgesetzt. Man schrieb die Bekehrung dem *guten Eingeben des Heiligen Geistes* zu[3]. Solche Judentaufen kamen immer wieder einmal vor. Häufig war das Anlaß zum Druck kleiner Schriften, in denen diese Erfolge bei der Bekehrung gewürdigt wurden. Proselyten wurden nicht sehr geschätzt, weder von den neuen noch von den alten Glaubensgenossen.

1687 wurde ein Christenkind in Gerabronn vermißt. Der Ortspfarrer Johann Christoph Hornung ließ noch in der Nacht die Häuser der Juden durchsuchen. Er erhielt einen scharfen Verweis von der Regierung, weil er sich dadurch weltliche Rechte angemaßt und zu Exzessen Anlaß gegeben habe. Er wurde nach Ansbach vorgeladen, folgte aber dieser Ladung nicht und wurde vom Amt suspendiert[4].

Gegen Ende des 17. Jahrhunderts scheint es auch an anderen Orten zu Übergriffen gegen Juden gekommen zu sein, die sich allerdings in den hier behandelten Gemeinden nicht nachweisen lassen. Immerhin waren die Beschwerden der Juden so gravierend, daß Kaiser Leopold sich veranlaßt sah, am 16. Juni 1699 ein im Druck verbreitetes offenes Patent zu erlassen, in dem er ausführte: *Demnach Uns von unterschiedlichen Orten die Nachricht zugekommen, auch von denen in dem Fränkischen Craiß hin- und wider wohnenden Juden*

2 Archiv Morstein, Amt Morstein.
3 Hohenlohe-Zentralarchiv, Archiv Waldenburg XV D 35.
4 Ludwig SCHNURRER, Zur Geschichte der Juden in der Reichsstadt Dinkelsbühl. In: Jahrbuch des Hist. Vereins für Mittelfranken 84, 1966/67, S. 16.

allerunterthänigst geklagt worden: was massen sich unlängst im jezigen Craiß eine grosse Mänge allerhand loses und liederlich Gesindls zusammen rottiret, welches aus einem gegen die Juden gefasten Haß und so gar mit Vorweisung eines vermessentlich erdichteten Kayserlichen Patents (vermög dessen jederman erlaubt seyn soll, alle Juden im Römischen Reich an Haab und Gütern – das Leben allein ausgenommen – aufs äusserste zu verfolgen und anzugreifen) bereits an etlichen und dreyssig Orten würckliche Rauberey und Plünderung dergestalt verübet, daß sie nicht allein in die Juden-Häuser mit Gewalt eingedrungen und dieselbe völlig außgeplündert, sondern auch verschiedene adeliche Schlösser und andere Häuser, wohin theils Juden ihre Mobilia etwan in Sicherheit zu bringen vermeint, mit gleicher Insolens angefallen und mißhandlet, dieser Rott sich von Tag zu Tag vergrössere und immerhin noch mehrers Land-Volck sich darzu zuschlagen durch obberührtes falsches Patent verleitet werde, Uns aber von Kayserlichen allerhöchsten Ambts wegen oblieget, sowol allen und jeden Unseren und des Heil. Reichs Unterthanen wider unrechtmässigen Gewalt gehörigen Schutz und Schirm zu halten, als auch gegen dergleichen höchst gefährliche und Landes verderbliche Aufständ und Empörungen unverlängtes und ernstliches Einsehen zu thun: Als ermahnen Wir zuvörderist alle und jede Unsere und des Heil. Reichs Unterthane und Getreue, daß sie oberwehntem Patent, als welches von Uns nie außgangen, sondern von bösen Leuthen und Aufrührern strafmässig erdichtet worden, keinen Glauben beymessen, noch sich oberzählten Muthwillens und Land-Friedbrüchiger Handlung theilhafftig machen, vielweniger solchem herumschwebenden losen Gesind anhangen, Hülff, Vorschub oder Unterschleiff geben sollen, auf keine Weiß noch Wege bey Verlust Haab und Güter, Leib und Lebens. Der Kaiser forderte alle Stände, vor allem die im Fränkischen Kreis auf, die Juden in ihrem Land zu schützen, die Räuberbanden zu zerschlagen und sich nach dem Urheber des falschen Patents umzusehen. Er sollte seiner gebührenden Strafe zugeführt werden, den Geschädigten aber zur Erlangung ihres Rechts verholfen werden[5].

5 Hohenlohe-Zentralarchiv, Archiv Langenburg, Regierung I.

II.
Brandenburg-Ansbach

1. Die brandenburg-ansbachische Landjudenschaft

Aufgaben

Nach dem letzten – nicht befolgten – Ausweisungsmandat von 1609 wurden 1616 die Juden im Markgraftum generell toleriert. Person und Eigentum wurden geschützt, wenn die Juden außer ihren individuellen Abgaben eine jährliche Pauschale von 500 fl. entrichteten. Für ihre Aufteilung und Eintreibung wurde eine Organisation geschaffen, die Landjudenschaft[1].

Als Spitze der jüdischen Selbstverwaltung, als Vermittlungsinstanz zwischen fürstlichen Behörden und Landjudenschaft und als Exekutivorgan für obrigkeitliche Verordnungen bildeten die Rabbiner und Barnosse die wichtigste Autorität für die Landjuden[2]. Der Dreißigjährige Krieg wirkte sich lähmend auf die Landjudenschaft aus. Die jährliche generelle Zahlung stockte. 1633 war man zwei Jahre im Rückstand. Die Regierung forderte die Hälfte, also 500 fl., in aller Kürze an. Im Mai 1634 wurden erneut 500 fl. angemahnt, für die man den Ausschuß haftbar machte. Ihm gehörten drei Juden an: Jacob aus Crailsheim, Mayer aus Uffenheim und Moyses von Wassertrüdingen. Die Ausschußmitglieder forderten Amtshilfe beim Eintreiben dieser Gelder an.

Aber es blieb nicht bei Geldforderungen. 1635 mußte ein Pferd für den fürstlichen Marstall mit 150 fl. bezahlt werden. 1665 hatte jeder Schutzjude zwei Pfund Bettfedern zur Haushofmeisterei zu liefern. Die Generalschutzgelder, so 1678 genannt, wurden danach regelmäßig geleistet. Auf den Landtagen in Lehrberg wurde der Anteil der einzelnen Gemeinden festgelegt[3]. Die Schutzgelder wurden 1724 neu festgesetzt. Es wurde unterschieden zwischen haussässigen und nicht haussässigen Juden.

Die normale Taxe betrug:	9 fl. 30 kr
Witwen:	4 fl. 45 kr
über 70jährige:	2 fl. 22½ kr

Nicht haussässige, also zur Miete wohnende und nicht Handel treibende Rabbiner, Schulmeister, Vorsinger, Schulklopfer oder Schächter waren frei. Haussässige zahlten 9 fl. 30 kr. Diese Festlegung wurde 1729 erneuert, ebenso 1731.

Ein Problem auch für die Landjudenschaft bildeten die zahllosen Betteljuden. Sie durften in der Regel einmal in einem Ort übernachten. Es wurde befürchtet, daß sie die Ausbreitung

---

1 G. SAPKE, S. 5: hier irrig die astronomische Summe von 5000 fl.
2 Ebd., S. 45.
3 StAL B 70a Bd. 49.

Auf Anordnung der Regierung in Ansbach vom 1. September 1797 mußten Juden und Mährische Brüder beim Erwerb *bezimmerter Handroßgüter* ein Acquisitionsgeld zahlen, und zwar 75 fl. an die Invalidenkasse. Da die Juden nicht zum Wehrdienst verpflichtet waren wie christliche Inhaber solcher Handroßgüter, entging dem Land dadurch der eine oder andere Wehrpflichtige. Man wollte den Erwerb solcher Güter auf alle denkbare Art erschweren und durch »indirekten Zwang« nach und nach die Güter wieder in andere Hände bringen. 1801 wurde eine vierjährige Frist zum Verkauf solcher Güter eingeräumt. Erleichtert wurde die Entscheidung dadurch, daß ein Jude, der ein solches »kantonspflichtiges« Gut gekauft und die hohe Zahlung an die Invalidenkasse geleistet hatte, nach dem Verkauf ein neues Haus an anderer Stelle ohne Gebühren erbauen durfte. Dieses sogenannte Reluitionsgeld wurde 1808 aufgehoben[4].

Crailsheim und die Landjudenschaft

Am 30. November 1798 veröffentlichte die Kriegs- und Domänenkammer in Ansbach in der Ansbacher Intelligenzzeitung ein Dekret, das eine neue Organisation der Judenschaft befahl[5]. Von nun an sollte *der Landjudenschaftliche Verband der unmittelbaren jüdischen Nazion in Hinsicht auf Judenpolizei, auf ihre Vermögensadministration, die Regulierung ihres Abgabs- und Anlagswesens auf ihre Ritual-Verfassung usw.* dem Kreisdirektorium unterstellt, die Aufsicht über das ortsjudenschaftliche Vermögen und die übrigen Angelegenheiten den Ämtern übertragen werden. Anlaß war vor allem das desolate Finanzwesen der Landjudenschaft. Die Hauptschuld daran trugen nach Auffassung der Regierung die Barnosse. Sie wurden sämtlich ihrer Ämter enthoben. An ihre Stelle sollten für jeden Kreis ein Kreisbarnos, für jede Ortsjudenschaft ein Ortsbarnos gewählt werden, die unmittelbar dem Kreisdirektorium beziehungsweise den örtlichen Behörden unterstellt sein sollten. Sie sollten von den Juden mit einfacher Mehrheit auf fünf Jahre gewählt, von den Kriegs- und Domänenkammern bestätigt werden. Beide Ehrenstellen durften nicht in einer Hand sein. Alle fünf Jahre sollte das jüdische Vermögen taxiert werden, um eine Basis für die Besteuerung zu erhalten.

Der letzte Landtag und damit auch der Schätzungstag hatte 1793 stattgefunden. Üblich war der landesweite Zusammentritt in der Hauptstadt Ansbach. So sollte es auch 1798 noch einmal, allerdings unter kommissarischer Leitung, nicht mehr unter Vorsitz der bisherigen Barnosse, sein. Künftig aber sollte nur noch regional auf Kreisebene in den sechs Kreisstädten – Ansbach, Uffenheim, Gunzenhausen, Wassertrüdingen, Schwabach, Crailsheim – getagt werden. Der künftige Kreistag setzte sich aus je drei Deputierten aus jeder jüdischen Ortsgemeinde, dazu den Rabbinern, dem Kreisbarnos und den Ortsbarnossen zusammen.

Am 28. November 1798 wurde der Crailsheimer Magistrat beauftragt, binnen vier Wochen die Wahlen mit individueller Stimmabgabe durchzuführen. Nicht betroffen von der neuen Organisation waren die Juden, die nicht unmittelbar der Herrschaft unterstanden, die es aber in Crailsheim nicht gab. Die Magistrate sollten sich *die Aufhelfung der so sehr herabgekommenen jüdischen Nation pflichteifrig angelegen sein lassen.*

Eine entsprechende Resolution wurde ausgearbeitet und am 8. Dezember in der Judenschule durch den Vorsinger Sandel Wolf bekanntgemacht. So wurden alle Hausväter und

4 Gutsarchiv Unterdeufstetten, unverzeichnet.
5 Stadtarchiv Crailsheim BA 7/1036.

Witwen, also alle Haushaltsvorstände, am 14. Dezember 1798 auf das Rathaus bestellt, um ihre Stimmen abzugeben. Die Wahl war nicht geheim, denn alle Stimmen wurden in eine Tabelle eingetragen. Die Tabelle enthielt den Namen des Hausvaters, die Namensvorschläge für den Kreisbarnos, den Ortsbarnos, die drei Landtagsdeputierten und eine Rubrik, ob der Landtag noch in diesem Jahr oder erst im nächsten Frühjahr abgehalten werden könne. Insgesamt 21 Voten wurden notiert:

1. Lämlein Nathan (2. Ortsbarnos)	12. Moises Beer
2. Hänlein Löw	13. Nathan Joel
3. Veiß Schey Kohn	14. Simon Löw
4. Hanna Witwe	15. Salomon Hirsch
5. Jacob Nathan	16. Lazarus Salomon
6. Seligmann Witwe	17. David Hirsch
7. Meyer Seligmann	18. Hirsch Davids Witwe
8. Abraham Anson	19. Wolfs Witwe
9. Isaac Nathan	20. Hirsch Lämlein
10. Amson Nathan Seligmann	21. Hänlein Lämlein
11. Abraham David	

Oser Israel aus Feuchtwangen, der schon bisher als Landbarnos fungierte, erhielt die meisten Stimmen als Kreisbarnos. Immerhin schlugen vier den einheimischen Lazarus Salomon vor. Ebenso eindeutig fiel die Wahl zum Ortsbarnos auf Lämlein Nathan mit 15 Stimmen. Weniger einhellig war die Wahl der drei Kreisdeputierten. Abraham David, Moises Beer und Lazarus Salomon schnitten am besten ab.

Die Einrichtung des Landtags wurde allgemein begrüßt. Wenn man schon eine gute Sache beginne, dann möglichst bald, so lautete die überwiegende Meinung. Grundsätzlich stellte man jedoch den Termin für den ersten Zusammentritt in das Ermessen der Herrschaft.

Durch den mangelhaft durchgeführten Steuereinzug stieg die Verschuldung der Landjudenschaft an. Sie betrug nach einer Aufstellung vom März 1801 107114 fl. 43 x. Jeder einzelne veranlagte Jude haftete mit seinem Vermögen für diese Schulden. Die der Schatzung und damit der Haftung zugrunde liegende Summe der jüdischen Vermögen belief sich auf 1487450 fl. nach dem Stand von 1798.

Die Gemeinde Crailsheim war lediglich gegenüber der Witwe Fleischmann mit 580 fl. verschuldet und hatte für diese Schuld die Synagoge als Unterpfand belastet. Man hatte schon 400 fl. erspart und verzinslich angelegt, um die Schuld mit einer einzigen Zahlung ablösen zu können.

Die Aufgaben der gewählten Funktionäre gehen aus einigen Dienstinstruktionen hervor, die im September 1802 abgefaßt wurden.

Funktionäre der Landschaft

Die neuen Kreisbarnosse hatten am 20. September 1802 eine ausführliche Instruktion bekommen. Unparteilichkeit, Mäßigung und Bescheidenheit in der Amtsführung wurden zur Pflicht gemacht[6]. Als vornehmste Aufgabe wurde die Förderung des Wohlstandes und die Wahrung

---

6 StAL B 66a Verz. 1 Bü 29.

des Interesses der gesamten Landjudenschaft bezeichnet. Sie sollten sich dabei auf die Verwaltung des jüdischen Polizei- und Finanzwesens beschränken. Eingriffe in theologische oder gottesdienstliche Fragen waren ihnen untersagt. Sie sollten allerdings das Verhalten der Rabbiner, Vorsinger, Lehrer und Schuldiener beobachten und bei Mißständen die Landjudenschaft informieren, um Abhilfe zu schaffen. Stadt- und Gemeindebarnosse waren dem Kreisbarnos nachgeordnet, soweit es sich um Angelegenheiten der gesamten Judenschaft eines Kreises handelte. In örtlichen Affären sollte sich der Kreisbarnos nicht einmischen.

Differenzen innerhalb einer Gemeinde mußten an die ordentliche Polizeiobrigkeit – Kameralamt oder Magistrat – gemeldet werden. Sie konnten dann ein Gutachten des Kreisbarnos anfordern. Gleichzeitig sollte der Barnos als oberster Wächter von Sitte und Lebensart dienen. Verschwender oder liederliche Hausväter sollten von ihm ermahnt, notfalls angezeigt werden. Für die Erziehung und Vermögensverwaltung von Waisen hatte er gemeinsam mit den Rabbinern zu sorgen. Arme Waisen mußte die Gemeinde des verstorbenen Vaters so lange unterhalten, bis sie sich selbst ernähren konnten.

Heiratserlaubnis durfte erst erteilt werden, wenn der Bräutigam ein Schutz- oder Toleranzpatent vorweisen konnte und 50 fl. bei der Landschaftskasse hinterlegt hatte. Bei Todesfällen mußte der Ortsbarnos dafür sorgen, daß das Haus sofort versiegelt wurde, damit von den Erben zum Nachteil der Landjudenschaft nichts auf die Seite gebracht wurde. Nach Ablauf der üblichen vier Trauerwochen hatte er ein Verlassenschaftsinventar zu erstellen. Sollte sich dabei herausstellen, daß das Vermögen bei der letzten Angabe zu niedrig deklariert war, sollten Bargeld und Schmuck konfisziert werden, um die Ansprüche der Landjudenschaft erfüllen zu können. Notfalls mußten andere Teile der Erbmasse beschlagnahmt werden.

War der Barnos zum Beispiel durch Verwandtschaft mit dem Verstorbenen als befangen zu betrachten, mußte ein anderer Ortsvorsteher an seine Stelle treten, möglichst aus der Nähe, um Reisekosten zu sparen. Bei Erbmassen bis zu 3000 fl. erhielt der Barnos nur Auslagenersatz aus der Masse; bei höheren Vermögen, deren Erfassung naturgemäß mehr Zeit verschlang, durfte er zusätzlich 3 fl. täglich als Zehrgeld verlangen. Auch hatte der Kreisbarnos darauf zu achten, daß bei Ausfuhr von Vermögen, etwa Geldmitgift bei Heiraten außer Landes, 2 % Abzugssteuer entrichtet wurden. Bei Schutzaufnahmebitten hatten sie den notwendigen Vermögensnachweis zu bestätigen.

Hatte ein Rabbiner in einem Zivilstreit einen verbindlichen Spruch gefällt, war der Kreisbarnos verpflichtet, dafür zu sorgen, daß die obsiegende Partei ihre finanziellen Ansprüche erfüllt bekam. Notfalls durfte der Barnos mit zusätzlichen Geldstrafen Zahlungen erzwingen.

Alle Vierteljahre hatte der Kreisbarnos die eingelaufenen Gelder mit einem ausführlichen Manual an den Landschaftskassierer abzuführen. Moderationen der Anlage und Ermäßigung der Landschaftsbeiträge waren möglich, wenn innerhalb eines Veranlagungszeitraumes das Vermögen sich merkbar verringerte. Bei außergewöhnlicher Vermehrung zum Beispiel durch Erbschaft waren auch Steigerungen vorgesehen. Anleihen der Landjudenschaft durften nur mit Genehmigung des Kreisdirektoriums aufgenommen werden. Hatten früher die Kreisbarnosse recht willkürlich mit Geldern der Landschaftskasse Unterstützungen ausgezahlt, durften sie jetzt nur noch höchstens 3 fl. ohne Mitwirkung der anderen Barnosse anweisen, höchstens 50 fl. im ganzen Jahr. Die Kreisbarnosse waren zuständig für die Bereiche der sechs genannten Kreisstädte.

Es gab auch eine landjudenschaftliche Registratur. Die Akten und Briefschaften der Kreisbarnosse sollten ebenfalls sorgfältig geführt werden. Einnahmen gab es aus:

1. Abzugsgeldern (2 %)
2. Collateralsteuern
3. Sterbeanlage (5 %)
4. Inventurgebühren (1 %)
5. Kopulationsgebühren des Oberlandesrabbiners.

Die Kassierer hatten fünf verschiedene Bücher zu führen:

1. ein Steueranlageregister
2. ein Abrechnungsbuch nach Orten
3. ein Register über Passivkapitalien
4. ein Register über deponierte Gelder neuaufgenommener Juden
5. ein Kassenbuch.

Das Anlageregister sollte jährlich erneuert und vom Kreisrechner der Regierung überprüft werden. Im Abrechnungsbuch wurde für jeden Hausvater eine Seite angelegt, auf der die Zahlungsverpflichtungen notiert wurden, ebenso alle Zahlungen, die im Kassenbuch in chronologischer Folge notiert wurden unter Hinweis auf die Seitenzahl des Abrechnungsbuches. Am Jahresende wurden Soll und Ist gegenübergestellt, überfällige Beträge nach Möglichkeit eingefordert. Grundlage der ständigen Gefälle waren die Oster- und Herbstanlage. Auf diese Termine, zu denen Geld einkam, sollten auch die Zinstermine für geliehene Kapitalien fallen, um pünktlich zahlen zu können. Die deponierten Gelder, von denen sukzessive die Abgaben zur Landschaft abgebucht wurden, waren mit 4 % zu verzinsen. Nie durften mehr als 200 fl. bar in den Kassen sein. Größere Überschüsse mußten bei einer Bank verzinslich angelegt werden. Der Assistent hatte den Kreisbarnos zu unterstützen, in seiner Abwesenheit zu vertreten.

Der Landschreiber hatte die Anlageregister zu führen, auf den Land- und Schatzungstagen das Protokoll zu erstellen und die Anlagelisten für die Oster- und Herbstabgabe zu schreiben. Außerdem hatte er das Abrechnungsbuch an jedem Jahresanfang anzufertigen. Auch das Kapitalbuch hatte er zu führen. Hauptaufgabe war daneben die landjudenschaftliche Korrespondenz, und er führte die Registratur. Am 16. März 1806 bestätigte die Kriegs- und Domänenkammer Ansbach die Wahl des Schutz- und Handelsjuden Salomon Lazarus aus Crailsheim zum Assistenten des Landschaftskassiers.

Auf dem am 4. September 1805 abgehaltenen Landtag der brandenburg-ansbachischen Landjudenschaft wurden die jüdischen Gemeinden der von Preußen mediatisierten Ritterschaft in die Landjudenschaft inkorporiert. Betroffen davon waren auch die Gemeinden Michelbach an der Lücke und Archshofen. Grundlage für die Eingliederung war ein Reskript der Regierung vom 14. Juli des gleichen Jahres. Die mediatisierten Juden wurden darin nur verpflichtet, zu den künftigen Aufgaben der Landjudenschaft beizutragen, nicht aber zur Tilgung der bis 1805 aufgelaufenen Altschulden. Sie sollten nicht dazu angehalten werden. Es wurde festgesetzt, daß die neuen Mitglieder künftig die folgenden Abgaben zu leisten hatten:

1. ¾ der normalen Schatzung der immediaten Juden
2. ¾ des Kopfgeldes

3. ¼ % vom Wert eines Hauses (15 kr. pro 100 fl. Wert)
4. die sogenannte Talmud Tora oder »Beamtenkreuzer« in Höhe von 1 kr. von jedem Gulden der Schatzungsanlage
5. 1 fl. von 100 fl. Vermögen bei Sterbefällen
6. ½ % vom Heiratsgut bei künftigen Heiraten [7].

2. Crailsheim

Juden in Crailsheim im Mittelalter

Die Geschichte der Juden in Crailsheim ist beispielhaft für das Schicksal der jüdischen Gemeinden in den Markgraftümern Ansbach-Bayreuth. Schon im Mittelalter lebten Juden in der Stadt, denn auch sie werden in den Berichten über die Verfolgungen im Zuge der großen Pestepidemie 1348/49 erwähnt, ohne daß irgendwelche Einzelheiten über die Abläufe bekannt geworden sind. Schon bald nach den Pogromen scheinen sich erneut Juden in der Stadt niedergelassen zu haben, denn bereits 1383 wird ein Salman von Kreulsheim in der Rothenburger Stadtrechnung erwähnt. Er zahlt 20 fl. Judensteuer, ist also wohl Rothenburger Einwohner. Auch zum städtischen Bauwesen steuert er 10 fl. bei. Möglicherweise konnte Salman aber auch der Vernichtung der Juden in Crailsheim entgehen und wechselte den Wohnort. Zwischen 1408 und 1414 wird in den städtischen Gerichtsbüchern mehrfach ein Veifelin oder Veifelmann aus Crailsheim erwähnt [8].

In den Crailsheimer Stadtrechnungen, den sogenannten Bauamtsregistern, werden seit 1446 vereinzelt Juden genannt. Ein gewisser Wolf verkauft 1446 der Stadt eine Armbrust sowie einen Kriegs- und Spannriemen. 1451 leiht er der Stadt 7 fl. Die gleiche Summe stellt 1476 ein Mendlin zur Verfügung, der 1488 starb. Er mußte 1482 2½ fl. Strafe zahlen, weil seine Frau am Palmsonntag Wäsche wusch und sie aufhängte. Ein dritter Jude, der in der Rechnung von 1481 als Verkäufer von zwei alten Brettern genannt wird, ist ein gewisser Berman.

1461 wandte sich Markgraf Albrecht Achilles (1440–1486) von Brandenburg an Amtmann, Bürgermeister und Räte zu Crailsheim und forderte sie auf, *seine Judischeyt* in der Stadt zu schirmen und sie vor Schädigungen zu bewahren, die ihnen vor allem von Raisigen zugefügt wurden. Die lange Regierungszeit des Markgrafen und späteren Kurfürsten Albrecht Achilles war ausgefüllt mit zahlreichen Kriegen und Fehden gegen seine Nachbarn und territorialen Konkurrenten. Vor allem der Versuch, seine Gerichtshoheit auszuweiten, führte damals zum Konflikt mit Bayern. So war die Furcht vor den kriegerischen Auseinandersetzungen weit verbreitet [9].

Die damalige Zahl der Juden in Crailsheim ist nicht zu ermitteln, doch kann sie nicht sehr groß gewesen sein. 1462 wollten sie mit Erlaubnis der Stadt auswärtige Juden einladen, um zur Feier des Laubhüttenfestes die notwendige Zehnzahl männlicher Beter für den Gottesdienst zu erreichen. Der brandenburgische Kastner verbot jedoch den Aufenthalt der Fremden in der Stadt. Die Juden beschwerten sich dagegen bei der Regierung in Ansbach, die das diskriminie-

---

7 Gutsarchiv Unterdeufstetten, unverzeichnet.
8 Vgl. dazu H.-J. KÖNIG, Die Crailsheimer Juden und ihr Schicksal in sechs Jahrhunderten. In: Mitteilungsblätter des Historischen Vereins Crailsheim 4, 1987, S. 9.
9 G. SCHUHMANN, Die Markgrafen von Ansbach-Bayreuth, 1980.

rnde Verbot aufhob[10]. Die Regierung des Markgrafen war den Juden gegenüber im Unterschied zur Stadtverwaltung sehr positiv eingestellt. So forderte sie die Stadt auf, den Juden zu ihren ausgeliehenen Geldern zu verhelfen und ein Verbot aufzuheben, das den Juden den Kauf von Fleisch untersagte. Das alles sind sporadische Erwähnungen, die durch weitere direkte und indirekte Nennungen ergänzt werden können. So schickte die Stadt 1451, 1475 und 1489 Delegationen zum Markgrafen, die sich mit jüdischen Angelegenheiten befaßten. Auch im Urteilsbuch des kaiserlichen Landgerichts der Burggrafschaft Nürnberg wird um 1456/58 ein Crailsheimer Jude genannt[11]. Markgraf Friedrich der Ältere (1486–1515) wollte ebenfalls dafür sorgen, daß die Juden zu ihrem Gelde kämen, doch verlangte er, daß sie nur zeitweise Zahlungsunfähigen großzügige Stundung gewährten. In seine Regierungszeit fällt ein für unseren Raum bedeutendes Zeugnis über die Lebensverhältnisse der städtischen Juden, die Judenordnung des Crailsheimer Pfarrers Sattler.

Die Crailsheimer Judenordnung von 1480

Diese Ordnung, von der nicht feststeht, ob sie nur ein Entwurf des Pfarrers war oder tatsächlich eingeführt wurde, enthält alle die Vorwürfe, die man den Juden aus religiöser Sicht machte, dazu aber die törichten Behauptungen von Brunnenvergiftung, Hostienschändung und Knabendiebstahl für Menschenopfer[12]. Indirekt wird dem Landesherrn ein Vorwurf daraus gemacht, daß er den Juden die Ansiedlung erlaube. Die Ernährung der Juden wird getadelt, ihre gute Wirkung jedoch anerkannt. Die Ordnung – Ordinacio Judeorum – ist in lateinischer Sprache abgefaßt und umfaßt zwölf jeweils mit *Item* eingeleitete Abschnitte. In freier Übersetzung heißt es sinngemäß:

Obwohl die Juden das Blut der Laien vergießen und trinken und uns unserer Schätze berauben, erscheint es einigen von uns lobesam, daß sie von ihnen Geld zur Völlerei erhalten. Dennoch beschimpfen sie uns täglich, lästern Christus, verhöhnen die selige Jungfrau Maria, dichten dem Kreuz Christi verschiedene Schandtaten an, verhöhnen und bespeien es. Hartnäckig verweilen sie bei uns mit der sehr schlechten Erlaubnis der Fürsten aufgrund ihrer Bitten.

Die Bader sollen ihnen einen bestimmten Tag in der Woche benennen, an denen sie das Bad benutzen dürfen, nicht am Sabbat und keinesfalls an sämtlichen anderen Tagen. Denn obwohl es erlaubt ist, daß viele miteinander baden und reden und manche die Juden mehr mögen als christliche Nachbarn, gibt es bis jetzt gute Priester und Laien, die sich niemals darüber freuen, ohne absolute Notwendigkeit mit ihnen zu verweilen oder zu plaudern und daher sich auch nicht mit ihnen gemeinsam im Bad waschen wollen. Sie riechen nämlich und verunreinigen die Bäder durch ihre rohen, schlechten, mit Knoblauch angemachten Speisen. Es ist nämlich ihre tägliche Gewohnheit, Speisen mit Pfeffer und Knoblauch zu essen und Gewürze gegen Pest und Aussatz. Nur wenige erkranken daran.

Wenn die Sakramente zu Kranken gebracht oder in irgendwelchen Prozessionen oder am Fronleichnamsfest vorübergetragen werden, sollen sie fliehen und ihre Fenster und Türen schließen. Und wenn sie von den Priestern auf der Straße angetroffen werden, sollen sie ihre

10 Stadtarchiv Crailsheim BA 68.
11 S. HAENLE, Geschichte der Juden im ehemaligen Fürstentum Ansbach, 1863, S. 46.
12 Das Pfarrbuch wird heute im StAL B 70 Bü 41 aufbewahrt. Beschrieben ist es von W. CRECELIUS in: Württ. Franken 10, 1875, S. 37 ff.

Kapuzen abnehmen, wenn schon nicht aus Ehrfurcht vor dem Kreuz Christi, dann aus Ehrfurcht vor den Priestern, denen sie zur Zehntabgabe verpflichtet sind und zu Abgaben bei Sterbfällen. Abgaben für geistliche Leistungen zahlen sie nicht, denn sie können keine Sakramente empfangen. Ansonsten werden sie den Christen gleich behandelt.

Wenn ein Christ ihnen ein Haus vermietet, muß er die Juden anhalten, daß sie keine jungen Männer stehlen, ihnen keine Gaukeleien vorführen, keine Verschwörung gegen Christen anzetteln, sich nicht gegen die Bürgerschaft oder die Kirche zusammenrotten, keine Gifte oder Zaubermittel verwenden, keine Brunnen vergiften und daß sie dies alles mit einem Eid beschwören.

In der Fastenzeit vom Sonntag Laetare an sollen sie die Christen weder gerichtlich noch außergerichtlich belangen oder belästigen oder Pfänder nehmen, Zins eintreiben bis zur Osteroktav, weil sie von uns in den Tagen des Laubhüttenfestes auch nicht behindert werden wollen oder an ihren anderen Festen. Und darauf achtet besonders der Pfarrer mit der Hilfe des weltlichen Arms.

In der Karwoche sollen sie vom Mittwoch an ihre Häuser nicht verlassen oder ihre Fenster öffnen bis zum Ostertag. Das gleiche gilt an Fronleichnam und in der Oktav.

Die Juden sollen keine Lebensmittel anfassen, bevor sie diese nicht gekauft haben, seien es Früchte, Hühner oder Fische, denn es ist ihre Absicht, daß wir ihre Unreinheit annehmen. Es ist auch wahr, daß alle Pflanzen, die sie berühren, niemals wachsen, sondern absterben, krank werden oder welken. Und das steht fest.

Die Juden sollen ihre Zusammenkünfte an besonderen Orten halten und nicht bei den Kapellen. Auf dem öffentlichen Markt sollen sie sich nicht den Kaufleuten oder Krämern anschließen, weil sie mit ihrem Atem Ingwer, Pfeffer, Zucker, Nelken, Muskatnüsse, Rosinen und anderes infizieren. Nur wenige wollen das begreifen: sie wollen nämlich in der Lage sein, uns zu schaden.

Den Juden sollen keine Pfänder gegeben werden, die den Wert des verpfändeten Gutes mehr als um das Doppelte übersteigen. Dadurch wird das Gemeinwohl geschädigt. Sie dürfen den Männern nicht auf die Kleider der Frauen, den verschwenderischen Frauen nicht auf die Kleider der Männer Geld leihen, und das aufgrund strengster Vorschriften unter Androhung der Strafe des Pfarrers, des Rates oder des Präfekten. Daraus sind nämlich eheliche Streitigkeiten entstanden und entstehen noch, so daß Frauen manchmal kaum dem Tod von der Hand des Mannes entgehen. Wenn aber beide Eheleute gemeinsam etwas leihen wollen, dann ist es erlaubt.

Keinem der Räte ist es erlaubt, mit seinem Wissen den Juden errechnete Zinsen von Zinsen gerichtlich zuzuerkennen, die auf die Schuld aufgeschlagen werden, denn es ist nicht erlaubt, Zinsen von oder auf Zinsen zu nehmen, es sei denn, man besitzt eine urkundliche Erlaubnis eines Fürsten oder einer anderen Macht dazu.

Desgleichen sollen ihnen keine besiegelten Briefe über Schulden, Darlehen oder Pfänder gegeben werden, es sei denn mit Wissen glaubwürdiger Zeugen, zumindest zweier Ratsherren, weil sie mit ihren unrechten Briefen weitere Zinsen festsetzen und auf diese Art und Weise das Gemeinwohl schädigen.

Die Juden sollen nicht auf den Mauern oder über die Mauern der Stadt spazierengehen, ebenso nicht in Friedhöfen oder den Kapellen außerhalb der Stadt, weil ich Bilder Christi gesehen habe, durchbohrt mit vielen Löchern. Es ist anzunehmen, daß es die Juden taten, und mir wurde erzählt, daß sie zu diesem Zweck die Kapellen durchschreiten. Aus diesem Grunde ist cs nötig, daß die Ratsherren gemeinsam mit der Erlaubnis des Präfekten und der Richter ein Dekret erlassen, daß keine Jungen die Mauern besteigen, weil sie sie mit Mist verunreinigen. – Wie schon gesagt, gibt es erhebliche Zweifel, ob diese diskriminierende Ordnung tatsächlich je in Kraft trat. Sie wäre allerdings nur sinnvoll gewesen, wenn es damals eine erkleckliche Anzahl von Juden in Crailsheim gegeben hätte. Dafür fehlen allerdings sämtliche Beweise.

Markgräfliche Judenpolitik

Markgraf Friedrich der Ältere selbst erließ 1508 eine umfassende Judenordnung für sein Land, die natürlich auch für Crailsheim verbindlich war. Darin wurde als Höchstzins drei Heller von einem Gulden, also 5 %, festgelegt. Den Juden wurde jede rechtliche Unterstützung bei der Durchsetzung berechtigter Forderungen an Schuldner zugesichert. Der wohlfeile Kauf aller Waren in Städten, Märkten und Dörfern wurde zugesichert, und es sollte *besunder auch das Fleysch nach irem Sytten gegeben und wuchennlich zu baden gestattet werden.* Man nahm also Rücksicht auf die religiösen Bräuche der Juden.

Noch im gleichen Jahr klagten die Crailsheimer Juden gegen ihren eigenen Stadtrat wegen *etlicher Trangsal* entgegen der neuen, von ihnen akzeptierten Ordnung. So kam es zu Verhandlungen in Ansbach. Der Crailsheimer Stadtrat verlangte, daß die Juden *mit Raysen, Wachen, Thorhuten, Stewern und allen andern dergleichen Sachen* der Stadt unterworfen sein sollten. Die volle Belastung durch diese städtischen Abgaben und Dienste sollte allerdings nur die Hausbesitzer treffen, nicht die weniger begüterten Hausgenossen, die zur Miete wohnten. Sie sollten keine normalen Steuern neben ihren speziellen Abgaben für Juden – wie das Schutzgeld – zahlen, also auch keine Kriegssteuer, das sogenannte Raisgeld.

Eine damals weit verbreitete diskriminierende Maßnahme wurde von den Juden gefordert, ein äußerliches Kennzeichen an der Kleidung. Der Wunsch lautete, *das ein jeder Jud und Judin sollen an in tragen an der eußern Cleydung das Judisch Zaychen.* Die Antwort der Regierung lautete: *Ist der Bescheid, das die Juden und Judin zu irem Zaichen nach irem Gefallen sollen tragen gelbe Ringlich oder lang Kappen mit Zipffeln.* Immerhin stellte man ihnen frei, ob sie sich durch die Kopfbedeckung oder durch einen gelben aufgenähten Ring ausweisen sollten. Der Davidstern galt damals noch nicht als das jüdische Symbol schlechthin. Weiter forderte die Stadt ein Verbot, Geld auszuleihen und als Sicherheit dafür Grundstücke zu belasten, die städtischen Steuern unterlagen. Offensichtlich befürchtete die Verwaltung, daß bei Zahlungsschwierigkeiten der Schuldner aufgrund der Bestimmungen der Judenordnung eher den Juden ihre Zinsen als der Stadt ihre Steuern zufließen würden.

Entschieden als diskriminierende Schikane war die Forderung gedacht, daß Juden auf dem Markt Lebensmittel *nit anruren, betaschten oder begreyffen, sondern das sie auf dasselbig theuten.* Eine hygienisch einwandfreie Forderung, die heute selbstverständlich ist, aber nur, weil sie für jedermann gilt oder gelten sollte. Die Regierung ordnete an, daß es den Juden *unverbotten sei, angezaiget War ungeverlich zu heben und zu greyffen, doch sollen sy es auch zimlich und ungeverdet halten.* Auch ein generelles Handelsverbot für Juden konnte der Rat nicht durchsetzen. Die Juden erklärten sich freiwillig bereit, keine Häuser in der Nähe der Kirche zu kaufen, um die religiösen Gefühle der Christen nicht zu beeinträchtigen. Sie verpflichteten sich aber nicht, ghettoähnlich beieinander zu wohnen.

Eine wichtige hygienische und gesellschaftliche Rolle spielten im Mittelalter und in der frühen Neuzeit noch die öffentlichen Bäder. Die eigentlichen Judenbäder mit ihrem natürlichen Wasser dienten nur rituellen Zwecken. Wer dort badete, hatte sich vorher gründlich gereinigt. Und das durften die Juden im städtischen Badehaus, allerdings erst abends, wenn die Christen zumeist gegangen waren. Der Bader wurde jedoch angehalten, dafür zu sorgen, daß trotz der späten Stunde das Wasser genügend warm blieb [13].

Markgraf Friedrich befahl abschließend der Stadt, die Juden in Frieden gemäß dem mit ihnen abgeschlossenen Vertrag leben zu lassen. Auch rechtliche Ansprüche sollten in den bisher üblichen Formen eingeklagt werden, *dieweil unsern Juden in unserm Furstentum ein Freiheit und Ordnung gegeben ist.* Aus diesen Äußerungen geht hervor, daß die Juden an der Ausarbeitung der Judenordnung beteiligt waren. Deutlich wird auch, daß der Landesherr als Inhaber des Judenregals sich seines Verfügungsrechts über die Juden, aber auch seiner Verantwortung ihnen gegenüber bewußt war.

Am 3. Februar 1511 ordnete der Markgraf über die 1508 eingeführte Kennzeichnungspflicht eine besondere Tracht für die Juden an, damit man sie von den Christen unterscheiden konnte: *Darumb haben wir ein Ordnung gemacht, das ein jeglicher Jud under uns wonend ein Mantel, wie einem Juden gezimpt, und auf dem Haupt nichts anders dann Huet tragen sollen.* Von Kennzeichnung mit dem gelben Ring oder dem Davidstern ist nicht mehr die Rede. Mit Mantel und Hut – eine Kopfbedeckung war den Juden ohnehin aus religiösen Gründen vorgeschrieben – so zeigen uns mittelalterliche Abbildungen die Juden.

Markgraf Friedrich erkrankte 1512 schwer. Der Tod seiner Frau und seiner Mutter machten ihn cholerisch und leicht reizbar. Während der Feier der Fastnacht 1515 verhafteten in einem Handstreich seine beiden ältesten Söhne den Vater und erzwangen seine Abdankung wegen angeblicher Geistesgestörtheit. Bis 1527 lebte er in strenger Haft, dann bis zu seinem Tode 1536 zurückgezogen in Ansbach. Der erzwungene Regierungswechsel verhieß nichts Gutes für die Juden im Lande [14]. Im Mai 1515 forderten die neuen Markgrafen Casimir (1515–1527) und Georg (1515–1543) alle Untertanen auf, ihre Pfänder bei Juden auszulösen, ihre Schulden zurückzuzahlen. Die Juden hatten angeblich darum gebeten, sie wegziehen zu lassen. Es war die Zeit, in der auch die Reichsstädte sich ihrer Juden entledigten, ohne daß es zu einer blutigen Verfolgung kam. Die Markgrafen hatten gegen die angebliche Absicht nichts einzuwenden, doch sollten zuvor alle Geschäfte ordentlich abgewickelt werden. Wahrscheinlich verließen die Juden damals auch das ungastlich gewordene Crailsheim, doch bald änderte sich das Bild erneut.

Der erste in der Neuzeit namentlich genannte Crailsheimer Jude ist ein gewisser Seligmann Oringer. Er verpflichtete sich in seinem Schutzbrief, sich *der Kunst des Arzneiens und ehrbarer Kaufhandlung* zu widmen, ohne Wucher – also Geldverleihung gegen Zins – zu treiben. Markgraf Casimir forderte daher den Stadtrat 1524 auf, diesen Juden zunächst ein Jahr auf Probe in Crailsheim wohnen zu lassen, ohne Abgaben von ihm zu fordern, und ihn wie einen Mitbürger zu halten. Unmittelbar nach Ablauf dieses Jahres baten die Crailsheimer, den Juden wieder ziehen zu lassen, weil es Ärger, vor allem mit den Metzgern, gegeben hatte. Markgraf Casimir hatte die Stadt zunächst aufgefordert, als die nicht näher genannten Querelen an ihn herangetragen wurden, den Juden beim Kauf von Fleisch nicht schlechter zu stellen als andere Untertanen, denn *das were unbillich, wie ihr selbst ermessen mogt.* Es endete damit, daß nach einigem Hin und Her die Witwe des inzwischen verstorbenen Markgrafen

---

13 *doch das inen der Bader auch zimlich Hitz behält.*
14 Vgl. SCHUHMANN, (wie Anm. 9), S. 58 f.

Casimir, Markgräfin Susanne, dem Seligmann und seiner Familie zunächst für zehn Jahre Aufenthaltsberechtigung in ihrem Widdumsort Neustadt gewährte. Sie forderte den Crailsheimer Rat auf, den Juden ungehindert ziehen zu lassen und ihm zu seinen noch ausstehenden Schulden zu verhelfen.

Als Markgraf Georg nach dem plötzlichen Tod seines Bruders Casimir die Alleinregierung übernahm, baten die in der Landschaft vereinigten Landstände auf einem Landtag zu Baiersdorf um die Vertreibung aller Juden aus dem Land. Am Freitag nach Matthäi 1528 befahl daraufhin Georg, dem an einem guten Einvernehmen mit den Landständen gelegen war, alle *wucherlichen* Juden aus seiner Obrigkeit zu schaffen, und verbot gleichzeitig allen Christen, Geld bei Juden zu leihen. Er wollte, daß die Juden statt des Wuchers *sich sonst erber Handwerk oder Handtirung mit redlichen Kaufen und Verkaufen nern* [15] *und dermassen, das dann dadurch die christenlichen Untertanen nit vervorteilt und beschwerd werden. Geschicht nun solichs, so hats sein Weg, wo nit...,* sollte man den *wucherlichen* Juden alle Geschäfte im Markgraftum verbieten. Diese an moderne Aufklärer erinnernde Gedanken waren noch nicht reif. An eine Aufhebung des Zunftzwangs war nicht zu denken. Tatsächlich hatte Georg nicht die vollständige gewünschte Vertreibung ins Auge gefaßt. Mit der Beschränkung auf die wucherlichen Juden, also die Geldverleiher, traf er nur einen Teil von ihnen. Sein Verbot der Geldausleihe durch Christen war nur konsequent. Wenn man den Geldverleihern den Markt versperrte, verloren sie die Grundlagen für ihre Existenz. Doch offensichtlich hielten sich die Christen nicht ans markgräfliche Gebot. Außer den Juden gab es nur wenige Möglichkeiten, vor allem fernab von den großen Handelszentren, rasch, auch kurzfristig Kapital zu erhalten.

Die angeordnete Aussperrung wurde dann auch nicht allzu konsequent durchgeführt. Zehn Jahre danach, 1538, ersuchte Markgraf Georg die Stadt, den Juden Kalman aufzunehmen, stellte aber eine Meinungsäußerung zu dieser Bitte anheim. Die Reaktion der Stadt war absolut negativ. Man wollte keine Juden, von denen nur permanente *Ausdehnung, Belastung und Ruin der Bürger* zu erwarten war. Man sollte sie lieber zu anderen Herrschaften ziehen lassen. Die Auswirkungen der inzwischen durchgeführten Reformation werden spürbar. Die protestantischen Reichsstände förderten die antijüdische Stimmung, nicht zuletzt unter dem Einfluß Luthers. Doch auch das vorreformatorische Crailsheim war, wie gezeigt wurde, nicht gut auf die Juden zu sprechen.

Für die insgesamt wenig zahlreichen markgräflichen Juden zogen schwere Zeiten herauf, als der Landtag 1539 erneut die Ausweisung beschloß. Als der zu der damals sich formierenden Reichsritterschaft gehörige Eitel Wilhelm von Crailsheim einen Juden in das zu seiner Herrschaft gehörende Dorf Triensbach aufnahm, beschwerte sich die Stadt beim Markgrafen, der Eitel Wilhelm mit der Gefangennahme des Juden drohte, wenn dieser sich im Markgraftum blicken ließe. Doch Eitel Wilhelm bat statt dessen sogar, seinen Juden mit Namen Herz auf den Crailsheimer Markt kommen zu lassen, da es doch ein freier Markt sei. Auch als Konrad von Ellrichshausen 1544 einen Juden, den Sohn des Nathan von Roth bei Nürnberg, in Jagstheim gegen die Zahlung eines jährlichen Schutzgeldes von 6 fl. aufnahm, bat der Crailsheimer Stadtrat um dessen Ausschaffung.

Diesen Tendenzen widersprach das Mandat, das die Juden im gleichen Jahr vom Kaiser auf dem Reichstag zu Speyer erhielten. Es sicherte den Juden freies Geleit zu, wo immer sie Handel treiben wollten. Darauf beriefen sie sich und verlangten Zugang zu den Crailsheimer

15 D.h. ernähren.

Wochen- und Jahrmärkten. Außer den Crailsheim und den Ellrichshausen nahmen weitere Angehörige der benachbarten Reichsritterschaft Juden auf, so Hans von Berlichingen, der einen Juden nach Michelbach an der Lücke aufnahm und ihm das sogenannte Wasserhäuslein als Wohnung überließ. Eitel Wilhelm von Crailsheim hatte einen zweiten Juden in Großallmerspann aufgenommen. Sie alle waren den Crailsheimern ein Dorn im Auge.

Als Markgraf Georg, der den Beinamen der Fromme erhielt, 1543 starb, folgte ihm nach vormundschaftlicher Regierung sein erst siebzehnjähriger Sohn Georg Friedrich (1556–1603). Entgegen den kaiserlichen Mandaten verbot er sofort alle jüdischen Handelsgeschäfte in den Markgraftümern. Lediglich für den eigenen Bedarf sollten fremde Juden auf seinen Märkten kaufen dürfen. Verkauf oder Zwischenhandel kam nicht in Frage. Die trotz aller früheren Ausweisungsdekrete bereits oder immer noch in markgräflichem Schutz wohnenden Juden durften auch nach dem Regierungswechsel bleiben, wenn sie »Freiheit und Geleit«, also einen Schutzbrief, besaßen. Allen anderen wurde der Aufenthalt strikt untersagt. Damit lag der Markgraf ganz in der Tendenz benachbarter protestantischer Territorien wie Hohenlohe oder Württemberg und der Reichsstädte wie Rothenburg und Schwäbisch Hall.

Das Ausweisungsmandat des Landtags von 1539 war also nicht konsequent befolgt worden. Besonders auf Wunsch der Markgräfinwitwe Emilie wurden schließlich 1561 Fürth, Roth und Zirndorf ausdrücklich als Judenwohnorte bestätigt. Im Unterschied dazu schärfte ein neues Mandat ihres Sohnes Georg Friedrich vom 6. November 1562 wiederum die generelle Ausweisung ein. Auch dieses Mandat verpuffte. In einer geharnischten Beschwerde schrieb er im Juli 1564, daß immer noch *an mehr dann einem Ort noch Juden wesentlich geduldet worden und sich darinnen enthalten, wellichs uns nun zu sonderem ungnedigen Mißfallen geraicht*. Er wollte nun endlich halten, was er der Landschaft *der Judenschaft Abschaffens halben bewilligt und zugesagt*. Binnen zwei Monaten nach Erhalt des Mandats mußten alle Juden gehen, durften aber vorher ihre Schulden eintreiben. Auch hatten sie Anspruch auf einen Paß. Den Lebensnerv der Juden traf ein absolutes Handelsverbot. Weder das Hausieren noch das Feilbieten von Waren auf Jahr- und Wochenmärkten sollte ihnen im Markgraftum erlaubt sein. Der Verlust aller Waren und des Geldes wurde bei Übertretung angedroht. Dem Amt Crailsheim wurde eingeschärft, keinerlei Ausnahmen zu dulden. Aber drei Jahre später gab es immer noch vereinzelte Juden, die angaben, neue Aufenthaltsberechtigungen zu besitzen, was aber der Markgraf kategorisch abstritt.

In einem Mandat vom 23. Juni 1567 wurde das Amt aufgefordert, alle Juden vorzuladen und erschöpfende Auskunft einzuholen, warum sie trotz aller Abschaffungsmandate noch da seien. Das Amt sollte auch in Erfahrung bringen, wo Juden sich auf ausherrischen Gütern aufhielten und wie sie hießen. In drei Tagen erwartete man Antwort in Ansbach. Der entsprechende Bericht aus Crailsheim liegt nicht vor, wohl aber die Antwort, die der Markgraf an das Amt Creglingen schickte. Er schrieb: *Nach deme uns aber gar nicht gemaindt, die Juden als Spötter und Lästerer unserer wahren christlichen Religion, welche auch die Leut mit ihrem Wucher und Betrug aussaugen und zu vielem Bösen Ursach geben… länger wesentlich zu gedulden*, deswegen sollten alle unter Vorlage dieses Mandats binnen eines Monats vertrieben werden. Dem Amtmann wurde mit Mißfallen und mit Repressalien gedroht, falls er nicht umgehend den Vollzug melden könne[16].

---

16 StAL B 70a Bü 48.

Völlig ohne Juden ging es aber anscheinend nicht. Im April 1573 wird erneut ein Bericht über die schon wieder vorhandenen Juden angemahnt. Im Oktober 1582 hatte die Regierung Nachricht erhalten, daß sich schon wieder Juden eingeschlichen hätten. Sie sollten aufgegriffen und Abschriften ihrer eventuellen Schutz-, Schirm- oder Geleitbriefe nach Ansbach geschickt werden. Offensichtlich glaubte man damit, Fälschungen aufdecken zu können. Als die Landschaft im Oktober 1583 tagte, beschwerte sie sich über das Anwachsen der Juden. Ein Beschluß wurde gefaßt, wieder binnen Monatsfrist alle Juden auszuweisen. Wer danach noch im Markgraftum angetroffen wurde, sollte verhaftet, sein Besitz konfisziert werden. Nach der Beschwörung einer Urfehde sollten alle Aufgegriffenen außer Landes gebracht werden. Aber offensichtlich gab es viele Gründe, nicht mit aller Schärfe durchzugreifen; denn im Frühjahr 1584 wurde der Abzugstermin verlängert. Die Ämter wurden angewiesen, weiteren Bescheid abzuwarten, einstweilen nichts zu unternehmen. Der Wind drehte sich zugunsten der Juden.

Gegen Ende seines Lebens versuchte der Markgraf eine neue Politik. Er stimmte der Neuaufnahme von Juden zu in der trügerischen Hoffnung, daß sie christliche Gottesdienste besuchen und schließlich zum Christentum übertreten sollten. Konversion gegen Aufenthaltserlaubnis – die jüdische Religion wurde mehr und mehr Ziel des Angriffs. Wenn sie erst einmal Christen waren, hätte man ihre Handelsgewohnheiten und die Geldausleihe jetzt hingenommen. Doch diese Idee verkannte gründlich die religiösen Grundlagen des Judentums. Konversionen kamen danach zwar vor, aber sie blieben eine nicht ins Gewicht fallende Größe – und die Besten waren es in der Regel auch nicht, die ihren Glauben aus wirtschaftlichen Gründen aufgaben.

Eine neue Gemeinde entsteht

Unter diesen neuen Aspekten erhielt am 25. November 1596 der erste neue Jude, der sich in Crailsheim niederlassen durfte, seinen Schutzbrief. Es war ein gewisser Gabriel. Zu den Quellen der Stadt kommen jetzt die Unterlagen der markgräflichen Verwaltung hinzu. Aus beiden läßt sich die Entwicklung der Gemeinde erstaunlich genau, wie ich meine, nachzeichnen [17].

Am 12. Januar 1598 nahm Markgraf Georg Friedrich den Juden Daniel mit Weib, Kind und Hausgesinde in den Schutz auf. Er erlaubte ihm, sich in Crailsheim niederzulassen, Handel und ehrliche Kaufmannschaft zu treiben. Er hatte eine Aufnahmegebühr von 20 fl. und Schutzgeld zu entrichten. Diese Gelder wurden anscheinend zentral in Ansbach bei der landesherrlichen Finanzverwaltung, der Kammer, erhoben, denn erst seit 1605 wird in den Rechnungen des markgräflichen Kastenamts Crailsheim eine besondere Rubrik »Von der Juden Schutzgeld« eingeführt. Vermutlich wohnte Daniel schon 1594 in Goldbach. Im Jahre 1600 geriet nämlich der Jude Jakob von Goldbach in Streit mit einem Dinkelsbühler Untertanen und wurde von ihm mißhandelt. Jakob forderte ein Schmerzensgeld von 30 fl., wenn er auf eine Anzeige beim Amt verzichten sollte. Der bereits genannte Gabriel lieh dem Dinkelsbühler diese Summe, und Daniel bestätigte schriftlich die friedliche Einigung. Die Herrschaft, der das zu Ohren kam, war mit dieser Art von Selbstjustiz nicht einverstanden und verurteilte alle drei beteiligten Juden zu saftigen Geldstrafen. Man darf vermuten, daß diese gemeinschaftliche Aktion im engsten Familienkreis ausgedacht worden war. Auch weitere Anzeichen deuten darauf hin, daß Jakob aus Goldbach der Vater, Gabriel und Daniel

17 StAL B 70a Bü 49.

seine Söhne waren. Die Bestrafung der drei war kein Einzelfall. Daniel mußte auch zahlen, als er sich mit einem Müller im Wirtshaus zu Crailsheim prügelte oder als er während der Sonntagspredigt einen Pferdehandel abschloß. Auch Gabriels ältester Sohn Jakob – sein Name weist auf den Großvater hin – mußte gelegentlich Strafen entrichten. Nun kann man daraus keine Schlüsse auf das allgemeine Verhalten ziehen, doch sind die Angaben über Bußgelder in den Rechnungen ein wichtiges Indiz für die geltenden Verhaltensnormen und die Art ihrer Übertretung, ohne daß Unterschiede zwischen Christen und Juden gemacht werden. Die Normen galten für alle.

Gabriels Sohn wurde schon mit zwölf Jahren verheiratet. Daraufhin mußte er einen eigenen Schutzbrief beantragen und Schutzgeld nachentrichten. Sofort zeigte sich wieder die scharf antijüdische Einstellung des Stadtregiments. Die Stadt bat nämlich 1602 den Markgrafen, lieber die beiden vorhandenen Juden auszuweisen als einem Dritten die Aufnahme zu gestatten. Auf Gabriel war man besonders schlecht zu sprechen. Er hatte ohne Vorwissen der Stadträte vor einigen Jahren das Haus des Goldschmieds Hans Jakob Harken gekauft, für das sich kein anderer Käufer gefunden hatte, und damit die Voraussetzung für die Schutzaufnahme durch den Landesherrn, ein eigenes Haus, geschaffen. Besonders ärgerlich fanden es die Stadtoberen, daß die bei den umliegenden Reichsrittern inzwischen aufgenommenen Juden sich nach Entrichtung eines mäßigen Zolls ohne weitere finanzielle Belastung in Crailsheim aufhielten und ihren Geschäften nachgingen *und wie die Sag gehet, als das recht Otterngezücht miteinander laichen.* Ohne Anstände, wie sie früher oft vorgebracht worden waren, hatten die christlichen Metzger bis dahin für die Juden Vieh geschächtet. Die Juden hatten so viel Fleisch gekauft, wie es ihrem Bedarf entsprach. Nun wurde von ihnen verlangt, entweder das ganze Fleisch von einem geschächteten Stück Vieh zu übernehmen oder gar nichts davon zu erhalten.

Als Gabriel 1604 eine große Hochzeit für seine Tochter ausrichten wollte, bat der Stadtrat den Landesherrn erneut um Ausweisung aller Juden. In diesem Zusammenhang erfahren wir erstmals von einem Betsaal. Mit dem Ausschaffungsmandat von 1584 war auch die Unterhaltung von Synagogen und Schulen verboten worden. 1604 wurde Daniel und Gabriel unterstellt, daß sie heimlich Gottesdienst hielten und jeweils zahlreiche Juden aus der Nachbarschaft dazustießen. Die ganze christliche Gemeinde werde von den Juden *mit irer Schuel, Handtierung, Gewerb, Nahrung und sonsten in viel Weg hoch geärgert.* Sie müßten fort.

Nach dem Regierungsantritt des Markgrafen Joachim Ernst 1603 hatten die Stände auf einem Landtag ihre Beschwerden vorgebracht, darunter natürlich, es war nicht anders zu erwarten nach aller Erfahrung der letzten Jahrzehnte, auch gegen die Juden, allerdings in sehr allgemeiner Form. Diesen allgemeinen Gravamina hatten die Delegierten der Stadt Crailsheim auf dem Landtag ihre Spezialgravamina angeschlossen. Sie behaupteten, über Menschengedenken hinweg seien in Crailsheim keine Juden ansässig gewesen. Nun habe vor etlichen Jahren zunächst Gabriel mit Vorschubleistung eines Bürgers durch seinen Hausverkauf den landesherrlichen Schutz erhalten, gefolgt von Daniel. Gabriel habe dann seinen Sohn verheiratet, der immer noch ohne Schutzbrief beim Vater wohne und an seinen wucherlichen Geschäften beteiligt sei. Er leiste keinerlei Abgabe. Dann hielten die Juden eine Synagoge und verärgerten damit die Christen, weil sie an Sonn- und Feiertagen ihre wucherlichen Kontrakte abschlössen. An den hohen jüdischen Festtagen kämen viele Juden von außerhalb. Dadurch würden sofort die Lebensmittelpreise ansteigen. Es würden allerhand *Anschläge und Praktiken gemacht, darauf wir etwan an andern Orten erfahren, Verräterei, Brand, Vergiftung der*

Brunnen und anderer Unrat erfolgt. Es gab also keine konkreten unliebsamen Vorfälle in Crailsheim selbst, nur bösartige Gerüchte über Vorfälle an andern Orten, aber auch diese ohne jeden beweisbaren Hintergrund.

Als sehr ärgerlich wurden die Handelsgeschäfte der unter dem Adel sitzenden Juden dargestellt. Sie ritten gegen einen mäßigen Zoll ein und hausierten. Daniel und Gabriel war es erlaubt, mit drei Pferden die städtischen Weiden zu benutzen. Zum Nachteil aller Bürger würden sie aber mit ihrem gesamten getauschten Vieh die Weide bevölkern. Außerdem werde durch ihren Wucherhandel der Viehpreis auf dem Lande hochgetrieben. Ganz schlimm und unerträglich sei es schließlich, daß das Haus des Gabriel an die Stadtmauer stoße und Türen und Fenster zur Stadtmauer hin hätte. So könnten gestohlene Waren ihnen unbemerkt von außen zugesteckt werden. Dadurch, so das Fazit, könne leicht die ganze Gemeinde *in Jammer und Not gedeien.* Einige Beschwerden aus dem rein wirtschaftlichen Bereich waren sicher nicht ohne weiteres von der Hand zu weisen, aber die Masse der vorgebrachten Punkte war haltlos, übertrieben, vom Haß gegen die Juden diktiert. Wenn man nur sagen könnte, warum der Haß hier so ausgeprägt war. Aber es wurde noch schlimmer.

Allen Beschwerden auf dem Landtag zum Trotz wurde der Schutzbrief des Daniel am 9. November 1603 durch Markgraf Joachim Ernst erneuert. Darin wurde der Maximalzins wiederum auf 5 % festgesetzt. Ansonsten durfte Daniel im ganzen Markgraftum *redliche und ehrbare Handtierung, Kaufmannschaft und Gewerbe treiben.* Er mußte 20 fl. Aufzugsgeld und jährlich 20 fl. Schutzgeld entrichten, dazu alle übrigen Belastungen der Bürgerschaft. Der Markgraf behielt sich die jederzeitige Kündigung des Schutzbriefs vor, der in das Crailsheimer Stadtbuch eingetragen wurde.

Im Zusammenhang mit der geplanten Hochzeit einer Tochter des Gabriel hatte die Stadt behauptet, der markgräfliche Amtmann wisse von ihrer Absicht, dieses Fest zu verbieten. Tatsächlich hatte man den Amtmann, der ja den Landesherrn vertrat, überhaupt nicht zu Rate gezogen. Gabriel hatte sich bei ihm beschwert, weil er die Hochzeit nicht absagen könne. So erhielt der Stadtrat die Weisung, das Fest ohne übertriebenes Gepränge durchführen zu lassen. Dieser Rückschlag in seinen auf die Vertreibung der Juden gerichteten Bemühungen veranlaßte den Stadtrat, eine erneute Beschwerde der Bürgerschaft zu provozieren. *Viertelsmeister und eine ganze arme Gemeinde zu Crailsheim* wandten sich – in der gleichen Handschrift, in der auch die Gravamina abgefaßt waren – an den Rat und wiederholten Punkt für Punkt die sattsam bekannten und in den Gravamina festgehaltenen Beschwerden, allerdings um eine delikate Angelegenheit erweitert.

Gabriel hatte insgesamt zehn Kinder, Daniel neun. Sie alle benutzten natürlich, wie es ihnen zustand, das städtische Badehaus. Daraus und aus der Geburtenhäufigkeit wollte man neue Gefahren für das Gemeinwesen sehen. Beide Juden seien *mit den Ihrigen solchs schadhafte, ungesunde Leute, welche gar oft in morbo Gallico*[18] *laboriren und dieselben Chur wie auch der gemeinen Bad sich gebrauchen und zu besorgen, wo sie sich sollten, wie vor Augen, also mehren und heuffen, bald in allen Ecken Juden stecken und endlich, das Gott doch gnedig verhüten, eine ganze Gemeinde anstecken, großen Jammer und Not in der Stadt anrichten möchten.* Der Vorwurf, ansteckende Geschlechtskrankheiten zu verbreiten, war absolut haltlos, gab es doch keine sexuellen Kontakte zwischen Juden und Christen in

---

18 Franzosenkrankheit, zeitgenössische Bezeichnung für die Syphilis. Ursprünglich stand an dieser Stelle »ballico«, was nicht dafür spricht, daß der Schreiber wußte, worum es sich hier drehte.

Crailsheim. Der Rat benutzte die bestellte Klage vom 24. Juni 1604 zu einem erneuten Vorstoß beim Landesherrn, der *als ein christlicher, löblicher Fürst eine ganze Gemeinde und Bürgerschaft allhier mit Gnaden mehr als diese schädlichen Juden ansehen* möge. Er möge die Gemeinde vor den Juden verschonen und sie *aus fürstlichem, christlichen Eifer derselben erledigen und abschaffen.*

Den Bemühungen war ein Teilerfolg beschieden. Der Markgraf bestand darauf, daß die mit Schutzbriefen versehenen Juden bleiben durften. Allerdings galt der Schutz nicht automatisch für verheiratete Kinder – das war konkret gegen Gabriels neuen Schwiegersohn gerichtet. Weiter wurde den Juden, *weil sie mit abscheulichen bösen Krankheiten behaftet,* die Nutzung der öffentlichen Bäder verboten. Unreines Vieh mußten sie abschaffen, ihre Feste künftig allein, ohne fremde Gäste feiern, obwohl das nach jüdischer Sitte nicht möglich war. Verletzungen der christlichen Sonntagsruhe durch Handelsgeschäfte oder Spielen und Zechen wurden bei strenger Strafe verboten. Es war nicht leicht, unter diesen im Juli 1604 übermittelten Bedingungen als Jude in Crailsheim zu leben.

Die Juden weigerten sich, den Anweisungen Folge zu leisten. Drei verheiratete Schwiegersöhne wohnten inzwischen bei den Eltern ihrer Frauen und erklärten dem Amtmann, daß, wie er schrieb, *ir zehen Mannspersonen sein müssen, wann sie ihre gotteslesterliche Schul halten teten.* Außerdem wiesen sie ganz entschieden den Verdacht zurück, daß sie mit irgendeiner ansteckenden Krankheit behaftet seien. Gabriel trotzte allen Versuchen, seine auf die Stadtmauer führende Hintertür zuzumauern. Er wollte sich, wie er sagte, seine rechtmäßig erworbenen Freiheiten nicht nehmen lassen. Erneut drang die Stadt in den Markgrafen, Schluß mit den Juden zu machen, allenfalls Gabriel und Daniel, keinesfalls aber ihre verheirateten Kinder weiter zu schirmen.

Als der Markgraf auf diese massive Intervention vom 16. September 1604 nicht reagierte, wandte sich der Stadtrat an den markgräflichen Berater Hans Philipp Fuchs von Bimbach mit der Bitte, ein schärferes Durchgreifen gegen die Juden zu ermöglichen. Doch auch er konnte lediglich eine Bestätigung der Anweisungen vom Juli 1604 erreichen und teilte dies der Stadt im März 1605 mit. Daraufhin mußten Gabriels Sohn Jakob und Daniels Sohn David die Stadt verlassen. Beide fanden im benachbarten Jagstheim mit Unterstützung des Amtmannes und des Kastners Unterschlupf. Damit begann eine Entwicklung, die sich nach der Emanzipation im 19. Jahrhundert ins Gegenteil verkehrte, als die Jagstheimer Juden nach Crailsheim zurückkehrten. Die Stadt beklagte sich bitter darüber, daß die Juden beim Amtmann immer Unterstützung fanden. Herrschaftliche und städtische Judenpolitik standen sich unvereinbar und unversöhnlich gegenüber.

So berichtet der Amtmann, daß Jakob die Stadt habe verlassen müssen, *weil ine ein Rat alhie in der Stadt nicht leiden wollen, sondern aus derselben ziehen müssen*[19]. Jakob erbat einen neuen Schutzbrief und erklärte sich bereit, wie schon in den drei vorhergehenden Jahren in Crailsheim jährlich 16 fl. Schutzgeld zu entrichten. Er erhielt eine Wohnung bei dem Christen Endres Halbritter. Anders erging es David. Er bot eine Schutzgeldzahlung von 10 fl. an, weil er nur ein geringes Vermögen besaß. Der Markgraf schickte beide Gesuche im Februar 1606 zur Berichterstattung und Meinungsäußerung an die Stadt, die natürlich, wie nicht anders zu erwarten, die Aufnahme rundweg ablehnte. Jakob als Inhaber eines alten Schutzbriefes durfte bleiben, nicht aber Daniel. Er wurde nicht in den Schutz aufgenommen und hielt sich fünf

19 StAL B 65 Bd. 105.

Jahre lang heimlich bei Michael Hermann in Jagstheim auf. 1610 flog diese Geschichte jedoch auf, und *dieweil aber gnädige Herrschaft keinen Juden mehr einkommen zu lassen bedacht, hat gedachter David jedes verlaufene Jahr für Schutzgeld und Schatzung 5 fl. (dann 5 fl. für hinterlassenen Schutzbrief in Herren Tax) bezahlen und von Jagstheim hinwegziehen müssen, sitzt jetzt unter den Geyer zu Goldbach.* Auch der christliche Vermieter erhielt eine Geldstrafe, weil er dem Juden Unterschleif gegeben hatte.

Als der Crailsheimer Gabriel im Mai 1607 einen weiteren Sohn Abraham mit einer Judentochter aus Goldbach verheiraten wollte und der Amtmann die entsprechende Erlaubnis erteilte, übersandten Bürgermeister und Rat einen Katalog der schon stereotypen Klagen an den Landesherrn. Nach ihrem Bekunden – und diese Zahlen sind wichtige Indizien für das nur sehr langsame Auftreten der Juden im ländlichen Raum – gab es damals zwanzig Juden in Schopfloch, sechs in Goldbach, vier in Wellershaus (Wäldershub), zwei in Jagstheim, zwei in Lendsiedel, zwei in Hengstfeld, zwei in Michelbach und zwei in Dünsbach. Man sieht aus diesen Zahlen, daß die Juden vor dem Dreißigjährigen Krieg keine politische oder wirtschaftliche Rolle spielen konnten. Der Markgraf hätte es lieber gesehen, wenn die Hochzeit bei Gabriels Gegenschweher Hirsch in Goldbach stattgefunden hätte, erlaubte aber eine stille Heirat in dem in einem abgelegenen Winkel der Stadt gelegenen Haus des Gabriel, wenn er nur drei bis vier Tische voller Gäste einlud. Nach der Hochzeit sollten die jungen Leute allerdings entsprechend dem Dekret vom 23. Juli 1604 Crailsheim verlassen. Und so geschah es auch.

Im Jahre 1609 wollte Gabriel erneut eine Tochter mit Namen Hester verehelichen, und zwar mit dem Juden Secklein aus Worms. Er bat den Rat der Stadt um Erlaubnis zu einer stillen Zeremonie mit wenigen Gästen. In Abwesenheit des Markgrafen verbot die Regierung in Ansbach diese Feier in Crailsheim. Sie sollte an einem anderen Ort stattfinden. 1612 schließlich bat Lippmann aus Herrieden, die Hochzeit seines Sohnes mit einer weiteren Tochter Gabriels in Crailsheim zu gestatten, weil er weder über die notwendigen Räume noch das Personal für eine würdige Feier verfügte. Anscheinend erhielt er diesmal die Erlaubnis.

Am 8. August 1612 erhielt Berlein aus Hengstfeld einen Schutzbrief für Crailsheim, zunächst befristet auf zwei Jahre. Er zahlte dafür jährlich 20 fl. Schutzgeld. Die Stadt protestierte wie üblich, aber vergeblich. Berleins Schutz wurde 1614 auf weitere zwei Jahre verlängert, 1616 um drei Jahre. Er war in rechtliche Auseinandersetzungen mit den Herren von Wollmershausen geraten, gegen die auch der Markgraf am Reichskammergericht prozessierte. So gewährte er Berlein weiterhin Schutz und Schirm.

Nach einer sehr restriktiven Phase war die markgräfliche Judenpolitik seit 1596 mit der Gewährung befristeter Aufenthaltserlaubnis ein wenig liberaler geworden. Schon zu Beginn des 17. Jahrhunderts besaß die Judenschaft der Markgraftümer eine Interessenvertretung, einen von einem Rabbiner geleiteten Ausschuß [20]. Auf dessen Ersuchen verlängerte Markgraf Joachim Ernst 1609 *uff ein Zeitlang* – vorgesehen waren acht Jahre – die Aufenthaltserlaubnis der bereits vorhandenen Juden. Neuaufnahmen waren noch, wie das Beispiel Davids zeigt, nicht vorgesehen. Doch die Herrschaft lockerte bald wieder die Zügel. Außer ihren persönlichen Abgaben hatte die gesamte Judenschaft eine pauschale Abgabe an den Landesherrn zu entrichten. Ihre Verteilung war eine der Hauptaufgaben des Ausschusses. Ihm gehörten 1615 Gabriel aus Crailsheim, Rabbi Samson zu Fürth, Mayer aus Gunzenhausen und Samuel zu

---

20 Vgl. dazu D. J. COHEN, The »small council« of the Jewry of Brandenburg-Ansbach, 1960.

Dollmeßingen an. Der Beitrag wurde in diesem Jahr auf 1000 fl. festgesetzt. Im Herbst 1617 bewilligte der Markgraf gegen eine jährliche Pauschale von 500 fl., unabhängig von den Schutzgeldern, den Aufenthalt der Juden auf weitere dreizehn Jahre, also bis 1630.

Die Höhe der persönlichen Schutzgelder war, wie bereits gezeigt wurde, sehr unterschiedlich. Sie richtete sich nach dem Vermögen des einzelnen. Ursprünglich wurde das Schutzgeld hier in goldenen Talern festgesetzt. Der Kurs dieser Taler schwankte beträchtlich, denn sie waren lediglich eine Rechnungseinheit, keine echten Zahlungsmittel. Gabriel hatte 40 Taler, sein Sohn Jakob 16 Taler, Daniel 20 Taler aufzubringen. Das entsprach 1610 zum Beispiel 50, 20 und 25 fl. Ihren Lebensunterhalt verdienten die Crailsheimer Juden anscheinend vornehmlich mit der Ausleihe von Kapital gegen Zins. So war Gabriel 1608 und 1611 in Prozesse mit Einwohnern von Wettringen wegen verschiedener Kapitalgeschäfte verwickelt[21].

Immer wieder versuchte die Stadt, den unerwünschten Juden das Leben schwer zu machen. So wurden 1615 ganz willkürlich die Fleischpreise erhöht, natürlich nur für die Juden. Gabriel, sein Sohn Jakob in Jagstheim, Berlein und ein neuer Jude Salomon beschwerten sich dagegen beim Landesherrn. Daniel war anscheinend damals schon gestorben. Im Jahre 1618 wurde Gabriels zweiter Sohn Moschi in den Schutz nach Jagstheim aufgenommen und zog zu Simon Weller als Mieter. Sein älterer Bruder Jakob war inzwischen so vermögend geworden, daß er sich ein eigenes Haus in Jagstheim kaufen konnte. Sein Bruder Moschi zog zu ihm.

Als der Dreißigjährige Krieg ausbrach, lebten also im Bereich des Kastenamts Crailsheim fünf mit Schutzbriefen versehene Familien: Gabriel, Jakob, Moschi, Berlein, Salomon. Sie zahlten insgesamt 177 fl. Schutzgeld im Jahr. Durch die Inflation zu Beginn des Krieges, die sogenannte Kipper- und Wipperzeit, stieg diese Summe auf 495 fl. im Jahre 1621 an. Jakob trug damals sein neues Haus dem Landesherrn zu Lehen auf und erhielt dafür die Erlaubnis, in die Stadt zu ziehen. Am 28. August erhielt er einen entsprechenden Schutzbrief. Ein Protest der Stadt ist nicht bekannt. Wegen des großen Schadens, den die Juden durch die Inflation erlitten hatten, wurde das Schutzgeld für Gabriel von 40 auf 30 Taler ermäßigt.

Berlein hatte ein Haus an der Stadtmauer erworben. Sein ältester Sohn Joel wurde in Jagstheim als Nachfolger Jakobs in den Schutz aufgenommen. 1626 heiratete er Jakobs Tochter und erbte nach dem Tode seines Vaters im gleichen Jahr das väterliche Haus in der Stadt. Natürlich wollte er es auch bewohnen und bat um Aufnahme. Die Regierung fragte daraufhin sehr höflich bei der Stadt an, ob gegen eine zunächst befristete Aufnahme des Joel Bedenken bestünden. Salomon hatte inzwischen sein Haus in Crailsheim dem Moschi verkauft und wollte gern aufs Land ziehen, fand aber keine passende Bleibe. So wurde ihm eine zweijährige Aufenthaltsverlängerung bewilligt und diese 1629 nochmals erneuert. So wohnten bereits fünf Familien in der Stadt. Es kam nicht unerwartet, daß der Rat auf das Gesuch des Joel seine alten Einwände gegen die Ansiedlung von Juden erneuerte und für ihre totale Abschaffung eintrat. Joel erhielt trotzdem den erbetenen Schutzbrief.

Im Dreißigjährigen Krieg

Inzwischen hatte sich der große Krieg ausgeweitet und die fränkischen Lande erreicht. Die Unsicherheit außerhalb der leidlich sicheren befestigten Städte wuchs. Marodierende Söldner zogen durch das Land, raubten, mordeten, plünderten und brannten viele Häuser und Höfe

21 Stadtarchiv Rothenburg A 840 II.

nieder. So war es nicht unerwartet, daß auch Juden vom flachen Land in den ihnen verschlossenen Städten um Aufnahme baten wie Koppel, Jude von Hengstfcld, 1628. Bürgermeister und Rat sperrten sich energisch gegen die Aufnahme und verwiesen auf ihre früheren Vorstellungen, obwohl sie mit *höchster Bekummernis hatten verspüren müssen, daß all unser Flehen und Bitten – ohnangesehen es für ganz erheblich geachtet worden – umsonst und vergeblich war.* Koppel durfte einziehen, und auch Gabriels vierter Sohn Hirschlein wurde 1630 aufgenommen. Die Herrschaft hatte den in diesem Jahr eigentlich auslaufenden generellen Schutz bis 1634 verlängert, den Höchstzins für Kapitalausleihen auf 6 % festgesetzt und das Schutzgeld auf sechs güldene Groschen erhöht. Die wachsende Zahl der Juden erregte steigenden Unmut in der Stadt. Die prunkvolle dreitägige Hochzeit, die Jakob für seinen ältesten Sohn Aron 1631 ausrichtete, führte zu schweren Beschuldigungen beim Amt. In einer Verteidigungsschrift[22] führten die Beklagten aus, daß sie aus acht Familien mit insgesamt 44 Personen bestanden, die in sechs Häusern wohnten:

1. Gabriel mit Frau, Tochter, Magd, Knecht, seinem Sohn Hirschlein und dessen Frau,
2. Joel mit Frau, vier Kindern und einer Magd,
3. Moschi mit Frau, drei Kindern, Knecht, Magd und Schulmeister,
4. Jakob mit Frau, drei Kindern, Magd, Schulmeister und dem jungverheirateten Sohn Aron mit Frau,
5. Koppel, Witwer, mit fünf Kindern, Magd, einer verheirateten Tochter und deren Mann,
6. Salomon mit Frau und zwei Kindern.

Wegen der schweren Kriegsnöte weilten mit herrschaftlicher Genehmigung vorübergehend eine weitere Tochter Jakobs mit Familie aus Jagstheim und die verwitwete Schwester des Salomon aus Satteldorf in der Stadt, insgesamt elf Personen.

Aus dieser Aufzählung geht hervor, daß die Juden nicht arm waren. Alle hatten wenigstens eine Magd und zwei sogar eigene Hauslehrer für ihre Kinder. Zur Hochzeit kamen am 4. August 1631 Jakobs Gegenschwieger mit einer Kutsche aus Mergentheim, begleitet von einem Trompeter des Hochmeisters. Jakob schickte ihnen einen weiteren Reiter als Bedeckung bis Goldbach entgegen, und so zog die Kutsche der Gäste unter Trompetenklang in Crailsheim ein. Man hatte den Trompeter angeblich ermahnt, nicht zu blasen und keinen Ärger zu erregen. Aber er hatte darauf seiner Herrschaft zu Ehren bestanden. Dann hatte Jakob die beiden Stadtknechte engagiert, die rund ums Haus für Ruhe und Ordnung sorgen sollten. All dieses hatte Neid und Ärger erregt. Im Namen seiner Glaubensgenossen legte Jakob die Tatsachen dar und bat um Beibehaltung des Schirms. Er versprach dagegen Gehorsam, friedliches und nachbarliches Verhalten gegen jedermann.

Diese Beschwerde war nur der Beginn einer schlimmen Kampagne gegen die Juden, die das Konsistorium in Ansbach anzettelte. Es forderte am 13. Oktober 1631 vom Crailsheimer Dekan einen Bericht über das Verhalten der Juden an. Wieder einmal wurde ihnen vorgeworfen, durch ihre wucherlichen Händel Gottesdienst und Andacht zu stören, Konventikel unter sich abzuhalten sowie die evangelische Kirche mitsamt den Landesherrschaften zu verfluchen und zu verwünschen[23]. Für den Crailsheimer Dekan waren die Juden Gottlose, Feinde Christi und seiner Gläubigen, die aus Deutschland *exterminiert* werden müßten[24]. Leider hätten sie

22 StAL B 70 Bd. 49.
23 Ebd.
24 Ebd. Die folgenden Darlegungen stützen sich weitgehend auf die streng chronologisch angelegten in den Bänden BA 68 – 72 zusammengefaßten, nicht paginierten Judenakten des Stadtarchivs Crailsheim, die

zu viele Freunde. So forderte er seine Amtsbrüder im Dekanat zur raschen Berichterstattung über ihre Erfahrungen auf. Die Regierung sollte zum massiven Einschreiten gegen die Juden aufgestachelt werden. Die Berichte der Geistlichen sind erschreckend in ihren Aussagen und spiegeln Luthers judenfeindliche Grundhaltung unbarmherzig wider. Da war nichts von christlicher Nächstenliebe zu verspüren.

Die boshaftesten Formulierungen fanden Geistliche aus Gemeinden, in denen überhaupt keine Juden wohnten. Pfarrer Johann Philipp Unfug aus Mariäcappel hatte keinerlei eigene Erfahrungen zu vermelden und schrieb: *Sonsten aber ist nichts Neues, sondern land-, ja weltkundig, was gotteslesterliches, unleidenliches Leben die Juden verführen, dann sie ja des Herrn Jesu, unsers getreuen Immanuels, abgesagte Feind sind, der sich von ihnen muß schröcklich verspotten, verspeyen und verfluchen lassen. Juden hägen (sei) der Sünden eine, welche bishero gen Himmel geschrien und zweifelsohne viel Straf und Plag dem Vaterland zugezogen... Da sie keine politica negotia treiben, so arbeiten sie nichts und sammeln nichts. Dennoch haben sie alles vollauf, daß sie noch zu viel 100 und 1000 verleihen können. Woher nehmen sie es denn, als von gnädiger Herrschaft Landen und Leuten? Also kommen sie empor mit ihrem übersetzten Wucher, viel arme Christen aber verderben. Sie werden das Haupt und wir der Schwanz, sie leihen und wir müssen von ihnen borgen.* Er war der Hoffnung, daß die Juden nicht mehr geduldet, sondern ausgetrieben würden.

Sehr viel realistischer schrieb der Pfarrer Stieber aus Onolzheim. Er hatte nie gehört, daß die Juden sich gegen die Religion äußerten. Sie wüßten schließlich genau, daß sie in den Markgraftümern *übel damit anlaufen würden*. Es stimme, daß sie sonntags Handel trieben und Zinsen einforderten, denn die Wahrscheinlichkeit, säumige Zahler dann im Wirtshaus anzutreffen, war groß. Angeblich setzten die Juden auf den Sieg des Kaisers im Krieg, weil sie dann bleiben dürften. Im Falle eines Sieges von Kursachsen – die Schweden spielten in Süddeutschland damals noch keine Rolle – befürchtete man allerdings die Vertreibung. Diese befürwortete auch Pfarrer Stieber. Die Obrigkeit sollte sich ein Herz fassen und das *verfluchte Gesindlein ab- und ausschaffen*. Damit würde manche Schuld bezahlt werden. Es läge nur an den Patronen der Juden am Hof und in den Städten, an der höheren Einschätzung des privaten vor dem öffentlichen Nutzen, daß sie noch nicht aus dem ganzen Land verschwunden seien.

Pfarrer Rabus aus Leukershausen beklagte nur den Wucher. Es sei *wol zu beklagen, daß die Obrigkeit solche Leute, die ihren Untertanen das Mark gleichsam aus den Beinen saugen, solang geduldet und nicht allein geduldet, sondern sie bei solchem Wucher geschützt und gehandhabt werden. Gott möge der Obrigkeit die Augen öffnen, damit sie diese gottvergessenen Leute aus ihrem Lande musterten oder aber sie auch zur Arbeit und redlicher Nahrung anhielten.* Der Pfarrer von Wiesenbach hielt es nicht für besonders notwendig, sich *in dieser tristissime und gefährlichen Zeit, da alles hin und her verwüstet, geplündert, geraubt und weggenommen wird* – ihm hatte man sogar das Dienstsiegel entwendet – mit solch einem Randproblem überhaupt zu beschäftigen. Gerade in dieser Zeit wurde eine Reihe von ansbachischen Orten von kaiserlichen Truppen verwüstet und geplündert. Besonders evangelische Pfarrer hatten in den vom Krieg heimgesuchten Orten aus diesem Grund ganz andere

anscheinend noch nie systematisch ausgewertet worden sind und zahlreiche bisher unbekannte Details zur markgräflichen Judenpolitik enthalten. Auf einen Einzelnachweis der vielen hundert Fundstellen wird verzichtet. Sie sind im Bedarfsfall leicht zu verifizieren, ebenso wie die ebenfalls systematisch durchgesehenen Rechnungen des Amts Crailsheim im StAL.

elementare Sorgen als ausgerechnet die Judenfrage. Die Umfrage hatte keine sofortigen konkreten Folgen.

Nach der Schlacht um die Alte Feste bei Fürth und dem Rückzug der Schweden im September 1632 drang die kaiserliche Soldateska plündernd in die weitere Umgebung vor. Während eines Einfalls in Crailsheim flüchteten die Juden aus der Stadt. Einzelne Bürger nutzten die Gelegenheit zu ausgiebigen Plünderungen in den Judenhäusern, aber auch zu bloßer Vernichtung jüdischen Eigentums. Fenster und Öfen wurden zerschlagen. Als die Juden zurückkehrten, wandten sie sich Anfang Dezember 1632 voll Zorn an die Markgräfin Sophie, die seit 1625 als Vormund ihres Sohnes die Regierung führte, und verwiesen auf ihre Schutzbriefe. Unter Androhung schwerster Strafe forderte die Markgräfin die Crailsheimer auf, alle gestohlenen Waren zurückzugeben oder, falls bereits Dinge weiterverkauft waren, sich mit den Juden über eine billige Entschädigung zu einigen.

Doch die Zeit war zu turbulent für friedliche Verhandlungen. Die generelle Aufenthaltserlaubnis der Juden lief 1634 ab. Insgeheim hofften die von der Vertreibung Bedrohten auf die in der Vergangenheit immer wieder erfolgte Verlängerung, doch dann drehte sich der Wind. Im März 1636 ließ Markgräfin Sophie der Judenschaft mitteilen, daß sie nicht beabsichtige, sie länger im Lande zu dulden. Sie sollten bis Ende des Monats alle Liegenschaften verkaufen und keine Handelsgeschäfte mehr mit brandenburgischen Untertanen abschließen. Notfalls sollte der Wert der Güter durch die vereidigten Schätzer festgestellt werden, die auch sonst bei Erbfällen etwa tätig wurden. Dem Oberamtmann in Crailsheim wurde das Dekret am 18. März 1636 mit der Aufforderung zugestellt, die notwendigen Maßnahmen in die Wege zu leiten, vor allem für den Einzug der Nachsteuer zu sorgen. Diese Vermögenssteuer in Höhe von 10 % war von den außer Landes zu bringenden Geldwerten zu erheben.

Als der Dekan dieses streng geheime Dekret erhielt – er mußte es nach Kenntnisnahme versiegelt nach Ansbach zurückschicken –, war man sich über die Durchführbarkeit wegen der undurchsichtigen Situation mitten im Kriege durchaus nicht im klaren. *Gott helfe, daß sich die Gemüter nicht ändern und die geharnischten Männlein nicht Hinderung darein bringen. Wann ein Handhab daraus gemacht würde, sollts im ganzen Fürstentum desto besser stehen,* meinte der Schwager des Crailsheimer Dekans, der im Ansbacher Konsistorium saß. Das von der protestantischen Geistlichkeit endlich durchgesetzte Dekret zeigte Wirkung. Jakob, sein Sohn Aron und sein Bruder Hirsch zogen nach Dinkelsbühl. Moschi war bereits 1632 gestorben. Joel, Salomon und Koppel blieben jedoch in der Stadt, und als der Krieg immer heftiger tobte, erlaubte die in schweren Geldnöten befindliche Herrschaft schon 1637 aus anderen Orten geflüchteten, *eingefleheten* Juden den vorübergehenden Aufenthalt gegen ein vierteljährlich zu entrichtendes Schutzgeld von einem Gulden. Insgesamt fünf Familien machten davon Gebrauch. Eine zog bald ebenfalls nach Dinkelsbühl, eine zweite verschwand ohne jedes Aufsehen, ohne jede Spur. Drei Familien blieben in der Stadt: Judas, Abraham genannt Knechtlein und Elias. Nach einigen Jahren erteilte ihnen die Regierung, die inzwischen erneut eine Kehrtwendung in ihrer Judenpolitik gemacht hatte, die Erlaubnis zu definitiver Niederlassung an ihrem Flüchtungsort. Juden waren durch die plündernde Soldateska besonders gefährdet. Ihr Drang in den Schutz innerhalb der halbwegs sicheren städtischen Mauern war verständlich.

So lebten im Kriegsjahr 1642 sechs Familien in Crailsheim. Das Gut des Juden Jakob in Jagstheim verwaltete sein Sohn Abraham, der den markgräflichen Schutz nicht erhalten hatte und 1636 ebenfalls vorübergehend nach Dinkelsbühl gezogen war. Die *geharnischten Männ-*

lein, die Soldaten der verschiedenen kriegführenden Mächte, hatten, wie von den Geistlichen befürchtet, eine endgültige Vertreibung unmöglich gemacht. Jakobs Söhne, Abraham und sein Bruder Aron, kehrten vor Kriegsende wieder in die Stadt zurück. Als neunter Jude wurde 1646 ein gewisser Marx neu in den Schutz aufgenommen. Das sehnlich erwartete Ende des Krieges erlebten die Familien von Abraham, Abraham genannt Knechtlein, Aron, Elias, Joel, Judas, Koppel, Marx und Salomon.

Nach dem großen Krieg

Kaum war das jahrzehntelange Rauben und Morden vorüber, suchte man erneut den Juden das Leben schwer zu machen. Man versuchte in Crailsheim, sie von den Märkten zu verdrängen. Das stand natürlich in absolutem Widerspruch zum Inhalt ihrer Schutzbriefe, die ja den freien Handel garantierten. Ohne diese Garantie waren die Schutzgelder nicht zu erwirtschaften. Markgraf Albrecht forderte daher am 1. September 1652 alle Beamten auf, die Handelsfreiheit der Juden sicherzustellen. Als erster neuer Jude nach dem Krieg wurde im Mai 1654 Mendel in den Schutz aufgenommen. Auch Isaak erhielt die Aufenthaltsberechtigung. Da Abraham genannt Knechtlein im gleichen Jahr verstorben war, wurde erstmals die Zahl von zehn jüdischen Familien in der Stadt erreicht, bei dem allgemeinen Wachstum der Städte nach dem Krieg keine bedeutungsvolle Zunahme. Als Koppel 1656 starb, wurde er durch Alexander, den Sohn des Aron, ersetzt. In den folgenden Jahren zogen zwei weitere Juden mit Namen Berlein und Eleasar zu.

Die Witwen der verstorbenen Schutzjuden durften im Schutz verbleiben und zahlten ein reduziertes Schutzgeld, die Hälfte oder noch weniger, je nach Vermögenslage. 1659 stürzte Elias, seit nunmehr 36 Jahren im Schutz in Crailsheim wohnend, vom Pferd und brach sich ein Bein. Die Verletzung wollte nicht verheilen, und Elias konnte seinen Geschäften über Land nicht mehr nachgehen. So bat er um einen Schutzbrief für seinen 23jährigen Sohn Gabriel, der sich gerade verheiratet hatte und noch bei ihm wohnte. Er sollte wegen der Behinderung des Vaters die Geschäfte weiterführen. Im gleichen Jahr nahm Markgraf Albrecht den Juden Wolf in den Schutz auf. Er zahlte 8 fl. Schutzgeld jährlich. Nur 4 fl. zahlte ein gewisser Liemann seit dem 22. Dezember 1659. Das zeigt deutlich, daß die Höhe des Schutzgeldes individuell festgelegt wurde und vom Vermögen und der Leistungsfähigkeit abhängig war.

Die wachsende Zahl der Haushalte verschärfte die unverändert ablehnende Haltung der Stadtväter. Im Frühjahr 1660 trugen sie ihre alten und neuen Beschwerden dem Markgrafen vor. Anlaß war eine Haustransaktion. Der alte Crailsheimer Jude Hirsch, jetzt Hirschlein genannt, hatte von Dinkelsbühl aus das Haus des Wirts Jakob Sackenreuther gekauft und an den Juden Isaak vermietet, der nun in diesem Haus wohnte, ohne einen Schutzbrief zu besitzen. Neben der stereotypen Aufzählung aller uralten Anschuldigungen tauchten neue Beschwerdepunkte auf. Die Juden seien zum Wachdienst nicht zu gebrauchen. Außerdem seien sie von der Jagdfron, der Teilnahme als Treiber bei herrschaftlichen Jagden, und von Handdiensten befreit. Durch die Hausiergeschäfte der Juden auf dem Lande seien die städtischen Märkte schwer beeinträchtigt worden. Das zeige sich vor allem im Rückgang des Umgelds, einer Steuer auf Wein, die sonst an Markttagen in reichem Strom eingeflossen sei, jetzt aber ganz ausfiel. Wie schon üblich, forderte man die Eindämmung des Zustroms der Juden, Handelsbeschränkungen und die Verpflichtung zur Jagdfron. Die Zahl der jüdischen Haushalte wurde mit 15 angegeben. Die Juden setzten sich mit einem neuen Selbstbewußtsein gegen die Beschuldigungen zur Wehr. Es gab nur 13 Haushaltungen, da man zum Beispiel die 75jährige Witwe des Koppel nicht als Haushalt zählen könne. Sie lebte ausschließlich von der Unterstützung durch Freunde.

Es stimmte zwar, daß die Juden keine Jagdfron leisteten. Dafür mußte aber jeder Haushalt einen Hund für die Herrschaft halten. Ihnen wäre es viel lieber, wenn sie statt dessen die nur gelegentlich anfallenden Dienste leisten könnten, obwohl die gesamte Judenschaft jährlich statt der persönlichen Anwesenheit bei Jagden das sogenannte Gänsgeld in Höhe von 18 Reichstalern zahlte. An den Wachen seien sie im Kriege immer beteiligt gewesen und würden sich nicht weigern, wenn man sie nur dazu auffordern würde. Für den Ausschuß, das städtische Aufgebot im Kriegsfall, stellten die Juden jedesmal, wenn er aufgestellt wurde, zwei Pferde.

Die Vermögensverhältnisse der Juden wurden von ihnen als nicht sehr gut geschildert. Fünf oder sechs der Häuser waren so klein, daß sie höchstens mit 50 fl. taxiert werden konnten. Drei Haushaltungen wohnten in Untermiete und waren zum Teil von den Landschaftssteuern befreit. Auch der Vorwurf, sie kauften den besten Fisch auf dem Markt auf, sei aus der Luft gegriffen. Die Juden aßen weder Gründlinge noch Aal oder Ruppen(?). Andere Fische wie Hechte oder Barben waren ihnen zu teuer, so daß sie nur hin und wieder davon kauften. Meistens erwarben sie wohlfeile Fische wie Weißfische.

Eine Beeinträchtigung der Märkte durch ihren Hausierhandel schlossen die Juden vollständig aus. Dazu war ihr Kapitaleinsatz und ihr Umsatz viel zu gering. Ihre Domäne bildete schon damals der Viehhandel. Einen Kramladen besaß lediglich Aron mit seinem Sohn Alexander, weit weg vom Markt in einer Nebengasse gelegen. Die Bürger könnten ihnen nicht verargen, wenn sie von den in ihren Schutzbriefen bewilligten Privilegien – wenn auch nur bescheidenen – Gebrauch machten. Ihr Kapitalvermögen sei viel zu gering, um große Zinsgeschäfte durchführen zu können. So baten die Juden den Landesherrn, die Beschwerden der Bürgerschaft als unbegründet zurückzuweisen und sie bei ihren durch die Schutzbriefe gewährten Freiheiten zu belassen.

Die Stadt nahm zu allen Gegenvorstellungen erneut Stellung und suchte den Juden Unterstellungen und Übertreibungen nachzuweisen. Die Behauptung, daß die Juden überhöhte Zinsen nahmen, war nicht zu beweisen, weil sich angeblich die Schuldner schämten, Auskunft darüber zu geben. Außerdem sei es Taktik der Juden, einigen Schuldnern sehr gute Konditionen für Darlehen einzuräumen. Das spreche sich herum, und neue Kunden seien rasch gewonnen, mit denen man dann um so schlimmer umspringe. Diese Argumentation war rein emotional, denn kein einziger konkreter Fall konnte nachgewiesen werden.

Der Markgraf verwies im Mai 1661 der Stadt ganz entschieden die Versuche, ihm das Maß und die Ordnung der Judenaufnahme vorzuschreiben. Die Juden sollten bei ihren Freiheiten gelassen werden, doch wurde das ohnehin geltende Verbot wucherlicher Kontrakte und des Handels an Sonn- und Feiertagen erneut eingeschärft. Diesen Hebel nutzten Bürgermeister und Rat in ihrem Sinne. Plötzlich hingen Edikte an den Toren der Stadt und der Kornschranne, die den Juden bei Strafe von 5 fl. verboten, an Sonn- und Feiertagen die Stadt zu verlassen. Damit war ihnen die Möglichkeit genommen, etwa Zinsen oder Rückzahlungen an diesen Tagen einzufordern, was nicht verboten war. Vor allem im Sommer waren die Bauern unter der Woche fast ständig außer Haus auf den Feldern, und manch einer bestellte seinen Gläubiger zur Zahlung sogar auf den Sonntag. Auch manche Märkte fanden an Sonn- und Feiertagen statt. Die Crailsheimer Juden sahen sich plötzlich davon ausgeschlossen und beschwerten sich im März 1664 erneut beim Landesherrn. Die Lebensbedingungen wurden auch durch Maßnahmen der benachbarten Landesherren erschwert. Graf Joachim Albrecht von Hohenlohe-Kirchberg verbot 1663 sämtliche Hausiergeschäfte von Juden in seinem Herrschaftsbereich. Lediglich an offenen Jahrmärkten durften sie sich beteiligen. Der Durchzug auf offener Straße blieb den Juden unverwehrt. Wurden sie jedoch bei verbotenen Geschäften ertappt, drohte ihnen die Konfiskation aller mitgeführten Waren.

Die Synagoge

Die älteste Synagoge war – wie bereits gesagt – zunächst eine einfache Stube im Haus des Gabriel an der Stadtmauer gewesen. Dieses Haus war während des Dreißigjährigen Krieges an einen Christen verkauft worden, nach dem Krieg jedoch von einem Juden zurückerworben worden. Gottesdienst war seit etwa 1635 im Hause des Elias in der Innenstadt gehalten worden. 1664 begann Elias, ohne den Stadtrat zu informieren oder eine Genehmigung einzuholen, mit einem Anbau an sein Haus. Die Nachbarin, eine Witwe, beschwerte sich darüber, weil ihr Haus durch die Traufe des neuen Anbaus feucht werden und dadurch im Wert sinken könne. Es gehe außerdem das Gerücht, daß die Juden hier ihre Synagoge einrichten wollten. Die städtischen Steiner, die Verantwortlichen für die Vermessung der Grundstücke, begutachteten den Bau, an dem sie nichts auszusetzen fanden, falls dort keine Schule stattfände. Auch der Bauherr bestritt, daß es sich um einen Synagogenbau handle, gab aber zu, daß seit fast dreißig Jahren bei ihm Gottesdienst gehalten worden sei.

Die gesamte Nachbarschaft des Elias gab nun ihrer Besorgnis Ausdruck darüber, daß sich immer mehr Juden hierher zögen, *wann diese Schul mehr scheinbar erbauet, welche mit ihren großen Geschrei und Hornblasen in aller Frühe der ganzen Nachbarschaft viel Ungelegenheit machen. Diese Synagoge stünde ganz mitten in der Stadt und gar zu nahe an die Kappeln Kirchen.* So wies die Stadt die Juden an, ihre Schule wieder in dem alten Haus des Gabriel an der Stadtmauer zu halten. Dazu verspürten die Juden allerdings keine Lust. Die Stadt betonte, daß man nur wegen der Kriegsläufte ohne Einspruch zugesehen habe, daß bei Elias Schule gehalten worden sei. Die Sache blieb vorläufig in der Schwebe.

Neue Schutzaufnahmeverfahren

Die Juden hatten außer ihren Privatschutzbriefen einen Generalschutzbrief erhalten, in dem die gesamten Abgaben der Korporation festgeschrieben waren. Über ihren Einzug entschied der gewählte jüdische Ausschuß. Nun kam es immer häufiger vor, daß Juden sich diesen Anlagen durch Fortzug, oftmals heimlich, entzogen. So bat der Ausschuß den Markgrafen, keinem Juden künftig den Abzug zu gestatten, falls er nicht zuvor alle Schulden bei der Landjudenschaft getilgt hatte. Einer der ersten, der von dieser Maßnahme getroffen wurde, war Wolf aus Crailsheim. Der Markgraf wies am 14. August 1665 alle seine Beamten an, die jüdischen Einnehmer bei ihren Bemühungen um Eintreibung von Ausständen zu unterstützen.

Die Zahl der jüdischen Familien blieb jetzt einigermaßen konstant mit kleinen Schwankungen bei zwölf bis fünfzehn Familien. Allmählich bildete sich eine später festgeschriebene Art von Planstellensystem heraus. Die Zahl der Schutzberechtigten wurde festgelegt, und lediglich, wenn einer davon starb oder fortzog, durfte ein neuer an seine Stelle treten. Leere

»Planstellen« wurden in aller Regel rasch wieder besetzt – trotz aller Beschwerden der Bürgerschaft. 1665 kehrte Hirsch mit seinem Sohn Isaac aus der Dinkelsbühler Emigration zurück. Ihnen folgten Berlein und 1667 David, der an die Stelle seines verstorbenen Vaters Aron trat. Auch Arons anderer Sohn Alexander starb in diesem Jahr.

Für den Schutzbrief hatte sich im Laufe der Zeit ein gewisses Formular herausgebildet, nach dessen Schema auch der Schutzbrief für Isaac ausgefertigt wurde. Er lautete:

Von Gottes Gnaden Wir Albrecht, Markgraf zu Brandenburg, zu Magdeburg, in Preußen, Stettin, Pommern, der Cassuben und Wenden, auch in Schlesien, zu Crossen und Jägerndorf Herzog, Burggraf zu Nürnberg, Fürst zu Halberstadt, Minden und Cammin, bekennen und tun kund offentlich mit diesem Brief, daß wir Isaac Juden samt seinem Weib, unverheyraten Kindern, auch ihrem ungefehrlichen Gesindt oder gebrödten Ehehalten, uff sein untertänigst Ansuchen und Bitten, dann auch aus bewegenden Ursachen diese nachfolgende sondere Gnad, Freyheit und Sicherheit bewilligt und gegeben haben, dergestalt und also, daß er neben seinen Angehörigen zu Crailsheim haussässig oder bestandweis wohnen möcht, als wir dann selbige in unsern besonderen Schutz, Schirm und Verspruch genommen haben, tun auch solches hiermit und in Craft dieses Briefs also, daß wir ihme Isaac Juden und die Seinen gleich andern unsern Untertanen zu Recht schützen und schirmen wollen, doch daß er, sein Weib, Kinder und Gesind von unsern Untertanen, sie sein geistlich oder weltlich, kein höheren Gewinn oder Wucher nehmen noch nehmen lassen sollen oder wollen, weder durch sich noch jemand anders von seinetwegen, dann den gewohnlichen landlauffigen Zins, alles bey Vermeidung der hierwider in Reichs Ordnung gesetzten, wie auch unserer sonderbaren Straf und Ungnad, sonsten aber mögen sie dero Orten unsers Fürstentums Nürnberg Land und Gebiet allerlei redliche und ehrbare Handtierung, Kaufmannschaft und Gewerb treiben und gebrauchen. Dargegen soll er, Isaac Jud, für sich und die seinige ihme angehörige Personen jährlich und jedes Jahrs besonder sechs Gulden Groschen, also alle Vierteljahr anderthalb, unserm Kastner zu Crailsheim reichen und geben und damit von Dato diß anfahen und dann so lang sie in unserm Schutz, Schirm, Geleit und Verspruch sein und bleiben werden, mit Türken-, Reichs-, Land- und andern Steuern, Raiß, Folg, Umbgelt und dergleichen wie andere unserere Untertanen unterworfen und verpflicht, auch im Hin- und Widerraißen in unserm Fürstentum, Land und Gebiet von seinen Hab und Gütern Zoll, Maut und andere Aufsatzung gleich andern unsern Untertanen als Christen zu geben schuldig sein und höher nicht geschätzt noch getrungen werden, biß auf unser Widerrufen und so lang es uns gefällig. Da wir aber ihne und die Seinen in unserm Fürstentum, Land und Gebiet nicht mehr haben noch gedulden wollen, soll uns diese unsere Freiheit gegen vorgedachten Isaac Juden, seinem Weib, unverheirateten Kindern und Ehehalten daran nicht hinderlich sein. Gepieten darauf allen unsern Amtleuten, Verwaltern, Kastnern, Vögten, Richtern, Schultheißen, Burgermeistern, Räten und Gemeinden, auch allen unsern verwandten und angehörigen Untertanen, daß ihr gedachten Isaac Juden, sein Weib und die ihrigen an ihrem Hin und Widerreisen bei gemeldeter unserer Gnad, Sicherheit, Geleit, Schutz und Schirm bleiben lasset, derowegen für euch selbsten kein anders tut noch fürnehmet, noch auch jemand anderen zu tun und vorzunehmen gestattet, sondern sie samtlich bei angezeigter unserer Gnad, Freiheit, Sicherheit, Glait, Schutz und Schirm getreulich schützet und handhabt, alles getreulich und ohne Gefährde. Zu mehrer Urkund haben wir diesen Schutz- und Freiheitsbrief vielbemeltem Isaac Juden mit dem anhangenden Cantzley Secret Insigel besiegelt und zustellen lassen. Geschehen und geben Onolzbach, den 19. Mai 1665«.

Die Stadt sperrte sich gegen alle Neuaufnahmen, die die Landesherrschaft inzwischen von der Höhe des eingebrachten Kapitals abhängig machte. Auch die Juden selbst versuchten nun den Zuzug zu bremsen, weil der begrenzte Markt nur eine ebenso begrenzte Konkurrenz zuließ, wenn das Existenzminimum gesichert sein sollte. So erhoben sie Einwände, als der in Steinbach wohnende Sohn des Hirsch nach dem Tode seiner Frau 1668 nach Crailsheim zurückziehen wollte.

Wer einmal den landesherrlichen Schutz erlangt hatte, suchte ihn auf Dauer zu behalten. Als die Frau des Löw 1667 starb, heiratete der Witwer bald darauf wieder und bat um Erlaubnis, nach Michelbach an der Lücke zu ziehen. Nachdem er alle Amtsschulden und die Ausstände bei der Judenschaft getilgt hatte, durfte er ziehen. Sein halbes Haus wurde vorübergehend einem Jagstheimer Juden eingeräumt. Es war Moschi, der seit 1662 dort im Schutz lebte. Er hatte die Schulden des Löw in Höhe von 40 fl. übernommen und ihm noch 10 fl. ausbezahlt.

Nadelstiche

Die Politik der Nadelstiche gegenüber den Juden wurde immer schärfer, je mehr Schutzbriefe der Landesherr erteilte. Nächtens wurden den Juden die Fensterscheiben eingeworfen, ohne daß man die Täter fassen konnte. Kaum dürfte sich die Stadt ernsthaft darum bemüht haben. 1667 legte die Judenschaft dem Landesherrn einen ganzen Katalog von Vorfällen vor, durch die sie sich in ihren Rechten erheblich eingeschränkt sahen.

Mendel (Mändlein) hatte eine Forderung von 3 fl. an einen Bauern in Triensbach, die dieser nicht aufbringen konnte. So bot er dem Juden eine Kuh an und erhielt den Überschuß vom Kaufpreis ausbezahlt. Als Mändlein nun am Montag die Kuh nach Crailsheim trieb, nahm ihm der Kastner drei Taler Strafe ab, weil er am Sonntag ein verbotenes Handelsgeschäft abgeschlossen habe. Bei verschiedenen Streitigkeiten, Beleidigungen und Schlaghändeln sei den Juden auf dem Rathaus keine Gerechtigkeit widerfahren. *Endlich müssen alle armen schutzverwandten Juden diesorts mit Wehemut und Betrübnis vernehmen, daß sie eben von allen Inwohnern in- und außerhalb der Stadt omnibus modis je länger je mehr gehasset und verfolget werden.* Das zeige sich vor allem darin, daß es den Christen verboten werde, den Juden am Sabbat Hilfe zu leisten, so beim Heizen der Häuser. Vor allem der Dekan wetterte von der Kanzel gegen diese Dienstleistungen, die meistens von Armen erbracht wurden. Ihnen drohte er mit dem Entzug der Unterstützung aus dem Almosen – und diese Erpressung zeigte offensichtlich Folgen.

So baten die Juden, vor allem die Geistlichkeit zur Mäßigung in ihren Predigten, *worin die Judenschaft fast täglich angestochen wird,* aufzurufen und sie in ihren Rechten zu schirmen. Sie wollten nur in Ruhe und Frieden ihr tägliches Brot und die herrschaftlichen Abgaben verdienen. Der herrschaftliche Kastner, dem ein großer Teil der Vorwürfe direkt angelastet wurde, wies natürlich in einer gemeinsam mit Bürgermeister und Rat verfaßten Gegenverantwortung die Klagen der Juden zurück und nahm die Geistlichkeit in Schutz, die ja lediglich den Bibeltext auslege und mit dem falschen Messiasglauben der Juden abrechne. In Crailsheim lief damals eine antijüdische Postille von Cyriakus Spangenberger[25] herum, aus der ein Gerber zitierte, daß die Juden insgesamt Erzdiebe und Landräuber seien. Natürlich fühlte sich ein so

25 C. Spangenberger, 1528–1604. Der Titel der Postille wird nicht genannt.

beschimpfter Jude beleidigt, der Gerber durch sein Literaturzitat für entschuldigt. Dem Gerber wurde allerdings aufgetragen, trotz der Publikation der Beschimpfungen die Juden nicht mehr zu schmähen.

Trotz aller sicher auch außerhalb bekannten Schikanen suchten immer wieder Juden um die Aufnahme in Crailsheim an. Gegen die Aufnahme des Gabriel, eines Sohnes des Elias, protestierte die Stadt, weil er *gar ein unreines Aussehen hat*. Er war durch *die Durchschlech-ten*[26] *verderbt*. Vergeblich hatte er dagegen Kuren unternommen, auch das warme Bad in Eger genossen. Selbst die Juden lehnten seine Aufnahme ab, da er *seins Leibs Unreinigkeit halber nicht in ihre Schul tauge*. Er wurde nicht aufgenommen, doch wies die Regierung die Stadt an, künftig nur arme, aber keine reichen Juden abzuweisen. Der verarmte David erhielt die Erlaubnis zum Verkauf seines Hauses und zum Abzug, doch suchte die Stadt ihn zu halten, bis er das Haus tatsächlich an den Mann gebracht hatte. Es machte ihm viel Mühe, jemanden zu finden, der nicht viel weniger zahlen wollte, als er selbst für den Kauf des Hauses aufgewendet hatte. Er hatte es seinerzeit von seinem Vater Aron übernommen. Die Stadt konnte die finanziellen Verhältnisse Davids nicht beurteilen, weil *die Juden ihre Sachen heimlich halten, darum in ihr Vermögen nicht wohl zu penetrieren*.

1670 versuchte Elias erneut, seinen Sohn in der Stadt unterzubringen. Die Hauterkrankung hatte sich inzwischen als harmlos herausgestellt. So erhielt er endlich seinen Schutzbrief. Kurz darauf starb der Vater. Im gleichen Jahr bat Wolf um Erlaubnis, sein Haus seinem jüngsten Sohn Schmul abtreten zu dürfen. Sein Sohn Löw war, wie bereits geschildert, nach Michelbach ins Schwarzenbergische gezogen, sein zweiter Sohn Liebmann wohnte ebenfalls in Crailsheim, und Schmul wohnte vorübergehend bei seinem Schwiegervater in Bamberg. Wolf kam es, wie er schrieb, sauer genug an, *sich auf seiner Kinder Bank niederzusetzen*, aber er war zu alt, um selbst noch verdienen zu können.

Wolf war völlig mittellos, was er so lange verschwiegen hatte, bis sein jüngster Sohn sich verheiratet hatte. Er hatte dann bei der allgemeinen jüdischen Schatzungsanlage vor dem für ihn zuständigen Rabbiner in Gunzenhausen einen Offenbarungseid geschworen und fühlte sich danach *mehr einem toten als einem lebendigen Mann gleich*. So bat er um die Freistellung von herrschaftlichen Abgaben und um Ermäßigung der Steuern für seinen Sohn, weil die Häuser in Crailsheim wohlfeil geworden waren und Schmul nun für die mittellosen Eltern sorgen mußte. Tatsächlich besaß Wolf aber noch einige Scheunen in guter Lage, die er seinem Sohn nicht überschrieben hatte und aus denen er Pachtgeld erzielte. So mußte er weiter Steuern zahlen. Schmul erhielt den erbetenen Schutz, als sein Vater kurz nach seinem Gesuch starb. Bereits 1672 verzog Schmul allerdings nach Gerabronn.

Aus ungeklärter Ursache wurde 1671 Isaac erschlagen. Seine Witwe wurde daraufhin für ein Jahr von der Steuer befreit und heiratete 1674 den neu rezipierten Mayer. Neu aufgenommen wurde auch der Jude Nathan, ein Sohn des Hirschlein.

Das Jahr hatte verhältnismäßig viele Veränderungen in die kleine Gemeinschaft gebracht. Damals schreckte ein neues, am Stadttor angeschlagenes Edikt die Juden auf. Der Rat verbot ihnen die Nutzung der öffentlichen Viehweide durch ihr Vieh und verwies sie auf den sogenannten Schelmenwasen, der viel zu klein war. Außerdem verbot man den christlichen Einwohnern, Juden geschnittenes Gras in die Häuser zu bringen. Da der Viehhandel die

---

26 Durchschlechten = Blattern, Pocken.

Haupterwerbsquelle der Crailsheimer Juden war, sahen sie sich wieder einmal in ihrer Existenz bedroht und suchten Schutz beim Landesherrn. Die Stadt verteidigte ihre Maßnahmen, die nur gegen das Handelsvieh der Juden, nicht aber gegen ihre selbstgenutzten Kühe und Rinder gerichtet seien. Diese durften die Juden angeblich nach wie vor auf die gemeinen Weiden treiben. Die Regierung verwies der Stadt ihr eigenmächtiges, gegen das Herkommen gerichtete Verfahren und schärfte andererseits die absolute Vorsicht gegenüber fremdem Vieh ein, das zunächst drei Tage nach der Ankunft in Crailsheim im Stall stehen mußte, ehe es unter die Herde getrieben wurde. Mit dieser Maßnahme hoffte man, ausbrechende Seuchen im Keim ersticken zu können. Den Juden wurde außerdem eingeschärft, ständig insgesamt drei Pferde für militärische Zwecke in Bereitschaft zu halten, die sogenannten Ausschußpferde, von denen schon die Rede war.

Im Jahr 1676 forderte die Regierung eine genaue Auflistung aller Juden und ihrer Vermögensverhältnisse in den Markgraftümern an. Solche Aufstellungen wurden in den nachfolgenden Jahrzehnten immer wieder angefordert. Zwölf Haushalte gab es damals in Crailsheim. Diese Liste soll hier wiedergegeben werden. Die Ergänzungen in Klammern nennen biographische Einzelheiten, über die schon berichtet wurde.

1. Hirschlein mit Frau und der Schwester der Frau, ein Enkelkind, ein Knecht und eine Magd. Er besaß ein Haus und ein schatzungspflichtiges Vermögen von 250 fl. (Sohn des ältesten Juden Gabriel, Heirat und Schutzaufnahme 1630, Flucht nach Dinkelsbühl 1636, Rückkehr mit seinem 1671 erschlagenen Sohn Isaac 1665).

2. Nathan, Sohn des Hirschlein, mit Frau und Kind. Er wohnt bei seinem Vater und verschatzt lediglich 50 fl. (Er war wohl als Kind mit nach Dinkelsbühl geflohen und wurde 1670 aufgenommen.)

3. Aron, ebenfalls ein Sohn des Hirschlein, mit Frau und drei Kindern. Er hatte sein Haus verkauft und war im Begriff, fortzuziehen, wohnte bis dahin bei seinem Vater.

4. Marx, Witwer, mit fünf Kindern. Er besaß ein halbes Haus und verschatzte 75 fl. (Schutzaufnahme 1646.)

5. Berle der Alte mit Frau und einer Dienstmagd. Er besaß ein Haus und verschatzte 120 fl. (Zuzug um 1660, vielleicht ein Sohn des Joel und Enkel des 1626 verstorbenen Berlein aus Hengstfeld.)

6. Berle der Jung und seine Frau mit drei Kindern, einer Magd und einem Knecht. Er besaß ein Haus und verschatzte 175 fl.

7. Liebmann und seine Frau mit drei Kindern, von denen eines in der Fremde weilte. Er bewohnte ein halbes Haus und war mit 100 fl. veranlagt. (Er war ein Sohn des um 1660 zugezogenen Wolf, der 1670 verstarb. Er ist wahrscheinlich identisch mit dem 1659 genannten Liemann und könnte ein Enkel des Gabriel sein, dessen Tochter mit dem Sohn eines Lipmann verheiratet war. Dieser Sohn wäre dann Wolf gewesen.)

8. Gabriel mit Frau, drei Kindern und einer Magd. Sein halbes Haus war mit 125 fl. taxiert. (Sohn des 1670 verstorbenen Elias, der 1637 nach Crailsheim kam und wohl ein weiterer Sohn des Gabriel war. Schutzaufnahme nach vergeblichen Anläufen 1659 und 1667 erst 1670 wegen seiner Hautkrankheit.)

9. Abraham mit Frau und zwei Kindern sowie einer Magd. Auch seine Haushälfte war mit 125 fl. eingeschätzt. (Er war ein Sohn des Jakob und Enkel des Gabriel, zunächst ohne Schutzbrief als Verwalter des väterlichen Besitzes in Jagstheim, 1636 Flucht nach Dinkelsbühl, Rückkehr nach Crailsheim kurz vor 1646 und Schutzaufnahme.)

10. Mayer und seine Frau mit vier Kindern, einem Knecht und einem alten Bettelweib. Sein Haus war mit 100 fl. verschatzt. (Er hatte 1674 die Witwe von Hirschleins Sohn Isaac geheiratet.)

11. Moschi mit Frau und fünf Kindern. Ein weiteres Kind befand sich zu Comburg, vermutlich in comburgischem Schutz. Sein halbes Haus war nur 50 fl. wert. (Moschi lebte bis 1668 in Jagstheim. Er stammt mit großer Wahrscheinlichkeit vom 1632 in Crailsheim verstorbenen Moschi ab, einem Sohn des Gabriel.)

12. Mändleins Witwe mit fünf Kindern und einem Knecht. Sie besaß ein Haus im Wert von 125 fl. (Mändlein war 1654 aufgenommen worden. Seine Herkunft ist nicht gesichert, sein Todesdatum nicht genau festzustellen.)

Am 3. Januar 1676 wohnten zusammengefaßt elf Männer, elf Eheweiber, drei Witweiber, 36 Kinder, vier Knechte und fünf Mägde in der Stadt, insgesamt also 70 Personen jüdischen Glaubens. Ihre gesamten Steuerkapitalien beliefen sich auf 1295 fl.

Wesentlich scheint es, daß sieben Familien nachweisbar direkte Nachkommen des Gabriel waren, der 1596 mit seinem Aufzug in Crailsheim den Grund für eine neue jüdische Gemeinde gelegt hatte. Durch weite Heiratsverbindungen wurde diesem Kreis neues Blut und neues Kapital zugeführt, doch war das Schicksal der nachgeborenen Kinder in keinem Fall als gesichert anzusehen. Männer und Frauen hatten durchaus eine relativ hohe Lebenserwartung, wenn erst das gefährliche Kindesalter überstanden war. So suchten die Eltern relativ früh sich aufs Altenteil zurückzuziehen, um Platz für die leistungsfähigen Kinder zu machen. Die Altersversorgung war ein echtes Problem, nicht nur für die Juden. In der Regel traten die Eltern oder die Witwe einem ihrer Kinder das Haus ab, wofür die Kinder dann den Unterhalt auf Lebenszeit gewährten. Vielfach gaben die Alten ihren Schutzbrief zurück, um das Schutzgeld zu sparen. In der Regel durften sie ungestört bei ihren Kindern bis zu ihrem Tod bleiben. So gab Hirschlein bald nach der Erfassung 1676 seinen Schutz auf, nachdem er sein Haus auf den Sohn Nathan überschrieben hatte. Für ihn bat er um Ermäßigung der steuerlichen Belastung, die auf dem Hause ruhte.

Im Jahr 1677 versagte das Comburger Stiftskapitel allen Juden die Verlängerung des Schutzes und wies sie an, sich um anderweitige Unterbringung zu bemühen. Einer der Betroffenen war David, der nach kurzem Aufenthalt in Schwäbisch Hall um Aufnahme in Crailsheim bat. Er hatte eine Tochter des erschlagenen Isaac zur Frau. Gegen das Aufnahmegesuch erhob die Stadt sehr vorsichtig Bedenken. Man war im Ton sehr höflich gegenüber der Regierung geworden. David erhielt trotzdem seinen Schutzbrief, dessen pergamentene Ausfertigung heute noch vorhanden ist[27].

Über die innere Organisation der Juden als religiöse Gemeinschaft erfahren wir nichts aus den amtlichen Quellen von Stadt und Landesherrschaft. Seit 1682 kassierte Nathan, der anscheinend die Funktion eines Gemeindevorstehers wahrnahm, vierteljährlich die Schutzgelder seiner Glaubensgenossen und lieferte sie geschlossen dem Amt ab. Hierdurch schien eine bessere Gewähr für den pünktlichen Eingang der Steuer gegeben zu sein. Auf der anderen Seite wurde solidarisches Verhalten dadurch gefördert, denn pünktliche Zahlung erhielt das landesherrliche Wohlwollen. So konnte man die Schikanen der Stadt zurückweisen und sich auf die landesherrlichen Privilegien stützen. Auch die Juden selbst waren auf den Zuzug Fremder nicht besonders erpicht. So wandten sie sich 1680 gegen die Aufnahme eines

---

27 Stadtarchiv Crailsheim BA 68.

Juden aus Ellwangen, der dort *liederliche Händel gehabt und auch sonsten ein unruhiger Kopf sei.*

Im März dieses Jahres wurden die als vermögend geltenden Moses und Seligmann aufgenommen. Auf Vorhaltungen der Stadt schrieb die Regierung zurück, daß sie statt einer Beschwerde über diese beiden Reichen lieber liederliche Juden melden sollten. Es sei dann leicht, es dahin zu bringen, daß diesen der Schutz aufgekündigt werde. Die fiskalischen Interessen der Landesherrschaft werden nun deutlicher. Es wohnte noch eine kleine Anzahl von Juden ohne Schutzbrief in der Stadt. Wolf und Marx wurden daher aufgefordert, sich entweder um einen Schutzbrief zu bemühen oder die Stadt zu verlassen.

Nach den Neuaufnahmen protestierte die Stadt, als auch ein Bruder des Lämlein aufgenommen werden sollte. Nach ihrer Meinung führte die wachsende Zahl der Juden wieder einmal zu einer überaus starken Nutzung der städtischen Weiden. Die Stadt verwies darauf, daß selbst die *Judengenossen* inzwischen Handel und Wandel für übersetzt hielten. Auch als Moses 1682 starb und seine Witwe Esther einen ihrer Schwiegersöhne an seiner Stelle in den Schutz nach Crailsheim aufnehmen lassen wollte, erhob die Stadt die gewohnten Einsprüche.

Häufiger versuchten jetzt Juden aus der Nachbarschaft, vor allem aus den ritterschaftlichen Dörfern, sich in der Stadt niederzulassen, so 1687 der Freiherr von Crailsheimische Schutzjude Herz zu Hornberg. Auch Hirsch Mayer aus Hornberg wollte wegen Differenzen mit dem Amtmann zu Morstein abziehen, denn sein Bruder wohnte bereits in der Stadt. Der Freiherr forderte die Stadt auf, ihn erst dann aufzunehmen, wenn er zuvor alle offenen Fragen in Hornberg geregelt habe. Doch der Schutzbrief der Regierung traf bald darauf ein. Energisch beschwerte sich der Freiherr von Crailsheim, weil der markgräfliche Schutz erteilt worden war, bevor er den Hirsch Mayer offiziell entlassen hatte. *Solang er mit Thür und Angel hinter mir beschlossen und in meinem wirklichen Schutz ist, kann er ohne meine Genehmigung keine andere Herrschaft haben.*

Berleins Sohn Hela heiratete 1689 Nathans Tochter Jendre. Das junge Paar erhielt die Erlaubnis, ein Jahr abgabenfrei als *Brötlinge* bei den Eltern bleiben zu dürfen. Dann mußten sie zunächst über ihre wirtschaftlichen Verhältnisse berichten. Berlein, der inzwischen alt und krank geworden war, hatte einen weiteren verheirateten Sohn Hainlein, der ihm als Knecht diente. Auch auf diese Weise konnte das Aufnahmeverbot umgangen werden, denn Knechte und Mägde waren in den Schutz des Dienstherrn eingeschlossen. Natürlich sah die Stadt solche Dienstverhältnisse besonders kritisch an. Erst nach Berleins Verzicht auf den Schutz wurde Hainlein aufgenommen.

Inzwischen waren durch die Kriege mit Frankreich erneut unruhige Zeiten ausgebrochen. So erhielt Salomon von Ingersheim 1692 die Erlaubnis, sich vorläufig als Hausgenosse in Crailsheim aufzuhalten. Als er sich jedoch bald darauf ein Haus kaufen wollte, protestierte die Bürgerschaft. Auch das Amt war damals nicht gut auf die Juden zu sprechen, deren Zahlungsmoral erheblich, wohl wegen sinkender Einnahmen, gesunken war. Salomon wurde der Hauskauf verboten. Gleichzeitig wurde dem Amt aufgetragen, darauf zu achten, daß die Sonntage von der Judenschaft nicht mit Vorsatz profaniert würden.

Die Stadt Schwäbisch Hall bat im Februar 1693, daß die Crailsheimer den markgräflichen Juden den Viehhandel mit hällischen Untertanen verbieten sollten. Die Mißstimmung der Bürgerschaft, nicht nur der Stadtverwaltung, nahm immer mehr zu. Als Meyer sein Haus an Abraham aus Braunsbach verkaufen wollte, kam es zu neuen Protesten. Man verstieg sich zu der absolut unrealistischen Behauptung, daß die Zahl der Juden bald die der Christen übertreffen werde. Ein schwarzes Schreckensbild von angeblichen Exzessen und Übergriffen der Juden wurde an die Regierung übermittelt – mit Erfolg, denn Meyer durfte sein Haus nicht verkaufen. In einem ähnlich gelagerten Fall schlug die Regierung vor, für ein jüdisches Haus einen christlichen Käufer zu suchen, aber es fand sich niemand, der daran interessiert war. Trotzdem äußerte man die Besorgnis, *daß umb der Juden überhäufter Eintringung willen die Stadt in Ruin und die Bürgerschaft in Abnahme geraten.* So wurde auch dem Hänlein der Verkauf seines Hauses untersagt.

Zu einer sehr ausführlichen Beschwerde kam es 1694, als sich die Zahl der Juden erneut *teils unter dem Prätext als vertriebene Personen, teils aber durch beschehene Verheiratung an der hiesigen Juden Kinder* vermehrte. Den Juden wurde vorgeworfen, daß sie allen Handel und Wandel an sich zögen, besonders den Viehhandel. Kein ehrlicher Bürger oder Bauer könne zu einem Stücklein Vieh gelangen, *bis zuvor der Jud seine Suppen geschmelzet.* Betrug sei dabei an der Tagesordnung. Krankes Vieh werde eingekauft und als koscher verkauft, der Zoll werde häufig umgangen, die Viehmärkte kämen völlig zum Erliegen. Merkwürdig ist die Klage darüber, daß die Juden den Christen auf den normalen Märkten kein Vorkaufsrecht an den Nahrungsmitteln, die dort angeboten wurden, einräumten. Schließlich war niemand gezwungen, anders als beim Vieh, bei den Juden zu kaufen. Vorgeworfen wurde ihnen ein unerträglicher Hochmut, der einem in alle Welt zerstreuten Volke nicht anstehe. Auch die Quartierlastenfreiheit der Juden wurde beklagt, vor allem in den erneut ausgebrochenen kriegerischen Auseinandersetzungen. Alle diese beklagten Widerwärtigkeiten *stellen uns in Anerinnerung der vorigen Zeiten in Gedächtnus vor die große Glückseligkeit unserer Vorel- tern selig, welche vor etwan hundert Jahren von dergleichen Ungemach nichts gewußt, sondern gänzlich davon befreit gewesen.*

Ein letzter Vorwurf richtete sich gegen die öffentlichen Zeremonien. Die Juden hatten eine neue Thorarolle erhalten und sie in feierlicher Prozession am Sonntag in die »Synagoge«, den Betsaal, geführt. Das galt als Sonntagsentheiligung, als Blasphemie. Noch schlimmer war es, daß sie Christen dafür gewannen, in der Regel Arme, ihnen am Sabbat Handreichungen zu tun oder die Toten über Land auf den Verbandsfriedhof zu führen. Den armen Christen könne man daraus keine Vorwurf machen, wohl aber den Juden, die diese bezahlten Dienste anboten. Es waren neun Juden, die besonderen Anstoß erregten, weil sie keinen Schutzbrief besaßen:
1. Abraham von Braunsbach; wohnt bei Mayer dem Alten,
2. Löw von Lehrensteinsfeld; wohnt bei Mosche dem Hällischen und zieht 1695 fort,
3. Nathan von Lehrensteinsfeld, Tochtermann von Löw; wohnt bei Nathan und zieht 1695 fort,
4. Beer von Treuchtlingen; wohnt bei Beer dem Alten,
5. Löw; wohnt bei Nathan,
6. Moses Tochtermann,
7. Hänlein; wohnt bei Beer,
8. David der Junge,
9. Beers Tochtermann.

Im Schutz saßen 1694 die folgenden 19 Haushalte (in Klammern wird die nachgewiesene Aufenthaltsdauer angegeben):
1. Abraham (1670–1742)
2. Aaron (1676–1712)
3. Berle der Junge (1665–1697)

4. David (1678–1708)
5. Ely (1680–1735)
6. Hirsch Mayer (1688–1697)
7. Jacob (1677–1695)
8. Judas (1684–1709)
9. Lipmann (1682–1699)
10. Berle der Alte (1658–1708)
11. Mändleins Witib (1654–1675 bzw.1694)
12. Daniel (1691–1719)
13. Mayer der Alte (1675–1695)
14. Meyer der Junge oder der Hällische (1681–1733)
15. Moses (1680–1724)
16. Nathan (1671–1698)
17. Seligmann (1680–1712)
18. Simon (1683–1698)
19. Salomon von Ingersheim (1688 bzw.1697–1704)

Anlaß zu der umfangreichen Beschwerde bot der bevorstehende Regierungswechsel in Ansbach. Nach dem Tode Markgraf Johann Friedrichs 1680 standen die Markgraftümer unter vormundschaftlicher Regierung des Großen Kurfürsten, Friedrich Wilhelm von Brandenburg, und des Markgrafen Friedrich Magnus von Baden-Durlach. Der 1675 geborene Erbprinz Christian Albrecht starb unvermutet 1692. Sein jüngerer Bruder Georg Friedrich wurde mit 15 Jahren für volljährig erklärt und übernahm im Juni 1694 die Regierung. Aus diesem Anlaß mußten alle Schutzbriefe, die ja an die jeweilige Person des Landesherrn gebunden waren, erneuert werden. Die Stadt beantragte daher die Ausschaffung der neun illegalen und die Reduktion der 19 legalen Haushalte durch Nichtbesetzung bei Todesfällen. Eine städtische Delegation weilte im September 1694 in Ansbach, um persönlich mit der Regierung und dem neuen Landesherrn zu verhandeln und ihrem Anliegen den notwendigen Druck zu verleihen. Die Regierung forderte daraufhin den Stadtvogt zu einem Bericht über die Entwicklung der Judenschaft in Crailsheim auf.

Aufgrund der ihm zugänglichen unvollständigen Akten schilderte der Stadtvogt, daß zwischen 1567 und 1597 die Juden ausgeschafft waren. Dann wurden zwei – Gabriel und Daniel –, schließlich 1602 als Dritter Berle aufgenommen. So sei es bis zum Dreißigjährigen Krieg geblieben. Bis 1653 sei die Zahl der Haushalte auf sechs gestiegen. Danach habe die allmähliche Vermehrung eingesetzt. Die Zahl der Haushalte betrug demnach:

1653	6	1660	12	1679	12	1683	18
1654	8	1665	13	1680	14	1692	19
1657	9	1667	14	1681	16		
1658	10	1670	15	1682	17		

Die immer umfassender gewordenen Aktivitäten der Juden hätten – auch das ein ständig wiederkehrendes Argument – zum Eingehen der Viehmärkte geführt und damit zum Rückgang von Zoll und Umgeld. Insgesamt gab es zum Zeitpunkt des Berichts 28 jüdische Haushaltungen mit 148 Personen. Mitgezählt war Salomon von Ingersheim, der in Crailsheim wohnte, aber nach Ingersheim zurückgeschickt wurde. Als Jacob 1696 die Stadt verließ, suchte

Salomon seine Stelle zu erhalten, doch die Stadt lehnte ab. So mußte er noch Jahre auf seine Übersiedlung warten. Den 28 jüdischen standen 230 Haushalte christlicher Bürger und Hausgenossen gegenüber.

Wie nicht anders zu erwarten, stimmte auch die protestantische Geistlichkeit in den antijüdischen Chor ein. Sie wandte sich wieder einmal mit einem eigenen Bericht an das Konsistorium in Ansbach. Die Regierung verweigerte zunächst die geforderten drakonischen Maßnahmen. Am 28. August 1695 bestimmte Markgraf Georg Friedrich jedoch, daß es in Crailsheim bei der Zahl der mit Schutzbriefen versehenen Haushalte bleiben sollte. Die sieben noch anwesenden schutzbrieflosen Juden sollten daraufhin die Stadt verlassen. Die Festlegung der Haushalte auf 18 bis 20 blieb dann mit geringen Schwankungen bis in das 19. Jahrhundert gültig. Die Ausschaffung sollte sich auch auf verarmte Schutzbriefinhaber erstrecken, die der Herrschaft keinen Nutzen mehr brachten. Wegen des bevorstehenden Winters wurde die Ausschaffung auf inständiges Bitten der Betroffenen auf den März 1696 verlegt. Da wegen des frühen Wintereinbruchs die städtischen Weiden nicht mehr genutzt werden konnten, ein Schaden durch Überweidung daher nicht zu befürchten war, hatte die Stadt keine Einwände.

Unabhängig von den Ereignissen in Crailsheim forderte die Regierung in Ansbach im Herbst 1695 wieder einmal eine genaue Aufstellung über alle Juden in der Markgrafschaft an. Sie ist insoweit von besonderer Bedeutung, als nicht nur die Zahl der Kinder, sondern erstmals auch deren Namen genannt werden. Zur Rekonstruktion jüdischer Familien stellt sie ein wesentliches Hilfsmittel dar und soll deshalb für Crailsheim ungekürzt hier wiedergegeben werden. Zunächst werden die Haushalte aufgelistet, deren Vorstand mit einem Schutzbrief versehen war.

1. *Daniel Sandel, sein Weib, 5 Kinder (Escher, Menlein, Eisig, David und* insgesamt
   Joseph), 1 Knecht, seine Mutter, Mänleins Wittib 9 Personen
2. *Nathan, sein Weib, 7 Kinder (Gabriel, Abraham, Isaac, Rosina, Judel,* insgesamt
   Heym, Köhla), 1 Knecht Nathan, 1 Magd Jüdlein, 1 Schulmeister Isaac, 12 Personen
   ledig
3. *David der Alte, sein Weib, 6 Kinder (Löw, Isaac, Hirsch, Abraham, Sara* insgesamt
   und Guttele) 8 Personen
4. *Hirsch Mayer, sein Weib, 2 Kinder (Guttele und Gheyele), Seeligman so als ein* insgesamt
   lediger Mensch bey ihme seithero aus- und eingegangen und gehandelt hat 5 Personen
5. *Beer der Junge, sein Weib, 1 Kind (Gheyhem), drei Kinder des verstorbe-* insgesamt
   nen Bruders Gabriel (Sara, Gabriel und Elias) 6 Personen
6. *Moses, sein Weib, 6 Kinder (Borach, Mayer, Hirsch, Gabriel, Benjamin* insgesamt
   und Bonle) 8 Personen
7. *Beer der Alte, sein Weib* insgesamt
   2 Personen
8. *Lipmann, sein Weib, 4 Kinder (Löw, Joel, Aaron, Seligmann), 2 Schwe-* insgesamt
   stern als Kopel Juden von Öttingen Kinder 8 Personen
9. *Judas, sein Weib, 3 Kinder (Joseph, Kaufmann und Lipmann), 1 Knecht,* insgesamt
   so sein Bruder, 1 Magd Hanna 7 Personen
10. *Meyer der Junge, sein Weib, 3 Kinder (Lämlein, Eisig und Hanna), 1 Kind* insgesamt
    einem Schweher Moses zu Creglingen zugehörig, 1 Knecht Manasses, 8 Personen
    1 Magd Rosa

11. Seeligman, sein Weib, 2 Kinder (Joseph und Blümlein)	insgesamt 4 Personen
12. Meyer der Alte, sein Weib, 1 Kind (Blümle), 1 Kind, so Gabriel Juden zu Schluchtern am Neckar zugehörig	insgesamt 4 Personen
13. Ely, sein Weib, 6 Kinder (Mänlein, Beyerlein, Guttle, Mammele, Susmann und Gehle)	insgesamt 8 Personen

Rabinen, welche ohne Schutzbrief sich hier aufhalten:

14. Abraham, sein Weib	insgesamt 2 Personen
15. Esaias, sein Weib, 1 Kind (Hirsch)	insgesamt 3 Personen

Außer diesen befinden sich folgende Juden alhier, welche zwar seithero in Schutz gewesen, aus beygesetzten Ursachen aber nach ergangenem gnädigsten Befehl ausgeschaffet werden sollen:

16. Aaron, welcher von etlichen Jahren hero gnädigster Herrschaft die Schuldigkeit nicht entrichtet, sein Weib, 3 Kinder unter seinem Brod (Joseph, Marx und Händlin). Hat zwar noch ein Kind, so aber nicht hier ist	insgesamt 6 Personen
17. Simon, welcher gnädigster Herrschaft gleichfalls von etlichen Jahren her nichts bezahlet, sein Weib, 3 Kinder (Moses, Sara und Morlein)	insgesamt 5 Personen
18. Abraham, ein Betteljud und der gleicher Gestalt nichts geben kann, hat zwar drei Kinder, so aber nicht hier sind	insgesamt 1 Person
19. Jacob, welchem sein Schutz aufgekündigt ist und demselben wegen seines Verbrechens das Land und Fürstenthumb verwiesen werden solle, sein Weib, 7 Kinder (Brendel, Moses, Gnendle, Sara, Schmul, Joel und Marx)	insgesamt 9 Personen
20. Salomon, welcher seinen Schutz auf dem Land hat und solchen nach gnädigstem Befehl wieder dort nehmen soll, sein Weib, 2 Kinder (Jonas und Martha), 1 Knecht Aaron	insgesamt 5 Personen

Ferner sind nachgesetzte Juden, welche sich hier enthalten, nach vorangezogenem Befehl aber, weil sie keine Schutzbrief haben, ausgeschafft werden sollen:

21. David der Junge, sein Weib, 1 Kind (Aaron)	insgesamt 3 Personen
22. Löw, sein Weib, 3 Kinder (Gheyhem, Hirsch und Güttle), 1 Magd	insgesamt 6 Personen
23. Hänlein, sein Weib, 3 Kinder (Elias, Moses und ein Kindbettkind, so noch keinen Namen hat)	insgesamt 5 Personen
24. Beer, des Moses Tochtermann, sein Weib, 1 Kind (Zierle)	insgesamt 3 Personen
25. Eisig, sein Weib, 1 Kind (Elle)	insgesamt 3 Personen
26. Abraham, so von Braunsbach heraufgekommen und bei 2 Jahren ohne Schutz alhier gesessen, sein Weib, 5 Kinder (Heym, Seeligmann, Rahel, Hirsch und Fredele)	insgesamt 7 Personen
27. Beer von Treuchtlingen, so seit einem Jahr hierher gezogen, sein Weib	insgesamt 2 Personen

Diese am 13. Dezember 1695 vom Bürgermeister Johann Jacob Macco aufgestellte Liste verzeichnete insgesamt 148 Juden in Crailsheim, von denen allerdings ein beträchtlicher Teil ohne Legitimation dort wohnte.

Daß die Regierung nach wie vor wohlhabendere Juden gern aufnahm, zeigt der Fall des Abraham aus Braunsbach. Er tauchte 1693 in Crailsheim auf und zeigte seinen Schutzbrief vor, der auf seinen Namen Abraham ausgestellt war. Ein anderer Abraham war 1670 in den Schutz aufgenommen worden, war aber plötzlich verschwunden. Die Stadt mutmaßte, der Braunsbacher habe sich den Schutzbrief seines Namensvetters ergaunert und beim Amt als seinen eigenen ausgegeben. Das wäre in der Tat ein schlimmes Vergehen gewesen. Doch die Regierung klärte den Hergang rasch auf. Der erste Abraham war mehr und mehr verarmt und hatte bereits seit 1690 keinerlei Schutzgeld mehr zahlen können. Als nach dem Regierungswechsel 1694 neue Schutzbriefe, natürlich gegen Gebühr, ausgegeben wurden, konnte er seinen Brief nicht auslösen. So wurde der Schutz auf den besser betuchten Abraham aus Braunsbach übertragen. Der andere verließ die Stadt und ernährte sich vom Bettel. Er verschwindet im Heer der schutzbrieflosen Namenlosen, die in Scharen durch Deutschland zogen[28]. Abraham Braunsbacher, wie er jetzt meistens genannt wird, starb 1720 hochgeachtet in Crailsheim.

Die dritte Zimmer-Synagoge

Offensichtlich ging es den Juden um die Wende zum 18. Jahrhundert wirtschaftlich nicht besonders gut. Die Stadt beschwerte sich, weil sie ihre Häuser nicht instand hielten, *wie dann nicht nur deren zwei als des Abraham und Simons bereits auf dem Einfall stehen, sondern auch der Judenschaft gemeine Schul, so hiebevor ein feines bürgerliches Haus gewesen und mitten in der Stadt gelegen ist, nunmehr als ein öder Platz vor Augen lieget, um dem besorgenden Einfall vorzukommen abgebrochen werden müssen*[29]. Das war 1695 passiert. Es handelte sich um das Haus des Elias, der 1671 gestorben war und es seinem Sohn Gabriel übertragen hatte. Nach seinem Tod 1683 war das Haus anscheinend von der jüdischen Gemeinde erworben worden. Feuerpolizeiliche Bedenken hatten den Abbruch notwendig gemacht. Die Juden planten sofort den Neubau einer Synagoge und suchten beim Markgrafen um eine 13–14jährige Steuerbefreiung nach. Daraufhin forderte die Regierung einen Bericht an. Es sollte vor allem geklärt werden, ob die Juden am Platz des eingerissenen Gebäudes ein Wohnhaus oder eine Synagoge erbauen wollten. Der Rat berichtete daraufhin, daß die Juden sich zunächst sehr unentschieden gezeigt hätten, sich dann aber zu einem Wohnhausbau entschlossen hätten, im Erdgeschoß mit Ställen, darüber eine Stube mit Kammer, *oberhalb der Wohnung aber ein absonderliches Gemach, so gewelbt werde, zu ihrer Zusammenkunft darein richten wollten.*

Die Stadt war im Prinzip froh darüber, daß ein Neubau errichtet werden sollte, gab es doch gerade genug leere und halbverfallene Häuser, nicht zuletzt von Juden, die sich keine aufwendigen Reparaturen leisten konnten. Aber eine Synagoge in der Nähe der Kapelle auf dem Markt, wo wöchentlich einmal Gottesdienst stattfand, wollte man nicht dulden. Sie galt als ein öffentliches Ärgernis. Außerdem stehe der Bau einer Synagoge vollkommen im Widerspruch zu den Bemühungen, die Zahl der Juden zu verringern. Eine ordentliche

---

28 E. SCHUBERT, Arme, Bettler und Gauner.
29 Stadtarchiv Crailsheim BA 69.

Synagoge, *so zuvor niemals gewesen und sie ihre Zusammenkunft nur in einer gemeinen Stuben halten müssen*, das sei eine unerwünschte Neuerung. Hier werde vermutlich ohnehin nur *die Schänd- und Schmähung der christlichen Religion getrieben und der Name Gottes gelästert.*

Am 8. Juli 1696 bewilligte die Regierung für den Bau eines ordentlichen Wohnhauses acht steuerfreie Jahre, allerdings mit einem grundsätzlichen Vorbehalt: *Sollen aber keineswegs sich unterstehen, eine Synagoge oder einiges Gewölb zu ihrer Zusammenkunft darein zu machen.* Die Ablehnung traf die Juden hart, doch sie ließen in ihren Bemühungen um einen Raum für ihr Gemeindeleben nicht nach. Kaum war der Winter vorüber, mußte sich die Regierung mit einem neuen Baugesuch vom 14. Mai 1697 beschäftigen. Die Juden erklärten darin, daß sie ihr Haus, *worinnen eine jüdische Schul und Versamblung schon 60 Jahr lang gewesen*, vor zwei Jahren hätten abreißen müssen. Ihre Planung sah erneut ein dreigeschossiges Gebäude vor mit Gesamtkosten von etwa 1000 fl. Über dem oberen Stockwerk sollte ein Schulstüblein eingerichtet werden. Keineswegs war eine prächtige steinerne Synagoge geplant. Der vorgesehene Raum sollte aus lauter schlichtem Holzwerk mit gebogenen Balken bestehen. Man plante offensichtlich einen tonnengewölbten Raum unter dem Dach. Die Masse der vorgesehenen Baukosten diente jedoch der Erstellung von Wohnungen. Die Stadt und der herrschaftliche Amtmann bezogen sich auf ihre ablehnende Stellungnahme vom Vorjahr. So wurde das Baugesuch im Juli erneut und diesmal endgültig abgelehnt.

Um dem dringenden religiösen Bedürfnis nach einem gottesdienstlichen Raum abzuhelfen, begannen die Juden in ihrer Verzweiflung über die hartnäckige Ablehnung ihrer Gesuche ohne Genehmigung mit dem Einbau einer Schulstube im Haus des reichen Abraham Braunsbacher. Es war das Haus, das über die Stadtmauer hinausragte und schon den ersten Betsaal beherbergt hatte. Im Horlandschen Stadtplan von 1738 (vgl. Abb. 5) trägt es die Nummer 138. Es lag an der von der Ziegelgasse abzweigenden Ringgasse.

So war zu befürchten, daß der Platz des alten Schulhauses mitten in der Stadt noch lange öde bleiben würde. Deshalb forderte die Stadt, daß das bewilligte Wohnhaus errichtet werde, und verbot bis dahin den Umbau von Abrahams Haus. Im Sommer 1698 wurde jedoch der Einbau der Synagoge im dritten Stock von Abrahams Haus durch die Regierung genehmigt. Das unterbrochene religiöse Leben fand wieder eine wenn auch bescheidene Heimstatt. Das öde Synagogengrundstück erwarb Hans Christian Hager und errichtete dort ein Brauhaus. Im Horlandschen Stadtplan von 1738 werden zwei Brauhäuser erwähnt, davon eines inmitten der Stadt, unweit der Liebfrauenkapelle. Es trägt die Gebäudenummer 107 und gehörte damals der Witwe Mack. Auf diesem ungewöhnlich großen Areal dürfte bis 1695 das Haus des Elias beziehungsweise seines Sohnes Gabriel gestanden haben, etwa am Südende des heutigen Karlsplatzes. Auch die dritte Judenschule in Crailsheim war also nur eine Zimmersynagoge, ähnlich ausgemalt wie die alte Unterlimpurger Synagoge in Schwäbisch Hall. Die Einweihung des Gotteshauses dürfte friedlich vonstatten gegangen sein. Wie der Umzug aus den üblichen Synagogenzimmern in ein Zweckgebäude verlief, wird in einem Bericht des Amts Creglingen geschildert.

Als die neue Synagoge in Creglingen 1709 eingeweiht wurde, ließen die Juden eine neue Thora-Rolle im Haus des Marx Levi schreiben. Ein aus einem auf vier Stangen befestigter Teppich bildete einen Baldachin. Die neue Thora wurde *in Begleitung sämtlicher Judenschaft von daraus in ihre Synagoge ohne weitere Sollennitäten still gebracht, sonsten auch nichts weiteres dabei sich ereignet.* So weit der 1727 für den Ansbacher Hofrat gefertigte Bericht. Ähnlich hatte sich die Überführung einer Thora-Rolle auch in Crailsheim abgespielt[30].

Die jüdische Gemeinde engagierte unmittelbar nach Fertigstellung der Synagoge in Abrahams Haus einen Vorsinger und Schulmeister. Es war ein gewisser David, der mit Frau und vier Kindern aus Augsburg kommend im Dezember 1700 in Crailsheim eintraf und das Haus der Witwe des 1697 verstorbenen Hirsch bezog. Die Witwe selbst war zu Verwandten nach Öttingen gezogen. David besaß keinen Schutzbrief, und so fragte die Stadt bei der Regierung an, wie sie sich verhalten solle. Die Regierung ließ zunächst der Judenschaft über die Stadtverwaltung einen scharfen Verweis erteilen. David solle sich um einen Schutzbrief bemühen und auf jeden Fall Steuern und Abgaben wie jeder Hausgenosse zahlen.

Die Judenschaft legte überzeugend dar, daß David ihr Angestellter und daher ein *von ihnen zu ernehrender Brötling* sei, auch keinerlei Handel treibe. So wurde im März 1701 der Schutzbriefzwang für ihn förmlich aufgehoben. Er steht damit in einer Reihe von Religionsdienern, die eine privilegierte Stellung innehatten, die im Grunde die der Schutzjuden noch übertraf. Die Anstellung dieses ersten hauptamtlichen Gemeindedieners dürfte sich sehr positiv auf das religiöse Leben ausgewirkt haben.

Neue Fragen

Die Aktivitäten um den Bau der Synagoge in Crailsheim und die allgemein ansteigenden Zahlen der Juden veranlaßten das um das Seelenheil seiner Gläubigen besorgte Ansbacher Konsistorium zu einer neuen Aktion. Es ersuchte 1699 die Ämter in den markgräflichen Landen um präzise Angaben über die Juden, um mit fundierten Zahlen beim Markgrafen Klage führen zu können. Äußerer Anlaß war diesmal die Sorge, daß die protestantischen Kirchen- und Schuldiener Einbußen an ihren sogenannten Stolrechten erlitten, Gebühren, die für geistliche Handlungen erhoben wurden. Leider liegt der entsprechende Bericht des Amts Crailsheim nicht vor, doch wurde auch hier eine genaue Überprüfung aller Schutzbriefe angeordnet. Offensichtlich bestand schon wieder der nicht unbegründete Verdacht, daß Juden auch ohne Schutzbrief in der Stadt lebten *durch unleidentliche Connivenz und zweifelsohne gewinnsüchtiges Nachsehen der Beamten wie auch Bürgermeister und Rat hier und da. Gleichwie wir aber solchem Unwesen länger nicht zusehen, sondern deme bei der ohnedes großen und zu der armen Untertanen Drangsal und Hinternuß fast täglich sich vermehrenden Anzahl der Juden um so mehrers abgeholfen wissen, auch inskünftig, daß dergleichen Unordnung mehr einreißen solle, keineswegs gestatten oder ferner ungestraft hingehen lassen wollen...,* deshalb findet eine gründliche Überprüfung statt, die in einem gedruckten Mandat vom 1. November 1700 angekündigt wurde[31].

Die um diese Zeit stark um sich greifende Abneigung gegen die Juden war weniger durch die Ansässigen geprägt, als durch die Betteljuden, *deren des Jahrs sich viel Hundert in Crailsheim einfinden,* wie der Rechner 1700 in seine Rechnung schrieb. Sie waren seit 1677 vom Wegzoll befreit und mußten durch ihre Glaubensgenossen ernährt werden[32]. Sie werden

---

30 StAL B 70a Bd. 48.
31 Ebd.
32 Vgl. dazu SCHUBERT (wie Anm. 28) und HAENLE (wie Anm. 11), S. 131 ff.

aktenkundig, wenn sie sich auffällig benehmen, wie die Prager Spielleute Lazarus, Jakob und Simon, die 2 fl. Strafe an das Amt wegen einer Prügelei zahlen mußten. Der Wegzoll war eine harte Belastung für die seßhaften Juden, aber auch für die Christen. Allein 188 fl. fielen 1701 von Juden, 261 fl. von Christen in Crailsheim an. Im Verhältnis zu ihrer geringen Zahl mußten sie weit öfter geschäftlich verreisen und die zahlreichen Zollstätten passieren.

Bei ihren Geschäften gingen die Juden manches Risiko ein. So wurde Elias mit 6 fl. bestraft, weil er in Engelhardshausen ein paar Ochsen gekauft und in die Stadt gebracht hatte. Warum die Strafe? In Engelhardshausen herrschte eine Viehseuche. Die Ansteckungsgefahr war also groß. Elias hatte die geltenden Quarantänebestimmungen mißachtet. 1701 mußte der Vorsinger David 2 fl. berappen. Er hatte einem neu angeworbenen Soldaten eine Hose abgekauft, die dieser kurz vorher einem Kameraden im Quartier gestohlen hatte. Aber man war auf jedes Geschäft angewiesen, sonst teilte man das Los von Hirsch Mayer, dessen Witwe ihr Haus verkaufen mußte, in das dann der neue Vorsinger einzog. Die Witwe *ist um Armuthey willen nacher Öttingen gezogen.* Dorthin ging auch die Witwe Lippmanns, was Rückschlüsse auf die Herkunft beider Frauen zuläßt.

Es fällt auf, daß es so gut wie keine Malefiz-Strafverfahren gegen Juden gibt, die mit Leibesstrafen oder gar dem Tod geahndet werden mußten. Zweifellos liegt die Ursache darin, daß sich die Juden peinlich genau um ein Verhalten bemühen mußten, das den Behörden keinen Anlaß zum Einschreiten gab. Die Strenge von Sitte und Moral in der Beziehung zwischen den Geschlechtern war bekannt, doch herrschte nicht immer Friede, Einigkeit und Solidarität unter den Juden. So schlug der Jude Borg den Knecht des Henlein in der Synagoge blutrünstig. Die Übertretung jüdischer Gesetze fiel auch vor dem Ruggericht des christlichen Amtmannes erschwerend ins Gewicht. Baruch erhielt 2 fl. Strafe, weil er sich in einen Streit mit Mayer dem Jungen eingelassen und ihn verprügelt hatte – und das, wie die Rechnung vermerkt, *an der Juden Sabbat*[33]. Doch auch eine Schlägerei am heiligen Ostertag 1704, die mit großem Geschrei und Fluchen über die Bühne ging, kostete die Beteiligten gleich 12 fl. Als zwei Juden am Himmelfahrtstag Karten spielten und offensichtlich nicht allzu ruhig dabei waren, kostete es 3 fl., weil sie damit *die Bürgerschaft geärgert.*

In allen diesen Alltäglichkeiten unterschieden sie sich nur wenig von den Christen. Immerhin ist es erstaunlich, daß auch die in der Synagoge vorfallenden Streitigkeiten amtlich geahndet wurden. Ein Heißsporn scheint der junge Abraham gewesen zu sein. Einmal fing er einen großen Tumult in der Judenschule an, schlug den Vorsteher Henlein und riß ihm den Mantel am Leib in Stücke. Ein anderes Mal beschimpfte er ihn, nannte ihn einen Mauskopf, Dieb und Hurenschläpper, ja beschuldigte ihn sogar, *mit christlichen Weibern gespielt und solche mit Händen betastet zu haben.* Er konnte seine bösartigen Anschuldigungen nicht beweisen und mußte 10 fl. Strafe zahlen. Daß er in der Ratsstube *sehr vermessentlich geflucht,* kostete weitere 3 fl. Aber das war ein Einzelfall.

Wie schon geschildert, schwankte die Zahl der jüdischen Haushalte nach der Wende zum 18. Jahrhundert kaum. Die neuen Schutzjuden waren in der Regel Söhne oder Schwiegersöhne der Altansässigen. So erhielt 1701 Seligmann, der Sohn Abrahams des Jüngeren, den Schutzbrief. Abraham hatte sich zunächst vergeblich darum bemüht, das Haus der Witwe des Hirsch

---

33 StAL B 70 Bd. 135.

– die Vorsingerwohnung – zu kaufen. Gegen den Protest der Stadt erwarb er einige Jahre später für 900 fl. das sehr gute Haus des ehemaligen Kastners zu Insingen. Isaac, der Sohn des 1698 verstorbenen Nathan, erhielt 1702 den Schutzbrief. Er bewohnte das väterliche Haus in der Fleischgasse. Auch der Sohn von Mayer dem Hällischen, Lämlein, erwarb den herrschaftlichen Schutz 1704.

Im Jahr zuvor hatte es wieder einmal Ärger gegeben. Der junge Baruch heiratete, ohne im Besitz eines Schutzbriefs zu sein. Neun Monate hatte er sich bereits heimlich in der Stadt bei seiner jungen Frau aufgehalten. Als sie ein Kind bekamen, flog die Sache auf. Die Regierung forderte eine Liste aller jüdischen Haushalte an, die 1703 erstellt wurde. Die Stadt sandte die Liste, die 102 Personen umfaßte, nicht ohne Kommentar zurück: *Gleichwie nun deren Anzahl auf 102 Personen hinlaufet, welches vor ein solches Ort wie hier eine große, unsern Heiland lästernde und der Kirche Christi höchst schädlich und nachteilige, auch die Untertanen, zumalen bei diesen ohnedem grundverderblichen Zeiten bis auf den letzten Grad ausmerglend und aussaugende Brut ist, also wird solche durch das frembde täglich ab- und zulaufende Judengeschmeiß noch größer gemachet, da besonders auch zu Ingersheim, nur ¼ Stund von der Stadt gelegen, sich verschiedene Haushaltungen derselben in Schutz befinden, welche ihre Schule hier besuchen und nicht anders, als wenn sie in der Stadt wohnten, zu considerieren sind.* Gleichzeitig baten sie, ein Aufnahmegesuch Abraham Braunsbachers für seinen zweiten Sohn Haym abzulehnen. Damit hatten sie keinen Erfolg, aber Baruch mußte ziehen. Im Dezember 1705 verbot der Kastner, der herrschaftliche Finanzbeamte, den Juden, an Sonn- und Feiertagen die Stadt zu verlassen. Das ging über ein bloßes Handelsverbot an diesen Tagen weit hinaus. Die Juden fühlten sich gleichsam in Arrest genommen. Sie konnten auch an auswärtigen Familienereignissen wie Hochzeiten nicht teilnehmen. Auf ihre Beschwerde pfiff die Regierung den Kastner zurück, jedoch wurde das sonn- und feiertägliche Handelsverbot besonders eingeschärft.

Die Festschreibung der Zahl der jüdischen Haushalte in den Markgraftümern führte dazu, daß überall nach freien oder freiwerdenden Stellen Ausschau gehalten wurde. 1706 baten Eisig und Elias Model zu Ansbach um die Aufnahme ihres seit 15 Jahren als Knecht bei ihnen wohnenden Vetters Lazarus nach Crailsheim. Sie verwiesen darauf, daß das Schutzgesuch des Baruch erledigt sei und mit dem Ableben des 80jährigen Beer gerechnet werden müsse. Grundsätzlich wurde Lazarus ein Schutzbrief zugesagt. Beim Tode Beers sollte jedoch kein neuer Jude aufgenommen werden, *allermaßen man vielmehr die Städte von den vielen Juden zu liberiren als sie damit weiters zu beschweren gemeinet ist.* Nach 50jährigem Schutz-judendasein starb 1708 mit Beer dem Alten der letzte Jude der Aufbauzeit nach dem Dreißig-jährigen Krieg. Der Judenschutz konnte von beiden Seiten, Herrschaft und Schutzjude, gekündigt werden. Konsequenz war in jedem Fall der Fortzug aus Crailsheim, schlimmsten-falls auch aus den Markgraftümern. So kündigte 1706 Borg den Schutz und zog mit unbe-kanntem Ziel fort. Auch Seligmann verließ die Stadt. An seiner Stelle wurde sein Sohn in den Schutz aufgenommen. Aron schließlich hat 1712 *um begangener böser Dinge willen aus der Stadt gemußt.*

Am 6. März 1705 bestätigte Markgraf Friedrich Wilhelm nach seinem Regierungsantritt auf Bitten der Judenschaft die von seinen Vorgängern erlassenen Dekrete und Privilegien für die gesamte Judenschaft. Die Juden hatten alle bisher erhaltenen Privilegien dem Hofrat vorgelegt.

Dazu gehörten:

17. November 1680	Privileg über die Befreiung von Inventuren
24. April 1685	Befreiung von Inventuren und Nachsteuerzahlung bei Wechsel des Wohnorts sowie der Angabe des Heiratsguts bei Kindern
12. Dezember 1688	Exemtion von Einquartierungen, Botengängen, Wegeweisen
15. Januar 1677	Leibzollbefreiung der durchreisenden Betteljuden
18. Juli 1684	Zollbefreiung für Tierhäute
30. Januar 1649	erneuert 16. Januar 1677: Bestätigung der Aufgaben des Landrabbiners
15. November 1680	Erlaubnis der jüdischen Zeremonien
15. November 1680	Beneficium appellationis
15. August 1696	General-Konfirmations-Dekret aller Privilegien durch Markgraf Georg Friedrich.

Nachdem es wegen angeblichen Mißbrauchs dieser Privilegien zu vielfältigen Klagen der Untertanen gekommen war, ließ der Markgraf ein gemeinsames Gutachten von Hofrat und Kammerkollegium erstatten. Aufgrund dieses *ausführlichen Bedenkens* bestätigte er schließlich wunschgemäß grundsätzlich alle Privilegien, fügte aber noch einige Erläuterungen hinzu. Die Nachsteuerfreiheit galt danach nur für Söhne, die um den Schutz nachgesucht, ihn aber nicht erhalten hatten. Von allen außer Land gebrachten Erbschaften mußte Handlohn entrichtet werden. Auch wenn Juden sich außer Landes verheirateten, ohne zuvor um den markgräflichen Schutz nachgesucht zu haben *und also ihr Domicilium unter fremde Herrschaft transferieren*, mußten sie Nachsteuer zahlen. *Freiwillige Emigration* führte zur Steuerpflicht. Bei lokal bestehenden Nachsteuerregelungen wurden diese durch das Privileg nicht tangiert.

Von der gerade neu geschaffenen Personalsteuer wurden die Juden befreit. Statt dessen mußten sie eine Grundsteuer von eigenen Wiesen, Äckern und Lehenwiesen zahlen, pro Tagwerk Wiese 1 fl. 15 kr. beziehungsweise 45 kr., pro Morgen Acker 1 fl. beziehungsweise 30 kr. von Lehensäckern. Ausherrische Juden waren nicht von der Steuer befreit. Die Freiheit von Einquartierungen und vom Botenlaufen mußte aus Gleichheitsgründen durch weitere Zahlungen kompensiert werden. Dem Landrabbiner und den Barnossen wurde jeder nötige Beistand zugesichert, damit sie in der Lage waren, ihre Aufgaben zu erfüllen, vor allem den Einzug der Judenschaftsgelder. Schließlich wurde die Gerichtsbarkeit der Juden in eigenen Privathändeln bestätigt und die Möglichkeit zur Appellation beim Amt. Erst am 1. Oktober 1705 wurde der herrschaftliche Erlaß an alle Ämter übersandt, die unbedingte Beachtung eingeschärft, ausführliche Berichte bei auftretenden Differenzen angeordnet. Auch die Stadt Crailsheim mußte sich dem landesherrlichen Gebot unterwerfen.

Im Jahre 1712 forderte die Regierung eine Aufstellung über alle Juden an, aus der hervorging, wann sie ihren Schutzbrief erhalten hatten. Fast alle besaßen einen identischen gedruckten Brief, der für die älteren gleichzeitig am 27. Oktober ausgestellt worden war.

1713 wurde das Vermögen, das der Steueranlage durch die Landjudenschaft zugrunde lag, erhoben. Aus beiden Aufstellungen ergeben sich die folgenden Informationen:

Name	verh.	Brief vom	Anlage-kapital
1. Abraham Hirschlein (der Alte)	x	27. 10. 1704	105
2. Seeligmann der Junge	x	27. 10. 1704	26
3. Salomo[1]	x	27. 10. 1704	20
4. Heym (Abraham)			55
5. Isaac (Nathan)	x	27. 10. 1704	70
6. Elias (Eli der Alte)	x	27. 10. 1704	45
7. Beer Gabriel	x	27. 10. 1704	45
8. Moises	x	27. 10. 1704	20
9. Witwe des Judas		27. 10. 1704	65
10. Joseph (Sohn des Judas)		1707	
11. Hänlein	x	27. 10. 1704	80
12. Elias (Sohn des Hänlein) (Ely der Junge)	x	29. 12. 1707	45
13. Meyer	x	29. 12. 1707	70
14. Lämlein (Sohn des Meyer)	x	17. 10. 1704	26
15. Daniel Sandel		27. 10. 1704	50
16. Seligmann der Alte[2]	x	27. 10. 1704	–
17. Witwe des David		19. 03. 1677	55
18. Aaron[3]		1704	–

1 Salomo hatte seinen Schutzbrief seinem Schwiegersohn Heym übergeben und sollte deshalb Haus und Stadt räumen. Seinen Schuldienst sollte er woanders versehen. Trotzdem blieb Salomo – angeblich mit herrschaftlicher Erlaubnis – in der Stadt und zahlte seine Abgaben pünktlich beim Amt.
2 Hat seinen Schutz aufgegeben und ist ins Deutschherrische nach Igersheim gezogen. An seine Stelle trat sein Sohn Joseph, nachdem dieser 500 fl. Vermögen nachgewiesen hatte.
3 Zieht weg, weil ihm der Schutz aufgekündigt wurde.

Außerdem weilten seit elf Jahren der Vorsinger David Isaac aus Böhmen, Joseph Böhm aus Trentschin in Mähren, der seit einem Jahr als Schulmeister bei Hänlein diente, und Marx Joseph von Ungarisch Brod aus Mähren, der die gleiche Funktion bei Abraham versah, ohne Brief in der Stadt. Die beiden Mährer hatten ihre Familien in der Heimat zurückgelassen. Im April 1721 trat eine Kommission zusammen, der der Stadtvogt Johann Ludwig Ansorg, die beiden Bürgermeister Johann Ludwig von Olnhausen und Heinrich Friedrich Wiebel sowie der Stadtschreiber Strauß angehörten und stellten den 16 anwesenden Juden auf herrschaftlichen Befehl acht Fragen nach 1. dem Namen, 2. Dauer der Ehe, 3. Schutzbrief, 4. Hausbesitz. Daran schlossen sich einige generelle Fragen an. Die – gekürzten – Antworten enthalten die folgenden Informationen:

1. Hänlein Beer, 22, 1704, 1 Haus, Knecht, Magd
2. Nathan Hänlein (Sohn von 1), 5, 1710, 1 Haus
3. Elias Hänlein der Junge (Sohn von 1), 12, 1707, 1 Haus, Magd

4. Abraham Nathan, 20, 1704, 1 Haus, Schulmeister, Magd

 5. Hirsch Nathan, 3, 1717, bei Schwiegervater Abraham Nathan, Magd

 6. Nathan Abraham (Sohn von 4), 1, 1719, bei Vater

 7. Isaac Nathan, 19, 1704, 1 Haus, Vorsinger, Knecht, Magd

 8. Abraham Seeligmann, 20, 1704, 1 Haus, Schulmeister, Magd

 9. Joseph Seeligmann, 8, 1712, 1 Haus

10. Moses, 50, 1704, in Miete bei Hayum

11. Beer Gabriel, 28, 1704, 1 Haus

12. Eli der Alte, 42, 1704, 1 Haus

13. Meyer, 10, 1704, 1 Haus

14. Lämlein, 16, 1704, in Miete beim Vater

15. Herz Abraham, 7, 1713, 1 Haus, Knecht, Magd

16. Hayum Abraham, 17 ?, 1 Haus, Knecht.

Noch einmal wurde auf das Dekret Markgraf Georg Friedrichs von 1695 hingewiesen, wonach die Zahl der Haushalte auf 17 beschränkt wurde und nur bei Vakanzen neue Schutzbriefe erteilt würden. Alle 16 hier aufgeführten Juden starben in Crailsheim, der letzte 1784.

Das 18. Jahrhundert

Die Crailsheimer Juden genossen zwar den landesherrlichen Schutz, aber die Verwaltung der Stadt, an der Spitze der Bürgermeister Ohlhäuser, machte ihnen, vereint mit der Geistlichkeit, das Leben schwer. Sie beklagten sich deshalb bei der Regierung in Ansbach, daß man ihnen verböte, an Sonn- und Feiertagen die Stadt zu verlassen, daß man ihnen Amtshilfe verweigere, vor allem bei der Einziehung berechtigter Forderungen. Sie baten um eine scharfe Weisung an den Bürgermeister, damit sie in der Lage wären, das Geld zur Erfüllung der landesherrlichen Auflagen auch zu verdienen. Anlaß für die Beschwerde war eine Affäre am ersten Adventssonntag 1717. An diesem Tag trafen sich einige Juden im Hause des Isaak zum Kartenspiel. Unter dem Vorwand, daß dieses Spiel eine Entheiligung des christlichen Sabbats darstelle, schickte man den Stadtknecht zu den Spielern, der von Abraham Nathan offensichtlich beschimpft wurde. Zur Strafe konfiszierte der Büttel einen silbernen Kelch, der sofort in die Crailsheimer Kirche gebracht und zu den übrigen Abendmahlgeräten gestellt wurde. Aber der Kelch gehörte nicht dem Abraham, sondern war nur ein Pfandgegenstand, für den er seinem in Michelbach wohnenden Bruder Geld geliehen hatte.

Alle Juden wurden vom Rat zur Einhaltung der christlichen Polizeiordnung vermahnt. Abraham allerdings ging nach Ansbach und beschwerte sich über die ungerechte Pfändung. Man nahm ihm dort drei Gulden Strafe ab und wies die Stadt an, den Kelch sofort zurückzugeben. Angeblich hatte man ihn aber schon zur Abendmahlsfeier verwendet, und so verweigerte der Dekan die Herausgabe, wandte sich auch gleich wieder an das Konsistorium mit der Frage, ob ein zum Sakrament benütztes Gerät von einem christlichen Altar weggenommen und dem Juden ausgehändigt werden könne. Salomonisch entschied die Regierung daraufhin, der Kelch bleibe in der Kirche, aber der Geldwert, vermindert um die bereits gezahlte Strafe, müsse dem Juden erstattet werden.

Während diese Affäre verhandelt wurde, faßte Bürgermeister Ohlhäuser eine Verteidigungsschrift gegen die Vorwürfe der Juden ab. Ungewollt bestätigte er die Richtigkeit der

Klagen, indem er Beispiele seines von ihm als richtig empfundenen Verhaltens schilderte. Er führte das ganze von ihm als Komplott betrachtete Manöver der Juden darauf zurück, daß er versucht habe, ihrem Stolz und Hochmut, ihrem Ungehorsam und ihrer Widersetzlichkeit entgegenzutreten. So hatte er zum Beispiel den Hänlein, der mit einer Pelzkappe auf dem Kopf die Ratsstube betrat, scharf angefahren und ihm mehr Bescheidenheit auf dem Rathaus angeraten. Ein anderer Jude hatte seine Kappe aufbehalten, als ein Leichenzug unter seinem offenen Fenster vorbeizog. Seine Maßnahme gegen das Kartenspiel in der Adventsnacht hätte wohl die Juden endgültig zu ihrer haltlosen Beschwerde veranlaßt. Deutlich wird aus dieser Verteidigungsschrift, daß auf dem Crailsheimer Rathaus eine Politik der kleinen Nadelstiche geführt wurde, bis hin zu offener Konfrontation.

Über andere Strafen, die Christen wie Juden trafen, hatte sich bis dahin niemand beschwert. Die Jüdin Breindel hatte einen Knaben, der sie offensichtlich gereizt hatte, ausgerechnet am Pfingstsonntag 1713 während der Mittagspredigt blutrünstig geschlagen. Das kostete sie 3 fl. Für das gleiche Vergehen an einem normalen Werktag erhielt Elias – er hatte einen Jungen mit der Peitsche über den Kopf geschlagen und am Auge hart getroffen – nur 1 fl. aufgebrummt. Andererseits mußte eine Frau aus Onolzheim 1 fl. zahlen, weil sie den Juden Moses *einen Schlepper geheißen und mit einem Schierstecken einen ziemlichen Streich über den linken Arm versetzt.*

Im Jahre 1717 wurde eine neue Abgabe eingeführt, die sogenannte Profitsteuer. Sie war beim Verkauf von Wiesen und Äckern fällig und nicht auf Juden begrenzt. Im gleichen Jahr brach eine Viehseuche aus. Die Herrschaft verlangte daraufhin genaue Herkunftsbescheinigungen für das gekaufte Vieh. Es mußte drei Tage im Stall bleiben, ehe es auf die gemeinsame Weide getrieben werden durfte. Damals stellten die Juden gegen den Willen der Regierung einen eigenen Hirten für ihr Vieh.

Wenig beliebt scheint damals der Jude Hänlein gewesen zu sein. Mehrfach wurden ihm die Scheiben eingeworfen. Trotz gründlicher und langwieriger Ermittlungen konnten die Täter nicht namhaft gemacht werden. Auf jeden Fall wurde ihnen harte Bestrafung vom Amt angekündigt. Etliche Juden wurden 1718 bestraft, *welche in der Schuel in Abrahams des Alten Haus großen Mutwillen getrieben*[34]. Andere hatten wieder einmal am Sonntag freventlich Karten gespielt, oder hatten wie Seligmann an diesem verbotenen Tag Handelsgeschäfte abgeschlossen. Judenschulmeister war damals Moyses, der allerdings wenig vorbildlich 1720 ohne Erlaubnis im Schießhaus Karten gespielt hatte. Nicht das Spiel an sich war verwerflich – aber es ging um Geld.

1721 fand erneut eine Generalaufnahme aller Juden statt. Die steuerliche Bedeutung der Judenschutzgelder war nicht außergewöhnlich. Im Rechnungsjahr 1720/21 nahm das Amt Crailsheim 20 282 fl. ein; lediglich 140 fl. stammten aus Judenschutzgeldern. Höher waren die Erträge aus dem Judenleibzoll, die 1724 insgesamt 268 fl. erbrachten.

Immer wieder riß der Tod Lücken in die Reihen der Juden und schuf Platz für Nachrücker. So starb 1722 Beer Gabriel. Seine Witwe Mündel zahlte als Schutzgeld einen Güldentaler, also 1 fl. 30 kr. Total verarmt war inzwischen Marx. Er durfte weiter im Schutz verbleiben, aber keinen Handel mehr treiben. Hirsch, der Sohn des Isaac, heiratete eine Frankfurter Jüdin und erhielt daraufhin einen Schutzbrief. Als der Sohn des Isaac Nathan 1723 um Schutzauf-

---

34 StAL B 65 Bd. 150.

nahme bat, stimmte die Stadt ihr altes Klagelied an. Sie bat um weitere Verschonung von Judenaufnahmen. Nicht nur die 14 städtischen Haushalte müsse man zählen, sondern auch die sechs Ingersheimer, die eigentlich dazu gehörten. Als 1724 die Judenschaft selbst die Abschaffung des Unruhestifters Mändel Elias forderte, fand sie bereitwillig Unterstützung durch die Stadtoberen.

Im Rechnungsjahr 1723/24 wurde die Amtsrechnung stärker gegliedert[35]. Als neue Rubriken tauchen für die Juden auf:

> *Juden Aufnahm-, Concessions- und Schutzbriefgelder,*
> *Begräbnisgelder,*
> *Begräbnisplatz,*
> *Judenschul,*
> *Juden Schächthaus.*

Alle Rubriken blieben in Crailsheim zunächst leer, denn es gab keinen Friedhof, keine richtige Synagoge oder ein Schächthaus. Nach einem Amtsbericht von 1724 besaß die Gemeinde lediglich einen Vorsinger, der zugleich als Schächter und Schulklopfer fungierte. Er hieß Elias und wohnte zur Miete beim Juden Herz und besaß keinen Schutzbrief. Er konnte jederzeit durch die Gemeinde entlassen werden und hatte zeitweilig sein bescheidenes Gehalt durch Schmuckhandel aufgebessert. Das war ihm allerdings bald untersagt worden. Er konnte aber den heimlichen Handel nicht lassen. 1725 wurde er mit 3 fl. Strafe und einer Zolltaxe von 45 kr. belegt, weil er dem gewesenen Verwalter zu Michelbach sechs silberne Löffel und Messer von Augsburg hatte bringen lassen und außerdem mit gestickten Pferdedecken (Schabracken) gehandelt hatte. Zwei private Lehrer gab es außerdem, die ebenfalls keinen Schutzbrief besaßen, weil sie *gar oft changieren und sich verändern.*

Im Jahr 1738 zeichnete Johann Christoph Horland einen Plan der Stadt, auf den im Zusammenhang mit den Synagogen bereits hingewiesen wurde[36]. Der Plan und die dazugehörige Liste nennen die Synagoge und zehn weitere von Juden bewohnte Häuser, darunter zwei in Gemeinschaft mit Christen. Die Juden werden – mit einer Ausnahme – nur mit dem Rufnamen bezeichnet. Der größte Teil bewohnte die von den Vätern übernommenen Häuser unterschiedlicher Größe. Bei gleichen Namen handelt es sich um verschiedene Juden, denn niemand von ihnen besaß damals mehr als ein Haus. Das hätte die Stadt bestimmt verhindert. Aus der Kombination mit anderen Quellen können wir die Bewohner weitgehend identifizieren. Haus Nr. 5 gehörte Mändel (bei Horland Mentlein Jud), in den Schutz aufgenommen 1720, gestorben 1744. Haus Nr. 8 wurde von Hayum Abraham, dem Sohn des Braunsbachers, bewohnt (Haim; 1703, †1752). Nr. 63 gehörte Isaac Nathan (Isaac; 1703, †1748). Bei Nr. 131 steht Abraham Hirsch Jud. Wahrscheinlich handelt es sich hier aber um die zwei gemeinsam lebenden Brüder Abraham Nathan (1700, †1741) und Hirsch Nathan (1717, †1772). Nr. 138 war die Synagoge, wie bereits geschildert wurde, Teil eines privaten Wohnhauses. Hier lebte Nathan Seligmann (nach 1720, †nach 1764), nach seinem Tod seine Witwe, die den Bau der ersten echten Synagoge erlebte. Daneben in Nr. 139 lebte Elias Hänlein (Eli Jud; 1716, †nach 1764). Nr. 174 war das Haus des Joseph Seligmann (Joseph Jud; 1716, †1752). Nr. 195 gehörte

---

35 StAL B 65 Bd. 155.
36 Ausfertigung im HStASt; kommentierte Edition in: Historischer Atlas von Baden-Württemberg I,9. Bearb. von Fritz BAIER, 1981.

Nathan Hänlein (Nathan; nach 1720, †nach 1764). Der Nathan von Nr. 206 war Nathan Abraham (1720, †nach 1764). Henlein Beer (Haenlein; 1695, †1749) der Senior bewohnte Nr. 209. Nr. 215 schließlich war gemeinsamer Besitz von Hirsch Isaac (Hirsch; 1717, †1772) und dem Schuster Franz Carl Streitfelder.

Damit sind die Wohnsitze der damaligen Schutzjuden bekannt. Sie lagen verstreut über die ganze Stadt innerhalb der Mauern. Keine Spur also von einer ghettoartigen Niederlassung.

Ein Judeneid

Um 1730 oder bald danach hatte Crailsheim seinen ersten Rabbiner, einen Sohn des Abraham Nathan mit Namen Hirsch. Dieser Rabbi wird namentlich in einem im Archiv Morstein überlieferten Eidformular erwähnt, das im folgenden wiedergegeben wird:

Wann ein Jude einen förmlichen Eyd schwören soll, so müssen für allen Dingen und vor würklicher Ablegung des Eydes folgende Ceremonien zum Voraus wohl in acht genommen werden:

1. *Muß in der Synagoge oder Judenschule gebräuchliche und, der Juden Gedanken nach, auf Pergament sehr heilig beschriebene Gesetzrolle der 5 Bücher Mosis, welche sie den coscher Sepher Thora (das echte Gesetzbuch) nennen, von dem Juden herbeigeschaffet, mitnichten aber auf eine gedruckte Bibel oder gedruckten Pentateuchum (welchen sie den lumasch nennen) zu schwören verstattet werden.*

2. *Muß der Jud seine coschere oder echte Tephillin oder Gebetriemen auf dem Kopf und linken Arm, ingleichen seinen Tallis und Zizzis (ist ein gewisses Haupttuch, daran 8 Faden hangen) bey Handen schaffen.*

3. *Müssen, wo möglich, 10 jüdische Mannspersonen oder doch zum wenigsten 3 als Zeugen dem Eyd beiwohnen.*

4. *Ehe der Jud zu schwören anfängt, soll er die Hände rein waschen, wie auch die anderen umstehenden Juden.*

5. *Hiernächst muß der schwörende Jud seine Tephillin auf seinem Kopf und linken Arm, ingleichen seinen Tallis mit denen daran hangenden Zizzis auf sein Haupt unter lautem Aussprechen der ihnen hiezu gewöhnlichen und hiebey gesetzten Segen öffentlich anlegen:*

   1. *Der Segen über die Tephillin auf die Hand lautet also: Baruch atta Adonai Elohenu melech haolam ascher kidde schanu bemizvotav, veziovanu lehanniach Tephillin, das ist: Gelobet bist Du, Herr, unser Gott, du König der Welt, welcher uns geheiligt hat in seinen Geboten und hat uns befohlen, die Tephillin anzulegen.*

   2. *Der Segen über die Tephillin aufs Haupt ist dieser: (wie 1, bis auf den Schluß, der lautet ... befohlen das Gebet der Tephillin).*

   3. *Der Segen über den Tallis auf dem Kopf (wie 1, Schluß: ... befohlen, uns einzuhüllen in die Zizzis).*

6. *Darauf nimmt der schwörende Jud den Sepher Thora oder Gesetzrolle, nachdem er sie geküsset, in seinen rechten Arm, leget die linke Hand darauf und wendet sein Angesicht gegen Morgen als nach der Gegend Jerusalems.*

7. *Nach diesem wird der Jud folgendermaßen beschworen, weil die Adjurationes nach des Juden Maimonidis Lehre (in Hilc. Schebuoth c.X. § 8) vim et valorem juramenti haben.*

   1. *Jud, ich beschwöre dich bei dem Adonai Elohe Israel (dem Herrn, dem Gott Israels), daß*

69

du wahrhaft sagest, ob dein Tephillin und Tallis mit seinen Zizzis coscher (echt) sein und ob du solche allerseits recht und deinen Gesetzen gemäß jetzo angelegt hast? Darauf der Jud geantwortet: Omen (ja).

2. *Jud, ich beschwöre dich bei dem Adonai Elohe Israel, daß du wahrhaftig sagest, ob dieses gegenwärtige Sepher (Buch) sey das Sepher coscher Thora (das rechte Gesetzbuch), welches ihr Juden untereinander in euer Schule am Schabbes zu heiliger Lesung der Parschios (lectiones sabbaticae) gebrauchet und darauf ihr Juden untereinander Schebuos (juramenta) thut? Respondit: Omen.*

3. *Jud, ich beschwöre dich ferner bey dem Adonai Elohe Israel, daß due wahrhaftig sagest, ob du gegenwärtiges Gericht für diejenige wahre Obrigkeit halten wollest, die in gegenwärtiger Sache Macht und Freiheit habe, einen Eyd dir jetzo abzufordern? Respondit: Omen.*

4. *Jude, ich beschwöre dich bei dem Adonai Elohe Israel, daß du aufrichtig sagest, ob du diesen Eyd, den du jetzo thun wilt, für einen rechtmäßigen Eyd achtest, den du nicht gezwungen, sondern freywillig mit guten Willen und wohlbedachtem Mut ablegest? Respondit: Omen.*

5. *Jude, ich beschwöre dich endlich bey dem Adonai Elohe Israel, daß du aufrichtig sagest, ob du diesen, den lebendigen Gott Israel anjetzo zu thuenden Eyd gegen einen Christen sowohl halten wollest und dich dazu schuldig achtest, als wenn du solchen in einer Schul gegen deinesgleichen ablegen solltest? Respondit: Omen.*

6. *Und so beschwöre ich auch euch hier als Zeugen versammlete Juden bey dem Adonai Elohe Israel, daß ihr allzumal wahrhaftig saget, ob ihr nicht wider gegenwärtigen Juden, wann er einen falschen Eyd thun sollte, allesamt Zeugen ihn als einen Meineydigen verwerfen und unter allen cheremos (Flüchen) aus all euren jüdischen Schulen ausbannen wollet? Respondeant: Omen.*

Hierauf wirst du, Jud, nach deines eigenen Rabbinen, des R. Mosche ben Maimon Furschrift (Hilc. Schebuoth c.X. § 16) also für Meineyd verwarnet, daß du bedenkest a) das ernstliche 2. Gebot Gottes (Exodus XX) ... das ist: Du sollt den Namen deines Gottes nicht unnützlich führen, denn der Herr wird den nicht ungestraft lassen, so seinen Namen mißbraucht, ingleichen, daß nach eurem Talmud die ganze Welt gezittert und gebebet habe, als Gott die Gebot auf dem Berg Sinai ausgesprochen; b) daß es von allen Übertretungen und Sünden in der Thora heiße (Exodus XX, XIV,7) venakke, aber von falschen und unwahrhaften Eyden heiße es lo jenakke, das ist, es soll nichts ungestraft bleiben; c) daß andere Übertretungen blos die Verbrecher allein treffen, Meineyd aber treffe nicht allein die Verbrecher, sondern auch ihr ganzes Geschlecht, ja das ganze Israel (Moses IV,2,3); d) daß in allen andern avonos (Übertretungen) Gott mit seiner Strafe verziehe bis ins 12. oder 13. Geschlecht, aber die Sünde des Meineyds strafe auf frischer Tat nach Zach. V,4. ... das ist: Ich wills hervorbringen, spricht der Herr Zebaoth, daß es soll kommen über das Haus des Diebs und über das Haus derer, die bey meinem Namen fälschlich schwören und soll bleiben in ihrem Haus und solls verzehren samt seinen Holz und Steinen; e) daß du endlich bedenkest, wie schröcklich du den wahren Gott, den Adonai Elohe Israel schänden würdest für den Christen, wann du falsch und unwahrhaftig schwören solltest.

9. *Jud, ich befrage dich demnach nun bey dem Adonai Elohe Israel, daß du wahrhaftig sagest, mit was Namen und Zunamen du in und außer deiner Schul genennet werdest, auch wie*

dein verstorbener Vatter geheißen. Wann der Jud hierauf völlige Nachricht erteilet, so kann und soll dann

10. ein rabbinisch und verständiger Christ auf Befehl des Richters dem schwörenden Juden nunmehro den Eyd deutsch vorsagen und ist nachstehenden Inhalts:

11. Die Formula des Juden-Eyds: ..Im Namen des einzigen Gottes, der da heilig ist, der sei gelobet in seiner herrlichen Gegenwart.

Ich, Hirsch Abraham, insgemein Rebbe Hirsch genannt oder mit was ich sonst für einem Namen und Zunamen kann und mag genennet werden, ein Sohn des Abraham Nathan, Judens zu Crailsheim, schwöre zu Gott dem Allmächtigen, dem Gott Abraham, Isaac und Jacob, dem Gott, welcher genennet wird Adonai Elohim Zeboos ... bei dem großen göttlichen Namen, der Himmel und Erden und alles, was drinnen ist, erschaffen hat, und bezeuge bei allen ..durch Erlaubnis des Gerichts von oben, durch Erlaubnis des Gerichts von unten 1. daß meine von obgedacht meinem verstorbenen Vatter, deme ich das Schuldbuch geführet und also von allem vollkommene Wissenschaft habe, erblich auf mich und meine übrige Geschwistrigte gekommene Schuldforderung an den gewesenen Amts Morsteinischen Untertanen, jetzt Schutzverwandten Georg Schmiden zu Windisch Brachbach nach meinem Angeben auf 300 fl. Kapital für bar geliehen Geld und Vieh, dann 38 fl. auch verzinsliches Anlehen ebenfalls für Viehe und gelehntes baare Geld richtig und von dem Schuldner Schmiden weder baar noch durch Abrechnung noch auch durch Zurücknahm der dem Schmid von Zeit zu Zeit gegebenen Ochsen, weder zum Teil noch weniger gänzlich bezahlt, auch seit Anno 1733 von beeden Capitalien kein Zins entrichtet worden; 2. daß bey dieser Capital Schuld nicht Zins auf Zins geschlagen und mit eingerechnet noch 3. mehr als 6 vom Hundert Zins berechnet und genommen worden und daß 4. mein, Judens, Vatter dem Schuldner Schmid den Anno 1733 s.v. crepierten Ochsen für die fallende Sucht nicht gewähret habe. ...Ich nehme es auf mich in des Gesetzes Bann und in den Bann Josuae, des Sohns Nun und in den großen Bann mit der Gegenwart Gottes. Ich rufe zum Zeugen den allmächtigen Gott und will die drey Banne auf mich nehmen, daß ich wahrhaftig schwöre, ohne Falschheit. Der Zoraas (Aussatz) wie auf Mirjam, wie auf Narman, daß er mein Lebtage an mir nicht geheilet werde, wann ich falsch schwöre. Es sollen alle Böse Geister und Teufel in mich kommen, wann ich für hiesigem Amt und Gericht ein verlogen Wort rede oder geredet habe. Es soll meine Wohnung und ganzes Vermögen, auch Mischpacha, das ist Geschlecht, gestraft werden, mit Schwefel und Pech wie Sodom und Gomorra gestraft worden. Meine zu hoffende Portion in der zukünftigen Welt solle verloren sein. Ich soll ewig in der Gehinnon (Hölle) seyn und brennen und nicht bei der Auferstehung der Toten auferstehen. Ich soll in allen Flüchen der Welt sein. Und wann nicht alles, was ich geredt, Emes oder Wahrheit ist, so soll alles das Böse auf mich kommen, wie ich gesagt habe. Dis alles betheure ich mit dem Namen Gottes ohne Widerrufung meiner Aussage, (ohne) alle Ausflüchte, so man erdenken kann. Als mir der Herr, der Gott Israel, helfe, der Himmel und Erden und alles, was drinnen ist, erschaffen hat. Wo ich aber wahr rede und recht habe in dieser Sache, als helfe mir der Gott Adonai Elohim und lege mir dagegen allen Segen bey.

12. Darauf hat der Jud mit einstimmigem Zuruf aller gegenwärtigen Juden seinen Eyd also geschlossen: Amen, amen! Herr Israel, der Herr unser Gott ist ein einiger Gott. Gelobet sey der Name der Ehre und sein Königreich in alle Ewigkeit!

Bestraft mit 2 fl. wurde 1725 Hans Crobach in Ingersheim, *weilen dieser den allhiesigen Juden an einem Sonnabend nach geendigtem Juden Schabas einen Tanz in seiner Scheuer zu erlauben sich unterstanden*. Eine bemerkenswerte Veränderung in der Haltung der Stadt ist 1727 festzustellen. 1696 war Abraham Braunsbacher in den Schutz aufgenommen worden, 1702 sein Sohn Seligmann. Dieser starb 1727 und hinterließ eine Witwe mit acht Kindern. Das elterliche Haus wurde auf den ältesten Sohn Nathan überschrieben, um dessen Schutzaufnahme seine Mutter bat. Das Gesuch wurde abgeschlagen, obwohl die Stadt nur generell auf Reduktion der Zahl der Judenhaushalte drängte, gegen Nathan persönlich nichts einzuwenden hatte. Dieser hatte inzwischen geheiratet und verfügte über eine stolze Mitgift von 1250 fl. Die Mutter verließ mit den kleinsten Kindern die Stadt. Danach ersuchte Nathan erneut um Aufnahme. Es ist das erste Mal, daß die Stadt ein solches Gesuch befürwortete. Sie argumentierte, daß seine Aufnahme die Zahl der Haushalte, die jetzt noch 14 betrage, nicht verändere. Dieser positiven Stellungnahme schloß sich auch die Regierung an. Nathan hat das in ihn gesetzte Vertrauen nie enttäuscht. Am 26. Juni 1728 erhielt er seinen Schutzbrief. Sein Reichtum war ein gewichtiges Argument. Geld spielt auch in einem weiteren Aufnahmeverfahren eine wesentliche Rolle.

1732 verheiratete Hayum Abraham, ein weiterer Sohn Abraham Braunsbachers, seine Tochter Brendel mit Marx Meier von Braunsbach. Brendel erhielt 500 fl. Heiratsgut. Unter Hinweis darauf, daß schon seine Eltern und Großeltern über hundert Jahre in Crailsheim im Schutz gesessen hatten, bat er um Aufnahme seines Schwiegersohnes. Auch dieses Gesuch wurde von der Stadt unterstützt, allerdings mit einem Pferdefuß. Sie forderte gleichzeitig die Regierung auf, einige verarmte Juden – Meyer Lämlein, Elias Süßmann, Joseph Seligmann – auszuweisen. Die Regierung wollte sich nicht spontan dazu äußern und forderte zunächst eine Vermögensübersicht der Armen an. Auf keinen Fall sollten die Betroffenen in der kalten Jahreszeit ausgewiesen werden. Die Aktion verlief im Sande.

Proteste der Stadt gegen einzelne Aufnahmen gibt es nun nicht mehr, im Gegenteil. Als Amson, Sohn des Abraham Nathan, 1738 eine gute Partie in Creglingen machte und 2500 fl. Vermögen nachwies, brauchte er keinen Einspruch zu befürchten. Joel Isaac, der sogar 5000 fl. vorweisen konnte, hatte keine Probleme mit der Stadt[37]. Diese Klimaverbesserung wird auch in anderen Vorgängen sichtbar. Vor allem wohlhabendere Juden wurden wohlwollend behandelt. An einzelnen überlieferten Beispielen können diese Tendenzen verdeutlicht werden.

1742 bat Joseph Seligmann, der seit 1708 Schutzjude war, in Ansbach um einen Schutzbrief für sein einziges Kind Seligmann Löw. Schon Eltern und Großeltern des Antragstellers waren nach seiner Darstellung *nützliche und einträgliche Schutzjuden*. Joseph wollte seinem Sohn das eigene, auf 200 fl. geschätzte Haus übertragen und bei ihm seinen Lebensabend verbringen. Der junge Seligmann stand kurz vor der Heirat. Seine Braut Kehla brachte 597 fl. als Mitgift in die Ehe ein, der Bräutigam konnte ein Vermögen von 800 fl. nachweisen. Die Regierung forderte die üblichen Berichte beim Amt und bei der Stadt an. Die Stadt ging von einem *Ordinari – numerus* von 16 Haushalten aus. Durch den Tod des Abraham Nathan war eine Stelle freigeworden. An der Spitze der Gemeinde stand der Barnos Henlein Beer. Alle

---

37 Hiermit endet der Band BA 69 des Stadtarchivs Crailsheim.

Umstände sprachen für eine Aufnahme, und so stimmte die Stadt zu, zum ersten Mal eigentlich ohne Protest, ja mit einem gewissen Wohlwollen.

Hirsch Nathan besaß zwei Häuser, die er nicht allein unterhalten und bewirtschaften konnte. So bat er 1744, eines davon dem Veis Isaac in Ingersheim übertragen zu dürfen. Veis hatte 1741 eine Witwe geheiratet und war nach Ingersheim gezogen. Sein Schwiegervater Aaron war gestorben. Veis weilte fast ständig in der Stadt, um seinen Handelsgeschäften nachzugehen. Seine Frau saß deshalb abends wie eine moderne »grüne Witwe« häufig allein im Dorf und sehnte sich nach der Stadt, nach mehr Gesellligkeit und Gemeinsamkeit. Veis besaß rund 2000 fl. Vermögen. Durch den Tod des Mändlein Elias war eine »Planstelle« freigeworden. Die Krämer und Tuchmacher aber wollten den lästigen Konkurrenten nicht dauernd in der Stadt wissen und protestierten gegen seine Aufnahme – vergeblich. Der Kastner stellte Veis ein hervorragendes Zeugnis aus und rühmte seinen Fleiß und seine Ordentlichkeit. So sah die Regierung keinen Grund, ihm den Schutzbrief zu verweigern. Allerdings mußte er, obwohl er Schutzjude in Ingersheim war, einen neuen Schutzbrief für Crailsheim lösen. Mit ihm wurde auch Löw Michel Preßburger, Sohn des Ansbacher Hoffaktors Michel Simon, auf Anordnung der Regierung in den Schutz nach Crailsheim aufgenommen. Hier spielte vermutlich die Stellung des Vaters eine entscheidende Rolle.

Es dauerte fünf Jahre, bis wieder Neuaufnahmen erfolgten. Über 60 Jahre hatte der Barnos Henlein Beer in Crailsheim den Schutz genossen, als er 1749 starb. Sein Sohn Nathan Hänlein war auch schon 32 Jahre Schutzjude, als sein Sohn Beer Nathan in den Genuß eines Schutzbriefs kommen sollte. Zwei alte Juden waren gestorben, und so hatte die Stadt nichts gegen die Aufnahme einzuwenden. 1751 wurde sie genehmigt.

Veis Isaacs Frau hatte einen Sohn mit Namen Schay Wolf mit in die Ehe gebracht. Er heiratete Hanna Oscher von Wachbach und wollte in Crailsheim und der Umgebung Tuchhandel treiben. Die beiden schon vorhandenen jüdischen Tuchhändler hatten keine Einwände gegen Schay. Außerdem waren wieder zwei Stellen, diesmal von 17, durch Tod freigeworden. Die Stadt stimmte zu. Neuer Barnos war Nathan Seligmann. 1751 beantragte er den Schutz für seinen Sohn Jakob Nathan, der mit einer Tochter von Hirsch Isaac verheiratet war. Auch seiner Aufnahme stimmte die Stadt zu, da von den 16 Haushaltungen fünf *in einem solchen Verfall* waren, daß sie keine Handelsschaft treiben konnten. Jakob war als nicht unvermögend herzlich willkommen. Hirsch Isaac war bis zu seinem Tode 1751 30 Jahre Schutzjude, sein Vater Isaac über 60 Jahre, und auch Groß- und Urgroßvater hatten schon in Crailsheim gesessen. Hirsch Isaacs Witwe bat 1752 um die Schutzaufnahme ihres einzigen Sohnes Simon Löw, der mit einer Jüdin aus Windsbach verheiratet war.

Damals gab es keinen Rabbiner in Crailsheim. Bei Problemen wandte man sich an den Landrabbiner Joseph Ensel in Ansbach. Vorsänger und Schächter war Jakob Aron. Alle Juden wohnten – mit Ausnahme von Jakob Abraham – in eigenen Häusern oder Hausanteilen. Nathan Abraham, Sohn des Abraham Nathan, erbat 1753 den Schutz für seinen Sohn Mayer Nathan, der Fradel, die Tochter Mendels aus Fürth, geheiratet hatte. Die Erlaubnis traf im Juli 1754 ein.

Die Regierung intensivierte um diese Zeit den Papierkrieg. Bei jedem Schutzaufnahmegesuch mußte ein ausführlicher Bericht des zuständigen Amtes vorgelegt werden, dazu eine Abschrift des Heiratsvertrages (Star) in deutscher Sprache sowie ein Bericht über die Vermögensverhältnisse. Auch die Kosten für die Aufnahme stiegen. Hesekiel Nathan, Sohn des Nathan Hänlein, zahlte 1757 für den Schutzbrief und alle Sporteln 98 fl.

Kurz nach der Jahrhundertmitte verstärkten sich die Bemühungen der Juden um einen eigenen Synagogenzweckbau. Wieder einmal waren es die protestantischen Geistlichen, die sich gegen die Einrichtung einer neuen Synagoge wandten. Die Juden hatten einen öden Platz zu diesem Zweck erworben. Angeblich herrschte in der alten Synagoge an der Stadtmauer in der Ringgasse wegen einer nahegelegenen Scheune Brandgefahr. Pfarrer Uhl schilderte in schlimmen Farben, was für die Christen bei der Realisierung dieses Projekts zu befürchten sei. Das *gräßliche und widerwärtige Geschrei* der Juden ginge über die Stadtmauer hinaus. Und was wäre erst, wenn christliche und jüdische Ostern zusammenfielen? Zur Unterstützung der Argumentation wurde auch Eisenmengers Schrift über das »Entdeckte Judentum« ausgiebig herangezogen.

Die Antwort der Regierung auf diese eifernde Demarche war kurz und bündig: Die Baupläne der Juden sind genehmigt, weil in der Gegend die meisten Crailsheimer Juden bereits ansässig seien, Fenster und Türen der neuen Synagoge nicht in Richtung der weit genug entfernten Kirche oder gegen des Bürgermeisters Haus sich öffneten, sondern nach Westen. So sei kein begründeter Ärger möglich. Der Bauplatz lag an der Stelle der abgebrochenen Scheune von Johann Georg Wiebel in der Küfergasse. Sie trägt im Horlandschen Stadtplan von 1738 die Nummer 176 (vgl. Abb. 5). Doch es dauerte noch einige Jahre, ehe mit dem Bau der Synagoge begonnen werden konnte. Aus den städtischen Protokollen ist der Zeitpunkt der Errichtung der neuen Synagoge nur indirekt ablesbar. Sie konnte seit 1783 genutzt werden. Der Bau hatte die Judenschaft stark belastet. So war sie an personeller Verstärkung interessiert, soweit sie sich finanzielle Erleichterungen davon versprechen konnte.

1778 war Simon Jonas nach Ingersheim in den Schutz aufgenommen worden. 1787 beantragte er die Erlaubnis zur Übersiedlung nach Crailsheim. Er hatte nach Einschätzung der Regierung *alle Prärogativen, der hier neu erbauten Schule zu genießen.* Die Judenschaft protestierte gegen das Gesuch, da Simon zu arm war und fünf Kinder ernähren mußte. Er konnte kaum einen nennenswerten Beitrag zum Abtrag der Schulden für die neue Synagoge aufbringen. In der Judenschaft fand eine Abstimmung statt. Immerhin gab es neun Gegenstimmen, sechs war es gleichgültig, die Vorsteher stimmten nicht mit ab. Es gab nur zwei eindeutig positive Stimmen. Die meisten befürchteten, er würde ihnen zur Last fallen. Er sollte lieber in Ingersheim bleiben, weil dort die Abgaben niedriger waren. Unter Berücksichtigung dieser negativen Stimmung der Juden wurde das Gesuch des Jonas abgelehnt.

Das genaue Baudatum der Synagoge wird lediglich im Nachtrag zu Bauers historischer Beschreibung der Stadt Crailsheim überliefert. Hier heißt es: *Anno 1783 ist die neue Judenschule erbaut worden. Der Andachtstempel der Judenschaft ist von alten Zeiten in dem von der Ziegelgasse etwas abgelegenen, der Seligmannischen Wittib nachgehendes Haus gewesen, da man vom alten Bau aus gegen die Stadtmauer geht*[38]. Die Ziegelgassse ist die heutige Karlstraße.

---

38 HStASt J 1 Nr. 186a, S. 84.

Hin und wieder kamen Taufen von Juden vor. Die Tochter des Juden Oscher wurde auf den Namen Christiana Wilhelmina Sophia Gottliebin getauft. Zeitweilig mußte der Crailsheimer Kirchenfonds zu den Erziehungskosten (1721) beitragen. 1717 wies das Konsistorium in Ansbach das Dekanat Crailsheim an, den Elias David Mandel, Sohn eines Rabbiners aus Mähren, auf die Taufe vorzubereiten. Anschließend sollte er das Schneiderhandwerk erlernen. 1720 war es ein gewisser Löw aus Ansbach, der sich von einer Taufe allerhand versprach. Ihm wurde klar gemacht, daß die Taufvorbereitungen sofort gestoppt würden, wenn er sich danach nur auf die faule Haut legen wolle. Löw war ein Pferdenarr von Kindesbeinen an und hoffte auf eine Anstellung im herrschaftlichen Marstall. Mit einer indirekten Zusage war Löw bald zur Taufe bereit. Es machte erhebliche Schwierigkeiten, geeignete Paten zu finden, da der Adel im allgemeinen nicht viel von den Konvertiten hielt. Schließlich erklärte sich unter anderem der Erbprinz Carl Friedrich dazu bereit. 1742 und 1783 kamen erneut Judentaufen vor, doch waren diese Juden in der Regel auswärts geboren und wurden dem Dekanat Crailsheim zur Ausbildung und Taufe überstellt.

Neue Schutzaufnahmen

Beim Regierungsantritt des letzten Markgrafen Christian Friedrich Karl Alexander 1757 wurden die Schutzbriefe aller Juden wieder einmal erneuert. Es wurden sechs verschiedene Klassen gebildet, die unterschiedliche Gebühren zu entrichten hatten.

1. Schutzbare Männer und Witwen unter 70   9 fl. 30 kr.
2. Desgleichen über 70   2 fl. 22½ kr.
3. Nicht-haussässige Alte   –   –
4. Junge Witwen   4 fl. 45 kr.
5. Haussässige, handelnde Rabbiner   9 fl. 30 kr.
6. Nicht haussässige Chargen   –   –

Bis zum vorgesehenen Termin hatten lediglich elf Crailsheimer Juden die Erneuerung beantragt. Sechs waren finanziell so schlecht gestellt, daß sie sich keinen neuen Brief leisten konnten. Das traf auch auf Gimmel, Witwe von Mändlein, zu, die schon 71 Jahre alt war. Nathan und Amson Abraham galten als bettelarme Schmuser. Kurz vor Weihnachten 1757 wurden die beantragten und bezahlten elf Briefe ausgehändigt. Ein halbes Jahr später konnten auch Hirsch Nathan, Elias Hänlein und die Witwe Gimmel sich wieder als wohlgelittene Schutzbriefinhaber betrachten, nachdem ihnen noch im Dezember ein Ausweisungsdekret angedroht worden war. Die übrigen vier sollten *ausgeschafft* werden, doch geschah ihnen vermutlich nichts. In den folgenden Jahren kam es mit stark formularisiertem und standardisiertem Verfahren immer wieder zu Rezeptionen, zunächst nur dann, wenn durch einen Todesfall ein Platz frei geworden war.

Für die Klärung genealogischer Zusammenhänge sind die Nachrichten wichtig, die man über die bloße Namensnennung hinaus aus den Verfahren entnehmen kann. Schutzaufnahmen fanden statt:

1766 Hirsch David aus Gunzenhausen, verheiratet mit Rößle, Witwe des verstorbenen Hesekiel Nathan.

1766 Salomo Hirsch Marx, Sohn des Marx Meyer, verheiratet mit Zierle aus Bechhofen.

1767 Abraham David aus Rödelsee, Schwiegersohn des Marx Meyer.

1768 Amson Nathan Seligmann, Sohn des verstorbenen Barnos Nathan Seligmann. Er erbte den väterlichen Kram- und Tuchhandel.

1768 Jakob Nathan, Sohn des Nathan Abraham.

1768 Isaac Nathan, Sohn des Nathan Abraham.

1769 Wolf Mändlein, Sohn des Mändlein Elias und der Gimmel.

1772 Hänlein, Sohn des Lämlein Nathan.

1773 Raphael, Sohn des Lämlein Nathan.

Seit einem Dekret vom 8. Januar 1770 mußten vor einer Heirat 50 fl. an die Landjudenschaft gezahlt werden, damit diese über einige Jahre keine Sorgen um die Zahlung der fälligen Abgaben haben mußte. Die Zahl der Haushalte blieb Maßstab für die Zahl der Neuaufnahmen, doch machte man immer wieder Ausnahmen, wenn der Schutzsuchende überdurchschnittliches Vermögen nachweisen konnte.

1774 Veis Schay Wolf, Sohn des Schay Wolf, verheiratet mit Jachet, Schwester des kurmainzischen Landbarnos Abraham Jakob zu Krautheim, Tochter des Jakob Löw.

1776 Hirsch Lämlein, dritter Sohn des Lämlein Nathan, verheiratet mit Fradel, Tochter des Schay (Jesaias) Wolf. Der zweite Sohn Raphael war kurz zuvor gestorben.

1777 Abraham Amson, Sohn des Amson Abraham, verheiratet mit Fradel Hirsch aus Schopfloch.

1779 Hänlein Seligmann Löw, Sohn des Seligmann Löw Joseph, verheiratet mit Sorlein, Tochter des Itzig Wolf aus Wassertrüdingen.

1779 Nathan Joel, Sohn des Joel Isaac, verheiratet mit Hindel Hayn, Tochter des Hänlein Nathan aus Schopfloch.

1782 Moses Bär, Sohn des Bär Nathan († 1762), Enkel des Barnos Nathan Hänlein († 1782), verheiratet mit Fradel, Tochter des Barnos Lämlein Nathan.

1783 Mayer Löw Nathan, Sohn des verstorbenen Barnos Nathan Seligmann, verheiratet mit Merlein, Tochter des Kusel Löw Joseph von Gunzenhausen.

1774 erhielt Joel Nathan Seligmann die Erlaubnis, als Unterrabbiner oder Schulmeister in Crailsheim tätig zu werden. Er erhielt keinen Schutzbrief, war also nur ein sogenannter Toleranzjude, der jederzeit entlassen werden konnte. Er war von allen herrschaftlichen Abgaben befreit, durfte aber auch keinen Handel treiben. Um diese Zeit kam erneut eine antijüdische Stimmung auf. Das starke Anwachsen der Judenschaft im gesamten Markgrafentum wurde mit Mißtrauen und Bedenken verfolgt. Vorsteher der Landjudenschaft waren seit 1777 Hirsch Samson, Lazarus Elkan Würzburger und Lazar Moses. 1787 waren Hirsch und Lazar durch Aaron Mayer Schwab und Aaron Dessauer abgelöst worden.

Schon bei der Aufnahme Mayer Löw Nathans 1783 hatte die Stadt gebeten, die Zahl der Juden nicht zu erhöhen, damit es nicht zu Beschwerden der Bürger komme. Konkreter wurden die Wünsche der Stadt, als Lazarus Salomon aus Berolzheim um die Schutzaufnahme nachsuchte. Er hatte Madel, die Tochter des Crailsheimer Barnos Hirsch David, geheiratet, die über die stolze Mitgift von 4000 fl. verfügte. Bürgermeister und Rat schlugen vor, Lazarus solle nach Gunzenhausen, dem Wohnort seines Vormunds, ziehen. Mit dem Vermögen seiner Frau könne er schließlich auch dort gut leben. Crailsheim fühlte sich durch die Judenaufnahmen stärker belastet als die Residenz Ansbach und schlug vor, die Zahl der erlaubten Haushalte auf zwölf zu reduzieren. Die Regierung ignorierte die städtischen Vorstellungen. Lazarus Salomon wurde Crailsheimer.

Inzwischen hatte man sich eine neue Einnahmequelle erschlossen. Juden unter 25 Jahren mußten bei der Schutzaufnahme einen Beitrag zur Unterhaltung des markgräflichen Zuchthauses in Schwabach leisten. Davon betroffen war erstmals der 1784 aufgenommene Moses Löw Isaias, Sohn des Schay Wolf. Er hatte Schendel, die Tochter des Fürther Barnos Hayum Samuel, geheiratet, die eine Mitgift von 2400 fl. erhielt. Obwohl die Zahl der Schutzjuden dadurch auf 20 anstieg, befürwortete die Stadt die Aufnahme *wegen des schönen Vermögens*. Warum man hier genau umgekehrt argumentierte wie vor einem Jahr, ist nicht ersichtlich.

Die Vermögen der Aufnahmesuchenden sind zu dieser Zeit relativ hoch. Über 2300 fl. verfügte Bärlein Lämlein, Sohn des Barnos Lämlein Nathan, nach seiner Heirat mit Mährlein, der Tochter des Salomon David aus Wassertrüdingen. 1787 bat Salomon David, seinem Schwiegersohn die Übersiedlung nach Wassertrüdingen zu gestatten, damit er dort in sein Geschäft eintreten könne. In Crailsheim würde er nur seine Substanz aufzehren. Bärlein mußte sich verpflichten, nie ein eigenes Haus in Wassertrüdingen zu kaufen, sondern bei seinem Schwiegervater zu leben. So wurde der Abzug erlaubt, sein Schutzbrief umgeschrieben. – Nach seiner Tochter verheiratete der Barnos Hirsch David 1787 seinen Sohn David Hirsch mit Serlin Lämlein, Stieftochter des Säckel Jakob von Niederstetten. Die letzte im Protokoll der Stadt vermerkte Aufnahme betrifft eine Frau: Groendel, Frau des Zacharias Kohn zu Ansbach, heiratete in zweiter Ehe den Crailsheimer Isaac Nathan.

Judentabellen

Alle halbe Jahre mußte seit einem Erlaß der Regierung vom 13. Mai 1728 eine Tabelle aller ortsansässigen Juden gefertigt und nach Ansbach gesandt werden. Die Tabellen fanden selten das Wohlgefallen der Regierung, weil sie in der Regel unvollständig waren oder überholte Angaben enthielten. Die Juden waren viel unterwegs, oft auch über längere Zeiträume, so daß es fast nicht möglich war, absolut zuverlässige Angaben termingemäß zu erhalten. Sicher tröstete man sich damit, daß die Termine der Berichterstattung rasch aufeinander folgten, so daß kein Schaden zu befürchten war. Häufig wurden die Tabellen von den örtlichen Behörden gar nicht erstellt und mußten vielfach angemahnt werden. So wurde 1765 die Befolgung des Erlasses von 1728 erneut eingeschärft, weil trotz Strafandrohung die Tabellen nicht gefertigt wurden. Als Beispiel sei die Tabelle des Jahres 1750 angeführt (angekreuzt sind die auch 1754 Anwesenden). Mit den neu aufgenommenen Lämlein Nathan, Schay Wolf, Jacob Seligmann und Simon Löw gab es 1754 16 normale und drei Witwenhaushalte:

Name	1754 am Ort	Datum des Schutzbriefs	Grundbesitz	Vermögen
Elias Hänlein	x	1731	½ Haus	900 fl.
Hayum Abraham		1731	–	–
Joseph Seligmann		ja	–	–
Nathan Hänlein	x	1731	1½ Haus	5000 fl.
Hirsch Nathan	x	1731	1 gr. Haus	1500 fl.
Nathan Abraham	x	1719	1 Haus	–
Mänlein Elias Wittib	x	–	1 Haus	–
Nathan Seligmann	x	1731	1 Haus	4050 fl.
Jacob Abraham	x	1737	–	–
Marx Meyer	x	1732	1 Haus	1200 fl.
Amson Abraham	x	1738	1 Haus	–
Joel Isaac	x	1736	1 Haus	4000 fl.
Seligmann Löw	x	1742	bauf. Häuslein	300 fl.
Veiß Isaac	x	1744	½ Haus	1350 fl.
Beer Nathan	x	1749	beim Vater	2500 fl.
Jacob Aaron, Vorsinger		–	bei J.G. Wibel	–
Selig, Schulmeister		–	bei Mänleins W.	–
Abraham Nathans Witwe	x	–	–	–
Hirsch Isaacs Witwe	x	–	–	–

Nach der Ermahnung von 1765 lieferte Crailsheim 1766 seine Tabelle pünktlich. Die Zusammenfassung ergab zwölf volle Haushalte, darunter zwei ohne eigenes Haus. Insgesamt lebten 75 Juden in der Stadt: zwölf Schutzverwandte, 14 Weiber, zwei Witwen, ein Vorsinger, 38 Kinder und acht Knechte und Mägde ohne Schutzbrief.

Unmittelbar vor der Eingliederung der Markgraftümer in den preußischen Staatsverband umfaßte die Crailsheimer Gemeinde 19 Haushalte:

1. Abraham Amson
2. Moses Beer
3. Abraham David
4. Hirsch David
5. Nathan Joel
6. Hänlein Lämlein
7. Hirsch Lämlein
8. Salomon Hirsch Marx
9. Wolf Männlein
10. Schay Wolf
11. Isaac Nathan
12. Jakob Nathan
13. Lämlein Nathan
14. Moses Schay
15. Veiß Schay
16. Lazarus Salomon
17. Hänlein Seligmann Löw
18. Mayer Seligmann
19. Amson Nathan Seligmann

1792 wurde nach dem Anfall an Preußen eine neue Generaltabelle eingeführt mit einheitlichem Formular. Seitdem wurde anscheinend regelmäßig berichtet, doch liegen die Konzepte im Stadtarchiv nicht mehr vor, und auch die Ausfertigungen konnten nicht ermittelt werden. Die letzte Tabelle in alter Form ist die von 1790:

Name	Datum des Schutzbriefs	Häuser	Vermögen in fl.	1791 am Ort	Vermögen	1792 am Ort
Lämlein Nathan	1757	1	3000	x	1200	x
Schay Wolf	1757	½	2500	x	–	x
Hirsch David	1765	1	4950	x	3300	x
Salomo Hirsch Marx	1766	½	–	x	–	x
Abraham David	1767	½	–	x	–	x
Jakob Nathan	1768	1	1200	x	2250	x
Isaac Nathan	1765	1	1000	x	1800	x
Amson Nathan Seligmann	1768	1	1300	x	300	x
Hänlein Lämmlein	1772	½	–	x	–	x
Wolf Mänlein	1769	1 (bauf.)	–	x	–	x
Veiß Schay	1774	1	2600	x	3300	x
Hirsch Lämlein	1776	½	–	x	–	x
Abraham Amson	1777	1	750	x	900	x
Nathan Joel	1779	1	1050	x	–	x
Hänlein Seligmann Löw	1779	1	750	x	1100	x
Moyses Baer	1782	1	1500	x	1700	x
Mayer Löw Nathan	1783	Miete	700	x	300	x
Lazarus Salomon	1783	1	5000	x	4800	x
Moyses Löw Esaias	1784	Miete	2400	x	300	x
David Hirsch	1787	b. Vater	–	x	4200	x
Löw, Schulmeister	–	Miete	–	x	–	x
Samuel Wolf, Vorsinger	–	Miete	–	x	–	x
Simon Löw, toleriert	–	Miete	–	x	–	x
Nathan Abrahams Witwe	–	b. Sohn	–			
Veiß Isaacs Witwe	–	½	–	x	–	x
Jakob Wolfs Witwe	–	½	–	x	–	x

Die Zusammenfassung dieser Angaben für 1790 ergab eine Seelenzahl von 126: 20 wirklich Handelschaft treibende Haushaltsvorstände, ein Hausgenosse, 23 Weiber, zwei Witwen, ein Rabbiner (Schulmeister), ein Vorsinger, 61 Söhne und Töchter, 16 Knechte und Mägde. Das war ein deutlicher Zuwachs gegenüber 1750. Die drei zusätzlichen Ehefrauen waren die des Hausgenossen, des Rabbis und des Vorsingers. 1791 kamen drei Kinder und ein Knecht dazu, 1792 vier weitere Kinder, so daß nach Weggang einer Magd sich jetzt 133 Juden in der Stadt aufhielten.

Im Jahre 1800 sollten wiederum neue Tabellen erarbeitet werden, aus denen das Verhältnis von Juden und Christen abzulesen war, und zwar im Hinblick auf die absoluten Zahlen, das Vermögen und die *Nahrungs- und Gewerbsumstände*. Ziel war eine deutliche Verminderung der immediaten Schutzjudenfamilien. Die Juden hatten zu dieser Zeit stolze 100 fl. als Aufnahmegebühr zu entrichten. Ihre Zahl war auch jetzt noch von Amts wegen begrenzt. Die neue Tabelle, die auf S. 81/82 vollständig wiedergegeben ist, faßte die Ergebnisse in einem summarischen Abschluß wie folgt zusammen:

Abschluß

I.	Hausväter mit Schutzbriefen	18
	deren Eheweiber	15
	Kinder, die noch bei den Eltern sich enthalten	43
	nemlich 26 männlichen Geschlechts	
	17 weiblichen	
	Lehenleute und Gesinde	9
	nemlich 4 männlichen	
	5 weiblichen Geschlechts	
II.	Hausväter mit Toleranzdekreten	–
III.	Witwen a) der Schutzjuden	7
	b) der Toleranzjuden	–
	Kinder a) männlich	5
	b) weiblich	2
IV.	Öffentliche Bediente, Vorsinger und Schulmeister	1
	deren Eheweiber	2
	Kinder a) männlich	5
	b) weiblich	4
V.	Elternlose	–
VI.	Unvergleitete	–
	Summe aller Judenseelen	111

Gefertigt, Crailsheim, den 23. Dezember 1801

Die preußische Regierung war trotz aller vorgelegten Tabellen nicht in der Lage, selbst einfache Fragen zur zahlenmäßigen Entwicklung der jüdischen Bevölkerung im Markgraftum zu beantworten. So wurde 1805 eine Gegenüberstellung der Angaben von 1796 und 1805 angefordert. Die Zahl der Crailsheimer Juden war von 131 auf 116 abgesunken. Es gab zwei Haushalte weniger, dadurch auch acht Kinder sowie vier Knechte und Mägde.

Die Stadtverwaltung teilte den ansbachischen Behörden mit, daß bis in die vierziger Jahre des 18. Jahrhunderts die Zahl von 16 Haushalten als Normalzahl angenommen wurde. In Unkenntnis der wahren Ursprünge dieser Zahl, vielleicht auch zur Untermauerung der eigenen Kompetenz, gab man an, daß diese Normalzahl sich auf einen Ratsbeschluß gründete, der später allerdings nicht mehr eingehalten worden sei. Wahrscheinlich hatten diese Tabellen, wenn sie je noch einmal angefertigt wurden, nur noch deklaratorischen Charakter. Die territoriale Umgestaltung des deutschen Südwestens wurde zunächst wichtiger als die Gestaltung des Schicksals der jüdischen Minderheit in einer auch im nachfriederizianischen Preußen nicht unbedingt toleranten Umwelt.

Und so sah die umfassende Judentabelle von 1801 mit einer Fülle persönlicher Daten aus, die einen hervorragenden Einstieg in die Rekonstruktion jüdischer Familien bieten, vor allem, wenn man die wenig später angelegten Familienregister damit kombiniert:

lfd.	Nr. des Hauses	Name, Geburtsort des Hausvaters	Alter	Schutzbrief Rezeption	Ehefrau Geburtsort	Alter	Kinder Name	Alter	Haus	Besitzungen Häuser	andere Grundstücke	Sonstiger Vermögenszustand	Jährliche Schutzabgabe	Lehenleute, Gesinde Name, Alter, Geburtsort
1	335	Isaac Nathan von hier	67	1768 Lebenszeit	geschieden	–	Lämmlein Moisis Nathan Gabriel	25 21 20 9	– – – –	–	–	gering	7 fl. 8 kr.	–
2	130	Hänlein Lämlein von hier	48	1772	Fradel Mönchsrot	50	Moisis Mühla Raphael	19 16 13	½ – –	½	½ Morgen	schlecht	3 fl. 34 kr.	–
3	130	Hirsch Lämlein von hier	47	1776	Fradel von hier	46	Mühla Veifel Nathan Wolf	20 14 11 8	½ – – –	½	½ Morgen	ingleichen	3 fl. 34 kr.	–
4	38	Amson Nathan Seligmann von hier	62	1768	Jeala von Ansbach	45	Seligmann Jacob Mariam Prinz Sarah Schönla	22 15 13 11 9 6	½ – – – – –	½	½ Morgen	nicht minder	7 fl. 8 kr.	–
5	36	Simon Löw von hier	61	1757	–		Köhla Isaac	39 33	– –	–	–	ingleichen	1 fl. 47 kr.	–
6	140	Lämlein Nathan Barnos, von hier	72	1751	Roes von Treuchtlingen	63	–	–	1	1	½ Morgen	ingleichen	3 fl. 34 kr.	–
7	227 et 284	Abraham David von Rödelsee	61	1760	Madel von hier	55	Maier Moises	28 18	1½ –	1½	1 Morgen	mittel	7 fl. 8 kr.	Rickel, 21 Oberndorf
8	142	David Hirsch von hier	50	1787	Sehrla von Gunzenhausen	31	Lämlein Gölla Bräunla	12 9 1	1 – –	1	½ Morgen	gut	7 fl. 8 kr.	Bärla, 28 Jagstberg Dolz, 19 Schwabach
9	304	Maier Löw Nathan von hier	50	1783	Mörla von hier	44	Nathan	11	1	1	½ Morgen	mittel	7 fl. 8 kr.	–
10	113	Hänlein Seligmann Löw, von hier	53	1779	Sorla von Wassertrüdingen	43	Selegnia	10	1	1	½ Morgen	gut	7 fl. 8 kr.	Herz, 25 Schopfloch
11	103	Moises Bär von hier	45	1782	Fradel von hier	39	Baer Breindel Mühla Sohrla David	16 10 9 5 3 Wochen	1 – – –	1	½ Morgen	mittel	7 fl. 8 kr.	–
12	140	Nathan Joel von hier	53	1779	Hendel von Schopfloch	47	Fradel	15	–	–	–	schlecht	3 fl. 34 kr.	–
13	274	Veiß Scheu Kohn von hier	49	1774	Jachet von Grandheim	43	Itel Israel Samuel	17 15 13	1 – –	1	½ Morgen	gut	7 fl. 8 kr.	Henlein, 21 Berolzheim
14	225	Moises Löw Esias von hier	36		Scheindel geschieden, in Fürth		Veis	15	1 –	–	–	ingleichen	7 fl. 8 kr.	–

lfd.	Nr. des Hauses	Name, Geburtsort des Hausvaters	Alter	Schutzbrief Rezeption	Ehefrau Geburtsort	Alter	Kinder Name	Alter	Haus	Besitzungen Häuser	andere Grundstücke	Sonstiger Vermögenszustand	Jährliche Schutzabgabe	Lehenleute, Gesinde Name, Alter, Geburtsort
15	231	Lazarus Salomon von Berolzheim	43	1783	Madel von hier	33	Salomon Lazarus Breinla Isaac David	16 13 10 7	1 – – –	1	½ Morgen	gut	7 fl. 8 kr.	Itzig, 21 Kleinnördlingen Bohla, 29 Lehrberg Rickele, 27 Gunzenhausen
16	38	Abraham Amson von hier	56	1777	Fradel von Schopfloch	51	Prinz Herz Männlein	22 20 18	1 – –	1	½ Morgen	mittel	7 fl. 8 kr.	–
17	284	David Abraham von hier	32	1798	Dölzere von Oberndorf	29	–	–	½	½	½ Morgen	mittel	7 fl. 8 kr.	–
18	247	Veiß von Hohebach	39		Fradel von hier	21	–	–	1	1	½ Morgen	mittel	7 fl. 8 kr.	Rösla, Bechhofen

II. Witwen der Schutzjuden

lfd.	Nr. des Hauses	Name, Geburtsort des Hausvaters	Alter	Schutzbrief Rezeption	Ehefrau Geburtsort	Alter	Kinder Name	Alter	Haus	Besitzungen Häuser	andere Grundstücke	Sonstiger Vermögenszustand	Jährliche Schutzabgabe	Lehenleute, Gesinde Name, Alter, Geburtsort
1	130	Jacob Nathan Seligmann		1757	Sordel von hier	63	–	–	–	–	–	gering	1 fl. 45 kr.	–
2	148	Veis Isaac		1757	Hannchen von Feuchtwangen	63	Marx Veis	28	½	½	½ Morgen	schlecht	1 fl. 45 kr.	–
3	335	Wolf Männlein		1769	Fradel von hier	57	Elga Bär	24	¼	¼	½ Morgen	ingleichen	1 fl. 45 kr.	–
4	247	Schay Wolf		1757	Hannela von Wachbach	73	–	–	–	–	–	ingleichen	1 fl. 45 kr.	–
5	245	Salomon Hirsch Marx		1766	Zier von Bechhofen	54	Bundel Löw David	32 25 22	½ – –	½	½ Morgen	gering	1 fl. 45 kr.	–
6	142	Hirsch David		1765	Rößla von hier	63	–	–	–	–	–	mittel	1 fl. 45 kr.	–
7	160	Jacob Nathan		1768	Köhla von Wallerstein	48	Nathan Bärel	8 5	1 –	1	½ Morgen	mittel	1 fl. 45 kr.	–

III. Rabbiner, Vorsinger und Schulmeister

lfd.	Nr. des Hauses	Name, Geburtsort des Hausvaters	Alter	Schutzbrief Rezeption	Ehefrau Geburtsort	Alter	Kinder Name	Alter	Haus	Besitzungen Häuser	andere Grundstücke	Sonstiger Vermögenszustand	Jährliche Schutzabgabe	Lehenleute, Gesinde Name, Alter, Geburtsort
1	110	Sandel Wolf	† 1801		Gidel von Ansbach	46	Jona Löw Rebecca Bunla	15 10 7	– – –	–	–	schlecht	–	Ziperle, 25 Fürth
2	148	Löw Nathan Schulmeister	48		Böhnla von hier	45	Veiß Maier Joel Rebecca Raphael Baruch	16 14 11 9 7 2	– – – – – –	–	–	schlecht	–	–

Die ältesten Schutzjuden in Crailsheim

Nr.	Name	Herkunft	Aufnahme	Aufgabe	Grund	1676	1694
1	Gabriel		1596	(1632)	Tod		
2	Daniel		1598	(1623)	Tod		
3	Jakob	Sohn von 1	1. 1598	1605			
			2. 1625	1636	Dinkelsbühl		
4	David	Sohn von 2	1600	1605	Wegzug		
5	Berlein		1612	1626	Tod		
6	Salomon		1625	1668	Tod		
7	Joel	Sohn von 5	1626	1663	Tod		
8	Moschi	Sohn von 1	1626	1632	Tod		
9	Aron	Sohn von 3	1. 1632	1636	Dinkelsbühl		
			2. 1645	1668	Tod		
10	Hirschlein	Sohn von 2	1630	1636	Dinkelsbühl		
11	Coppel		1628	1656	Tod		
12	Judas		1637	1663	Tod		
13	Elias		1637	1671	Tod		
14	Abraham gen. Knechtlein		1637	1650	Tod		
15	Abraham	Sohn von 3		1663	Wegzug		
16	Marx		1646	1682	Tod	4	
17	Mendel		1654	1675	Tod	W12	W11
18	Isaac		1654	1671	Totschlag		
19	Alexander	Sohn von 9	1656	1667	Tod		
20	Berlein (der Alte)		1658	1708	Tod	5	10
21	Wolf		1659	1671	Tod		
22	Eleasar		1659	1673	Tod		
23	Löw	Sohn von 21	1662	1668	Aufgabe		
		Schwiegersohn von 9					
24	Hirsch		1665	1676	Aufgabe	1	
25	Isaac	Sohn von 24	1665	1673	Tod		
26	Berlein (der Junge)		1665	1697	Tod	6	3
27	David	Sohn von 9	1667	1669	?		
28	Aaron	Sohn von 24	1670	1676	Aufgabe	3	
29	Abraham		1670	1695	Bettel	9	1
30	Gabriel	Sohn von 13	1670	1683	Tod	8	
31	Schmul	Sohn von 21	1670	1672	Gerabronn		
32	Nathan	Sohn von 24	1671	1698	Tod	2	16
33	Lippmann		1674	1692	Tod	7	
34	Mayer (der Alte)		1675	1694	Tod	10	13
35	Aaron	Sohn von 16	1676	1712	Tod		2
36	Jakob		1677	1695	Tod		7
37	David		1678	1708	Tod		4
38	Moses		1680	1724	Tod		15
39	Seligmann		1680	1712	Fortzug		17
40	Elias (der Junge)		1680	1735	Tod		5
41	Mayer (der Junge, der Hällische)		1681	1733	Tod		14
42	Lippmann (der Junge)		1682	1699	Tod		9
43	Simon		1683	1698	Tod		18
44	Judas	Sohn von 33	1684	1709	Tod		8
45	Hirsch Mayer	Hornberg	1688	1697	Tod		6
46	Salomon	Ingersheim	1688	1704	Tod		19
47	Daniel gen. Sandel		1691	1719	Ingersheim		12

Nr.	Name	Herkunft	Aufnahme	Aufgabe	Grund	Geburtsjahr
48	Löw Hirsch		1692	1700	Tod	
49	David (der Junge)		1695			
50	Henlein Beer		1695	1749	Tod	
51	Abraham (Braunsbacher)		1696	1720	Tod	
52	Beer Marx		1696			
53	Beer Gabriel		1696	1722	Tod	
54	Löw Salomon		1696	1700	Tod	
55	Jakob		1696	1697	Fortzug	
56	Hirsch Mayer		1697	1700	Tod	
57	Abraham Nathan	Sohn von 42	1700	1741	Tod	
58	Borg (Baruch)		1700	1706	Fortzug	
59	Seligmann (der Junge)	Sohn von 51	1702	1727	Tod	
60	Isaac Nathan	Sohn von 32	1703	1748	Tod	
61	Hay(u)m Abraham	Sohn von 51	1704	1752	Tod	
62	Lämlein	Sohn von 41	1704	1734	Tod	
63	Joseph	Sohn von 44	1712	1717	Gerabronn	
64	Joseph Seligmann	Sohn von 39	1716	1752	Tod	
65	Elias Hänlein	Sohn von 50	1716	n. 1764	Tod	* 1682
66	Nathan Hänlein	Sohn von 50	1717	1782	Tod	* 1692
67	Hirsch Nathan		1717	1772	Tod	* 1692
68	Herz	Sohn von 51	1717	1727	Tod	
69	Nathan Abraham		1720	n. 1764	Tod	* 1696
70	Mändel	Sohn von 40	1720	1744	Tod	
71	Nathan Seligmann		n. 1720	n. 1764		* 1701
72	Hirsch Isaac		1725	1750	Tod	
73	Marx Meyer		1732	1768	Tod	* 1702
74	Jakob Abraham		1732	n. 1764		* 1699
75	Amson Abraham		1738	n. 1764		* 1706
76	Joel Isaac		1740	1779	Tod	* 1712
77	Seligmann Löw		1742	1784	Tod	* 1712
78	Veiß Isaac	Ingersheim	1744	1777	Tod	* 1709
79	Löw Michel Preßburger		1744	1744	Fortzug	
80	Beer Nathan	Sohn von 66	1749	1761	Tod	* 1722
81	Schay Wolf	Stiefsohn von 78	1749	1792	Tod	* 1721
82	Lämlein Nathan		1751	n. 1784		* 1724
83	Jakob Seligmann		1752	1761	Tod	* 1725
84	Simon Löw	Sohn von 72	1753	n. 1784		* 1730
85	Hesekiel Nathan	Sohn von 66	1757	1761	Tod	

3. Gerabronn

In Gerabronn wurden unter brandenburg-ansbachischer Herrschaft zu einem unbekannten Zeitpunkt Juden aufgenommen, doch war ihre Zahl immer klein. So zog der Jude Schmul 1672 aus Crailsheim nach Gerabronn. Joseph, Sohn des Judas, in den Rechnungen des Amtes Crailsheim als Rebbe (Rabbiner) bezeichnet, folgte ihm 1717[39]. Aus einer Anfrage, die das Amt Morstein an das Amt Gerabronn richtete, geht hervor, daß die Witwe eines Juden als Sterbhandlohn den 15. Gulden vom Wert der Wohnung oder des Hauses an das Amt

---

39 StAL B 70 Bd. 120.

entrichten mußte. Dazu kamen 5 fl. als Hauptrecht. Der Wert der Immobilien wurde von unparteiischen Schätzern taxiert. Die Erbschaftssteuer belief sich demnach auf 6⅔ %. Wenn die Witwe oder ihre Kinder das Geschäft des Vaters weiterführten, mußte das volle Schutzgeld entrichtet werden. Im Fall von Bedürftigkeit oder Armut konnte der Betrag auf Antrag auf die Hälfte oder ein Viertel reduziert werden. Die Erben hatten als neue Besitzer auch Bestehehandlohn zu zahlen, ebenfalls 6⅔ %. Er konnte bis zu einem Jahr gestundet werden. Heiratete die Witwe in dieser Zeit erneut, brauchte sie nur ein Viertel Wein als Abgabe entrichten. Auf diese Weise sollte der Herrschaft nach Möglichkeit ein längerer Steuerausfall erspart bleiben[40].

In den Rechnungen des Amts Werdeck werden sie 1795/96 faßbar. Läßer Jud, Maier Moisis (†1802) und Lippmann Moises zahlten 1 fl. 47 kr. Schutzgeld, Besach Michel 3 fl. 34 kr., Joseph Laeßer und David Haium das volle Schutzgeld von 7 fl. 8 kr.[41] Nach dem Tode von Läßer und Maier wurden Moises Lazarus, vermutlich der Sohn von Maier, und Meyer Salomon als sogenannte Toleranzjuden noch 1802 aufgenommen, so daß die Zahl von sechs Haushalten konstant blieb[42]. Diese Gerabronner Juden gehörten zur ansbachischen Landjudenschaft und waren an den jährlichen Umlagen je nach Vermögen beteiligt. Als im Jahre 1818 die finanziellen Verhältnisse der aufgehobenen Korporation reguliert wurden, suchte man auch in den inzwischen an Württemberg gefallenen Gemeinden Rückstände beizutreiben.

Lippmann Moses hatte bis 1790 12 fl. 12 kr. an Steuern zur Landjudenschaft gezahlt, war aber dann wegen Armut befreit worden. Joseph Lazarus (Laeßer) war aus dem gleichen Grund seit 1790 nur noch mit 2 fl. 17 kr. belastet worden. Moses Lazarus hatte bis 1806 voll gezahlt – 12 fl. 12 kr. – und David Haium die Hälfte. Er war inzwischen in ein Gantverfahren verwickelt[43]. Besach Michael wurde 1810 mit 1000 fl. veranlagt, starb aber 1813.

So spielte die kleine, verarmte Judenschaft in dem Flecken bis zum Anfall an Württemberg keine Rolle, besaß keinen Gemeindestatus und keine Synagoge. Im weit entfernten Schopfloch wurden die Toten beigesetzt, bis der 1747 neu angelegte Friedhof in Braunsbach auch Gerabronnern zur letzten Ruhestätte diente.

4. Goldbach

Die Anfänge

Seit 1409 war der Flecken Goldbach ein hohenlohisches Lehen im Besitz der Freiherren Geyer von Giebelstadt. Die hohe Obrigkeit übte das Markgraftum Ansbach aus. Der letzte Geyer, 1685 in den Reichsgrafenstand erhoben, stellte seine Besitzungen unter den Schutz Preußens, das nach dem Aussterben der Geyer 1708 das Rittergut einzog und Hohenlohe für den Verzicht auf seine Lehenrechte entschädigte. 1729 fiel Goldbach als Heiratsgut der Friederike Louise von Preußen an den Markgrafen Carl Wilhelm Friedrich von Brandenburg-Ansbach und kehrte 1792 mit dem Markgraftum an Preußen zurück. Die in Goldbach ansässige

---

40 Archiv Morstein, Amt Morstein.
41 StAL B 70 Bd. 145.
42 StAL B 65 Bü 770 ff.
43 StAL E 175 I Bü 91.

herrschaftliche Verwaltung wurde 1798 aufgehoben und mit dem Oberamt Crailsheim vereinigt. 1806 fiel Goldbach an Bayern, 1810 an Württemberg[44].

Der Zeitpunkt der jüdischen Ansiedlung in Goldbach ist nicht genau zu bestimmen. Vermutlich wurden auch hier Juden nach der Vertreibung aus den Reichsstädten zu Beginn des 16. Jahrhunderts in der Reformationsepoche ansässig. Faßbar wird im Jahre 1594 ein Jude Daniel. Wegen einer Prügelei mit dem Müller von Gersbach im Wirtshaus zu Crailsheim mußte er eine Strafe an das Oberamt Crailsheim entrichten. 1598 wird er in Crailsheim in den Schutz aufgenommen. Der Jude Jakob aus Goldbach, Daniels Vater, war 1600 in Streitigkeiten mit einem Untertanen der Reichsstadt Dinkelsbühl verwickelt und mußte deshalb ebenfalls eine Strafe an das ansbachische Oberamt Crailsheim entrichten[45]. Einige Jahre später – 1605 – mußte er wegen eines Zollvergehens 1 fl. Strafe zahlen[46]. Zu dieser Zeit wohnten sechs jüdische Familien unter dem Schutz der Geyer in Goldbach. Zu ihnen gehörten Frümlein, der 1609 2 fl. wegen Vertragsbruchs zu zahlen hatte, und Mendlein, dem ein Wiegeverstoß angelastet wurde.

Diese negativen Zeugnisse dürfen nicht falsch interpretiert werden. Sie stammen aus den Rechnungen einer fremden Herrschaft, die natürlich nur bei Übertretungen auswärtige Untertanen namhaft machen. Sie dokumentieren aber schon damals rege Beziehungen zwischen Goldbach und Crailsheim. Fünf Jahre hatte sich David, der Sohn Daniels, in Jagstheim aufgehalten. Dann wurde er im Zuge der damals sehr restriktiven markgräflichen Judenpolitik des Landes verwiesen und begab sich in den Geyerischen Schutz nach Goldbach. Im Dreißigjährigen Krieg scheint die kleine Judensiedlung in Goldbach aufgegeben worden zu sein. Das Gerichts- und Amtsprotokoll der Herrschaft Geyer[47] weist bis 1671 nur eine Klage gegen den Crailsheimer Juden Hirschle wegen eines Ochsenhandels auf, die durch Vergleich beigelegt wurde. Mit großer Wahrscheinlichkeit gab es damals keine Geyerischen Schutzjuden mehr.

Leider sind in den erhaltenen Rechnungen der 1708 preußisch gewordenen Grafschaft Geyer keine Einzelangaben enthalten. Schutzgelder wurden damals von Christen und Juden entrichtet. Christliche Männer zahlten 1 fl. 15 kr., Frauen 37 1/2 kr. und Juden im Regelfall 10 fl. Erst seit 1730/31 weisen die Rechnungen ausführlich christliche und jüdische Schutzverwandte mit Namen nach.

Die Juden durften Häuser erwerben. Die Zahl der erlaubten Haushalte scheint zunächst auf vier, dann auf sechs begrenzt gewesen zu sein. Das Schutzgeld konnte in besonderen Fällen ermäßigt werden. Von der Schatzung waren die Juden befreit, sie mußten aber bei Besitzveränderungen und bei Todesfällen die üblichen Abgaben in Höhe von 10 % des Taxwertes der Häuser entrichten. Auch das Besthaupt, das beste Stück Vieh im Stall oder eine entsprechende Geldabgabe, war bei Sterbefällen üblich.

Im Jahre 1712 bat der Jude Marx in Goldbach um die Erlaubnis, wie die brandenburg-ansbachischen Juden im gesamten Fürstentum Handel und Wandel treiben zu dürfen. Die Genehmigung wurde erteilt. Marx mußte jährlich dafür 15 fl., also mehr als das normale Schutzgeld im Amt Crailsheim, entrichten und dazu die üblichen Zölle. Ein Jahr später wurde Marx in den Schutz in Goldbach aufgenommen. Da das Markgraftum noch keine grundherrli-

---

44 Kreisbeschreibung Crailsheim, 1953, S. 227.
45 StAL B 65 Bü 102.
46 Ebd., Bü 104.
47 StAL B 89a Bü 1.

chen Rechte in Goldbach besaß, war die Erlaubnis wohl Ausfluß der preußischen Obrigkeit. Isaak Löw Moses (1713), Joseph (1714) – seit 1719 Gerson genannt – und Joseph Löw (1715) wurden bis 1716 aufgenommen[48].

Die Juden hatten beim Passieren der zahlreichen markgräflichen Zollstätten den Judenzoll zu entrichten. Seit 1715 durften die preußischen Goldbacher Juden gegen eine jährliche Pauschale von 5 fl., seit 1722 von 4 fl. ohne weitere Behelligung die Zollstätten durchqueren. Das gleiche Privileg genossen die Juden zu Unterdeufstetten. Bis zum Anfall Goldbachs an das Markgraftum 1729 kam noch Isaac Meyer (1727) nach Goldbach. Marx, der älteste, war seit 1723 ganz vom Zoll befreit. Der Leibzoll der Goldbacher Juden wurde 1744 von 4 fl. auf 2 fl. 30 kr., 1745 auf 1 fl. 30 kr. gesenkt, *nachdem dieselbe solchen starken Zoll nicht mehr erschwingen können*. Die Kriegszeiten machten sich bemerkbar. Der Handel ging merklich zurück. Von 1751/52 an wurden die Juden *des Leibzolls halber außer Sorgen gelassen*; es galt seitdem eine allgemeine Zollbefreiung auch für sie, ein erster Schritt zu wirtschaftlicher Gleichbehandlung.

Seit 1730/31 ist aus den Rechnungen des Amts Goldbach das äußere Schicksal der Goldbacher Juden abzulesen[49]. Joseph Gersching – so wird Gerson jetzt genannt –, Isaac Löw und Joseph Löw (wohl Brüder), Marx, Isaac Meyer und der 1741 aufgenommene Simson Isaac bildeten damals mit ihren Familien die kleine Gemeinde.

a) Joseph Gersching war nicht unvermögend. Bis zu seinem Tod am 21. August 1749 zahlte er das volle Schutzgeld von 10 fl. 1744 heiratete eine seiner Töchter den Juden Feiß. Gersching gab ihr die auf 100 fl. taxierte Hälfte seines Hauses als Mitgift. Sein Schwiegersohn wurde gleichzeitig mit dem vollen Schutzgeld in den Schutz aufgenommen, zog aber 1756 fort. Er verdingte sich 1753 als Vorsinger und Schulmeister nach Lommerstadt, blieb aber bis zu seinem Umzug zum ermäßigten Satz von 5 fl. im Schutz in Goldbach. Wenige Monate vor seinem Tod trat Gersching die andere Hälfte seines Hauses an seinen Sohn Isaak Joseph ab, der bis ins hohe Alter eine Stütze der Gemeinde wurde. Auch diese Hälfte wurde auf 100 fl. taxiert, so daß durch den Vermögensübergang 10 fl. Handlohn als Steuer fällig wurden. Außerdem konnte der Vater seinem Sohn noch 125 fl. Bargeld als Heiratsgut mitgeben. Gerschings Witwe mußte nach dem Tod ihres Mannes Hauptrecht zahlen. In ihrem Stall stand eine Geiß, die mit 2 fl. 30 kr. taxiert wurde. Sie brauchte danach nur noch 37 kr. Schutzgeld jährlich zu entrichten bis zu ihrem Tode 1767.

b) Isaak Löw starb im Juni 1750. Er hinterließ eine Witwe aus zweiter Ehe mit neun Kindern. Sein Haus wurde auf 190 fl. taxiert. Sein Schutzgeld war schon 1740 auf 5 fl., 1749 auf 2 fl. 30 kr. ermäßigt worden. Die Witwe zahlte nur noch 37 kr. jährlich, seit 1758 bis zu ihrem Tode gar nichts mehr. Das Haus wurde an den Sohn Seligmann und die Tochter Vögelin überschrieben, die mit Löw Joseph verheiratet war. Er war der Sohn von Joseph Löw, dessen Schutzgeld bereits 1736 auf die Hälfte ermäßigt wurde.

c) Joseph Löw überschrieb 1748 seiner Tochter Kehla sein halbes Haus als Heiratsgut. Zu dieser Gabe im Wert von 80 fl. kam ein halber Garten, den man mit 20 fl. veranschlagte. Weil der Schwiegersohn Löw Isaac nun das volle Schutzgeld entrichtete, wurde Joseph Löw auf 1 fl. 15 kr. gesetzt bis zu seinem Tode 1756. Seine Witwe ließ die andere Haushälfte nach dem Tod des Mannes renovieren, so daß der Wert ihres Anteils auf 100 fl. stieg. Sie heiratete dann Seckel

---

48 Die Angaben bis 1730 sind den Rechnungen des Amts Crailsheim entnommen; StAL B 70 Bü 114 ff.
49 StAL B 65 Bü 640 ff.

Samuel, der 1773 starb. Löw Isaac brauchte seit 1754 ebenfalls nur noch halbes Schutzgeld zu zahlen; seit 1765 wurde es auf Lebenszeit – ad dies vitae – völlig erlassen. Bis 1774 konnte Löw Isaac diese Freiheit genießen.

d) Der Jude Marx gab 1745 einen Hausanteil seiner Tochter Schlophe als Heiratsgut. Da sein Schwiegersohn Judas Lippmann nun das volle Schutzgeld zahlte, wurde Marx auf 1 fl. 15 kr. gesetzt. Seit 1758 war er von allen Zahlungen befreit. Im Jahre 1760 hatte Lippmann einen schweren Unfall, der ihn weitgehend arbeitsunfähig machte. Die Herrschaft moderierte auch in diesem Fall das Schutzgeld *um seines unglücklichen Fallens willen,* bis er wieder imstande wäre, ein Gewerbe zu treiben. Anscheinend wurde er nie wieder völlig gesund. Bis zu seinem Tode zahlte er lediglich 2 fl. 30 kr. jährlich. Marx hatte zwei Söhne, Moses Marx und Anschel. Als Moses 1742 heiratete, mußte seine Frau 1 fl. 15 kr. Schutzgeld zahlen. Sie wohnten zunächst in der anderen Hälfte des vom Schwiegervater Marx bewohnten Hauses. Moses starb nach einer zweiten Heirat 1761. Seine Witwe teilte das Erbe mit ihren Stiefkindern und zog nach Wassertrüdingen. Die Haushälfte wurde an Bele, Tochter des Tobias Meyer, verkauft. Sollte allerdings eines der Kinder des Moses Marx innerhalb von zehn Jahren heiraten, sollte es das Haus zurückkaufen können. Vorläufig zog Tobias Meyer selbst in das kleine Haus mit einem Taxwert von 85 fl. Bele trat schutzgeldfrei an die Stelle von Moses Marx. Der zweite Sohn Anschel wurde 1749 in den Schutz aufgenommen. Er brauchte kein Schutzgeld zu bezahlen, bis er entweder heiratete oder ein einträgliches Gewerbe begann. Das war 1754 der Fall. Er konnte seitdem bis zu seinem Tode 1791 das volle Schutzgeld entrichten.

e) Isaac Meyer wurde bereits 1744 auf das halbe Schutzgeld gesetzt. Als er 1747 starb, wurde sein bereits erwähnter Sohn Löw Isaac in den Schutz aufgenommen. Sein Häuschen war nur noch 50 fl. wert und wurde von seiner Witwe bis zu ihrem Tod bewohnt. Sie ließ allerdings das Haus 1748 auf ihre Tochter Breunlein überschreiben, die seitdem ein Viertel des Schutzgelds zahlte. 1758 heiratete sie Isaac Hirsch. Ihr Leben war nicht vom Glück begünstigt. 1774 mußte Hirsch den Schutz aufkündigen. Er war so hoch verschuldet, daß sein Haus von Amts wegen versteigert werden mußte. Magere 43 fl. kamen dafür ein.

f) Der letzte der sechs 1730 ansässigen Familienväter war Simson Isaac. 1742 wurde sein halbes Haus von Amts wegen an Joseph Samuel verkauft. Diese Transaktion spielte eine wichtige Rolle für die junge, langsam wachsende Gemeinde. Joseph Samuel stammte aus Hengstfeld, wo er im Schutz der Freiherren von Clengel lebte, die seit 1707 Mitbesitzer des Dorfes waren. Joseph Samuel zog 1748 nach Lehrberg. Als Tagungsort der Ansbacher Landjudenschaft spielte Lehrberg eine wichtige Rolle.

Die Goldbacher Juden besaßen sämtlich eigene Häuser oder Haushälften. Der Schutz war indirekt an diesen Besitz gekoppelt. Wer Eigentümer der Immobilie wurde durch Kauf, Tausch oder Erbschaft, wurde in den Schutz aufgenommen. In der Regel bekamen Töchter bevorzugt die Häuser oder Haushälften als Mitgift. So wurde ein Anrecht auf den Schutz für Schwiegersöhne erworben. Für Söhne wurden nach Möglichkeit neue Häuser erworben. Die Lebenserwartung war recht hoch, die Seßhaftigkeit die Regel. Die Zahl der Haushalte stieg bis 1748 lediglich um zwei auf acht an. Langsam schien die zum Gottesdienst notwendige Zehnzahl der Beter erreicht. Ein Gotteshaus wurde erforderlich.

Die erste Synagoge

Die gesamte Judenschaft kaufte 1748 das halbe Haus des fortgezogenen Joseph Samuel für 60 fl. *zu einer Judenschul*[50]. Es war aber als Synagoge nicht geeignet. So tauschte man das Haus gegen den daranstoßenden Garten, der dem Juden Marx gehörte. Dieser erhielt zusätzlich zum Haus einen Barbetrag von 20 fl. Marx übertrug die Haushälfte seinem Sohn Anschel, der es, wie bereits gesagt, schutzgeldfrei behalten durfte bis zur Heirat. Nun besaß die Gemeinde ein passendes Grundstück und erbaute im gleichen Jahr ihr wohl bescheidenes Gotteshaus. Für die Erlaubnis, Gottesdienst zu feiern, mußte nach einem Dekret der Regierung vom 15. Mai 1748 eine jährliche Konzessionsabgabe von 45 kr. entrichtet werden.

Weitere Schutzaufnahmen

Neu aufgenommen wurde 1737 Gabriel Meyer, der 1767 starb und seiner Witwe Gittel ein Haus im Wert von 150 fl. hinterließ. Da er selbst seit 1766 kein Schutzgeld mehr zu zahlen brauchte, blieb auch seine Witwe schutzgeldfrei bis zu ihrem Tod. Es folgten als Schutzjuden 1742 die Frau des Moses Marx, 1744 Joseph Gerschings Schwiegersohn Feiß, 1745 Judas Lippmann, Schwiegersohn des Marx, 1748 Löw Isaac, Schwiegersohn des Joseph Löw. Während 1749 Breunlein an die Stelle ihres Vaters Isaac Meyer trat, Anschel mit dem Haus des Simon Isaac den Schutz erhielt, Isaac Joseph die Haushälfte des Vaters Joseph Gersching übernahm, taucht nur ein neuer Jude auf. Es ist Abraham Hayum, der sich im Haus der Breunlein einmietet. Einen Schutzbrief hatte auch Joseph Aaron, dessen Herkunft unbekannt bleibt, erhalten. Dieser Jude war aber nicht in Goldbach eingetroffen.

1753 wurde Löw Joseph durch seine Heirat Hausbesitzer und Schutzjude. Er starb 1773 *auf dem Bettel*. Seeligmann Isaac, ebenfalls 1753 rezipiert, diente als Knecht und blieb deshalb bis zu seiner Heirat 1758 schutzgeldfrei. Nur kurz hielt sich Salomon Abraham aus Bechhofen, Schwiegersohn des Abraham Hayum, in Goldbach auf. Nach dem plötzlichen Tod seiner Frau zog er wieder fort. Abraham starb 1776 in größter Armut. Dauerhafter war der Aufenthalt von Tobias Meyer, der sich 1754 niederließ, kein eigenes Haus erwarb und deshalb nur 1 fl. 15 kr. Schutzgeld zahlte, ein Achtel der normalen Gebühr. Als Feiß, Schwiegersohn des Joseph Gersching, Goldbach endgültig verließ, um seinem Lehramt in Lommerstadt nachzugehen, verkaufte er die Haushälfte seiner Frau an seinen Schwager Gözle Joseph, der 1759 seinen Schutzbrief erhielt. Nach diesen Veränderungen und den schon erwähnten Heiraten der Breunlein mit Isaac Hirsch und der Witwe Joseph Löws mit Seckel Samuel gab es im Rechnungsjahr 1760 14 Haushaltungen, darunter eine Witwe. Auf diesem Niveau verharrte die Gemeinde mit leichten Schwankungen bis in die achtziger Jahre. Lediglich vier zahlten damals volles Schutzgeld.

Inzwischen hatte Tobias Meyer seiner Tochter Bele eine Haushälfte des verstorbenen Moses Marx gekauft und war selbst dort eingezogen, zahlte aber weiterhin nur ein Achtel Schutzgeld. Dann riß der Tod weitere Lücken, die nicht sofort geschlossen wurden. Gabriel Meyers Witwe Gittel behielt nach dem Tod ihres Mannes 1767 ihren Haushalt schutzgeldfrei bei. Eine weitere Witwe, Frommet, die wohl aus Goldbach stammte, ließ

---

50 Amtsrechnung 1748/49.

sich 1769 hier nieder und zahlte 37 kr. Sie starb 1792 in größter Armut. Die Herrschaft war an einem Absinken der Judenzahl und der Steuerkraft der kleinen Gemeinde offensichtlich nicht interessiert.

Betrachten wir noch einige Einzelschicksale bis zur letzten Rechnung des Amts Goldbach 1796/97, soweit man die Rechnungen zum Reden bringen kann. Wolf David, der 1779 nach Goldbach kam, war seit 1784 zeitweilig als Schulmeister in Wiesenbach tätig. Wie sein Vater Isaac Hirsch, so konnte auch sein Sohn Hirsch kaum das zum Leben Notwendige erwirtschaften. 1784 wurde sein Schutzgeld auf die Hälfte reduziert, *bis sich seine Umstände bessern.* 1787 starb er *in summa pauperitate,* in höchster Armut. Aaron Beer (Bär), Enkel des Marx und Sohn des Anschel, verkaufte 1785 sein Haus für 120 fl. Mit Hausrat im Wert von 81 fl. zog er nach Unterdeufstetten. Die fällige Fortzugsteuer in Höhe von 20 fl. 6 kr. wurde wegen Bedürftigkeit um 5 fl. ermäßigt. Der Käufer war ein Christ, dem das Handlohn erlassen wurde. Leerstehende Häuser brachten keine Erträge. So war es aus fiskalischen Gründen unerheblich, ob ein Jude oder ein Christ Hausbesitzer war – wenn er nur die fälligen Abgaben zahlen konnte. Aaron Beers Mutter Jüdel verheiratete sich noch einmal in Schopfloch mit Löw Jakob. Daraufhin kehrte Aaron aus Unterdeufstetten zurück und bezog das auf 150 fl. taxierte väterliche Haus (1792). Seine Mutter nahm Bargeld und Mobilien im Wert von 320 fl. in ihre neue Heimat mit.

Der letzte Eintrag in der Rechnung von 1796/97 berichtet, daß Israel Seligmann das halbe Haus seiner von Victor David abgeschiedenen Mutter Esther im Wert von 180 fl. übernommen habe. Daraus ist zu schließen, daß Esther die erste Frau des Seligmann Isaac war, denn Victor David war im Jahr nach dem Tode Seligmanns ohne den Kauf eines Hauses neu aufgenommen worden. Israel Seligmann erhielt am 5. April 1797 ein Toleranzpatent.

Als 1775 Seligmann Isaac und Löw Isaac starben, deren bescheidene Häuschen nur noch mit 40 fl. taxiert wurden – für ihre Armut spricht die Tatsache, daß ihre Erben kein Hauptrecht entrichten mußten –, wurden, zunächst auf drei Jahre befristet, Pfeiffer Israel, Victor David und Hirsch Löw in den Schutz gegen Entrichtung von 5 fl. aufgenommen. Der befristete Aufenthalt wurde nach Verlauf dieser Wartezeit in einen unbefristeten umgewandelt. Pfeiffer Israel erwarb das baufällige Haus des Löw Joseph für 40 fl., Hirsch Löw zum gleichen Preis das des Seckel Samuel. Die Rechnung von 1774 nennt acht Haushaltungen:

Isaac Joseph	Gözle Joseph
Löw Isaac († 1775)	Isaac Hirsch (Schutzaufgabe 1774/75)
Anschel	Tobias Meyer
Seligmann Isaac († 1775)	Juda Joseph

Schutzgeldfrei waren Bele (Mayer) bis zu ihrer Heirat 1778 mit Meyer Isaac und Gabriel Meyers Witwe, während die Witwe Frommet – wie gesagt – einen geringen Beitrag zahlte. Die verwandtschaftlichen Verknüpfungen der neuen Familien lassen sich nur sehr mühsam rekonstruieren. Seit 1775 kamen offensichtlich mehrfach junge Juden aus anderen Gemeinden in den Goldbacher Schutz wie Victor David (1775) und Wolf David (1779). Die Jahrhundertwende erlebten schließlich acht Familien und drei Witwen in Goldbach.

Als Goldbach 1792 mit dem Markgraftum unter preußische Landeshoheit kam, wurden die Juden zwangsweise der Korporation der brandenburg-ansbachischen Landjudenschaft angeschlossen. Bis dahin waren die Juden der ehemaligen Herrschaft der Geyer autonom. Ihre Proteste nutzten nichts. Sie mußten seitdem die nicht unbeträchtlichen Abgaben zur Landjudenschaft entrichten, *gewalttätiger Weise, durch Amtshilfe und immer zu Unrecht*, wie die Gemeinde 1818 behauptete[51]. Nie erfuhren sie konkret, wie ihre Abgaben verwendet wurden, und so weigerte sich die Gemeinde, bei der endgültigen Auflösung der Landjudenschaft durch die bayerische Regierung irgendwelche Gelder zur Schuldentilgung der Korporation zu verwenden.

Auch die Goldbacher Juden lebten recht und schlecht vom Handel. Ertragreich war vor allem der Viehhandel. Die meisten Juden wohnten, wie die Taxen bei Güterveränderungen beweisen, in kleinen Häusern. Die meisten dieser Häuser standen an einer einzigen Straße, die früher Judengasse hieß (heute Hauptstraße). Noch in unserem Jahrhundert hatte sich das altertümliche Bild erhalten. Hier am östlichen Ende der Judengasse in Goldbach stand auch die bescheidene Synagoge, an die man eine Schullehrerwohnung angebaut hatte. Die Toten wurden auf dem Schopflocher Verbandsfriedhof beigesetzt.

5. Ingersheim

In Ingersheim zogen 1689 die Juden Salomon und Löw als markgräfliche Schutzjuden ein. Salomon, der aus Crailsheim stammte, kaufte für 135 fl. das Gut des Christen Jacob Wiedmann. Wenige Jahre später erwarb Löw Hirsch, ebenfalls aus Crailsheim, für 140 fl. das Gut des Schneiders Leonhard Mühlbacher. Der Schultheiß Hans Georg Grüb kaufte 1696 das halbe Köblersgut des gewesenen Schutzverwandten Salomon für 96 fl., und dabei wird Löw Jud als Besitzer der anderen Hälfte genannt[52].

1699 sind die Witwe des Löw Hirsch, David der Junge, Beer Marx und Löw Salomon, wohl der Sohn des Salomon, in Ingersheim ansässig. Hier öffnete sich ein Ventil, um den nachgeborenen Söhnen der Crailsheimer Juden in der Nähe ihres Geburtsortes eine Niederlassungsmöglichkeit zu schaffen. Löw Salomon besaß ein halbes Gut, zwei Morgen Acker, ein halbes Tagwerk Wiese und ein Viertel Gartenland. Als er 1700 starb, zahlte seine Witwe 10 fl. Hauptrecht als Erbschaftssteuer, obwohl kein Stück Vieh im Stall stand, und 8 fl. Sterbhandlohn aus dem Taxwert des Gutes von 96 fl. Der gemeinsame Besitz eines Gutes durch Christen und Juden erregte keinerlei Aufsehen und wurde von niemandem beanstandet. Mit Aron, Borg, Salomon und Elias, dem Sohn des Crailsheimer Vorstehers, erhielt die Gemeinde bis 1708 Verstärkung. Salomon erlangte zunächst nur befristete Schutzbriefe und wird 1712 als wirklicher Judenschulmeister bezeichnet. Im Februar 1713 zog er nach Schopfloch, um wahrscheinlich dort als Lehrer in einer größeren Gemeinde tätig zu werden.

Ingersheim war eine Art Wartestation für Juden, die eigentlich in Crailsheim ansässig werden wollten. Weil aber dort die Zahl der Haushalte nicht mehr wachsen sollte, mußte bis zum Tod oder bis zum Fortzug eines Juden gewartet werden. So zog Elias 1716 im

---

51 StAL E 175 I Bü 91.
52 StAL B 70 Bü 61.

Zusammenhang mit dem Weggang des Rebbe Joseph nach Crailsheim. Auch dieser, der erste in Crailsheim nachweisbare Rabbiner, hatte bis zu seiner Hochzeit vorübergehend in Ingersheim gewohnt. Das trifft auch für Joseph zu, den Sohn des Seligmann, der 1712–1716 in Ingersheim auf Abruf saß, und für Herz, den Sohn des Braunsbachers Abraham, 1714–1716. So waren 1716 wieder nur Aron, Löw Salomons Witwe, Beer Marx und Borg in Ingersheim ansässig[53].

6. Jagstheim

Auch in Jagstheim wohnten in der frühen Neuzeit vorübergehend Juden. Hirsch wurde 1604 vom Amt Crailsheim bestraft, weil er bei weichem Wetter über die Felder in Ingersheim geritten sei[54]. 1605 zog der Jude Jakob aus Crailsheim hierher. Er war in der Stadt mehrfach negativ aufgefallen. So hatte er Strafe zahlen müssen, weil er mit dem Messer seines Schwagers Jakob aus Fürth im Scherz einen Knecht bedroht hatte. Mit ihm ging sein Bruder David ohne Wissen der Herrschaft. Er wurde 1610 ausgewiesen und begab sich in den Schutz der Geyer zu Goldbach[55].

Von den Erben des Thomas Osterried erwarb Jakob im Juni 1613 Haus, Scheuer und Hofraite samt zwei kleinen Sommergärten für 350 fl. als freieigenes Gut. Um den Besitz lastenfrei zu machen, lösten die Eigentümer Rechte der Pfarrei Jagstheim bei den Patronatsherren von Ellrichshausen ab. Der Hof mußte bis dahin Heugeld und Meßnergeld entrichten, was dem jüdischen Besitzer offensichtlich unangenehm war[56]. 1618 wurde Jakobs zweiter Bruder Moschi in den Schutz aufgenommen. Er wohnte als Hausgenosse bei Simon Weller und zahlte jährlich 8 güldene Taler. 1622 trug Jakob sein Gut dem Markgrafen zu Lehen auf und machte es damit gültpflichtig. Wenige Jahre später zog er nach Crailsheim. Sein Bruder Moschi folgte ihm 1626. Jakobs Söhne Aaron und Abraham kehrten nach dem Ende des Dreißigjährigen Krieges aus ihrem Exil in Dinkelsbühl nach Crailsheim zurück. 1650 verkauften sie das väterliche Gut – Jakob war inzwischen verstorben – an den Christen Heinrich Rösch von Jagstheim für 54 Reichstaler[57]. Damit endete die jüdische Ansiedlung in diesem Ort. 1662 ließen sich Moschi und Wolf in Jagstheim mit herrschaftlicher Erlaubnis nieder, doch verschwand Wolf nach einem Jahr wieder, und Moschi zog 1669 wieder nach Crailsheim. Als er dort 1682 starb, heiratete seine Witwe Esther nach Eyb.

53 Sämtliche Informationen entstammen den Rechnungen des Amts Crailsheim; StAL B 70 Bd. 130 ff. Auf Einzelnachweise wird verzichtet.
54 StAL B 65 Bü 104.
55 Ebd., Bü 105.
56 StAL B 70 Bü 61.
57 Ebd.

7. Wiesenbach

Wie in anderen Gemeinden des Kreises lebten vorübergehend Juden auch in Wiesenbach. Seit 1399 übten die Burggrafen von Nürnberg hier Herrschaftsrechte aus und machten das Dorf zum Sitz des Amtes Bemberg. Allerdings wohnten bis zum Grenzausgleich mit Preußen 1797 auch einige hohenlohische Untertanen im Dorf. Nach der Ortschronik werden im Jahre 1603 drei Judenfamilien greifbar[58]. Aus der ersten erhaltenen Amtsrechnung von 1626 können die inzwischen gewachsenen Familien namhaft gemacht werden[59]. Der älteste Jude war ein gewisser Gabriel, dessen Geschäfte damals nicht mehr so gut zu gehen schienen wie sonst. Sein Schutzgeld wurde deshalb von 40 auf 30 Taler herabgesetzt. 1622 war Jakob aus Hengstfeld aufgenommen worden, 1625 Moschi, 1626 Joel. Auch David war 1626 aufgezogen und wohnte als Hausgenosse bei Jakob. Der Jude Salomon kaufte 1626 ein Haus und wurde auf zwei Jahre in Schutz genommen. Dieser Schutz wurde 1628 und 1629 verlängert. Mit einem weiteren Jakob sind 1629 sieben Familien belegt.

Nur sporadische Nachrichten finden sich über die Entwicklung der Gemeinde. Immer wieder kamen Übersiedlungen nach Crailsheim vor. Andererseits zogen nachgeborene Crailsheimer Judensöhne, so 1663 Abraham, in die kleine Amtsgemeinde, um dort auf einen Freiplatz in Crailsheim zu warten. Schon unter markgräflicher Herrschaft hatte sich die Gemeinde 1790 einen bescheidenen Betsaal bauen können.

---

58 StAL B 65 Bü 104.
59 Ebd., Bü 105.

III.
Die Reichsritterschaft

1. Braunsbach

Wechselnde Herrschaften

Nach einer durch vielfachen Besitzwechsel gekennzeichneten Geschichte im hohen und späten Mittelalter kaufte der Haller Bürger Konrad Spieß Braunsbach mit allen Rechten. Durch weibliche Erbfolge wurden die Herren von Crailsheim 1549 Besitzer des Dorfes und erbauten nach dem Erwerb der Blutgerichtsbarkeit seit 1570 ein Schloß. Die von Crailsheim lösten alle Rechtsansprüche ab und inkorporierten den Besitz dem Ritterkanton Odenwald. Es waren die Herren von Crailsheim, die Juden die Niederlassung wie in ihren anderen Besitzungen in Dünsbach, Michelbach an der Lücke oder Hornberg erlaubten. Zur Herrschaft gehörten auch Altenberg und Niedersteinach.

Als die Braunsbacher Linie der von Crailsheim 1637 erlosch, wurde das Erbe geteilt. Braunsbach fiel an Helene Marie von Stetten, eine Großnichte Wolfgangs von Crailsheim. Nach langwierigen Rechtsstreitigkeiten nach dem Tode des dritten Gatten der Helene Marie setzten die Herren von Wolfskeel schon früher behauptete Erbrechte durch und wurden 1666 in den Besitz eingewiesen. 1673 verkauften sie das Gut an ihren Verwandten Franz Johann Wolfgang von Vorburg. Er war unter anderem würzburgischer Hof- und Regierungsrat und trug seine Neuerwerbung dem Bischof von Würzburg zu Lehen auf, um so nicht auszuschließende Ansprüche Dritter besser abwehren zu können.

Mit dem Tode des Sohnes von Franz Johann von Vorburg fiel das Rittergut 1712 als erledigtes Lehen an den Bischof von Würzburg, der es bis 1723 durch einen Amtsverweser verwalten ließ. Bischof Johann Philipp von Greiffenklau belehnte 1718 und erneut 1723 seinen Neffen Lothar Gottfried Heinrich von Greiffenklau mit Braunsbach. Dieser mußte aus finanziellen Gründen das Gut an das Würzburger Domkapitel verpfänden, das damit Ortsherr wurde und einen Amtskeller mit der Verwaltung beauftragte. 1802 fiel Braunsbach als Entschädigung für linksrheinische Besitzungen im Elsaß an Hohenlohe-Bartenstein, das damals die Sekundogenitur Jagstberg begründete. 1806 wurde die Herrschaft Bestandteil des jungen Königreichs Württemberg.

Die ersten Juden

Die jüdische Ansiedlung in Braunsbach ist älter, als es bisher vermutet wird[1]. Als das Judenregal auf alle Reichsstände überging, waren die Freiherren von Crailsheim Ortsherren in Braunsbach. Wie in ihren anderen Besitzungen, zum Beispiel in Dünsbach oder Hornberg,

---

1 Vgl. B. RAU, Geschichte der Juden in Braunsbach, S. 2.

haben sie auch hier Juden die Niederlassung gestattet; zumindest kann man diesen Tatbestand durch indirekte Quellen belegen.

Die Herrschaft Hohenlohe-Neuenstein beantragte 1618 die Überstellung des Juden Mendlein von Braunsbach vor ein hohenlohisches Gericht[2]. Wolf von Crailsheim, der seit 1605 Herr in Braunsbach war, lehnte das Ansuchen ab. Daraufhin beschlagnahmte Graf Kraft von Hohenlohe, um der Bitte Nachdruck zu verleihen, Güter und Forderungen von drei anderen crailsheimischen Schutzjuden im Wert von 500 fl., vor allem Handelswaren. Mendlein saß damals im Gefängnis zu Dünsbach. Die drei von den hohenlohischen Repressalien bedrohten Juden suchten den Häftling in seinem Gefängnis auf, forderten Abhilfe und die Beschlagnahme seines Vermögens. Während sie noch darüber mit Wolf von Crailsheim verhandelten, entkam Mendlein aus dem Gefängnis. Man vermutete, er werde zu seinem Vater Daniel nach Crailsheim flüchten. Wolf von Crailsheim entschuldigte sich für sein Verhalten bei Graf Philipp Ernst in Langenburg und bat ihn, auch dem Grafen Kraft in Neuenstein, seinem Bruder, klarzumachen, daß er an der Flucht unbeteiligt war. Nun war guter Rat teuer!

Graf Kraft war in höchstem Grade verärgert, weil er die Sache ins Rollen gebracht hatte. Sein Sekretär, Goethes Vorfahre Textor, hatte in seinem Auftrag den gräflichen Bruder Philipp Ernst in Langenburg ausführlich über die Vergehen des Juden, die nicht direkt genannt werden, informiert. Vielleicht handelt es sich um einen der äußerst seltenen Fälle von Unzucht, denn er wird wegen seiner Verstrickung *in einem solchen Laster, so mit Christenpersonen in contemptu christlicher Religion geschehen,* verfolgt. Als dann alle hohenlohischen Ämter aufgefordert wurden, Mendlein zu verhaften, wird bestätigt, daß der Jude das hohenlohische Territorium auch dann noch betreten habe, als *das delictum von der Dirne bereits etwas erschollen.* Mendlein hatte es vorgezogen, den Staub Hohenlohes und Braunsbachs von den Füßen zu schütteln. Im August 1618 berichtet der Vogt des Amtes Kirchberg, Mendlein sei fort ins Fränkische gezogen. Das habe er von dem Crailsheimer Juden Berle erfahren.

Diese Geschichte wird an anderer Stelle erhärtet. 1623 schrieb der Jude Bimmel zu Leutershausen an die Regierung in Ansbach, daß *Menlein Jud zu Braunsbach, welcher eine Zeitlang in E. F. G.[3] Gleit in Crailsheim und noch wegen des Kriegsvolcks halber gelegen bedacht ... sich nach Creglingen zu begeben. Wann er aber ein reicher Jud und bei gutem Vermögen ist...,* möchte er einen Schutzbrief erwerben. Mit einem Erlaß vom 10. Juni 1623 wurde Mendlein ab Pfingsten 1624 gegen ein jährliches Schutzgeld von 12 goldenen Talern in den brandenburg-ansbachischen Schutz aufgenommen[4].

Ein Sohn eines der ältesten jüdischen Neusiedler in Crailsheim, Daniel, war Mendel – und so wirft dieser Vorfall wieder einmal ein recht frühes Licht auf die enge Verflochtenheit der jüdischen Gemeinden im Landkreis Hall in ihrer Gründungsphase. Die Anfänge der Braunsbacher Gemeinde liegen damit in enger zeitlicher Nähe zu der ähnlichen Entwicklung in Crailsheim. Im ältesten Gültbuch von Braunsbach, 1569 angelegt, sind keine Juden erwähnt, ebenso nicht im Nachfolgeband, der 1588–1592 angelegt wurde.

1606, wesentlich früher als bisher bekannt, heißt es im damals geltenden Grundbuch: *Der alt Jud gibt jährlich von seinem Haus zur Gült 10 Schilling Heller, ein Fastnachtshuhn, ein Herbsthuhn. Mendlein und Scheu von ihrem Haus miteinander 10 Schilling Heller, ein*

2 HZA Archiv Langenburg, Regierung Langenburg I, Bü 2035.
3 Gemeint ist der Markgraf von Brandenburg-Ansbach.
4 StAL B 70a, Bd. 48 Nr. 23.

Fastnachtshuhn, zwei Herbsthühner. Mendlein dazu von einer Scheune. Im Gültregister, das 1600–1608 geführt wurde, tauchen die gleichen drei Personen auf[5]. Um 1600 gab es also bereits drei Judenhaushalte. Im Gültbuch von 1616 werden die Angaben genauer. Die Zahl der Juden hatte sich weiter erhöht. So heißt es:

Der alt Jud Hirsch genannt gibt jährlich von seinem Haus zur Gült 15 Schilling Heller (s. h.), ein Fastnachtshuhn, zwei Herbsthühner.

Mendlein[6] *Judt geben jährlich miteinander von ihrem Haus zur Gült 10 kr., ein Fastnachtshuhn, ein Herbsthuhn. 1 s. h. von dem Halbteil der Scheuer des Mendlein.* Mendlein besaß außerdem einige gültpflichtige Wiesenstücke und einen Krautgarten. Drei weitere Juden zahlten für ihre Häuser ebenfalls je 10 s. h., ein Fastnachtshuhn, ein Herbsthuhn. Es waren Michael, Schey und Hirsch Jud der Junge, wohl der Sohn des alten Hirsch.

Im Dreißigjährigen Krieg scheinen die Juden aus dem nicht zu verteidigenden Dorf ausgezogen zu sein, vielleicht nach der Ächtung des Veit Christoph von Crailsheim 1631. In den wenigen vorhandenen Amtsrechnungen aus der Kriegszeit, zum Beispiel aus den Rechnungsjahren 1639 bis 1642, tauchen keine Einnahmen von Juden mehr auf. Auch im Gültbuch von 1638 wird kein jüdischer Besitz erwähnt[7].

Als nach dem Kriegsende eine geordnete Verwaltung wieder möglich wurde, Ruhe und Sicherheit gewährleistet schien, kehrten auch die Juden zurück. Woher sie kamen, wo sie sich bis dahin aufgehalten haben, läßt sich zur Zeit nicht sagen. Im 1649 neu angelegten Gültbuch[8] wird als erster Jude Marx genannt. Ihm folgen 1651–1658 die Juden Michel und Aron. 1649–1653 besaß Liebmann ein Haus, das anschließend bis 1661 dem Juden Heimle gehörte. Seit 1663 fließen wieder Abgaben von den Juden in die herrschaftliche Kasse. Marx übernahm das Haus des Michel und zahlte 12 fl. 40 kr. Schutzgeld, ebenso Mändlein[9]. Marx wird 1672 als einziger haussässiger Jude von 61 Einwohnern (Haushalten) insgesamt genannt. 1675/1676 wird die Abgabe für Marx auf 18 fl. erhöht. Auch sein Sohn Hayum (Haim) war in den Schutz aufgenommen worden und zahlte 6 fl., weil er bei seinem Vater in der Kost war und mit ihm gemeinsam die Handlung führte. Das Schutzgeld zahlte der Vater.

Der vierte Jude im Bunde war seit 1672 Hirsch, der auch 12 fl. zahlte. Bei ihm wohnte sein Schwager Abraham, der 6 fl. 45 kr. zahlte und dem Hirsch als Knecht diente. Beide sind aber bereits 1675 wieder fort. Die Situation von 1677 geht aus dem damals neu angelegten Gültbuch hervor.

1. Marx und sein Sohn Frommele versteuern 100 fl. von ihrem Haus und 100 fl. *von ihrer Gewerbschaft,* also eine Art Gewerbesteuer.
2. Haim besaß das Drittel eines Häusleins, das mit 35 fl. bewertet wurde, und ein Schorgärtlein. Der Wert seines Gewerbes wurde mit 50 fl. taxiert.
3. Mändlein zahlte nur für *sein Bürgschaft und Gewerbschaft* 35 fl., besaß also kein eigenes Haus. 1682 wohnte er zur Miete im Amtshaus.

Marx und seine Söhne Hayum, auch Heinle genannt, und Abraham genannt Frommele sowie Mändlein blieben fast ein Jahrzehnt die einzigen Juden. Das Schutzgeld belief sich für

5 HZA Archiv Niederstetten, Amt Braunsbach, Bü 62.
6 Ebd., Bü 61. Dahinter steht durchgestrichen *und Scheu.* Daher erklärt sich der grammatisch falsche folgende Text.
7 Ebd., Bü 50.
8 Ebd., Bü 64.
9 Das Folgende im wesentlichen nach leicht zu verifizierenden Braunsbacher Amtsrechnungen und Lagerbüchern.

jeden auf 12 fl. Hayum überließ seinem Vater sein Hausdrittel für 30 fl. und kaufte oder baute ein eigenes Haus.

Im Jahre 1682 zogen zwei Viehhändler mit Namen Simon und Hutzig aus Gaildorf auf und mieteten das herrschaftliche Amtshaus für 3 fl. 7½ kr. pro Quartal. Auch Frommele wird jetzt in den Schutz aufgenommen, wohl weil er inzwischen alt genug war und sich verheiratet hatte. Er gilt allerdings nur als Schutzverwandter und zahlt kein Schutzgeld. 1684/85 zahlen die sechs Schutzjuden insgesamt 100 fl. Schutzgeld. Von nun an wird die Überlieferung für eine Generation sehr lückenhaft. Abraham zog nach Crailsheim, wo er als Abraham Braunsbacher genannt wird. 1695/96 waren insgesamt acht namentlich leider nicht aufgeführte Juden im Schutz und zahlten 127 fl. 6 kr. Schutzgeld. Einer der neuen Einwohner war Käpple oder Koppel, der 1692 das halbe Haus des Kaspar Gretter kaufte. 1709 fiel die Haushälfte an einen Christen zurück.

Die wenigen Juden trafen sich zum Gottesdienst im Haus des alten Marx. Mit den über 14 Jahre alten Knaben konnte man wohl schon damals die notwendige Zehnzahl von Betern, das Minjan, zusammenbringen. Für die Erlaubnis, Gottesdienst zu halten, mußten dem Amt jährlich 30 fl. gezahlt werden. Die Gottesdiensterlaubnis für ihre *in des alten Marx Juden Haus aufgeführten Synagoge* wurde 1695 auf 15 fl. ermäßigt[10]. Das Schutzgeld pendelte sich später bei 10 fl. ein. Starb ein Jude, wurde auf den Tag genau der Anteil an dieser jährlichen Zahlung ausgerechnet. Altersbedingte Ermäßigungen kamen vor, allerdings sehr selten. Witwen und Waisen zahlten kein Schutzgeld.

Die Herrschaft behielt sich alle Entscheidungen über Judenaufnahmen vor. Bei der Revision der Amtsrechnung wurde 1688 festgestellt: *Die Accorde mit den Juden wegen Schutzgeld, Hauszins, usw. hat der Vogt nicht für sich zu schließen, sondern jedesmal der Herrschaft ad ratificandum einzureichen*[11]. Die allmählich wachsende Gemeinde konnte sich jetzt einen Judenschulmeister leisten. Er hieß Isaak und kaufte 1698 das Haus des Jörg Thaidigmann. Auch hier in Braunsbach hat es nie Ansätze zu einer Ghettobildung gegeben. Die Juden erwarben die Häuser dort, wo sie zum richtigen Zeitpunkt angeboten wurden.

Die an die Herrschaft abzuführenden pauschalen Gebühren mußten wie üblich durch Umlagen erhoben werden. Dabei ging es nicht immer friedlich zu. Gern nutzte die Herrschaft Gelegenheiten, durch saftige Geldstrafen ihre Einnahmen zu erhöhen. Auch die Juden selber hatten sich eine Gemeindeordnung gegeben, die für bestimmte Verfehlungen Geldbußen festsetzte. Die Herrschaft war daran jeweils zur Hälfte beteiligt. Wenn auch diese Ordnung nicht überliefert ist, kann man auf Teile ihres Inhalts schließen, wenn man die Angaben über Strafen in den Amtsrechnungen verfolgt.

1705 berief man eine Gemeindeversammlung ein, um über eine neue Umlage zu beraten. Der Jude Jakob Senior wollte den Rabbiner – so wird der Judenschulmeister Isaac jetzt bezeichnet – kräftig an der Umlage beteiligen. Jakob war anscheinend Vorsteher der Gemeinde. Vermutlich drohte Isaac mit seinem Wegzug, falls seine Belastung zu hoch würde. Der Jude Aaron hat daraufhin den Jakob *einen alten Narren gescholten, weil er den Rabbiner zu hoch treiben wollte*. 10 fl. kostete diese Beleidigung. Die Brüder Jakob Junior und Joel zahlten 1 fl. 30 kr., weil sie sich heftig gestritten, dann aber einer Vorladung zum Amt keine Folge geleistet hatten. Isaac hat sein Amt nicht niedergelegt, obwohl im Mai 1705 Jakob junior den *gewesenen Schulmeister Isaac* verklagte, weil er ihm angeblich einen Ochsenhandel

10 Ebd., Bd. 32.
11 Ebd., Bd. 2, Rezeßbuch.

verdorben hatte. In der Untersuchung stellte sich genau das Gegenteil heraus. Jakob hatte den Isaac betrogen. Entsprechend den herrschaftlichen Dekreten in Handelsangelegenheiten und dem *unter der Judenschaft selbst uffgerichteten Gemeindebrief* betrug die Strafe 10 Taler oder 15 fl., wovon die Hälfte an das Amt, die andere Hälfte an die jüdische Gemeinde ging. Vor allem um die Jahrhundertmitte profitierte die Herrschaft von innerjüdischen Querelen. Dabei ging es vor allem um Unbotmäßigkeiten in der Synagoge und schädigende Eingriffe in laufende Geschäftsverhandlungen.

Amüsant ist eine Episode, die sich im gleichen Jahr zutrug. Jakob der Ältere richtete im Sommer die Hochzeit für seinen Sohn Morgele aus, der eine Nagelsbergerin zur Frau nahm. Um die Braut gebührend empfangen zu können, bat er vier Braunsbacher Christen – die Juden besaßen keine Schußwaffen –, sie mit einer Gewehrsalve gebührend zu empfangen, und lud die Schützen dann zu einem Umtrunk in die »Sonne« ein. Dieser war wohl allzu kräftig ausgefallen. Die vier Burschen fingen Streit an, prügelten sich, und es wurde dem Amt hinterbracht, daß sie *auch mit dem geladenen Gewehr uff den Tisch umbgefahren, endlich gar geschossen haben.* 1 fl. Strafe kostete das Vergnügen.

Jakob hatte in diesem Jahr eine zweite Hochzeit in seinem Haus eingerichtet. Der dabei vertrunkene Wein mußte mit 10 fl. Umgeld versteuert werden. Den Bedarf an koscherem Wein deckten die Juden seit 1701 bei Isaac (*der Judenschaft Vorgesetzter*), der dafür jährlich pauschal 12 fl. Umgeld zahlte. – Fast alle Braunsbacher Juden mußten gemeinsam 5 fl. Strafe entrichten, weil sie mit 21 Ochsen verbotenerweise vor der herbstlichen Heuernte, dem Ohmd, auf einem Grasstück und an einem öffentlichen Weg geweidet hatten.

Aus dem Jahr 1705 liegt eine vollständige Aufzählung der jüdischen Haushalte vor. Wenn man dazu die Informationen aus einem Lagerbuchkonzept von 1700 und die Angaben über die 1704 durchgeführte Erbhuldigung der Juden nimmt, kommt man zu den in der folgenden Tabelle niedergelegten Ergebnissen:

Name	Aufnahmejahr	Grundbesitz 1700	Huldigung 1704	Schutzgeld 1705/06
1. Jakob sr.	vor 1694	Haus	x	20 fl. – kr.
2. Joel	vor 1682		x	18 fl. 48 kr.
3. Jacob jr.	vor 1700	Haus	x	18 fl. 48 kr.
4. Nathan		Haus		16 fl. – kr.
5. Isaac, Rabbiner	1698	Haus, Garten		16 fl. – kr.
6. Fäustlein		Haus		16 fl. – kr.
7. Haym	1675	2 Häuser	x	15 fl. 48 kr.
8. Moysis jr.			x	15 fl. 48 kr.
9. Mayer		Haus	x	15 fl. 48 kr.
10. Koppel	vor 1692	½ Haus	x	15 fl. 48 kr.
11. Aaron	vor 1700	Häuslein	x	15 fl. 48 kr.
12. Männlein			x	7 fl. 30 kr.
			gesamt	192 fl. 06 kr.
Simon	vor 1693	½ Haus	x	– –
Moysis sr.		Scheuer	x	– –

Abb. 1 Das himmlische Jerusalem. Detail aus der Synagoge von Unterlimpurg im Hällisch-Fränkischen Museum

Von GOTTes Gnaden/Wir/Georg Friderich/Marggraf zu Brandenburg/ zu Magdeburg/ in Preussen/Stettin/Pommern/der Cassuben und Wenden/ auch in Schlesien/ zu Crossen und Schwiebus Hertzog/ Burggraf zu Nürnberg/ Fürst zu Halberstatt/ Minden und Camin/ Graf zu Hohenzollern.

Bekennen und thun kund offentlich mit diesem Brief/ daß Wir N. Juden samt seinem Weib/ unverheirateten Kindern/ auch ihrem ungefährlichen Gesindt/ oder gedrohten Gehalten / uff sein unterthänigstes Bitten/ dann auch/ aus bewegenden Ursachen/ diese nachfolgende sonder Gnade/ Freyheit und Sicherheit bewilliget und gegeben haben/ bewilligen und also/ daß er neben seinen Angehörigen zu Hausäßlig/oder Beständenweiß wohnen möge/ als Wir dann selbige in Unserm besondern Schutz/Schirm und Verspruch genommen haben:

Thun auch solches hiemit/ und in Krafft diß Briefs/ also/ daß Wir ihne Juden/ und die Seinigen/ gleich andern Unsern Unterthanen / zu recht schützen und schirmen wollen/ doch/ daß er/sein Weib/ Kinder und Gesindt/ von Unserm Unterthanen/ sie seyen Geist-oder Weltlich/ keinen höhern Gewinn oder Wucher nehmen/ noch nehmen lassen sollen oder wollen/ weder durch sich/ noch jemand anders/ von seinetwegen/ dann den gewöhnlichen Landläuffigen Zinns/ alles/ bey Vermeidung der hierwider in Reichs-Ordnungen gesetzten / wie auch Unserer sonderbaren Straff und Ungnad / sonsten aber mögen sie Dero Orten Unsers Fürstenthums / Burggraffthums Nürnberg Land und Gebieth/ allerley redlich und erbare Handthierung / Kauffmannschafft und Gewerb treiben und gebrauchen/ dargegen soll er Jud vor sich/ und die seinige ihme angebörige Personen/ Jährlich/ und jedes Jahrs besonder/ Gulden Groschen Quartalier zu Unserm Ambt reichen und geben/ und damit von daro biß anhero/ und bann so lang sie in Unserm Schutz / Schirm / Glait und Verspruch seyn und bleiben werden/ mit Platzen-Reichs-Land-und andern Steuern / Reyß / Folg / Umbgeld/ und dergleichen/ wie andere Unsere Unterthanen/ unternwoffen und verpflicht / auch im hin-und wiederreysen in Unserm Fürstenthum/ Land und Gebieten/ von keinen Haab und Güttern / Zoll / Mauth und andere Auflagung / gleich andern Unsern Unterthanen / als Christen/ zu geben schuldig seyn / und höher nicht gesucht / noch gedrungen werden / biß auf Unser Widerruffen / und so lang es Uns gefällig.

Da Wir aber ihne und die Seinigen in Unserm Fürstenthum/ Land und Gebieth/ nicht mehr haben noch gedulten wollen/ soll Uns diese Unsere Freyheit gegen vorgedachten Juden/seinem Weib / unverheirateten Kindern und Gehalten/ daran nicht hinderlich seyn. Gebieten darauf allen Unsern Verwandten und angehörigen Unterthanen/ daß Ihr gedachten / Eßhnern / Vögten / Richtern / Schultheißen / Bürgermeistern / Räthen und Gemeinden/ auch allen Unsern Verwandten und angehörigen Unterthanen/ bey gemeldter Unserer Gnad/ Sicherheit/ Glait/ Schutz und Schirm/ bleiben lassen / derowegen für Euch selbst kein anders thur noch fürnehmet / noch auch jemand andern zu thun und vorzunehmen gestattet / sondern sie sämbtlich / bey angezeigter Unser Gnad/ Freyheit/Sicherheit/Glait/Schutz und Schirm/getreulich schützet und handhabet/alles getreulich und ohne Gefährde.

Zu mehrer Urkund haben Wir diesen Schutz-und Freyheits-Brief/ vielbemeldtem Juden mit Unserm hierfürgedrucken Cantzley-Secret-Insigel besiegelt zustellen lassen. Geben und geschehen Onolzbach den nach Christi Unsere lieben HErrn und Erlösung-Geburt/ im Eintausend/ Sechshundert und Jahr.

Von GOTTes Gnaden / Wir / Wilhelm Friderich / Marggraff zu Brandenburg / in Preussen / zu Magdeburg / Stettin / Pommern / der Cassuben und Wenden / auch in Schlesien / zu Crossen / Herzog / Burggraff zu Nürnberg / Fürst zu Halberstatt / Minden und Camin / Graff zu Hohenzollern.

Nachdeme der unlängst von Uns ausgeschrieben gewesene Juden Land-Tag seinen Fortgang wegen einer von Uns gnädigst angeordnet / und nicht auszusezen gewesenen Commission nicht erreichet / und Wir auf beschehenes unterthänigstes Anbringen Unsers gesambten Juden Ausschußes vor nothwendig erachtet haben / daß derselbe hiernechstens den effect erlangen / und wegen Unserer Schuldigkeiten / die abzutragen sind / Richtigkeit gepflogen werden mögte;

Als befehlen Wir hiermit allen Unsern Ober- und Aembtern / auch Burgermeistern und Rath in Städten und Märckten gnädigst / daß einem jeden Unserer Schuzverwandten Juden ernstlich und bey namhäffter Straff auferleget werden solle / daß ein jeder den 12ten nechstkommenden Monaths Augusti, zur rechten frühen Tags-Zeit / in Lehrberg zuerscheinen / und bey besagter Versammlung die Nothdurfft zubeobachten / dann deren Gehorsam zubezeugen / auch gegen die Barnossen und Vorstehere keine unrechtmäßige Widersezlichkeit zu schulden kommen zu lassen / und in Entrichtung der præstandorum sich willig zuerweisen: Worbey auch einem jeden insonderheit anzufügen / daß keiner auszubleiben / oder einige Entschuldigungen / worunter auch die jenige / als hätte einer oder der andere zur Kayserl. und Alliirten Armée Proviant zu liessern / oder sonst dergleichen Kriegs-Verrichtungen ob sich / nicht passiret werden / vorzuwenden haben / noch auch befugt seyn sollen / vor der Zeit / und ehe selbige von deren Vorsteherern Erlaubnus erlanget / abzureisen / und die Sache / zumahln wegen Unsers Interesse, in Unrichtigkeit zu lassen. Ubrigens zu desselben Beförderung / und Bezeugung deß Uns schuldigen unterthänigsten Gehorsams / auch der unverlängten Publication halber / den Inhalt Unsers am 3. passato hierunter ebenfalls in Druck ergangenen Fürstl. Patents wiederholend / und die Ubertrettere vor der in Unterbleibung dessen zugewarten habender Bestraffung verwarnend. Weßen zugeschehen Wir Uns verlassen. Signatum unter hievorgedrucktem Unsern Fürstl. Canzley Secret-Insiegel / Onolzbach / den 23. Julij, 1704.

L. S.

Abb. 3   Aufforderung zur Teilnahme am Landtag der brandenburg-ansbachischen Landjudenschaft in Lehrberg, 1704

Abb. 4 Entwurf zum Bau einer Zimmersynagoge in Crailsheim, 1695

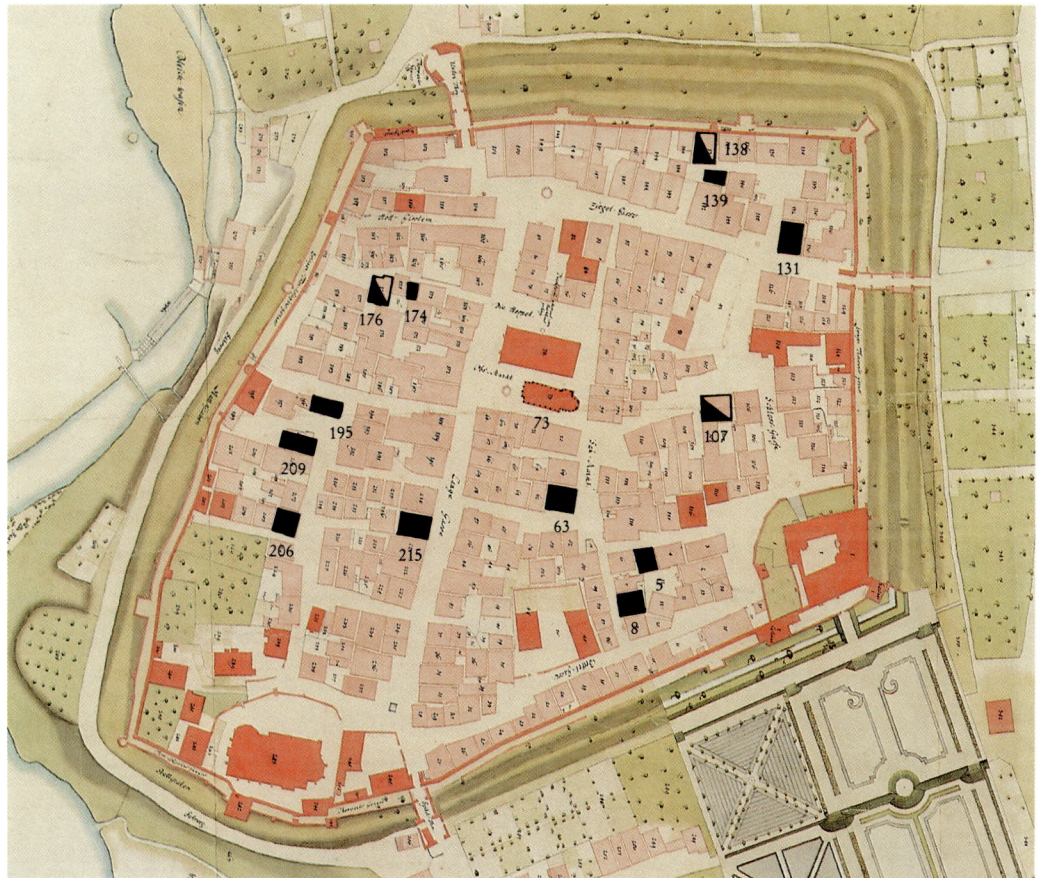

Abb. 5 Der Horlandsche Stadtplan von 1738[1]

Der Plan nennt zehn von Juden bewohnte Häuser, davon eins in Gemeinschaft mit einem Christen, sowie die »Synagoge«, das Haus des Abraham Nathan. Bei gleichen Namen handelt es sich doch um verschiedene Personen, denn damals besaß kein Jude mehrere Häuser. Die Bewohner der markierten Häuser sind nach Horland (in Klammern der aus den sonstigen Quellen erschlossene Name, das Jahr der Schutzaufnahme und das Todesjahr):

Nr.   5 Mentlein (= Mändel; 1720, †1744)
Nr.   8 Haim (= Hayum Abraham; 1704, †1752)
Nr.   63 Isaac (= Isaac Nathan; 1703, †1748)
Nr. 131 Abraham Hirsch (= Hirsch Nathan; 1717, †1772)
Nr. 138 Synagog (= Abraham Nathan [1700, †1741] Nathan Abraham [1720, †1764])
Nr. 139 Eli (= Elias Hänlein; 1716, † nach 1764)
Nr. 174 Joseph (= Joseph Seligmann; 1716, †1752)
Nr. 195 Nathan (= Nathan Hänlein; 1720, † nach 1764)
Nr. 206 Nathan (= Nathan Seligmann; nach 1720, † nach 1764)
Nr. 209 Haenlein (= Henlein Beer; 1695, †1749)
Nr. 215 Hirsch (= Hirsch Isaac; 1717, †1772) mit Franz Carl Streitfelder, Schuster

Horland nennt zwei Brauhäuser, eins davon inmitten der Stadt (Nr. 107). Möglicherweise ist hier das 1695 abgebrochene Haus des Ely zu suchen, in dem die zweite Zimmersynagoge untergebracht war. Es steht recht nahe bei der Kapelle (Nr. 73). Der Synagogenzweckbau wurde 1783 an der Stelle des Gebäudes Nr. 176 errichtet.

1   Ausfertigung im Hauptstaatsarchiv. Kommentierte Edition in: Hist. Atlas von Baden-Württemberg I,9. Bearb. von Fritz Baier, 1981.

Abb. 6 Judenfriedhof in Braunsbach, 1928

Abb. 7 Mittelalterliche Kreuzigungsgruppe mit Darstellung von Juden in der Kirche von Schwäbisch Hall-Erlach, 1983

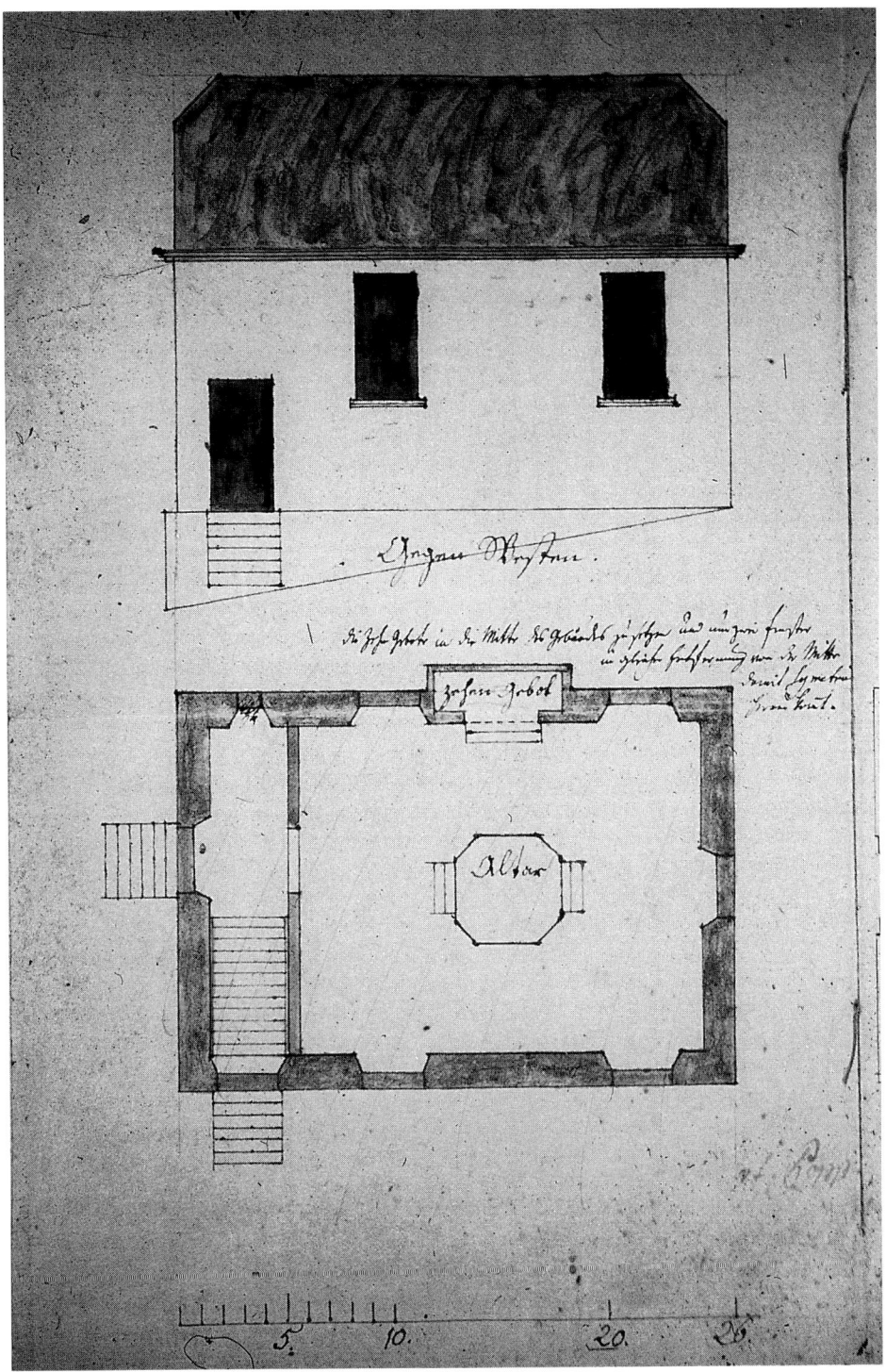

Abb. 8 Grundriß und Seitenansicht der geplanten Synagoge in Hengstfeld, 1885

Abb. 9 Entwurf für die Synagoge
in Hengstfeld, 1805

Abb. 10 Entwurf für die
Synagoge in Hengstfeld,
Seitenansicht, 1805

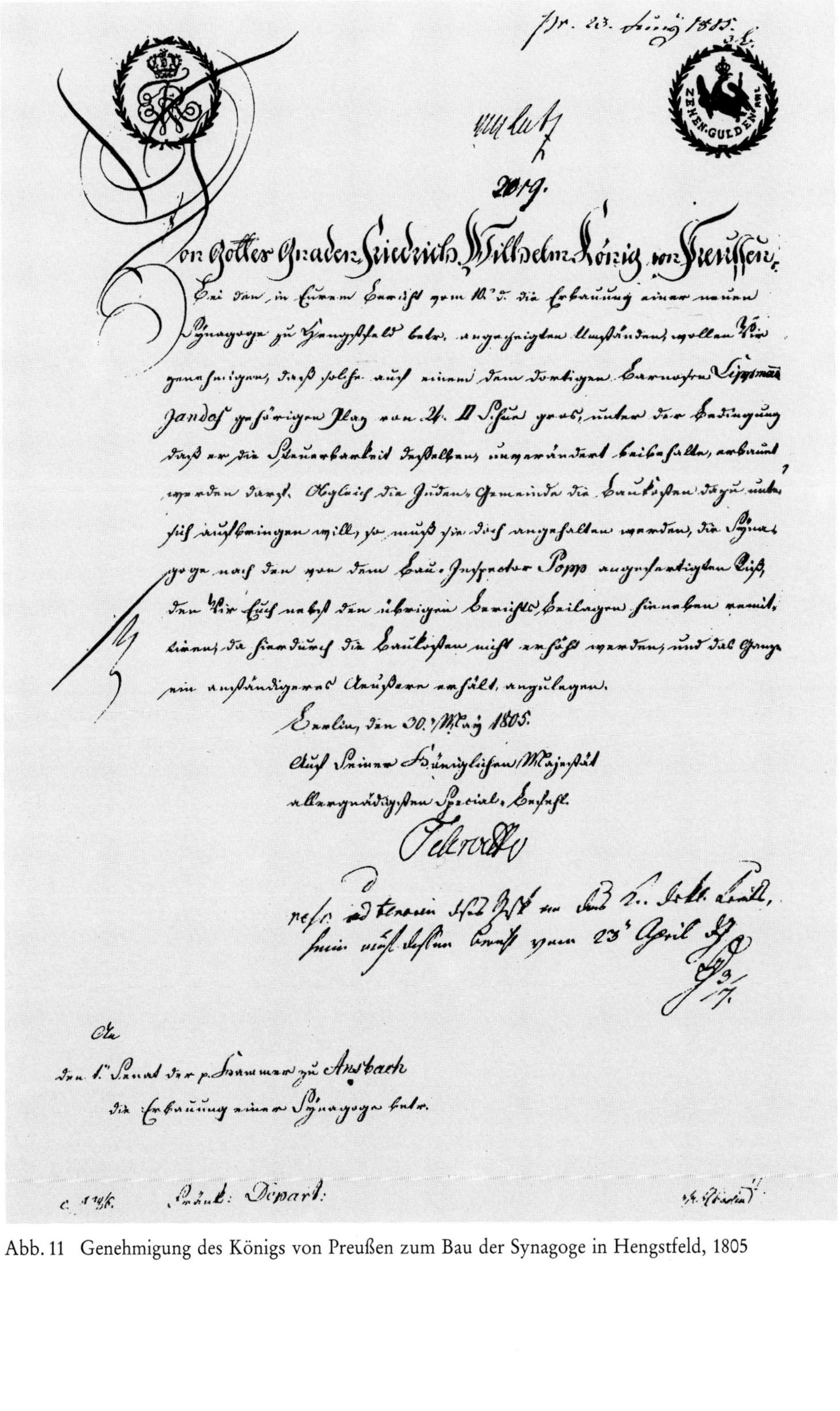
Von Gottes Gnaden Friedrich Wilhelm König von Preussen.

Bei den, in Eurem Bericht vom 10. d. die Erbauung einer neuen Synagoge zu Hengstfeld betr. angezeigten Umständen, wollen Wir genehmigen, daß solche auf einem dem dortigen Barnossen Lippmann Jandes gehörigen Platz von 24. □ Schuh groß, unter der Bedingung daß er die Steuerbarkeit desselben unverändert beibehalte, erbaut werden darf. Obgleich die Juden-Gemeinde die Baukosten dazu unter sich aufbringen will, so muß sie doch angehalten werden, die Synagoge nach den von dem Bau-Inspector Popp angefertigten Riß, den Wir Euch nebst den übrigen Berichts-Beilagen hierneben remittiren, da die hierdurch die Baukosten nicht erhöht werden, und das Gebäude ein anständigeres Äußere erhält, anzulegen.

Berlin, den 30. März 1805.

Auf Seiner Königlichen Majestät allergnädigsten Special-Befehl.

Schroetter

An den I. Senat der p. Kammer zu Ansbach die Erbauung einer Synagoge betr.

Fränk. Depart.

Abb. 11 Genehmigung des Königs von Preußen zum Bau der Synagoge in Hengstfeld, 1805

Von GOttes Gnaden Wir Joseph / des Heil.
Röm. Reichs Fürst zu Schwarzen-
berg, gefürsteter Landgraf im Kleggau, Graf
zu Sulz, Herzog zu Crummau, Herr zu
Gimborn, Ritter des goldenen Bließes, bey
der Röm. Kayß. Majestäten würklich geheimer Rath / und Obrist-Hof-Marschall, des
Heil. Röm. Reichs Erb-Hofrichter zu Roth-
weyl, Herr derer Herrschafften Murau,
Wittingau, Frauenberg, Postelberg, Wild-
schütz, Reifenstein, Drachonitz, Protiwin,
Worlyck, Winterberg und Cheynow rc. rc.

Urkunden hiemit: Welchergestalten Wir
zwar auf unterthänigstes Anlangen, und Bitten der
gesammten in Unserer gefürsteten Grafschafft Schwarzenberg in Landesherrschafftlichen Schutz stehenden und
angenommenen Judenschafft den von Unsers in GOtt
Ruhenden Ur-Groß-Vatters Weyl. Herrn Fürsten
Johann Adolphen Gnaden und Lybden Hoch-
seel. Andenkens unterm 22. Junii 1644. der damahli-
gen Judenschafft ertheilt, und von Unseren nachgefolg-
ten gottseel. Vor-Elteren confirmirten General-Schutz-
Brief gleichfalls unterm 14. Aug. 1754. in Gnaden
zu renoviren, und zu bestättigen Uns bewegen lassen.

Nachdeme aber hierbey Unsere gnädigste Willens-
Meynung keinesweegs dahin gegangen, dardurch die nach

Rapp

Abb. 13 Genehmigung zum ▷
Bau der Synagoge
in Michelbach, 1757

Abb. 12 Judenordnung
des Fürsten Joseph
zu Schwarzenberg, 1764

Fürstl. zu Schwarzenberg.

Hat Unß die gesambte zu Aschaffen-
burg in unserm Schutz stehende Judenschafft die gänzliche Baufälligkeit
ihrer daselbst in einem privat
Hauß bestehenden Schule per
memoriale angezeiget, und
ihr unterthänigsten bitte,
wir gnädigst gnädigst zu
erlauben daß sie in einer
ihrer eigenen Häußlein u.
ihr alleinigen Spesen und
unkosten eine neue erbauung
dörfften, wовеy sie alle
diejenige Onera, welche die
Juden zu Hüttensheim von
ihrer alten und erbauten
Schule übernemen, gleich-
mäßig zflegen zu letzten
ihro unterthänigsten erbiе,
thent werden;

wie nun solches gestellen
ihr intendirende neue
Schulen bеy nähovem Herrn
Schultheißen Interesse stuxa
börglich, andegt Niemanden
schad. aber beysteverlich ist;
So nehmen wir auch keinen
anstand, ihr Supplicirеnd
ab whmesst ahr Hüttensheim
für bestellt, die erbauung einer
neu Schule seimt setzt zu +

x gestellt, woraus schreibt
zu Schutz und ahr eintern
nöthige zu bestätig stehet.
neu Schule seimt setzt zu +

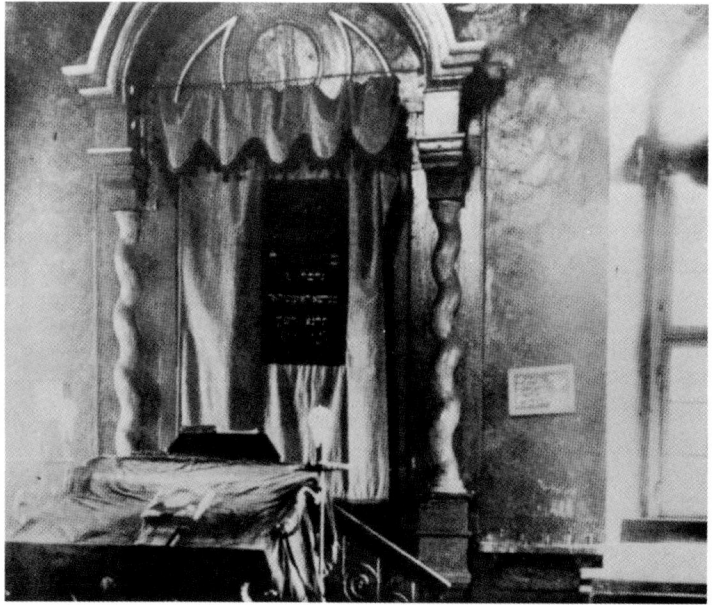

Abb. 14 Die Synagoge
in Michelbach, um 1930

Abb. 15 Innenansicht der
Synagoge in Michelbach,
um 1930

In diesem Jahr kam es zu erheblichen Veränderungen. Joel, der zweite Sohn des verstorbenen Simon, kaufte das Haus des Schusters Truckenmüller, zog aber vorläufig noch nicht ein, so daß er Dienst- und Schutzgeld auch noch nicht zu entrichten brauchte. Zwei Juden zogen in das leerstehende Torhaus *gegen Geislingen* ein, und zwar ein gewisser Judel aus Bechhofen und Feivel von Ailringen. Sie zahlten:

Hauszins	5 fl. 50 kr.
Dienstgeld	1 fl. 30 kr.
Schutzgeld	15 fl. –
Botengeld	– fl. 10 kr.
gesamt	22 fl. 30 kr.

Das waren genau 15 Taler. Christen zahlten damals, wenn sie zur Miete wohnten, als Hausgenossen 1 fl. 30 kr. Schutzgeld, also ein Zehntel. Die Judenschutzgelder wurden zeitweilig durch die Kammer, die obere Finanzverwaltung, eingezogen und tauchen dann in den Amtsrechnungen nicht auf. In einer eher zufällig im Gemeindearchiv von Braunsbach erhaltenen Rechnung von 1715 wurden alle Juden aufgelistet:

Braunsbacher Judenschaft	Weiber	Söhne	Töchter	Knechte	Mägde
Faistle	1	1	4	1	–
Joele der Alt	1	1	1	–	–
Jäckle der Jung	1	1	1	–	–
Jäckle der Alt	1	–	–	–	–
Liebmann	1	3	1	–	–
Joseph	1	3	–	–	–
Moyses	1	2	–	–	–
Meyerle der Alt	1	1	1	–	–
Aaron	1	–	–	–	–
Koppel	1	3	1	–	–
Isaac Rabbiner	1	3	3	–	–
Nathan	1	2	2	–	–
Joele der Schwartz	1	1	–	–	–
Joele der Jung	1	1	–	–	–
Marx	1	1	1	–	–
Beerlein	1	1	1	–	–
Faiber	1	–	2	–	–
Joseph der Bucklet	1	1	1	–	–
Abraham	1	–	–	–	–
Götzle	1	–	–	–	–
Mayer der Junge	1	–	1	–	–
Judel	1	3	1	1	–
Heimlis Witwe	1	1	1	–	–
Mändlis Waisen	–	–	2	–	–
Summa der Judenschaft 22 zu Braunspach	23	29	24	2	1

Die Tochter Jakobs des Älteren hatte den Juden Isaac (Itzig) aus Stein geheiratet. Auch er sollte eigentlich in das Torhaus einziehen, doch fand er bald eine andere Bleibe. Schutzgeldfrei war in diesem Jahr (1705) auch noch sein frisch verheirateter Sohn Morgele. Der Gesamtbetrag des Schutzgeldes belief sich in diesem Jahr auf 225 fl. 51 kr. Das »Synagogengeld«, die Abgabe für die Erlaubnis zum Gottesdienst, wurde prinzipiell mit 30 fl. angegeben, doch wurde es auch in diesem Jahr auf acht Taler oder 12 fl. ermäßigt.

Bis 1717 war die Zahl der Schutzjuden auf 21 angestiegen. Sie zahlten 137 fl. 30 kr. Schutzgeld. Die Amtsrechnung enthält eine exakte Tabelle aller Einwohner:

	Männer	Frauen	Söhne	Töchter	Knechte	Mägde
Christen	78	78	106	96	9	8
Juden	22	23	31	29	2	2

Das von den Juden bewohnte Torhaus stürzte im Frühjahr 1717 ein. So mußten Judel und die inzwischen eingezogenen Joseph und Abraham nur für drei Monate Miete zahlen. Das Torhaus wurde größer wieder aufgebaut, vor allem das Tor selbst *zur Einfuhr höher gebaut.* In den Neubau zog der herrschaftliche Jäger ein.

Der Jude Mayer kaufte in diesem Jahr einen öden Hausplatz von Philipp Thaidigsmann für 20 fl. Das darauf stehende Haus war abgebrannt und wurde durch Mayer 1717 neu aufgebaut. Abraham, der nicht mehr im Torhaus wohnen konnte, erwarb eine Hälfte des Neubaus für 250 fl. Auch der schon lange ansässige Nathan konnte sich 1716 ein Haus mit einem kleinen Garten leisten, doch blieb er noch 50 fl. vom Preis von 110 fl. schuldig.

Die Gebühr für den Gottesdienst wurde zeitweilig auf 6 fl. ermäßigt. Dafür wurde aber eine Schächtgeldpauschale von 10 fl. den Juden auferlegt. Wie sie diese Summe erwirtschafteten, war in ihr Belieben gestellt. Rabbi Isaac zahlte für den Koscherwein, den er nach wie vor verkaufen durfte, im Schnitt 7 fl. Umgeld.

Die Bareinnahmen aus dem Judenschutz wurden für einige Jahre vor Abschluß der Rechnungen direkt an die herrschaftliche Kammer geliefert. Der Ordinari-Bote, der auch den sonstigen schriftlichen Verkehr zwischen Kammer und Amt herumtrug, holte das Geld von Fall zu Fall gegen Quittung ab.

Als letzter der schon 1705 anwesenden Juden konnte Fäustlein 1722 ein halbes Haus für 140 fl. erwerben. Die Witwen verstorbener Juden durften in Braunsbach ihren Lebensabend genießen. Jakob der Ältere hinterließ eine Witwe Lea, Salomons Frau hieß Esther.

1723 wurden drei Söhne, 1727 weitere vier in den Schutz neu aufgenommen. Es waren Moyses jun., Haim jun., Mayer jun., Simon Fäustle, Nathan Joel, Zachiel Isaac und Isaac Jakob. Solange sie im Elternhaus lebten und ledig waren, brauchten sie kein Schutzgeld zu entrichten. Gelegentlich kam es nach dem Tode des Vaters zu Differenzen zwischen der Witwe und den Kindern über die Erbschaft, vor allem über die Rechte an den Häusern. Als Joel 1723 starb, mußte sich die Witwe Minle mit ihrem Schwager Marx einigen, denn Joel und Marx besaßen gemeinsam ein Haus. Maron von Lehrensteinfeld, Vater der Minle, brachte einen Vergleich zustande, nach dem Minle und ihr einziger Sohn gemeinsam über eine Haushälfte verfügen konnten. Solche Verträge mußten vor dem Amt protokolliert werden. Nathan der Junge wurde 1725 von Christoph Franz für drei Jahre in das Wirtshaus »Zum roten Ochsen« aufgenommen. Nathan hatte dafür 21 fl. zu entrichten.

Eine böse Sache ereignete sich 1723. Abraham hatte fast täglich Streit mit der Frau des im gleichen Haus wohnenden Moses. Die Rechnung sagt, wie weit dieser tägliche Kleinkrieg eskalierte: Als sie bügelte, stieß er sie um, so daß das glühende Eisen ihr auf den Hals fiel. Die Brandwunden waren nach Aussage des sie behandelnden Baders lebensgefährlich. 10 fl. mußte der Übeltäter als Strafe zahlen. Wohl 1726 starb Abraham. Für seine Haushälfte zahlte seitdem Haim der Junge Gülten.

Die Synagoge

Noch immer besaßen die Juden keine eigene Synagoge. Da ergab sich unverhofft eine passende Gelegenheit, zunächst ein Grundstück zu erwerben. Abraham vulgo Frommele war trotz seiner Streitigkeiten Vorsteher der Judenschaft. Er kaufte 1729 für 90 fl. ein Gartengrundstück, das dem Philipp Thaidigsmann gehörte. Unmittelbar nach dem Abschluß des Kaufvertrags zahlte die Judenschaft ihrem Vorsteher den Kaufpreis, weil sie *in des Frommeles Kauf getreten und es zu einer Synagog mit gnädiger Erlaubnis zu sich gezogen*. Für diese doppelte Transaktion mußten 2 × 10 % = 2 × 9 fl. Handlohn gezahlt werden. Die ständigen Gülten beliefen sich auf bescheidene 6 kr.

Die Regierung teilte dem Amt, wohl auf eine Interpellation der Judenschaft hin, mit, daß erstens eine geplante Erhöhung des Schutzgeldes unterbleiben sollte; zweitens die bis dahin bestehende Nachsteuerfreiheit beim Fortzug aus der Herrschaft aufgehoben werde. Wichtig war aber der dritte Punkt, denn es wurde dekretiert, *daß die auf gewöhnliche Art vorzunehmende Auferbauung einer Synagoge erlaubt sei und für die Haltung der Synagog künftighin jährlich 10 Reichstaler*, also 15 fl., gezahlt werden sollten. Das war eine deutliche Erhöhung gegenüber den 6 fl. der vorhergehenden Jahre, doch waren die Juden damit einverstanden. Die Herrschaft versprach, daß außer den 6 fl. Gülten keine weiteren regelmäßigen Abgaben entrichtet werden mußten, vor allem kein Handlohn, das an anderen Orten bei solchen Gebäuden etwa im Abstand von einer Generation entrichtet werden mußte. Mit dem Bau der Synagoge wurde noch nicht sofort begonnen, die höhere Gottesdienstabgabe mußte jedoch sofort entrichtet werden und blieb bis zum Anfall an Württemberg auf diesem Stand. Auch das Schächtgeld in Höhe von 10 fl. blieb unverändert.

1731 kaufte die Judenschaft mit Genehmigung der Herrschaft den größten Teil eines Gartengrundstücks, 60 Schuh lang und 10 Schuh breit, für 43 fl. *zu ihrer Schul*. Für diesen Grundstücksteil hatten sie jährlich ein Herbsthuhn zu entrichten. Sie mußten sich auch verpflichten, bei jeder Veräußerung des ursprünglich zum Grundstück gehörigen halben Hauses des Georg Michel Fischer einen Handlohnanteil zu entrichten[12]. Dieses Grundstück wurde vor allem benötigt, um den Zugang zu der 1729 für den Synagogenbau erworbenen Parzelle zu sichern. Damit erst waren alle Voraussetzungen für den Bau erfüllt, und man konnte endlich ans Werk gehen. Die Judenschaft schloß am 31. März 1732 einen Vertrag mit dem hohenlohe-langenburgischen Untertan Johann Friedrich Weinbrenner, Zimmermann aus Untermünkheim, über den Bau der Synagoge, der 1070 fl. kosten sollte. Eingeschlossen waren alle Zimmer-, Maurer-, Schmiede-, Schreiner-, Glaser-, Schlosser- und Taglöhnerarbeiten. Im Namen der Juden hatte Fäustle den 16 Punkte umfassenden Kontrakt, der Weinbrenner zum Generalunternehmer machte, unterschrieben.

12 Ebd., Lagerbuch Fol. 235.

Um die Gewähr zu erhalten, daß Weinbrenner den Vertrag auch einhielt, mußte er für die Juden eine Erklärung der Regierung in Langenburg beschaffen, daß er alle vereinbarten Punkte erfüllen und als Bürgschaft dafür sein ganzes Vermögen einbringen werde. Natürlich mußte Weinbrenner sich auch zu einer zweijährigen Garantie für sämtliche geleisteten Arbeiten verpflichten. Die Langenburger Regierung erklärte den Juden schriftlich, daß Weinbrenner, falls er den Vertrag nicht korrekt erfülle, *von der Herrschaft wegen zur Gebühr angewiesen, sonderlich aber, daß er seinem Accord nach allen Punkten das schuldige Genügen leiste, ernstlich angehalten werden solle.* Andererseits ging die Herrschaft davon aus, daß die Juden die vereinbarten Zahlungen pünktlich leisteten. Am 20. Mai 1732 wurde die Versicherung ausgefertigt[13]. Die Synagoge konnte noch im gleichen Jahr eingeweiht werden.

Die ehemaligen Grundstückseigentümer Michel Groß und Philipp Thaidigsmann galten nach wie vor als Lehensträger. Nach ihrem Tode blieb die Judenschaft bis 1786 von Handlohnabgaben für die Synagogengrundstücke befreit. Dann schlug der Amtmann vor, entweder den jeweiligen Judenvorsteher zum Lehenträger zu machen und jedesmal beim Tode des Vorgängers Sterbhandlohn einzufordern oder alle 20 Jahre einmal Handlohn für die Synagoge einzuziehen. Das Würzburger Domkapitel entschied jedoch, das obere Grundstück handlohnfrei zu belassen, weil ja jährlich eine Konzessionsabgabe für den Gottesdienst eingezogen wurde. Das untere Grundstück sollte jedesmal belastet werden, wenn das darauf stehende halbe Haus seinen Besitzer durch Tod oder Verkauf wechselte[14].

Der Friedhof

Nach dem bisherigen Kenntnisstand soll der Friedhof im Zusammenhang mit dem Synagogenbau 1738 entstanden sein[15]. Doch erst im Januar 1747 beantragten die Juden die Erlaubnis zum Ankauf eines Ackers zur Anlage eines eigenen Begräbnisplatzes. Das Judenbegräbnis – gemeint ist Schopfloch, ohne daß der Ort namentlich genannt wird – war über vier Meilen von Braunsbach entfernt und lag außerdem auf fremdherrschem Territorium. Die Kosten für ein Begräbnis waren dort bis auf 25 fl. gestiegen. Einen Teil dieser Kosten wollten sie sparen und erklärten sich außerdem bereit, eine Anerkennungsgebühr für das Begräbnisrecht zu bezahlen[16].

Im März 1747 erstattete der Braunsbacher Keller Pieret dem Domkapitel in Würzburg einen ausführlichen Bericht über das Gesuch. Alle für einen Friedhof geeigneten herrschaftlichen Grundstücke lagen *über den Kocher und dahero die todten Körper bei dessen zuweilen beschehenden starken Auslaufen nicht könnten hinübergebracht werden.* Deshalb hatte man verschiedene Plätze diesseits des Flusses betrachtet, die den Untertanen gehörten, und endlich eine Viertelstunde vom Dorf entfernt an einer etwas abseits gelegenen Stelle zwei Flurstücke ausgemacht, die für eine wirtschaftliche Nutzung ungeeignet waren.

Die beiden Parzellen waren im Lagerbuch beschrieben. Zum einen handelte es sich um den öden Schahlberg, zum anderen um das ebenfalls brachliegende Schahlberglein. Es waren alte

13 HZA Archiv Langenburg, Regierung Langenburg II, Bü 3329.
14 StAL B 546 Bü 93.
15 Vgl. zuletzt J. HAHN, Zeugnisse jüdischen Lebens..., und die dort angegebene Literatur.
16 StAL B 546 Bü 138.

Weinberge, die längst aufgelassen waren. Der Keller schrieb dazu: *Allein selbige haben keinen Bestand, sondern es vergeht wieder ein Stock nach dem andern.* Die Juden wollten beide Stücke kaufen, die darauf liegenden Gülten und Schatzungen zahlen und für jeden erwachsenen Toten 2 fl., für jedes Kind 1 fl. – Eile tat not. Die Braunsbacher hatten offensichtlich mit den übrigen am Friedhofsverband Schopfloch beteiligten Gemeinden über ihr Vorhaben gesprochen und hatten ihren Unwillen damit erregt. So bestand die Gefahr, daß entweder *der tote Körper zu Schopfloch nicht mehr angenommen* werde oder die Braunsbacher Juden zu einer schriftlichen Verpflichtung gezwungen würden, auf alle Zeit beim Schopflocher Begräbnisverband zu bleiben.

Das Domkapitel entschied am 23. März 1747 positiv über das Gesuch. Mit seiner Erlaubnis konnte das Grundstück mit einer Fläche von zwei Viertel und 13 Ruthen erworben werden. Darauf ruhte eine jährliche Gült von einem kr. [17] So konnte der Friedhof im Sommer 1747 eingerichtet werden. Allerdings wurden die Gebühren höher angesetzt. Für eine alte Person (Erwachsene) wurden 2 fl. 30 kr. erhoben, für eine junge (Kind) 1 fl. 15 kr. Für auswärtige Juden waren deutlich höhere Gebühren angesetzt. Sie betrugen 3 fl. 45 kr. für Erwachsene, 1 fl. 52½ kr. für Kinder. Die Gebühren blieben bis 1806 unverändert.

Wenn ein fremder Jude, meistens ein Bettler, in der Gemeinde starb, zahlte die gesamte Judenschaft die Begräbnisgebühr. Das war auch der Fall bei einheimischen Juden, die meist hochbetagt ohne Verwandte starben. So wurden zum Beispiel bereits 1754 drei Betteljudenkinder auf Kosten der Gemeinde beerdigt. Schon wenige Jahre nach der Eröffnung wählten auch andere Juden Braunsbach als Beisetzungsstätte, weil es wesentlich günstiger lag als Schopfloch. Da der Platz ausreichte, hatte niemand etwas dagegen. Die ersten nachzuweisenden Fremden sind 1753 Frommeles von Dünsbach Tochter, 1756 die Frau des Lippmann zu Dünsbach und ein Kind des Rabbiners zu Steinbach, 1760 schließlich zwei Kinder des Pfeiffer zu Dünsbach. Im gleichen Jahr zahlt Mayer Löb zu Hall 3 fl. 45. kr. *wegen seiner hierher begraben werdenden Mutter.* Beerdigungen von Juden aus Steinbach, Gerabronn und Dünsbach lassen sich bis 1770 nachweisen. Dann werden die Toten nicht mehr einzeln aufgeführt, lediglich die Gesamtsumme der Gebühren für die Friedhofsnutzung genannt. Die Beilagen zu den Rechnungen mit ihren detaillierteren Angaben sind leider vernichtet worden. Es ist aber davon auszugehen, daß Schopfloch als einziger Friedhof der im heutigen Landkreis gelegenen Judensiedlungen an Bedeutung verlor. Die Zahl der Beerdigungen schwankte beträchtlich. Die Kinderzahl, aber auch die Kindersterblichkeit war sehr hoch. Frauen hatten daher meist eine geringere Lebenserwartung. Ältere Witwen waren die Ausnahme. Junge Witwen wurden rasch wieder verheiratet. – 1761 wurde unweit von Ingelfingen Isaak Hayum ermordet. Auch er wurde auf dem heimatlichen Friedhof beigesetzt.

Im Zusammenhang mit dem Friedhof erregte ein Vorfall im Jahre 1795 die Gemüter [18]. Am Karsamstag starb ein kleines jüdisches Kind. Wie üblich, wollten die Juden das Kind am folgenden Tag beisetzen, am Ostersonntag. Die bürgerliche, christliche Gemeinde protestierte gegen das Begräbnis, weil dadurch der hohe Festtag *geschändet und entheiligt* werde. Die Juden verwiesen darauf, daß der verstorbene Schmul sogar an einem Karfreitag beigesetzt worden sei. Der katholische Bürger Peter Kaltenbach habe das Grab geschaufelt, da es angeblich den Protestanten verboten sei, an diesem Tag die Erde zu berühren. Die Juden

17 HZA Archiv Niederstetten, Amt Braunsbach, Gültbuch von 1747.
18 StAL B546 Bü 138.

wandten sich in ihrer Not an den Amtmann, der dem Bürgermeister klarmachte, *daß das Begraben eines toten Juden als ein notwendiges und Liebeswerk auch auf solchen Tagen nichts Entheiligendes an sich habe.* Besonders aber suchte er *ihm das Vorurteil und den abergläubischen Wahn, daß man auf dem Karfreitag die Erde nicht berühren dürfe, zu benehmen.*

Der Judenvorsteher versicherte, daß der Säugling ohne alles Geräusch und Gepränge oder Begleitung in aller Herrgottsfrühe durch einen Mann unter seinem Mantel verborgen an den Begräbnisort getragen und beerdigt werde. Die jüdische Gemeinde könne sich in Religionsangelegenheiten nicht beeinträchtigen lassen. Der Amtmann erlaubte die Beisetzung, doch nach dem Gottesdienst am Ostersonntag kam es zu heftigen Debatten im Wirtshaus, wo schwer über den Amtmann räsoniert wurde. Die Gemeinde beschloß dann schließlich, den Totengräber Kaltenbach aus den künftigen Gemeindeversammlungen auszuschließen.

Nachdem der Amtmann diese Entwicklung der Regierung in Würzburg vorgetragen hatte, wurde er beauftragt, sich nach den Begräbnissitten in Weikersheim, Feuchtwangen und Berlichingen, wo 13 Gemeinden am Friedhofsverband beteiligt waren, zu erkundigen. Überall wurden die Begräbnisgebräuche der Juden uneingeschränkt respektiert. Freiherr Joseph von Berlichingen gab dieser Haltung konkreten Ausdruck: *Ich halte dafür, daß der Herrschaft, welcher der Judenschutz zustehet, auch zukomme, denenselben ihre Religions-Übungen zu gewähren und sie darin zu schützen.*

Während diese Umfrage lief, ordnete der Bürgermeister den Ausschluß Kaltenbachs formell an. Der Amtmann machte den Bürgermeister energisch darauf aufmerksam, daß er damit in herrschaftliche Rechte eingegriffen habe, da Kaltenbach nicht rechtskräftig wegen eines Vergehens verurteilt sei. Dann hätte er wohl ausgeschlossen werden können. Die Gemeinde stellte sich auf den Standpunkt, daß es nicht angehen könne, daß ein Christ, egal an welchem Tage, ein Grab für Juden schaufele. Das sei bislang nicht vorgekommen, und dabei wolle man bleiben. Wenn Kaltenbach verspreche, sich künftig daran zu halten, dann könne er wieder in Gnaden aufgenommen werden. Das Domkapital faßte im Juni 1795 einen eindeutigen Beschluß im Sinne des Amtmanns: Die Gemeinde erhielt einen scharfen Verweis, Kaltenbach behielt alle seine Rechte, und die Juden durften ihre Toten wie bisher üblich ohne jede Störung der Erde anvertrauen. Es war ein Sieg religiöser Toleranz über Vorurteile und antijüdische Tendenzen.

Judenaufnahmen

Auch in Braunsbach lassen sich mit einiger Mühe manche Familien durch Kombination zahlreicher punktueller Informationen erschließen. Kontinuität kann sichtbar gemacht werden, zumal die Fluktuation – anders als zum Beispiel in Unterdeufstetten – minimal war. Kaum einer der einmal in den Schutz aufgenommenen Juden ging in die Fremde. Fast alle Schutzjuden erreichten ein relativ hohes Alter und starben an ihrem Heimatort, der in aller Regel auch Wohnort der Eltern war. Zuzug von außerhalb ist selten. Die Töchter verließen den Ort, wenn sie heirateten, von wenigen Ausnahmen abgesehen.

Joel war der Sohn des vor 1693 in den Schutz aufgenommenen Simon. Als ein weiterer Jude mit Namen Joel aufgenommen wurde, erhielt der andere den Beinamen »der Alte«. Er hatte einen Sohn Nathan, der 1730 heiraten wollte. Der Vater überließ ihm daher die Hälfte seines auf 165 fl. geschätzten Hauses als Heiratsgut.

Rabbi Isaac, der immer noch am Koscherwein verdiente, hatte eine Tochter Behle. Sie heiratete nach Merchingen ins Badische und erhielt 50 fl. Mitgift. Wegen dieses Vermögensexports mußten 10 % – also 5 fl. – als Nachsteuer entrichtet werden. Weitere 205 fl. hatte Behle selbst als Magd verdient oder von Freunden und Verwandten geschenkt bekommen. Diesen größeren Betrag durfte sie steuerfrei exportieren. Das galt auch für Koppels Tochter Madel, die 278 fl. mit in die Ehe nach Goldbach nahm. Edel, eine weitere Tochter des Rabbiners, folgte ihrer Schwester nach Merchingen und nahm 270 fl. mit.

Im Lagerbuch von 1717 wird berichtet, daß das damalige Gebäude Nr. 5, das herrschaftliche Amtshaus, von dem jüngeren Herrn von Vorburg um 1700 an den Privatmann Peter Happold verkauft worden war. Dieses Haus war vorübergehend ganz oder teilweise von Juden gemietet worden und hatte mehrfach den Eigentümer gewechselt. Für 500 fl. ging der repräsentative Bau mit Garten und einer kleinen Scheune 1732 in das Eigentum von Joel jun. und Nathan jun. über[19]. Die Bewohner dieses Hauses hatten als einzige Juden Dienstgeld zu zahlen.

Hin und wieder erfährt man Einzelheiten über das Vermögen der sich in der Regel vom Handel ernährenden Juden, vor allem dem Viehhandel. Der Weinausschank des Rabbi ist schon eine Ausnahme. Außer ihren Häusern besaßen die Juden zunächst kaum andere Grundstücke. Einige winzige Ackerstücke und ein paar Wiesenparzellen reichten für den Betrieb einer Landwirtschaft nicht aus. Über Krautgärten oder Weinberge, die es damals auch in diesem Teil des Kochertals gab, verfügten sie nicht. So waren sie ständig genötigt, Gras und Heu zu kaufen, um das Vieh, solange es bei ihnen stand, zu füttern. Eine andere Möglichkeit bestand darin, Wiesen zu pachten und sie durch Fronbauern bewirtschaften zu lassen. Die Kosten dafür waren beträchtlich.

1735 zahlten:	Simon Fäustle	für die äußere Steinwiese	40 fl.
	Jäcklein	für die innere Steinwiese	15 fl.
	Joel jun. und Consorten	Ortwiese	100 fl.
	Mayer jun. und Judel	Mauergarten	30 fl.
	Marx Nathan	Beetwiese	25 fl.

Auch Stroh wurde von den Juden gekauft. Die Juden leisteten in Braunsbach persönliche Frondienste. Lediglich Nathan jun. und – nach dem Tode von Joel jun. – Seeligmann zahlten 3 fl. jährliches Dienstgeld für das alte Amtshaus. Nathan jun. erwarb, nebenbei bemerkt, 1738 die zweite Hälfte des Amtshauses, für die er immerhin 400 fl. zahlen mußte, Zeichen für die beträchtliche Wertsteigerung und die schleichende Inflation.

Der junge Haim starb 1732. Seine Eltern mußten 20 fl. bei einem Satz von 10 % Sterbehandlohn für sein halbes Haus zahlen, das also auf 200 fl. geschätzt war. Anstelle einer halben Kuh, die als Hauptrechtsabgabe fällig war, zahlten sie weitere 5 fl. Die Witwe blieb ein halbes Jahr schutzgeldfrei. Koppels Erben mußten ebenfalls eine halbe Kuh bezahlen.

Aus den Nachsteuerangaben kann man Schlüsse auf die weiten Heiratskreise ziehen. Auch dafür seien ein paar Beispiele angeführt. Rechle, die Tochter Lippmanns, zog mit 645 fl. in das öttingische Mönchsrot. Bescheiden nehmen sich dagegen die 45 fl. aus, die die älteste Tochter Judels mitnahm, als sie sich »hinaus« verheiratete. Joels Tochter Rifka nahm 1733 296 fl. nach Tauberrettersheim mit. Nach dem Tod von Joel jun. 1737 heiratete seine Tochter Bohnle den Juden Anschel zu Hirschberg. Sie nahm ein Barvermögen von 1000 fl. mit und Mobilien im Wert von 89 fl. Dafür zahlte sie 108 fl. 54 kr. Nachsteuer.

19 HZA Archiv Niederstetten, Amt Braunsbach, B 4, S. 149.

1728 starb der erste Rabbi Isaac. Das Schankrecht für den Koscherwein übte nun bis 1740 seine Witwe aus. Später wurde das gesamte Umgeld der Herrschaft für 261 fl. an den Sonnen- und den Ochsenwirt verpachtet. Die Koscherweinschänke erhielt Jakiel Isaak in Unterpacht für 20, seit 1746 bis etwa 1750 für 18 fl. 1738 sah die Bevölkerungstabelle so aus:

	Männer	Weiber	Söhne	Töchter	Knechte	Mägde	gesamt
Christen	116	116	148	146	22	21	569
Juden	27	31	32	23	3	5	121
Gesamt	143	147	180	169	25	26	690

Der jüdische Anteil belief sich auf 17,5 %. Die Zahl der Kinder verteilte sich relativ gleichmäßig auf Knaben und Mädchen. Christliche Witwen gab es nicht, aber immerhin fünf jüdische. Viele Witwen lebten und starben bei ihren Kindern.

Unter dem Domkapitel

Über die Schutzaufnahmen in Braunsbach sind wir seit der Verpfändung des Dorfes an das Würzburger Domkapitel für die letzten Jahre des Heiligen Römischen Reiches gut informiert, auch über Hintergründe solcher Gesuche[20]. Einer der bedeutenden Braunsbacher Juden war Falck Schlommel. 1752 wird er als Välcklein erstmals in einer Amtsrechnung genannt. Später nennt er sich, wohl nach dem Tod des ungenannten Vaters, Falk Schlammel oder Schlommel. Am 7. Juli 1766 stellte Fürst Carl Albrecht zu Hohenlohe-Schillingsfürst ihm einen Paß aus, in dem er alle benachbarten Obrigkeiten bat, den zum Hofjuden ernannten würzburgischen Schutzjuden zu Braunsbach *mit Pferd, Knecht und sonstigen Effecten zoll-, weggeld- und überhaupt abgabenfrei passieren zu lassen.* Einem Umzug in die Residenz widersprach das in Hohenlohe geltende Niederlassungsverbot für Juden[21].

Der Ordnungszustand des Schillingsfürster Archivs erlaubt keine Schlüsse über die Aktivitäten Schlommels. Die Familienverhältnisse des Hoffaktors sind nicht eindeutig zu klären. Möglicherweise war er zugezogen, als er Jendel, die Tochter Joels, geheiratet hatte. Aus dieser Ehe entsprang eine Tochter Itele, die den Sohn des Gemeindevorstehers Henle Hayum heiratete. Hayum Henle (*1761) wurde also Schwiegersohn des Hoffaktors und übernahm die Funktion als Hoffaktor nach dem Tode seines Schwiegervaters. Als Hayum, der in vielen Grundstücksgeschäften aktiv tätig war, 1826 starb, zog seine 1782 geborene junge Witwe Henriette nach einigen Jahren nach Schwäbisch Hall, wo der Stadtrat offensichtlich keine Einwände gegen die Niederlassung der kapitalschweren Frau hatte. Sie starb dort 1840. Zwei Töchter heirateten nach Straßburg und Fürth[22].

20 Die folgende Darstellung beruht auf den sich vielfältig ergänzenden Unterlagen des Amts Braunsbach im Staatsarchiv Ludwigsburg und den Rechnungen und Kaufprotokollen des Amts Braunsbach im Hohenlohe-Zentralarchiv. Ein Einzelnachweis verbietet sich, denn hier wie an anderen Stellen würde eine Angabe aller Fundstellen, aus denen Folgerungen für die Darstellung gezogen wurden, den Text überwuchern.
21 HZA Archiv Schillingsfürst, Personalakten Bü 205.
22 Jüdisches Familienregister von Hall (Film im HStA).

1773 bat Löw Feiber Levi, der einzige Sohn des vor einigen Jahren verstorbenen Feiber Levi, um Aufnahme. Durch ehrlich betriebenen Handel und Wandel hatte der Vater es zu einem eigenen Haus gebracht und seinem Sohn ein gutes Gewerbe und treue Kundschaft hinterlassen. Feiber mußte allerdings 1793 Konkurs anmelden. – Großvater und Vater Joel Nathan waren Schutzjuden in Braunsbach. Darauf berief sich 1778 Marx Joel, als er dem Amt Mitteilung über die von ihm beabsichtigte Hochzeit mit einer Witwe aus Königshofen machte. Mitgift, Heiratsgut und das eigene Vermögen des Bräutigams beliefen sich auf 1800 fl.

Das Domkapitel in Würzburg prüfte alle Gesuche sehr sorgfältig. Als sich Aaron Moyses aus Goldbach 1779 um den Schutz bewarb, konnte er den Schutzbrief nicht einlösen, weil er zur Zeit nicht über flüssiges Geld verfügte. Er wurde angewiesen, zu zahlen oder zu gehen. Gelegentlich kam es zu Sonderregelungen für die Aufenthaltsberechtigung. Als Grundprinzip galt, daß nur verheiratete Juden einen Schutzbrief erhielten.

1780 war Joel Nathan gestorben. Seine beiden Söhne Lämle und Nathan Joel führten die Geschäfte des Vaters weiter. Sie besaßen keinen Schutzbrief und zahlten keine Handelssteuern, denn in den Rechnungen wird die Abgabe der Juden als Schutz- und Handelsgeld bezeichnet. Auf Vorschlag des Amts, das die beiden nicht ausweisen wollte, ihnen aber auch keinen ungerechtfertigten Vorteil gegenüber den Schutzbriefinhabern einräumen wollte, wurden sie bis zur Heirat mit einer Handelssteuer von 10 fl. belastet. Lämle wurde kurz darauf normaler Schutzjude, sein Bruder Nathan Joel 1785.

Keine Einwände gab es 1783 gegen die Heirat von Hayum Henle, dem Sohn des Henle Hayum, mit der Tochter Falck Schlammels. Das Brautpaar konnte 4000 fl. Vermögen nachweisen. Als der einzige Sohn aus dieser Ehe, Salomon Löw, 1788 sein Aufnahmegesuch stellte, konnte dieser auf 2500 fl. Vermögen nebst Haus und Scheuer und die Mitgift seiner Frau von 250 Carolinen verweisen: *Mit diesem Anfang des Vermögens getraue ich mir, unter Gottes Beistand einen rechtschaffenen Schutzjuden seiner Zeit abzugeben.*

Falck war 1791 nach seiner Aussage 70 Jahre alt, 38 Jahre im Schutz und 27 Jahre Vorsteher der Gemeinde. Er hatte seinen Brudersohn Abraham Isac aufgenommen und über 30 Jahre als Knecht beschäftigt, der keinen eigenen Schutzbrief brauchte. Die Gemeinde hatte keine Einwände wie bei Neuankömmlingen, daß Abraham nun endlich Schutzjude wurde.

Jakob Schmuhl durfte bis zu seiner Heirat schutzgeldfrei bei seinem Vater Schmuhl Marx wohnen. 1785 bat er um Aufnahme, nachdem er von Christen zwei baufällige halbe Häuser gekauft und restauriert hatte. Außerdem hatte er offensichtlich eine gute Partie gemacht.

Schmuhl Marx war 1789 72 Jahre alt und saß 48 Jahre im Schutz, als er 1789 bat, diesen auf seinen Sohn Abraham Löw zu übertragen und ihn selbst schutzgeldfrei zu stellen. Der das Gesuch kommentierende Amtsbericht stellte fest, daß Schmuhl durch den Viehhandel so reich geworden sei, daß er ohne Schwierigkeiten weiter Schutzgeld entrichten könne.

Rabbiner, Vorsänger und Schächter brauchten wie anderwärts auch in Braunsbach kein Schutzgeld zu entrichten. Das galt auch für den 1779 angenommenen Synagogendiener oder Schammes Joseph Aron, einen Schwiegersohn des verstorbenen Nathan Joel. 1791 übergab der Schammes sein halbes Haus dem ältesten Sohn Aaron Joseph. Der Amtmann riet dem Domkapitel, dieses Gesuch aufzuschieben, bis ein Schutzjude gestorben sei. In ganz kurzer Zeit hatten drei Neuaufnahmen ohne Todesfälle stattgefunden. Damit die Gemeinde keinen Anlaß fand, sich grundsätzlich über die Aufnahme der Juden zu beschweren, schien eine hinhaltende Taktik angebracht. Ein Jahr später erneuerte Joseph das Gesuch. Seine anderen Kinder waren stumm *oder sonsten untauglich.* Aaron, der Sohn, handelte mit Ellenwaren. Er mußte sich verpflichten, ständig Eltern und Geschwister zu versorgen – eine schwere Verpflichtung. Weil er kein neues Haus bezog, hatte die Gemeinde keine Bedenken gegen die aus sozialen Erwägungen unumgängliche Aufnahme.

Unproblematisch war die Aufnahme von Abraham Henle, Sohn des Hayum Henle. Er heiratete die Tochter des Wolf Hirsch aus Niederstetten. Sein Vater schenkte ihm das von den Großeltern stammende zweite Haus und 1000 fl. bar. Auch Lippmann Moses, der das Haus und die Handelswaren seines verstorbenen Vaters von der Mutter übernahm, erhielt den ersehnten Brief. Seine Braut war eine Tochter Henle Hayums.

Wie man die Problematik genealogischer Zusammenhänge bei den Juden gelegentlich auflösen kann, zeigt ein Beispiel aus dem Kaufprotokoll des Amts Braunsbach[23]. Im Juli 1773 bestellte der hochbetagte Moses Mayer sein Haus und verkaufte *in Gemäßheit des auf jüdische Zeremonien errichteten Testaments* sein Haus seinen beiden Söhnen Abraham und Marx Moses. Weil Abraham bereits ein Haus besaß, erhielt sein Sohn Joseph Abraham das großväterliche Erbe zur Hälfte unmittelbar. Als Moses Mayer 1775 gestorben war, zog Marx nach Steinbach und gab seinen Hausanteil seiner Tochter Sprinz. Daraus ergibt sich das folgende Bild:

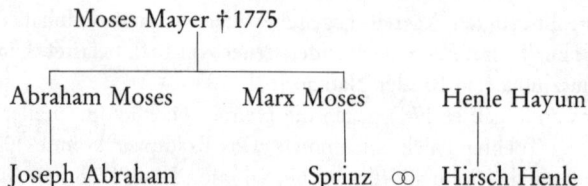

Ähnlich kann man sehr viele Genealogien zurückverfolgen. Nachdem viele Jahre die Zahl der Juden nur mäßig geschwankt hatte, ohne daß ein so konkretes Stellensystem wie in Crailsheim eingeführt worden war, gewährte das Domkapitel immer mehr Juden den Schutz.

Als 1793 Hayum Wolf Joseph, Sohn des Isaac Joseph, um Aufnahme bat, wurde zunächst das Gemeindegericht gehört. Hier erhob man Protest gegen die beabsichtigte Aufteilung halber Häuser, weil auch kleinere Besitzanteile dienlich waren, um die für die Aufnahme geforderten Mindestsummen nachzuweisen. Hayum war 16 Jahre in der Fremde gewesen, unter anderem in Frankfurt. Das Gemeindegericht überließ die Entscheidung dem Domkapitel, stellte aber fest, daß sowohl die ungenannte Braut als auch der Schutzbewerber sich jederzeit gut und untadelhaft verhalten hatten. Lediglich um eine Aufenthaltserlaubnis suchte Baruch Samuel aus Colmberg nach. Er wohnte immer wieder bei seinem 1791 verstorbenen Bruder Salomon Samuel. Seit 20 Jahren handelte er mit Vieh und genoß unter den christlichen Handels- und Bauersleuten viel Vertrauen. Nach dem Tod des Bruders diente er bei Samuel Löw und betätigte sich daneben als Schmuser. Vor allem am Sabbat wollte er in Braunsbach sein. Für die Erlaubnis erbot er sich, jährlich 5 fl. zu entrichten. Dem Gesuch wurde stattgegeben.

Aufnahmegesuche stellten 1796 Nathan Herz, der Sohn des 70jährigen Herz Marx, ebenso Moses Löw Marx, einziger Sohn des Marx Hayum, der mit 2700 fl. Vermögen und einem Haus eine gute Partie für Hayum Henles Tochter war. Marx Hayum und Hayum Henle galten nach Ansicht des Amts als die reichsten Juden im Dorf. So war die Aufnahme kein Problem. Hayum Henle bestätigte als Vorsteher sogar ein noch höheres Vermögen des

23 HZA Archiv Niederstetten, Amt Braunsbach, B 5.

Brautpaares, das er auf 3510 fl. bezifferte. Abraham Lippmann, Sohn von Lippmann Jachiel, heiratete 1799 eine Tochter des Mergentheimer Schutzjuden Wolf Lazarus und erhielt den Schutz in Braunsbach.

Eine nicht unwesentliche Einnahme der Herrschaft waren die Strafen, die besonders kräftig bei Verstößen gegen das sechste Gebot erhoben wurden, aber auch bei Prügeleien, Beschimpfungen und anderen ärgerlichen Vorfällen. Um die Mitte des 17. Jahrhunderts füllen die Strafen oft mehrere Rechnungsseiten, doch dann lassen sie immer weiter nach. Die Juden hatten – wie gesagt – die Hälfte der für innergemeindliche Vorfälle fälligen Strafen dem Amt abzuliefern. Zunächst hielt man sich strikt daran. Später scheint man nichts mehr von Zankereien an die Öffentlichkeit gebracht zu haben, denn es ist nicht anzunehmen, daß auf einmal über Nacht absoluter Friede eingetreten wäre. Wenn der Amtmann nichts erfuhr, konnte er auch keine Ansprüche auf Strafgeld stellen.

Die Rechnung für 1750/51 führt eine Reihe von Verstößen auf, die geahndet wurden. So hatten einige Juden widerrechtlich die Aufzeichnungen über die geplante Steuerveranlagung an sich gebracht, andere hatten die Thora verehrt, obwohl sie es wegen ihrer zeitweiligen Bannung nicht hätten tun dürfen, ein anderer weigerte sich, die Steuerveranlagung zu unterschreiben. Marx Abraham hatte in der Synagoge den buckligen Almosenpfleger gehänselt und sich geweigert, sich vom Rabbiner vor dem Aufruf zur Thora segnen zu lassen. Die Hälfte der Strafen floß an den Almosenkasten der Juden, aus dem alle sozialen Aufwendungen bestritten wurden.

Einmal – und es ist eine absolute Ausnahme – mußte ein Jude 20 fl. Strafe zahlen, weil er eine jüdische Magd geschwängert hatte. Eine ledige Jüdin mußte 1770 die gleiche Summe zahlen, weil sie sich *in punkto sexti* mit einem Christen eingelassen hatte, der aber im gleichen Jahr mit einer anderen Christin beim Ehebruch erwischt worden war. Das sind singuläre Ausrutscher, die selten festzustellen sind. Nathan Marx zahlte übrigens mit einigen christlichen Mitbürgern 1808 10 fl. Strafe – jeder! – wegen *verbotswidrigen Tabackrauchens auf offener Gasse im Ort.* Geahndet wurde wohl die damit verbundene Feuergefahr, nicht die Schädlichkeit des Rauchens.

Juden und bürgerliche Gemeinde

Das Verhältnis zwischen der Judenschaft insgesamt und der bürgerlichen Gemeinde war nicht spannungsfrei[24]. Die Juden waren aufgrund einer nicht zu verifizierenden Vereinbarung mit der Gemeinde im Einverständnis mit der Herrschaft von Fronarbeiten, Wachen, Botengehen und Einquartierungen gänzlich befreit. All diese Tätigkeiten waren mit den Handelsgeschäften, die oft längere Abwesenheit erforderten, nicht vereinbar. Die Aufnahme christlicher Soldaten bei Juden hätte Schwierigkeiten mit den vorgeschriebenen Essensgewohnheiten mit sich gebracht. Alle diese Entlastungen bedeuteten eine bevorzugte Stellung gegenüber den normalen Bürgern. Als Ausgleich zahlte jeder Judenhaushalt einen Taler jährlich an die Gemeindekasse. Mit gutem Grund beschwerten sich daher die Juden, als der Amtmann sie 1776 zur Beteiligung an den Wachen verpflichten wollte.

Die Gemeinderechte ruhten auf den Häusern. Nur wer ein Haus besaß, konnte an den gemeindeeigenen Nutzungen teilhaben, sei es auf der Weide, sei es bei der Abgabe von

24 StAL B 546 Bü 138.

Bauholz. Dieses Gemeinderecht konnte auch halbiert werden. Im Normalfall hielt jeder Bürger mindestens eine Kuh, die er auf die Weide treiben konnte. Viele Juden konnten sich keine Kuh leisten und schafften statt dessen Ziegen an, die natürlich die gemeindeeigenen Weiden allmählich ruinierten. So wurde 1768 durch einen Mehrheitsbeschluß die Ziegenhaltung auf Gemeindewiesen abgeschafft. Damit traf man in erster Linie die ärmeren Juden. Ihr Protest richtete nichts aus.

Zu einem ernsthaften Streit kam es 1773, als die Gemeinde die Aufteilung des Gemeindewaldes beschloß. Sie erklärte die Juden kurzerhand für Beisassen, die kein Recht am Wald besessen hätten und daher bei der Verteilung nicht berücksichtigt werden müßten. Eigentliche Holzrechte gab es nicht. Jeder, der Holz benötigte, sei es zum Bauen oder als Brennmaterial, kaufte seinen Bedarf bei der Gemeinde. Der Ertrag floß in die Gemeindekasse. Die Juden beschwerten sich daraufhin beim Domkapitel darüber, *daß die Gemeinde daselbst die Juden in ihren bis anhero ruhig genossenen Gemeindrechten und allen damit verknüpften appartinentien widerrechtlich zu stören beginnen wolle.* Als Kläger vertraten Vorsteher Falck Schlommel und Moyses Abraham die Juden auf einer Konferenz mit dem Syndikus des Domkapitels in Würzburg. Die Gemeinde war vertreten durch den Bürgermeister Johann Michael Happold und den Gerichtsverwandten Johann Christoph Wieland. Die Gemeinde bestritt den jüdischen Rechtsanspruch, und da es keine jüdischen Gemeinderechte gäbe, könnten sie auch nicht verletzt worden sein. Tatsächlich konnten die Juden aber auf eine ganze Reihe von bislang unbestrittenen Rechten verweisen.

1. Sie hatten jederzeit Häuser kaufen und ruhig besitzen können. Alle damit verbundenen Rechte hatten sie als anerkannte Mitglieder der bürgerlichen Gemeinde nutzen können.
2. Sie trieben ihr Vieh in der erlaubten Anzahl *unter dem gemeinen Hirten* auf die gemeindeeigenen Weiden.
3. Sie genossen die Herbstweide.
4. Sie zahlten Schatzung und Steuer wie jeder andere.
5. Sie zahlten Quartierkosten.
6. Sie besaßen alle Feuereimer für den Brandfall.
7. Sie leisteten Zahlungen bei Wohnungsveränderungen.
8. Bei der Gemeindeversammlung erhielten sie Wecken und ein Maß Wein wie die Christen.

Aus allem gehe hervor, daß sie gleiche Rechte und gleiche Pflichten wie die Christen besäßen. Leider fehlt das endgültige Urteil des Domkapitels in diesem Streit. Die Juden haben aber keine Parzellen des aufgeteilten Waldes erhalten. Das weisen die Grundbücher aus.

Eine andere Auseinandersetzung entzündete sich an einer Handlohnforderung. Marx Moses war 1776 nach Steinbach gezogen und dort in den Schutz aufgenommen worden. Seine Tochter Sprinz hatte kurz vorher Hirsch Henle geheiratet, der 1775 seinen Schutzbrief erhielt. Als Mitgift hatte ihr der Vater seine Haushälfte übertragen. Die Tochter hatte dafür das übliche Bestehehandlohn (es ist kein Lohn wie im heutigen Sinne und wird daher immer als Neutrum verwendet) gezahlt. Unter Greiffenklau betrug es 5 % des geschätzten Immobilienwerts und war vom Domkapitel auf 10 % – auch für Christen – erhöht worden. Das war der landauf, landab übliche Satz.

Nach der Heirat wurde der Ehemann im Schatzungskataster als Steuerpflichtiger für das Haus eingetragen. So heißt es dort: *Joseph Abraham und Hirsch Henle besitzen ein Haus mit zwei Wohnungen zwischen Henle Hayum und Christoph Hertterichs Behausung. Liegt vorn an der gemeinen Gassen.* – 1781 starb unvermutet Hirsch Henle. Das Wohnungseigentum ging nun auf die Witwe Sprinz über, die aufgefordert wurde, erneut Sterb- und Bestehehand-lohn zu zahlen. Diese systembedingte Besteuerung war natürlich eine ausgeprochene Härte, da Sprinz die Wohnung tatsächlich von Kindeszeiten an bewohnt hatte. Einem Antrag auf Nachlaß widersprachen Bürgermeister und Gericht ganz entschieden. Die Witwe mußte den vollen geforderten Betrag entrichten.

In einem anderen Fall erwies sich das Domkapitel als einsichtig. Moses Lippmann starb 1775 und hinterließ ein kleines Haus mit Garten. Seine Witwe übernahm das Erbe und sorgte für ihre neun Kinder nach besten Kräften. 1789 starb auch sie. Die fünf überlebenden Kinder Meyer, Hayum, Bärle, Moses und Märle sollten 5 fl. Hauptrecht, 6 fl. Sterb- und 6 fl. Bestehehandlohn entrichten. Das war von den Kindern nicht aufzubringen. Der Amtmann schlug daher vor, die Hälfte der Abgaben zu erlassen und den Ältesten als Lehensträger zu bestellen, *denn würde dermal dieses Wohnhäuslein verkauft, so hätten diese fünf ganz elternlose Kinder kein Obdach und kein Unterkunftsplätzgen mehr, welches besonders bei itzigen Zeiten sehr hart ist*[25]. Diese Regelung wurde vom Domkapitel abgesegnet. Immer wieder wird deutlich, welchen Einfluß der Amtmann, der die lokalen Verhältnisse am besten kannte, auf die Entscheidungen des Ortsherren, hier wie anderswo, nehmen konnte.

Seit etwa 1790 sollte jeder neue Bürger – Jude oder Christ – ein Einzugsgeld von 10 fl. entrichten, die halb an das Amt, halb an die Gemeindekasse fielen. Die bereits anwesenden Juden protestierten, beriefen sich auf ihren Schutzbrief, der diese Zahlung nicht vorsah, und zahlten nicht.

Nach einer Anordnung des Amtes von 1777 waren fremde Juden, auch wenn sie sich nur kurz in Braunsbach aufhielten, durch den Judenvorsteher dem Amt zu melden[26]. Viele Durchreisende waren, anders als die Ortsansässigen, der deutschen Schrift unkundig, konnten also die Formulare nicht richtig ausfüllen. Als eine Visitation durch eine Regierungskommis-sion für 1792 angekündigt wurde, schärfte der Amtmann die Einhaltung dieses Gebots ein. Vorsteher Falck Schlommel bat um eine nicht allzu strenge Auslegung aus den bekannten Gründen. So wurde er vom Amt angewiesen, bei schreibunkundigen Durchreisenden die notwendigen Angaben selbst zu erheben: Name, Geburtsort, Gewerbe und Zweck der Reise. Leider konnten keine entsprechenden Meldungen ermittelt werden.

Handelsgeschäfte

Der Aktionsradius der Braunsbacher Juden erstreckte sich auch auf das Gebiet der Reichsstadt Hall. Hier mußten die Juden in den ländlichen Gemeinden bei jedem Grenzübertritt 4 kr. Leibzoll entrichten, für den Besuch in der Stadt selbst 8 kr. 1793 beschloß die Stadt die Anhebung dieses Zolls auf 20 kr. Die Zollzeichen waren bislang 24 Stunden gültig. Man konnte damit also mittags einreisen und am nächsten Tag ausreisen. Auch das sollte unterbun-den werden, die Zollzeichen nur noch am Lösungstag gültig sein. Weitere Zollerhöhungen waren vorgesehen. Eine mitreisende Frau sollte künftig 2 kr. entrichten. Für Mastochsen sollte der Zollbrief auf 20 kr., für Zugochsen auf 12 kr., für Kühe oder Rinder auf 8 kr., für Pferde gar auf 20 kr., für Fohlen auf 10 kr. festgelegt werden. Mit dieser Maßnahme wollte die Stadt den jüdischen Handel empfindlich treffen.

25 Ebd., Bü 93.
26 Ebd., Bü 75.

Die Braunsbacher Juden, vertreten wieder einmal durch den noch aktiven Barnos Falck Schlommel, Abraham Moses, Seligmann Marx, Jakob Schmul und Löw Feiber Levi ersuchten ihren Amtmann um Hilfe. Er wandte sich an Comburg, dessen Schutzjuden in Steinbach gleichermaßen betroffen waren. Comburg plante eine Klage vor dem Reichskammergericht. Die Stadt, die einsehen mußte, daß sie mit Gegenmaßnahmen der Nachbarn zu rechnen hatte, und einen kostspieligen Prozeß scheute, lenkte ein.

Da die Juden ausschließlich vom Handel lebten, war es zwangsläufig, daß es immer wieder einmal zu Differenzen über Geschäfte kam. In den Prozessen behauptete jeder Partner sein Recht, ohne es beweisen zu können. Auch ausherrische Juden durften in der Herrschaft Braunsbach grundsätzlich Geschäfte treiben. Sie zahlten für die Erlaubnis jährlich ein Handelsgeld von 5 fl. 1782 bestimmte das Domkapitel durch ein Mandat, daß alle Geschäfte, deren Wert 5 fl. überstieg, beim Amt protokolliert werden sollten, ähnlich wie es in der Herrschaft Schwarzenberg – abgesehen vom Betrag – schon lange üblich war. Die Juden protestierten gegen das Mandat, da dadurch ihr Kredit geschwächt würde. Der Amtmann erkundigte sich daraufhin, welche Juden in seinem Amtsbezirk überhaupt Handelsgeschäfte trieben. In Braunsbach und auf dem Schaalhof handelten nur die Braunsbacher Juden selbst, in Obersteinach, Forst, Sandelsbronn und Dünsbach, wo es Teilrechte gab, standen sie in Konkurrenz zu den crailsheimischen Schutzjuden. – Zur Vermeidung von Streitigkeiten mit den benachbarten Herrschaften schlug der Amtmann vor, nur die Verträge protokollieren zu lassen, die im Amtsbereich abgeschlossen wurden, ganz gleich, wer der jüdische Geschäftspartner war. Eine entsprechende Verfügung wurde auch in der Nachbarschaft bekanntgemacht[27].

Ganz selbstverständlich rückten Juden und Christen aus Braunsbach im Januar 1794 aus, um einen Großbrand in Hall zu löschen. Vielleicht hat dieses Verhalten den Rat beeindruckt. Im April 1794 teilte dieser dem Domkapitel mit, daß die geplanten Zollveränderungen nicht durchgeführt werden würden – ein vollständiger Rückzug. Einen neuen Versuch, die Belastungen der Juden zu erhöhen, die eigenen Einnahmen zu verbessern, startete die Stadt im gleichen Jahr. An den Markttagen mußten alle jüdischen Händler ein Standgeld von 2 kr. zahlen. So teuer war es auch zum Beispiel in Langenburg. Hall wollte nun 6 kr. pro Stand haben. Die Juden protestierten und baten um Abstellung dieser Neuerung.

Im Mai 1802 bat Hayum Henle den Fürsten zu Hohenlohe-Waldenburg um vorübergehende Befreiung von der Handlohnzahlung bei Gütergeschäften im Hohenlohischen[28]. Diese Transaktionen dienten nach seiner Auffassung der Beförderung des allgemeinen Besten und seien dem herrschaftlichen Interesse gemäß. Der Fürst stand einer so weitreichenden Zusage ablehnend gegenüber, denn dadurch hätte Henle eine monopolartige Stellung im Güterhandel erhalten, da er ja beim Fortfall des Handlohns immer günstigere Verkaufspreise ohne eigene Einbußen anbieten konnte als jeder Konkurrent ohne dieses Privileg. Die Hofkammer erstattete ein negatives Gutachten, da eine Privilegierung Mißstimmung in der Bevölkerung erzeugen werde. Durch die jüdischen Kniffe, zumal wenn sie freien Spielraum hatten, könne Unheil genug gestiftet werden. *Man nimmt es so genau mit den Gefällen von den Untertanen, warum sollte man Juden, die so bedeutend schneiden und das Geld außer Land ziehen, schlupfen lassen?* Das Gesuch wurde abgelehnt. Trotzdem blieb Hayum einer der bedeutendsten Immobilienmakler im Hohenlohischen. Viele Spuren seiner Tätigkeit finden sich in

27 Ebd., Bü 126.
28 HZA Archiv Waldenburg, XVI A Bü 97.

Akten der hohenlohischen Verwaltungen. Seine Witwe siedelte später nach Schwäbisch Hall über.

Innerjüdische Angelegenheiten

Nach dem Tode von Rabbi Isaac übernahm der schutzgeldfreie Vorsinger Löw die religiöse Leitung der Gemeinde. Seit 1775 wird er als Rabbiner bezeichnet. Seit 1770 war ein gewisser Michel Moses, der aus Merchingen in Baden stammte, als Schächter angestellt, der auch kein Schutzgeld entrichten mußte. Der vierte schutzgeldfreie Gemeindefunktionär war der Synagogendiener oder Schammes. Vorsteher der Juden war über viele Jahre Falck Schlommel, der 1766 zum Hofjuden in Schillingsfürst ernannt worden war. Sein Vorgänger Moses Mayer hatte das Amt 1760 angetreten, aber wohl nur bis 1764 ausgeübt. 1793 erklärte sich Falck mit 72 Jahren für amtsmüde. Daraufhin wählte die Judenschaft seinen Schwiegersohn Hayum Henle zum Barnos. Er sollte die Geschäfte führen, Falck aber auf Lebenszeit im Amt bleiben. Das Amt stimmte der Wahl zu, da Hayum *zwar ein junger, aber verständiger, sehr wohl geartetet, dabei ansehnlicher und wohlhabender Jude ist.* Das Domkapitel stimmte ebenfalls der Wahl zu[29].

Rabbi Löw starb 1788. Nach zweijähriger Vakanz wollte Aaron Moses, Sohn des Weikersheimer Rabbiners Moises Faist, unbedingt nach Braunsbach kommen, wo sein Vater ein Hausviertel besaß. Aaron, der eine Tochter des Würzburger Landrabbiners in Heidingsfeld geheiratet hatte, war in Schopfloch als Rabbiner tätig. Landesherren dort waren Brandenburg-Ansbach und Oettingen-Spielberg. Der Gemeindeausschuß der Juden wurde befragt, wie sich das Domkapitel verhalten solle. Übereinstimmend wurde Moses abgelehnt, weil er mit vielen Braunsbachern verwandt war und seine notwendige Überparteilichkeit nicht gewährleistet schien. Außerdem galt er als zanksüchtig und würde nur Ärger und Verdruß bereiten. Nach nur wenigen Monaten habe man ihn in Schopfloch aus diesen Gründen entlassen. Die Gemeinde befürchtete, Aaron wolle sich ohne Wahl einschleichen und verkürze dadurch ihr freies Wahlrecht[30].

1778 wird Juda Abraham, der 1769 in den Schutz aufgenommen worden war, als Rabbi bezeichnet, als er das von seinem verstorbenen Schwiegervater Seligmann Joel ererbte Haus an den Vorsteher Falck Schlommel veräußerte. An anderer Stelle wird Juda Schullehrer genannt. Sein Sohn Abraham Juda suchte 1791 um eine Schutzgeldermäßigung nach, die das Domkapitel ablehnte[31].

Juda Abraham hatte eine Tochter des Seligmann zur Frau. Von Anfang an hatte er nur 5 fl. Schutzgeld gezahlt. Er hatte die jüdischen Kinder unterrichtet und war inzwischen 70 Jahre alt geworden. Er bat daher, seinen Sohn, den er *zum Schuldienst angewiesen*, zu gleichen Konditionen das Amt ausüben zu lassen. Das Amt stellte fest, daß Juda bis 1769 überhaupt kein Schutzgeld entrichtet hatte, *weil aller Orten die jüdischen Schullehrer frei sitzen.* 1769 hatte der Schulmeister nebenbei einen Spezereihandel eröffnet und war dadurch handelssteuerpflichtig geworden. Das Amt stellte eine Entscheidung über das Gesuch in das Ermessen des Domkapitels. Aus diesem Gesuch geht hervor, daß schon vor der Mitte des 18. Jahrhunderts

29 StAL B 546 Bü 123.
30 Ebd., Bü 102.
31 Ebd., Bü 124, und HZA Archiv Niederstetten, Amt Braunsbach, B 5, Eintrag zum 30. November 1778.

ein geregelter israelitischer Schulunterricht in Braunsbach stattgefunden hat. Juda war 1699 geboren, dürfte also schon seit 1725/30 Unterricht erteilt haben. Abraham Juda erhielt 1792 seinen Schutzbrief und hat bis zu seinem Tod 1825 die jüdischen Kinder unterrichtet.

Im Frühjahr 1796 starb der amtierende Rabbiner. Die Gemeinde wählte einen aus Mergentheim stammenden Nachfolger. Er zog auf, ohne daß das Amt von der Wahl informiert worden war. Der Amtmann erwartete einen scharfen Verweis des Domkapitels für die Judenschaft, der allerdings sehr zu seinem Mißfallen unterblieb. 1803 wird ein Rabbiner Abraham Löw genannt, der aber schon in der Rechnung von 1804/05 als *abgegangen* bezeichnet wird. Neuer Rabbiner wird Josef Schnottacher (Schnaittacher)[32]. Auch er weilte nur wenige Jahre in Braunsbach und wurde zu einem noch unbekannten Zeitpunkt durch den 1774 geborenen Joseph Mayer abgelöst. Er war der Sohn des Rabbiners Mayer Joseph aus Fürth und ging 1821 nach Freudenthal. – Der Schächter Michael übernahm 1786 das Amt des Vorsingers. Sein Sohn Moses Michael, später Adler genannt, wird als Schulklopfer erwähnt. Er hatte dafür zu sorgen, daß jeder pünktlich zum Gottesdienst erschien.

Bevölkerungsentwicklung

Jüdische Bewohner in Braunsbach

		Männer	Weiber	Söhne	Töchter	Knechte	Mägde	gesamt
Christen	1750	113	125	156	144	19	17	574
Juden	1750	32	32	35	28	2	6	135
	1751	31	33	38	29	1	6	138
	1752	33	33	32	30	1	3	132
	1755	33	35	33	34	1	4	140
	1758	32	31	37	28	2	6	136
	1759	30	33	38	34	2	6	143
	1760	29	32	37	35	2	7	142
	1761	29	33	38	34	1	4	139
	1762	29	33	44	34	4	7	151
	1763	30	33	40	33	4	3	143
	1765	28	34	42	31	3	6	144
	1766	28	34	43	33	5	5	148
	1767	28	33	41	34	8	4	148
	1768	30	36	39	39	9	3	156
	1769	29	34	38	37	6	5	149
	1771	31	38	51	55	18	15	208
	1772	31	37	57	55	24	22	226
	1773	29	35	55	62	25	23	229
	1774	28	37	57	63	25	26	236
	1776	27	39	67	63	32	29	257
	1778	27	38	68	69	31	32	265

32 Vgl. A. Tänzer, Geschichte der Juden in Württemberg, 1937, S. 77 Anm. 15.

	Männer	Weiber	Söhne	Töchter	Knechte	Mägde	gesamt
1779	25	36	62	67	29	29	248
1780	24	34	63	63	35	37	246
1781	23	34	68	69	31	26	251
1782	24	35	74	71	28	28	260
1783	24	31	71	68	33	28	255
1784	25	28	68	58	32	29	240
1785	25	27	66	60	31	28	237
1786	27	28	62	58	27	25	227
1787	27	28	63	58	24	25	225
1788	26	28	65	53	21	24	217
1789	27	24	52	46	22	25	196
1790	26	23	47	47	24	26	193
1791	26	29	66	53	23	24	221
1792	28	31	64	49	20	20	212
1793	29	30	52	42	5	17	175
1804	32	36	43	37	3	12	163
1805	33	37	49	43	6	20	188

Die Tabelle, die in seltener Exaktheit über einen längeren Zeitraum die Bevölkerungsentwicklung verfolgen läßt, wurde anhand der im Hohenlohe-Zentralarchiv verwahrten Rechnungen des Amts Braunsbach erstellt.

Seit 1806 durften keine Judenschutzgelder mehr eingezogen werden. Da die Regelung nicht als endgültig betrachtet wurde, führte man eine Nebenrechnung über die *provisorisch in Beschlag gelegten Regalien.* 1812 wird darin vermerkt: *Judenschutz cessiert, neues Schutzgeld von 6 fl. jährlich wird vom Kameralamt eingezogen. Schächtgeld, Synagoge, Friedhof cessiert.* Damit reißt die detaillierte Aufschlüsselung abrupt ab.

Einige generelle Feststellungen können ohne Kenntnis der Hintergründe anhand der Tabelle getroffen werden. Die Zahl der Haushalte schwankte nur unbeträchtlich. Frauen hatten eine etwas höhere Lebenserwartung, wie aus der Zahl der Witwen hervorgeht, die sich aus dem Abzug der Zahl der Männer von der Zahl der Frauen ergibt. Männer blieben selten länger unverheiratet. Jemand mußte das Haus versorgen, wenn der Händler über Land ging. Die Zahlen der Söhne und Töchter sind mit Vorsicht zu interpretieren, verbergen sich doch darunter unverheiratete Söhne und Töchter über 20 Jahren ebenso wie Säuglinge. Auffällig ist die rapide Zunahme der Knechte und Mägde seit 1771. Möglicherweise wurde hier ein Ventil geschaffen, um älteren unverheirateten Kindern den Verbleib in der Heimat zu ermöglichen, indem man sie als Knechte und Mägde anstellte. Mit plötzlich ausgebrochenem Wohlstand ist nicht zu rechnen. Eine herrschaftliche Anordnung konnte bislang nicht ermittelt werden. Genauso abrupt ist der Rückgang der Zahl der Knechte seit 1793. Auch hierfür müßte sich bei intensiver Nachforschung ein plausibler Grund finden lassen. Eine Magd dagegen behielt jeder, der es sich leisten konnte.

1. Fäustle der Alt, Faistle	vor 1705	† 1751	
2. Joele der Alt	vor 1700	† 1723	
3. Jäckle der Jung	vor 1700	† 1744	
4. Jackle der Alt	vor 1700	† vor 1723	
5. Lippmann, Liebmann	vor 1715	† 1752	
6. Joseph der Alt	vor 1715	† 1741	
7. Moyses	vor 1700	† 1742	
8. Meyerle der Alt	vor 1700	† vor 1723	
9. Aaron	vor 1700	† 1740	
10. Koppel	vor 1700	† 1733	
11. Isaac, Rabbiner	vor 1700	† 1728	
12. Nathan sen.	vor 1705	† 1753	
13. Joele der Schwartz	vor 1715	† vor 1723	
14. Jole der Jung	1705	† 1736	
15. Marx sen.	vor 1705	† 1766	
16. Beerlein	vor 1715	† 1761	
17. Feiber	vor 1705	† vor 1723	
18. Joseph der Bucklet	vor 1715	† 1747	
19. Abraham	1677	† vor 1723	
20. Götzle	vor 1715	† 1764	
21. Mayer der Jung	vor 1715	† 1750	
22. Judel	vor 1705	† 1764	
23. Nathan der Junge	vor 1723	† 1759	
24. Hain der Junge	vor 1723	† 1732	
25. Fäustle der Junge	vor 1723	† 1773	
26. Haim der Alte	vor 1723	† vor 1747	
27. Moses Mayer der Junge	vor 1723	† 1775	
28. Abraham vulgo Frommele	vor 1723	† 1757	
29. Marx Nathan jun.	1726	† 1769	
30. Simon Fäustlein	1727	† 1772	Sohn von 1
31. Nathan Joel	1727	† 1773	
32. Jakiel Isaak	1727	† 1771	Sohn von 11
33. Isaak (Itzigle) Jakob	1727	† 1775	
34. Seligmann Joel	1728	† 1778	
35. Löw, Vorsinger, Rabbiner	vor 1738	† 1788	
36. Beerle Lippmann	1738	† 1755	
37. Schmuhl Marx	1741		Sohn von 15
38. Feiberle Levi	1741	† 1764	Sohn von 17
39. Joseph Moses	1742	† 1752	
40. Joel Judel	1743	† 1788	
41. Joel Nathan sen.	1743	† 1780	Sohn von 12
42. Hayum	1745	† 1754	Sohn von 18
43. Moses Lippmann	1746	† 1769	
44. David Judel	1747	† 1758	

45. Abraham Moses	1747	† 1802	Sohn von 27
46. Moses Fäustlein	1747	† 1763	
47. Simon Nathan	1747	† 1773	
48. Joseph Isaak	1748	† 1796	
49. Itzik Hayum	1750	† 1761	
50. Välcklein, Falck Schlommel	1752	† 1801	
51. David Moses	1752	† 1757	
52. Marx Moses	1752	Wegzug 1776	Sohn von 27
53. Lippmann Jakiel	1752	† 1791	
54. Moses Lippmann	1753	† 1789	
55. Moses Nathan	1753	† 1776	
56. Hänlein Hayum	1755	† 1796	
57. Hayum Abraham	1757		
58. Marx Hayum	1760		
59. Joseph Aaron	1762	† 1804	
60. Herz Marx	1762		Sohn von 29
61. Hayum Faist	1763	† 1789	
62. Lippmann Faist	1765		
63. Salomon Samuel	1767	† 1791	
64. Seligmann Marx	1768	† 1802	Sohn von 29
65. Joseph Abraham (1824: Reiß)	1769	* 1750 † 1827	Sohn von 45
66. Juda Abraham, Schullehrer	1769	† 1796	
67. Michel Moses, Schächter, Vorsinger	1770	† 1803	Merchingen
68. Abraham Simon	1771	* 1744 † 1827	Sohn von 30
69. Löw Feiber Levi	1772	* 1742 † 1815	Sohn von 38
70. Aaron Hänle (Hirsch)	1774	* 1742 † 1827	
71. Hirsch Hänle	1775	† 1781	
72. Marx Joel	1777	* 1742 † 1802	Sohn von 41
73. Lämle Joel	1781	* 1752 † 1816	Sohn von 41
74. Hayum Henle, Vorsteher	1783	* 1761 † 1826	Sohn von 56
75. Nathan Joel (Pfeifer)	1785	* 1753 † 1833	Sohn von 41
76. Jacob Schmul (Sahm)	1786	* 1756 † 1833	Sohn von 37
77. Salomon Löw Falck (Falck)	1788	* 1769 † 1830	Sohn von 50
78. Benedict Israel (Mittelberger)	1790	* 1756 † 1834	
79. Abraham Löw Schmul (Sahm)	1790	* 1760 † 1844	Sohn von 37
80. Lippmann Moses	1791	* 1761 † 1819	Sohn von 54
81. Abraham Isaac	1792	* 1758 † 1825	
82. Abraham Henle (Henle)	1792	* 1773 † 1838	
83. Abraham Juda, Schullehrer (Uhlmann)	1792	* 1761 † 1825	Sohn von 66
84. Samuel, Rabbiner	1792		
85. Aaron Joseph	1792	* 1765 † 1820	Sohn von 59
86. Hayum Wolf (Wolf)	1793	* 1759 † 1827	Sohn von 48
87. Nathan Herz	1796	† 1805	
88. Moyses Löw Marx	1796	* 1766	Sohn von 58 geht 1816 nach Hall

89. Isaac Henle	1796		
90. Moyses Hayum (Heumann)	1798	* 1766 † 1837	Sohn von 62
91. Abraham Moyses	1798	* 1759 † 1813	
92. Mayer Löw (Reiß)	1798	* 1775 † 1833	Sohn von 65
93. Abraham Lippmann (Guthmann)	1799	* 1771 † 1839	Sohn von 53
94. Hirsch Hayum (Heumann)	1799	* 1772 † 1846	Sohn von 61
95. Isaac Joseph (Schiller)	1800	* 1772 † 1839	Sohn von 59
96. Hayum Moses (Strauß)	1801	* 1755 † 1838	Sohn von 54
97. Samuel Hayum (Sontheimer)	1803	* 1765 † 1850	Sohn von 57
98. Abraham Löw, Rabbiner	1803	1805	*abgegangen*
99. Lazarus Abraham (Schlachter)	1804	* 1777	
100. Marx Henle (Henle)	1805	* 1783 † 1841	Sohn von 56
	entwich *schuldenhalber* nach Amerika		
101. Moses Michel, Schulklopfer (Adler)	1805	* 1772 † 1836	Sohn von 67
102. Josef Schnaittacher, Rabbiner			
103. Baruch Michel, Vorsinger (Adler)		* 1784 † 1850	Sohn von 67
104. Joseph Mayer, Rabbiner		* 1744 † 1831	Freudenthal

2. Dünsbach

Die Anfänge

Die Herren von Crailsheim, 1701 in den Reichsfreiherrenstand erhoben, erwarben seit dem 14. Jahrhundert Güter und Rechte im Gebiet um die Burg Morstein. Ihre Herrschaft gehörte zum Ritterkanton Odenwald der Reichsritterschaft, die den Juden fast allgemein aufgeschlossen gegenüberstand. Wann die ersten Juden sich in Dünsbach niederließen, ist nicht genau anzugeben[33]. Sehr wahrscheinlich erfolgte die Ansiedlung vor dem Dreißigjährigen Krieg. Eine negative Aussage erlaubt es, den Zeitpunkt festzuhalten, der frühestens in Frage kommt. Im Braunsbacher Gültregister der Herren von Crailsheim von 1608 werden für Dünsbach keine Juden erwähnt. 1617 wird Moschel Judt genannt, der zusammen mit dem Christen Six Hoffmann ein Haus versteuert[34]. Außerdem besaß Schradel Jud ein offenbar stattliches Haus, das mit jährlichen Abgaben von 2 fl., einem Fastnachtshuhn und Hauptrecht belastet war. Michel Jud besaß ein halbes Haus.

Im ältesten im Hohenlohe-Zentralarchiv verwahrten Gültregister der Herrschaft Morstein von 1630/31 werden außer Schradel und Michel als zahlungspflichtige Juden David, Isaac und Elias genannt. Demnach hat es zu dieser Zeit bereits fünf jüdische Haushaltungen gegeben. Aus einem Gültbuch des Amts Morstein von 1632 geht hervor, daß David mit Hans Groß in einem Haus wohnte, Elias mit Adam Ritter. Isaac ist hier gestrichen, war also verstorben oder fortgezogen.

---

33 Die Angaben bis 1806 beruhen fast ausnahmslos auf einer sorgfältigen Auswertung der Morsteiner Amtsrechnungen im Archiv Morstein, die nahezu lückenlos von 1699 bis 1847 vorhanden sind. Da die Angaben im Bedarfsfall leicht zu verifizieren sind, unterbleibt ein aufwendiger Einzelnachweis der vielen hundert Fundstellen. Freiherrn Dr. Dietrich von Crailsheim darf ich für die freundliche Unterstützung herzlich danken. Das Archiv wurde vom Verfasser neu verzeichnet und geordnet.
34 HZA Archiv Niederstetten, Amt Braunsbach, Bü 47.

Wie in der crailsheimischen Besitzung Braunsbach verschwinden die Juden, als nach der Schlacht bei Nördlingen 1634 die Kriegsfurie über Südwestdeutschland fegte. Seitdem war die relative Ruhe, die trotz des Krieges im Fränkischen herrschte, vorbei. Bis zum Westfälischen Frieden waren die ungeschützten Dörfer, waren besonders die Juden gefährdet. Sie haben auch Dünsbach verlassen, denn das Gültbuch des Amts Braunsbach von 1638 kennt keine Juden[35].

Im November 1660 bat der Amtmann zu Morstein den Kastner im benachbarten Crailsheim, den drei in Dünsbach in herrschaftlichem Schutz wohnenden Juden Zollfreiheit zu gewähren. Sie seien so arm, daß sie mit Mühe das jährliche Schutzgeld verdienen könnten, obwohl es nur 4 fl. betrage. Es waren also kleine, bescheidene neue Anfänge. Die Antwort aus Crailsheim liegt nicht vor[36]. 1668 wird als einer der drei der Jude Gabriel mit Namen genannt. Ein anderer hieß Eleasar, wie man aus einem Schreiben des Morsteiner Amtmannes entnehmen kann. Ein Handelsmann aus Leutershausen hatte eine Forderung an ihn, doch gab es wenig Hoffnung auf baldige Einlösung. Zwar besaß Eleasar ein kleines Häuslein. Versuche, das Haus zu verkaufen und mit dem Erlös die Schulden zu zahlen, waren gescheitert. Nicht einmal das jährliche Schutzgeld konnte der verarmte Händler aufbringen.

Der dritte Jude hieß Löw. Löw saß 1662 kurzzeitig wegen Diebstahls im Gefängnis der Reichsstadt Hall. 1696 sagte er in einem Rechtsstreit aus, daß er *bei 50 Jahren* in Dünsbach ansässig sei. Er mußte auch 1672 eine Strafe entrichten, weil er ohne Erlaubnis geschächtet hatte. Mit Löw hatte die Herrschaft viel Ärger. So beschwerte sich die Stadt Schwäbisch Hall über ihn, weil er auf dem Muswiesenmarkt in Streit mit dem Juden David von Steinbach geraten war über ein Geschäft, das sie in Nürnberg getätigt hatten. Der Leidtragende war ein hällischer Fuhrmann aus Hörlebach, der den Warentransport getätigt und Löw einige von ihm beanspruchte Waren ohne Wissen an David ausgehändigt hatte. David hatte daraufhin das Gespann des Fuhrmanns in Steinbach mit Arrest belegen lassen.

In den Morsteiner Amtsrechnungen werden 1660 Löw und Beer genannt sowie Eleasar, der im Januar 1660 seinen Schutzbrief erhielt. Alle zahlten 4 fl. 48 kr. Schutzgeld. Sie waren die drei armen Juden. Der Jude Daniel, der 1661 an die Stelle des verstorbenen oder fortgezogenen Beer trat, wurde im folgenden Jahr mit einer Geldstrafe von 16 fl. belegt, weil er in der Grafschaft Hohenlohe-Waldenburg ein Kalb gestohlen hatte. Danach wurde er mit Schimpf und Schande aus dem Dorf gejagt.

Unter der Regierung des Begründers der ersten kurzlebigen Hohenloher Teillinie Kirchberg, Graf Joachim Albrecht, der 1675 starb, hatten die crailsheimischen Schutzjuden eine Zollpauschale von jährlich 2–3 Talern an Hohenlohe entrichten müssen. Joachim Albrechts Bruder, Erbe und Nachfolger Graf Heinrich Friedrich ordnete nach seinem Regierungsantritt an, daß alle Juden täglich Zoll entrichten sollten, wenn sie sich im Hohenlohischen aufhielten. Freiherr Kraft von Crailsheim bat um Befreiung seiner Juden von diesem drückenden Zoll und schlug die Beibehaltung der bisherigen Tagespauschale vor. Graf Heinrich Friedrich lehnte die Bitte höflich, aber entschieden ab, weil er die Juden aller Herrschaften gleich behandeln – besser gesagt gleich stark belasten – wollte bei grundsätzlich judenfeindlicher Einstellung.

Der Jude Löw erklärte damals, er müsse seinen über 20jährigen Schutz unter diesen Umständen aufkündigen, denn er konnte sich in dem kleinen Gebiet seiner Herrschaft allein nicht mit Handel ernähren. Der Morsteiner Amtmann unterstützte die Bitte seines Schutzbe-

35 Ebd., Bü 49.
36 Archiv Morstein, Amt Morstein, Bü 288.

fohlenen. Offensichtlich nahm die hohenlohische Herrschaft die geplanten Maßnahmen zum Teil zurück, denn sowohl Löw als auch Süßle zu Gerabronn und sein Sohn erhielten 1677 Jahreszollpässe für je vier Taler[37].

Die Juden suchten den Zoll zu umgehen, indem nicht sie zu den Verkäufern gingen, sondern diese aufforderten, mit dem Vieh zu ihnen oder in einen brandenburg-ansbachischen Ort zu kommen. So hatte die Langenburger Regierung genug Gründe, sich wegen dieses ihr nachteiligen Verfahrens beim Nachbarn von Crailsheim zu beschweren. Immer wieder kam es auch zu strittigen Viehhandelsgeschäften[38]. Um diese Zeit sind außer Löw zwei weitere Juden in den Schutz aufgenommen worden. Gerson stand 1680 unter dem unbewiesenen Verdacht, im hällischen Gebiet einen Kirchenraub begangen zu haben[39]. Als dritter Jude ist ein gewisser Getsch in Dünsbach nachweisbar.

Nur Schlaglichter werden aus den Anfängen der Gemeinde überliefert. Als 1666 eine Pestseuche ausbrach, wurde den Juden streng verboten, Fremde bei sich aufzunehmen. Ungefähr 1677 heiratete Gabriel, Sohn des Juden Isaak aus Gunzenhausen, die älteste Tochter Löws, der seinen Schwiegersohn als Hausgenossen bei sich aufnahm. Die Gemeinde verlangte von ihm ein Einzugsgeld von 2 fl. Gabriel weigerte sich, weil gemäß der Dorfordnung nur 1 fl. für einen Hausgenossen zu entrichten war. Daraufhin veranstaltete die Gemeinde zunächst eine, dann eine weitere offizielle Zeche, auf der Gabriel mit 8 fl. wegen Ungehorsams *vertrunken* wurde. Dieses Vertrinken als Strafe war durchaus üblich bei Vergehen gegen die Dorfordnung[40]. Außerdem beschwerte sich die Gemeinde, weil Gabriel angeblich »unrechtes« Vieh einkaufte und entgegen den Vorschriften der Dorfordnung auf die öffentliche Weide trieb, ohne Hirtenpfründe davon zu entrichten. Das war aber auch erst üblich, wenn das Vieh mindestens drei Tage im Stall gestanden hatte.

Gabriel ließ die Vorwürfe nicht auf sich sitzen und beschwerte sich beim Amt, weil die Gemeinde sich eine ungerechte und eigenmächtige Jurisdiktion angemaßt habe. Unter Umgehung des Amtmannes, dem man eine Parteinahme zugunsten Gabriels unterstellte, richtete daraufhin die Gemeinde schriftliche Klagen an den Ortsherrn und die Mitherrschaft. Das war damals Johann Philipp Sußdorf als Inhaber des Ritterguts Erkenbrechtsweiler. Die Dünsbacher Christen behaupteten, Juden habe es seit Menschengedenken in Dünsbach gegeben, doch nie habe einer so gegen die geltenden Ordnungen verstoßen wie dieser Neuling. Schließlich einigte man sich friedlich. 1677 war gegen Löw wegen Verdachts der Hehlerei durch die Regierung in Langenburg ohne Ergebnis ermittelt worden[41]. 1678 kam es zu einem Streit zwischen der Gemeinde Dünsbach und Löw, der beschuldigt wurde, einen nicht ganz einwandfreien Ochsen geschlachtet und verkauft zu haben. Drei christliche Metzger aus Langenburg und Kocherstetten besichtigten das Fleisch. Angeblich hatte der Jude das Vieh auf dem Weg zum Abdecker von einem Bauern aus Forst spottbillig erworben. Die christlichen Metzger-Konkurrenten hielten das Fleisch für *rechtes Aas und Luder*[42].

Bald darauf brannte sein Haus ab. Die öde Brandstelle kaufte Thomas Mack, ein Dünsbacher Christ, der für den Wiederaufbau drei steuerfreie Jahre erhielt. Bevor das Haus

37 HZA Archiv Langenburg, Regierung Langenburg I, Bü 966.
38 Ebd., Bü 968.
39 Archiv Morstein, Eintrag in einem alten Findbuch. Die Akten sind leider verloren.
40 Archiv Morstein, Amt Morstein, Bü 289.
41 HZA Archiv Langenburg, Regierung Langenburg I, Bü 672.
42 Archiv Morstein, Amt Morstein, Bü 288.

noch ganz fertiggestellt war, floh der Bauherr aus Dünsbach, nachdem er bei einem Getreide-diebstahl erwischt worden war. Er ließ sich nie wieder blicken. Später wohnten ein christlicher Tagelöhner und Gabriel in dem *Mackischen Häuslein*, wie die Amtsrechnung 1700 ausweist. Löw starb 1698 und hinterließ ein baufälliges Haus, belastet mit 40 Talern Schulden. Die Herrschaft wies den Amtmann an, das Haus dem zu übergeben, der die Schulden abtrage und es wieder instandsetze, Jude oder Christ. Am liebsten wäre es dem Freiherrn gewesen, wenn die Kinder Löws das Haus übernommen hätten. Man wollte sie nicht verstoßen. Sollte jedoch ein Christ bessere Konditionen bieten, sei er alle Zeit einem Juden vorzuziehen[43]. Im folgenden Jahr stürzte das baufällige Haus ein. Niemand hatte es haben wollen.

Im Jahr 1699 sind zwei Juden mit ihren Familien in Dünsbach ansässig und Bele, die Witwe des Juden Getsch, mit ihrem Kind. Als ihr Mann gestorben war, mußte sie einen Offenba-rungseid nach jüdischem Ritual schwören. Ihre gesamte Habe wurde inventarisiert und taxiert. Sie selbst besaß ein Doppelbett und ein Bett für ihr Kind im Gesamtwert von 20 fl. Zwei Kupferhafen, ein Kupferkessel, eine Eisenpfanne, eine Messingpfanne, eine weitere Pfanne halb aus Kupfer, halb aus Messing, eine Zinnkanne waren die Küchenausstattung. An Möbeln waren noch ein alter Bettladen, eine alte Truhe, ein Tisch, ein Stuhl, eine Messing-ampel und ein blechernes Handfaß vorhanden – eine spartanische Ausstattung. Das ganze Warenlager bestand aus etlichen Ballen Tuch im Wert von etwa 23 fl., das jedoch zum Teil verpfändet war. Das Barvermögen war auf 5 fl. geschrumpft, nachdem die Beerdigungskosten in Höhe von 30 fl. beglichen waren. Ausständen von 10 fl. standen 124 fl. Schulden gegenüber.

Die übrigen beiden Familien waren die des Gabriel und die des Gerson. Gersons Frau Zweifel stammt aus Heinsfurt im Öttingischen. Sein betagter Vater Eleaser ging 1696 nach Nagelsberg, um dort das jüdische Neujahrsfest im Kreise der Gemeinde zu begehen. Auf dem Rückweg überraschte ihn auf hohenlohischem Gebiet bei Nesselbach ein tödlicher Schlagan-fall. Die Leiche wurde von der Regierung in Langenburg auf Bitten des Morsteiner Amtman-nes zur Beisetzung in Schopfloch freigegeben[44]. Gerson erbaute 1702/03 ein neues Haus, wofür er zwei steuerfreie Jahre – mit Ausnahme der Militärkosten, der Kontribution – erhielt.

Aufenthaltsbedingungen

Eine besondere Ordnung der Ortsherren für die Juden ist nicht überliefert. Sie durften Häuser bauen oder kaufen und hatten dafür die üblichen Abgaben zu zahlen wie Gült, Fastnachts- und Herbsthühner. Auch zu Frondiensten wurden sie herangezogen, konnten sie jedoch durch Geldzahlung ablösen. Die Aufnahmegebühr betrug 7 fl. 30 kr. Dafür wurde der Schutzbrief ausgefertigt. Das normale Schutzgeld betrug im Jahr 4, dann seit etwa 1750 zunächst 6, später 10 Gulden. Es wurde anteilig vermindert, wenn die Aufenthaltsdauer kürzer als ein Jahr war. Schatzung, die übliche Vermögenssteuer, mußten sie ebenfalls entrichten. Wurden Sonderschatzungen etwa in Kriegszeiten notwendig, hatten die Juden wie die Christen ihren Beitrag zu erbringen.

Die Herrschaft hielt ihre Juden weitgehend den Christen gleich. Sie mußten bei Hauskäu-fen, Wohnungswechseln und -verkäufen Handlohn bezahlen, eine 10 %ige Abgabe vom jeweiligen Preis oder dem geschätzten Wert des Objekts. Im Falle des Wegzugs war eine

---

43 Ebd.
44 HZA Archiv Langenburg, Regierung Langenburg I, Bü 673.

Nachsteuer in Höhe von 10 % des mitgenommenen Vermögens zu hinterlassen. Starb ein Jude, war der Sterbfall, eine Erbschaftssteuer, zu entrichten, in der Regel das Besthaupt, das beste Stück Vieh im Stall, oder das beste Kleid. Natürlich konnten diese Naturalabgaben auch durch eine entsprechende Geldzahlung der Erben abgelöst werden. Über die Abgabeverpflichtungen der Juden wie der Christen wurde in den jährlich neu angelegten Abrechnungsbüchern[45] genau Buch geführt. Mit Hilfe dieser Angaben läßt sich die Entwicklung der kleinen jüdischen Gemeinde bis zum Anfall der Landesherrschaft an Württemberg 1806 genau verfolgen. Sie sind mehr als trockene Zahlen. Hinter ihnen verbergen sich Glück und Elend, Reichtum und Armut, gute und schlechte Zeiten. In der Rechnung fand keine Diskriminierung statt. Juden und Christen stehen in bunter Reihe, so wie sie auch wohnten.

Die Juden konnten neue Häuser erbauen oder bestehende Häuser mit den darauf ruhenden Gemeinderechten erwerben. In Dünsbach ging das Bürgermeisteramt jährlich wechselnd unter den Inhabern der Häuser mit Gemeinderecht herum. Es war anscheinend kein gesuchter, eher lästiger Posten. Der Jude Gerson hatte wohl 1678 ein Haus erworben, das 1696 den Bürgermeister zu stellen hatte. Als Jude durfte er – ohne nähere Begründung – dieses Amt nicht ausüben, sollte jedoch einen Ersatzmann stellen und dessen Aufwendungen als Ausgleich für die ersparten eigenen Kosten bezahlen[46]. Gerson berief sich darauf, daß sein Vater, der schon oben genannte Eleasar, *schon bei 50 Jahren in Dünsbach seßhaft und dergleichen Gemeinderechte genieße, niemalen aber zu solchem Bürgermeisteramt angestrengt oder verlangt worden.*

Die Gemeinde stellte die Schwierigkeiten vor, wenn jeder in diesen *schweren Kriegszeiten uberhupft werden könne.* Gersons Vater habe seit Menschengedenken jährlich einen halben Taler an die Gemeinde gezahlt und sei deshalb von allen *allgemeinen Beschwerungen* – und dazu zählte die Übernahme des Bürgermeisteramts – freigehalten worden, und das gelte auch noch jetzt. Mit Löws Schwiegersohn und Eleasars Sohn hatte die Gemeinde vereinbart, daß sie jährlich, in Kriegs- und Friedenszeiten, zwei Gulden als Ersatz für die Gemeindedienste zahlen sollten. Das war ein paar Jahre gut gegangen. Dann häuften sich Ausflüchte und Zahlungsrückstände der Juden, die schließlich wie Löw nur noch einen halben Taler zahlen wollten. Die Gemeinde bat daraufhin den Ortsherren, entweder die Juden anzuhalten, die Dienstleistungen in natura zu erbringen oder ein angemessenes Entgelt zu zahlen, weil sie sonst besser gestellt seien als die christlichen Einwohner.

Gerson wurde vor das Amt zitiert. Er entrüstete sich darüber, daß er als ein Dorfkind niemals etwas davon gehört habe, daß ein Jude unter Christen das Bürgermeisteramt verwalten oder, wenn ihn die Gemeinde *darvor nicht tüchtig erkenne,* auf seine Kosten Ersatz suchen könne. Das sei eine Neuerung, die er einfach nicht hinnehmen könne. Er verwahrte sich auch gegen Vorwürfe, die Juden hätten ungesundes Vieh gekauft und geschächtet. Aus der Tatsache, daß sie es günstig eingekauft hätten, dürfe man doch nicht einfach auf mindere Qualität schließen. Die Gemeinde hatte nach verschiedenen Beschwerden der Metzger von der Herrschaft 1695 die Genehmigung erhalten, durch eine Kommission das von den Juden gekaufte Vieh jeweils begutachten zu lassen. Dabei hatten die Prüfer nach den Aussagen Gersons häufig über das Vieh gelästert, ja auch dasselbe, obwohl es einwandfrei war, angespuckt und damit den Zorn der Juden herausgefordert. Diese hatten die Beschimpfungen,

45 Archiv Morstein, Rechnungen B 425–501 (seit 1732).
46 Archiv Morstein, Amt Morstein, Bü 289.

die ihrer Ansicht nach nur ein Ausfluß des Neides waren, nicht stillschweigend hingenommen, *und wie man in den Wald geschrien, das Echo zurückgeschallet.* Die Juden erboten sich, jederzeit Bescheinigungen über die Herkunft des Viehs beizubringen. Allerdings lehnten sie es ab, die Gemeinde weiterhin darüber urteilen zu lassen, ob ihr Vieh gesund sei. Da sie schließlich *immediate von der hohen Obrigkeit dependierten,* solle man sie nicht der Zensur der ihnen mißgünstig gesinnten Gemeinde überlassen, sondern dem herrschaftlichen Amt die Prüfung der Unbedenklichkeit des Viehs übertragen.

Gerson und Gabriel bestätigten, daß es ihnen in der Vergangenheit schwer gefallen sei, die Forderungen der Gemeinde zu erfüllen. Wegen der Kriegsläufte hätten sie sich aus Angst vor den Soldaten kaum vor die Tür getraut und deshalb auch große Schwierigkeiten gehabt, selbst nur das trockene Brot für die Familie zu erwerben. Das sei in der Gemeinde bekannt gewesen. Trotzdem habe man mit aller Gewalt die Zahlungen erpreßt. *Wenn gnädige Herrschaft mit den Untertanen so rigoros und scharf verfahren, die meisten Untertanen hätten des Lands entlaufen.* So baten sie, als dauernde Abgabe an die Gemeinde bei dem halben Taler ihres Vaters beziehungsweise Schwiegervaters belassen zu werden, unterwarfen sich aber vorbehaltlos einem erbetenen Spruch des Amtes. Das Amt ordnete daraufhin an, daß die Juden jährlich einen Taler, also 1½ fl., zahlen sollten. Als Entgelt für den Ersatzbürgermeister sollte Gerson beziehungsweise der jüdische Inhaber seines Hauses jedesmal einen Taler zahlen, wenn er an der Reihe war, das Amt zu übernehmen. Die Unbedenklichkeitsbescheinigung für das zu schächtende Vieh wurde künftig vom Amt bestätigt und dann dem Gemeindeschultheißen zugestellt. Ein salomonischer Kompromiß, der zunächst für Frieden sorgte.

Gerson zahlte zunächst 6 fl. Schutzgeld. Wegen seines hohen Alters und seiner Armut wurde er 1711 von der Zahlung des Schutzgeldes entbunden. An seine Stelle trat sein Sohn Joseph. Mit ihm war die Herrschaft aus noch unbekannten Gründen nicht einverstanden und kündigte ihm den Schutz auf. Ende Juni 1714 mußte er Dünsbach verlassen. Er zog nach Goldbach *unter den König von Preußen*[47]. Im Jahr darauf starb der alte Gerson. Sein Häuschen wurde verkauft, um die herrschaftlichen Forderungen zu begleichen. Dem Amt war befohlen worden, das Haus nicht mehr an einen Juden zu verkaufen. Für 105 fl. erwarben es zwei Christen. So wurden 10 fl. 30 kr. Sterbehandlohn fällig. Das Hauptrecht wurde mit 2 fl. abgelöst, *indem kein Stücklein Vieh, noch gutes Kleid vorhanden war.* Nachdem alle Forderungen erfüllt waren, blieben 40 fl. übrig *weil schier alles auf die Schulden gegangen ist.* Da die Erben Gersons nicht mehr in Dünsbach wohnten und dieses Geld damit aus dem Bereich der Herrschaft floß, waren außerdem noch 4 fl. (10 %) Nachsteuer zu entrichten. Sterben war teuer für den Erben.

Gabriel wohnte mit einem Christen zusammen in dem sogenannten Mackischen Häuslein, das inzwischen der Herrschaft gehörte. Dafür hatte er im Jahr 4 fl. Miete zu zahlen. Der Taglöhner Götz, der im geräumigen Erdgeschoß wohnte, zahlte 5 fl. 1706 zog Gabriel in ein anderes christliches Haus als Mieter ein. Er muß bald darauf verstorben oder fortgezogen sein. Außer Gerson und Gabriel waren kurzfristig einige Glaubensgenossen im Ort, die für ihre vorübergehende Aufenthaltsdauer Schutzgeld entrichteten. So hatte sich 1701 der Jude Hirsch einen Monat im Wirtshaus in Dünsbach aufgehalten. Bei Gerson wohnte fast ein Jahr Mayer Jakob und zahlte dafür 6 fl. Um Petri 1707 kamen die Juden Joseph und Löw von Hornberg bei Kirchberg, ebenfalls einer crailsheimischen Besitzung, nach Dünsbach und mieteten sich in

47 Ebd., Bü 290.

der Ziegelhütte ein, wo es ähnlich wie in Unterdeufstetten mehrere Wohnungen gab. Schon nach einem halben Jahr sind sie wieder *fortmarchiert*. Mit dem Tode Gersons 1715 ging die erste Phase jüdischer Siedlung in Dünsbach zu Ende.

Wiederbesiedlung

Es dauerte vier Jahre, bis der *neue Jude* Israel für sich und seine Frau Goles eine Wohnung in der Ziegelhütte für 65 fl. kaufte. Kurz nach diesem Kauf muß er wohl im Zusammenhang mit seinen Handelsgeschäften in Mergentheim verhaftet worden sein und war ein halbes Jahr dort in Arrest. Die Herrschaft erließ ihm für diese Zeit sein Schutzgeld[48]. Nach einer anderen Quelle war der Haftgrund die *Imprägnation* einer Christin, ohne das Einzelheiten bekannt sind.

Weihnachten 1720 zog der Jude Aaron mit seiner Frau Rahel auf, im Juli 1721 Hirsch und Gattin Hanna aus Hohebach, Jakobi 1722 Jakob Simon aus Braunsbach mit seiner Frau Lea. Alle vier kauften Häuser oder Haushälften. Jakob Simon und Aaron besaßen gemeinsam ein Haus. Der Text von Aarons Schutzbrief ist erhalten. Er lautet:[49]

Ich Reichs Hochwohlgeborener Freiherr, Herr Hannibal Friedrich Freiherr von Crailsheim (voller Titel) *... urkunde und bekenne hiermit, welchermaßen ich Aron Juden samt seinem Weib und künftig zu hoffen habenden Kindern und etwa nötigem Brod-Gesind per Decretum schon bewilliget und zugelassen, daß er zu Dünsbach im Amt Morstein seine Wohnung und häusliches Wesen habe, von meinem Beamten daselbst auch beschirmt und gleich andern meinen Untertanen gehandhabt werden möge. Hingegen solle er*

1. *mir treu, gehorsam und willig sein, meinen Nutzen befördern, für Schaden warnen, zu Gebot und Verbot meinem Beamten stehen, auch Hut und Wach in der Gemeind mit versehen, dann andern Beschwerungen, die eigentlich Herkommens und in Observans sein, tragen oder sich mit derselben sich diesfalls gebührlich abfinden.*
2. *sowohl auch gegen manniglich als mit seinesgleichen schiedlich und friedlich leben und in Weg sich friedfertig, vor allem aber denen amtlichen Bescheiden gemäß bezeigen.*
3. *aller Gotteslästerung – auch die Christen an sich zu reizen – bei unnachlässig schwerer Leibesstraf sich enthalten.*
4. *die Fest-, Sonn- und Feiertägen der Christen nicht entheiligen.*
5. *keine fremden Juden, sonderheit von denen jenigen Orten, wo ansteckende Krankheiten regieren, noch andern verdächtigen Personen ohne des Amts Vorwissen beherbergen. Desgleichen*
6. *an solchen Orten, wo dergleichen Krankheiten grassieren, nicht gehen, oder auch, wo die Seuch ist, nichts handeln weder dergleichen im Dorf bringen, bei vermeitlich hoher Straf.*
7. *mit den Untertanen nicht betrüglich umgehen oder großen unverantwortlichen Wucher von denen Capitalien nehmen, und wann ihnen*
8. *verdächtige Sachen, so entfremdet wären, zu Händen kommen, solches dem Amt auf der Stelle anzeigen solle.*
9. *wo zur herrschaftlichen Küchen, absonderlich an Vieh etwas nötig, solches um billigen Preis anschaffen, auch, wo was an Pferd, Viehe und anderm von Obrigkeit wegen zu begeben*

---

48 Ebd.
49 Ebd., Bü 73B.

sein, solches um billiches Geld er- und gleichwohl wieder zu seinem besten verkaufen sollte. Überdies soll er auch

10. *des Orts Geistlichen entweder die gewöhnliche jurae stolae oder ein nach Proportion beschaffenes Neu-Jahr entrichten.*

Vor solchen Schutz und Schirm solle obgedachter Aron Jud für sich, sein Weib und bei sich habend unverheiratete Kinder und nötig habendes Brodgesind von der Zeit an gerechnet, da er mit seinem Weib Hochzeit gehalten und würklich eingezogen, jährlichen 10 fl. Rheinischer Währung und also quartaliter 2½ fl. erlegen, auch die Contribution und Schatzungen nach der Umlag bezahlen, und wo ihnen weiter etwas zu prestiren zukomme, er es jedesmals willig entrichten sollte.

Hierauf befehle ich als dessen ordentliche Obrigkeit meinem Beamten, Dienern, Schultheißen und Untertanen samt und sonders, daß sie eingangs bedeutenden Aron und die Seinige als vorstehet bei solchem Schutz und Geleit ruhig und unbetrangt bleiben lassen, auch bei Recht und Billigkeit schützen, schirmen und handhaben, mein zu Morstein dermals verordneter Beamter aber zufolge schon erteilten Annahmsdecret den gewöhnlichen Schutzbrief darüber aus- und mehr ersagtem Juden zu Handen fertigen solle.

Welches dann auch unter dem hievor getruckt hochfreiherrlich Crailsheimischen gewöhnlichen Morsteinischen amtmannschaftlichen Signet geschehen. Urkundlich im Schloß Morstein, den 22. Dezember Anno 1720.

In dieser Zeit betätigte sich der reiche christliche Ofensetzer Rudolf als Immobilienmakler. Reger Tauschverkehr, Kauf und Verkauf von Bauplätzen, Wohnungen und Häusern wurden von ihm organisiert. Die Herrschaft sah das nicht ungern, denn sie profitierte von jedem abgeschlossenen Geschäft durch die fälligen Handlohnzahlungen. Israel tauschte mit Rudolf seine Wohnung in der Ziegelhütte. Hirsch kaufte ihm ein halbes Haus ab. Der Rabbi Isaac aus Braunsbach kaufte von Rudolf einen Bauplatz und ließ für seinen Sohn Lippmann Isaac von ihm ein solides Haus errichten nach dem Vorbild des Hauses von Jud Mayer in Braunsbach. Bis Pfingsten 1724 war das Haus errichtet, und Lippmann wurde in den Schutz aufgenommen. Der sechste im Bunde war Abraham, der aus Ailringen stammte. Nun war es möglich, zusammen mit den zahlenmäßig nicht festzustellenden religiös mündigen Söhnen die Zehnzahl der für den Gottesdienst notwendigen Beter zu erreichen. Die Herrschaft erteilte im Herbst 1725 die Erlaubnis, *Schule zu halten*[50]. Diese Konzession wollte sie sich mit einem Taler pro Haushalt bezahlen lassen. Zunächst suchte die kleine Gemeinde die Konzessionssumme zu ermäßigen und bat, nicht jeden der sechs Haushalte mit einem Taler zu belasten, sondern insgesamt nur einen Taler zu fordern. Daraufhin wurde die Summe auf einen Gulden pro Familie ermäßigt. *Schulgeld* hieß diese Abgabe.

Eine eigene Synagoge gab es natürlich nicht. So mußte der Gottesdienst in einem der jüdischen Häuser abgehalten werden. Ein entscheidender Schritt auf dem Weg zu einer richtigen Gemeinde war getan. Aber die Entwicklung ging nicht gradlinig weiter. Es gab empfindliche Rückschläge. Als Gottesdienstort wählte man das kurz zuvor erworbene Haus Israels, in dem allerdings in einem Viertel der Maurer Dorffmann wohnte. Er beschwerte sich nach wenigen Jahren vor allem über die landfremden und bettelnden Juden, die hier am Gottesdienst teilnahmen. Der Maurer unterstellte, daß Israel die Schule sogar ohne Erlaubnis der Herrschaft eingerichtet habe. Der Amtmann befürchtete Mord und Totschlag, wenn beide

---

50 Ebd., Bü 294.

Kontrahenten unter einem Dach blieben, und schlug vor, daß Israel den Maurer auskaufe, der ohnehin wenig zahlungskräftig war. Dorffmann unterstellte dem Amt daraufhin Parteilichkeit zugunsten der Juden.

Die Herrschaft verbot zunächst kategorisch das weitere Abhalten von Gottesdiensten grundsätzlich und drohte Israel bei Ungehorsam mit der Ausweisung, weil er ohnehin in Ungnade gefallen war. Angeblich unterstützte er rebellische Untertanen. Ihm wurde dringend nahegelegt, einen anderen Schutzherren zu suchen, doch durfte er schließlich bleiben.

Aaron starb 1726 und hinterließ eine schwangere Witwe mit zwei Kindern. Es war für den Amtmann der erste Todesfall, und so fragte er bei seinen Kollegen, dem Amtskeller zu Braunsbach und dem Kastner zu Gerabronn, ob Sterbehandlohn für das Haus gezahlt werden müsse und in welcher Höhe, ob das Schutzgeld der Witwe, die ja keinen Handel treiben konnte, in gleicher Höhe entrichtet werden müsse und wie lange der Bestehehandlohn gestundet werden könne. Die doppelte Erbschaftssteuer – Sterb- und Bestehehandlohn – war ja auch für Christen eine gewaltige Belastung.

Hirsch mußte wegen seiner hohen Schulden 1727 den Schutz aufgeben. Auch Abraham starb schon 1730 nach langer Krankheit unter Hinterlassung größerer Schulden. Seine bettelarme Witwe Agatha zog zu Freunden außerhalb der Herrschaft. Das Amt konnte in dieser Zeit zwischen 50 und 55 fl. jährlich an Steuereinnahmen von den Juden verbuchen.

Eine Stütze der Gemeinde wurde Fälckele aus Braunsbach, der im Winter 1727 ein halbes Haus erwarb und im Herbst 1728 in den Schutz aufgenommen wurde. Das halbe Haus des fortgezogenen Hirsch kaufte Hirsch Schwed aus Gerabronn. Nach wenigen Jahren hat er jedoch *Armut halber den Schutz aufgesagt und ist als ein Bettler ins Land hinunter gezogen,* wie es das Abrechnungsbuch von 1738 vermerkt. Die Vermögensverhältnisse der Juden waren in dieser Zeit sehr dürftig. Das machen nicht zuletzt die großen Steuerrückstände beim Amt deutlich. 1732 war zum Beispiel Israel mit 70 fl. in der Kreide. Die Gesamtabgaben, die das Abrechnungsbuch vermerkt, setzten sich 1732 für Fälckele wie folgt zusammen:

12 kr. Fastnachtshuhn	1 fl. Schulgeld
6 kr. Herbsthuhn	1 fl. Gült
15 kr. Aufzugskosten	10 fl. Schutzgeld

insgesamt 12 fl. 33 kr.

Der Druck der Abgaben lastete schwer auf den Juden, wenn ihre Geschäfte nicht gut gingen. Normalerweise erhielten sie auf Antrag Stundung von der Herrschaft, aber nur befristet.

Vielleicht nicht typisch, aber sehr modern anmutend ist die Behandlung, die Israel und Lippmann aus Dünsbach erfuhren, die um 1730 große Zahlungsrückstände an die Herrschaft aufzuweisen hatten. Die Tochter des 1714 ermordeten Morsteiner Amtmannes Johann Heinrich Sommer – sein Grabstein ist erhalten[51] – hatte eine Forderung von 100 fl. an das Amt Morstein. Wohl im Zusammenhang mit ihrer Heirat trat sie diese Forderung an die Hoffaktoren Gabriel Fränkel und Michel Simon zu Ansbach ab. Sie erhielt dafür eine unbekannte Summe Bargeld, weniger jedenfalls als die 100 fl., die die Faktoren dem Freiherrn von Crailsheim präsentierten. Da er auch nicht zahlen konnte, verwies er die Hoffaktoren auf die ausstehenden Abgaben ihrer beiden Dünsbacher Glaubensgenossen und ordnete die zwangs-

---

51 Vgl. F. Kellermann (Hg.), Die Künstlerfamilie Sommer, 1988, S. 117.

weise Beitreibung dieser Rückstände, notfalls durch Verkauf der Häuser von Israel und Lippmann, an. Wie er richtig vermutet hatte, wollten die Hoffaktoren ihre Brüder nicht ins Elend treiben. Sie gewährten Stundung und Teilzahlung, nachdem sie den Schuldnern einen verpflichtenden Eid abgenommen hatten. Immerhin konnte mehr als die Hälfte der von den Dünsbachern geschuldeten Gelder eingetrieben und nach Ansbach geschickt werden. Lippmann war danach finanziell am Ende. Das Amt Morstein garantierte für den Rest der Forderung[52].

Als 1729 die Juden zu Baumaßnahmen der Herrschaft Frondienste leisten sollten, schrieb der Amtmann Wolshöfer zu Morstein an die Herrschaft: *Die Dünsbacher Juden lassen Ew. Hochfreih. Excellenz untertänigst bitten, sie bei dem Bauwesen von denen Frondiensten umb derentwillen gnädigst zu liberieren, weil sie in schlechtem Vermögen und starkem Schutzgeld stünden, dabei auch ihr Stück Brod auf dem Land suchen und erwerben müßten, dahero wenig zu Haus wären und jederzeit einen Taglöhner umb einen starken Lohn zu stellen hätten, welchen sie unmöglich erschwingen könnten. Wann ihnen nun die Gnade angedeihen sollte, so haben sie sich erbotten, etwas zum Kirchenbau zu steuern.* Auch hierin wird die schwierige finanzielle Situation deutlich.

Aus dem Jahre 1730 ist eine sehr detaillierte Aufstellung der Familien-, Besitz- und Steuerverhältnisse in der Herrschaft Crailsheim – Dünsbach und Morstein – überliefert. In Morstein wohnten 81 Einwohner, in Dünsbach in 52 Haushalten 325 Personen. 85 Untertanen weilten in der Fremde. Die Dünsbacher Juden werden wie folgt charakterisiert: *Jacob Simon, 8jähriger Schutzverwandter Jud zu Dünsbach, handelt mit Tuch, Leder und anderen Waren, hat also nicht nötig zu schnurren.* Er besaß ein Haus mit Garten und zwei Kinder.

Israel, zwölf Jahre Schutz, *nährt sich teils mit dem Viehhandel, teils aber auch mit Verkaufung verschiedener Waren und gehet niemals schnurren, will sich auch dafür hüten.* (²/₃ Haus mit Stall und Garten, zwei Kinder und ein Pflegekind).

Fälckele Jud, hat seine alt erlebte Mutter bei sich, ¼ Jahr im Schutz, handelt mit Tuch, Federn, Kupfergeschirr und dergleichen, was nur eine ehrliche Hantierung und Handelsschaft, und begehret niemalen zu schnurren (neues Haus mit Sommergärtlein, ein Kind).

Abraham Jud, 5 Jahr im Schutz zu Dünsbach, nähret sich bei Vieh- und anderen Händeln mit Schmusen und dann und wann mit Verhandlung Federn und anderer Waren, ist aber bis dato noch nicht schnurren gegangen. Wohl aber vor etlichen Wochen den Weg aller Welt gegangen und hat eine arme Witwe hinterlassen (schlechtes Häuslein mit geringem Sommergärtlein, zwei Kinder, davon eins zu Haus).

Lippmann, 6 Jahre Schutz, nähret sich mit Erhandel- und Verhandlung allerley alten Waren als Bett, Kessel, Pfannen, Kellisch, Tuch und dergl. und seye niemalen schnurren gegangen, außer das er etlich male seine Freunde besuchet und vielleicht noch ofters besuchen müssen (ein Häuslein, kleiner Sommergarten, drei Kinder, davon zwei zu Haus).

Mit den nächsten beiden Neuaufnahmen hatte die Herrschaft ebenfalls keinen guten Griff getan. Aus dem den Herren von Gemmingen gehörenden Wollenberg kam 1732 Joseph Löw. Jakob Simon, der eine Art Vorsteher der Judenschaft darstellte, verbürgte sich für ihn. Und das kam ihn teuer zu stehen, denn schon im nächsten Jahr weiß die Rechnung zu vermelden: *Joseph Löw ist bei der Nacht echappiert.* Jakob Simon mußte nun für Löws Schulden, auch für sein bis zur Flucht angefallenes Schutzgeld haften. Der Revisor, der die Rechnung prüfte,

---

52 Archiv Morstein, Amt Morstein, Bü 54.

hatte seine eigene Meinung über Löw und schrieb an den Rand über ihn: *Nb. Wer ein Schelm ist, der bleibt einer!* Dann zog Mirjam, eine ältere Judenwitwe, aus Gerabronn zu. Sie mußte nur ein erheblich reduziertes Schutzgeld von 1 fl. 30 kr. jährlich zahlen und kaufte eine kleine Wohnung. Hin und wieder kam ihre Tochter aus Schnodsenbach allein oder mit ihrem Mann zu Besuch und zahlte für diese Aufenthalte ebenfalls eine Schutzgebühr. Bettelarm geworden, verließ sie 1739 heimlich Dünsbach.

Im Sommer 1733 bat Elias Levi, ein gebürtiger Schopflocher, um Aufnahme. Seit zehn Jahren diente er als Knecht in Neuburg und hatte rund 400 fl. ersparen können. Auch für ihn bürgte der mit ihm verwandte Jakob Simon. Elias hinterließ einen Louisdor als Aufnahmegebühr und zog nach Neuburg, um dort zu heiraten und seine Angelegenheiten zu regeln. Entgegen seinen Erwartungen konnte er kein Haus in Dünsbach erwerben und kaufte dem Maurer Rudolf eine Haushälfte in Morstein für 90 fl. ab. Er war der einzige Jude, der je in Morstein wohnte. Elias hatte Pech. Seine geplanten Handelsgeschäfte, für die ihm doch wohl Erfahrung fehlte, gingen schlecht. Er mußte viel Geld zusetzen. Dann starb seine stets krank gewesene Frau. So beschloß er im Herbst 1734, den Schutz aufzugeben. Nach dem Bericht des Amtmanns wurde sein Los von Christen und Juden, *die ihn als einen feinen Mann durchgängig bedauern*, beklagt. Seine Spur verliert sich [53].

Schächtgeld, Kronensteuer, Opferpfennig

Die Herrschaft hatte inzwischen eine neue Einnahmequelle gefunden. Ursprünglich hatten die Juden Vieh nur zu eigenem Gebrauch geschächtet, rituell geschlachtet, wobei das Vieh seit 1695 vom Amt auf Qualität begutachtet wurde. Dann waren sie stillschweigend dazu übergegangen, überschüssiges Fleisch auch an Christen zu verkaufen, zum Teil günstiger als die christlichen Metzger, die sich darüber bei der Herrschaft beschwerten. In der Nachbarschaft war es üblich, daß die Juden für jedes geschächtete Stück Vieh eine Gebühr entrichteten. Nach eingehender Erkundigung in Braunsbach, Unterdeufstetten, Crailsheim und Kirchberg wurde auch in Dünsbach 1732 ein Schächtgeld eingeführt und genau Buch über jedes Stück Vieh geführt [54]. Alle Juden in Dünsbach schlachteten damals selbst. 24 kr. mußten in Unterdeufstetten für ein Stück, das das Joch getragen hatte – also für Ochsen –, gezahlt werden, 12 kr. für Kühe und Rinder, 2 kr. für Kälber, Schafe oder Ziegen. In Braunsbach hatte man der jüdischen Gemeinde eine jährliche Pauschale von 10 fl. auferlegt, die die Juden unter sich aufteilen mußten.

Nachdem das Amt Morstein auf herrschaftliche Anweisung in den Jahren 1732–1734 genau Buch über Zahl und Art des von Juden geschlachteten Viehs geführt hatte, entschied sich die Herrschaft zur Einführung einer Pauschale von 3 fl. Schächtgeld und stellte die Verteilung in das Ermessen der jüdischen Gemeinde, behielt sich auch eine Erhöhung bei Zunahme der Zahl der jüdischen Haushalte vor. Die genaue Registrierung beim Amt entfiel damit seit 1734. Doch nun hatten die Metzger erst recht Anlaß, sich bei der Herrschaft zu beschweren. Sie forderten ein generelles Schlachtverbot für die Juden, es sei denn, sie feierten ein Fest. In diesem Fall sollte es ihnen jedoch verboten sein, Fleisch pfundweise zu verkaufen, allenfalls in ganzen Vierteln, die dann von den Metzgern zum Verbrauch zugerichtet werden sollten.

53 Ebd., Bü 290.
54 Ebd., Bü 292.

Wieder wurde das Amt beauftragt, sich bei den anderen Herrschaften umzuhören. Von den Ämtern Braunsbach, Ernsbach und Weikersheim wurde berichtet, daß es dort keine Einschränkungen des Schächtens, allerdings auch keine Beschwerden der christlichen Metzger gab. So mußten sich die Dünsbacher Metzger an die unliebsame Konkurrenz gewöhnen.

Seit dem Hohen Mittelalter galten die Juden als Kammerknechte des Kaisers, der seine Schutzverpflichtung an die Reichsstände delegieren konnte. 1721 versuchte die kaiserliche Regierung in Wien, die alten Rechte des Kaisers wenigstens in der Reichsritterschaft wieder zur Geltung zu bringen. So forderte der Kaiser eine Kronensteuer bei oder nach der Kaiserkrönung und einen Opferpfennig in der Weihnachtszeit. Zahlungspflichtig sollten alle Juden über 13 Jahre sein. So wurde zunächst ein genaues Verzeichnis aller ritterschaftlichen Juden angefordert. Seit 1728 wurden die Ritterkantone aufgefordert, jährlich zu Weihnachten exakte Listen nach Wien zu senden[55].

Der Opferpfennig sollte einen Goldgulden betragen, der von den Vermögenden mit 1 fl. 30 kr., von den Ärmeren mit 1 fl. bezahlt werden sollte. Die Ritterschaft gehorchte nicht, zumal ihre Schutzjuden dadurch mit einer Abgabe belastet werden sollten, von denen Juden der anderen Reichsstände verschont blieben. Nach weiteren scharfen Mahnungen aus Wien beschloß der Kanton Odenwald, zunächst einmal die Listen anzufertigen, die Zahlungen aber vorerst nicht anzufordern aus Gründen der Gleichbehandlung aller Juden, natürlich auch, um Kapitalabfluß nach Wien zu verhindern. So schickte das Amt Morstein seine Liste ab, in der 1730 Jakob Simon mit Lea, Israel mit Goles, Fälckele mit Behle als vermöglich, Lippmann mit Gidel zur Klasse der Unvermöglichen gehörig gemeldet wurden. Die Witwe Agatha und ihr Sohn Kressel wurden nicht veranlagt. Die Judenschaft des Kantons schickte Gesandte nach Wien, die über die Aufhebung dieser belastenden Steuer verhandeln sollten. Die Steuern wurden schließlich nicht eingezogen.

Um 1738 müssen sich die wirtschaftlichen Verhältnisse der Dünsbacher Juden erschreckend verschlechtert haben. Hirsch Schweds Rückstand belief sich auf 34 fl., sein Haus war nicht zu verkaufen. Als Lippmann Isaacs Schulden beim Amt auf 50 fl. angeschwollen waren, mußte er den Schutz aufgeben. Als Pfand übernahm die Herrschaft das Haus, um es bei passender Gelegenheit zu versilbern. Noch lebte Lippmanns Frau mit fünf kleinen Kindern dort. Dann und wann hielt sich Lippmann *auf der Schnur* einige Tage in Dünsbach auf und starb dort im Herbst 1741. Fälckele verkaufte sein Haus für 85 fl. an einen hohenlohe-bartensteinischen Untertanen aus Herrenzimmern und zog fort. Israel, der älteste Schutzjude der zweiten Generation, bezahlte alle Schulden, behielt aber sein Haus und zog nach Affaltrach *ins Maltheserische*. Im Jahre 1742 zahlte nur noch Jakob Simon Schutzgeld *bei gänzlich verlorener Judenschaft*. Er bat um Reduzierung des Schachtgeldes, für das er nun ganz allein aufkommen sollte. Die Einnahmen der Herrschaft von den Juden waren kaum noch der Rede wert. Es gibt keinerlei Anzeichen dafür, daß es außer dem wirtschaftlichen Druck andere Gründe für die Abwanderung gab. Gottesdienst fand nicht mehr statt. Eine positive Entwicklung war jäh abgebrochen.

Da die Juden keine zünftigen Handwerke oder Ackerbau betreiben durften, mußten sie auch in Dünsbach vom Handel außerhalb der engen Grenzen der Herrschaft leben. Deutlich wird die Art und Weise des in der Regel korrekt abgewickelten Geschäfts in Streitfällen, denn

55 Ebd., Bü 293.

nur diese, nicht die Normalfälle lassen sich aus den Akten rekonstruieren. Die überproportionale Verwicklung von Juden in Viehhandelsstreitigkeiten entspricht dem Anteil an diesem Geschäftsbereich schon im 18. Jahrhundert.

Der dritte Anlauf

Nur sehr zögernd vermehrte sich die Dünsbacher Judenschaft wieder. Wolf Löw Levi aus Neustetten, gebürtiger Braunsbacher, bezog 1742 als Mieter das Haus des fortgezogenen Israel, starb aber schon 1745.

Jakob Simon, der schon über 25 Jahre in Dünsbach wohnte, genoß großes Ansehen bei Juden und Christen. Auf seine Bitte sollte ihm die Gemeinde Dünsbach sein Wohlverhalten attestieren. In den Akten findet sich ein hervorragendes Zeugnis, ein Dokument, das von zahlreichen negativen Schilderungen erfreulich absticht, vielleicht zu dick aufträgt und nicht ohne Mitwirkung des Gelobten entstand[56]. Jakob Simon wurde auch von der Herrschaft zu Verhandlungen und Botengängen benützt, die ihn nach Rügland, Erlangen und Ansbach führten. Er erhielt dafür einen Paß, der ihm das zollfreie Reisen erlaubte. Als er 1747 um den Schutz für seine beiden künftigen Schwiegersöhne nachsuchte, schrieb der Morsteiner Amtmann Seiz, daß er und seine Kinder wohlgelitten seien *und wie besonders die Dünsbacher Bauern und andere rechtschaffene Inwohner ernstlich wünschen, daß statt der in denen Halb-Häuslein und Wohnungen sich dermalen befindlichen liderlichen Untertanen, die bei Tag und Nacht im Ort und aufm Feld alles s. v. hinweg stehlen und also fordersamst hoher Herrschaft mit Holzentwendung sehr schädlich, anbei auch sonsten äußerst feindselig, incomportable und unnachbarlich seien, lauter solche Juden wie des Jacob Simons künftige Tochtermänner seien, wohnen mögten, gestalten derley Juden noch niemahl etwas entwendet oder sonst der Gemeinde schädlich, sondern dagegen mit Handel und Wandel nützlich gewesen seien.*

Jakob Simon, der Patriarch der Dünsbacher Juden, hatte mehrere Kinder aus seiner Ehe mit Lea. Breintel, die älteste, heiratete 1746 Pfeiffer Michel von Hohebach. Für sie kaufte der Vater das halbe Haus des Metzgers Kretschmer für 80 fl. Manasse Michel, der Bruder des Pfeiffer, heiratete ein Jahr später Matha, eine weitere Tochter Jakobs. 1749 schließlich trat Jakob Simon sein Haus seinem ledigen Sohn Schmul Jakob ab, der wie seine Schwäger neu in den Schutz aufgenommen wurde. Die dritte Tochter Regina heiratete einen Witwer in Braunsbach, dem sie 270 fl. in die Ehe brachte.

Da sich die Judenschaft auf diese Weise erneut vermehrte, wurde das reduzierte Schächt-geld wieder in alter Höhe erhoben, weil *vielleicht noch mehr Juden in Schutz kommen mögten.* Die Herrschaft verdiente vor allem an den Immobiliengeschäften, die mit diesen und anderen Heiraten verbunden waren. 1751 kaufte Mäntle Bärle von Weinersheim das seit dem Tode des Wolf Löw Levi leerstehende Haus des Juden Israel, der von Affaltrach aus noch immer seine Gülten gezahlt hatte, für 133 fl. mitsamt der Wohnung der desertierten Miriam, zog aber nicht ein. Im gleichen Jahr erwarb Lippmann Joseph aus Gerabronn das Haus des Wirts Freimüller für 100 fl., verkaufte es nach einigen Renovierungsmaßnahmen für 115 fl. an Balthas Mack aus Altdorf und übernahm von Mäntle das alte Israelsche Haus für Mäntles Preis von 133 fl. Vermutlich heiratete er eine weitere Tochter Jakobs. An diesen Immobilienbewegungen verdiente die Herrschaft allein am Handlohn 48 fl.

---

56 Ebd., Bü 290.

Als Jakob Simon im April 1752 starb, wußte er Frau und Kinder wohlversorgt. Die Witwe zahlte nur 45 kr. Schutzgeld bis zu ihrem Tod 1768. Eine weitere Tochter Jüdele heiratete Elias Oser zu Michelbach. Sie erhielt eine Mitgift an Geld und Hausrat im Wert von 662 fl., eine gute Partie also. 10 % verblieben als »Fluchtsteuer« (Nachzugsgeld) bei der Herrschaft. Schmul Jakob erhielt 1760 von der Herrschaft die Erlaubnis, Koscher-Wein zu lagern und auszuschenken[57]. Käufer durften allerdings nur Juden sein. Natürlich hatte der Judenwirt wie seine christlichen Kollegen eine Weinsteuer, das sogenannte Umgeld, zu entrichten.

Als Manasse Michael im Juli 1763 starb, heiratete seine Witwe den Joseph Abraham aus Wiesenbach. Das halbe Haus, das ihr der Mann hinterlassen hatte und dessen andere Hälfte einer christlichen Witwe gehörte, wurde mit 150 fl. taxiert. So mußte die Witwe 15 fl. Sterbehandlohn zahlen und 6 fl. für das beste Kleid. Ihr neuer Gatte mußte 15 fl. Bestehehandlohn entrichten, 1 fl. Siegelgeld für den Schutzbrief und 7 fl 30 kr. Aufnahmegebühr. Mit 44 fl. war die Herrschaft also an dieser Hochzeit beteiligt. Nicht das Schutzgeld, sondern diese einmaligen Gebühren waren eine gravierende Belastung in den ersten Jahren. Das galt aber für christliche Bauern und Handwerker ebenso. – Mit Joseph Abraham zog sein Bruder Lazarus aus Wiesenbach nach Dünsbach. Auch er wurde in den Schutz aufgenommen unter der Bedingung, bei erster Gelegenheit ein eigenes Haus zu kaufen. Er mußte den Ort zwei Jahre später wieder verlassen, weil sein Vermögen zum Hauskauf nicht ausreichte.

Eines der wenigen Schlaglichter auf die Betätigungsfelder der Dünsbacher Juden außerhalb des Viehhandels fällt im Jahre 1765[58]. Johann Michael Kochendörfer war gestorben und hinterließ ein beträchtliches Immobilienvermögen. Schmul Jakob kaufte es für 1500 fl. Mit herrschaftlicher Erlaubnis – die Konzession kostete 100 fl. – zerschlug er das Gut und verkaufte die Parzellen einzeln für insgesamt über 1800 fl. So hatte er mehr als 200 fl. daran verdient. Die Herrschaft kassierte außer dem Konzessionsgeld noch über 180 fl. Handlohn von den Erwerbern, hatte damit also die Wertsteigerung voll realisiert. Die Höhe der ständigen Abgaben veränderte sich jedoch nicht.

Ähnliche andere Einnahmequellen eröffneten sich für Schmul. Zusammen mit Moses Meyer aus Gerabronn, Moses Löw aus Michelbach und Jonas Abraham aus Hengstfeld erwarb er 1761 ein großes Gut handlohnfrei, um es dann stückweise weiterzuveräußern. 1784 pachtete er auf sechs Jahre die Wiesen und Felder des Johann Georg Pröger in Elpershofen für 1000 fl. In öffentlicher Versteigerung verpachtete er dann die Stücke einzeln an Unterpächter, die am gesamten Gut nicht interessiert waren. Immerhin erzielte er damit 1241 fl. Wenn seine Unterpächter regelmäßig zahlten, hatte er kein schlechtes Geschäft gemacht, denn die herrschaftlichen Abgaben zahlte nach wie vor der Eigentümer aus dem Pachtgeld. Mit einem einzigen solchen Geschäft im Jahr konnte Schmul spielend seine Abgaben erwirtschaften[59].

Nicht allen ging es so gut wie Schmul. Lippmann Joseph zog 1755 in größter Armut fort. Nachsteuer, Schutz- und Schulgeld wurden ihm erlassen. Als auch Schmuls Mutter Lea gestorben war und ihr Schwiegersohn Pfeiffer Michel, gab es 1769 wieder nur noch zwei Familien: Schmul Jakob und Joseph Abraham, dazu Breintel, Pfeiffers Witwe († 1783). Ein kurzes Gastspiel gab der ledige Knecht Seligmann Veis aus Braunsbach (1768/71). Verstärkung kam 1773 durch Lippmann Israel aus Gerabronn. Lippmann hatte sich viele Jahre in

57 Ebd., Bü 273.
58 Ebd., Bü 295.
59 Ebd., Bü 290.

Frankreich aufgehalten und etwa 600 fl. durch Handel verdient. Er kam nach Dünsbach, um Verwandte zu besuchen. Er wohnte als zahlender Gast bei Schmul Jakob, der es verstand, ihn mit einer Nichte, der Tochter des verstorbenen Pfeiffer Michael, zu verheiraten. So verzichtete Lippmann auf die geplante Rückkehr nach Frankreich und machte von Schmuls Angebot Gebrauch, vier Jahre lang bei ihm wohnen zu dürfen. So mußte er nolens volens um den gnädig bewilligten Schutz nachsuchen.

1774 wurde der ledige Aaron Gabriel aus Nagelsberg aufgenommen, der später Dina Nathan aus Heinsfurt bei Öttingen heiratete. Aaron ersteigerte das halbe Haus der verstorbenen Witwe Hettinger und wurde so Nachbar von Joseph Abraham, der die andere Hälfte besaß. Als sein Bruder Löw Gabriel 1779 ebenfalls nach Dünsbach kam und bei seinem Bruder wohnte, kaufte Aaron die Haushälfte Lippmann Israels für 50 fl. für sich und gab Löw seinen Hausanteil für 90 fl. Aaron heiratete 1781. Sein Landesherr erlaubte ihm, Spielleute zu halten, aber nicht länger, als die Kopulation dauerte.

Aus den verschiedenen Haustransaktionen kann man wertvolle Hinweise auf die Verwandtschaft der jüdischen Familien entnehmen, da es jüdische Kirchenbücher in dieser Zeit noch nicht gibt. Daß – wie aus dem Namen zu vermuten – Michael Pfeiffer Sohn des Pfeiffer Michael ist, erfahren wir, weil er 1779 das Haus seiner Mutter Breintel übernahm, ihr ein unentgeltliches Wohnrecht auf Lebenszeit einräumte und einen *Notpfennig* von 25 fl.

Joseph Abrahams Witwe Matha machte es ähnlich und übergab ihrem ältesten Sohn Jakob Manasse ihr halbes Haus und Scheuer mit allem Hausgerät. Ihr zweiter Sohn Michel Manasse kaufte 1784 ein Grundstück von Hans Martin Härterich zum Bau eines neuen Hauses. Für vier Jahre brauchte er dafür keine Steuern zu entrichten, außerdem wurde ihm für zwei Jahre das Schutzgeld erlassen. Solche Freijahre gab es natürlich auch für Christen.

1787 wurde Simson Joel aufgenommen. Er kam aus Braunsbach und war der Schwiegersohn der aus Dünsbach stammenden Regle Simon. Ihr Bruder Schmul Jakob trat dem Mann seiner Nichte sein halbes Haus ab. Israel Pfeiffer erwarb 1790 von seinem Schwager Lippmann Israel ebenfalls eine Haushälfte. Nach dem Schatzungsregister des Amts Morstein von 1790/91 bewohnten die Juden sechs Häuser:

14	Löw Gabriel	1 fl.
15	Jakob Manasse	1 fl.
17	Michael Pfeiffer	1 fl.
23	Lippmann Israel und Israel Pfeiffer	2 fl.
24	Aaron Gabriel	2 fl.
41	Schmul Jakob und Simson Joel	je 28½ kr.

Mit Moses Löser aus Berlichingen und Salomon Oscher von Wachbach[60], die gemeinsam für 190 fl. das Haus des Büttners J. G. Glück kauften, gab es 1791 insgesamt zwölf jüdische Haushaltungen in Dünsbach, von denen acht direkt von Jakob Simon abstammten: Schmul Jakob als Sohn, die Witwe Matha als Tochter, Lippmann Israel, Michael Pfeiffer, Jakob Manasse, Michel Manasse, Simson Joel und Israel Pfeiffer aus der Generation der Enkel. Salomon Oscher verließ 1791 heimlich Dünsbach und verschwand. Die Herrschaft kassierte damals jährlich rund 100 fl. an Schutzgeld. Mit dem Tode des Schmul Jakob im September 1796 ging erneut eine Epoche zu Ende. Wenige Monate zuvor hatte er eine Haushälfte – die

60 Ebd., Bü 297.

andere hatte, wie gesagt, Simson Joel – samt Metz und Keller für 245 fl. an Löw Moses von Walldürn verkauft, der Schmuls Nichte Bela heiratete. Löw übernahm auch das Recht zum Schächten und die Judenwirtschaft. Schmuls Erben waren seine Tochter Gedel, die im benachbarten Hengstfeld verheiratet war, Lea und Mündel, die Töchter seiner in Braunsbach verstorbenen Schwester Regle und seine jüngste Schwester Jüdele in Michelbach.

Nach dem Tode des Michel Manasse 1803 wurden als letzte crailsheimische Schutzjuden Imanuel Pfeiffer und Aaron Moses aus Walldürn, der Bruder des Löw Moses, in den Schutz aufgenommen. An die Stelle des wohl kinderlos verstorbenen Michel Manasse trat sein Neffe Emanuel Jakob. Als Dünsbach 1806 an Württemberg fiel, waren elf jüdische Haushalte vorhanden.

Herrschaft und Schutzjuden

Die Schutzbriefe der crailsheimischen Juden waren keine Formulare, sondern direkt auf die Verhältnisse der einzelnen Juden zugeschnitten und bezogen Ergebnisse von vorher geführten Verhandlungen ein. Für Salomon Oscher lautete er (wörtliche Abschrift):

Der Reichsunmittelbar hochwohlgebornen gesamten hochfreiherrlich von Crailsheimischen Gemeinsherrschaften des immediaten Ritterguts Morstein derzeit verordneter Amtmann, ich, Johann Philipp Knauer, urkunde und bekenne hiermit in Kraft dieses offenen Briefs gegen jedermänniglich, daß hochersagt gnädige Gemeinsherrschaften Salomon Oscher von Wachbach für sich, sein künftiges Eheweib, Kinder und benötigtes Gesind, obrigkeitlich bewilligt und zugelassen haben, daß er in dem zum hiesigen Amt gehörigen Dorf Dünsbach seine Wohnung und häusliches Wesen haben, auch daselbst von Herrschafts wegen beschirmt und gleich andern diesherrschaftlichen Untertanen geschützt werden solle.

Hingegen solle er schuldig und gehalten sein

1. hochersagt gnädiger Gemeinsherrschaft vor allen Dingen treu, gehorsam und untertänig zu sein, hochderoselben Nutzen zu befördern und Schaden zu warnen, nicht weniger dem nachgesetzten hiesigen Amt zu Ge- und Verbot zu stehen, ingleichen Hut und Wach in der Gemeind mit zu versehen und andere Beschwerden mehr dem Herkommen nach zu tragen oder mit der Gemeind Dünsbach diesenfalls sich gebührlich abzufinden. Dann soll er auch

2. sowohl gegen männiglich als mit seinesgleichen friedlich und schiedlich leben,

3. aller Gotteslästerung und die Christen zu reizen bei schwerer Leibesstraf sich enthalten, auch

4. die Fest-, Sonn- und Feiertäge der Christen nicht entheiligen,

5. keine fremden Juden, sonderheitlich von solchen Orten, wo ansteckende Krankheiten grassieren noch andere verdächtige Personen ohne des Amts Vorwissen und Bewilligung beherbergen, desgleichen

6. in die Orte, die mit contagiosen Krankheiten angesteckt sind oder auch wo Viehseuchen eingerissen nicht gehen noch Handelschaft dahin treiben, um nicht dadurch solche ansteckenden Krankheiten, wie leicht geschehen könnte, in das Dorf zu bringen, bei Vermeidung hoher Strafe an Hab und Gut, an Leib und Leben. Ferner

7. wann ihme oder denen seinigen verdächtige Waren, so mutmaßlich gestohlen sein mögten, zu Handen kommen würden, dem Amt ohngesäumte Anzeig davon tun.

8. Wo zur herrschaftlichen Küche an Schlachtvieh etwas nötig wäre, solches um einen billigen Preis anschaffen, auch, was an herrschaftlichen Pferden, Viehe und andern zu begeben sein sollte, ebenfalls um einen billigen Preis er- und gleichwohlen wieder zu seinen Nutzen verkaufen, nicht weniger

9. *mit denen diesherrschaftlichen Untertanen nicht betrüglich umgehen, noch unverantwortlich Wucher oder ohnlandläufige Zinsen von Capitalien nehmen. Überdies hat er auch*

10. *und letztens dem Herrn Pfarrer des Orts bei begebenden Fällen entweder die jura stolae oder ein Neujahrgeschenk, jährlich 30 kr., zu entrichten.*

Vor solch obrigkeitlichen Schutz und Schirm solle er, Jud Salomon Oscher, für sich, sein künftiges Eheweib, Kinder und benötigtes Gesind zum hiesigen Amt Morstein alljährlich zehen Gulden Rheinisch, und zwar jedes Quartal 2 fl. 30 kr., auch jährlich 1 fl. Schulgeld, dann das gewöhnliche Schächtgeld bei Verlust seines Schutzes bezahlen, wie auch die Contribution, Gült etc. von seiner Wohnung zu bestimmter Zeit getreulich und richtig entrichten, vor das gewöhnliche Receptionsgeld aber dermalen vermög Decreti de 25. Jan. huius anni 7 fl. 30 kr. und die amtlichen jura erlegen, auch wo ihme weiter etwas zu prästieren zukommen solle, es jederzeit willigst abzuführen; jedoch solle er besag erst angeführten Decreti solange er die erkaufte Wohnung zu Dünsbach nicht beziehet, jährlich nur 1 fl. bezahlen.

Hierauf wird im Namen hoher gnädiger Gemeinsherrschaft von Obrigkeit wegen allen Dienern, Schultheißen und Untertanen, auch Schutzverwandten samt und sonders hiermit befohlen, daß sie mehrbemeldten Juden Salomon Oscher mit den Seinigen als vorstehet bei solchem Schutz und Geleit bei Vermeidung hoher Strafe ruhig und ohnbedrängt bleiben lassen, auch bei Recht und Billigkeit handhaben sollen.

Urkundlich dessen allen ist gegenwärtiger Schutzbrief von Amts wegen ausgefertigt, eigenhändig unterschrieben und mit dem Amtssignet, jedoch mir und der Amtssuccession ohne Schaden und Nachteil, corroboriret und bestätiget worden.

So geschehen, Morstein, den 7. Februar 1788

> *7.30 Receptionsgeld*
> *2.30 Schutzbrief*
> *1.– Stampf*
> *–.30 Siegelgeld*
> *–.30 Mundum*
> *–.24 für den Bericht*
> *–.–6 Mundum*
> *–.–9 Stampfpapier*
> *–.–6 dessen Attestat ad acta zu copieren*
> *–.–6 desgleichen*
>
> *12.51*
> *12.51*
> ———————
> *25.42   bezahlt, den 19. Februar 1788*

Warum der Amtmann die geforderte Summe verdoppelte, ist nicht bekannt. Die Crailsheimische Herrschaft war um absolute rechtliche Gleichbehandlung der Schutzjuden bemüht. So wurde ein Untertan zu Elpershofen mit 2 fl. Strafe belegt, weil er *unerweislich* einen Juden des Diebstahls bezichtigt hatte. Als Frommele, der Knecht des Aaron Gabriel, einen Christen mit Schlägen mißhandelte, mußte er 3 fl. berappen, aber auch Aaron selbst, der seinen Knecht *unter den vermessensten Ausdrücken zum Schlagen animierte*, wurde zur Zahlung von 2 fl.

verurteilt. Bei einer anderen Schlägerei zwischen Frommele und Jakob Manasse mußten ebenfalls beide zahlen, der Knecht als Urheber 1 fl., der andere 45 kr. Als Michel Pfeiffer einen biederen Handwerker als Spitzbuben titulierte, wurde das Amt wieder um 1 fl. reicher. Aber im Verhältnis zu den Christen tauchen Juden weit seltener als strafezahlende Übeltäter in den Amtsrechnungen auf, proportional zu ihrer Anzahl.

Nur selten gewinnt man – wie bereits gesagt – einen Einblick in die Handelsgeschäfte, die sich in der Regel außerhalb der Herrschaft abspielten. Lediglich Schmul Jakob verkaufte dem Amt hin und wieder Säcke für Zehntfrüchte oder Eisenteile. – Schwierig ist der Versuch, die direkte wirtschaftliche Bedeutung der Juden für die Herrschaft zu quantifizieren. Im Jahre 1784 beliefen sich die gesamten Einnahmen des Amts Morstein mit 220 Untertanenfamilien, davon acht Juden, auf 4515 fl. Rund 1900 fl. stammten aus Steuern und steuerähnlichen Abgaben. Die direkten Einnahmen von den besonderen Judensteuern (Schutzgeld, Schulgeld, Schächtgeld) beliefen sich auf 80 fl., machten also etwa 4,2 % der gesamten Einnahmen dieser Kategorie aus, die von nur 3,6 % der Untertanen aufgebracht werden mußten. Dafür waren die Juden allerdings von Zehntabgaben frei, weil sie ja keine landwirtschaftlichen Erträge besaßen. Auch beim Dienstgeld waren sie besser gestellt. Es schwankte von 22 kr. bis zu 5 fl. jährlich. Lediglich vier Juden zahlten 2 fl. beziehungsweise 1 fl. 30 kr., die meisten Christen 4 fl. 30 kr. Die übrigen leisteten Handdienst in natura.

Man muß das Schutzgeld wohl auch unter dem Aspekt einer Beteiligung der Herrschaft an den Arbeitsergebnissen sehen, als eine Art direkter Einkommensteuer. Bei Besitzveränderungen wurden die Juden absolut gleich besteuert, ebenso bei den Abgaben für die Häuser, die in der Regel aus einer Gült von 25–40 kr. sowie Fastnachts- und Herbsthühnern im Wert von 12 oder 6 kr. je nach Größe des Hauses bestanden.

Für Dünsbach kann man – und das läßt sich mit geringen Schwankungen über Jahrzehnte anhand der exakten Abrechnungsbücher verfolgen, die keine Trennung zwischen Juden und Christen kennen – also nicht von einer übermäßigen Belastung der Juden sprechen, die zudem rechtlich völlig gleichgestellt waren, sieht man von den Niederlassungsbeschränkungen und den beruflichen Behinderungen, die generell für Juden galten, einmal ab. Der mehr oder weniger große geschäftliche Erfolg schlug sich in den Abgaben kaum nieder, allenfalls der Mißerfolg als Ermäßigungsgrund. Die zum Teil bittere Armut kann man auf keinen Fall als Ergebnis der Ausbeutung durch den Schutzherren und seine Verwaltung betrachten.

Die rechtliche Gleichstellung der Juden in der Gemeinde zeigt sich darin, daß von den 1797 vorhandenen 32 Gemeinderechten vier in jüdischer Hand waren. Je ein halbes Recht besaßen Aaron, Liebmann, Jekoff, Löb, Simson, Leble, Pfeiffer und Andreas Baruch[61]. So war es nur logisch, daß die am Schicksal dieser Rechte und ihrer Grundlagen sehr interessiert waren. So waren sie auch an gemeindeeigenen Gütern beteiligt. Im Jahre 1801 wurde die bis dahin gemeinschaftlich genutzte Allmende in Dünsbach verteilt. Sie lag auf den Fluren Hutwasen und Galgenwasen. Gleichberechtigt waren Löw Gabriel, Aaron Gabriel und Löw Mosis, die je eine Parzelle im Galgenwasen und im Hutwasen erhielten, mitten zwischen den christlichen Mitbürgern[62].

---

61 Ebd., Bü 74 II (alt).
62 Karte im Archiv Morstein.

Gottesdienst hielten die Juden nach wie vor in einem Privathaus ab, zuletzt in dem des 1796 verstorbenen Schmul. Sie waren genötigt, wie der Amtmann 1797 schrieb, ihre Gottesverehrungen *in Mangel einer Synagoge in einem schlechten Winkel eines Judenhauses allda zu halten, der des erhabenen Gegenstandes ganz unwürdig ist. Weltlichen Amts wegen wünscht man selbst, daß diesem Übelstande abgeholfen werden mögte*[63]. Auf eigene Kosten war ein Synagogenbau nicht zu finanzieren. So wurde eine Kollekte mit einem Sammelbuch veranstaltet, das vom Amt beglaubigt war. Das Amt verpflichtete sich, dafür zu sorgen, daß jeder gesammelte Pfennig dem erstrebten Zweck zugeführt wurde. Über den Erfolg der Sammlung erfährt man nichts. Die Juden wollten zunächst einen Bauplatz von der Witwe Weiß erstehen, doch diese wollte den vorgesehenen Garten nicht verkaufen. Die Herrschaft sah sich nicht in der Lage, durch einen Machtspruch die Witwe zum Verkauf zu drängen. So konnte der Synagogenbau nicht sofort realisiert werden. Erst 1799 konnte der schlichte Bau fertiggestellt werden.

Crailsheimische Schutzjuden in Dünsbach

Name	Herkunft	Aufnahme	Aufgabe	Grund
1. Löw		1646	1698	Tod
2. Eleasar		ca. 1660	1696	Tod
3. Gerson	Sohn von 2	1678	1715	Tod
4. Gabriel	Gunzenhausen	1688	1706	
5. Getsch			1699	Tod
6. Abraham		1707		
7. Simson		1709		
8. Joseph	Sohn von 3	1712	1715	Ausweisung
9. Israel		1719	1741	Wegzug
10. Aron		1720	1726	Tod
11. Hirsch	von Hohebach	1721	1727	Wegzug
12. Jakob Simon	von Braunsbach	1722	1752	Tod
13. Lea	Frau von 12		1768	Tod
14. Lippmann Isaak	von Braunsbach	1723	1739	Tod
15. Abraham	von Ailringen	1725	1730	Tod
16. Fälckele	von Braunsbach	1728	1740	Wegzug
17. Hirsch Schwed	von Gerabronn	1731	1738	Verarmung
18. Joseph Löw	von Wollenberg	1732	1733	Flucht
19. Miriam	von Gerabronn	1732	1739	Wegzug
20. Elias Levi	von Schopfloch	1733		
21. Wolf Löw Levi	von Braunsbach	1742	1745	Tod
22. Schmul Jakob	Sohn von 12	1749	1796	Tod
23. Manasse Michael	von Hohebach	1745	1763	Tod
verheiratet mit Magdalena, Tochter von 12				
24. Pfeiffer, Michael	von Hohebach	1746	1769	Tod

---

63 Ebd., Amt Morstein, Bü 298.

Name	Herkunft	Aufnahme	Aufgabe	Grund
24. Pfeiffer, Michael	von Hohebach	1746	1769	Tod
25. Breintel	Frau von 24		1783	Tod
26. Lippmann Joseph	von Gerabronn	1752	1766	Wegzug
27. Lazarus Abraham	von Wiesenbach	1763	1764	Wegzug
28. Joseph Abraham	von Wiesenbach	1763	1779	Tod
29. Mata	Frau von 28		1805	Tod
30. Seligmann Veis	von Braunsbach	1768	1771	Wegzug
31. Lippmann Israel	von Gerabronn	1773	1807	Tod
32. Aaron Gabriel	von Bieringen	1774	1809	
33. Löw Gabriel		1779	1809	
34. Michael Pfeiffer	Sohn von 24	1780	1807	Tod
35. Jekof Manasse	Sohn von 23	1781	1809	
36. Michael Manasse	Sohn von 23	1783	1803	Tod
37. Simson Joel	von Braunsbach	1786	1809	
38. Moses Löser	von Berlichingen	1788	1809	
39. Salomon Oscher	von Wachbach	1788	1791	Flucht
40. Israel Pfeifer	von Dünsbach	1790	1809	
41. Aaron Moses		1794	1808	
42. Löw Moses	von Walldürn	1796	1809	
43. Aaron Joseph		1796	1809	
44. Imanuel Pfeiffer		1803	1809	
45. Aaron Moses	von Walldürn	1803	1809	
46. Manassse Jekof		1804	1809	

3. Hengstfeld

Die Anfänge

Die kleine Gemeinde Hengstfeld hatte eine sehr wechselvolle Geschichte. 1356 kamen die Burg und die Siedlung in die Hand der Herren von Wollmershausen, die bis 1708 den Hauptteil des Ortes beherrschten. Seit 1433 war auch das Kloster Anhausen Grundherr in Hengstfeld. Die anhausischen Güter und Rechte gingen 1546 durch die Säkularisation des Klosters auf das Markgraftum Brandenburg-Anshach über, das allmählich die hohe Obrigkeit erwarb. Nach dem Aussterben der Wollmershausen fielen die Eigengüter an ihre Erben, die Herren von Erffa und von Clengel. 1792 fiel der gesamte Ort an Preußen, 1806 an Bayern und 1810 an Württemberg. Die ritterschaftlichen Eigengüter im Ort waren dem Ritterkanton Odenwald inkorporiert. Die Vielfalt der Obrigkeiten und die Kompliziertheit der Herrschaftsverhältnisse spiegeln sich in der Geschichte der Hengstfelder Judenschaft wider.

Die frühesten Rechnungen des Kastenamts Crailsheim[64] enthalten keine Angaben über Juden. In den Akten der Reichsstadt Rothenburg wird 1588 der Jude Berle aus Hengstfeld erstmals genannt, als er gegen Lienhard Kurtz zu Herpfershausen klagt, 1589 Lazarus und

---

64 StAL B 65.

1595 Marx[65]. Im Jahre 1601 erhält der Jude Berlin, als wollmershäusischer Schutzjude aus Hengstfeld bezeichnet, auf Befehl des Markgrafen eine Strafe von 100 fl. wegen vielfacher wucherlicher Kontrakte. Die Hengstfelder Juden saßen also im reichsritterschaftlichen Gebiet, wobei nicht eindeutig festzulegen ist, wann die Ansiedlung hier stattfand, aber die zeitliche Nähe zur Rothenburger Vertreibung ist zu beachten. Berlin wurde noch mehrfach vom Amt Crailsheim bestraft, so zum Beispiel, weil er mit Marx, einem der anderen schon genannten Hengstfelder Juden, *über der Herrschaft Brücken geritten*[66] sei. Wegen Tätlichkeiten wurde er 1609 erneut zu Geldbußen verurteilt. Berle und Marx werden auch im Hengstfelder Zehntregister von 1603 erwähnt. Sie zahlen Kleinzehnt *vom Gut zu Dorf und Feld.*

Auf einem ehemaligen Gut des Klosters Anhausen saß seit 1622 der Jude Jakob in Schutz und zahlte dafür 8 Taler zum Amt Crailsheim. 1626 zog der Jude David aus Unterampfrach zu und erhielt einen Schutzbrief, der ihm die jährliche Zahlung von 6 Talern Schutzgeld auferlegte. In der Rechnung 1627/28 heißt es, daß David *von Unterampfrach zu obgedachtem Juden Jakob nach Hengstfeld kommen.* Es waren zunächst die einzigen markgräflichen Juden, denn Berlin oder Berlein scheint 1614 nach Crailsheim verzogen zu sein, wo er 1626 starb.

Als der Dreißigjährige Krieg vor allem das offene Land stark in Mitleidenschaft zog, flüchtete David nach Crailsheim und hielt sich seit 1633 dort bei Hirschlein auf. 1629 wurde ein anderer Jude Hirschlein in den markgräflichen Schutz zu Hengstfeld aufgenommen. 1634 wird von ihm berichtet: *ist gestorben und verdorben.* In diesem Jahr, das mit der Nördlinger Schlacht und ihren Auswirkungen den Krieg nach Franken trug, ging alles drunter und drüber. Jakob und David *sind nun lange Zeit nicht mehr bei der Hand, also daß man nicht weiß, ob sie lebend oder tot.* Auf jeden Fall konnte kein Schutzgeld von ihnen eingetrieben werden. Der Schutz war mehr als fraglich geworden. Die Hengstfelder Judensiedlung existierte nicht mehr.

Wiederansiedlung

Die Wiederansiedlung von Juden ist zeitlich nicht genau festzustellen. Vermutlich zog der erste Jude 1708 auf, denn damals wehrte sich der protestantische Pfarrer Mützel mit allen Mitteln dagegen, daß die Erben der Herren von Wollmershausen in ihrem Herrschaftsgebiet Juden ansiedelten. Im Jahre 1714 kommt es zu einer Gerichtsverhandlung vor dem Amt Crailsheim. Angeklagt ist der Jude Aaron aus Hengstfeld. Mit seinem Weib war er über einen Gläubiger hergefallen, nachdem dieser ihn beleidigt hatte und fällige Zahlungen verweigerte. Mit zerkratztem Gesicht, getroffen von einem Streich mit einem Stecken über den Kopf, war dieser zum Amt gelaufen. Alle drei wurden mit Geldbußen bestraft. 1714 gab es also wieder eine jüdische Ansiedlung, deren Umfang noch nicht weiter erhellt werden konnte. Es waren wahrscheinlich nur zwei oder drei Familien.

In einem Vertrag von 1713 hatten die wollmershäuserischen Erben der Markgrafschaft Brandenburg-Ansbach nämlich das Judenhaus zu Hengstfeld für ganze 30 fl. abgetreten, doch wurde der Vertrag nicht durchgeführt[67]. Es dürfte sich um das Haus der späteren von Clengelschen Juden handeln.

65 StadtA Rothenburg A 480 I und II.
66 StAL B 65 Bü 102.
67 StAL B 66a Bü IV/56.

Im Dezember 1719 wandte sich der Hengstfelder Amtmann an seinen Kollegen in Michelbach an der Lücke und bat ihn um Rat. Trotz ihrer nahen Verwandtschaft hatten die Juden in Hengstfeld sich so zerstritten, daß nur eine rituell untermauerte Versöhnung Abhilfe schaffen konnte [68]. In Hengstfeld hatte man keinerlei Ahnung, wie die jüdischen Zeremonien bei einem solchen Anlaß korrekt abgewickelt werden konnten, *hingegen dem sichern Bericht nach die Judenschaft zu Michelbach dießfalls wohl und fast besser als zu Crailsheim versehen sein solle.* So bat er, den Barnos David und seinen *Vicerabbi oder Schulmeister* nach Hengstfeld zu senden. David hatte früher schon einmal erfolgreich Streitigkeiten geschlichtet. Betont wird die geringe Anzahl der Hengstfelder Juden. Der Grund der Streitigkeiten oder das Ergebnis der Vermittlungsaktion ist nicht überliefert.

Mit wehmütiger Betrübnis vernahm der bereits erwähnte, den Juden nicht wohlgesonnene würzburg-ansbachische Pfarrer Balthasar Nikolaus Mützel im Oktober 1735, daß der adlige – das heißt ritterschaftliche Untertan – Wirt Johann Georg Emmendörffer sein in das Kastenamt Lobenhausen gehörendes Haus an die Juden verkaufen und die dazugehörigen Güter zerschlagen lassen wolle. Dadurch würden die Pfarrgerechtsame berührt, *indem die Juden meistens darauf ihr Absehen haben, damit sie eine Judenschule hier anrichten und als an einem gemeinschaftlichen Ort recht einnisten und ihren Wucher und Schinderei treiben können.* Pfarrer Mützel bat daher das Amt Crailsheim um Intervention bei der Regierung in Ansbach, damit diese Transaktion verhindert werde, *so wohl um der Ehre Gottes und unserer christlichen Religion als auch des gemeinen Besten willen.* Durch den Verkauf würde den Markgräflichen im Ort ein Backrecht, ein Gemeinrecht und eine wertvolle Stimme in der Gemeindeversammlung verlorengehen. Nur Ärger war angeblich durch die neue Judenschule zu erwarten.

Der Wirt Emmendörffer besaß ein zum Kastenamt Lobenhausen steuerpflichtiges Gut, das er verkaufen wollte. Seine Wirtschaft mit Metzgerei gehörte aber zu den Besitzungen des Generals von Clengel. Der Wirt schächtete bei Bedarf für die Hengstfelder Juden. Das Amt Crailsheim berichtete, daß sich nach und nach schon viele Juden auf den gemeinschaftlichen wollmershäuserischen Gütern – das heißt den Gütern der Erben von Erffa und von Clengel – eingenistet hätten. Die wenigsten davon hätten Vermögen und ernährten sich meistens vom Bettel. So wäre eine Ausweisung die vernünftigste Maßnahme. Die Intervention hatte Erfolg. Emmendörffer verkaufte sein Gut 1737 an einen Christen. Als dieser kurz darauf Bankrott machte, mußte Emmendörffer das Gut mit erheblichem Verlust zurücknehmen. In dieser Situation bat er um Erlaubnis zum teilweisen Verkauf dieses Besitzes.

Die Juden, anscheinend nicht sehr zahlreich, hatten bis dahin ihre Andacht im Haus des Jonas Abraham verrichtet. Auf Wunsch wohl des Pfarrers hatte 1736 das Amt Crailsheim ihnen gewaltsam die Thora weggenommen, mußte sie aber auf Befehl der Regierung wieder herausgeben. Im März 1738 wurde die Thora erneut beschlagnahmt. Man wollte wohl damit den jüdischen Gottesdienst unmöglich machen [69]. In dieser Situation entschlossen sich die Juden zum Bau einer Synagoge. Jonas Abraham und Consorten zu Hengstfeld wandten sich im April 1738 an den Markgrafen und klagten ihm ihr Leid, schilderten die Bedrückungen und baten um Rückgabe der Thora gegen eine Kaution, die Abraham Nathan in Crailsheim stellen wollte. Gleichzeitig bat Jonas Abraham um Aufnahme in den markgräflichen Schutz und um die Erlaubnis zum Bau eines Hauses, das auf einem Gartengrundstück hinter der Ziegelhütte

---

68 Archiv Unterdeufstetten, unverzeichnet.
69 Das Folgende nach StAL B 66a Bü V/111.

errichtet werden sollte. Der in Michelbach wohnende Marx, Bruder des Jonas, wollte sich am Bau beteiligen und konnte etwa 1000 fl. Vermögen nachweisen.

Das Amt Crailsheim befragte daraufhin den Besitzer des Gartengrundstücks. Er leugnete jede Verkaufsabsicht, lehnte einen Verkauf rundweg ab. Kaum hörte der Pfarrer etwas von diesen Verhandlungen – das Amt war weisungsgemäß um objektive Klärung der Fakten bemüht –, beschwerte er sich, daß erneut Wohnungen für die Feinde des Kreuzes Christi gebaut werden sollten. *Es war bisher noch mein einziger Trost, daß von hochlöblichem Kastenamt dem Unfug der Judenschule gesteuret worden.*

Schlimm erging es dem Zimmermichel, der sein neu erbautes Haus in der Mittelgasse an Juden verkaufte. Der Pfarrer schloß ihn kurzerhand von Beichte und Abendmahl aus. Das bedeutete praktisch den Ausschluß aus der Gemeinde, die gesellschaftliche Isolation. Auch die geplante Einrichtung einer Synagoge suchte der Pfarrer wie schon die Niederlassung der Juden überhaupt zu hintertreiben. Im September 1738 informierte Mützel auch den crailsheimischen Amtmann zu Morstein von dem ihn erschreckenden Vorhaben[70]. Bedienstete des Amtes Crailsheim hatten bereits in der Mittelgasse einen Platz abgesteckt, um darauf Häuser für Juden zu bauen, vielleicht sogar eine *öffentliche Judenschul,* eine Synagoge. Allein der Gedanke erschien dem Pfarrer als ein großer Nachteil für die evangelische Religion. Auf sein Befragen hatten die markgräflichen Beamten erklärt, wenn die ritterschaftliche Herrschaft Juden in Hengstfeld haben dürfe, dann sei auch Brandenburg-Ansbach dazu berechtigt. Die Befürchtungen des Pfarrers schienen berechtigt zu sein. Der Jude Jonas, der unter dem Schutz der Freiherren von Erffa stand, hatte bereits Gesetzestafeln fertigen lassen. Mit der zweiten Beschlagnahme dieser *10 Gebote* durch das Amt Crailsheim wurde nach Meinung des Pfarrers die öffentliche Schule *rühmlichst verwehret.* Mützel bat den Freiherrn von Crailsheim um die Erlaubnis, an die Regierung in Ansbach schreiben zu dürfen, um die geplante Ansiedlung markgräflicher Juden doch noch zu verhindern, vor allem aber einen Synagogenbau. Der Freiherr gab seinem Pfarrer freie Hand, gegen die *Feinde Christi,* die bei ihm ansonsten geduldet waren, energisch zu protestieren.

Doch die Juden blieben hartnäckig. Nach ihren Vorstellungen sollte das Haus einen steinernen Fuß erhalten, 40 Schuh lang und 37 breit sein. Zwei separierte Wohnungen und eine Judenschule sollten Platz darin finden. Vorgesehen waren vier Stuben, vier Küchen – je zwei pro Wohnung für die streng koschere Essenszubereitung –, vier Kammern, zwei gewölbte Keller, zwei Ställe und der Versammlungsraum. Ein Grundstück hatte man inzwischen von dem Ziegler Herrmann für 40 fl. erkauft. Die Baukosten sollten 605 fl. betragen.

Jonas erbot sich zur Zahlung von 20 fl. an Gefällen, in denen das Schutzgeld enthalten sein sollte, zur Abgabe von zwei Fastnachtshühnern und zu einer 10 %igen Handlohnleistung. Er bat allerdings um Enthebung von Abgaben zum Judenlandtag und zum Verzicht auf Gemeindedienst, weil er auch am Gemeindenutzen nicht teilnahm. Als Vergünstigung erbaten sie Bauholz von der Herrschaft und die endliche Herausgabe der Zehn Gebote. Jonas Abraham war – wie gesagt – noch Schutzjude der wollmershäuserischen Erben, die nur ungern einen finanziell so gut gestellten Steuerzahler verlieren wollten. So wurde er zum von Erffaschen Verwalter Baumann auf den Hagenhof zitiert und dort unter Androhung übler Repressalien unter Druck gesetzt. Wenn der erste Stein zum Bau eines markgräflichen Hauses in Hengstfeld durch ihn gelegt würde, würde man ihn sofort verjagen. Allen ritterschaftlichen Juden

70 Archiv Morstein, Amt Morstein 48N.

wurde verboten, zu ihm in die Schule zu gehen, allen Untertanen der Handel mit ihm verboten.

Dem Protest des Verwalters Baumann beim Amt Crailsheim und der Bitte des Jonas um Amtshilfe gesellte sich ein Schreiben des eifrigen Pfarrers an das Konsistorium hinzu. Er behauptete, *daß die Juden in ihren Schulen unsern Heiland aufs greulichste lästern, unsere Sonn- und Feiertage durch ihren Handel, so sie daran treiben, äußerst profanieren.* So sollte um Gottes willen die Judenschule verhindert werden. Erffa-Clengel beschlossen inzwischen, selbst eine Judenschule einzurichten, um die befürchtete Abwanderung ihrer Schutzjuden zu stoppen. Sie sollte rund 300 Schritt von der Kirche entfernt errichtet werden. Das von Jonas an der Ziegelhütte geplante Haus lag 400 Schritt vom Gotteshaus.

Die Brüder Jonas und Marx Abraham wurden im Januar 1739 in den markgräflichen Schutz in Hengstfeld aufgenommen. Ihre Baupläne hatten sie aufgegeben und statt dessen vom Sohn des Wirts Emmendörffer ein Haus gekauft, das 390 Schritt von der Kirche entfernt war. Mit aller Gewalt suchte der Pfarrer den Aufzug der Juden zu verhindern und den Vollzug des Kaufvertrages zu torpedieren. Die Juden beschwerten sich dagegen bei der Regierung über das dem herrschaftlichen Interesse abträgliche Verhalten des Pfarrers. Zunächst holte das Amt genaue Informationen über die Hengstfelder Juden ein. Bei dem General von Clengel lebten drei arme Juden in einem einzigen Haus. Es waren die Brüder Lippmann und Aron Ruben sowie der aus Leutershausen stammende Joseph Samuel. Dieses Haus war seit 40 bis 50 Jahren von Juden bewohnt, also seit 1690/1700.

Reicher waren die beiden Familien, die in zwei Häusern im von Erffaschen Teil lebten. Das eine hatte ein gewisser Lippmann vor vielen Jahren gebaut. Es war dann auf Abraham Levi und schließlich auf den inzwischen fast 70jährigen Jonas Abraham übergegangen. Daran angebaut war die ehemalige Wohnung des Amtsknechts der von Wollmershausen. Diese hatte David Marx um 1733 von den Freiherren von Erffa erkauft. In beiden Häusern wohnten christliche Tagelöhner als Hausgenossen in den oberen Stockwerken. Mit Marx Abraham lebten also 1739 sechs jüdische Familien in Hengstfeld.

Die bürgerliche Gemeinde Hengstfeld war nach Aussage des Schultheißen sehr am Abschluß des Kaufvertrages zwischen dem jungen Emmendörfer und den Brüdern Abraham interessiert, ganz im Gegensatz zu ihrem geistlichen Hirten. Er stützte seine Argumentation auf Schriften derer, *die von den heutigen Juden und ihren Synagogen geschrieben haben.* Bisher sei *der Juden Vorhaben, eine offenbahre Schul, desgleichen niemalen an dem hiesigen Ort gewest, allhier anzurichten bisher noch immer verhindert worden.* Worum es ihm wirklich ging, zeigte seine Forderung, daß die Juden die auf dem von ihnen erworbenen Haus ruhenden Stolgebühren auch künftig entrichteten. Denn natürlich hatte der Geistliche keine Einkünfte mehr aus Taufen, Hochzeiten und Todesfällen in diesem Haus zu erwarten. So bat er darum, daß die Juden, selbst bei auswärtigen Hochzeiten, 2 fl. 30 kr. zu entrichten hätten.

Die Gemeinde verhandelte inzwischen mit den Juden über deren künftige Rechte und Pflichten. Eine Delegation vertrat beim Amt die Meinung, *die Juden in allen Stücken denen anderen Gemeindsleuten gleich zu halten, zu dem Ende sie, Juden, gegen Genießung deren Gemeindrechte schuldig, sowohlen die Verpflegung und Einquartierung der Soldaten, außerdem Fuhren, eine Abgabe an den Schulmeister* und die Hirtenpfründe von dem unter den Gemeindehirten zu treibenden Vieh entrichten sollten. Die Juden hatten inzwischen Teile des Gutes weiterveräußert und erklärten sich lediglich bereit, die auf den ihnen verbliebenen Güterstücken haftenden Lasten zu tragen. Die Gemeindemehrheit betrachtete das Gut aber ideell als unzerteilt, betrachtete die Juden als Gesamtschuldner der Leistungen und stellte ihnen frei, Regreß bei den Käufern der übrigen Teile zu suchen. Das für das Gut zuständige Kastenamt Lobenhausen erklärte auf Anfrage, daß diejenigen, die eine Hälfte gekauft hätten, auch eine Hälfte der Lasten tragen müßten. Die Verteilung sei bei der Regierung in Ansbach protokolliert. Die Gemeinde Hengstfeld war mit dieser Auskunft nicht einverstanden.

Dann wurde Jonas gefragt, der als Viehhändler tätig war, wieviel Vieh er denn unter den Hirten treiben wolle. Mit dem pro Gemeinrecht erlaubten Anteil glaubte Jonas nicht auskommen zu können. Acht bis zehn Stück wollte er zusätzlich allein treiben, wenn er sie nicht unter die Herde bringen dürfe. Ausdrücklich wurde er darauf aufmerksam gemacht, daß er fremdes, neu erworbenes Vieh drei Tage im Stall füttern mußte, bevor es auf die Weide durfte. Diese Vorsichtsmaßnahme sollte Ansteckung vermeiden.

Jonas bot dann an, jemanden zu dingen, der seine Gemeindedienste leistete, oder einen festen jährlichen Beitrag von 2 fl. für alle Pflichten an die Gemeinde zu zahlen. Mit diesem Angebot ging die Gemeindedelegation in eine neue Vollversammlung der Gemeinde. Man kam zu keinem Schluß. Erst als unter Vermittlung des Amtes Jonas sich erbot, für alle Fuhren, Wachen und die Gemeindearbeit 3–4 fl. jährlich zu entrichten, erhielt er als Gegenleistung das volle Gemeinderecht und die Einräumung von Sonderregelungen für sein Handelsvieh. Im Juli 1739 wurden alle Abmachungen perfekt. Die beiden Juden zahlten 750 fl. bar für ihre Immobilien und wurden wie andere Gemeindsmänner behandelt. Doch schon nach wenigen Wochen kam es zu Beschwerden wegen übermäßigen Viehtriebs, die mit einem scharfen Verweis für die Juden beigelegt wurden. Dieses Beispiel zeigt, daß die Juden auch schon lange vor der Emanzipation sehr weitgehende Gleichberechtigung in einzelnen Fällen erlangen konnten. Von der Synagoge war in den Auseinandersetzungen nicht mehr die Rede.

Die Stellung der Hengstfelder Juden war allerdings nicht unumstritten. Geltende Norm für die Nutzung der gemeinsamen Viehweide des Dorfes war die Dorfordnung. 1750 beschwerte sich die Gemeinde beim Amt Crailsheim über den Schutzjuden Jonas, der Vieh in Nürnberg kaufte und ohne Erlaubnis auf die Allmende trieb. Außerdem warf man den Juden vor, daß sie die gebotene Quarantäne nicht einhielten. Vieh, das nicht aus dem Dorf stammte, mußte erst einige Tage im Stall bleiben, damit man feststellen konnte, ob es gesund war oder etwa eine gefährlich Seuche einschleppte.

Im November 1750 sollten Marx Abraham und sein Bruder Jonas in der Gemeinde verhört werden. Beide waren inzwischen Schutzjuden des Klosters Anhausen, besaßen also den vormals anhäusischen Klosterhof in Hengstfeld. Ihnen war erlaubt, vier Ochsen und drei bis vier Kühe auf die Allmende zu schicken. Sie besaßen Gemeindebürgerrechte, zahlten aber ihre Gemeindeabgaben nur sehr unregelmäßig und verstießen immer wieder gegen die Quarantänebestimmungen.

Im Gegensatz zu den Anhäuser Juden besaßen die ritterschaftlichen Juden keine Gemeinderechte. Sie besaßen auch wesentlich kleinere Häuser. Alle Juden forderten damals den Beisitz in der Gemeinde, der ihnen aber nicht bewilligt wurde, um die bisherige Ordnung nicht zu stören. Das Verhör kam nicht zustande, da das Kastenamt Lobenhausen seinen Juden die Teilnahme daran untersagte. Wenige Tage später holten zwei markgräfliche Bedienstete aus Crailsheim dem Juden Jonas ein angeblich räudiges Pferd aus dem Stall. Ohne Erfolg wehrte sich das Kastenamt Lobenhausen gegen diesen Eingriff. Nach vielen Verhandlungen setzte ein Dekret des Amts Crailsheim am 20. Dezember 1752 fest:

1) Juden dürfen nur Vieh entsprechend der Dorfordnung auf die Allmende treiben. Für

fremdes Vieh werden Gesundheitsatteste gefordert. Die Quarantäne im Stall wird auf drei Tage festgesetzt.

2) Der persönliche Beisitz von Juden in der Gemeinde bleibt ausgeschlossen. Ihre Anliegen sollen sie durch gewählte Mittelsmänner vortragen lassen. Ansonsten haben sie alle Lasten mitzutragen, dafür aber auch allen Nutzen mitzugenießen.

Es scheint nicht unwichtig zu sein, auf diese Versuche hinzuweisen, die gegen allgemeine Ghetto-Theorien sprechen. In den Gemeinden Feuchtwangen und Wittelshofen besaßen die Juden schon damals Sitz und Stimme in den Gremien. Unter Berufung darauf appellierten Marx und Jonas gegen die einschränkenden Bestimmungen des Dekrets bei der Regierung in Ansbach. Eine Resonanz ist leider nicht aktenkundig geworden[71].

Die Synagoge

Am 18. Dezember 1804 erschien der Ortsvorsteher Lippmann Jandorf bei dem preußischen Kreisdirektorium in Crailsheim und gab zu Protokoll, daß er bislang in seinem Hause in einer besonderen Stube die Judenversammlung unentgeltlich habe abhalten lassen. Die Gottesdienste fielen ihm im Laufe der Zeit lästig, und auch die jüdische Gemeinde wollte seit langem endlich eine eigene Synagoge haben. Der Barnos stellte ihr dafür kostenlos ein Stück seines an sein Haus stoßenden Gartens zur Verfügung[72].

Er brachte zwei fertige Entwürfe mit der Bitte mit, die kostenfreie Genehmigung zum Bau bei den zuständigen Stellen zu erwirken. Sie wollten weder Hilfsgelder noch Bauholz aus den herrschaftlichen Waldungen in Anspruch nehmen. Die Bitte wurde an die Kriegs- und Domänenkammer in Ansbach weitergeleitet, die zunächst nähere Einzelheiten über den Bauplatz, die Zahl der Judenfamilien und die Finanzierung wissen wollte. Der vorgesehene Bauplatz war 26 Quadratschuh groß, also etwa 60 qm. Zehn Familien wollten sich am Bau beteiligen. Etwa 300 fl. waren angespart, je 25 fl. sollten von jeder Familie aufgebracht werden, der Rest durch eine weitere Umlage nach Abschluß der Arbeiten und Berechnung der Gesamtkosten. Bei dieser soliden Finanzierung sah der Kreisdirektor keinen Grund, das Baugesuch zu hintertreiben. Im Gegenteil, er empfahl lebhaft die kostenlose Genehmigung des Gesuchs.

Das alles genügte der Regierung in Ansbach nicht. Sie wollte zunächst exakte Kostenvoranschläge vorgelegt bekommen, denn sie war nicht daran interessiert, die Juden durch den Bau sich selbst ruinieren zu lassen. Die Juden andererseits hatten auf Vorlage der Anschläge verzichtet, weil sie keinen Zuschußantrag gestellt hatten. Ende April 1805 lag der Kostenvoranschlag vor mitsamt den Plänen, die nicht das uneingeschränkte Wohlwollen der Regierung fanden. Der Bauinspektor Popp wurde aufgefordert, Kostenvoranschläge und Skizze genau zu prüfen. Er sollte feststellen, *ob nicht mit demselben Kostenaufwand eine Synagoge erbaut werden kann, die ein etwas besseres und ehrwürdigeres Ansehen hat.* Für diesen Fall sollte er gleich neue Pläne zeichnen. Der vorgesehene Bauaufwand belief sich auf 934 fl.

Die Kriegs- und Domänenkammer Ansbach schlug ihrer vorgesetzten Behörde in Berlin vor, den Bau nach den revidierten Plänen Popps zu genehmigen. Im Namen des Königs Friedrich Wilhelm von Preußen genehmigte das sogenannte Fränkische Departement, die

---

71 StAL B 70b Bü 125b.
72 StAL B 66a Bü VI/46.

Abteilung für die Verwaltung der fränkischen Markgraftümer, am 30. Mai 1805 den Bau entsprechend den Ansbacher Vorschlägen. Popp hatte den Thoraschrein in die Mitte des Gebäudes versetzt und die Fenster rechts und links daneben angeordnet, *damit Symmetrie hereinkommt.* Mit dem Bau der Synagoge konnte im Spätherbst begonnen werden. 1806 war sie fertig. Es ist vermutlich das erste Beispiel der aktiven Einflußnahme einer nichtjüdischen Behörde auf die Gestaltung eines jüdischen Kultbaus in unserer Gegend, eine Einflußnahme, die über eine bloße Genehmigung verantwortungsbewußt hinausging. Es war zugleich die letzte Maßnahme vor den napoleonischen Flurbereinigungen, die auch den Hengstfelder Juden eine neue Obrigkeit bescherten.

4. Hornberg

Zu den Besitzungen der Herren von Crailsheim gehörte die Burg Hornberg an der Jagst gegenüber der hohenlohischen Stadt Kirchberg. Auch hier lebten vorübergehend Juden. 1675 erbat der Freiherr Kraft von Crailsheim bei der benachbarten hohenlohischen Regierung um die Befreiung seiner Hornberger Juden vom täglichen Zoll in Kirchberg. Die Juden waren arm und kamen eigentlich nur in die Stadt, um ihren Bedarf an Lebensmitteln zu decken, nicht um Handel zu treiben. Aus dieser Intervention kann geschlossen werden, daß auch die Hornberger Siedlung in den Dreißigjährigen Krieg oder in die Zeit unmittelbar danach zurückreicht. Auch die Dünsbacher Juden waren von diesem Zollstreit betroffen, dessen Ausgang nicht überliefert ist[73]. Im Jahr 1682 bewohnte der Jude Hirsch den unteren Teil des Pfarrhauses, da Hornberg zu dieser Zeit keinen Pfarrer besaß. Für Hauszins und Schutzgeld zahlte er der Herrschaft 7 fl. 12 kr. im Jahr. Im Oktober 1683 kam der Jude Löw nach Hornberg. Bis zur Fertigstellung seines neuen *Logiaments* im oberen Teil eines Miethauses wohnte er bei Hirsch und zahlte lediglich 2 fl. für den Schutz. Das Pfarrhaus gehörte der Herrschaft, die das Patronatsrecht besaß.

Nur kurz weilte der Jude Gerson in Hornberg. Er mußte wegen unbekannter Verfehlungen, für die er 4 fl. 48 kr. Strafe zahlte, Pfingsten 1685 den Ort verlassen *wegen seiner verübten Bosheit* und zog nach Dünsbach. Im Jahr darauf zogen Moses Lämlein und Getsch auf, der ein halbes Haus kaufte. Hirsch verschwindet 1688 aus dem Amt. Er ist identisch mit dem Hirsch Mayer, der im gleichen Jahr in Crailsheim Aufnahme fand. 1687 war Hirsch in einen Streit mit einem Bauern verwickelt und weigerte sich, vor dem Amtmann in Morstein zu erscheinen, da er im Begriff war, nach Crailsheim zu ziehen, wo er bereits Schutzgeld entrichtete.

Getsch ging nach Dünsbach. Löw und Moses Lämlein zahlten danach 8 fl. Schutzgeld. 1690 tauchte ein gewisser Anschel als neuer Schutzjude auf, im folgenden Jahr Löw David. Mit Salomon, Abraham, dem Sohn Löws, und Simson wuchs die kleine Schar bis 1696 auf sieben Familien an. Es herrschte kein absolut problemloses Leben in dieser Zeit. Kleine Zankereien kamen vor, aber auch Tätlichkeiten, die rasch von der Obrigkeit geahndet wurden. So kostete eine Prügelei zwischen Simson, seiner Frau und Salomon 4 fl., von denen Simson den Löwenanteil zu tragen hatte, weil er den ersten Streich getan hatte. Mit dem kurzen Aufenthalt eines weiteren Juden namens Schay war der Höhepunkt der Entwicklung bereits überschritten, denn Moses Lämlein starb 1698 in Fürth. Um diese Zeit hatte die Herrschaft, deren

---

73 HZA Archiv Langenburg, Regierung I, Bü 966.

Absicht bei dieser Ansiedlung unklar bleibt, massiv eingegriffen, als die Juden ohne Wissen und Bewilligung der Obrigkeit Gottesdienst in einem Privathaus feierten. *Um ihrer angerichteten Synagoge willen* wurden sie zu 10 Reichstalern Strafe verurteilt, die dann aber auf 6 Taler (7 fl. 12 kr.) ermäßigt wurde.

Die wirtschaftliche Lage der Hornberger Juden war nicht gerade rosig. Um 1700 hatten die jüdischen Haushalte fast 300 fl. Steuerrückstände, davon Löw, der sich als Wirt betätigte, allein 85 fl. Neben den Pächtern der Hofgüter zu Hornberg waren die wenigen Juden mit einem Drittel an den Rückständen bei den Steuerzahlungen beteiligt. Nach und nach starben die Juden oder verließen Hornberg. Löw David und Joseph fanden 1707 in Dünsbach eine neue Bleibe. Auch Abraham wollte dorthin ziehen, muß aber seinen Entschluß wieder geändert haben. Er fehlt in den Morsteiner Rechnungen. Seitdem wohnte über 100 Jahre lang kein Glaubensgenosse mehr auf dem Hornberg.

1809 kaufte der Jude Isaac Lämlein von der Witwe Eva Rosina Schoeppler ein halbes Wohnhaus in Hornberg mit zwei Gartenstücken für 375 fl. Dieses Geld hatte dem vermögenslosen Juden die Witwe Rosina Pros vorgestreckt. Ursprünglich war Isaac Lämlein als Eigentümer im Hypothekenbuch eingetragen. 1810 bat er jedoch um Überschreibung des Hauses auf die Geldgeberin, *da nun meine Verheiratung mit der Prosin bis nach dem Erfolg meines Übertritts zur christlichen Religion nicht stattfinden kann.* Lämlein verzichtet auf jede Beleihung des Hauses, *bis allenfalls nach erfolgter Hebung der unserer Verheiratung entgegenstehenden Schwierigkeiten ich durch die Verheiratung selbst noch ein Recht darauf erwerbe.*

Lämlein konvertierte zum Protestantismus. Es war ein folgenreicher Schritt, denn in den Kreisen seiner ehemaligen Glaubensgenossen galt er nun als ein Abtrünniger, mit dem man jeden menschlichen und geschäftlichen Kontakt abbrach. Die christliche Gesellschaft begegnete ihm mit Mißtrauen. Die Herrschaft von Crailsheim bestellte ihn 1812 zum Aufseher über sämtliche Zehnten in den Rentämtern Hornberg und Morstein, so daß er wenigstens einen kärglichen Verdienst erwerben konnte. Friedrich Leonhard Lamm, wie er sich seit seiner Taufe nannte, wurde vom Rentamt Hornberg aus seitdem beim Einsammeln und Verpachten der Zehnten, auch bei Getreideverkäufen verwendet, eine Tätigkeit, die sich vorwiegend in der Erntezeit abspielte. Als Lohn erhielt er 1½ Malter Dinkel und ein Malter Korn vom Ingersheimer Zehnten sowie 2 Klafter Holz. Für jeden Tag, den er tätig war, erhielt er 30 Kreuzer, für Tätigkeiten im nahegelegenen Gröningen nur 24 Kreuzer.

Nach sechsjähriger Tätigkeit bat Lamm darum, ihm das herrschaftliche Haus in Ingersheim neben der Zehntscheuer unentgeltlich als Besoldungsteil, also als Dienstwohnung einzuräumen, da er für seine fünf heranwachsenden Kinder näher am Schulort Crailsheim sein wollte. Seine Frau bat ebenfalls inständig um Genehmigung dieser Bitte, weil das Einkommen ihres Mannes für die angewachsene Familie nicht ausreichte. Die Handelsgeschäfte brachten kaum etwas ein, weil *die Bosheit und Ungunst der Judenschaft jedes für ihn vorteilhafte Geschäft rachsüchtig zu vereiteln sucht.* Auch die Hornberger Verhältnisse, das Leben unter einer *unsittlichen Art Menschen, die mich anfeinden und verfolgen und von denen meine Kinder nichts Gutes lernen,* ließen die Übersiedlung in eine andere Gemeinde ratsam erscheinen. Die Herrschaft ließ sich Zeit mit einer Antwort. Man wollte Lamm nicht seinem Schicksal überlassen, sah aber auch keine Möglichkeit, ihm mehr zu bezahlen. *Wenn jeder Arme auf unseren Gütern dieselbe Unterstützung erhielte, was würde uns übrig bleiben?,* so fragte der in Morstein wohnende Freiherr Wilhelm von Crailsheim seine Mitregenten.

Die Herrschaft verstand sich schließlich zu einer einmaligen Unterstützung durch zwei Malter Dinkel. Wilhelm von Crailsheim trat murrend der Vereinbarung bei. Weitere Bitten um Gehaltserhöhung in späteren Jahren fanden keine Gnade. Im Alter von 58 Jahren starb Lamm 1832. Das jüngste seiner inzwischen sieben Kinder war kaum zwei Jahre alt. Die vermögenslose Witwe und die Kinder, soweit sie nicht in Diensten oder einer Lehre waren, mußten sich durch Betteln ernähren. Sie erhielt als Gnadengehalt eine Getreidepension, bis zur Schulentlassung ihres Jüngsten, und eines der Kinder erhielt eine Pfründe des Ansbacher Waisenhauses. All das waren Tropfen auf einen heißen Stein. Ihre Lebensumstände verschlechterten sich zusehends. Die Armut blieb ständiger Begleiter im Hornberger Haus des Proselyten – so nannte man getaufte Juden – Isaac Lämlein. Der Konfessionswechsel hatte also keine positiven Folgen für die soziale Stellung.

Juden in Hornberg[74]

1. Hirsch	1682–1688	Fortzug nach Crailsheim
2. Löw	1683–1704	
3. Gerson	1684–1685	Fortzug nach Dünsbach
4. Moses Lämlein	1686–1696	† in Fürth
5. Getsch	1686–1689	Fortzug nach Dünsbach
6. Moses der Andere	1687–1689	Fortzug nach Dünsbach
7. Anschel	1690–1704	
8. Löw David	1691–1707	Fortzug nach Dünsbach
9. Salomon	1693–1704	
10. Abraham (Sohn von 2)	1694–1707	Fortzug
11. Simson	1696–1704	Verlust des Schutzes
12. Schay	1697–1698	Fortzug
13. Joseph	1700–1707	Fortzug nach Dünsbach

5. Michelbach an der Lücke

A. Die Herrschaft Schwarzenberg

Von den Anfängen bis zum Herrschaftswechsel

Michelbach an der Lücke wird 1285 erstmals urkundlich genannt. Es war damals im Besitz der Herren von Hornberg bei Kirchberg, die einen Teil ihrer Güter und Rechte dem Johanniterspital in Rothenburg verkauften. Die Rothenburger Patrizierfamilie Weidner erwarb 1367 das Dorf, das damals vom Kloster Comburg zu Lehen ging. 1423 verkaufte Abt Gottfried von Comburg den Besitz des Klosters in Weydnersmichelbach mit Kirchsatz und See für 1300 fl. dem Freiherrn Götz von Berlichingen, behielt sich aber die Lehenrechte vor. 1436 wurde der Sohn des Erwerbers wiederum mit dem gesamten Ort belehnt. 1447 teilte er die Lehen auf die Kinder seines Bruders auf, je zur Hälfte für Hans und Götz von Berlichingen. Als Hans schon

---

74 Zusammengestellt nach den Rechnungen des Amts Hornberg im Archiv Morstein.

im folgenden Jahr ein Haus an Peter Wernzer aus Rothenburg verkaufen wollte, mußte er die Genehmigung des Lehnsherren Abt Gottfried von Comburg einholen[75].

Seitdem blieb der Ort zunächst in zwei Hälften geteilt. Kilian von Berlichingen wurde 1476 von Abt Andreas, 1489 von dessen Nachfolger Seifried vom Holtz belehnt. Seifried trug nicht mehr den Titel eines Abtes, sondern den des Probstes des in ein weltliches Chorherrenstift umgewandelten Klosters. Weitere Belehnungen fanden 1506 und 1529 statt. 1599 verkaufte Hans Georg von Berlichingen die Herrschaft Michelbach an seinen Schwager Christoph von Crailsheim zu Walsdorf für 29 200 fl. Der Besitz bestand jetzt aus Gut und Schloß Michelbach mit dem Kirchensatz, Gütern zu Michelbach, Gailroth, Schönbronn, Leitsweiler, Kühnhard und Siechheim, Zehnten und zwei Seen zu Siechheim. Um den Kaufpreis aufbringen zu können, verkaufte Christoph das Familiengut Mainsontheim an die Herren Fuchs von Dornheim[76].

Natürlich empfingen die neuen Besitzer das Gut vom Stift Comburg zu Lehen. Nach dem Tode Christophs ging Michelbach an seinen Sohn Veit Christoph über, der in schwedische Kriegsdienste trat. Unter nicht ganz geklärten Umständen – es ist auch von Falschmünzerei in der Kipper- und Wipperzeit die Rede, als man durch Verschlechterung der Münzen Gewinne zu machen hoffte – wurde über Veit Christoph durch den Kaiser die Reichsacht verhängt, seine Güter in Franken konfisziert. Es war eine sehr dubiose Angelegenheit. Schon im November 1630 hatte Kaiser Ferdinand II. seinen Generalkriegskommissar von Ossa beauftragt, den Wert beschlagnahmter Güter in Franken zu ermitteln und solche im Gesamtwert von 50 000 fl. zur Übergabe an den Grafen Ludwig von Schwarzenberg vorzubereiten. In der von Ossa erarbeiteten Liste werden Michelbach und ebenso Veit Christoph von Crailsheim nicht genannt[77].

Im Zuge der tatsächlich durchgeführten Beschlagnahmungen wurde offensichtlich auch Michelbach kassiert und formell an Schwarzenberg übergeben. Da aber inzwischen König Gustav II. Adolf von Schweden seinen Siegeszug durch Deutschland angetreten hatte und seine Parteigänger reich belohnte, konnte der Einzug der neuen Herren in Michelbach nicht stattfinden. Doch dann kam es nach dem Tode des Schwedenkönigs zur Katastrophe. Das kaiserliche Heer unter Erzherzog Ferdinand und Gallas schlug die Schweden und ihre Verbündeten am 6. September 1634 entscheidend bei Nördlingen. In raschem Siegeszug besetzten die Kaiserlichen fast ganz Süddeutschland.

Veit Christoph von Crailsheim war im Herbst 1632 in Schweinfurt gestorben unter Hinterlassung zweier Kinder, eines geistesschwachen Sohnes Johann Erdmann im Alter von elf Jahren und eines kränklichen Sohnes Julius Christoph, der 1637 starb. Als Vormund für die Minderjährigen war Georg Friedrich von Crailsheim zu Rügland eingesetzt worden. Er protestierte am 23. November 1634 gegen die Einsetzung eines schwarzenbergischen Vogts in Michelbach. Die Schlacht bei Nördlingen hatte nämlich endlich den Schwarzenberg die lang erwartete Möglichkeit gebracht, wenigstens einen bescheidenen Ausgleich für ihre an den Kaiser verliehenen riesigen Summen zu erhalten. Dieses Faustpfand wollte man sichern, denn der Besitz von Grund und Boden erschien als eine den Krieg mit Sicherheit überdauernde Kapitalanlage.

75 Archiv Orlik V/73/28.
76 Vgl. S. VON CRAILSHEIM, Die Reichsfreiherren von Crailsheim I. 1905, S. 206.
77 Archiv Orlik III/51/36.

Der crailsheimische Protest blieb wirkungslos. Auch die nach dem Frieden von Prag 1635 im Jahr 1641 verkündete Generalamnestie verschaffte den sich immer noch als rechtmäßige Eigentümer von Michelbach fühlenden Crailsheim keine Wiedergutmachung, im Gegenteil. Graf Georg Ludwig von Schwarzenberg trat Michelbach seinem Vetter Johann Adolph ab, der Johanniterordensherrenmeister, später Geheimer Rat wurde und schließlich 1683 als Reichshofratspräsident starb. Die Abtretungsurkunde wurde im Februar 1642 ausgefertigt. Am 9. Oktober 1642 nahm Johann Adolph Besitz von Michelbach, indem er im Schloß das Herdfeuer neu entfachte. Von 60–70 Untertanen waren nur noch 14 am Ort. Leitsweiler war völlig verödet, in Gailroth lebten noch zwei Untertanen. Die meisten Häuser waren baufällig – ein trostloses Erbe. Trotzdem hatte der neue Inhaber vor, das Gut Michelbach, *welches gleichsam gar zur Wüsten und Eynöd geraten, auf unsere Kösten wieder aufzubauen und soviel wie möglich in esse zu bringen*[78].

Die Crailsheim intervenierten beim Fränkischen Kreis und beim Kanton Odenwald der Reichsritterschaft, der sie angehörten, und pochten auf Restitution der unrechtmäßig entzogenen Güter. Die Schwarzenberg dagegen bemühten sich um Belehnung beim Stift Comburg. Comburg war im Prinzip nicht abgeneigt, wenn dafür eine Lehenstaxe von 1000 fl. entrichtet wurde. Doch auch hier setzten sich Georg Friedrich und Wolf Bernhard von Crailsheim energisch zur Wehr und beantragten die Belehnung für ihr Mündel Johann Erdmann, da Michelbach *vor 13 Jahren ihrem Vetter durch den kaiserlichen Kommissar Daniel Dhaun aus fürgewandter Majestätsbeleidigung entzogen worden sei.*

Das waren aber nicht die einzigen Probleme. Im April 1645 belehnte der Bischof von Würzburg den kaiserlichen General Johann von Werth mit Michelbach, der dem Johann Adolph von Schwarzenberg diesen Tatbestand kurz und bündig mitteilte. Dessen natürliche Reaktion war ein scharfer Protest beim Kaiser, der sofort den Bischof aufforderte, die anmaßende, rechtswidrige Belehnung rückgängig zu machen. Johann von Werth erhielt die dringende Aufforderung des Kaisers, die Schwarzenberg nicht in ihren Rechten zu beeinträchtigen. Und dann gab es noch den geistesschwachen Enterbten Johann Erdmann. Der Schwarzenberg war seiner Sache offensichtlich nicht gewiß. Die Rechtmäßigkeit seiner Forderungen an den Kaiser war unbestritten, nicht aber die Inbesitznahme von Michelbach. So erklärte er sich bereit, dem Johann Erdmann eine lebenslängliche Leibrente als Ausgleich für einen definitiven legalisierten Verzicht zu zahlen. 1646 wurde der sogenannte Alimentationsrezeß abgeschlossen, der außer Zahlungen für die Zeit seit 1644 jährlich 100 Reichstaler und ein Fuder Wein für Johann Erdmann vorsah.

Wie leichtfertig man mit der Wahrheit umging, zeigt das Konzept des Rezesses. Es begann: *Demnach sich weiland der wohledle gestrenge Veit Christoph von Crailsheim etc. hiebevorn wider der römischen kaiserlichen Majestät und dero Reichsarmee Kriegsverfassungen in der Cron Schweden und der Adhaerenden Kriegsdienste nicht allein eingelassen, sondern sogar auch, nachdem zwischen allerhöchstgedachter kaiserlicher Majestät und ihrer Kurfürstlichen Durchlaucht in Sachsen in Anno 1635 aufgerichten und ins ganze römische Reich publizierten Pragerischen Friedensschluß noch in des Feindes Diensten bis auf seinen tödlichen Hintritt beharrlich verblieben...* Kein Wort mehr von den angeblichen Münzvergehen, kein Wort darüber, daß Veit Christoph beim Prager Friedensschluß längst tot war[79]. Mit dem erzielten

78 Ebd., V/73/28.
79 Ebd., III/51/18.

Vergleich war auch das Stift Comburg einverstanden und erteilte dem Grafen Schwarzenberg eine Urkunde über eine Eventualbelehnung, die in absehbarer Zeit in eine echte Belehnung umgewandelt werden sollte.

Inzwischen neigte sich der große Krieg seinem Ende zu. Der Westfälische Friede korrigierte zahlreiche mit Gewalt durchgesetzte Besitzveränderungen. Neue Hoffnung auf Restitution wurde dadurch bei den Crailsheim geweckt. Wolf Bernhard bat im November 1648 Comburg um die Belehnung mit Michelbach. Auch an Bischof Melchior Otto von Bamberg und Markgraf Christian von Brandenburg-Ansbach als den beiden kreisausschreibenden Fürsten im Fränkischen Kreis wurde die Bitte um Restitution herangetragen. Comburg forderte die Bittsteller auf, sich mit den geschaffenen Tatsachen abzufinden und der endgültigen Belehnung für Schwarzenberg zuzustimmen.

1649 wurde ein neuer Vertrag zwischen Schwarzenberg und Crailsheim abgeschlossen, der den Alimentationsrezeß inhaltlich aufnahm. Da bislang von den Schwarzenberg keine der vereinbarten Leistungen erbracht waren, verpflichtete sich der Graf zur Zahlung der rückständigen Alimentationszahlung von 1050 fl. Die Crailsheim verzichteten definitiv auf alle Rechte an Michelbach. Eine nachträgliche Forderung des Wolf Bernhard von Crailsheim, den seine Vettern Christian Friedrich und Wolf aus den Verhandlungen gedrängt hatten, wurde durch Vergleich erledigt. Damit war die letzte Hürde genommen. Am 16. August 1650 wurde Johann Adolph von Schwarzenberg von Comburg mit Michelbach belehnt. Den Lehensrevers stellte Hans Christoph von Bechtolsheim aus.

Wolf von Crailsheim händigte dem neuen Besitzer nach der Erfüllung der Zahlungsverpflichtungen einige wichtige Akten, darunter den Kaufvertrag Berlichingen-Crailsheim von 1601, die Amtsrechnung von 1625 und ein Schatzungsregister von 1600 aus. Die Alimentationszahlungen wurden bis zum Tode des Johann Erdmann von Crailsheim 1669 pünktlich bezahlt[80]. Aus Gnade, nicht als Anerkennung einer Verpflichtung, erhielt anschließend bis 1678 der Kreisdirektor Christian Friedrich von Crailsheim die Pension.

Michelbach zählte nicht zu den bedeutenden Gütern der Schwarzenberg. Ein echtes Interesse an diesem Besitz fehlte daher zunächst. Als Graf Johann Adolph kurz nach der Belehnung erfuhr, daß Graf Hermann von Hatzfeldt und ein schwedischer Major Interesse am Erwerb von Michelbach zeigten, war er nicht abgeneigt, das Gut für rund 10000 fl. zu verkaufen. So beauftragte er seinen Beamten, vor allem die Schulden zu ermitteln, die auf dem Besitz lasteten, und auch die Voraussetzungen für eine längerfristige Verpachtung zu prüfen.

Seit 1674 bemühte sich Graf Johann Adolph um die Aufhebung der Lehensbindung an Comburg. Für den Fall, daß die dafür geforderte Ablösesumme zu hoch war, plante man auch einen Tausch gegen ein anderes, günstiger gelegenes Gut. Die Verhandlungen scheiterten[81]. 1685 wollte man im Tausch gegen Michelbach den markgräflich brandenburgischen Anteil an Obernbreit erwerben. So trat man erneut an Comburg heran, denn Brandenburg-Ansbach konnte *durchaus nicht disponiert werden, oberwähntes Amt Michelbach cum onere einer geistlichen Lehenschaft militante odio religionis anzunehmen*[82]. Die comburgische Kapitelsmehrheit lehnte erneut die Entlassung Michelbachs aus seinem Lehensverband ab, obwohl Schwarzenberg die Unterstellung der Vogtei Hüttenheim unter Comburg als Ersatz angebo-

---

80 Ebd., III/51/38.
81 Ebd., V/73/31b.
82 Ebd., V/73/37.

ten hatte. Die letzte comburgische Belehnung durch den Dekan Franz Lothar Gottfried von Greiffenklau fand 1772 statt und kostete den Fürsten Joseph von Schwarzenberg 25 fl. 40 kr. Erst die Aufhebung des Stiftes unter Württemberg zerriß das alte Band[83].

Juden in der Herrschaft Schwarzenberg in Franken

Kurz nach seinem Herrschaftsantritt in Michelbach erließ Graf Johann Adolph von Schwarzenberg ein erstes allgemeines Privileg für die insgesamt wenig zahlreichen Juden in seinem gesamten Herrschaftsbereich. In diesem *offenen Patent, Freiheits- und Schutzbrief* vom 22. Juni 1644 wurden die Grundlagen der sich entwickelnden schwarzenbergischen Landjudenschaft in Franken festgeschrieben, zu der nun auch Michelbach zählte. Er lautete wörtlich:[84]

Wir Johann Adolph, Graf zu Schwarzenberg, des ritterlichen Johanniterordens in der Mark Sachsen, Pommern und Wendland Meister, Herr zu Hohenlandsberg und Gimborn etc. urkunden und bekennen hiermit und in Kraft dieses offenen Patents, Freiheit- und Schutzbriefs, daß wir Schlamben, Cassel, Mannass, Effenster, Samuel, Low, Schmul, Guttmann und Simion, Juden in unserer Stadt Mariae Scheinfeld, ingleichen Geritz, Abraham, Gerst, Hirsch, Samuel, Mayer und Mossen Juden in unserm Marktflecken Unternbreit wie auch Israel und Simon, Juden zu Markseinsheim in unsern Schutz und sicheres Geleit so lang, als die Judenschaft im Römischen Reich verbleiben mögen, in unserer Grafschaft Schwarzenberg zu wohnen uff und angenommen, also auch, daß diese obgemelte Juden eine Synagog zu halten und einen Rabbiner, Vorsinger und Schulmeister anzunehmen und zu ihren jüdischen Ceremonien zu gebrauchen, wie zu Wien, Prag, Frankfurt, Worms oder sonsten in dem Römischen Reich und Lande zu Franken üblich und Herkommens ist, Macht haben sollen; welcher Rabbiner dann nach jüdischem Brauch den Juden vorgesetzt werden und unter ihnen die notwendigen Anlagen machen, auch die Übertreter und verbrechende Juden ihrem Gebrauch und Rechten nach zu bestrafen mächtig sein solle, ingleichen da ein Jud mit dem andern etwas zu tun und Streit hätte, das Geldsachen betreffen täte, sollen sie es bei ihrem Rabbiner ausführig machen, damit derentwegen wir unbemüht verbleiben und solle dieselbe Straf halber uns, der andere Halbteil aber zu ihrem der Juden Gotteskasten verwendet werden, solches alles jedoch mit dieser ausdrücklichen Condition, das uns an unserem obrigkeitlichen Recht oder Gerechtigkeit nichts hierdurch benommen, sondern solches allezeit zu unserer anderwertiger Disposition disfalls vorbehalten sein solle.

Ferners wollen wir unsern obgemelten Juden und Schutzverwandten gnädig vergönnen und zugelassen haben, in unserer Grafschaft Städten, Märkten, Flecken und Dörfern Wohnhäuser zu kaufen, auch sie und ihre Kinder gegen Erstattung jährlicher Schutzgelder darbei verbleiben zu lassen, wollen sie auch von wirklicher Fron, Einquartier- und Einlagerung nach billigmäßiger ihrer Bezaichnung entheben und befreien. Welche dann sich also häuslich hinter uns niederlassen werden, denselben solle der ... gewerb und Kummerschaft zu treiben, auch mit allerhand Waren zu handeln, offene Läden zu halten wie auch uff Märkten, in Städten und Dörfern feil zu haben, zu kaufen und verkaufen auch also ihr ehrliches Gewerb zu treiben, item unbekummert zu wohnen erlaubt sein, dabei sie dann auch uf eben unsrigen

---

83 Ebd., V/73/42.
84 Archiv Krumau A 5A J Nr. 1a.

gnädig geschatzt und gehandhabt werden sollen. Dafern aber ein oder der ander von dieser gemeiner Judenschaft hinter uns wegziehen wolt, sollte derselbig zuförderst einen Lehenmann an seine Statt zu stellen und daneben von seinem Vermögen nach Befindung der jüdischen Anlag von jedem Hundert drei Gulden Nachsteuer zu geben verbunden sein. Wann auch einer oder ander aus dieser Judenschaft mit dem Ihrigen in oder außerhalb unserer Botmäßigkeit handelt und den unsrigen mit barem Geld etwa gleich … vorstrecken sollte, sollen die unsrige nit mehr dann uffs höchste von jedem Gulden wöchentlich einen neuen Pfennig Zins zu geben schuldig und verbunden sein. Wann auch unsere schutzverwandte Judenschaft von einem oder dem andern Pfand haben sollte und derer Creditores in einer Monatsfrist nach verflossenem Termin und beweislich geschehener dreifacher Anmahnung selbige nicht lösen oder den Zins nicht leisten werden, solle derselbig Jud Macht haben, jedoch uf der Obrigkeit Gutheißen, dieselbig Pfand zu verkaufen oder für eigentümlich zu behalten. Urkundlich haben wir unser Canzley-Secret hierfür trucken lassen. So geschehen uff unserm Schloß Schwarzenberg an 22. Juni 1644.

Dieses Privileg ist im Vergleich zu anderen sehr weitgehend. Die Niederlassungsfreiheit, das Recht, Hausbesitz zu erwerben, die in das Ermessen der Juden gestellte Selbstbesteuerung, die Regelung ziviler innerjüdischer Streitigkeiten durch einen selbst gewählten Rabbiner – das waren Errungenschaften, die es nicht überall im Heiligen Römischen Reich gab, wo in vielen Territorien die Ansiedlung von Juden generell verboten war. Auch die Handelsfreiheit war hier relativ groß, die Vorschriften über Höchstzinsen und Zugriff auf Pfänder schufen Rechtssicherheit bei Geldgeschäften. Die Urkunde ist nicht im Original überliefert, sondern als beglaubigte Abschrift, von der nur eine schlecht lesbare Fotokopie vorlag. Die beiden Judenvorgeher Isaac David und Michel Sambson hatten das Original dem Registrator Franz Schulz vorgelegt, der am 26. November 1703 die wörtliche Übereinstimmung von Original und Kopie bestätigte.

Diese Bestimmungen galten auch für Michelbach. Interessant und beachtenswert ist der Wille des Landesherrn, damals die Zahl der Juden zu erhalten, denn was sollte sonst die Verpflichtung eines fortziehenden Juden zur Stellung eines Ersatzmannes? Als aufgrund dieser sehr liberalen Bestimmungen die Judenschaft in Schwarzenberg stark zunahm, sah sich die Regierung zu einer gegenläufigen Politik gezwungen. Die noch andauernden Kriegsdrangsale, denen Michelbach wohl 1645 im Zusammenhang mit der großen Schlacht von Herbsthausen zum Opfer fiel, verminderten die Zahl der Juden, so daß es vorläufig nicht zur Wahl eines Rabbiners kam. Die Einkünfte der wenigen Familien in der fränkischen Herrschaft Schwarzenberg reichten nicht aus, um den Unterhalt eines hauptamtlichen Funktionärs zu erwirtschaften.

Es geht aus den schwarzenbergischen Akten nicht genau hervor, wann eigentlich der erste Rabbiner seine Tätigkeit in der Grafschaft aufnahm und seinen Sitz in Marktbreit aufschlug. Im November 1669 hatte der Rat und Oberamtmann Brandis, der Leiter der Regierung in Schwarzenberg, die Abschaffung aller Juden in Marktbreit vorgeschlagen. Wenig später beklagte er sich darüber, daß die Juden zur Wiederbesiedlung der verwüsteten Felder und Weingärten wenig Lust zeigten. Ein Heilmittel hatte er anzubieten: Man sollte doch einfach die verarmten eigenen Juden fortjagen und dafür reiche Juden, die von anderen Herrschaften *ausgeschafft* würden, bei sich aufnehmen. Diese würden zwar sicher auch bald verarmen, aber vorübergehend könnten sie am Wiederaufbau, vor allem wohl mit ihrem Kapital beteiligt werden.

1682 wurde über den Plan beraten, eine neue eigene Judenstadt bei Scheinfeld zu bauen. Diese kühne Idee scheiterte an der Angst vor dem eigenen Mut. Man befürchtete den Ruin der Christen in Scheinfeld, da der gesamte Handel durch die Juden in der neuen Stadt aufgesogen würde, die von ihnen bislang bewohnten Häuser nicht vermietbar seien, weil ohnehin viele Häuser in der Grafschaft noch unbewohnt wären – und schließlich unterstellte man, daß die Juden sich ungern von der Hauptverkehrsader, dem Main, entfernen würden. Insgesamt wohnten damals 69 jüdische Familien in der gesamten Grafschaft, wobei Hüttenheim mit 15, Michelbach mit elf, Scheinfeld mit neun, Marktbreit mit acht und Obernbreit mit sechs Familien den Löwenanteil besaßen. Der Rest verteilte sich auf zehn weitere Dörfer. Der Gesamtertrag der Einkünfte an Steuern und Schutzgeld belief sich jährlich auf 420 Reichstaler 41 Kreuzer. Die Schutzgelder waren in Marktbreit und Scheinfeld erheblich höher als bei den Landgemeinden.

Johann Adolph zu Schwarzenberg, 1670 in den Reichsfürstenstand erhoben, starb am 26. Mai 1683. Sein Sohn Ferdinand Wilhelm (1652–1703) erneuerte zwar am 10. März 1685 in Wien das Privileg seines Vaters, beauftragte aber gleichzeitig seine Beamten mit der Neuorganisation der Judenschaft. Zu diesem Zweck forderte er umfassende Informationen über die ökonomische Situation aller schwarzenbergischen Schutzjuden an, über Wohnverhältnisse und Erwerbstätigkeit. Eine Kommission der in Wien etablierten schwarzenbergischen Zentralregierung untersuchte im Frühjahr 1685 die Lage. Klagen waren laut geworden, daß die Untertanen sich durch hohe Zinsforderungen der Juden beschwert fühlten oder durch hohe Mietpreise für ausgeliehenes Vieh. Diesen Mißständen sollte durch eine neue Ordnung begegnet werden. Zusammen mit der Regierung in Schwarzenberg, den Amtmännern und Vertretern der Judenschaft wurde darüber beraten, wie die Ausleihe von Vieh, Geld und Waren geregelt werden könne, so daß beide Seiten, Gläubiger und Schuldner, sie akzeptieren konnten. So sollte die gesamte Judenschaft

1. höchstens 24 Paar Ochsen halten und diese in Notfällen vermieten dürfen. Höchstens 4 Reichstaler durften pro Paar im Jahr an Miete genommen werden.
2. Sie sollten in Notfällen bis maximal 30 Kühe ausleihen dürfen. Als Mietpreis mußte ihnen von jeder Kuh ein Kalb überlassen werden.
3. Ochsen mußten zugtauglich sein, Kühe Milch geben. Vor jeder Vermietung sollte dem zuständigen Beamten das Vieh zur Prüfung der Gesundheit vorgeführt werden.
4. Bargeld, höchstens 60 fl. im Einzelfall, sollte an Untertanen ausgeliehen werden, um Schaden zu verhüten oder den Nutzen zu mehren. Zinsen und Kapital mußten sauber auseinandergehalten werden. Zinseszins wurde untersagt. Bei Ausleihen über 25 fl. wurde ein Jahreshöchstzins von 7 % festgesetzt. Bei kleineren, nur vorübergehenden Ausleihen bis 25 fl. durfte von jedem Gulden ein halber alter Pfennig pro Woche genommen werden. Hieraus darf nicht durch Multiplikation mit 52 ein Jahreszins errechnet werden, wie es fälschlicherweise immer wieder passiert[85].

   Wenn eine Schuldsumme vereinbart war, sollte sie auch ganz dem Schuldner überlassen werden, nicht, wie bisher üblich, Anteile in schlechter Ware ausgezahlt werden. Damit machten die Juden bisher ein doppeltes Geschäft.
5. Ochsen und Kühe sah die Regierung als das rechte Kapital und Hauptstück eines Bauersmannes an. Wenn nun die Mietochsen nur vier Reichstaler kosteten, stand zu

---

85 Z. B. U. Jeggle, ebd.

befürchten, daß viele einfach ihr Vieh zu Geld machten, andere Bauern sich gar nicht um Beschaffung bemühten und lieber Vieh beim Juden mieteten. Trotzdem sollten die Beamten dafür sorgen, daß die Juden zu ihrem Geld kämen. Vereinbarungen ohne Wissen der Beamten waren weder vom Gläubiger noch vom Schuldner in Zukunft einklagbar.

6. Den Juden drohten bei Übertretungen Geldstrafen oder Einzug der ausgeliehenen Gelder.

7./8. Die Judenvorgeher wurden persönlich für die Strafsummen in solchen Fällen haftbar gemacht und verpflichteten sich, eine Obligation über ihr eigenes Vermögen der Regierung zuzustellen.

9. Es war durchaus üblich, die Ernte schon im Frühjahr oder im Sommer auf dem Halm zu verkaufen, ohne die Ertragshöhe zu kennen. Das Geld wurde ausgegeben, und im nächsten Herbst stand der Bauer mittellos da. Diese Praxis sollte grundsätzlich für Juden und Christen verboten sein. Wer in Not war und dringend Geld bedurfte, sollte sich an die Beamten wenden.

10. Heimliche Kontrakte sollten verboten werden.

Diese neue Ordnung blieb aber im Projektstadium stecken. Die nächsten Jahrzehnte werden von einer ausgesprochenen Schaukelpolitik gegenüber den Juden bestimmt. Als Ergebnis der Tätigkeit der Untersuchungskommission mußten die Juden zwanzig Familien benennen, die sie selbst zur Ausschaffung vorschlugen. Ein Resultat ist nicht bekannt. Auf jeden Fall wird die Tendenz zur Fixierung der Judenzahlen wie in anderen Territorien sichtbar. Als dagegen die Franzosen 1693 die Juden aus der Pfalz vertrieben, wurden vier Familien in der Herrschaft Schwarzenberg aufgenommen (Kolloman, Jeßna, Joehnon, Astruck). Auch Angehörige der berühmten Familien Wertheimer und der Hoffaktor Samuel Oppenheimer erhielten Niederlassungsrecht in Marktbreit, zunächst allerdings auf zwei Jahre befristet.

Im Frühjahr 1694 mußten erneut Listen eingereicht werden, die alle jüdischen Haushalte erfaßten. Ziel war eine endgültige Bezifferung der in Zukunft zu duldenden Schutzverwandten. Die Beamten gingen davon aus, daß *Euer hochfürstliche Gnaden gnedigst inclinierten, die Zahl* (der Juden) *auf ein Gewisses zu reduciren, die Armen auszumustern und mithin diesfalls die Sache einmal wiederum ad suum principium zu redigieren.* Man sah das als gerechtfertigt an, weil die Juden eine *unzulässige Polizei* eingerichtet hätten, Ämter ohne Hinzuziehung der fürstlichen Beamten besetzten, kurzum von ihren Privilegien Gebrauch machten. Deshalb sollte wieder einmal eine neue Ordnung eingeführt werden nach dem Vorbild, das der Fürst von Dietrichstein auf seinen Besitzungen installiert hatte. Ein Jude Wertheimer hatte sich angeboten, In Marktbreit ein Haus zu kaufen und darin eine Synagoge einzurichten. Die Einführung der neuen Ordnung wurde von den Juden abgelehnt, weil sie auf eine wesentlich größere Zahl von Steuerzahlern zugeschnitten war. Die Beamten hatten die Juden nach der Erteilung der Privilegien 1644 und 1685 gewähren lassen, wußten nichts von Rabbinerwahlen, von Auseinandersetzungen um die Steuerschätzungen, von Zank und Streit. Sie hatten ihr Augenmerk lediglich auf die pünktliche Zahlung aller Abgaben gerichtet.

Statt der Reduktion der Juden setzte aufgrund der gezielten Maßnahmen zur Vermehrung der Bevölkerung ein kontinuierliches Wachstum ein. Waren es 1699 noch 91 Haushaltungen mit 435 Köpfen, wuchs die Zahl bis 1720 auf 113 Haushalte. Das Verhältnis der Herrschaft zu den Juden war durch allgemeine Zeitströmungen, durch wirtschaftliche Überlegungen und durch die persönliche Einstellung des jeweiligen Landesherrn geprägt.

Fürst Adam Franz hatte nach seinem Regierungsantritt 1703 das Privileg seines Vaters und Großvaters bestätigt. Danach besaßen die Juden das Recht zur Selbsteinschätzung bei der Vermögenssteuer. Dabei gaben viele von ihnen ein größeres Vermögen an, als sie in Wirklichkeit besaßen, nicht aus übergroßer Freude am Steuerzahlen, sondern *zu Erlangung und Erhaltung eines guten Credits, auch in Absicht sonstiger verschiedener Vorteilhaftigkeiten.* Die Judenschaft ermittelte 1728 ihr gesamtes steuerpflichtiges Vermögen auf 30 000 fl. und verpflichtete sich zur jährlichen Zahlung von 300 fl. als Handelsschaftsabgabe, die sie selbst unter sich nach einem von ihnen gewählten Schlüssel aufteilen wollten. Dafür sollte der Judenschutz unbegrenzt verliehen werden, nicht jedes Jahr erneuert werden, wie die Regierung es aus ordnungspolitischen und fiskalischen Gründen vorsah. Die Nachsteuer sollte bei 3 % verbleiben. Extrasteuern sollten von den Juden nicht erhoben werden, da sie als *servi camerae*, als Kammerknechte, nicht *ad causas publicas absolute zu prästieren schuldig seien.*

Die Regierung beschloß nach Informationen beim Hochstift Würzburg, dem Deutschorden und der Regierung in Ansbach die folgenden Maßnahmen: 1. Die Pauschalabgabe von 300 fl. wird akzeptiert. 2. Extrasteuern werden nur nach den bisher geltenden Steuergrundlagen erhoben, nicht nach der freiwilligen Abgabe. 3. Der Schutz soll alle drei Jahre erneuert werden. 4. Die Nachsteuer beim Fortzug wird – wie von 1682 bis 1714 üblich – auf 6 % statt der bisherigen 3 % erhöht [86]. Sollten die Juden damit nicht einverstanden sein, wurde ihnen der Abzug in andere Länder freigestellt. Die Regierung in Schwarzenberg beauftragte den Obervorgänger Söckel Emanuel von Marktbreit mit der Aufteilung der Steuer, weil er Vermögens- und Handelsschaft jedes Schutzverwandten gut kannte. Hier in Schwarzenberg war man sehr überrascht über die geplanten Maßnahmen, die man so nicht vorgesehen hatte. Nun war Söckel Emanuel gerade auf einer Reise nach Wien unterwegs. Ohne ihn war nichts auszurichten. Sofort nach seiner Rückkehr richtete er im Namen der gesamten Judenschaft der gefürsteten Grafschaft Schwarzenberg eine Bittschrift an den Landesherrn, in der er um die unveränderte Beibehaltung des bisher gegönnten Schutzes ersuchte, sowohl in Hinsicht auf die geplante Renovierung aller Schutzbriefe als auch der Erhöhung der Nachsteuer.

Alle Schutzbriefe sollten insgesamt zum 1. September 1728 kassiert werden. Söckel schilderte zunächst die verschiedenen beschwerlichen Anordnungen, versicherte den absoluten prinzipiellen Gehorsam der Juden und stellte dann dar, daß sich die Juden dabei immer *in aller Stille eines erbaren Leben und Wandels befleißigt, unser Gewerb inhaltlich unsers Schutz- und Befreiungsbriefs getrieben, unsern Nächsten, soviel wir gekonnt, hülfreiche Hand geleistet und also nach unserer Schwachheit alles getan, was in unserem Vermögen gestanden und man von uns erfordern können.* Die neuen Maßnahmen würden zum Ruin der meisten, zumindest aber zur Verarmung führen, womit der Herrschaft nicht gedient sei. Die Belastung sei vor allem bei den Zöllen gewaltig, die sie auf ihren Handelsreisen in die benachbarten Herrschaften entrichten müßten. Das eigene Land, die kleine gefürstete Grafschaft, bot zu wenig Geschäftsmöglichkeiten. Ihnen käme die Sonne viel eher ins Haus als ein Stück Brot. Ein ruinierter verdorbener Untertan ist weder der Obrigkeit noch dem gemeinen Wesen, noch auch sich selbst etwas nutze. Es sei unerschwinglich, das Heiratsgut der nach auswärts ziehenden Kinder mit 10 % zu versteuern, das Vermögen höher zu verschätzen und alle drei Jahre Gebühren für einen neuen Schutzbrief zu entrichten, die man freiwillig bereits von drei auf sechs Gulden erhöht habe. Ihr Vermögen habe sich nicht gebessert. Sie hatten sich auch nichts

86 Archiv Krumau B 4S 4c.

zuschulden kommen lassen, wodurch eine Strafe – und so empfinde man die geplanten Maßnahmen – gerechtfertigt sei. So bat er schließlich um Beibehaltung der alten Privilegien und versprach Treue und Ergebenheit der gesamten Judenschaft des Hauses Schwarzenberg *bis an das Ende der Welt*.

Die gekonnt vorgetragene Bittschrift hatte Wirkung. Die geplante Erneuerung der Schutzbriefe wurde aufgehoben und war nur noch bei Wechsel in der Person des Landesherrn vorgeschrieben. Die von den Juden angebotene Handelssteuer war nicht zu erwirtschaften. So lehnte die Regierung in Schwarzenberg Forderungen der Zentralregierung in Wien auf Erhöhung ab. 1733 betrug der Ausstand schon 420 fl. Zahlungsverweigerern wurde mit dem Entzug des Schutzes, gleichbedeutend mit Ausweisung, gedroht. Schutzbriefe wurden von da an nur noch nach sorgfältiger Prüfung des Vermögens und der Zahlungsfähigkeit gewährt. Das Mindestalter für die Schutzaufnahme wurde auf 26 Jahre festgesetzt. Seitdem herrschte relative Ruhe an der Steuerfront. Das steuerpflichtige Vermögen der gesamten Landjudenschaft belief sich 1781 auf 51 833 fl.

Eine für die weitere Entwicklung wesentliche Entscheidung fällte Fürst Adam Franz am 10. August 1729. Obwohl er nach seiner eigenen Aussage *mehr auf Diminuierung als auf Multiplicierung der Judenschaft bedacht* war, sagte er zu, daß nach dem Tode eines Juden der ihm im Geschäft nachfolgende Erbe, Sohn oder Tochter, ungehindert aufgenommen werden sollte. Die Zahl der Schutzjuden sollte von jetzt an konstant bleiben. Diese Maßnahme ist wohl auf ein Dekret Kaiser Karls VI. von 1725 zurückzuführen, in dem dieser festlegte, daß die in seinem Herrschaftsbereich an jedem Ort geduldete Zahl jüdischer Familien ein für allemal festgeschrieben wurde. Diese Anordnung galt für die schwarzenbergischen Besitzungen in Böhmen und wurde von hier aus für die auswärtigen Herrschaften übernommen[87].

Jahrzehntelang kann man seitdem auch am Beispiel von Michelbach verfolgen, daß die Erlangung eines Schutzbriefes ähnlichen Bedingungen unterworfen war, wie heutzutage die Besetzung einer Planstelle im öffentlichen Dienst. Für nachgeborene Kinder bedeutete diese Regelung den Zwang zum Verlassen der Heimat. Die Zahl der Kinder hielt sich entsprechend vor allem bei den ärmeren Juden in Grenzen, die ihren Kindern kein Vermögen auf dem Weg in eine ungewisse Zukunft mitgeben konnten. Auf der anderen Seite bestätigte Adam Franz im gleichen Dekret, daß die Juden Privatklagen untereinander in erster Instanz weiterhin selbst verhandeln durften.

Der politische Kurs seit 1730 war ganz auf Stabilisierung der Judenzahlen, seit 1735 etwa auf Verminderung ausgerichtet. Für Scheinfeld und Marktbreit plante man damals die Anlage besonderer Gassen für Juden, um sie ghettoartig von den Christen zu separieren. Auch fiskalisch suchte man die Zahl der Juden zu begrenzen, so 1737 durch die Erhöhung des Schutzgeldes für ältere Juden auf sechs Rth. jährlich. Fremden Juden wurde das Hausieren im Bereich der Grafschaft verboten. Immobilienhandel wurde den eigenen Schutzjuden untersagt, die Höchstzinsfestsetzung erneut unterstrichen. 1745 wurden die Juden aus Böhmen ausgewiesen. Die Regierung in Schwarzenberg berichtete über die Möglichkeiten, ohne Vermehrung der festgelegten Zahlen die unter dem Schutz des Fürsten Schwarzenberg stehenden, von der Ausweisung betroffenen Juden in Franken aufzunehmen. Um 1750 wurde das Schutzgeld für Juden auf dem Land generell auf 15 fl. festgelegt. Gleichzeitig wurde

87 Vgl. Karl Fürst zu Schwarzenberg, Judengemeinden schwarzenbergischer Herrschaften. In: Schwarzenbergischer Almanach 1968, S. 285.

befohlen, vakante Stellen rasch wieder zu besetzen und nicht zu kleinlich zu sein. Die Periode der strengen Restriktion war kurzzeitig vorüber.

Judenordnung

Fürst Joseph erneuerte am 14. August 1754 auf Bitten der Judenschaft den Generalschutzbrief seiner Vorgänger. Gleichzeitig hatte er angeregt, die bislang geltende Ordnung zu revidieren. Die Aufnahmegebühren für die Orte Scheinfeld und Marktbreit waren inzwischen auf 25 fl., für die übrige Landjudenschaft auf 15 fl. festgesetzt worden. Wie gesagt, war die Erteilung eines Schutzbriefes ein Personalprivileg wie eine Belehnung. Sie erlosch mit dem Tod eines der beiden Vertragspartner und mußte erneuert werden. Diese Erneuerungspflicht war bislang wenig beachtet worden. Hier sah Fürst Joseph eine Chance für neue Einnahmen, denn der neue Schutzbrief beim Wechsel des Landesherrn sollte die Hälfte der Rezeptionsgebühr zuzüglich der Kanzleitaxen betragen. Im Juni 1756 wurde die neue Ordnung, die sich aber nicht bewährte, an die Ämter versandt. Es dauerte noch Jahre, ehe am 8. Februar 1764 eine neue, grundlegende Ordnung publiziert und überall verteilt wurde[88]. Sie sollte vor allen Dingen den Irrtum beseitigen, daß die Erneuerung des Generalprivilegs von 1644 die danach erlassenen Vorschriften außer Kraft gesetzt habe, und wollte den Juden ein genaues Richtmaß für Handel und Wandel geben, um Klagen und Beschwerden der christlichen Untertanen wegen Hintergehung oder Übervorteilung vermeiden zu können. Zunächst wurde der Generalschutzbrief so interpretiert, wie ihn die Herrschaft verstanden wissen wollte.

1. Eine freie und unabhängige Wahl des Rabbiners oder Judenrichters erster Instanz sollte es nicht geben, nur ein Vorschlagsrecht. Für jeden Posten sollten der Regierung zwei oder drei geeignete Bewerber von den Juden vorgeschlagen werden. Aus diesen Vorschlägen wollte dann der Fürst die endgültige Auswahl treffen. Das sollte auch für Obervorgänger und Ortsvorgeher, Beisitzer und Steuereinnehmer gelten. Die Wirklichkeit sah jedoch anders aus, wie die künftigen Bestellungen zeigten. Die Regierung wählte nicht aus mehreren von der Judenschaft vorgeschlagenen Kandidaten aus, sondern bestätigte in der Regel die von der Judenschaft mit Mehrheit Gewählten. Auf der Ortsebene scheint es nur eine formelle Information des Amtmannes gegeben zu haben, der ja schließlich wissen mußte, wer im Namen der gesamten Juden eines Ortes sprechen konnte.

2. Seit 1699 hatte der jeweilige Rabbiner begonnen, für die Judenschaft wichtige Erlasse, Verordnungen, Dekrete, aber auch Urteile von prinzipieller Bedeutung, in einem sogenannten Landbuch niederzulegen, das quasi innerjüdische Gesetzeskraft erlangte. Hierin sah die Herrschaft einen unzulässigen Eingriff in ihre Gerichtshoheit. Offensichtlich hatte sie das mit großem Mißtrauen betrachtete Buch nie zu sehen bekommen. Die Regierung forderte Rabbiner und Obervorgänger auf, sogleich nach der Verkündung der Judenordnung dieses hebräisch geschriebene Buch samt einer beeidigten deutschen Übersetzung vorzulegen, um es zu überprüfen. Man war durchaus geneigt, das Landbuch weiterhin führen zu lassen, wenn die dort festgehaltenen Normen praktikabel waren und mit den sonstigen Gesetzen in Einklang standen. Allerdings sollten künftige Einträge zuvor von den zuständigen Regierungsstellen geprüft und genehmigt werden. Solche Einträge mußten dann aber in deutscher Sprache

88 Archiv Orlik VII Polizei Generalia 5.

abgefaßt sein. – Wenn es erhalten wäre, könnte dieses Landbuch wertvolle Informationen über die grundlegenden Normen des Zusammenlebens der Juden für das 18. Jahrhundert geben.

3. Alle drei Jahre sollte die Vertretung der Judenschaft zu Landtagen wechselnd in Scheinfeld und Marktbreit zusammenkommen nach vorheriger Information der Regierung. Zögerten die Juden zu lange, konnte die Herrschaft auch einen Landtag anordnen. Die Leitung der Landtage wurde einem Regierungskommissar übertragen, um vielfach beklagte Ungleichmäßigkeiten und Parteilichkeit bei der steuerlichen Einschätzung zu vermeiden. Hierbei sollte die auf der Judenschaft insgesamt seit 1728 ruhende Steuer je nach Vermögen aufgeteilt werden. Der Regierungsvertreter prüfte danach die vorgenommene Verteilung und die Rechnungen der Steuereinnehmer, die ebenfalls in deutscher Sprache vorgelegt werden sollten. Die neuen Steuerlisten und Vermögensschätzungen wurden erst rechtswirksam, wenn sie durch die Regierung genehmigt waren. Natürlich hatten die Juden die Spesen für den Kommissar in Höhe von täglich acht Reichstalern zu bezahlen.

4. Bereits am 4. Januar 1737 war den Juden – wie schon früher – der Handel mit Immobilien grundsätzlich verboten worden. Dieses Verbot wurde nochmals eingeschärft. Merkwürdig ist die Bestimmung, daß auch der Hauskauf zu persönlicher Nutzung untersagt wurde. Es war häufig vorgekommen, daß Kindern noch zu Lebzeiten der Eltern Hausanteile bei der Heirat vermacht worden waren, schon um das nötige Vermögen für die Schutzaufnahme nachweisen zu können. Auch in Testamenten wurden vielfach Häuser auf mehrere Erben aufgeteilt. Das wurde jetzt bei Strafe verboten. Die in jüdischem Eigentum stehenden Häuser mußten auf einen Erben übertragen werden, der einen steuerfreien Anteil geltend machen konnte. Das Haus sollte insgesamt im Wert geschätzt und nach Abzug des persönlichen Erbteils versteuert werden. Auf diese Weise suchte die Regierung zu vermeiden, daß praktisch keine Sterbhandlohnzahlungen mehr anfielen, wenn das Haus vor einem Todesfall in genügend Teile mit steuerfreien Beträgen aufgeteilt worden war.

5. Erlaubt war grundsätzlich die Führung offener Kramläden und sonstiger Handel und Wandel, doch gab es ein Verbot für zahlreiche Waren, vor allem für Spezereien, also Gewürze und Lebensmittel. Dieses Verbot wurde erneut eingeschärft.

6. Beim Wegzug hatten die Juden Nachsteuer wie die Christen zu entrichten. Beim Tode eines Juden wurde das Haus durch den herrschaftlichen Beamten versiegelt. Mit Zuziehung des Rabbiners und des Obervorgängers wurde dann eine Inventur gemacht. Das Ergebnis war Grundlage für die herrschaftlichen Steuerfestlegungen. Die Aufteilung des Vermögens nahm der Rabbiner vor. Die Teilungszettel und Inventare wurden danach beim Amt hinterlegt. Den Erben legte man nahe, durch genaue Aufstellungen der Aktiva und Passiva bei Geschäftsleuten sowie durch ins Deutsche übersetzte Extrakte aus hier und da vorhandenen Handelsbüchern das Geschäft zu beschleunigen, denn für den herrschaftlichen Beamten und – wenn er über Land reiten mußte – für Pferd und Knecht hatten sie zu zahlen. Nachsteuer war auch von der Mitgift zu entrichten, die eine nach auswärts heiratende Judentochter mit in die neue Heimat nahm.

7. Nach dem Tod eines Juden wurde bislang sein Besitz gesperrt, bis Rabbiner und Obervorgänger die Inventur durchgeführt und einen Vorschlag für die Aufteilung des Vermögens ausgearbeitet hatten. Vor der Aushändigung des Erbes mußte dem Amt ein genauer Vermögensstatus eingereicht werden. Die neue Ordnung sah nun vor, daß der herrschaftliche Ortsbeamte zwar bei der Inventur anwesend war, die Teilung aber allein ohne Einmischung Dritter durch den Rabbiner vorgenommen wurde. Die Teilungszettel wurden

dann in der Amtsregistratur hinterlegt. Natürlich mußten die steuerlichen Interessen der Herrschaft, aber auch Forderungen von Gläubigern berücksichtigt werden.

8. Die Judenpolizeiordnung regelte zunächst den Viehhandel. Verkauf und Vermietung von Kühen und Ochsen wurde ohne Einschränkung erlaubt. Alle Handelsgeschäfte mit Juden sollten in einem besonderen Juden-Protokoll beim Amt vermerkt werden. Der Amtmann hatte die Rechtmäßigkeit der Vereinbarungen und vor allem die Zahlungsbedingungen zu prüfen. Die Untertanen sollten nicht zu stark belastet werden, die Juden die erlaubten Zinssätze nicht übersteigen.

9. Verliehen werden durfte nur gesundes Vieh: zugtaugliche Ochsen und milchgebende Kühe. Es mußte vor einem Vertragsschluß dem örtlichen Viehbeschauer vorgeführt werden, der nach Anzeichen von Krankheiten, vor allem der gefährlichen und ansteckenden Seuchen, Ausschau halten mußte.

10. Probleme hatte es immer gegeben, wenn während der Vermietung ein Stück Vieh erkrankte oder starb. Hier wurde nun die Haftungsfrage folgendermaßen geregelt: War ein schuldhaftes Verhalten des Mieters nicht nachweisbar, trug der Eigentümer den Schaden allein. Der Mieter mußte ihm lediglich die Haut des gefallenen Viehs herausgeben. Hatte der Mieter durch übertriebene Ausnutzung des Viehs, durch schlechtes oder zu geringes Futter den Schaden verursacht, hatte der Amtmann eine Entscheidung zu fällen, gegen die Appellation von beiden Seiten möglich war, wenn die Schadenssumme nicht zu geringfügig war.

11. Eine Geldausleihe ohne Einwilligung des Amts war nur in Höhe von höchstens 16 fl. pro Untertan erlaubt bei einem Zinssatz von 5–6 %. Zinsen durften nicht auf das Kapital aufgeschlagen werden. Übertretungen sollten mit Einzug der ausgeliehenen Summe und mit besonderen Strafen geahndet werden. Bei auswärtigen Juden sollte nach Möglichkeit kein Geld ausgeliehen werden. War es doch nötig, galten für sie die gleichen Bedingungen.

12. Höhere Ausleihungen an Geld oder Waren mußten beim Amt angemeldet werden, das die Voraussetzungen sorgfältig zu prüfen hatte. Das Amt hatte über seine Genehmigungen Protokoll zu führen und darauf zu achten, daß in drei oder vier, spätestens aber in sechs Jahren eine Schuld zurückgezahlt war. Wer die Protokollierung versäumte, konnte im Schadensfall nicht mit der Hilfe des Amtes rechnen. Der Darlehenshöchstbetrag wurde auf 100 fl. festgesetzt. Die Gefahr, daß mehrere kleinere Darlehen, in geschickten zeitlichen Abständen aufgenommen, die Höchstbetragregelung unterlaufen könnten, war der Regierung klar geworden, und so schärfte sie den Amtmännern ein, hier ein sorgfältiges Augenmerk bei Darlehensverträgen zu haben. Größere Anleihen mußte die Regierung genehmigen.

13. Alle von den Juden abgeschlossenen Kontrakte über Geld, Vieh, Getreide, Most, Wein und anderes mußten innerhalb von acht Tagen beim Amt protokolliert werden, unabhängig von der Höhe der Beträge. Beide Parteien mußten dazu beim Amt erscheinen. Zinsen durften in keinem Fall dem Kapital zugeschlagen werden. Zinseszins war verboten.

14. Der Jude verlor alle Rechtsansprüche, wenn er die Protokollierung versäumte. Bei einer Überschreitung des Höchstbetrags von 16 fl., die nicht protokolliert war, konnte der Jude im Streitfall nur 16 fl. einklagen. Der Rest verfiel dem Fiskus.

15. Andererseits wurde ihnen bei korrekter Geschäftsführung jede Amtshilfe, notfalls auch die Zwangseintreibung, zugesichert.

16. Den Juden war es erlaubt, als Sicherheit Pfänder zu nehmen, die in der Regel den Wert der Schuld überstiegen. Sie wurden nun verpflichtet, alle Pfänder dem Amt zu melden. Waren vereinbarte Zahlungstermine fruchtlos verstrichen, durfte das Amt nach dreimaliger vergebli-

cher Zahlungsaufforderung das Pfand versteigern. Aus dem Erlös wurde zunächst der Gläubiger befriedigt. Den verbleibenden Rest erhielt der Pfandgeber, seine Kinder oder Erben.

17. Als besonders schädlich für die Untertanen wurde es angesehen, wenn das Getreide auf dem Feld oder der Wein am Stock lange vor der Ernte verkauft wurde. Das Risiko einer Mißernte durch Hitze, übermäßigen Regen, Sturm oder Hagel war groß und unkalkulierbar. So waren die Preise zwangsläufig niedrig, die Arbeit eines Jahres rasch vertan und der Schritt in die völlige Verarmung fast unausweichlich. Eine gute Ernte führte ja nicht zu höheren Zahlungen. Auch eine Beleihung der Ernte war verboten, weil das den Anfang einer wirtschaftlichen Talfahrt bedeutete. Das im Winter und Frühjahr benötigte Geld war bereits im Sommer verzehrt. Hunger und Armut drohten, Steuerausfall für die Herrschaft. Das Verbot des Verkaufs der Ernte vor der Zeit wurde Christen und Juden gleichermaßen eingebleut. Die Regierung erklärte sich bereit auszuhelfen, wenn es an Saatgut oder an Geld zum Kauf des Samens fehlte.

18. Jüdische Heiratsverträge, sogenannte Staars oder Stare, hatten Verbindlichkeit in Zivilstreitigkeiten nur dann, wenn sie in einer beglaubigten deutschen Übersetzung vom Amt bestätigt waren. Häufig wurden in solchen Verträgen Forderungen abgetreten, um etwa die für eine Schutzbewilligung notwendigen Vermögenswerte zu erhalten. Es kam häufig vor, daß sich Schuldner gegen ihnen unbekannte Gläubiger, denen solche Forderungen von den ursprünglichen Geldgebern abgetreten worden waren, zur Wehr setzten und die Zahlung verweigerten. Durch die Kontrolle dieser Verträge sollte Streitigkeiten vorgebaut, zugleich auch die Zersplitterung des Hausbesitzes – wie durch den Punkt 4 – verhindert werden.

19. Juden, die vor dem Konkurs, der Vergantung, standen, durften nicht dadurch einen Teil ihres Vermögens aus der Konkursmasse retten, daß sie es vertraglich auf ihre Frauen als nachträgliche Vergrößerung von deren Mitgift übertrugen. Solche Scheinverträge waren vor Gericht nicht verwertbar.

20. Bereits länger bestehende, nicht genehmigte Verträge sollten raschestens dem Amt zur Prüfung und Genehmigung vorgelegt werden.

21. Bei allen vor dem Amt zu protokollierenden Verträgen mußten die Frauen der jüdischen Partner mithaften und auf die rechtlichen Ansprüche als Ehefrau verzichten.

22. Juden und Christen wurde abschließend die unbedingte Einhaltung dieser Ordnung zur Pflicht gemacht. In Zweifelsfällen sollte man sich zur Interpretation an die Regierung wenden. Für eine geeignete Publikation und die permanente Kenntnis dieser Vorschriften machte der Fürst alle Beamten verantwortlich. Sie sollten alle Vierteljahre oder wenigstens alle halben Jahre in den Rathäusern oder Gemeindehäusern laut verlesen werden, damit niemand sich mit Unwissenheit herausreden konnte.

Diese Ordnung war kein theoretisch fundiertes Gesetzeswerk. Es versuchte die Mißstände, die in Jahren und Jahrzehnten unnötige Scherereien verursacht hatten, auszuräumen. Wenn es sich auch nach offizieller Sprachregelung um eine Judenordnung handelte, so band sie doch die Christen gleichermaßen. Sie sollten selbstverschuldete Notlagen vermeiden, sollten aber auch durch ihre Anforderungen und Ansprüche den Juden nicht in eine Zwangslage bringen dürfen. Anscheinend hielt man sich weitgehend an diese Ordnungen in den folgenden Jahren. Die Bestände der Zentralregierung und der Regierung Schwarzenberg können über die relativ wenigen Streitfälle Auskunft geben. Beschwerden gegen einzelne Artikel, die von der Judenschaft vorgebracht wurden, fanden keine Berücksichtigung.

Die Juden hatten als Korporation an die Herrschaft aus den Erträgen ihrer Geschäfte eine Steuer zu zahlen, die sogenannte Handelsschaftsabgabe. 1770 baten die Juden, vertreten durch die Obervorgänger Joseph Säckel und Löw Loeser, um eine Erleichterung dieser Belastung und um eine weitere Erleichterung ihrer Geschäfte zum Wohle der herrschaftlichen Kassen. Als Argumente führten sie an die schlechten und nahrungslosen Zeiten, die eingerissene Armut, die Zollzahlungen an Nachbarterritorien wie Würzburg, Ansbach, Limpurg, Hutten, Verluste durch Konkurse (*Fallimente*) im In- und Ausland und die aufgrund der Polizeiordnung von 1764 vorgeschriebene Pflicht zur gerichtlichen Protokollierung aller Geschäfte, deren Wert 16 fl. überschritt. *Die einzige Quelle der Nahrung eines Juden ist entweder die Austhuung seiner Pfennige auf Zins oder der Verkauf des Viehs und anderer Waaren auf Borg und Credit.* Bei Konkursen im Ausland wurden vorhandene Vermögenswerte zunächst an einheimische Gläubiger verteilt. Die ausherrischen Juden hatten das Nachsehen.

Bis 1728 betrug die Steuer 91 Taler, 26 Kreuzer jährlich, dann wurde sie auf 200 Taler erhöht, 1729 sogar auf 500 Taler. Diese Summe war nicht aufzubringen und wurde auf 300 Taler reduziert. Als auch dieser Betrag wegen des Vermögensverfalls vieler Juden uneinbringlich wurde, ermäßigte die Regierung 1733 die Steuer auf 200 fl. Es schien wenig sinnvoll zu sein, nicht geleistete Zahlungen von Rechnung zu Rechnung weiterzuschleppen, um sie irgendwann definitiv zu streichen. 1728 betrug das der Veranlagung zugrunde liegende Kapital der schwarzenbergischen Judenschaft 111 616 Taler. Auf dem jüdischen Landtag 1769 wurde dieses Steuerkapital mit nur noch 71 150 Talern festgestellt, eine deutliche Schrumpfung. Gleichzeitig waren aber die Zollpauschalen der Nachbarn merkbar erhöht worden, von Würzburg zum Beispiel von 150 auf 180 fl. Es gab 1769 nur 62 Juden in der Herrschaft Schwarzenberg, die zu dieser Handelsschaftssteuer einen Beitrag leisten mußten. Ein Viertel von ihnen besaß nicht einmal mehr das Kapital, das bei einer Schutzaufnahme nachgewiesen werden mußte, nämlich 300 Taler oder 500 fl.

Auch das Schutzgeld war 1737 von drei bis vier fl. im Schnitt auf einheitliche sechs Taler angehoben worden. Wenn die reichen Juden für die armen mitzahlen müßten, würden sie *in Kurzem mit diesen ebenfalls ins Abnemen geraten, am Ende aber dem publico als unnüze Bettler zum immerwehrenden Last fallen.* Die Regierung schlug vor, die Handelsschaftssteuer alle drei Jahre neu festzusetzen, und zwar auf der Basis der nach der Judenpolizeiordnung von 1764 vorgeschriebenen Vermögensschätzung, die ebenfalls im Drei-Jahres-Rhythmus durchgeführt wurde. Vom steuerpflichtigen Kapital sollten 6 % berechnet werden, davon wieder 3 % als Handelsschaftssteuer pauschal erhoben werden. Umlage und Einzug mußte die Judenschaft selbst vornehmen. Die vorgesehene Steuer, die zusätzlich zu den sonstigen Umlagen erhoben wurde, war nach diesem Vorschlag eine 0,2 %ige Vermögensabgabe, deren Höhe für 1770 mit 127 Talern und 88 Kreuzern errechnet wurde. Sollte es sich herausstellen, etwa bei der durch Rabbiner und Vorgänger durchzuführenden Vermögensaufnahme beim Tod eines Steuerpflichtigen, daß Kapitalien arglistig verschwiegen worden waren, hatten die Erben Steuernachzahlungen zu leisten.

Es kam aber auch vor, daß jemand sein Vermögen höher angab, als es tatsächlich war, um, wie die Juden es formulierten, *ihre innere Schwäche zu verbergen, damit nicht hier und da die Gläubiger aufgeweckt oder einem oder anderen, der noch Kinder zu verheyraten hat, in deren Unterbringung ein Stoß gegeben werden möchte.* Das hatte sich gezeigt, als der Ortsvorgänger Nathan Salomon in Michelbach das Zeitliche gesegnet hatte. Er besaß kaum ein Drittel des Vermögens, das er eidesstattlich erklärt hatte. Es war auch eingerissen, daß in den Schutz aufgenommene Juden nach kurzer Zeit aus wirtschaftlichen Gründen um Ermäßigung des Schutzgeldes baten. Offensichtlich nahmen es die zuständigen Vertreter der Judenschaft mit der Ermittlung des für die Schutzgewährung notwendigen Vermögens nicht so genau. Schärfere Prüfungen wurden ab sofort erwartet – und sollte ein Jude des Betrugs oder der Arglist bei seiner eidesstattlichen Steuererklärung überführt werden, hatte er sofort das Land zu verlassen.

Auf den von den Juden gewünschten Verzicht auf die Pflicht zur Protokollierung von Handelsgeschäften ließ sich die Regierung nicht ein, *da die Christen, zumahl Bauern Volck, durch ihre eigene Einfalt und Unwissenheit im Schreiben und Rechnen eines-, anderntheils aber durch die jüdische Arglist und Betrüglichkeiten in mannigfältige Gefahr, schwere Vervortheilungen und öfters des gänzlichen Verderbens geraten, welchem aber durch obige Verordnung ganz heilsamlich vorgesehen werde.* Eine Lanze brach die Regierung dagegen für den freien Handel der Juden, der ihnen im Generalschutzbrief seit 1644 zugestanden war. Vor allem das Geschäft mit Zinn, Kupfer, Messing, Eisen und Viehhäuten suchten die Zünfte zu unterbinden unter Berufung auf die *alten, auf die heutigen Zeiten gar nicht mehr schicklichen Zunftordnungen.* Auswärtige Juden trieben diese Geschäfte ohne jede Beschränkung. Der Versuch der Zünfte, die Juden vom Markt fernzuhalten und dadurch die Ankaufpreise bewußt zum Schaden der Verkäufer niedrig zu halten, fand herbe Kritik. Das habe nur die Wirkung, daß *gleichsam auf Art eines gemeinschädlichen Monopolii,* die Mitbürger dazu getrieben würden, *mit Aufopferung der Zehrung und Versaumnus das zu verkaufende Materiale auswärtigen Juden in das Haus zu bringen und den Handel abzuschließen.*

Die positiven, marktregulierenden Handelsaktivitäten der Juden wurden in Schwarzenberg durchaus erkannt – bei aller Reserviertheit gegenüber den Juden. Ihr Recht auf den freien Handel mit allen Waren außer Spezereien wurde ausdrücklich anerkannt. Ohne Handel keine Einkünfte, ohne Einkünfte keine Steuern! Es ist nicht ersichtlich, da die entsprechenden Rechnungen nicht zugänglich waren, ob die Demarche der Juden erfolgreich war. Der Vorgang selbst gewährt neue Einblicke in die recht modern anmutende Wirtschaftspolitik der Schwarzenbergischen Regierung in Franken.

1786 wurde den Juden eingeschärft, daß die Kontrakte gemäß Artikel 13 der Judenordnung beim Amt protokolliert werden mußten. Lokale Beschwerden über diese Ordnung reichte die Regierung in Schwarzenberg an die Zentrale weiter. An eine Abänderung der Ordnung dachte sie nicht[89]. Die Juden hatten zum Beispiel vorgeschlagen, die Protokollierungsgrenze für Geschäfte anzuheben. Die Regierung in Schwarzenberg hielt das für sinnvoll und äußerte sich entsprechend gegenüber der Zentrale. Hier war man anderer Meinung und wies die Franken zurecht, *nicht sowohl aus Überzeugung, daß Juden einem Staate unentbehrlich und derselben freier Handel und Wandel mit Christen diesen letzteren selbst wesentlich vortheilhaft sei – wie ihr uns bereden zu wollen scheint, sondern nur mit Rücksicht auf die Vermögensumstände der Juden* bleibt es bei den bisherigen Sätzen.

Versuche zur Änderung der Ordnung von 1764 führten 1787 zu einem neuen Entwurf. Er blieb ebenso ohne Auswirkungen wie eine erneute Bitte der gesamten Judenschaft um Abänderungen im Juli 1792. Hierbei ging es vor allem um die Aufhebung der Restriktionen im Handel mit Vieh, Gewürzen, Spezereien und anderen Waren[90]. Erst im Zusammenhang mit

---

89 Archiv Orlik VII Polizei Generalia 5.
90 Ebd., Generalia 2.

Verhandlungen mit Preußen 1796 dachte man an eine großzügigere Vergabe von Schutzbriefen aus durchaus einleuchtenden Gründen. Der Anfall an Bayern besiegelte 1806 das Schicksal der selbständigen gefürsteten Grafschaft Schwarzenberg. So wurde schon im folgenden Jahr die zur Justizkanzlei umformierte frühere Regierung Schwarzenberg aufgefordert, eine Generaltabelle aller Juden an die bayerische Provinzialregierung in Ansbach zu senden. Nach dem Gebietsausgleich mit Württemberg unterstanden die Michelbacher Juden dem König dieses Landes.

Die schwarzenbergische Landjudenschaft

Seit den Privilegien von 1644 beziehungsweise 1685 scheint die Landjudenschaft ihre Organisation ausgebildet zu haben. An der Spitze stand der frei gewählte Landrabbiner. Gewählte Vertreter jeder jüdischen Wohngemeinde – zumeist die Vorsteher – bildeten eine Art Landesversammlung, die zwei weltliche »Obervorgänger« wählte. Sie vertraten die Landjudenschaft gegenüber der Herrschaft. Es war nicht genau zu ermitteln, wann die Organisation abgeschlossen war, wer die ersten Vertreter waren. Als sich die Juden von Scheinfeld 1694 gegen Vorwürfe der Regierung verteidigten, besaßen sie einen Rabbiner, der als Richter fungierte, bei bestimmten Anlässen aber auch durch Vorgänger einzelner Gemeinden ersetzt werden konnte. 1728 unterschrieben die erwähnte Supplik an den Fürsten *Söckel Emanuel et Müchel Simson, Obervorgänger.*

Nähere Einzelheiten über die Funktion des Obervorgängers erfährt man erst 1754. Isaak Mayer aus Marktbreit suchte damals um einen Paß als Faktor und Obervorgänger der Judenschaft bei der Zentralregierung nach. Angeblich hatte sein verstorbener Schwiegervater Seckel Emanuel einen solchen Paß besessen. Die Regierung, damals in Wien, hatte keine Ahnung, was es mit diesen Funktionen auf sich hatte, und erbat Aufklärung von der Regierung in Schwarzenberg. Über einen Paß und die Bestellung als Hoffaktor fand man nichts in den Akten. Diese Funktion, falls er sie überhaupt besessen hatte, hätte ihm von der fürstlichen Hofkanzlei unmittelbar übertragen worden sein müssen.

Seckel Emanuel, der im Zusammenhang mit den Regierungsmaßnahmen von 1728 erwähnt wurde, war 1724 zur Unterstützung des damals kränklichen Obervorgängers Michel Samson zu Marktbreit zum Mitobervorgänger von der Regierung ernannt worden. Samson starb 1745, Seckel Emanuel 1749. Wie in früheren Jahren waren daraufhin von der Regierung zwei neue Obervorgänger ernannt worden. Auch früher hatte es zwei oder drei gleichzeitig gegeben. 1700 waren es Isaac David aus Scheinfeld, Samson aus Marktbreit gewesen, in Scheinfeld später Guth Männlein. Die neuen Amtsinhaber waren Leser Schmul aus Scheinfeld, als einer der *vernünftigsten und vermöglichsten* Schutzjuden, und Joseph Seckel, der Sohn des Seckel Emanuel zu Marktbreit. Nach Verpflichtung und Eidesleistung beider hatte die gesamte Judenschaft darum gebeten, zusätzlich Isaac Schmuhl aus Scheinfeld zum dritten Mit- oder Nebenobervorgänger zu bestellen, *in Ansehung des von der ganzen Judenschaft zu ihm tragenden Vertrauens, dessen guter Geschicklichkeit und ehedessen schon verspürten Eifers zum besten derer jüdischen Angelegenheiten.* Man hatte diesem Gesuch stattgegeben *auf vielfältige Instanz der Judenschaft und zumalen es eben nichts Neues gewesen.*

Isaac Mayer genoß einen schlechten Ruf, hatte sein Vermögen herabgewirtschaftet und stand nicht in besonderem Ansehen bei der Judenschaft. Den Nutzen einer Hoffaktorei in den Schwarzenbergischen Landen in Franken konnte die Regierung ebenfalls nicht erkennen.

DEn Hoch-Fürstl. Brandenburg-Onolzbachisch-Herrschafftlichen Zoll / für angezeigte Löb. Jud von Michelbach

fl. | Kr.

nemlichen / hat allhie entrichtet / soll derowegen vor dißmal (ausser den gewöhnlichen Pflaster- Brucken- und Weg-Zöllen / welche zu deren Erhaltung / nach ein und andern Orts altem Herkommen / entweder denen Städt- und Märckten gehören / oder andern Personen zu solchem Ende zu gebrauchen und zu berechnen überlassen) frey fort paßirt werden. Actum

114.

1728.

Löber

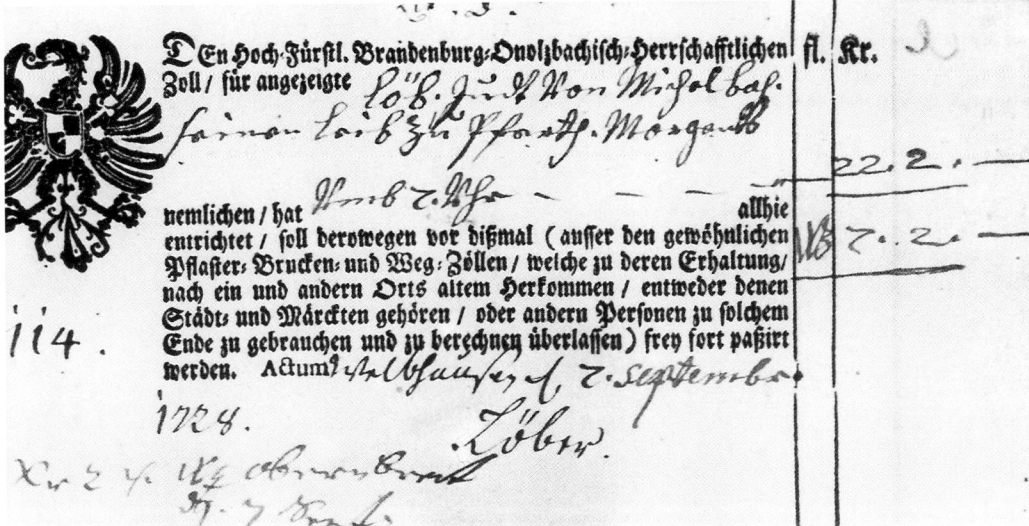

Abb. 16 Zollzettel des Juden Löb von Michelbach, 1728

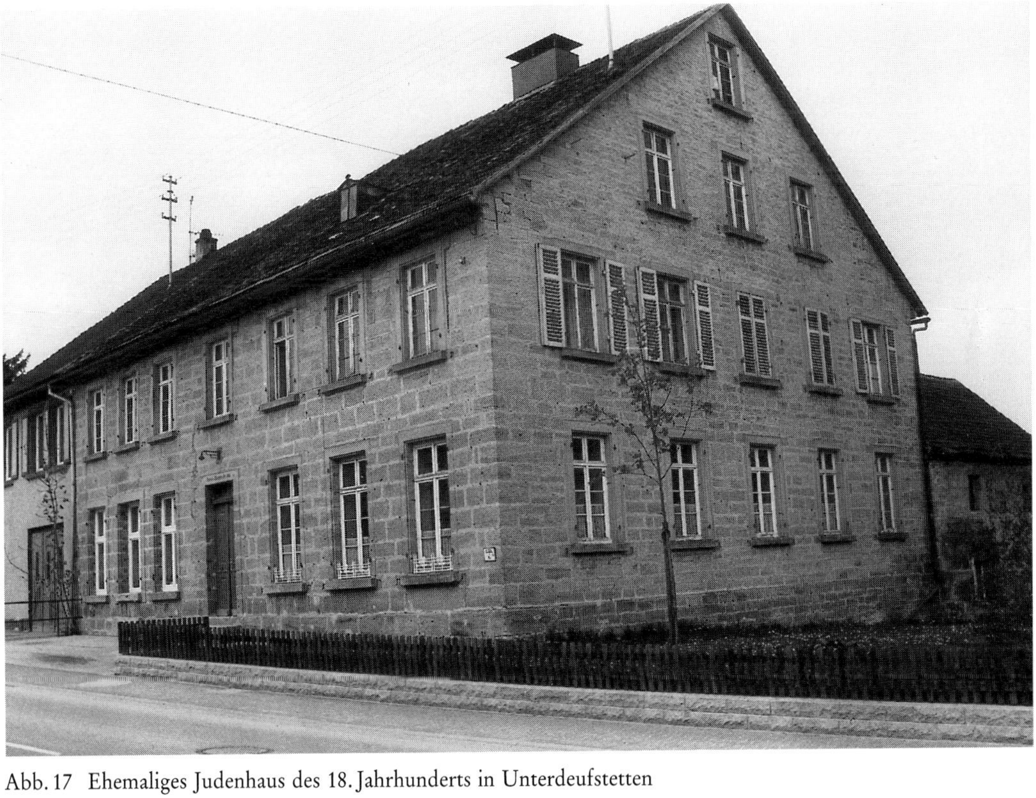

Abb. 17 Ehemaliges Judenhaus des 18. Jahrhunderts in Unterdeufstetten

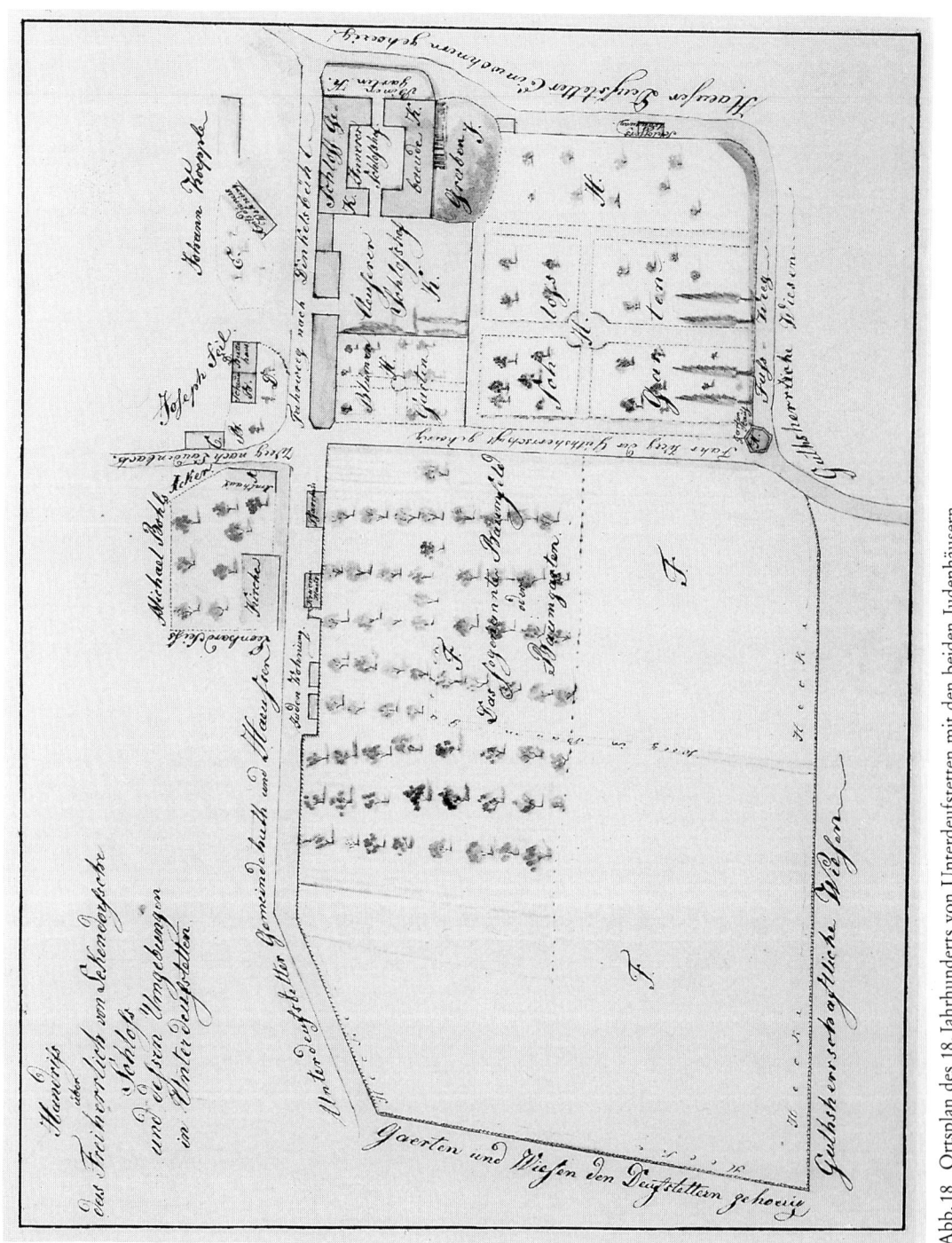

Abb. 18 Ortsplan des 18. Jahrhunderts von Unterdeufstetten mit den beiden Judenhäusern

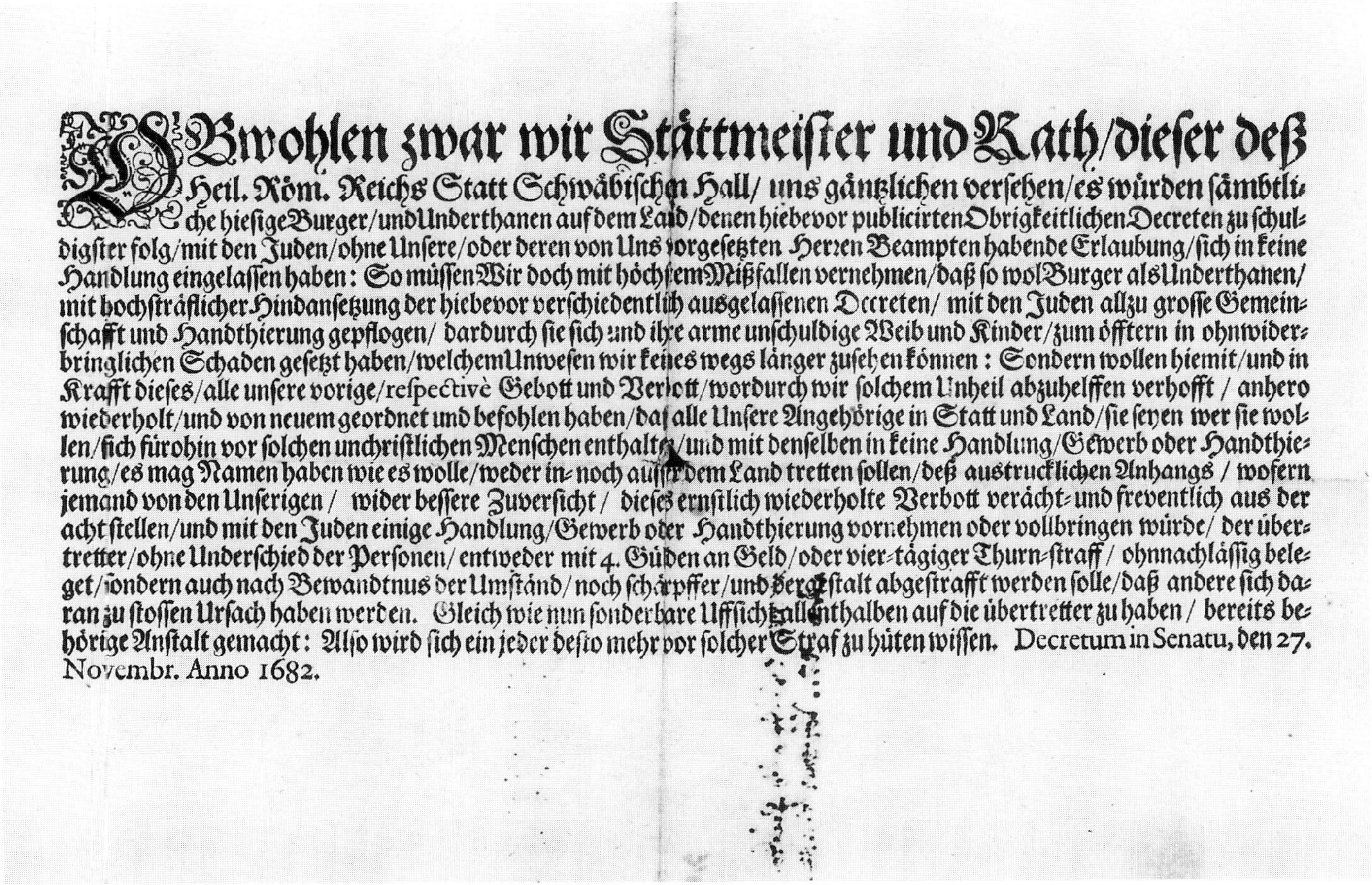

Wir Burgermeister zwar mit Stattmeister und Rath / dieser deß Heil. Röm. Reichs Statt Schwäbischen Hall / uns gäntzlichen versehen / es würden sämbtliche hiesige Burger / und Underthanen auf dem Land / denen hiebevor publicirten Obrigkeitlichen Decreten zu schuldigster folg / mit den Juden / ohne Unsere / oder deren von Uns vorgesetzten Herren Beampten habende Erlaubung / sich in keine Handlung eingelassen haben: So müssen Wir doch mit höchstem Mißfallen vernehmen / daß so wol Burger als Underthanen / mit höchststräflicher Hindansetzung der hiebevor verschiedentlich außgelassenen Decreten / mit den Juden allzu grosse Gemeinschaft und Handthierung gepflogen / dardurch sie sich / und ihr arme unschuldige Weib und Kinder / zum öfftern in ohnwiderbringlichen Schaden gesetzt haben / welchem Unwesen wir keines wegs länger zusehen können : Sondern wollen hiemit / und in Krafft dieses / alle unsere vorige / respectivè Gebott und Verbott / wordurch wir solchem Unheil abzuhelffen verhofft / anbero wiederholt / und von neuem geordnet und befohlen haben / daß alle Unsere Angehörige in Statt und Land / sie seyen wer sie wol len / sich fürohin vor solchen unchristlichen Menschen enthalten / und mit denselben in keine Handlung / Gewerb oder Handthierung / es mag Namen haben wie es wolle / weder in- noch aufm Land tretten sollen / deß austrucktlichen Unhangs / wofern jemand von den Unserigen / wider besser Zusicht / dieses ernstlich wiederholte Verbott veracht- und frevenlich auß der acht stellen / und mit den Juden einige Handlung / Gewerb oder Handthierung der Personen / entweder mit 4. Gulden an Geld / oder vier-tägiger Thurn-straff / ohnnachlässige bete get / sondern auch nach Verwandtnus der Umständ / noch schärpffer / und dergestalt abgestrafft werden solle / daß andere sich daran zu stossen Ursach haben werden. Gleich wie nun sonderbare Uffsicht hierhalben auf die übertretter zu haben / bereits bestellt und nach Verwandtnus der Umstand : Also wird sich ein jeder desto mehr vor solcher Straf zu hüten wissen. Decretum in Senatu, den 27. Novembr. Anno 1682.

Abb. 19   Verbot des Handels mit Juden durch den Stadtrat von Hall, 1682

Jacob Reitzen/
Predigers bey der Haupt=Kirchen zu S. Michael/ in Schwäb. Hall/
E. Ehrwürd. Capituli daselbsten Decani, wie auch Consi-
storialis und Scholarchæ.

Der
Durch unwiedersprechliche Zeugnus Heil. Schrifft/
zu annehmung des Christenthums/
kräfftig überredt= und überzeugte

J U D E /

Bey Gelegenheit

ELIAKIM Götzen/

Eines gebohrnen Juden/
aus der Königl. Haupt=Stadt Posen/ in Groß=Pohlen/
Als derselbe
nach Erkandtnus seines Jüdischen Irrthums
Sich zu der

Christ=Evangel: Religion gewendet/
Und
An. 1709. den 11. Augusst. als den XI. Sonntag nach Trin.
in gedachter Haupt=Kirche/ Abends nach gewöhnlicher Vesper-
Predigt/ vermittelst der heil. Tauff Christo
einverleibet wurde/
Nach Anleitung der Worte Act. XXVI. 28.
In Gegenwart einer ungemein volckreicher Versamlung
vorgestellet/
Und auf Großgst. Befehl in Druck übergeben.

Gedruckt und verlegt durch Georg Michael Mayer/ bestellten Buchör. aldaa.

Abb. 20 Taufe des Eliakim Götz in Schwäbisch Hall, 1709

Der
sich selbst überzeugende
Jude/
Oder
Klarer Beweiß/
Aus dem Talmud und Rabbinen/
daß der verheissene
Messias
längstens gekommen sey.
In einer den 13. Sept. An. 1709. gehaltenen
Kurtzen Rede
ausgeführet/
Und auf ergangenen Grgst. Befehl zum Druck übergeben
Von
Johann Christian Ludwig Haller/
Vormahls
ELIAKIM Götz/
Gebohrnen Juden aus Posen in Groß-Pohlen.

Schwäb. HALL/
Gedruckt und zufinden bey Georg Michael Mayer/ bestellten Buchdr.

Abb. 21 Rede des Johann Christian Ludwig Haller, 1709

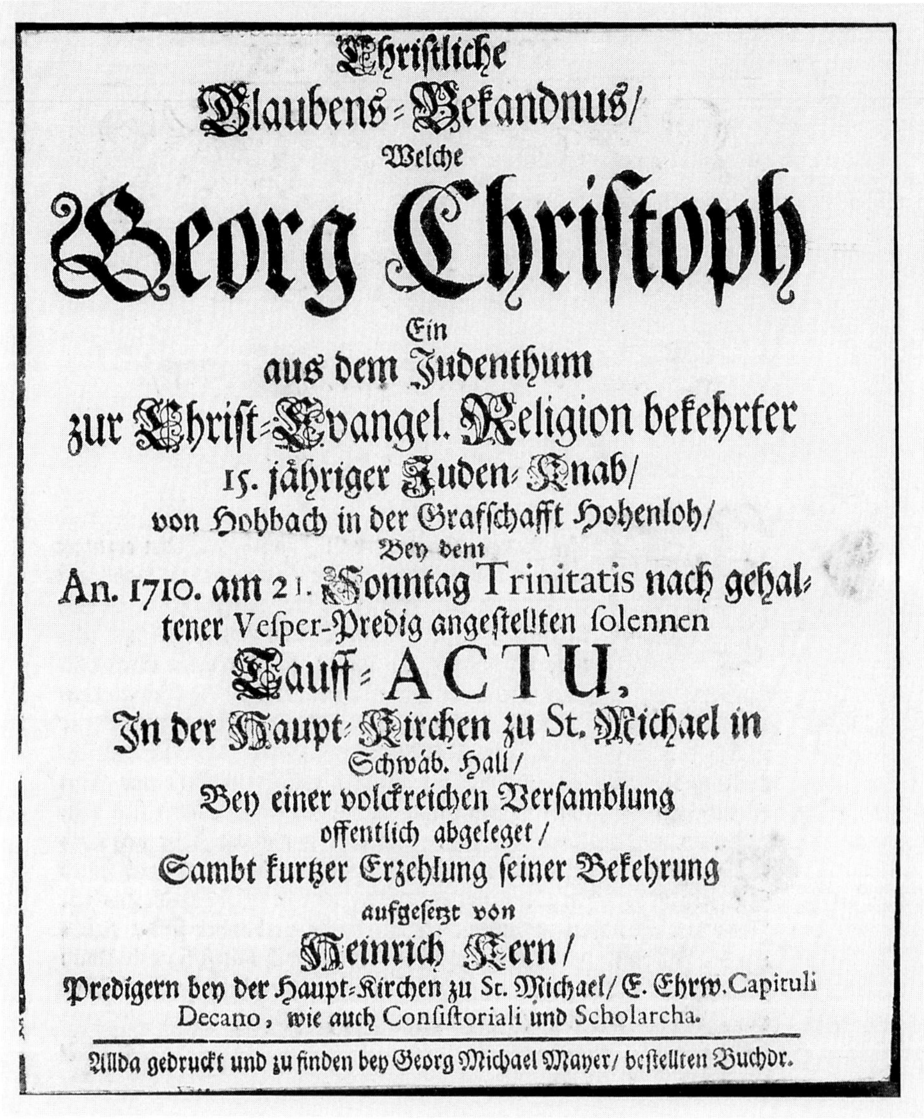

Christliche

Glaubens-Bekandnus/

Welche

Georg Christoph

Ein

aus dem Judenthum

zur Christ-Evangel. Religion bekehrter

15. jähriger Juden-Knab/

von Hohbach in der Grafschafft Hohenloh/

Bey dem

An. 1710. am 21. Sonntag Trinitatis nach gehaltener Vesper-Predig angestellten solennen

Tauff-ACTU,

In der Haupt-Kirchen zu St. Michael in

Schwäb. Hall/

Bey einer volckreichen Versamblung

offentlich abgeleget/

Sambt kurtzer Erzehlung seiner Bekehrung

aufgesetzt von

Heinrich Kern/

Predigern bey der Haupt-Kirchen zu St. Michael/ E. Ehrw. Capituli

Decano, wie auch Consistoriali und Scholarcha.

Allda gedruckt und zu finden bey Georg Michael Mayer/ bestellten Buchdr.

Abb. 22 Taufe des Georg Christoph in Schwäbisch Hall, 1710

Abb. 23 Innenraum der Synagoge aus Unterlimpurg im Hällisch-Fränkischen Museum

Abb. 24 Detail aus der Unterlimpurger Synagoge

Abb. 25 Thoraschrein aus der Unterlimpurger Synagoge

Abb. 26 Thoraschrein aus der Unterlimpurger Synagoge

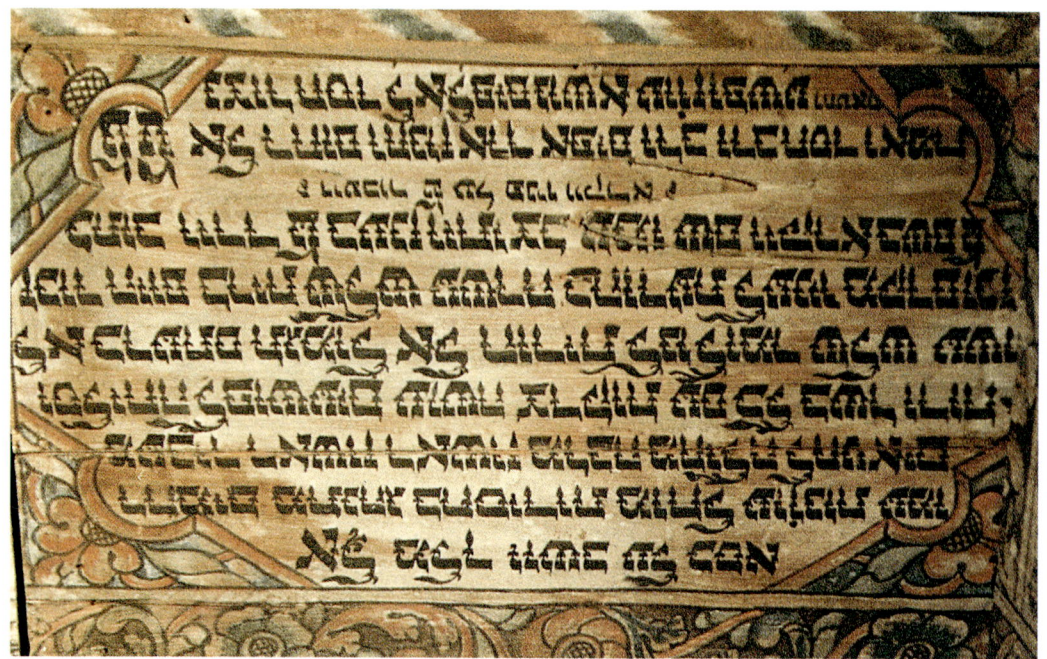

Abb. 27 Detail aus der Unterlimpurger Synagoge

Abb. 28 Detail aus der Unterlimpurger Synagoge; sogenannter Hasendreipass

Abb. 29   Alte Synagoge in Braunsbach

Abb. 30 Innenansicht der Synagoge
in Braunsbach, um 1930

Abb. 31 Synagoge in Braunsbach
nach der Umwidmung, um 1965

Sollte sich ein solches Institut als notwendig erweisen, kamen dafür andere Juden mit größerem Vermögen und besserem Kredit viel eher in Frage. Die Obervorgängerstellen waren mit *tüchtigen Subjectis* besetzt, ein vierter restlos überflüssig. Diese Stellungnahme war vernichtend. Aber trotzdem blieb es nicht bei drei Obervorgängern der Landjudenschaft. Als Hoffaktor wurde Mayer bestellt, denn 1758 bestätigte er dem Wolf Lerch, daß er das nach der Judenpolizeiordnung vorgeschriebene Vermögen zur Heirat besitze, zwei Jahre später unterschreibt er als Hoffaktor und Erster Obervorgänger der Judenschaft.

Zentrum der Landjudenschaft war die Handelsstadt Marktbreit am Main. Hier residierte der Landrabbiner. Pincas Moyses ist der erste nachweisbare Inhaber dieser Funktion. Als er 1750 ein neues Amt in Mähren übernahm, wählten die *Primores*, die Vertreter der gesamten Landjudenschaft, bei einer Tagung in Hüttenheim am 13. Juli 1750 David Moses Rapp als Nachfolger. Der Obervorgänger Löser nahm an der Wahl aus Protest nicht teil, denn er hätte aus Kostengründen die Stelle lieber ein bis zwei Jahre vakant gesehen. David war der Sohn des damaligen zweiten Frankfurter Rabbiners Rapp und bis zu seiner Wahl als Rabbiner in Raußnitz in Böhmen tätig. Joseph Säckel, der zweite Obervorgänger, kannte ihn vom Studium her. Die Regierung akzeptierte die Wahl. Nachdem er nach jüdischem Ritual einen Treueid geschworen hatte, erhielt er am 28. Oktober 1750 ein Patent, in dem seine Bestellung formell bestätigt wurde[91].

Rapp starb nach siebenjähriger Amtszeit 1757. In einstimmiger Wahl wurde David Löw Berliner aus Ansbach gewählt, der von der Regierung am 28. Juli 1757 seinen Bestätigungsbrief erhielt. Ende 1763 übernahm er ein neues Amt in Dessau. Nach seinem Abzug dorthin machte die Judenschaft zunächst keine Anstalten zur Neuwahl und mußte erst durch die Regierung dazu aufgefordert werden. Anfang Juli 1764 trafen sich die jüdischen Vertreter in Hüttenheim, darunter auch der Vorgeher Nathan Salomon aus Michelbach. Zunächst wurde dort über die Eigenwilligkeiten des Obervorgängers Joseph Säckel debattiert. Als Nachfolger für Rabbi Berliner hatte man an Jakob Moyses, den Sohn des Pincas Moyses, gedacht. Der war aber inzwischen Landrabbiner in Öttingen geworden und stand nicht mehr zur Verfügung. So konzentrierte sich die Debatte auf Jakob Meyer Eger, den Landjudenschaftsvorgänger in Bamberg, und Samuel Dellheimer, ritterschaftlicher Rabbiner in Bödigheim.

Eger galt als vermögend. Es wurde behauptet, *daß derselbe eine gute deutsche Handschrift und Wissenschaft, das Hebräische in das Deutsche zu übersetzen haben soll*. Die Wahl fiel auf ihn. Er erhielt seine Bestätigung am 5. November 1764. Kurz danach wurde allen Ämtern eingeschärft, die Privatgerichtsbarkeit der Juden in erster Instanz zu respektieren. Mit Eger schien man einen guten Mann gewählt zu haben, aber es kam bald zu Schwierigkeiten. Seine Frau weigerte sich, aus Bamberg nach Marktbreit überzusiedeln, angeblich, weil er keine passende Wohnung fand. So pendelte Eger zwischen beiden Städten mit erheblichem Zeitaufwand. Mehrfache Aufforderungen zur definitiven Niederlassung wurden nicht befolgt. So beschloß die Regierung, die vor allem wegen der Gerichtsbefugnisse auf ständige Präsenz des Rabbiners drängte, seine Entlassung. Am 7. Januar 1768 erhielt er sein dementsprechendes Patent.

Im Juni 1768 trafen sich die jüdischen Vertreter zur Neuwahl. Das Gremium, erstmals genau beschrieben, bestand aus den zwei Obervorgängern, fünf Ortsvorgängern, dem Einneh-

---

91 Archiv Krumau 5 AJ 1–2; Archiv Orlik VII Generalia 2.

mer und drei Beisitzern, insgesamt elf Wahlmännern. Drei Kandidaten standen diesmal zur Auswahl: Moyses Markscheinfelder aus Schwabach, Lazarus Wallberingen, Unterrabbiner, und der Dayen oder Unterrabbiner Bunnem Hirsch Kohen aus Bamberg. Er stammte aus einer sehr vornehmen Rabbinerfamilie und galt als vermögend. Sein Großvater war Rabbiner in Fürth, sein Vater in Wallerstein, sein Onkel in Würzburg beziehungsweise Heidingsfeld. Aus Michelbach waren Mayer Abraham und der Vorgänger Nathan Salomon an der Wahl beteiligt. Beide kannten persönlich keinen der Kandidaten und schlossen sich dem Mehrheitsvorschlag an. Nachdem Bunnem Hirsch seine Übersiedlung nach Marktbreit zugesagt hatte – man wollte nicht noch einmal den gleichen Ärger wie mit Eger haben – wurde er gewählt und am 20. Juli 1768 die Wahl vom Fürsten bestätigt.

Die Landrabbinerstelle im Fürstentum Schwarzenberg war offensichtlich eine Sprosse auf der Karriereleiter für tüchtige junge Rabbiner. Bunnem Hirsch Kohen wurde 1772 als Nachfolger seines Vaters nach Wallerstein berufen und legte sein Amt in Marktbreit am 10. September 1772 nieder. Bei der Neuwahl im Januar 1773 bewarben sich acht Kandidaten. Außer dem schon bekannten Samuel Dellheimer aus Bödigheim meldeten sich Juda Ofenbach aus Fürth, Pfeifle aus Bischwinden, ein Dayen Hirsch aus Lissa in Polen, Samuel Warburg aus Hanau, der Dayen Joseph aus Burgkunstadt und ein gewisser Feist aus Büttenheim. Aussichtsreichster Bewerber war aber Moyses Markscheinfelder aus Schwabach, der bereits 1768 kandidiert hatte. Er stammte aus Michelbach, wo er sich noch Moyses Aaron Scheinfelder genannt hatte, war also Landeskind. Ein weiterer Vorteil war, daß er kinderlos war, sich also auch von den relativ bescheidenen Einkünften des kleinen Rabbinatsbereichs des Fürstentums Schwarzenberg ernähren konnte. Am 27. Februar 1773 erhielt er seine Bestätigung[92]. Bis zu seinem Tode am 27. Februar 1789 versah er ohne Beanstandung sein verantwortungsvolles Amt.

Bei der Neuwahl im Juli 1789 war kein Michelbacher Vertreter anwesend. Der Vorgänger Elias Gundelfinger war verhindert und hatte seine Meinung schriftlich abgegeben. Diesmal hatten sich 14 Kandidaten um die *an sich sehr gering erträgliche, gleichwohl weitberühmte Stelle* beworben. Gewählt wurde Moyses Oscher Gunzenhäuser aus Ansbach. Bei der Wahl kam es zu Unstimmigkeiten. So mußte eine Regierungskommission eingesetzt werden, die die Hintergründe klären sollte und gleichzeitig die beanstandete Rechnungsführung des Obervorgängers Löw Laser überprüfte. Nach intensiver Untersuchung vieler einzelner Vorgänge wurde die Wahl als gültig anerkannt, Gunzenhäuser 1790 in sein Amt eingeführt, das er bis zu seinem Tode am 28. Juli 1804 verwaltete[93].

Während seiner Amtszeit erwarben die Fürsten von Schwarzenberg die Güter Schnodsenbach und Burgambach. Auch über die dort ansässigen Juden erhielt Gunzenhäuser die Amtsbefugnisse, die in der Landjudenschaft des Fürstentums Schwarzenberg üblich waren. Als Bestallung erhielt der Landrabbiner damals 110 fl. jährlich, wozu noch die Gebühren aus verschiedenen Amtshandlungen kamen. Die ungeklärte politische Situation – Michelbach war schon 1796 von der übrigen schwarzenbergischen Landjudenschaft abgetrennt worden, über einen Austausch mit Preußen wurde verhandelt – ließ es 1804 nicht ratsam erscheinen, den Rabbinatsposten neu und definitiv zu besetzen. Geplant war auch eine Trennung der

---

92 Archiv Orlik VII Generalia 5.
93 Ebd., VII Generalia 8.

geistlichen und der juristischen Funktionen des Rabbiners. So schlug der Obervorgeher Schlom Löw die Einsetzung seines Bruders Raphael als Amtsverweser bis zur endgültigen Ordnung der schwankenden Verhältnisse vor. Er war langjähriger Schreiber der Landjudenschaft gewesen, kannte sich also in den Rechtsangelegenheiten aus, war aber kein Geistlicher. Der andere Obervorgeher Salomon Jandorf schlug statt dessen die Einsetzung des Sohnes des verstorbenen Rabbiners Gunzenhäuser vor. Seine Bedenken beruhten vor allem in der mangelnden fachlichen Qualifikation Raphael Löws, der bis dahin beruflich als Schmuser tätig war. Die Regierung teilte die vorgetragenen Bedenken nicht und setzte Raphael als Amtsverweser ein, schränkte seine Amtsbefugnisse jedoch erheblich ein.

Inzwischen fiel das Fürstentum Ansbach an Bayern, wurde der schwarzenbergische Besitz mediatisiert. Im April 1808 erbat Raphael von der inzwischen in Justizkanzlei umbenannten vormaligen Regierung in Schwarzenberg die alten Rabbinerakten, die man nach dem Tode Gunzenhäusers in Verwahrung genommen hatte. Die Justizkanzlei war unschlüssig, denn sie wußte nicht, wie Bayern die durch die Mediatisierung gewonnenen Gebiete organisieren wollte. Sinnvoll schien die Aufhebung des schwarzenbergischen Landrabbinats zu sein und eine Unterstellung der Juden dieses Bereichs unter den Rabbiner in Mainbernheim. Eine Entscheidung wurde nicht getroffen. Am 20. Juni 1815 erklärte das bayerische Generalkommissariat des Rezatkreises in Ansbach die jüdische Gerichtsbarkeit für aufgehoben. Davon betroffen war auch Raphael Löw, der noch immer als Amtsverweser fungierte. Er war inzwischen 66 Jahre alt und erhielt ein festes Gehalt von 62 fl. jährlich. Der Verlust der Justizeinnahmen durch die bayerischen Maßnahmen war für ihn nicht zu kompensieren. So bat er die schwarzenbergische Justizkanzlei, die ihm immer noch unterstellten Juden zur Erhöhung seines Gehalts anzuhalten. Die einzelnen Gemeinden konnten und wollten sich nicht dazu bereit finden. Sie verpflichteten sich allerdings, ihrem Amtsverweser sein bisheriges Gehalt auf Lebenszeit auszuzahlen.

Im Dezember 1818 richtete Raphael, der sich nun Löwenberger nannte, noch eine ergreifende Bittschrift an die Kanzlei in Schwarzenberg[94]. Er hatte inzwischen über 300 fl. Schulden machen müssen und hatte doch kaum 20 kr. täglich, um seine fünfköpfige Familie zu ernähren. Eine Antwort erlebte er nicht mehr, da er im Frühjahr 1819 starb. Eine Zahlungsverpflichtung für seine hinterlassene Witwe wurde nicht anerkannt. Mit Raphael Löw endete die Geschichte der besonderen schwarzenbergischen Landjudenschaft. Sie ging im bayerischen Judentum auf. Michelbach, das seit 1796 eigene Wege zu gehen gezwungen war, hatte damit nichts mehr zu tun. Sein neuer Landesherr war seit den Gebietsbereinigungsverträgen 1810 der König von Württemberg.

B. Juden in Michelbach

Der Zeitpunkt der ersten Niederlassung von Juden in Michelbach und ihre Herkunft läßt sich bislang nur vermuten. In den Jahren 1519/20 vertrieb die Stadt Rothenburg alle Juden aus ihrem Herrschaftsbereich. So ist es nicht ausgeschlossen, daß sich vereinzelte Flüchtlinge in den Dörfern der unmittelbar benachbarten Reichsritter niederließen, wo sie bereitwillig Aufnahme fanden. Auch die Michelbacher Juden könnten von dort stammen. Die Vermutung

---

94 Ebd., VII Generalia 10.

liegt nahe, daß Rothenburger Juden im gesamten Territorium der Reichsstadt Handel getrieben haben. Von den Orten in unmittelbarer Nähe der Rothenburger Landwehr konnten sicher viele Handelsbeziehungen weiter gepflegt werden[95]. Es wäre interessant, wenn man Namen und Zahl der Vertriebenen kennen würde. Auf jeden Fall entstand eine neue Diaspora, die sich durch natürliche Vermehrung vergrößerte. 1556 wird ein Mosse von Michelbach genannt. Der Graf von Oettingen-Wallerstein hatte aus nicht näher bekannten Gründen einen Juden namens Hirsch gefangengenommen und wollte ihn nur gegen eine Bürgschaft von 1000 fl. freigeben. Einer derjenigen, die diese Bürgschaft aufbringen wollten, war Moses oder Mosse, der mit an Sicherheit grenzender Wahrscheinlichkeit von den Freiherren von Berlichingen als Schutzjude aufgenommen worden war[96].

Die Quellen fließen in der Zeit vor dem Dreißigjährigen Krieg nicht überreichlich. So ist eher zufällig ein zweiter jüdischer Einwohner aus Michelbach bekannt. Um 1590 hatte ein brandenburg-ansbachischer Untertan aus Marolzwinden eine Forderung an den Juden Judas von Michelbach. Das Ortsgericht verweigerte die Anerkennung der Berechtigung dieser Forderung, über die im einzelnen nichts bekannt ist. Daraufhin appellierte der Kläger an das Landgericht in Rottweil. Die Freiherren von Berlichingen besaßen damals die Gerichtshoheit in Michelbach. So betrachteten sie die Appellation als nichtig, weil zuvor ihr herrschaftliches Gericht hätte angerufen werden sollen. Deshalb stellte sich der Freiherr Hans Georg von Berlichingen vor seinen »schutzverwandten« Juden, der einen Anwalt mit seiner Vertretung beauftragte. Der eigenhändige Auftrag mit Unterschrift und Siegel liegt heute noch vor[97]. Judas taucht in weiteren Gerichtsunterlagen 1591, 1592 und 1600 auf.

Diese ersten beiden Juden, die im Zusammenhang mit Geldgeschäften und juristischen Auseinandersetzungen genannt werden, waren anscheinend nicht unvermögend. Mehr ist vorläufig über sie nicht festzustellen. Sie waren aber mit großer Wahrscheinlichkeit nicht die einzigen Anhänger des mosaischen Glaubens im Dorf. Aus verschiedenen Klagen, die vor dem rothenburgischen Stadtgericht verhandelt wurden, sind weitere Namen überliefert, so 1600 und 1609 ein Michael, 1611 ein Jakob[98].

Inzwischen hatte, wie berichtet, 1599 die Dorfherrschaft gewechselt. Aus dem Jahre 1626 – der Dreißigjährige Krieg hatte zwar schon begonnen, seine Auswirkungen waren aber in Franken noch kaum zu spüren – stammt die älteste erhaltene Rechnung des Amts Michelbach. Es war die erste Rechnung, die der neue Ortsvogt des Veit Christoph von Crailsheim, Johann Werner Sauerzapfen, für die Zeit von Petri Cathedra 1625 bis 1626 ablegte. Es ist die Rechnung, die 1650 Wolf von Crailsheim dem Grafen Johann Adolph von Schwarzenberg ausgehändigt hatte[99]. In dieser Rechnung werden auch alle Juden aufgeführt, die Abgaben an die Herrschaft zu leisten hatten, zunächst Schirm- und Dienstgeld in unterschiedlicher, wohl

95 F. Rüb, Die Juden in Michelbach/Lücke.1953 masch. S. 16. Die hier behauptete Landeshoheit von Ansbach und die daraus in der Arbeit gezogenen Folgerungen sind allerdings irrig.
96 Rüb, (wie Anm. 95), S. 17, schließt daraus auf eine bereits bestehende Judensiedlung, die man zu diesem Zeitpunkt aber nicht belegen kann.
97 HStASt C 3 Bü C 633.
98 Stadtarchiv Rothenburg.
99 Archiv Orlik Bund 452.

vom Vermögen abhängiger Höhe. Wie damals üblich, werden die Juden nur mit dem Vornamen genannt. Die Liste nennt insgesamt 23 Abgabepflichtige:

1. Lazarus Jud	15 fl.		13. Mänles Wittib	8 fl.
2. Aron Jud	8 fl.		14. Maier Jud	8 fl.
3. Abraham Juden Wittib	8 fl.		15. Moses Jud	8 fl.
4. Jacob Juden Wittib	8 fl.		16. Isaac Jud	8 fl.
5. Löw Jud	8 fl.		17. Schandi Jud	8 fl.
6. Secla Jud	8 fl.		18. Münch Jud	4 fl.
7. Jung Hirsch Jud	8 fl.		19. Davidla Jud	4 fl.
8. Götz Jud	8 fl.		20. Mendla Judten Wittib	2½ fl.
9. Rebi Joseph	10 fl.		21. Zirle Judin	2½ fl.
10. Fromle Jud	8 fl.		22. Isaac Jud	2 fl.
11. Buckela Juden Wittib	4 fl.		23. Mosch Jud	1 fl.
12. Judas Jud	8 fl.			

Bei Mendla (Nr. 20) steht der Vermerk *hinweck gezogen*, bei Isaac (Nr. 22) und Mosch (Nr. 23) *von etlichen Wochen, weilen sie erst zugezogen*. Diese Liste ist recht aufschlußreich. Es existierte zu dieser Zeit schon eine echte jüdische Gemeinde, die sogar einen eigenen Rabbiner besaß, der von den üblichen Abgaben nicht befreit war. Es gab um Petri 1626 22 Haushaltungen, davon wurden vier von Witwen, eine von einer ledigen Jüdin geführt. Das normale Schutz- und Dienstgeld belief sich auf die stattliche Summe von 8 fl. im Jahr und verringerte sich bei kürzerer Verweildauer. Ermäßigungen um 50 % kamen wohl bei schlechten Vermögensverhältnissen vor. Der Gesamtertrag belief sich auf 159 fl. Drei der Juden, nämlich Rebi Joseph, Judas und Münch, hatten außerdem Schatzung zu zahlen. Sie besaßen also steuerpflichtiges Vermögen, vielleicht eigene Häuser. In diesem Jahr mußte Maier Jud 4½ fl. Handlohn zahlen, weil er das Haus oder den Hausanteil der Witwe Huchele für 45 fl. erworben hatte. Handlohn war die hier auf 10 % festgesetzte Grunderwerbssteuer. Auch der Jude Mosch mußte 3 fl. zahlen, weil er der Höferin für 30 fl. einen Hausanteil abgekauft hatte. Erwerb christlicher Häuser oder Hausanteile war also durchaus üblich.

Beim Tod von Juden mußten diese wie die christlichen Untertanen eine weitere Abgabe als Erbschaftssteuer zahlen, Hauptrecht genannt. Diese Abgabe war im fraglichen Jahr für die verstorbenen Juden Bukela und Abraham, der *den 28. Juli von hinnen gefahren*, in Höhe von 2 fl. zu entrichten. Die Judenschutzgelder tauchen erst nach 1700 wieder in den Michelbacher Amtsrechnungen auf, die bis zum Jahrgang 1848 erhalten sind[100]. Da das Schirmgeld in den Jahren 1613–1618 im Durchschnitt 152 fl. betragen hatte, kann man davon ausgehen, daß die Herren von Crailsheim die von den Herren von Berlichingen begonnene Ansiedlung der Juden förderten und intensivierten.

Der große Krieg störte die weitere Entwicklung nachhaltig. Als Johann Adolph von Schwarzenberg 1642 seine Neuerwerbung Michelbach in Besitz nahm, wurde ein förmliches Immissionspatent angefertigt, in dem das Gut ausführlich beschrieben, alle vorgenommenen symbolischen Rechtshandlungen exakt dargestellt wurden. In einer späteren Abschrift des

---

100 Wegen der großen Schwierigkeiten und aus Zeitmangel konnten die im Archiv Orlik deponierten Rechnungen nicht systematisch ausgewertet werden. Das Archiv ist ein personell nicht besetztes Außenmagazin des Archivs Krumau, in einem wunderschön an der aufgestauten Moldau gelegenen Schloß untergebracht.

Patents findet sich im Anschluß an die Schloßbeschreibung der zeitgenössische Zusatz: *Nit lang hernach seind nit allein diese Schloßgebäu sondern auch das Dorf Michelbach selbst von den Franzosen vorsetzlich angezündet und bis auf den Grund hinweggebracht und der Vogt totgeschossen* [101].

Die Wiederbesiedlung der verwüsteten Orte – und Michelbach war nur einer unter vielen – war eines der Hauptanliegen der Grundherren nach dem Dreißigjährigen Krieg. Nur von bestellten Feldern waren Ernten zu erzielen, nur intakte, bewohnte Häuser mit auskömmlich lebenden Einwohnern konnten mit Steuern belegt werden. Mit dem Angebot von Steuerfreiheit für mehrere Jahre, mit günstigen Bedingungen für den Grunderwerb, suchte man Siedlungswillige heranzuziehen. Auch Juden wurden gerne gesehen, brachten sie doch häufig durch ihre Handelsgeschäfte Bargeld in die Herrschaft. Auch die von ihnen zu entrichtenden Sondersteuern für den gewährten Schutz stärkten die schwindsüchtigen Kassen vieler Landesherren. Eine Bestandsaufnahme der Herrschaft Schwarzenberg, kurz nach dem Kriege etwa 1660 angelegt, verzeichnete 429 öde Wohnstätten. Außer 806 protestantischen Untertanen gab es 254 Katholiken und insgesamt 45 Juden. In Michelbach gab es zu diesem Zeitpunkt 23 protestantische Untertanen und sieben Juden. Gezählt wurden dagegen 52 öde Häuser. Zu den übrigen zum damaligen Amt Michelbach gehörenden Dörfern und Weilern zählte Gailrot mit zwölf, Leitsweiler (Lenzenweiler) mit vier und Kühnhard mit einem Einwohner. Hier gab es keine Katholiken, keine Juden, keine öden Häuser [102].

Doch die Anstrengungen der Herrschaft trugen Früchte. 1671 gab es in Michelbach schon wieder 41 bewohnte Häuser und nur noch 30 öde Wohnstätten. 1682 heißt es in einem Bericht des Amtmannes Joachim Heinrich Schumm an die Regierung in Schwarzenberg: *In dem Dorf Michelbach befinden sich 12 öde Plätze. Darzu gehören gar keine Feldgüter, sondern es sind allezeiten bloße Häuslein, darinnen meistens Juden gewohnt haben, gewesen. PS. Es ist dabei zu achten, daß vordessen bei 40 Juden allhier gewohnet, aber meistens in dem Bettel herumb gelaufen haben. Von diesen ist das Dorf also angefüllet gewesen* [103]. Das übliche Los der Juden auf dem Lande ist aus diesen knappen Hinweisen zu entnehmen. Sie durften zwar Häuser erwerben oder erbauen, aber keine landwirtschaftlich zu nutzenden Flächen. Da sie nicht in Zünfte aufgenommen wurden, blieb ihnen der Zugang zum Handwerk verschlossen. So blieb ihnen als praktisch einzige Erwerbsmöglichkeit der Handel in allen Formen, sei es mit Geld, Vieh, Kram oder Lebensmitteln, und der Bettel.

Der erste namentlich genannte schwarzenbergische Schutzjude in Michelbach ist ein gewisser Oswald. Er wandte sich 1662 an die Regierung in Schwarzenberg mit der Bitte um Schutz vor dem herrschaftlichen Vogt in Michelbach. Oswald hatte seit längerer Zeit sein Schutzgeld nicht bezahlen können und war mit 20 Talern im Rückstand. Kein Wunder also, daß der Vogt auf Zahlung drängte und mit dem Entzug des Schutzes drohte. Oswald tritt im gleichen Jahr für den armen Wolf Türkel als Prinzipal vor dem Rottweiler Hofgericht auf. Mit Hirsch Hänle, Schutzjude des Grafen Albrecht Ernst von Oettingen, war er in Händel verwickelt. In diesen nicht näher bekannten Auseinandersetzungen erbat er die Intervention seiner Schutzherrschaft beim Grafen in Öttingen, um Hirsch von weiteren Streitigkeiten abzuhalten [104]. Aufschlußreicher ist die im Frühjahr 1685 angefertigte Liste aller Judenhaus-

---

101 Archiv Orlik III/51/39.
102 Archiv Krumau B 4E 4.
103 Ebd., A 6Gß 2.
104 Ebd., A 5AJ 1.

halte in der gefürsteten Grafschaft Schwarzenberg. Es waren elf Familien in Michelbach, die insgesamt 30 Reichstaler 38 kr. an Schutzgeld und Steuer erbrachten.

	Schutzgeld		Steuer
Oscher hat nichts	3 Rth.	24 Kr.	40 Kr.
Schmeuler hat auch nichts	2 Rth.	36 Kr.	36 Kr.
Klein Mayer similiter	3 Rth.	24 Kr.	40 Kr.
Lang Mayer hat kummerlig die Nahrung	3 Rth.	– Kr.	30 Kr.
Schwarz Mayer hat nichts	3 Rth.	– Kr.	30 Kr.
Israel similiter nichts	1 Rth.	48 Kr.	24 Kr.
David hat gute Mittel und Nahrung	2 Rth.	36 Kr.	36 Kr.
Mathes hat nichts	2 Rth.	– Kr.	36 Kr.
Simson similiter	1 Rth.	48 Kr.	30 Kr.
Hirsch similiter	1 Rth.	48 Kr.	– Kr.
Samuel similiter	1 Rth.	48 Kr.	– Kr.

So gab es um 1675 eigentlich nur einen Juden, der in guten Verhältnissen wohnte. Die ärmlichen Verhältnisse bewirkten eine starke Fluktuation der Bevölkerung. Zwischen 1674 und 1684 waren vier Familien abgewandert (Löw, Selmann, Nathan, Oscher) und fünf neu aufgezogen (Schwarz Mayer, Levi Mayer, Klein Mayer, Schneider, Israel).

Im Zusammenhang mit dem geplanten Erlaß einer neuen Judenordnung wurde 1685 eine genaue Statistik der Juden von den Amtmännern erarbeitet. Sie gibt umfassende Auskunft über die Lebensumstände und die Besitzverhältnisse. Der Amtmann Joachim Heinrich Schumm aus Michelbach legte seinen Bericht am 12. Mai 1685 vor. Er schrieb[105]: *Designatio derjenigen dieser Zeit in dem herrschaftlichen Schutz zu Michelbach befindliche Juden, wie sie mit Namen heißen, wie lang sie allhier wohnen, was ihr Gewerb und Handlung sei, was sie jährlich vor Praestationes zahlen, und was sie noch im Rest verbleiben.*

Klein Mayer Jud genannt, wohnt 24 Jahre (seit 1661) dahier, hat ein eigenes, aber auf den Grund baufälliges Haus, welches scheint alle Tag über einen Haufen zu fallen, ist aber in seinem Vermögen nicht, ein solches wiederum aufzubauen. Er wird bei der hochfürstlichen Commission deswegen nechstens untertänig einkommen.

Gibt jährlich vor die ordinari Gefäll	*2 Rth.*	*66 kr.*
jährliche Steuer	*1 Rth.*	*16 kr.*
Schutzgeld von 4 fl.	*3 Rth.*	*24 kr.*
gesamt	*7 Rth.*	*34 kr.*

Dieser Jud ist, wie oben gedacht, geringen Vermögens, sucht meistenteils seine Nahrung mit schlechter Krämerei, Leinwand, Köllisch und dergleichen, hat jedoch bis anhero richtig ausgezahlt, wird auf Trinitatis vollends seiner Praestationen wegen Richtigkeit machen. Bleibt im Rest 1 Rth. 51 kr.

Schneider Jud, wohnet 18 Jahre (seit 1667) daselbst, hat ein eigenes und wohl gebautes Haus, entrichtet jährlich

---

105 Ebd. Die Reihenfolge wurde abgeändert, um die zeitliche Entwicklung der jüdischen Besiedlung deutlich zu machen.

Gült und Dienstgeld und vor die Ordinari onera   3 Rth. 51 kr.
jährliche Landsteuer   1 Rth. – kr.
Schutzgeld   2 Rth. 36 kr.
gesamt   7 Rth. 15 kr.

Jud hat seine Handlung mit Federn, Bettgewand, wüllen und leinen Tuch, trägt solches auf dem Buckel hin und her, um seine Nahrung damit zu gewinnen, nährt sich damit wohl, zahlt richtig aus und bleibt niemalen zum Amt nichts schuldig. An ausgeliehen Geld ist nichts wissend. An ausgestelltem Vieh hat er drei Stück unter den Leuten stehen. Rest dato nichts.

Israel Jud hat ein eigenes aber schlechtes Häuslein, sucht seine Nahrung des mehrern im Betteln bei der fremden Judenschaft, wohnt 10 Jahr (seit 1675 als Nachfolger Nathans) in Michelbach.

Gibt jährlich vor seine ordinari Gefäll   2 Rth. 52 kr.
an Steuer   – Rth. 48 kr.
Schutzgeld   1 Rth. 48 kr.
gesamt   5 Rth. 4 kr.

Dieser Jud ist mit seiner Zahlung sehr eifrig. Sobald er anheim kommt, richtet er seine Praestationes richtig ab, bleibt dato nichts.

Schwartz Mayer Jud genannt ist arm, soviel man weiß, nehrt sich mit Betteln bei der fremden Judenschaft, hat ein eigenes von gnädigster Herrschaft pro 10½ fl. erkauftes Häuslein, woraus der vorige Jud (Löw) ausgetreten. Sein Häuslein aber braucht nunmehr einer Reparation und sonderlich das Dach von neuem einzudecken, will auch um ein Freijahr derentwegen bei gnädigster Herrschaft unterthänigst anlangen.

Gibt jährlich vor ordinari Gefälle   2 Rth. 64 kr.
Jährliche Steuer   – Rth. 60 kr.
Schutzgeld   2 Rth. 36 kr.
gesamt   6 Rth. 16 kr.

Dieser Jud wohnt 8 Jahr (seit 1677) zu Michelbach, zahlt ungern, bleibt dismal an Amtsrest 5 Rth.

Lang Mayer Jud genannt hat ein eigenes und noch zimblich gebautes Häuslein, treibt fast jährlich ein paar Herdlein schlechter Fohlen aus Schwaben herunter, verkauft und verborgt solche in hiesiger Refier, trägt auch auf seinen Buckel einiges wüllen und leinen Tuch hie und dorten zu verkaufen.

Gibt jährlich an ordinari Gefällen   2 Rth. 71¾ kr.
an Steuer   – Rth. 60 kr.
Schutzgeld   3 Rth. – kr.
gesamt   6 Rth. 59¾ kr.

Dieser zahlt gern und ohne sonderliches Treiben, bleibt dato an Amtsrest nichts. (Die Aufenthaltsdauer ist nicht angegeben.)

Mathes Jud ist ein Hausgenoß bei dem Langen Mayer, nehrt sich wohl mit wüllen und leinen Tuch, Federn, Bettwerk und was ihm vor Schacherei anstehet.

Gibt jährlich Schutzgeld   3 Rth.
an Steuer   1 Rth.
gesamt   4 Rth.

Nota. Dieser möcht endlich wohl angehalten werden, entweder ein neues Haus zu bauen oder ein leerstehendes anzunehmen. Dieser zahlt sonsten auch richtig aus, wohnt 8 Jahr lang allhier und bleibt im Rest nichts.

Veis Jud hat ein eigenes Häuslein, ist schlecht und kann sich kaum darin behelfen, sucht seine Nahrung mit Betteln bei der fremden Judenschaft, wohnt ein Jahr lang allhier, scheint, daß er einen... Zahler abgeben werde.

Gibt jährlich an ordinari Gefällen 2 Rth. 71¾ kr.

jährliche Steuer – Rth. 60 kr.

Schutzgeld 1 Rth. 48 kr.

gesamt 5 Rth. 35¾ kr.

Bleibt dato an Amts-Rest 3 Rth.

David Jud sitzt als ein Hausgenoß 8 Jahre lang bei seinem Vater, eingangs gedachten Schneider Juden. Hat sein Gewerb und Hantierung mit demselben an wüllen und leinen Tuch, Federn, Bettgewand und dergleichen, wie sie solchs auf dem Buckel herumtragen. Hat gute Nahrung, will sich aber der Zeit nicht aus seines Vaters Haus und dahier in ein eigenes begeben in Ansehung, daß sein Vater alt und ihm mit der Schacherei viel über Land zu gehen beschwerlich fällt.

Gibt jährlich Schutzgeld 2 Rth. 36 Kr.

an Steuer 1 Rth.

gesamt 3 Rth. 36 Kr.

Dieser zahlt richtig und gerne aus, bleibt dato zum Amt nichts.

Diese sehr ausführliche Beschreibung ist aufschlußreich in vieler Hinsicht. Es bestanden danach acht jüdische Haushalte, wovon sechs in eigenen Häusern lebten, zwei als Hausgenossen. Nur zwei der Häuser galten als gut, der Rest war baufällig. Drei Familien ernährten sich ausschließlich von auswärtigem Bettel, ein Jude war Pferdehändler, der Rest lebte vom Schacherhandel, hauptsächlich mit Textilien. Die Abgaben waren sehr unterschiedlich, vor allem das Schutzgeld, das häufig ermäßigt werden mußte. Die Zahlungsmoral war im allgemeinen gut, die Bareinnahmen für die Herrschaft insgesamt erfreulich. Daß man die Hausgenossen drängte, eigene Häuser zu bauen oder leere zu übernehmen, diente in erster Linie der Einnahmensteigerung, denn die Hausgenossen waren von den auf den Häusern ruhenden Ordinari-Gefällen befreit.

In unregelmäßigen Abständen und in unterschiedlicher Ausführlichkeit ließ sich die Herrschaft über die Situation in ihrer jüngsten Erwerbung Michelbach berichten. Nach dem Bericht des Amtmanns Johann Pfeiffer wohnten am 1. März 1694 nur noch sieben jüdische Familien in Michelbach. Moses war an die Stelle seines kürzlich verstorbenen Vaters Schneider getreten. Er zahlte ein Schutzgeld von 2 Rth. 36 kr., Mathes 3 Rth., Israel 1 Rth. 48 kr., David 2 Rth. 36 kr., Salomon 2 Rth., Schwarz Mayer 5 Rth. Ganz neu zugezogen war Joel, der 8 Rth. zahlen sollte. Insgesamt erbrachte das Schutzgeld nur noch 21 Rth. 48 kr. Seit 1685 waren die Familien Oscher, Klein Mayer, Lang Mayer, Simson, Hirsch und Samuel verschwunden, ausgestorben oder ausgetreten. Nur zwei neue Familien, Samuel und Joel, hatten sie ersetzt.

Der Wiederaufbau machte nur kleine Fortschritte. Michelbach hatte keine große Markung. Viele der im Krieg zerstörten Häuser waren von Handwerkern und Juden bewohnt gewesen. Wenn man die Einwohnerzahlen vermehren wollte – und daran war der Herrschaft gelegen –, dann mußte man erneut auf diese Kreise zurückgreifen, die mit einem kleinen Haus mit

Garten zufrieden waren. Ein Bericht des Amtmanns Christoph A. Petschmann vom 4. Januar 1698 schildert eindringlich die trostlose Lage. Er zählte auf[106]:

Allda wohnen der Bauern	6
der Halbbauern oder sogenannter Galoppen	5
Köbler oder Söldtner sambt dem Müller	10
Hausässige Juden	4
Item ein Haus, worinnen ein Jude um den Zins sitzt	1
Item zwei leere Häuser, worinnen zwei Hausgenossen	2
dann sind vorhanden drei leere Häuser, welche nimmer zu bewohnen und ganz eingegangen	3
und wozu gar kein Garten, Äcker noch Wiesen und andere Güter gleich obigen genannten Juden und andern 10 geringen Häuslein gehören	1
Zu denen sind auch noch vorhanden das Pfarr-, Schul- und Amtsknechtshäuslein	3

Ganz Michelbach umfaßte also damals 46 Häuser. Die Juden spielten kaum noch eine Rolle. Ein ganzer Dorfteil vom Wirtshaus an bis in die Schleifmühle hinunter, wo nach Ausweis des Lagerbuchs einst 21 Häuslein gestanden hatten, war öde. Man konnte nicht einmal mehr die Lage dieser Häuser feststellen. Niemand erinnerte sich an sie. Alle diese Häuser besaßen keinen zugehörigen Grundbesitz, waren also von Juden oder Handwerkern bewohnt gewesen. Insgesamt sollte Michelbach nach Aussage alter Leute vor dem Dreißigjährigen Krieg 86 Haushaltungen gehabt haben. Der Amtmann hatte das alte im Saalbuch und in der Erinnerung alter Leute überlebende Bild des kleinen Dorfes vor Augen, als er schrieb: *So ist doch dabei auch leicht zu ermessen, weilen die meinsten und fast dritter Teil gar keine Güter gehabt, wie elendiglich sich die Possessores ernehren müssen.*

Aufgrund dieser Berichte plante man nun die Abgabe von herrschaftlichem Land, um fünf neue Bauernhöfe bilden zu können. Die Maßnahmen zur Vermehrung der Bevölkerung trugen erste Früchte. 1720 lebten in Michelbach wieder 19 Judenhaushalte, ein erheblicher Anteil an den insgesamt 113 Haushalten in der gefürsteten Grafschaft. Weil man von jetzt an die Entwicklung der einzelnen Familien besser verfolgen kann, sollen die Namen und das Schutzgeld der einzelnen Haushalte wiedergegeben werden[107]:

David	2 Rth. 36 kr.	Davidle	1 Rth. 48 kr.
Moyses	2 Rth. 36 kr.	Salomon jun.	1 Rth. 48 kr.
Mathes	3 Rth. – kr.	Jonas	1 Rth. 48 kr.
Israel	– Rth. 60 kr.	Simon	1 Rth. 48 kr.
Salomon sen.	2 Rth. – kr.	Moises Nathan	1 Rth. 48 kr.
Schmuel	1 Rth. 48 kr.	Lob	2 Rth. 36 kr.
Gerst	1 Rth. 48 kr.	Honnele	2 Rth. 48 kr.
Joel	2 Rth. – kr.	Nathan	2 Rth. 48 kr.
Abraham	1 Rth. 48 kr.	Itzig Joel	3 Rth. – kr.
Hirsch	1 Rth. 48 kr.		

---

106 Archiv Krumau A 6Gß 2.
107 Archiv Orlik VII A Generalia 1.

Die Juden führten hier wie anderwärts keine eigentlichen Familiennamen. Der Sohn übernahm jeweils den Namen des Vaters als Nachnamen (= Sohn des). So ist die genealogische Zuordnung bei der geringen Zahl der verwendeten Namen oft undurchsichtig.

Entsprechend den 1728 erlassenen Anordnungen beantragte Salomon jun., Jude zu Michelbach, 1731 einen Schutzbrief für seinen Sohn Oscher, der sich verlobt hatte und zur Aufnahme seiner Handelsgeschäfte einen Schutzbrief benötigte. Seit 1728 waren vier Schutzjuden, darunter Salomons Vater, in Michelbach gestorben. So konnte Salomon darauf verweisen, daß eine Vermehrung der Judenschaft nicht stattfinde. Gleichzeitig wollte er das halbe Häuslein der Witwe des verstorbenen Moses für seinen Sohn erwerben, das der Herrschaft handlohnpflichtig war. Die Witwe hatte fünf kleine Kinder und konnte ohne Vermögen die finanziellen Belastungen nicht aufbringen. Sie mußte deshalb auf den Schutz verzichten, den ihr Mann genossen hatte. Ein bitteres Los! Auf sie und ihre Kinder wartete der Bettelstab, wenn der Verkaufserlös des Hauses verbraucht war.

Die Brüder Jonas und Marx, Söhne des verstorbenen Schutzjuden Abraham, baten ebenfalls 1731 um einen Schutzbrief. Schon ihr Großvater war über 40 Jahre in schwarzenbergischem Schutz, ihr Bruder Meyer genoß ihn seit acht Jahren. Auch sie verwiesen darauf, daß durch den Tod verschiedener Schutzjuden *der bis anhero in usu gewesene numerus der Schutzjuden vergringert worden, in der ungezweifelten Hoffnung, solche wieder completiret zu werden.* Gesuche um Aufnahme wurden an die Regierung in Schwarzenberg gerichtet, von dort dem zuständigen Amt zum Bericht zugeleitet, mit diesem Bericht an die Zentrale in Krumau oder Wien geschickt und auf dem gleichen Weg über die Regierung in Schwarzenberg und das Amt dem Bittsteller das Ergebnis – der Schutzbrief oder die Absage – mitgeteilt.

So gingen 1725 insgesamt vier Gesuche aus der gesamten Herrschaft nach Wien. Die damals regierende Fürstinwitwe schrieb unter anderem: *Gleichwie wir aber ad Exemplum unseres in Gott ruhenden Herrn Ehegemahls Liebden vielmehr auf die Verminder- und Restringierung der Judenschaft stets bedacht und dem von ihro Liebden hochseeligen Andenkens hierinnenfalls erlassenen resolutionibus auf das genaueste zu inhärieren gedenken, also wollen wir hiermit gnädigst, daß zwei aufgenommen, die übrigen aber mit ihrem Gesuch ab und auf weitere Zeiten verwiesen werden sollen.* Oscher war nicht bei den Glücklichen[108].

Wie ungesichert die Lage der schutzbrieflosen Juden war, wird deutlich am Beispiel der Jüdin Gütel. Der Jude Salomon sen. war etwa 1721 in Michelbach, wo er über 40 Jahre als Schutzjude gewohnt hatte, gestorben, und hinterließ Frau und drei Kinder. Nach seinem Tod erhielt der älteste Sohn Oscher 1722 einen Schutzbrief. Der jüngere Sohn Moses unterhielt seine Mutter im Witwenstand und bat 1736 um Aufnahme in den Schutz und Übertragung des elterlichen Hauses. Das Amt stimmte zu. Oscher starb 1732, nachdem er die Jüdin Gütel geheiratet hatte. Mit Einverständnis des Amtes hatte Gütel nach verflossener Trauerzeit 1733 den aus Michelbach stammenden Honnele genannt Elkan geheiratet, dessen Eltern und Großeltern schon dort gelebt hatten. Elkan besaß keinen Schutzbrief. Gütel glaubte nun, da sie als Witwe eines Schutzjuden den Schutz mit dem Tode ihres Mannes nicht verloren hatte, diesen Schutz auf ihren zweiten Mann übertragen zu können, ohne einen neuen Schutzbrief zu fordern. Auch Elkan selbst rührte sich nicht. Als das der Regierung in Schwarzenberg zu Ohren kam, witterte sie nicht zu Unrecht Betrug. Beide wurden mit einer Strafe von je 20 Rth.

---

108 Archiv Krumau A 5AJ 1a.

belegt und aufgefordert, innerhalb von acht Tagen die Herrschaft zu verlassen. In ihrer Verzweiflung wandte sich Gütel an die Fürstinwitwe und bat um Erlaß der Strafe.

Als einfältige Leute hätten sie die Rechtswidrigkeit ihres Verhaltens nicht erkennen können, das Amt habe doch von ihrer Heirat gewußt und nichts unternommen, der Judenvorsteher sei seit Jahr und Tag nicht zu Hause gewesen, um sie zu beraten, ihr Mann habe sich immer gut aufgeführt und pünktlich gezahlt. Sie hätten kein Geld, um die Strafe zahlen zu können, und sie wüßten nicht, wohin in der Welt sie sich wenden könnten. Unterschrieben war der Brief – und das war wiederum ein Fehler – mit *Gütel, Elkans hochfürstlichen Schutzjudens in Michelbach dermahliges Eheweib*. Wider Erwarten wurde jedoch die Strafe bestätigt, und erneut wandte sich Gütel an die Fürstin. Man möge doch ihr Versehen nicht so deuten, als hätten sie das herrschaftliche Interesse dabei abzukürzen versucht. Sie bat um Milde und Gnade und um die Erlaubnis, weiter in Michelbach wohnen zu dürfen wie ihre Eltern und Großeltern.

Das Amt unterstützte das Gesuch nicht, da Gütel darauf beharrte, daß es eine alte Observanz sei, daß die Männer aus der zweiten Ehe einer schutzverwandten Witwe automatisch in den Schutz aufgenommen würden und weil ihr Mann Elkan sich bereits in Hengstfeld häuslich niedergelassen habe. Und ein dritter Umstand sprach gegen Gütel. Ihr erster Mann Oscher hatte mit seiner Mutter vor dem Rabbiner einen Vertrag geschlossen, wonach er eine Hälfte des elterlichen Hauses erhielt, hatte es sich aber dann ganz überschreiben lassen, ohne von diesem Vertrag das Amt zu informieren. Nach seinem Tod hatte Gütel sich ebenso das Haus allein überschreiben lassen, obwohl es zur Hälfte ihrer Schwiegermutter gehörte. So hatte die Schwiegermutter zu Unrecht kein Schutzgeld mehr entrichtet. Und Oschers Schutzbriefgesuch war obendrein abgelehnt worden. Gütel war also ohne jeden Anspruch auf Schutz.

Die Regierung befürwortete Härte, damit dieses Beispiel nicht Schule machen konnte. Der Judenschutz war ein Personalprivileg, erlosch also beim Tode des Privilegierten. Niemand konnte den Schutz erben. Es stünde ja sonst im Belieben, ja geradezu in absurder Macht und Gewalt einer jüdischen Witwe, *diesen oder jenen liederlichen Schnorrer und Landläufer gnädigster Herrschaft zu einem schutzverwandten Juden zu obtrudieren*[109]. Das Gesuch der Gütel wurde abgelehnt, die Regierung in Schwarzenberg in ihrer Haltung bestärkt, der Schutz für sie und ihren Mann für alle Zeiten abgeschlagen. Vor allen Dingen hatte man verübelt, daß sie sich als Schutzjuden ausgegeben hatten, ohne es zu sein.

Salomon (Junior) bat 1734 erneut um Schutz für seinen Sohn Oscher, der sich aber auch schon vorzeitig im Vertrauen auf die Genehmigung der väterlichen Bitte als Schutzjude ausgegeben hatte. Auch er wurde wie Elkan des Landes verwiesen. Er durfte auf ein erneutes Gesuch hin allerdings so lange in Michelbach bleiben, bis er den größten Teil seiner bei schwarzenbergischen Untertanen stehenden Kapitalien aufgekündigt und soviel als möglich eingezogen hatte. Hier ging es wirklich um das Prinzip, um die Durchsetzung eines restriktiven Kurses, denn Oschers Vater Salomon galt als einer der reichsten Juden der gefürsteten Grafschaft. Auch Oscher selbst besaß annähernd 3000 fl. Wohl mit Rücksicht darauf lenkte die Regierung in Wien ein, als sie im Spätherbst 1734 die Erlaubnis zur Erteilung eines Schutzbriefes für Oscher gab. Es sei aber eine *Vormerkung zu beschehen, daß nach Abgang der Väter dieser Neoreceptorum weiters keines mehr von ihren Kindern aufgenommen und die Anzahl der Juden andurch nicht immerhin vermehret werde*.

109 Ebd.

Nach einem Bericht des Michelbacher Amtmannes Clement bestand die Judenschaft am Ort aus 17 Haushaltungen und zwei alten Witwen, hatte sich also seit 1720 konstant gehalten. Für die Schutzbriefe setzte sich allmählich ein Formular durch, das unter Fürst Adam Franz die folgende Fassung erhielt:

Von Gottes Gnaden Wir Adam Franz des Heiligen Römischen Reichs Fürst zu Schwarzenberg etc. (ponatur totus titulus) Urkunden hiermit, daß wir N. Juden von N. sambt seinem zukünftigen Weib, Kinder und der Schacherei und Gewerbschaft unfähiges Brotgesind in Unser Gnad, Schutz und Schirm zu N. auf- und angenommen, demselben auch gnädigst bewilligt, erlaubet und zugelassen haben, in Unseren dasigen Lehen zu wohnen, zu handeln und zu contrahiren, auch Unsern Untertanen zu leihen und davon landübliches Interesse zu nehmen, wie nit weniger in währender seiner Schutzverwandschaft denenjenigen Privilegien, Immunitäten und Freiheiten, so denen Juden insgemein von beschriebenen Rechten, Römischen Kaisern und Königen ihrer Zeremonien halber zugelassen, auch Wir sonsten andern Unsern schutzverwandten Juden insgemein erteilet, sowohl er, N., als sein künftiges Weib, Kinder und Brotgesind ungehindert männiglichen frei und sicher zu genießen. Hingegen soll und will er, N., solang Wir ihn in Unserm Schutz behalten und bis er zu bessern Vermögen gelanget, Uns und Unsern nachgesetzten Amtsvogten zu N. jährlichen und jeden Jahrs besonders ... Rth. für Schutzgeld bezahlen und seine Handelsschaft ad ... Gulden als jährlichen mit ... Rth. versteuern. Alles getreulich und ohne Gefährde.

Zu Urkund dessen haben wir ihne N. Juden diesen Schutzbrief unter Unserem Kanzlei-Sekret-Insiegel zustellen lassen. So geschehen auf Unsern Schloß und Stammhaus Schwarzenberg, den ... [110].

Immer wieder gingen neue Schutzaufnahmegesuche für Söhne und Töchter ein, wenn die Juden älter wurden, dem Handel nicht mehr nachgingen, auf die Versorgung durch die Kinder angewiesen waren. Das war der Fall beim Vizerabbiner Simon Levi, der 1735 über 20 Jahre als Schutzverwandter in Michelbach lebte. Seine alte und kranke Frau konnte den Haushalt nicht mehr versehen. So wollte er seine Tochter mit Marx, dem Sohn des Juden Abraham, verheiraten, dessen Schutzgesuch 1731 abgelehnt worden war. Weil im gleichen Jahr der Jude David plötzlich gestorben war, befürwortete das Amt Levis Gesuch.

Im Prinzip war die Regierung in Schwarzenberg anscheinend geneigt, allen Aufnahmegesuchen nach Michelbach stattzugeben. Die strengen Weisungen der Regierung in Wien ließen diese liberale und humane Haltung nicht zu. *Dieser Ort ist aber mit Juden schon dergestalten besetzt, daß allen in ihrem Gesuch zu willfahren wir Pflichten halber nicht anraten können, sondern vielmehr ein oder andere sukzessive abgehen zu lassen für nötiger befinden wollten.* Immerhin befürworteten die fränkischen Räte eins von drei Gesuchen. Sie stießen bei der Regierung auf energischen Widerstand: *Gestalten aber nun im übrigen der Ort Michelbach bekannter Dingen mit Juden häufig übersetzt ist, daß notwendig sei, ein und andern allda successive abgehen zu lassen...,* deswegen wurden alle drei Gesuche 1736 abgelehnt. Der scharfe antijüdische Kurs verschärfte sich in diesen Tagen. Im Oktober 1736 ging die Aufforderung an die Regierung in Schwarzenberg, sie solle besorgt sein, *womit nicht allein über den alten numerum keine neue und mehrere Familien bei der Judenschaft aufgenommen, sondern im Gegensatz deren Zahl möglichst vermindert und solchergestalten ein und anderer*

---

110 Ebd.

Ort von diesen gewinnsüchtigen und denen armen Untertanen nur zum Ruin gereichenden Gesindel nach und nach gänzlich purificiert werden möchte[111].

Aus einer uralten Michelbacher Familie stammte David Mayer, der seit 1699 einen Schutzbrief besaß. Eine erste Bitte um Aufnahme seines einzigen Sohnes Mayer wurde 1735 abgelehnt. Erst 1739, nach dem Tode des Moses, wurde theoretisch eine Stelle frei für Mayer. Auch Simon Levi, *dessen Geschlecht schon mehr als 100 Jahre die hohe Gnade gehabt, unter unserer gnädigen Herrschaft zu leben*, beantragte zu Lebzeiten einen Schutzbrief für seinen Sohn Feiß. Beide Gesuche wurden von der Regierung in Schwarzenberg nicht befürwortet, weil durch die *Extensio des Schutzes de vivo patre in filium*, also die Ausdehnung vom noch lebenden Vater auf den Sohn, sich die Judenzahl entgegen den Weisungen vermehrte. Auch die Zentralregierung in Wien lehnte ab. Erst 1741 wurde ein neues Gesuch des David Mayer befürwortet. Sein Sohn war inzwischen 30 Jahre alt. David selbst betrieb eine Wirtschaft für Juden, *welchem insoweit nötigen Gewerb er seiner auch bekannten Gebrechlichkeit wegen nicht mehr nachkommen kann*.

Insgesamt war die Zahl der Michelbacher Juden wieder einmal rückläufig. So erhielt Mayer 1741 gegen die Zahlung eines erhöhten Schutzgeldes und die Entrichtung von 10 % Handlohn von der Kaufsumme für das väterliche Haus den Schutzbrief. Der alte Vater lebte künftig als Hausgenosse bei verminderten Abgaben bei seinem Sohn.

Genehmigt wurde auch das Schutzgesuch des Moses Isaac für seinen künftigen Schwiegersohn Nathan, Sohn des Michelbacher Judenvorgängers Salomon. Er sollte entweder die Stelle von Isaacs verstorbenem Vater oder die des armen, ebenfalls verstorbenen Gerst einnehmen. Als 1748 innerhalb eines Jahres drei Schutzjuden in Michelbach starben, wurden zwei Aufnahmen genehmigt. Simon Levi, der seine Tochter an Seligmann, Sohn des Elkan, verheiraten wollte, und Salomon für seinen Sohn Hohner, der eine reiche Fürther Jüdin mit 2000 fl. Aussteuer heiraten wollte. Genehmigt wurde auch das Gesuch des söhnelosen Mayer Abraham für seine Tochter Güthlein und ihren künftigen Mann Joseph Salomon. Heiraten im Ort waren nicht die Regel; häufig wurden auch Auswärtige geheiratet, wenn sie ein ausreichendes Vermögen besaßen. Die Herrschaft sah solche Vermehrung der Steuerkraft nicht ungern.

Im Jahre 1751 befanden sich trotz der Neuaufnahmen in Michelbach sieben Judenhaushaltungen weniger als in *vorigen Zeiten*, also wohl vor der Reglementierung. Wolf David erhielt den Schutz für seinen Sohn Moyses Wolf. Oscher Salomon bat im gleichen Jahr um einen Schutzbrief für seinen Sohn Mathes. Oscher galt als der vermögendste Jude nach seinem Vater, der, wie gesagt, als Vorgänger fungierte. Mathes besaß kein eigenes Haus, doch wurde das nicht als negativ betrachtet, im Gegensatz zur Einstellung in der Aufbauphase gut 50 Jahre früher. Jetzt hieß es, *doch seien die Juden, die im Haus-Zins sitzeten, sowohl gnädiger Herrschaft als der communitas wegen der Hausgenossensteueranlag und weilen diese von der Gemeind nichts zu genießen haben nützlicher als jene, die würkliche Häuser und damit Gemeinrechte besitzen.* Inzwischen war 1754 die neue Judenpolizeiordnung erschienen, auf die bei künftigen Schutzverleihungen hingewiesen wurde.

Die Zahl der jüdischen Haushaltungen schwankte seit 1728 geringfügig. Eine definitive Zahl als Basis war nie angegeben worden. Todesfälle und Neuaufnahmegesuche kamen unregelmäßig. So hatten auch die im Prinzip wohlwollenden Beamten des Amts Michelbach

---

111 Ebd. A 5AJ 1a. Hierin auch die folgenden Vorgänge um einzelne Schutzaufnahmen.

Spielraum, wenn sie ein Aufnahmegesuch begutachteten. So lagen erst 1758 wieder neue Gesuche vor. Der Vorgang war fast immer im Prinzip gleich: Ein Jude wurde alt, konnte seinen Geschäften nicht mehr nachgehen und versuchte, seinen Schutz auf einen Sohn oder Schwiegersohn zu übertragen, die meistens auch Haus beziehungsweise Wohnung und Geschäft übernahmen. Neues Blut kam also nur durch Heirat herein. Die alteingesessenen Familien waren sehr ortsverbunden.

Der Jude Nathan war 40 Jahre in Schutz, als er um die Übertragung auf seinen Schwiegersohn Wolf Lerch bat, bei dem er als Hausgenosse wohnen wollte, zu einem auf einen Gnadengulden herabgesetzten Schutzgeld. Die Zentralregierung fragte daraufhin an, ob eine Judenschutzstelle erledigt sei. Das Amt teilte mit, *daß eine würkliche determinierte Anzahl der Judenschutzstellen dahier in Michelbach niemalen wahrgenommen worden sei, gestalten in älteren Zeiten mehrere nicht als 16, nun aber seit schon geraumen Jahren her jedermal 18 gezählet worden, welche der Gnade des erhalten- und auf einmal genossenen hochfürstlichen Schutzes sich rühmen können.* Nach dem Tod der Juden Salomon und Hohna sei niemand mehr recipiert worden. Ein zweites Gesuch stellte der Vorsinger Simon Jacob, seit 1710 in Schutz, den er auf den Auserwählten seiner jüngsten Tochter, einen zum Schuldienst geeigneten jungen Mann Elias Jacob aus der Oberpfalz, übertragen lassen wollte, der seit einigen Jahren in Gailingen *in der Schweiz* als Vorsinger tätig war.

Obwohl die Herrschaft früher immer Wert darauf gelegt hatte, daß die Juden eigene Häuser besaßen, war es fast zur Regel geworden, daß Großfamilien unter einem Dach wohnten, die Eltern eine Haushälfte an ein Kind abtraten, die anderen auszahlten und als Hausgenossen dem Tod ohne große Belastungen außer dem Schutzgulden entgegenwarteten.

Der dritte Aspirant war Elkan Nathan, der auch wieder wie sein Großvater Hohna oder Honnele genannt wurde. Bislang hatte er seine Mutter unterstützt, die ein Haus von der Herrschaft als Lehen besaß. Nathan hatte einen guten Namen beim Amt: *Ansonsten ist derselbe auch für einen Juden zur Zeit von guten friedliebendem Ruf;* und weiter schreibt Amtmann Schwingenstein: *Obschon mich niemalen bereden werde, zu Augmentierung numeri Judaeorum dahier in Michelbach das geringste beizutragen, so muß jedoch bei gegenwärtigen Supplicanten wegen des herrschaftlichen Interesse selbsten eine beirätlich aber ganz ohnvorschreibliche Sprach führen und im Voraus gehorsamst anmerken, daß der numerus durch einige vorhin nur Herumschwebende und allschon civiliter Abgestorbene (worunter der alte Simon und Nathan begriffen) natürlicherweis in kurzem um vier bis fünf gefallen sein kann.* Der Amtmann spekulierte also mit dem baldigen Tod der uralten Juden und wollte im Vorgriff darauf dem beliebten Nathan eine Chance geben. Ein Überzähliger *(supernumerarius)* könnte sehr wohl verkraftet werden. Alle drei Gesuche wurden bewilligt, die einmalige Aufnahmegebühr von 15 Rth., das jährliche Schutzgeld auf 6 Rth. festgesetzt. Die Schutzpensionäre, die *alt-erlebten Supplicanten*, brauchten bis an ihr Ende nur noch den einen Gulden jährlich zu erbringen.

Als nun im folgenden Jahr Löw Moyses um den Schutz für seinen Sohn Nathan Löw bat, wurde das Gesuch unter Hinweis auf den Supernumerarius zwar nicht grundsätzlich, aber doch für den Augenblick abgelehnt. Es war eine harte Entscheidung, denn keines seiner zehn Geschwister besaß einen Schutzbrief. Erst als der Hoffaktor und Obervorganger Isaak Mayer die Regierung auf die besondere Situation Michelbachs aufmerksam machte, hatte Nathan Löw beim dritten Anlauf Erfolg. Das ganze Amt bestand ja nur aus dem Ort Michelbach mit seiner winzigen Markung und den beiden Weilern Gailrot und Leitsweiler, war zudem vollkommen von fremden Herrschaften umgeben. Die Juden konnten sich nicht vom Handel in diesem Flecken Erde ernähren. So reisten sie in die rothenburgischen, hohenlohischen und ansbachischen Gebiete. Kaum eine Viertelstunde entfernt lag Hengstfeld, ein Ort mit mehreren Herrschaften, die in der Judenaufnahme miteinander wetteiferten. Hier sollte nun nach Mayers Ansicht ein Gegengewicht in Michelbach geschaffen werden.

Jeder einzelne Fall einer neuen Schutzaufnahme gibt neue Einblicke in Alter, Wohnung, Vermögensumstände, Heiratskreise. Manches Gesuch wurde sofort akzeptiert, wie das von Wolf David für seinen Sohn David im April 1762 oder die von Löw Nathan als Sohn eines längst verstorbenen Schutzjuden für sich selbst, des Oscher Elias für seinen Sohn Elias Oscher im November 1763.

Immer wieder wird jetzt darauf hingewiesen, daß die Herrschaft mehr von den Juden profitiere als diese vom herrschaftlichen Schutz. Von der Herrschaft erhielten sie nichts außer der Sicherheit – das war nicht wenig –, ein ruhiges Dach über dem Kopf, teuer zu bezahlen. Die Amtsuntertanen, die Landwirte und Handwerker, profitierten von den Juden, die das auswärts erworbene Geld hier verzehrten. Auch der Aufbau einer Konkurrenz für das wachsende Hengstfeld spielte eine Rolle, wenn man der weit entfernten Zentrale die Notwendigkeit weiterer Aufnahmen schmackhaft machen wollte. Die strenge, nie ganz konkrete Fixierung einer Höchstzahl wurde gelegentlich aufgeweicht, doch hielt man sich bis 1796 seitens der Regierung an einer fiktiven, zwischen 17 und 20 liegenden Zahl.

Auch die Juden selbst waren darauf bedacht, Ärger und Anstände zu vermeiden. 1766 wollte Isaak Koppel aus dem Ansbachischen die Tochter des uralten verarmten Beer Joel, der schon 1720 in Michelbach Schutz genoß, heiraten. Dagegen wandte sich die Michelbacher Judenschaft, denn Isaak war durch unredliche Geschäfte aufgefallen und gefährdete damit den Kredit der Juden seiner Umgebung.

Einer der Michelbacher Juden mit Namen Joseph Schlom oder Schlommel war inzwischen zum Hoffaktor in Schillingsfürst avanciert. Er hatte seine älteste Tochter Bella dem Salomon Mayer, Sohn des Mayer Salomon aus dem ansbachischen Wassertrüdingen, zur Ehe versprochen und suchte um dessen Aufnahme in den Schutz zu Michelbach nach. Schlom wollte der Bella 800 fl. in die Ehe geben, sein künftiger Schwiegersohn verfügte über amtlich beglaubigte 2000 fl. Das Herz der Regierung hüpfte buchstäblich vor Vergnügen, einen solchen Vermögenszuwachs verzeichnen zu können. Inzwischen machten die Vorschriften der neuen Juden-Polizeiordnung von 1764 die Erlangung des Schutzes nicht leichter. Es mußte zwar immer schon ein ausreichendes Vermögen vorhanden sein, aber es war eine Ermessensentscheidung, wie dieses »ausreichend« definiert wurde. Seit 1764 gab es konkrete Zahlen. 500 fl. mußten als Vermögen nachgewiesen werden.

Als 1769 Mannele Hona einen Heiratsvertrag mit seiner Braut Breindel abschloß, sicherte diese ihm 360 fl. bare Mitgift zu. Hona selbst wollte die Hälfte des Hauses seines Bruders erwerben. Mit seinem Bettzeug und seinen Hausgerätschaften zusammen – er besaß kein Barvermögen – schienen die Forderungen der Polizeiordnungen erfüllt zu sein, jedenfalls sah es der Amtmann so. Allerdings war ein halbes Haus zu wenig, um ein vollwertiges Gemeinrecht zu erwerben. So konnte Hona nur Hausgenosse werden. Einer der Brüder konnte und mußte als Hausbesitzer vor der Steuer namhaft gemacht werden. Ähnlich war es bei Fromm Löw, der die geforderte Summe durch eine bare Mitgift seiner Braut Bela von 280 fl., durch das halbe väterliche Haus im Wert von 125 fl. sowie durch Kleider, silberne Gürtel, goldene

Ringe und die Betten nachwies. Die Regierung akzeptierte die Vorschläge des Amtmannes, *da die Beschaffenheit der Juden nicht anderst, als solche von denen Ämtern vorgelegt wird, uns bekannt sein kann, wir aber solche für pflichtmäßig ansehen müssen, hiermit gutächtlich beizupflichten auch keinen Anstand nehmen.*

Genehmigt wurde 1771 die Verheiratung von zwei mannbaren Töchtern des verstorbenen Vorgängers Nathan Salomon, die unter der Vormundschaft von Mathes Oscher und Elias Gundelfinger standen. Für Soerle wurde Simon Merck aus Eggenhausen, für Brendel Isaac Jacob von Niederstetten als Heiratskandidaten ausfindig gemacht und in den Schutz aufgenommen. Sie durften beide im geräumigen zweistöckigen elterlichen Haus ihre *Tabernaclen* aufschlagen. Aufgenommen wurde 1776 David Schmuhl oder Samuel, 1780 Lazarus Behr, der die Witwe des Isaac (Eißig) Jandorf zur Frau nahm.

Im Jahre 1781 fand erneut die in der Polizeiordnung vorgeschriebene Vermögenseinschätzung statt, an der in Michelbach Elias Gundelfinger beteiligt war. Die gesamte Landjudenschaft in Schwarzenberg hatte ein steuerpflichtiges Vermögen von 51 833 fl. aufzuweisen, woran Michelbach mit 6650 fl. beteiligt war, und zwar:

Joseph Schlommel	1000 fl.		Moises Löw jun.	700 fl.	
Moises Löw	300 fl.		Wolff	–	1758
David Wolff	300 fl.		Hona	–	1748
Salomon Mayer	1000 fl.	1766	Abraham Löw	–	
David Gundelfinger	900 fl.		Löw	–	
Elias Gundelfinger	1000 fl.	1755	Männele	–	
Eißig	300 fl.		Nathan	–	
Lazarus Behr	750 fl.	1780	Elias Oscher	–	
David Samuel	400 fl.	1776			

Es gab also immer noch nur 17 Haushaltungen. Sieben davon hatten kein Vermögen. Zumeist waren es alte Juden, die ihr Haus den Kindern überschrieben hatten und nur den Gnadengulden bezahlten. In den achtziger Jahren häufen sich die Schutzgesuche. Unter den Bittstellern war der Vorgänger Joseph Schlommel für seinen Sohn Moyses Löw (1783), Elias Oscher (1786), der vom Bettel lebte, und Abraham Löw.

Pech hatte der jüngere Sohn des Juden Mathes Oscher, Salomon. Zusammen mit seinem Bruder Moses Mataes beantragte er 1788 die Schutzaufnahme. Ihr Vater hatte ihnen gemeinsam sein geräumiges Haus vererbt. Moses hatte als Knecht ein hübsches Sümmchen erspart und wollte nun eine Jüdin aus Oberndorf bei Baldern heiraten. Salomon war Händler, hatte auch ein wenig gespart und eine Braut in Leutershausen gefunden. Moses wurde aufgenommen, Salomon nicht, auch der gemeinsame Hausbesitz abgeschlagen. Salomon ließ sich nun von allen Michelbacher Juden ein Leumundszeugnis ausstellen, in dem seine Aufnahme wärmstens empfohlen wurde, angeführt vom Judenparnes Joseph Schlommel. Er wies darauf hin, daß seine Familie bereits über 100 Jahre Schutz genossen habe und pünktlicher Steuerzahler gewesen sei. Von den sechs Kindern des Vaters Mathes Oscher waren vier außer Landes gegangen. Die Regierung ließ sich nicht erweichen, weil sie nicht überzeugt war, daß Salomon sich auch zusammen mit seinem Bruder eine ausreichende Ernährungsbasis schaffen konnte. Salomon mußte auf eine Vakanz, auf den Tod eines Juden, warten.

20 israelitische Familien gab es damals, wovon nur elf das ganze Schutzgeld zahlten, ein Hinweis auf das hohe Alter oder den geringen Vermögensstand fast der Hälfte der Familien.

Genehmigt wurde das Gesuch Salomon Maiers für seine Tochter Pola und ihren Bräutigam Nathan Jona, der sich in Fürth *eine Adress gemacht habe*. Hierher stammte auch die Braut des Isaak Moses.

C. UNTER PREUSSEN

Nach dem Übergang der Markgraftümer an Preußen wurde die Lage in Michelbach schwierig. Schon die Markgrafen hatten versucht, den Schwarzenberg die Landesherrschaft in dem kleinen Amt zu entwinden. Die Gegenwehr der Fürsten war zunächst erfolgreich. 1797 verfügte Preußen ein Schutzaufnahmeverbot für das Amt Michelbach, das kurzerhand zum Patrimonialgerichtsbezirk erklärt wurde. Diesen Eingriff nahm Schwarzenberg nicht hin, und so wurde 1798 die Verfügung dahingehend geändert, daß die Gerichtsherrschaft einer Schutzverleihung zustimmen müsse. Das bedeutete de facto die Beibehaltung der bisherigen Observanz.

Nun trafen 1798 gleich vier Schutzgesuche in Wien für Michelbach ein. Die Antwort machte deutlich, wie auf einmal die Aufnahme als Mittel der Politik genutzt wurde, den Preis für Güter und Rechte in die Höhe zu treiben. Die Regierung schrieb also: *Ihr wisset, daß wir bei Schutzerteilungen für Juden immer von dem Grundsatz ausgegangen sind, daß dadurch die festgesetzte Judenzahl nicht überschritten werden dürfe, welches bei den ebengemeldeten vier Juden* (Mayer Salomon, Marx Joseph, Hirsch Menk, Jakob David Gundelfinger) *gewiß geschieht. Indessen, da das politische Verhältnis des Amtes Michelbach eine Aufnahme zuläßt, auch noch geschehen kann, daß wir das Amt Michelbach an Brandenburg vertauschen, mithin möglichst darauf zu sehen ist, sowohl die Anzahl der Untertanen als den Revenuenertrag zu vermehren, so wollen wir erlauben, daß die vier Judenpursche in den herrschaftlichen Schutz aufgenommen werden. Wie die Schutzerteilung ohne Nachteil unserer Gerechtsame und mit Verhinderung brandenburgischer Einwendung geschehen kann, dies überlassen wir Euerm Gutfinden.* Festgesetzt wurde eine Rezeptionstaxe von 22½ fl., ein jährliches Schutzgeld von 9 fl. und die Handelsschaftssteuer von 37 fl. 50 kr.

Den letzten schwarzenbergischen Schutzbrief erhielt 1802 Aaron Mayer. Das Gesuch des Hirsch Gundelfinger von 1809 wurde nicht mehr entschieden. Der Anfall an Bayern, wenig später an Württemberg führte die Juden in eine neue, größere Organisation[112].

Soweit man aus der reichlich fließenden Überlieferung schließen kann, wurden die Juden in Michelbach unter schwarzenbergischer Herrschaft korrekt, teilweise durchaus wohlwollend behandelt, solange sie sich an die gesetzten Normen hielten. Das war bei der überwiegenden Mehrheit der Fall. Die Belastungen waren entsprechend dem Geldwertschwund gestiegen. Die sozialen Unterschiede der nahezu ausschließlich vom Handel lebenden Familien waren beträchtlich. Bei einer sorgfältigen Auswertung der noch vorhandenen Michelbacher Amtsrechnungen und Lagerbücher wären generelle Aussagen über die wirtschaftliche und soziale Lage, aber auch über die Familienstruktur möglich. Wenig erfährt man über das Leben der Juden als Religionsgemeinschaft. Hier blieb man offensichtlich unter sich, war niemandem Rechenschaft schuldig. So gibt es gute, plausible Gründe für das Fehlen schriftlicher Quellen aus dieser Zeit. Aber einige wichtige Fakten kann man doch auch für diesen Bereich belegen.

---

112 Archiv Orlik VIII A Fach 1096.

Die Herrschaft hielt sich weitestgehend aus den inneren und kultischen Angelegenheiten heraus. Sie mischte sich nicht in die Wahl der Lehrer und Vorsinger ein, sie kümmerte sich nicht um die Form und Organisation des Gottesdienstes.

D. Synagoge und Schule

Nachdem es in crailsheimischer Zeit offensichtlich eine Synagoge gegeben hat, erfahren wir über die Gebäudesituation der Gemeinde Michelbach erst Näheres, als sie um Erlaubnis zum Bau einer Synagoge nachsuchte. Bis 1756 hatte die Gemeinde ihre »Schul« in einem Privathaus. Das war in den Augen der Judenschaft eine *sterile Sache*, von der die Herrschaft nicht den geringsten Nutzen besaß. Sehr sinnvoll wußten die Juden diesen möglichen herrschaftlichen Nutzen mit ihren Bedürfnissen in Einklang zu bringen, um der Herrschaft ihr Anliegen schmackhaft zu machen. Das Haus war durch *die alles verzehrende Zeit gänzlich zerrüttelt und baufällig worden.* Ein Neubau erschien unumgänglich. Um ihre Devotion gegenüber der Herrschaft zu bezeugen, erboten sich die Juden, regelmäßige Abgaben für dieses Haus zu entrichten, obwohl es ein Gotteshaus werden sollte. Maßstab dafür sollte die Gemeinde Hüttenheim sein, die kurz zuvor eine neue Synagoge errichtet hatte. Als Baugrundstück diente ein jüdischer privater Garten. Das Gesuch wurde zunächst an die Regierung in Schwarzenberg gesandt. Von dort erfolgte keinerlei Reaktion. So wurde der Fürst direkt angeschrieben[113].

Die Hüttenheimer Synagoge war 1754 durch den Umbau eines Privathauses entstanden. Ein Verkauf war nach damaligen jüdischen Vorstellungen undenkbar. Damit die Herrschaft keine Einbußen gegenüber einem normalen Privathaus erlitt, das ja immer wieder in Generationsabstand vererbt wurde, verpflichtete sich dort die Judenschaft, alle 20 Jahre Handlohn zu zahlen, so, als ob tatsächlich ein Besitzwechsel stattgefunden hätte. Diese Gebühr betrug 20 fl. Diese geschickt mit einem Angebot gekoppelte Bitte fand Gnade bei der Regierung. Am 20. Oktober 1756 konzipierte die Zentralregierung in Krumau ein Schreiben, in dem es hieß: *Hat uns die gesamte zu Michelbach in unserem Schutz stehende Judenschaft die gänzliche Baufälligkeit ihrer daselbst in einem Privathaus bestehenden Schule per memoriale angezeigt mit der untertänigsten Bitte, wir geruheten gnädigst zu erlauben, daß sie in einem ihrer eigenen Gärtlein auf ihre alleinige Spesen und Unkösten eine neue erbauen dörften, worauf sie alle diejenige onera, welche die Juden zu Hüttenheim von ihrer allda neu erbauten Schule übernommen, gleichmäßig schlagen zu lassen des untertänigsten Erbietens wären. Wie nun solcher gestalten der intendierende neue Schuhlen-Bau unserm herrschaftlichen Interesse vorträglich, anbey niemanden schäd- oder beschwerlich ist, so nehmen wir auch keinen Anstand, der supplicierenden wie ehemals der Hüttenheimer Judenschaft die Erbauung einer neuen Schule hiermit gnädigst zu gestatten; wornach Ihr Euch zu richten und das weitere zu verfügen habet.* Unmittelbar darauf begann der Bau der Synagoge. Sie ist damit die älteste noch bestehende Synagoge in Baden-Württemberg.

Ein aufschlußreicher Vorgang für das innere Leben der kleinen Gemeinde ist der Versuch, einen eigenen Lehrer für die jüdischen Kinder Michelbachs anzustellen. Miriam, die Witwe des verstorbenen Seligmann Elkan, der etwa 40 Jahre Schutz genossen hatte, suchte 1788 um den Schutz für ihren einzigen Sohn Abraham Löw anstelle des Ende 1786 verstorbenen

---

113 Archiv Krumau B 5AJ 1–2.

Mannes nach. Zusammen mit ihrem Schwager Elias Gundelfinger besaß sie ein Haus. Ihre Hälfte wollte sie nun an ihren Sohn abtreten, der sich durch Arbeit als Praezeptor *etwas namhaftes* erspart hatte.

Abraham Löw wollte Behla, die Tochter des David Salomon aus Bechhofen im Ansbachischen, heiraten, die ihm 250 fl. zubringen konnte. Die Gemeinde wollte ihn als Kinderlehrer akzeptieren. Seine Aufnahme vermehrte die Zahl der Schutzjuden nicht. So sah das Amt keine Bedenken, zumal der Supplikant als einziger Erbe niemanden auszuzahlen hatte und neben seiner Schultätigkeit noch Handel treiben konnte, allerdings in so geringem Umfang, daß eine Reduktion der üblichen Handelssteuer auf 20 fl. angebracht und gerecht erschien.

Seligmann Elkan hatte als alter Mann, nachdem er seinem Handel nicht mehr betreiben konnte, seinen Lebensunterhalt auch schon als Lehrer verdient. Sein Sohn war in seine Fußstapfen getreten, hatte in verschiedenen auswärtigen Herrschaften als Lehrer gearbeitet und war nach dem Tod des Vaters nach Michelbach zurückgekehrt. Die gesamte Dorfjudenschaft hatte ihn als Lehrer angenommen. Er galt als zuverlässig und fleißig. Der Zentralregierung wäre es lieber gewesen, wenn ein bereits im Schutz stehender Michelbacher Jude das Lehreramt übernommen hätte, und befahl eine nochmalige Überprüfung der Vermögensumstände. War die Haushälfte, die er übernehmen sollte, hypothekarisch belastet? Konnte er die üblichen 25 fl. Handelssteuer erwirtschaften? Um ganz sicher zu gehen, verlangte die Regierung außerdem eine verbindliche Erklärung der jüdischen Gemeinde, daß sie Abraham Löw ein Gehalt zahle, das ihm mit Weib und Kindern einen ehrlichen, auskömmlichen Lebenswandel gestattete. Diese Verpflichtung sollte auch dann gelten, wenn er aus gesundheitlichen Gründen oder altershalber sein Amt nicht mehr ausüben konnte. Er mußte lebenslänglich im Stande sein, Schutzgeld und Handelsschaftssteuer zu entrichten.

Die jüdische Gemeinde war über diese Zumutung erschrocken, sah sich auch nicht in der Lage, so weitreichende Zusicherungen zu machen. Vorgeher Elias Gundelfinger schlug daher vor, wenn Abraham Löw den erbetenen Schutz nicht erhalte, ihm wenigstens ein Tolerierungspatent für einige Jahre zu erteilen, da man unbedingt einen Lehrer für die Jugend brauche. Nach Verlauf einiger Jahre könnte man sich eher ein Urteil darüber erlauben, ob er gut haushalten könne, damit dann die jüdische Gemeinde eine Unterhaltsverpflichtung im Sinne der Regierung übernehmen könne. Eine Schutzerteilung lehnte die Regierung ab und war zur Tolerierung nur unter einer Bedingung bereit: Abraham Löw durfte nicht heiraten, denn mit der Heirat – die ja genehmigungspflichtig war – hätte er zwar nicht das Recht auf Schutz erhalten, aber das Recht auf lebenslängliche Duldung, falls er sich nicht eines Vergehens schuldig machte. Und das kam einer eingeschränkten Schutzerteilung sehr nahe. So erhielt der junge Mann nur auf einige unbefristete Jahre den Aufenthalt in Michelbach bewilligt, verbunden mit der Erlaubnis zur Versehung des Schullehreramts. Die Heirat wurde nicht gestattet.

Aber damit war er nicht einverstanden. Er betrachtete die Lehrtätigkeit in Michelbach nur als Nebenbeschäftigung und sah deshalb nicht ein, warum die fehlende Versorgungszusage der Gemeinde ein Hindernis sein könne. Sie deckte nur den kleineren Teil seiner Lebenshaltungskosten. Die Judenschaft benötigte zur Anstellung eines Lehrers oder Vorsingers keine Erlaubnis der Herrschaft, ja dieser bedurfte nicht einmal unbedingt des Schutzbriefs. Amtmann Grandjean befürwortete das neue Gesuch des Abraham Löw, der schließlich ein Landeskind war, dem das väterliche Haus nicht entzogen werden sollte. Er sorgte allein für seine alte Mutter, seitdem sein älterer Bruder vor mehr als 20 Jahren nach Ungarn, wie es hieß, ausgewandert war. Sein Vermögensstand war nicht schlechter als der anderer, die in den

Schutz aufgenommen waren. Die warme Fürsprache des Amtmannes wendete die Sache zum Guten. Die schwarzenbergische Regierung schloß sich seinem Plädoyer an, die Zentralregierung änderte ihre Meinung, weil Löw die Pflege seiner Mutter übernahm und, da er in den Schutz des verstorbenen Vaters trat, die Zahl der Juden nicht vermehrt wurde. Allerdings wurde er zur Zahlung der Handelsschaftssteuer verpflichtet. Abraham Löw war auch noch Lehrer, als die Napoleonischen Umwälzungen ihm einen neuen Landesherrn bescherten.

6. Unterdeufstetten

A. UNTER RITTERLICHER HERRSCHAFT

Die Anfänge

Das alte Deutsche Reich bestand aus vielen Gliedern, die alle eine Teilsouveränität beanspruchten. Die kleinsten weltlichen Herren waren die Reichsritter, die sich seit dem 15. Jahrhundert in der freien Reichsritterschaft zusammengefunden hatten, die nur den Kaiser als ihren Herrn ansah. Ihre Reichsunmittelbarkeit wurde im Westfälischen Frieden von 1648 anerkannt. Die kleinste Organisationseinheit dieser in Ritterkreisen zusammengefaßten Adelsgruppe war der Ritterkanton. Hier wurde eine Matrikel, eine Liste aller zu einem Kanton gehörenden Güter, geführt. Nicht die Adelsqualität allein, sondern der freie Besitz eines Rittergutes war ursprünglich ausschlaggebend für die Zugehörigkeit zur Reichsritterschaft. Nur wer ein solches Gut besaß, konnte in der Regel dort aufgenommen werden.

1544 erwarb der Patrizier Drechsel, Bürgermeister der Stadt Dinkelsbühl, den Weiler Unterdeufstetten. Mit 28 Untertanen fiel dieser Besitz 1694 an Ignaz Weinhart, 1698 an Adolf von Leonrod und im folgenden Jahr an Kraft von Crailsheim[114]. Das Schloß Unterdeufstetten, vier Stunden zu Fuß von Crailsheim entfernt, und die dazugehörenden Güter und Rechte wurden 1655 dem Ritterkanton Kocher inkorporiert. Wie zahlreiche andere zur Reichsritterschaft zählende Ortsherren siedelten auch die Besitzer von Unterdeufstetten Juden an, nahmen sie in ihren Schutz und ließen sich dafür bezahlen.

Unter Rüdingsfels

Seit 1710 war Caspar Rüdiger von Rüdingsfels Besitzer der kleinen Herrschaft. Für 12000 fl. hatte er sie von Sophia Magdalene von Crailsheim erworben. Er nahm wohl als erster Ortsherr Juden auf. Untertanen des Stifts Ellwangen hatten sich gegen das Überhandnehmen von Zigeunern beschwert und den Verdacht geäußert, daß sich die Juden des Freiherrn von Rüdingsfels durch Ankauf gestohlener Waren an den ungesetzlichen Aktivi-

---

114 Der größte Teil der Informationen in diesem Kapitel beruht auf Unterlagen des Schloßarchivs in Unterdeufstetten. Das Archiv war bei meinen Forschungen ungeordnet und unerschlossen. Nach dem Abschluß der zur Zeit mit Hilfe der Stiftung Kulturgut laufenden gründlichen Verzeichnung ist zu erwarten, daß weitere Informationen gefunden werden können. Einzelhinweise auf die unsignierten Akten schienen wenig sinnvoll. Die Quellenstellen werden auch nach der Neuordnung leicht zu verifizieren sein.

täten der in großen Gruppen auftretenden Zigeuner beteiligten. So forderte das Stift den Freiherren auf, seine Juden wieder abzuschaffen. Der Freiherr wies alle Beschuldigungen energisch zurück, denn gerade kleinere Herrschaften hätten besonders unter den Zigeunern zu leiden.

Die Ansiedlung seiner Juden – und vorher dürfte es keine Juden in Unterdeufstetten gegeben haben – schildert er dem Stiftskapitel Ellwangen folgendermaßen: Da im Moment wenig Material aus seiner Ziegelhütte abgenommen werde und diese fast öde liege, habe die Gefahr bestanden, daß sich dort Zigeuner heimlich einnisten könnten. Statt dessen habe er es als sinnvoll betrachtet, daß diese Hütte *mit solchen Leuten, die unter meiner Botmäßigkeit stehen, niemand schaden und andernteils mir wegen abgängigen Ertrags der Ziegelhütten an Schutzgeld etwas nutzen können, besetzt sein möge. So habe ich einstweilen einige, wiewohl sehr arme Judenfamilien, die sich zwar noch nicht auf die 12. Zahl erstrecken, auch von ihrer Aberglaubensgenossen Almosen meistenteils nähren und so weniger capable seien, einige gestohlene Sachen zu kaufen, aufgenommen.* Seine Juden hätten mit den Zigeunern nichts zu schaffen. Er erklärte sich bereit, die Juden wieder abzuschaffen, falls sich ein begründeter Verdacht über Straftaten ergäbe. Eingriffe in seine Obrigkeit könne und werde er jedoch nicht dulden[115].

Der ellwangische Amtmann des Amts Rötlen wurde daraufhin aufgefordert, ein wachsames Auge auf die weitere Entwicklung zu haben. Er mußte feststellen, daß Rüdingsfels nicht im entferntesten an die Abschaffung der Juden dachte. Im Gegenteil, es stand zu befürchten, daß andere Rittergutsbesitzer ihm nacheiferten. So gab es ein Gerücht, daß sich im benachbarten Wildenstein *dergleichen Hebräer auch einnisten sollen.* Von Ellwangen erging daraufhin die Weisung, rüdingsfelsische Juden im Ellwanger Gebiet sofort zu verhaften. Nach einem Amtsbericht vom 2. September 1714 war ein Teil der Juden bereits anderthalb Jahre in Unterdeufstetten. So dürfte 1713 als Jahr der erstmaligen Ansiedlung festzuhalten sein. Zwei Jahre später befaßte sich Ellwangen mit Klagen von Einwohnern zu Oberdeufstetten. Anlaß war der vorgebliche Handel der Juden mit ungesundem Vieh.

Am 29. Oktober 1715 wurde ein Vertrag der Herrschaft mit *den sämtlichen Judenschutzverwandten under Herrschaft Rüdingsfelden* über den Bau eines Brunnen geschlossen. Dieser Brunnen entstand bei der Ziegelhütte zur Wasserversorgung der Judenwohnungen. Die Herrschaft bezahlte den Brunnen und verlangte als Verzinsung von jedem Haushalt jährlich 16 kr. Bronnengeld. Es wurde seitdem regelmäßig bezahlt und spielte nach der Mediatisierung in den finanziellen Auseinandersetzungen mit Württemberg noch eine Rolle. Später kam noch ein Schächtgeld in wechselnder Höhe zu den Abgaben.

Ein erstes Dokument der Gemeinde berichtet uns über Streitigkeiten, die in der sich formierenden jüdischen Gemeinschaft um etwa 1716 vorkamen. Da man sich nicht einigen konnte, ging man nach Michelbach an der Lücke, und die dortigen Gemeindevorsteher brachten einen Vergleich zustande, der in hebräischer Sprache abgefaßt, 1720 vom Schulmeister Isaac David verdeutscht wurde. Worum es dabei konkret ging, das wird erst deutlich, wenn man – wie aus späteren Dokumenten hervorgeht – weiß, daß die Juden tatsächlich geschlossen in der soeben mit dem Brunnen versehenen alten Ziegelei am Ortsende untergebracht waren. Am Sabbat wurde ein einziger Ofen in dem großen Gebäude geheizt, und alle wärmten darin ihre vorher zubereiteten Sabbatspeisen auf. Über die Bezahlung für das

---

115 StAL B 448 Bü 679; Schreiben vom 4. Oktober 1714.

Brennholz konnte man sich nicht einigen. In Michelbach wurde festgelegt, daß jeder, der sein Essen in den Ofen setzen wollte, halbjährlich 10 kr. dafür entrichten sollte. Verantwortlich für den Ofen war Abraham Bechhöfer, der wohl aus dem ansbachischen Dorf Bechhofen stammte. Er durfte künftig niemandem die Aufwärmung des Essens abschlagen. Wer den Vergleich mißachtete, der sollte der Herrschaft einen Taler Strafe zahlen.

Ein weiterer Streitpunkt war die Besteuerung auswärtiger Juden, die in Unterdeufstetten Geschäfte abschlossen und Handel trieben. Sie sollten künftig ein sogenanntes Schmusgeld zahlen, das der gesamten jüdischen Gemeinde zufiel, wenn kein Unterdeufstettener Jude an ihren Geschäften beteiligt war. War jemand beteiligt, so erhielt er künftig zwei Drittel des Schmusgeldes, ein Drittel die Gemeinde. Der Jude Lippmann verpflichtete sich, künftig das Schächten für die gesamte Gemeinde zu übernehmen.

Ein letzter Punkt betraf die Kosten für den Schulmeister. Wer kein Kind besaß, mußte ihn für eine Viertelstunde besolden. Für das Lesen und Buchstabieren mußten je eine halbe Stunde bezahlt werden, für das Bibelstudium eine Dreiviertelstunde. Auf diese Art und Weise ergab sich ein differenziertes, wechselndes Gehalt für den Schulmeister. Aus diesem Vergleich ist zu entnehmen, daß die Gemeinde damals keinen eigenen Rabbiner, aber einen Schulmeister besaß. Unterschrieben wurde er von Levi, Fromle, Aron und Laeser. Lippmann unterschrieb zwar nicht, verpflichtete sich aber ebenfalls zur Einhaltung der Vereinbarung.

Ritterschaftliche Sequesterverwaltung

Caspar Rüdiger von Rüdingsfels konnte die Schulden, die er für den Ankauf von Unterdeufstetten hatte machen müssen, nicht abbezahlen. So übernahm der Ritterkanton Kocher 1730 den Besitz und beauftragte sein Mitglied Eberhard Maximilian vom Holtz auf Alfdorf mit der Verwaltung. Mit ihm wurde am 13. September 1730 Eleonora Magdalena von Bouwinghausen und Wallmerode, Kanonikerin zu Oberstenfeld, als weitere Hauptgläubigerin in die Nutznießung des Gutes eingewiesen. Ihnen war der Eigentümer mit 10 000 fl. verpflichtet. Die neue Verwaltung begann mit einer gründlichen Bestandsaufnahme. Wahrscheinlich aus diesem Anlaß wurde eine Liste der von der Herrschaft Rüdingsfels angenommenen Juden, wohl der Haushaltsvorstände, erstellt. Insgesamt waren es 24 männliche Juden und eine Witwe, von denen sieben zu dieser Zeit zwar den Schutz der Gutsherrschaft genossen, aber nicht am Ort weilten. Die Liste wird ergänzt durch einige weitere Angaben, die zumeist aus den Amtsrechnungen der nächsten Jahre stammen.

Nach jüdischer Sitte übernahm der Sohn den Vornamen des Vaters als Nachname. Mit aller Vorsicht kann man daraus den Stand, die Verwandtschaft und die Zahl der Großfamilien erschließen. Zahlreich waren die vorkommenden Namen nicht:

	Geburtsjahr	Schutzaufnahme	Sonstiges
1. Hirsch Levi (Löw), Barnos			1740 Schutzaufgabe
2. Joseph Levi	1690		† 1756
3. Jonas Abraham	1668	1714	† 1740
4. Abraham Eppstein	1669	1714	† 1737
5. Marx Mändel	1670	1714	1740 Kündigung
6. Baruch Abraham			1731 durchgegangen

	Geburtsjahr	Schutzaufnahme	Sonstiges
7. Hayum Abraham (absens)			† 1734
8. Männle (Mendel) Bernheim (a)			1740 Fortzug
9. J. Wolff Levi			† 1731
10. Löw Moses			1738 durchgegangen
11. Joseph Nathan (a)			1731 ausgetreten
12. Moses Marum			1732 ausgetreten
13. Marum Hirsch			† 1741
14. Lippman Marum	1690	1722	† 1743
15. Säckle (Eysig) Joseph (a)			1740 durchgegangen
16. Isaac Levi			† 1732
17. Joseph Mayer (a)			† 1741
18. Löw Hayum (a)			1736 durchgegangen
19. Abraham Hayum (a)	1696	1726	1740 durchgegangen
20. Salomon Abraham	1698	1728	† 1755
21. Veit (Veiß) Abraham	1704	1728	† 1738
22. Benedikt (Bernhard) Jonas	1707	1729	† 1740
23. Hirsch Dotterus			1737 Schutzaufgabe
24. Hebels Witwe			
25. Alt Wolff Levi			† 1731

Die erste Jahresrechnung der neuen Gutsherrschaft von 1730/31 gibt zahlreiche Hinweise zu den Verhältnissen der Juden. Nahezu sämtliche Juden wohnten in dieser Zeit noch in der Ziegelhütte. Dort hatten sie eine Synagoge eingerichtet, die sie auf eigene Kosten zu unterhalten hatten. Für die Erlaubnis, Gottesdienst zu halten, mußte die Judenschaft jährlich am jüdischen Neujahrstag 2 fl. zahlen. Den gleichen Betrag hatten sie für ihr neu erbautes rituelles Bad, die *Juden-Tauch*, zu entrichten.

Außerhalb der Ziegelhütte wohnte Abraham Eppstein mit seinen Söhnen Seligmann und Veit in einem eigenen bescheidenen Haus mit einem Küchengärtlein. Auch Löw Moses und sein Schwiegersohn Eysig, beide Stadeljuden genannt, besaßen ein kleines Haus mit einem Krautgartenanteil. Joseph Nathan wohnte beim christlichen Bäcker Leopold, während Marum Hirsch keinen festen Wohnsitz besaß und meistens auf Handelsreisen unterwegs war.

Die besonderen Abgaben der Juden bestanden in erster Linie im Haus- und Schutzgeld. Es betrug im Normalfall 10 fl. jährlich, doch war darin die Miete der Wohnungen in der Ziegelhütte eingeschlossen. Die Hausbesitzer zahlten nur 5 fl. Schutzgeld, hatten dafür aber die üblichen Abgaben der christlichen Hausbesitzer aufzubringen, also Gült und das sogenannte Hühnergeld. Als Ersatz für die Verpflichtung zum Schnitt eines Morgens mit Frucht als Fronleistung entrichteten sie ein Dienstgeld von 1 fl. Dieses Dienstgeld hatten auch christliche Mieter zu entrichten und außerdem 1 fl. Schutzgeld, das für Witwen und ledige Frauen auf die Hälfte reduziert wurde. Die Juden in der Ziegelhütte zahlten das bereits erwähnte Bronnengeld, alle Juden ein Neujahrsgeld von 30 kr.

Im Verhältnis zu den Christen wurden die Juden nicht übermäßig besteuert, doch waren ihre Lebensverhältnisse vielfach so dürftig, daß sie die Abgaben kaum erwirtschaften konnten. Das führte dazu, daß verhältnismäßig viele Juden bei Nacht und Nebel unter Hinterlassung -

von Schulden das Dorf verließen und nie wieder dort auftauchten. Für die Herrschaft stellten sie nur vorübergehend einen bedeutenden Wirtschaftsfaktor dar. Von den 991 fl. Bareinnahmen im Rechnungsjahr 1730/31 stammten 492 fl. aus Abgaben der Juden. Im folgenden Rechnungsjahr betrug das Verhältnis nur noch 1525 zu 195 fl. Bei Viehhandelsgeschäften mußten Christen 1 kr. Akzise pro fl. Handelswert entrichten. Juden waren von dieser Abgabe befreit, mußten aber statt dessen für jedes geschächtete Stück Vieh Schächtgeld bezahlen. Hohe Einkünfte daraus erzielte die Herrschaft jedoch nicht. Für Jochvieh, also Zugvieh, mußten 24, für Kühe oder Rinder 12, für Kälber, Böcke, Schafe und Ziegen je 2 kr. entrichtet werden.

Eine große Belastung für die Judenschaft stellten die Zölle dar, die bei jedem Grenzübertritt an Brandenburg-Ansbach entrichtet werden mußten. 1732 baten sie um Erleichterungen, weil sie äußerst verarmte Leute seien und das markgräfliche Territorium nur selten beträten. Ihre Hauptgeschäfte wickelten sie im Öttingischen und im Gebiet der Fürstpropstei Ellwangen ab. Darauf wird noch zurückzukommen sein.

Vorsteher der Gemeinde war der Barnos. Zunächst war es Abraham Eppstein. Gegen ihn erhob 1731 seine Judenschaft Klage, weil er keine Rechnung über die Gemeindeumlagen erstellt hatte[116]. Der Beschuldigte verteidigte sich damit, daß er die Einnahmen unter Rüdingsfelsischer Herrschaft abgeliefert oder zu gemeinschaftlichen Ausgaben rechtmäßig verwendet habe. Der Fehler liege nur darin, daß er nicht schreiben könne, ein ungewöhnlicher Umstand für einen Rechner. Nun plante die Gemeinde damals, einen Schulmeister anzustellen. Abraham erklärte sich bereit, um seinen guten Willen zu beweisen, den neuen Lehrer zwei Jahre lang kostenlos zu beherbergen, wenn seine beiden Söhne von Abgaben in der Synagoge befreit würden und ihre Sitze dort umsonst behaupten dürften. Da die Judenschaft unter der Leitung des neuen Barnos Hirsch Levi damit einverstanden war, verzichtete man auf die unbeweisbaren Regreßforderungen gegen den alten Vorsteher.

Als Schulmeister wurde ein gewisser Rachmael gewonnen, mit dem die Gemeinde allerdings wenig Freude erlebte. So zeigte er den Benedikt Jonas an, weil dieser ihn angeblich aufgefordert hatte, geschächtetes Vieh der Herrschaft nicht anzugeben und damit Schächtgeld zu unterschlagen. Rachmael wurde bestraft, als er einen Fünfjährigen fragte, ob seine schwangere Memme oder Mutter *noch nicht gekälbert habe.* 45 kr. kostete ihn dieser respektlose Ausspruch, *zumal er als Schulmeister mit gutem Exempel vorangehen soll.* Als Rachmael einen anderen Juden leichtfertiger Reden gegen die Herrschaft beschuldigte, schwor der Beklagte in der Synagoge in Anwesenheit vieler Christen einen Reinigungseid. Rachmael mußte daraufhin öffentlich Abbitte leisten und zog bald darauf fort.

Der Friede in der Gemeinde wurde mehrfach durch Schlägereien, sogar in der Synagoge, gestört. Das Amt wachte sorgsam über die Einhaltung des Friedens und bat alle ertappten Unruhestifter zum Teil kräftig zur Kasse. Wenn weltliche Vorschriften mißachtet wurden, gab es keinen Unterschied zwischen Juden und Christen bei der Ahndung. Strafverschärfend war allerdings die zusätzliche Verletzung jüdischer Vorschriften. Als Abraham Eppstein an einem Sonntag nach Wolfertsbronn zum Schächten ging, jedoch unverrichteter Dinge zurückkam, mußte er zahlen, *weil er den Sabbat profaniert.* Häufig war verbotenes Kartenspiel am Sonntag. Mändel Bernheims Witwe zahlte 45 kr., weil sie am Pfingstsonntag mit einem Spulrad gezwirnt hatte. Isaac Levis Weib mußte drei Stunden die Geige tragen, weil sie den Dorfbäcker zu Unrecht angezeigt hatte. Auch Lippmanns Frau zahlte 1 fl., weil sie Joels Frau

116 Gutsarchiv Unterdeutstetten Amtsprotokoll Bd. 1.

unter anderem eine *Regiments- und Schneidershure* genannt hatte. Die Hälfte der Strafgebühren, die Juden bei Zeremonialvergehen an ihre Gemeinde zu zahlen hatten, wurde von der Herrschaft beansprucht. Als ein christlicher Einwohner die Frau des Juden Marx bedrohte, als sie *sich im Zigeunerweiher tunken wollte,* zahlte er 30 kr. Strafe. Rigoros ging die Herrschaft immer dann vor, wenn sie den Sonntag entweiht sah. Das mußten auch Abraham Eppstein und Abraham Jonas erfahren, die am Palmsonntag eine Kuh ins Dorf trieben, ohne sie angemeldet zu haben, und sie dann gleich schächteten. Der *doppelte Unfug* wurde mit 2 fl. bestraft.

Die Entwicklung der Judenschaft unter der Sequesterverwaltung

Mit 25 jüdischen Haushalten hatte Unterdeufstetten unter dem Freiherrn von Rüdingsfels eine im Verhältnis zur Größe der Herrschaft und des Ortes stattliche Anzahl von Juden beherbergt. Das änderte sich aber in den nächsten Jahren rasch. In keiner Gemeinde im heutigen Kreisgebiet war die Fluktuation so groß wie hier. Auch die neue Ortsherrschaft nahm weitere Juden auf, so 1731 Hirsch Isaac aus Wittelshausen. Er mußte 8 fl. Hauszins und Schutzgeld zahlen, 16 kr. Bronnengeld und 30 kr. für die Herrschaft als Neujahrsgeld. Er wohnte als Untermieter in der Stube bei Lippmann Marum, kündigte aber nach knapp zwei Jahren.

Baruch Abraham verschwand spurlos. *Ist um Lichtmeß 1731 durchgegangen,* vermeldet die Amtsrechnung. Joseph Nathan kündigte kurz darauf den Schutz auf. Wolf Levi, seit längerer Zeit krank, starb. Seine Witwe zog nach Mannheim. Auch Isaak Levi segnete das Zeitliche. Moses Marum machte sich bei der Nacht davon. Spektakulär war die Affäre des Marum Hirsch. Er wurde beschuldigt, der Ehefrau des Schloßschneiders zugemutet zu haben, Unzucht mit ihm zu treiben. Als man ihn vor das Amt zur Befragung zitierte, *ist er als ein Schelm echapiret.* Schuldbewußtsein oder Angst – man weiß es nicht. Der Verdacht wurde jedenfalls nicht bestätigt. Zehn Jahre später tauchte Marum wieder auf als alter, kranker Mann und durfte bei seinem jüngeren Sohn wohnen, starb aber im Jahr darauf. Dieser Sohn, Hirsch Marum, war 1738 aus Klein-Nördlingen zugezogen und hatte die noch ausstehenden Schulden seines Vaters beglichen.

Mit den Neuaufnahmen hatte man nicht viel Glück. So fiel die Zahl auf 19 bis 21 Haushalte in den Jahren 1733–1742. Die Juden erbrachten in dieser Zeit 10–15 % der Bareinnahmen der Herrschaft, waren also wieder ein gewichtiger, keinesfalls aber ein entscheidender Faktor.

1734 heiratete eine Tochter des *Stadeljuden* Löw Moses den Löw Schmul. Sie erhielt eine Haushälfte als Mitgift, deren Wert auf 20 fl. taxiert wurde. So mußte Löw Moses 10 % – 2 fl. – Abfahrt zahlen, sein neuer Schwiegersohn entsprechend 2 fl. Auffahrt. Außerdem mußte er noch 2 fl. Aufnahmegebühr bezahlen. Der alte Löw Moses empfahl sich 1738 auf französisch, wie man so sagt. Als Löw Schmul 1737 starb, zog auch seine Witwe fort. Sein Schwager Eysig brannte bald darauf durch. Zuvor wurde das uralte Haus, unweit der alten Schmiede gelegen, für ganze 28 fl. an einen Christen verkauft. Der Bauplatz galt als wertlos, das Haus wurde für abbruchreif erklärt. So gab es außerhalb der Ziegelhütte aber unweit davon nur noch ein jüdisches Haus, nämlich das des Seligmann Abraham, dessen Vater im Juli 1737 und dessen Bruder Veit im Jahr darauf verstorben waren. Veits Witwe heiratete Veit Joseph, den Sohn des Joseph Löw. Beide verkauften ihre ⅔-Anteile 1745 an einen Christen. 1738 wurde Moses Marx aus Goldbach in den Schutz aufgenommen, der bis dahin als Knecht in Crailsheim gedient hatte. Er heiratete die Tochter des längst verstorbenen Tuch- und Viehhändlers Jakob Moses.

Seine Niederlassung in Unterdeufstetten plante auch David Salomon aus Wilhermsdorf. Er pachtete zunächst für sieben Jahre ein christliches Haus für 27 fl. und wollte dort Branntwein brennen, zog aber aus ungeklärten Gründen nicht ein. Danach schmolz die Gemeinde rapide zusammen. Die Herrschaft kündigte zunächst dem Marx Mändel den Schutz wegen großer Schulden. Mit Sack und Pack verschwand Eysig heimlich in der Nacht, dann Abraham Hayum ohne Abschied. Hirsch Löw, der alte Barnos, kündigte den Schutz auf und zog zu seinem Sohn Sandel nach Mönchsrot. Auch Mändle Bernheim verließ Unterdeufstetten. Mit dem Tod von Jonas Abraham und Benedikt Jonas 1740, dem Fortzug ihrer Witwen und dem Tod der Witwe des Moses Jakob gingen weitere drei Haushalte ein.

Die Aufteilung der von der gesamten Judenschaft für die Herrschaft und für die religiösen Bedürfnisse der jüdischen Gemeinde aufzubringenden Gelder führte immer wieder zu Beschwerden. So machte man 1737 dem Barnos Hirsch Levi Vorwürfe wegen angeblicher Parteilichkeit bei der Einschätzung. Daher ordnete das Amt, das sich sonst aus innerjüdischen Angelegenheiten nach Möglichkeit heraushielt, an, daß künftig zwei oder drei Juden zur Festsetzung der Umlagen herangezogen werden sollten, und bestimmte dazu Marx Mändlein, Lippmann Marum und Anschel. Die Verbitterung gegen Hirsch Levi wuchs trotzdem weiter. So schlug die Judenschaft 1739 vor, ihn von seinem Amt als Barnos zu entsetzen, statt dessen Moses Marx und Anschel zu *Heiligenpflegern* zu ernennen. Beide gelobten vor dem Amt an Eides statt Treue und Beobachtung des herrschaftlichen Interesses. Andererseits sicherte ihnen das Amt Rückhalt bei der Eintreibung von Abgaben zu, denn die Zahlungsmoral war damals nicht sehr gut. Diese Vorfälle waren der Anlaß für die Schutzaufkündigung und den Fortzug Hirsch Levis. Der innere Zusammenhalt der Gemeinde ließ sehr zu wünschen übrig. Häufig werden Strafen festgesetzt für Prügeleien, Beschimpfungen, Beleidigungen, seltener wegen Denunziationen oder Schuldklagen.

Differenzen zwischen Juden und Christen waren durchaus privater Natur und hatten nichts mit religiöser Ablehnung zu tun. 1744 verkauften Seligmann Abraham und Veit Joseph ein Drittel ihres Hauses an einen Christen. Es war der erste Vertrag dieser Art in Unterdeufstetten, und das Amt legte ihn der Herrschaft zur Ratifikation vor. Sie schrieb: *Wann es praktikabel und ohne Ärgernis geschehen kann, daß Christen und Juden beisammen in einem Haus wohnen, so mag der Vertrag gelten. Jedoch ist darauf zu reflektieren, daß beiderlei Haushaltungen sonderlich ratione der Stuben und auch im übrigen soviel möglich sich separiren und jeder Teil eine besondere Einrichtung im Haus machen lassen solle.* Tatsächlich blieben solche gemeinschaftlich bewohnten Häuser aufgrund der besonderen Situation in Unterdeufstetten zunächst die Ausnahme. – Für juristische Angelegenheiten war man personell nicht gerüstet. Für jede Heiratsabrede, auch zur Ablegung eines Judeneides, mußte man Rabbiner oder mit Rabbinatsfunktionen vertraute Personen von außerhalb kommen lassen, wie etwa den Vorsinger Jacob Aron von Crailsheim (1733).

Unter Freiherr vom Holtz

Als der Freiherr von Rüdingsfels 1740 völlig verarmt verstorben war, kaufte der bisher mit der Verwaltung beauftragte Freiherr vom Holtz das Gut. Die jüdische Ansiedlung schmolz mehr und mehr zusammen. Nach dem Tode seines Vaters Marum ging der junge Hirsch Marum durch, wenig später Moses Marx. Die Witwe des 1741 dahingeschiedenen Joseph Mayer kündigte 1745 den Schutz auf. Wegen der großen Armut und der immer geringer werdenden

Zahl der Juden ermäßigte die Herrschaft 1740/41 das Schul- und Tauchgeld einmalig auf 2 fl. In diesem Jahr gab es nur noch sieben jüdische Haushalte. Die Einnahmen von den Juden betrugen nur noch 51 von 1417 fl., also nicht einmal mehr 4 %.

Bei der Revision der Amtsrechnung 1740/41 kam der Herrschaft diese Tatsache so richtig ins Bewußtsein. *Weilen verspürt worden, daß die Judenschaft seit einigen Jahren her ziemlichermaßen in Abgang gekommen, so wäre gnädige Herrschaft vom Holtz nicht ungeneigt, deren hinwiederum einig andere Familien gnädig zu recipieren.* Sie sollten allerdings einiges Vermögen besitzen. Die auch ins Auge gefaßte Herabsetzung des Schutzgeldes wurde jedoch nicht durchgeführt. Es dauerte über zehn Jahre, bis die Zahl der Haushalte sich wieder verdoppelt hatte. Die frühere Gemeindegröße wurde jedoch nicht mehr erreicht. In die Wohnung des durchgebrannten Moses Marx in der Ziegelhütte zog 1742 Moses Hirsch aus Treuchtlingen ein, der eine Tochter des Joseph Löw heiratete. Die Herrschaft verlangte nach den trüben Erfahrungen der letzten Jahre nun die Vorauszahlung des Schutzgeldes für ein bis zwei Quartale als Sicherheit.

Samuel Joseph, der Sohn des verstorbenen Joseph Mayer, zog mit seiner Mutter in das Haus eines Christen ein. Isaac Levi, Sohn des Joseph Löw, der vorher beim Baron von Taube in Steinhard in Schutz saß, leistete 1743 seiner neuen Herrschaft Handtreue. Anschel Jonas kaufte ein halbes Haus, das einen eigenen Brunnen besaß. So wurde er künftig von der Zahlung des Bronnengeldes befreit. Doch nach wenigen Jahren gab er das Haus wieder auf.

1744 nahm die kleine Gemeinde einen neuen Schulmeister an, der kein Schutzgeld zu entrichten brauchte. Moses Salomon stammt aus Lautenbach. Er verschwand nach kurzer Zeit wieder, weil mit ihm nicht auszukommen war. Als Vorsänger und Schächter wurde danach Wolf Jacob aus Wohnfurth berufen. Er erhielt ein Gehalt von 12 fl. für ein halbes Jahr und freie Wohnung, für die die Gemeinde 2 fl. 30 kr. Miete an die Herrschaft zahlte. Bereits im August 1746 zog auch er wieder fort. Seine Bestallung machte es nötig, eine neue Umlage festzusetzen. Die einzelnen Anteile, Balletten, Boletten oder Billette genannt, verteilten sich 1745 wie folgt: [117]

Joseph Löw	5	Samuel Joseph	4
Seligmann Abraham	8	Isaac Levi	4
Anschel Jonas	6	Abraham Israel	4
Veis Levi	6	Wolf Meyers Witwe	3
Moses Hirsch	4		

Diese Reihenfolge spiegelt ungefähr die Vermögensreihenfolge wider. Von September 1750 weilte der nun als Rabbiner bezeichnete Hirsch Levi wieder in Unterdeufstetten. Als Rabbiner wurde zeitweilig auch der Schulmeister Wolf Jacob tituliert. Abraham Israel war aus Cronheim zugezogen, wo er im Schutz des Bischofs von Eichstätt gewohnt hatte. 1748 war er nach Ausweis der Rechnung wieder verschollen. Obwohl die Herrschaft 1746 das Schutzgeld um 50 % erhöhte – von 5 fl. auf 7 fl. 30 kr. –, fanden sich immer wieder jüdische Neusiedler ein wie Moyses Zadock aus Herxheim, der 1756 in der Fremde starb, oder Simon Joseph aus Braunsbach, der bis dahin beim Juden Seligmann in Crailsheim als Knecht gedient hatte. Bei den Grafen von Liechtenstein zu Hürben war Samson Moses vor seinem Aufzug in Unterdeufstetten gewesen.

117 Ebd., Bd. 4.

Im Februar 1753 entwarf die Judenschaft für sich eine hebräisch abgefaßte Ordnung, die der vom Holtzische Amtmann Baumann übersetzen ließ und zur Genehmigung einreichte. Diese Genehmigung wurde von der Herrschaft prompt erteilt. Wer in den Schutz der Herrschaft aufgenommen wurde, sollte danach der Judenschaft als Einheimischer 1 fl., als Auswärtiger 3 fl. zahlen, quasi als Aufnahmegebühr. Kosten, die der Judenschaft insgesamt entstanden, sollten analog den Billetten in der Synagoge proportional verteilt werden. Die Zahl der sogenannten Billette war direkt abhängig vom steuerpflichtigen Vermögen und wurde ohne Mitwirkung der Herrschaft ermittelt. Das halbjährliche Schulgeld für die ABC-Schützen wurde auf 30 kr. festgesetzt, für Leseübungen auf 45 kr., für das Bibelstudium auf 1 fl. und für das Talmudstudium auf 1 fl. 30 kr. Für die Benutzung des rituellen Bades am Rotbach hatten die Frauen jedesmal 1 gr. zu zahlen; ebenso teuer war das Schächtgeld. Wichtig war, daß ein im Laufe des Jahres abziehender Jude alle Gebühren für ein Jahr zu entrichten hatte.

Die restlichen Punkte der Ordnung betrafen die Aufrufreihenfolge in der Synagoge an den hohen Festen und Strafen für Versäumnisse. In Anwesenheit des Amtmannes Johann Ludwig Baumann wurde über diese Ordnung beraten. Joseph Löw (Zahl der Billette: 1), Seeligmann Abraham (6), Veis Levi (4), Moyses Hirsch (4), Moyses Zadock (4), Jonas Ephraim (4) und Samson Moses (4) stimmten der Ordnung zu. Abwesend waren Samuel Joseph (4), Simon Joseph (4) und David Levi (4). Der Vorsteher (Barnos) der Gemeinde war David Levi jun.(7). Anschel Jonas (4) und Isaac Levi (4) protestierten gegen die Ordnung – ohne Erfolg. Nicht gefragt wurde Wolf Meyers Witwe (3). Ein Disput entspann sich über die Frage, ob man sich im Sommer den Schulmeister nicht ersparen könne. Die Juden mit Kindern im Schulalter bestanden auf ganzjährigem Engagement des Schulmeisters, der zugleich als Schächter fungierte und als Vorsänger an hohen Feiertagen. Der Amtmann ließ sich auf keine Diskussion ein. Es war immer die Absicht der Herrschaft, daß die Judenschaft ständig einen Rabbiner oder Schulmeister halte. Davon werde nicht abgegangen.

Wenige Monate nach dem Erlaß der Ordnung wandte sich die Judenschaft im Juli 1753 mit einer umfangreichen Bittschrift, die auf Verbesserung ihrer Lebensbedingungen abzielte, an den Ortsherrn. Ihre Wohnungen in der alten Ziegelhütte waren zu eng geworden. Die Feuergefahr nahm durch den Verfall des morschen Bauwerks zu. Reparaturen schienen aussichtslos. So baten sie um die Erstellung eines neuen Baus mit Wohnungen in ausreichender Zahl. Die alte Ziegelhütte war insgesamt 118 Schuh lang und 36 Schuh breit. Amtmann Baumann konnte nach einem Besuch in Unterdeufstetten nur die Richtigkeit der Schilderung bestätigen. Die ganze Hütte war überaus liederlich und baufällig, jeder hineingesteckte Gulden eine Fehlinvestition. So beauftragte der Amtmann zwei erfahrene Bauhandwerker mit einer Kalkulation für den totalen Abbruch der alten Ziegelhütte und der Errichtung eines modernen einstöckigen Neubaus von 100 Schuh Länge und 30 Schuh Breite. Dieser Bau sollte acht Wohnungen für Juden enthalten, der wenig rentierliche Ziegeleibetrieb selbst völlig eingestellt werden. Doch die bauliche Situation war nur ein – wenn auch der drückendste – Klagepunkt.

Unter Rüdingsfels hatten die Juden das Recht, jede Woche an zwei Tagen Leseholz im Wald sammeln zu dürfen. Dieses Recht war dann auf einen Tag begrenzt worden, zu kurz, um den notwendigen Brennholzvorrat zu erhalten. Wurden Bäume gefällt, dann wurden erst Reisigwellen für die Herrschaft erstellt. Man ließ das Reisig zunächst abtrocknen und befürchtete, daß die Juden es mitnehmen würden, wenn man sie vor Abtransport der Wellen in den Wald ließe. So war die Zeit der Holzlese tatsächlich sehr beschränkt. Wegen der zunehmenden Holzknappheit wurde 1755 die eingeschränkte Holzleseerlaubnis völlig gestrichen, ein harter Schlag für die Juden, die sich dagegen beschwerten. Sie baten den Freiherrn vom Holtz inständig, alle Neuerungen abzuschaffen und sie bei ihrem alten Herkommen zu belassen. Das war im April 1756. Der Bescheid der Herrschaft fehlt.

Die Juden ernährten sich schlecht und recht vom Handel, zu dem sie ständig bares Geld benötigten. Die Schutzgelder, die sie in jedem Jahr der Herrschaft zahlen mußten, verminderten ihre Liquidität. Mancher zahlte darum seine Abgaben nicht rechtzeitig oder ließ sie stunden. Wenn diese Schulden zu groß wurden, konnte es schon – in Unterdeufstetten nicht gerade selten – vorkommen, daß ein Jude heimlich sein Bündel schnürte und verschwand. Um sich dagegen abzusichern, verlangte die neue Herrschaft jetzt generell die Vorauszahlung von zwei Quartalen des fälligen jährlichen Schutzgeldes. Jeder neu in den Schutz aufgenommene Jude hatte die Erfüllung dieser Verpflichtung feierlich gelobt, doch war es ein allzu schweres, häufig nicht einhaltbares Versprechen.

Die Herrschaft legte natürlich großen Wert auf den pünktlichen Eingang der Schutzgelder. Immer wieder kam es vor, daß zum Zahlungstermin ein Jude gerade unterwegs, oft weit von der Heimat war. Dann wurde mit saftigen Preßgeldern die Zahlung erzwungen. Manchmal wurde auch einfach Ware gepfändet. Dieses rigorose Vorgehen rief gelegentlich – nicht unberechtigt – den Eindruck hervor, als ob die Juden knapp bei Kasse wären, und gefährdete ihren Kredit bei den Lieferanten. So baten sie die Herrschaft, Rücksicht auf ihre Kreditwürdigkeit beim Eintreiben der Schutzgelder zu nehmen. Der Judenschutz war ein nicht vererbbares befristetes Privileg. In der Regel konnte der älteste Sohn eines Juden damit rechnen, irgendwann an die Stelle seines Vaters zu treten. Die Ortsherrschaften versuchten auf diese Art und Weise die Zahl der Juden in den ihnen angemessen scheinenden Grenzen zu halten. So war es nur natürlich, daß die Unterdeufstettener Israeliten ihre neue Herrschaft baten, ein weitergehendes Generalprivileg für sie und alle ihre Nachkommen zu erlassen. Hier wollte die Herrschaft sich jedoch nicht binden lassen.

Die Unterhaltung von Bediensteten der jüdischen Gemeinde war – das hängt mit der geringen Zahl der Juden zusammen – ebenfalls eine drückende, wenn auch zwangsläufige Last. So ersuchte man die Herrschaft, dem jüdischen Schulmeister eine mietfreie Unterkunft zu überlassen. Der Schulmeister war von den regulären Abgaben befreit, mußte aber jährlich 4 fl. Hauszins zahlen.

Da es im Alten Reich keine eigentlichen Kirchensteuern gab, erhielten die Geistlichen für die von ihnen verrichteten persönlichen Amtshandlungen die sogenannten Stolgebühren. Zuständig für Unterdeufstetten – es gab damals (bis 1824) nur eine evangelische Pfarrei – war der Pfarrer von Segringen. Auch die Juden mußten diese Stolgebühren entrichten, obgleich der Pfarrer für sie keine Amtshandlungen vornahm. So mußten bei Hochzeiten und beim Tod eines Erwachsenen 1 fl. 30 kr., beim Tod eines Kindes und bei einer Beschneidung je 30 kr. bezahlt werden. Nun gehörte die Pfarrei Segringen zur Grafschaft Öttingen. So befürchtete der vom Holtzische Amtmann nicht ohne Grund, eine Aufhebung dieser Stolgebühren würde zu erheblichem Ärger mit Öttingen führen, vielleicht sogar zu persönlicher Gefährdung Unterdeufstettener Israeliten, die in der benachbarten Grafschaft Handel trieben.

Zumindest ein Teil der christlichen Einwohnerschaft von Unterdeufstetten stand den Juden distanziert, ja feindselig gegenüber. So gingen angeblich Tanzlieder um, in denen davon gesungen wurde, *daß der Donner und das Wetter die Juden erschlage.* Der Amtmann hörte sich daraufhin im Ort um und erhielt vom Schultheißen die Antwort, daß diese Beschuldigungen aus der Luft gegriffen seien. Es sei eher umgekehrt, daß nämlich die Juden die Christen *kahl traktieren* würden. Auch das beanstandete Tanzlied hatte in Unterdeufstetten noch niemand gehört. Vor einigen Jahren allerdings war im benachbarten Mönchsrot ein solches Lied im Schwange. Dem dortigen Wirt war daraufhin mit hoher Strafe gedroht worden, wenn er in seinem Hause weiterhin solche Dinge geschehen lasse.

Amtmann Baumann hatte seine Kommentare direkt neben die Bitten und Vorschläge der Juden in einem Bericht zusammengefaßt. Sein Begleitschreiben war nicht so positiv wie seine sachlichen Stellungnahmen. Hierin schrieb er: *Die Deufstettener Juden ansonsten überhaupt betreffend, so wissen sie sich, wann man sie vorhero nicht kennt, als Engel des Lichts und so anzustellen, als wenn sie die beste und geschlachtetste Leute von der Welt wären. Allein wer öfters mit ihnen umgeht und ihre Aktionen einzusehen Gelegenheit hat, der wird gar bald gewahr, daß sie bösartig, halsstarrig und widerspenstig genug seien.* Die Herrschaft nahm die Bitten der so negativ beschriebenen Juden kritisch auf und unterzog sie einer sorgfältigen Prüfung. Sie entschloß sich schließlich zum Neubau von zwei Häusern für Juden statt eines, nicht mehr in oder bei der alten Ziegelei, sondern in der Marktstraße. Vorgesehen waren zunächst Bauten von 80 Schuh Länge und 24 Schuh Breite. Sie sollten drei Eingänge besitzen, fünf Stuben, fünf Kammern und drei Küchen. Zwar wurde das Schutzgeld zur Finanzierung erhöht, jedoch nahmen die Juden das hin.

Problematischer war es, daß durch den Bau ein alter Fahrweg in die Felder versperrt wurde, der auch zum Judenbad am Rotbach führte. Die Juden sollten das Baugrundstück nach den Plänen der Herrschaft in zehn Jahresraten zu 10 fl. erwerben, baten aber statt dessen um 4 %ige Zinszahlung und Verbleib des Grundstücks in herrschaftlicher Hand auf ewige Zeiten. Bei jedem Besitzwechsel waren nämlich Gebühren fällig, deren Höhe im Laufe der Jahre sicher die Zinsen überstieg.

Vor dem Bau der neuen Häuser wurde die verfallende Ziegelhütte abgebrochen. Die noch dort wohnenden Juden wurden ausquartiert und mußten für einige Monate *Unterschleif* bei Christen suchen. Um die Baukosten niedrig zu halten, wurde soviel Altmaterial als möglich wiederverwendet. Die Baukosten für die Judenhäuser beliefen sich auf 761 fl. Den wenigen Besitzern eigener Häuser wurde der Verkauf nahegelegt. So verkaufte David Levi jun. sein Haus an einen Christen und verpflichtete sich zur Räumung, sobald der Einzug in eines der neuen Häuser möglich war. Der Bau der Häuser machte Fortschritte. Im Juli 1755 konnte Baumann berichten, *wie in betreff der dortigen beeden neuen Judenhäuser das Bauwesen so ziemlich gut und accordmäßig vonstatten gehe.* Die in einem Zug der Länge nach aneinanderstehenden Gebäude hatten zwischen sich einen neun Schuh breiten Durchlaß zur Fahrt in die Felder. Nach Meinung des Amtmanns gaben sie dem Flecken ein hübsches Ansehen.

In Anbetracht der guten Aussichten auf moderne, wohl auch mietgünstige Wohnungen ließen sich David Levi jun., Isaac Levi, Veis Levi und Jonas Ephraim als Interessenten beim Amtmann einschreiben. Sie zahlten einmalig 2 fl. Einstand, dann 10 fl. Schutzgeld und Hauszins, 16 kr. Bronnengeld und 30 kr. Neujahrsgeld jährlich. Um die neuen Häuser bewarben sich von den bisherigen Bewohnern der Ziegelhütte auch David Levi sen. und sein Bruder Joseph, *die gutes Zeugnis bei Christen und Juden* besaßen, sowie mehrere neue Schutzbewerber. Alle Mietgesuche wurden genehmigt. Eine Wohnung blieb allerdings leer. Im oberen Stockwerk eines der Häuser wurde zunächst die Synagoge, die Judenschule, eingerichtet. Die Wohnungen wurden schließlich unter den Mietwilligen verlost. Die neuen Mieter im ersten Haus, später Judenhaus A genannt, waren:

Wohnung A 1: Joseph Levi   A 5: Jakob Löw
         A 2: Jonas Ephraim   A 6: Isaac Levi
         A 3: David Levi jun.   A 7: zunächst leer
         A 4: David Levi sen.

Im zweiten Haus – Judenhaus B – wohnten:

Wohnung B 1: Samuel Jesel   B 5: Anschel Jonas
         B 2: Simon Joseph   B 6: Samson Moses
         B 3: Moses Hirsch   B 7: Hirsch Levi (Löw)
         B 4: Veis Levi

Für die Schulmeisterkammer zahlten die Juden 5 fl. Zins, für die Synagoge und die Tauche, das rituelle Bad, je 2 fl. Insgesamt erreichten die Einnahmen von den Juden in diesem Jahr 146 fl. Das waren knapp 6,5 % der Gesamtgeldeinnahmen des Amts in Höhe von 2313 fl.

Die neuen jüdischen Bürger wurden mit mehreren ebenfalls neu aufgenommenen Christen auf die Ortsherrschaft verpflichtet, *wobei die Christen den Erbhuldigungseid in forma abgeschworen, die Juden aber auf ihren Thalmuth (!) und die Zehn Gebote mit Hand gegebener Treue angelobt.*[118] Sie brauchten also keinen feierlichen Eid zu schwören. Im Amtsprotokoll, das nach den Unruhen der 1770er Jahre neu begonnen wurde, steht auch das *Erbhuldigungsformular für die Juden.* Der Text lautet: *Ihr hier zugegen stehender Jud sollet geloben und schwören einen leiblichen Eid zu Gott dem Allmächtigen, der Himmel und Erde geschaffen hat, dem reichsfrei hochwohlgebornen Herrn Christoph Carl Ludwig, Freiherrn von Pfeil (Titel) als eurer angebornen, rechtmäßig hohen Obrigkeit und Herrschaft, auch dero hochfreiherrlichen Erben und Nachkommen treu, hold und gewärtig, untertänig und gehorsam zu sein, deroselben Nutzen besten Fleißes zu fördern, Schaden und Nachteil aber zu verhüten, zu warnen und abzuwenden, auch alles, was euch von andern Untreues oder Strafbares kund wird, sogleich anzuzeigen, eure inhabende Häuser wohl in acht zu nehmen, auf Feuer und Licht, damit dadurch kein Unglück und Schaden entstehe, sorgfältig zu sehen, solche eure Häuser und Wohnungen zu bessern, zu bauen und in gutem Stand und Wesungen zu erhalten, ohne herrschaftliches Vorwissen und Erlaubnis nichts davon zu veräußern, vermachen oder entziehen zu lassen noch zu versetzen oder zu verpfänden, eure von Zeit zu Zeit schuldig werdende herrschaftliche Abgaben an beständigen Gefällen, Schutzgeld, Bronnen- und Neujahrsgeld, auch andern, wie solche Namen haben, zu rechter behöriger Zeit ordentlich, richtig und ohnweigerlich abzuführen, für keiner fremden auswärtigen Obrigkeit Recht zu geben und zu nehmen, insbesondere auch sowohl in eurer Schule als Häusern und sonsten untereinander selbsten friedfertig und einträchtig zu betragen und in Summa euch durchaus also aufzuführen und zu verhalten, wie es getreuen ehrliebenden Untertanen und Juden wohl ansteht, eignet und gebührt, getreulich und ohne Gefährde.*[119] Dieser Text wurde den Juden vorgelesen, die daraufhin die Einhaltung aller Bestimmungen versprachen. Ihr Gelöbnis lautete: *Wie mir ist vorgelesen worden, ich auch wohl und deutlich verstanden habe,*

118 Ebd., Faszikel Judenhäuser.
119 Ebd., Amtsprotokoll 1773/74, Vorspann.

dem will ich getreulich, fest und unverbrüchlich nachkommen, so wahr mir helfe Adonai Elohim, der Himmel und Erden geschaffen hat und seine heilige Torah. Unter Baron vom Holtz dürfte der Text ähnlich gelautet haben.

Außerhalb der beiden Judenhäuser blieb Joseph Löw, der älteste anwesende Unterdeufstettener Jude, der seit 1751 hochbetagt ad dies vitae kein Schutzgeld mehr zu entrichten brauchte und 1756 starb. Auch Seligmann Abraham starb im Jahr der Fertigstellung der Häuser. Samuel Joseph zog erst 1757 in die Wohnung A 1 des Joseph Levi, der so rasch, wie er gekommen, auch wieder verschwunden war. Doch auch Samuel galt bald als verschollen. Nur Wolf Meyers Witwe Hanna blieb noch viele Jahre in ihrer eigenen Wohnung. Mit Zustimmung ihres in Schopfloch wohnenden Sohnes Moses Benjamin übergab sie 1761 das Eigentum, ein Viertel das ganzen Hauses, an ihren Schwiegersohn Elias Salomon Weil, den Mann ihrer Tochter Sara, bei denen sie wohnen blieb.

Wenig Glück hatte der Freiherr vom Holtz mit seinen neuen Juden trotz der attraktiven Häuser. Joseph Levi (A 5) kündigte, wie bereits gesagt. Samuel Jesel (B 1) brannte noch im selben Jahr durch, und der aus Hürben zugezogene Hirsch Levi (B 7) packte 1758 seine Sachen *großer Armut halber.* Isaac Levi (A 6) starb 1757. Seine verarmte Witwe kündigte den Schutz und zog als Bettelweib davon. Die auf Abraham Meyer aus Klein-Nördlingen gesetzten Hoffnungen trogen ebenfalls. Kaum hatte er seine Aufnahmegebühr entrichtet, wurde er in Feuchtwangen wegen Diebstahls verhaftet und in das Zuchthaus Schwabach eingeliefert. Er ist nach Ausweis der Rechnung in Unterdeufstetten *nimmer erschienen.*

Neu war, daß Jakob Veiß für das Recht, gelegentlich bei Verwandten zu nächtigen und Waren zu deponieren, ein Konzessionsgeld von 1 fl. entrichtete, ohne in den Schutz aufgenommen zu werden. Um die leergewordenen Wohnungen zu besetzen, wurden 1760 Löw Koppel von Bruck und Samuel Levi von Illereichen rezipiert, im folgenden Jahr Elias Veiß, der Sohn des Veiß Abraham, Mayer Jakob, Sohn des Jakob Löw, außerdem der bereits erwähnte Elias Salomon Weil aus Wallerstein. Das war die Situation, als es zu einem erneuten Herrschaftswechsel kam. Freiherr Eberhard Maximilian vom Holtz verkaufte das Rittergut Unterdeufstetten 1761 an den Baron Christoph Karl Ludwig von Pfeil[120] für 40000 fl.

B. Unter Baron von Pfeil

Das neue Regiment

Nach Studien in Halle und Tübingen trat Pfeil in den württembergischen Staatsdienst, in dem er rasch Karriere machte und 1759 zum Geheimen Rat aufstieg. Am 12. Juli 1761 fand die feierliche Übernahme des Ritterguts statt, zu dem in dieser Zeit 15 Schutzjudenhaushalte gehörten[121]. Alle Untertanen erhielten Bier und Brot bei dieser Gelegenheit und legten den Huldigungseid ab. Samson Moses und Samuel Levi, die erst im Herbst von Geschäften zurückkehrten, erhielten ihr Maß Bier und für 2 kr. Brot, als sie die Huldigung vor dem Amtmann nachholten. Pfeil war ein aufgeklärter Philantrop. Er garantierte die völlige Gleichberechtigung der Konfessionen in

---

120 Über Pfeil vgl. H. J. König, Christoph Karl Ludwig von Pfeil. In: Lebensbilder aus Schwaben und Franken VIII, 1962. – Auf die Juden wird hier nicht eingegangen.
121 H. J. König, Unterdeufstetten in Geschichte und Gegenwart. In: Württ. Franken 49, 1965. – Kleinere Unrichtigkeiten, so z. B. der angebliche Bau der Judenhäuser durch Pfeil, werden stillschweigend korrigiert.

seinem Herrschaftsbereich für Christen und Juden. 1763 trat er in preußische Dienste als Gesandter beim Schwäbischen und Fränkischen Reichskreis ein.

Neue Besen kehren gut. Das hatten Juden und Christen zu spüren. Streitigkeiten zwischen den Juden nutzte die neue Herrschaft zu ihrem finanziellen Vorteil und zur Disziplinierung. 1761 beschuldigte Jakob Löw den aus Nordstetten stammenden David Dessauer, den Stiefsohn des Löw Koppel, er habe sich fälschlich in Gerabronn als sein Knecht ausgegeben, habe ihn, Jakob, betrogen und ihm dadurch großen finanziellen Schaden verursacht. Da der Kläger keine Beweise für seine Behauptungen vorbringen konnte, wurde Dessauer freigesprochen. Jakob mußte alle Kosten tragen einschließlich der Verpflegung für den zu Unrecht eingekerkerten Dessauer. Dieser mußte Strafe zahlen, weil er Jakob mehrfach einen Lumpen genannt hatte. Zwar habe Jakob *einen widrigen Ruf*, aber Dessauer sei nicht zum Richter darüber bestellt. Beide wurden zusätzlich gestraft, weil sie sich auch in die Haare geraten waren. In die entstandene Prügelei hatten Samuel Levi eingegriffen und Samson Moses, der Löw Koppel mit einem Handbeil bedrohte. Löw Koppel hatte Samson beschimpft. Bei seinem Verhör hatte Dessauer angegeben, daß er ohne Schutzbrief bei seinem Stiefvater wohne und von dort aus Handel treibe. Dafür durfte Löw Koppel das Schutzgeld für mehrere Jahre nachzahlen und außerdem 10 fl. Strafe.

Samuel Levi hatte unterwegs bei seinen Handelsgeschäften seinen Bart geschoren. Das war, da er verheiratet war, ein grober Verstoß gegen jüdische Gesetze. Es wurde unterstellt, daß er dies in betrügerischer Absicht getan habe. 15 fl. kostete diese Herabwürdigung jüdischen Brauches. Schließlich wurde noch dem Jakob Löw, der die Sache ins Rollen gebracht hatte, der Schutz aufgekündigt. Auch sein Sohn Löw Mayer sollte fortziehen. Die neue Herrschaft war prinzipiell mit den Ergebnissen der amtlichen Untersuchungen und Strafempfehlungen einverstanden, erlaubte jedoch den weiteren Aufenthalt Jakobs, wenn er erneut 15 fl. Rezeptionsgeld als Strafe zahlte. Samuel Levis Strafe wurde auf die Hälfte ermäßigt. Insgesamt verdiente die Herrschaft fast 80 fl. durch diese Händel.

Als Polizeistunde, bei der jeder Lärm aufzuhören hatte, wurde 22 Uhr festgesetzt. Mit Duldung des Schultheißen tanzten die Juden bei zwei aufeinanderfolgenden Hochzeiten vier Nächte lang bis weit nach Mitternacht. 20 fl. hatten sie dafür als Strafe zu entrichten. Dann brach bei Elias Salomon Weil Feuer aus. Man stellte Fahrlässigkeit fest und verurteilte ihn zu 10 fl. Strafe, für ihn eine nicht zu erbringende Last. Wegen Armut wurde die Strafe auf 3 fl. ermäßigt, die Elias nach und nach durch Botengehen für die Herrschaft abverdienen durfte. Auch die allgemeinen Belastungen stiegen. Von 1764 an mußten je 4 fl. für die Schule und die Tauche bezahlt werden. Neu war die Einführung einer Schächtgeldpauschale von 5 fl., unabhängig von der Zahl der geschlachteten Tiere.

Judenhäuser und Synagoge

Wie seine christlichen Untertanen, so suchte Pfeil trotz mancher Rückschläge auch seine Schutzjuden zu fördern. Am 2. Mai 1765 schenkte er ihnen die von seinem Vorgänger erbauten zwei Häuser zur Belohnung der Treue und des Wohlverhaltens, wie er in der Schenkungsurkunde schrieb. In die Schenkung einbezogen waren das vor den Häusern stehende Schächthaus mit der Backküche und das Judenbad, die Tauche, am Rotbach. Sieben beziehungsweise sechs Familien erhielten nach geringfügigen Umbauten eine Wohnung. Veis Levi (A 1, vorher B 4), Seligmann Veis (A 2), Jonas Ephraim (A 3, vorher A 2), David Levi sen. (A 4), Samson Moses (A 5, vorher B 6), Elias Veis (A 6) und Simon Joseph (A 7, vorher B 2) das erste, Löw Koppel (B 1), Meier Jacob (B 2), der Barnos David Levi (B 3, vorher A 3), Samuel Levi (B 4), Anschel Jonas (B 5) und Jakob Löw (B 6, vorher A 5) das zweite. Fünf Wohnungen waren im Erdgeschoß, je zwei im oberen Stock. Alle neuen Eigentümer hatten vorher schon in den Häusern gewohnt.

Die neuen Bewohner erhielten das Recht, ihre Wohnungen mit Zustimmung der Herrschaft zu verpfänden, zu verschenken, zu vermieten oder zu verkaufen. Dafür mußten sie dem Baron einen neuen Erbhuldigungseid schwören und geloben, sich wie rechte Untertanen ihrer Herrschaft gegenüber zu verhalten. Hauptrecht, Sterb- und Bestehehandlohn sowie Beurkundungsgebühren behielt sich die Herrschaft wie bei anderen Untertanen vor. Die Juden hatten weiter für eine nun zu erbauende Synagoge mit Backhaus, Schächthaus und Schulmeisterwohnung einen Lehenträger aufzustellen, bei dessen Tod die üblichen Erneuerungsgebühren fällig wurden. Bis dahin war die Judenschule im oberen Stock des zweiten Hauses untergebracht. Sie war dem Umbau zum Opfer gefallen.

Eine ermäßigte Nachsteuer, die das Mobiliar nicht bewertete, wurde festgesetzt. Zu den bürgerlichen Gemeindeabgaben wurden die Juden wie bisher nicht herangezogen. Jährliche beständige Abgaben an die Herrschaft mußten allerdings entrichtet werden. Zu Veis Levis Wohnung gehörten Stube, Kammer und eine Küche zur Hälfte. Dafür mußte er zu Ostern 36 kr. Hühnergeld, zu Jakobi 1 fl. Dienstgeld, zu Michaeli 1 fl. Gült und 54 kr. Kammersteuer, insgesamt 3 fl. 30 kr., zahlen. Für die größeren Wohnungen waren 4 fl. fällig. Sie hatten jeweils eine große Kammer zusätzlich im oberen Stockwerk. Aus der alten Judenschule waren drei solche Kammern gebildet worden. Insgesamt kamen jährlich 51 fl. und 30 kr. ständige Gefälle aus den Judenhäusern ein. Für die Tauche, das Frauenbad, waren wie bisher jährlich 4 fl. zu entrichten. Die Schenkungsurkunden mußten mit 14 fl. bezahlt werden. Dazu kam eine Auffahrtgebühr von 70 fl.

Genaue Regelungen wurden für die Reparatur der jetzt in Eigentumswohnungen umgewandelten Häuser getroffen, für Schäden an Dach, Wänden und tragendem Gebälk. Die Kosten dafür wurden entsprechend der unterschiedlichen Wohnungsgröße aufgeteilt. Löw Koppel und Meier Jakob verpflichteten sich gegenseitig, ihre Wohnung nicht an Christen zu verkaufen, weil sie nur eine gemeinschaftliche Küche besaßen und es sonst zu Schwierigkeiten wegen der koscheren Zubereitung der Mahlzeiten hätte kommen können.

Baron von Pfeil bemühte sich danach, Kapital für den Bau der Synagoge und der übrigen kultischen Einrichtungen zu beschaffen. Bettelbriefe gingen an ihm bekannte jüdische kapitalkräftige Hoffaktoren. Er suchte ihre Unterstützung zu einer Kollekte und begann im Vertrauen auf den Erfolg den Neubau im gleichen Jahr. Einer von ihnen war der Karlsruher Hofbankier Salomon Mayer. Er schlug vor, daß einige Unterdeufstetter selbst bei ihm vorsprechen sollten, versehen mit ausreichender Legitimation. Dann wollte er alle Mühe anwenden, ihnen zu einer glücklichen Ausbeute in der Karlsruher Gemeinde zu verhelfen. Er selbst spendete sofort einen Louisdor.

Aron und Elias Seligmann aus Leimen versprachen ebenfalls, bei Freunden und Bekannten für die Kollekte zu werben. Ephraim und Söhne aus Berlin schickten 33⅓ Taler für die *einwohnenden Juden zu Deifenstetten*. Aus Schwabach kamen 25 fl. von Isaac Wolf unter Assistenz der ansbachischen Landjudenschaft. Mit diesen Kapitalien konnte man die Schulden für die bereits gebaute Synagoge erheblich reduzieren. Ein Attestat des Barons vom 1. September 1765 bestätigte der Judenschaft nochmals Armut und Bedürftigkeit und den guten Zweck der Kollekten.

Die Judenschaft akzeptierte die Schenkungen und Bemühungen ihres Ortsherrn mit gebührendem Dank. Lediglich ein Punkt der Schenkungsurkunde bereitete ihnen Kopfzerbrechen, und das war die Besteuerung des Gemeindehauses. Niemand wollte sich als Lehensträger, als nomineller Eigentümer aufstellen lassen. Würde ein solcher Träger nach kurzer Zeit fortziehen, wären die für diesen Wechsel vorgesehenen unständigen Gebühren zu entrichten, denn der Vertrag sah die Zahlung bei natürlichem oder auch »bürgerlichem« Tod des Trägers vor, und als solcher galt der Wegzug. Die Synagoge wurde wie die Kirche in Unterdeufstetten nicht besteuert, lediglich Schule, Schulmeisterwohnung, Schächt- und Backhaus sowie die Tauche. Die Juden verwiesen darauf, daß in aller Regel Schulmeisterwohnungen abgabenfrei seien, daß in der Nachbarschaft höchstens ein Reichstaler oder 2 fl. an ständigen Abgaben für die Schule entrichtet würden. Die relativ hohe Belastung der gesamten Judenschaft würde fremde Juden davon abhalten, ihre Kinder nach Unterdeufstetten zu verheiraten. So könnte langfristig auch das herrschaftliche Interesse davon beeinträchtigt werden. Keine Juden – keine Steuern! Baron von Pfeil verzichtete daraufhin auf die Benennung eines Lehensträgers, erhöhte jedoch die jährlichen Abgaben für die Schule von 8 auf 10 fl.

Die neue Judensiedlung lag mitten im Dorf, war also kein Ghetto mit dem Ziel der Abschließung, im Gegenteil[122]. Die neue Synagoge hatte nach einem Vertrag mit der Judenschaft Joseph Eichmann gebaut. Sie war 32 Schuh lang und 24 Schuh breit. Der Akkord sah Kosten von 325 fl. vor. Doch der Baumeister hatte sich kräftig verkalkuliert, denn die effektiven Kosten beliefen sich nach Fertigstellung des Gebäudes auf 414 fl. So bat er um Nachbesserung. Das war Ende Juli 1765. Zu diesem Zeitpunkt war die erste richtige Synagoge fertig. Das Geld war im April (125 fl.) und Mai (100 fl.) vom Grafen Pfeil vorgeschossen worden, an den auch die Kollektengelder flossen. Im September zahlte er 116 Gulden *zu völliger Abzahlung der wegen unserer erbauten Schule gehabten Unkosten*. Die gesamte Gemeinde quittierte, angeführt von dem geschäftstüchtigen Löw Koppel, den Empfang der Gelder.

Die Plätze in dem neuen Gotteshaus wurden zugunsten der Gemeinde in bestimmten Abständen meistbietend versteigert. Eine Liste von 1765 hält interessante Daten fest, wie das Schutzverleihungsjahr, die Zahl der Billette und die Kosten, zunächst für die rechte, dann für die linke Seite der Bänke in der Synagoge.

Name	Aufnahme	Zahl der Billette 1764	Nr.	Kosten
rechts:				
Veis Levi	1736	5	1	10,00 fl.
Simon Joseph	1748	3	2	9,00 fl.
Jonas Ephraim	1749	7	3	8,00 fl.
Elias Veis	1761	6	4	7,30 fl.
Meier Jacob (zwei Tage nach Veis)	1761	8	5	7,00 fl.

122 Die Ansichten, die U. JEGGLE, S. 12, dazu äußert, sind polemisch und falsch. Er schreibt: »Die Separierung beschränkte Konfliktmöglichkeiten auf ein Minimum; deshalb wurde dieses Prinzip in fast allen Siedlungen beachtet.« Man möchte ergänzen »nur nicht im heutigen Landkreis Schwäbisch Hall«. Oder: »Die lokale Isolation war das Prinzip, das die Aufrechterhaltung der Ordnung garantierte; das Ghetto war auch in den Dörfern Vorbild für die Ansiedlung.«

Name	Aufnahme	Zahl der Billette 1764	Nr.	Kosten
Seligmann Veis	1763	6	6	6,30 fl.
links:				
David Levi, Barnos	1748	8	1	10,00 fl.
Anschel Jonas	1735	5	2	9,00 fl.
David Levi sen.	1745	3	3	8,00 fl.
Jacob Löw	1755	6	4	7,30 fl.
Samson Moyses	1753	6	5	7,00 fl.
Löw Koppel	1760	6	6	6,30 fl.
Samuel Levi	1760	3	7	6,00 fl.
Elias Weil	1761	3	8	6,00 fl.

Die Frauen richteten sich ebenfalls nach dieser Ordnung bis auf Löw Koppel, der den Stand am Kamin für seine Frau erkaufte. Bis auf Elias Weil waren alle Inhaber von Synagogenplätzen auch Bewohner der neuen Häuser. Die Reihenfolge richtete sich offensichtlich nach dem Aufnahmealter. Eine Ausnahme machte lediglich der Vorsteher David Levi. Samson Moyses hatte bewußt Jacob Löw den Vortritt gelassen, und auch Samuel Levi hatte auf seinen Rang verzichtet, war er doch schon vier Wochen eher als Löw Koppel in den Schutz aufgenommen worden. Die Zahl der Billette oder Boletten änderte sich im Laufe der Jahre entsprechend dem Vermögen. Die Herrschaft hielt ein strenges Augenmerk auf die Gebäude. Über den zwei Backöfen im Backhaus befand sich die Weiberschule. Sie besaß nur dünne Bretterböden, so daß leicht ein gefährlicher Brand ausbrechen konnte, wenn einer der Backöfen überhitzt wurde. Die Böden wurden daraufhin von unten vergipst. Der Zustand der Wetterseite des Hauses ließ schon 1769 – wenige Jahre nach dem Bau – viel zu wünschen übrig.

Neuaufnahmen

Wie sein Vorgänger hatte auch Baron von Pfeil wenig Glück mit der Neuaufnahme von Juden. Moses Löw und Heimann Jakob hielten es kein Jahr in Unterdeufstetten aus. Wohl aufgrund einer Werbekampagne zogen 1768 bis 1770 sieben neue Familien zu, darunter der Zahnoperateur Nathan Bernat aus Metz, der eine Wohnung kaufen wollte, das nötige Kapital aber nicht aufbrachte und verschwand. Benjamin Wolf Joseph kam aus Italien, kaufte ein Viertel eines Hauses und zog wieder fort. Joseph Nathan aus Oberndorf wollte in den Handel mit Berliner Blau, von dem noch zu reden sein wird, einsteigen. Joseph Nathan kam aus Illereichen, Abraham Gideon aus Rexingen, Maier Samuel aus Lauchheim.

Die Unruhe, die durch die recht häufigen Veränderungen aufkam, schlug sich auch in der wenig homogenen Religionsgemeinschaft nieder. Es kam zu Differenzen, die nicht nur die unmittelbar Beteiligten berührten, die vor allem während der Treffen in der Synagoge hochgespielt wurden, die ja eigentlich dem Gottesdienst dienen sollten. Im April 1767 entluden sich die Differenzen zwischen der Judenschaft und dem inzwischen zum Barnos avancierten Löw Koppel. Er hatte die Unordnung in der Synagoge nicht in den Griff bekommen und eigenmächtig den amtierenden Schulmeister entlassen. Daraufhin baten die

Juden, da auch der zweite Vorsteher David Levi nicht über die genügende Autorität verfügte, den Amtmann, beide zu entlassen und die Heiligenpfleger für eine Übergangszeit mit der Aufsicht in der Synagoge zu betrauen. Zur Lesung aus der Thora wurden die Gemeindemitglieder in wechselnder Reihenfolge aufgerufen. Gemeinsam hatte man eine Aufrufliste entworfen. Diese hatte Löw Koppel dem Schulmeister weggenommen, der sich daraufhin weigerte, überhaupt jemanden zur Thora zu rufen und dieses Ehrenamt wahrzunehmen. Der Barnos diktierte ihm dafür die Zahlung von einem Pfund Wachs als Strafe an.

Löw Koppel führte den ganzen Ärger auf die Todfeindschaft des Jakob Löw zurück, der den vor sechs Jahren so teuer verlorenen Prozeß nicht vergessen hatte und ihn um das Vorsteheramt bringen wolle, ja sogar um sein Vermögen und sein Aufenthaltsrecht. Als Barnos hatte Löw die Verantwortung für die Synagogenordnung. Bei strittigen Rechtsfragen wurde allerdings auch in Unterdeufstetten gelegentlich ein Rabbiner hinzugezogen, wegen der Kosten natürlich nur im äußersten Fall.

Auch der zweite Vorsteher David Levi beschwerte sich beim Amt gegen die geplante Amtsenthebung. Alle Juden wurden daraufhin einzeln vernommen, was sie gegen ihn vorzubringen hätten. Allgemein wurde die Eigenmächtigkeit der Vorsteher beklagt und die Mißachtung des Rats der Älteren, die Uneinigkeit zwischen den Vorstehern und die daraus resultierende mangelnde Autorität. David Levi warf schließlich seinem Mitvorsteher vor, daß er öfters betrunken sei. Die Herrschaft, um Ruhe und Frieden bemüht, forderte die Juden auf, endlich ihre kleinlichen und sinnlosen Streitigkeiten zu unterlassen, der Ordnung zu gehorchen und die Übertreter durch den neuen Schulmeister aufschreiben zu lassen. Schlimm war es, daß beide Vorsteher im Amt bestätigt wurden, obwohl überhaupt keine Vertrauensbasis mehr vorhanden war. Das hatte das Verhör der Juden zweifelsfrei ergeben.

Schon einige Monate später trafen sich die Vorsteher wieder vor dem Amt. David Levi war in der Synagoge vor Zeugen von Löw Koppel mit ehrenrührigen Schimpfworten belegt worden. 1 fl. 30 kr. Strafe waren die Quittung und steigender Haß. Im Juni 1768 wurde der Streit fortgesetzt. Löw Koppel beschwerte sich diesmal als Kläger über David Levi. Borg, der Sohn von Davids Schwester Brendel, trieb Handel, ohne Schutzgeld oder Abgaben an die Juden zu zahlen. Löw dagegen hatte bekanntlich für seinen Stiefsohn Dessauer zu zahlen. Angeblich richtete sich David auch nicht mehr nach der von einem Rabbiner aus Feuchtwangen erlassenen Ordnung in der Synagoge, die von der Herrschaft bestätigt worden war. Er zog die alte, vom Schultheißen Dietrich entworfene Ordnung vor. Außerdem fühlte sich Löw von der Tochter des Mitbarnos verspottet. Schimpfworte wie Hurensohn waren gewechselt worden und gegenseitige Bedrohungen. Die Herrschaft verurteilte beide Streithähne zu einer gelinden Geldstrafe und schärfte die Einhaltung der geltenden Ordnung ein.

Freitags buken die Frauen Berches im gemeinsamen Backhaus in streng festgelegter Reihenfolge. Als David Levis Frau das Brot ausgegangen war, buk sie rasch außer der Reihe. Dadurch wurden die Berches der übrigen Familien nicht rechtzeitig zum Sabbat fertig. Löw Koppel nutzte die Chance, mit einer Anzeige und der Bestrafung der Frau Levi durch das Amt seinem ständigen Widersacher eins auszuwischen. Erst der Weggang von Löw Koppel schien die Lage zu verbessern, doch es kam wieder einmal ganz anders in dieser an Überraschungen und Sonderentwicklungen reichen Gemeinde.

Baron von Pfeil sorgte nicht nur für Unterbringung und Kult seiner Schutzbefohlenen. Sein Augenmerk galt auch der Ökonomie. Hier erlitt er jedoch Schiffbruch, weil er zu gutgläubig war. Einer seiner Landeskinder war der schon mehrfach erwähnte Löw Koppel, eine schillernde Figur. Als Sohn eines brandenburgischen Schutzjuden wurde er 1709 in Bruck bei Nürnberg geboren. Gelernt hatte er den Beruf des Branntweindestillateurs. Er lebte acht Jahre in England und Holland und ernährte sich vom Branntweinbrennen und vom Kurieren räudiger Köpfe. Mehrfach hatte er schon um den Schutz in Unterdeufstetten nachgesucht, wo eine Tochter mit Samuel Levi verheiratet war. Baron E. vom Holtz gestattete ihm im Juli 1760 die Niederlassung.

In der jüdischen Gemeinde gehörte er bald zu den tonangebenden Leuten, wurde Mitbarnos, also Stellvertreter des Gemeindevorstehers, und wickelte die finanzielle Seite des Synagogenbaus ab. 1766 erhielt er vom Baron von Pfeil ein Darlehen von 100 fl. zur Errichtung einer Farbfabrik. Ziel war die Anfertigung von Berliner Blau, eines seit seiner Erfindung 1704 beliebten Farbstoffs. Weitere Darlehen, bis 1767 insgesamt 475 fl., folgten. Koppel verkaufte den Farbstoff vorwiegend nach Holland. Sein Schwiegersohn Samuel Levi wurde sein Kompagnon. 1768 stieg der Aumüller Johannes Zeller aus Dinkelsbühl in das Unternehmen ein und übernahm die Mithaftung für die Darlehen des Grafen. Er schloß einen Sozietätsvertrag mit Samuel Levi. Er war mit 300 fl. beteiligt und erhielt ein Drittel vom Reingewinn. Die übrigen zwei Drittel sollten zur Tilgung der Darlehen bei Pfeil dienen. Samuel Levi bekam nur ein festes Gehalt von 15 fl. und sollte pro Monat einen Zentner Farbe produzieren. Die Schulden betrugen 469 fl., die Zeller mit 5 % verzinste.

Um diese Zeit war Koppel für einige Monate verschwunden. Wilde Gerüchte drangen der Herrschaft zu Ohren. Der Barnos David Levi beschuldigte Koppel der Veruntreuung. Wider Erwarten erschien Koppel im Juni 1768 wieder in Unterdeufstetten. Angeblich hatte er geschäftlich nach Straßburg reisen wollen. In Kaiserslautern wurde er von einem Kälteeinbruch überrascht und konnte nicht weiter reisen. So verdingte er sich als Schulmeister, um ein wenig Geld zu verdienen. Tag und Nacht habe er nur daran gedacht, wie er seinen Verbindlichkeiten gegenüber der Herrschaft habe nachkommen können. Nun kam er mittellos nach Hause zurück, angegriffen von seinem Barnos David, den er als seinen Erbfeind betrachtete, weil er sich benehme wie König Salomon und einzig danach trachte, ihn, Löw Koppel, bei der Herrschaft in Ungnade zu bringen.

Löw Koppel versuchte persönlich bei der Herrschaft alle Vorwürfe gegen ihn zu widerlegen. Ein erster Versuch scheiterte, weil der Baron, wie ein Bediensteter später im Wirtshaus erzählte, den Spitzbuben nicht vor Augen sehen wollte. So schilderte er in einem langen Brief, was ihm in letzter Zeit an Ungerechtigkeiten widerfahren sei. Er habe bereits 800 fl. bei der Farbherstellung verloren und nicht durch Saufen, wie böse Leute der Herrschaft hinterbracht hätten. Das Schlimmste für ihn aber war, daß der herrschaftliche Schultheiß im jüdischen Gottesdienst auf Anordnung der Herrschaft einen Brief verlesen habe, in dem seine Ehrlichkeit und Treue in Abrede gestellt und er seines Amtes als Mitbarnos enthoben wurde.

Ob Löw Koppel wieder Gnade fand, ist nicht ersichtlich. Sein Schwiegersohn Samuel Levi wurde 1770 entlassen, Zeller verlegte die Produktion nach Dinkelsbühl. Zwei Jahre später waren Löw Koppel und Samuel Levi spurlos verschwunden unter Hinterlassung beträchtlicher Schulden. Pfeil suchte natürlich vom selbstschuldnerischen Bürgen Zeller sein Geld zurückzuerhalten. Vor allem erhob er Ansprüche auf ausstehende Zahlungen für bereits gelieferte Farbe. So hatte ein gewisser Johannes Borst 1770 in Amsterdam 550 fl. eingezogen, ohne die Herrschaft daran teilhaben zu lassen. Koppel hatte etwa 15 fl. am Zentner Farbe verdient und von diesem Profit 370 fl. an die Herrschaft gezahlt, die wie ein Aktionär diese Einkünfte als Dividende, nicht als Zins und Tilgung betrachtete. Es kam zu Prozessen zwischen Pfeil und Zeller in Dinkelsbühl, deren Ergebnis nicht bekannt ist. So endete ein erster merkantilistischer und frühindustrieller Unternehmensgründungsversuch ohne bleibende Folgen.

Neue Probleme

Fast alle Juden in Unterdeufstetten waren zu diesem Zeitpunkt verschuldet. Auch den Christen ging es nicht besonders gut in diesem abgelegenen Winkel. Viele gingen betteln. Die Herrschaft gab dazu Erlaubnisscheine, sogenannte Bettelzeichen, aus. Aber auch ohne diese offizielle Bedürftigkeitserklärung gingen viele Arme auf den Bettel. So erwischte man 1769 gleichzeitig etwa 50 Personen ohne Bettelzeichen, die vom Amt verhört wurden. Die übergroße Teuerung zwang viele Juden zur Aufgabe des Schutzes.

Abraham Gideon hatte in Dinkelsbühl Barchent gekauft und aus Mangel an Bargeld mit einer silbernen Schnupftabaksdose bezahlt. Sie wies zwar ein Beschauzeichen auf, war aber, wie ein Goldschmied feststellte, aus versilbertem Kupfer. Als Abraham von einem Boten hörte, daß dieser Betrug entdeckt worden war, räumte er seine Siebensachen in Unterdeufstetten und verschwand, war er doch auch hier vom Amt wegen Handelns mit unechten Ketten bestraft worden. Zwischen 1770 und 1772 folgten ihm neben Löw Koppel und Samuel Levi alle seit 1768 neu zugezogenen Familien zum Teil unter Zurücklassung beträchtlicher Schulden (Benjamin Wolf Joseph, Joseph Nathan, Joseph Alexander, Maier Samuel, Nathan Bernat, Judas Levi, der noch 1770 aus Endingen/Schweiz gekommen war). Von den Alteingesessenen zog Wolf Mayers Witwe fort; Anschel Jonas, David Levi sen., Samson Moses und Jakob Veiß starben. Heimlich verschwanden – außer Löw Koppel und Samuel Levi – Simon Joseph, Jakob Löw, Elias Salomon Weil, Isaac Levi und Meyer Jakob. Bis auf eine Wohnung – David Levi jun. (B 3) – stand das zweite Judenhaus leer da, ein großer Verlust für die Herrschaft.

Man versuchte, durch den Verkauf der Wohnungen und Häuser wenigstens einen Teil der Schulden einzutreiben. Benjamin Wolf Joseph, der 1768 ein Hausviertel gekauft hatte, trat es im Mai 1770 an die Herrschaft ab, die seine Schulden übernahm, dann den Hausteil an David Hirsch von Ichenhausen für 61 fl. verkaufte, der aber auch bald wieder echapierte. Die Wohnungen der Entwichenen wurden sonst fast durchweg an Christen verkauft, so die Wohnungen 1, 2 und 6 im zweiten Judenhaus. Dort wohnten von den Juden 1774 nur noch Meyer Isaac, der eine Tochter des verstorbenen Anschel Jonas geheiratet hatte, und David Levi jun. Der Amtsrest von Jakob Veiß betrug bei seinem Tode 1773 56 fl. Sein Hausdrittel wurde für 58 fl. in Jahresraten von 10 fl. an Joseph Dollenbacher verkauft.

Nach einigen der entwichenen Schuldner ließ der bitter enttäuschte Philanthrop von Pfeil 1771 fahnden, so nach Joseph Alexander, der mit über 100 fl. in der Kreide stand, nach Löw Koppel, Samuel Levi und dem Schweizer Judas Levi. Die Ursachen für diesen Exodus vermutet man in erster Linie in der Teuerungswelle. Möglicherweise steht die Flucht aber im Zusammenhang mit dem durch eine neue Dorfordnung ausgelösten Aufstand[123], über den

123 Vgl. H. J. KÖNIG (wie Anm. 121), S. 146.

bislang keine Einzelheiten ermittelt werden konnten. 1774 waren nur noch folgende Juden-haushalte vorhanden:

1. Veis Levi (A 1) seit 1736
2. Seligmann Veis (A 2) seit 1762
3. Jonas Ephraim (A 3) seit 1749
4. Elias Veis (A 6) seit 1761
5. David Levi jun. (B 3) seit 1748
6. Meyer Isaac (B 5) seit 1774

Allerdings hatte Veis Levi 70 fl. Schulden. Seligmann Veis wurde zwar noch in den Abrechnungsbüchern geführt, hatte aber schon seit mehreren Jahren nichts mehr von sich hören lassen. Frau und Kinder waren gestorben. Seine Schulden beliefen sich auf 52 fl. Elias Veis schließlich starb im Frühjahr 1773. Auch einen getauften Juden, Anton Glückselig aus Ichenheim, der in Tübingen studiert hatte, nahm Pfeil auf. Er bereitete durch sein Verhalten nur Ärger und zog schließlich auf und davon. Er hinterließ ein für 317 fl. gekauftes Haus mit einer Hypothek von 284 fl. und 148 fl. Amtsrest.

Die auf vier Haushalte geschrumpfte israelitische Gemeinde hatte 1775 Rückstände in Höhe von 104 fl. an regelmäßigen Abgaben, dazu 227 fl. an Kapitalschulden und Zinsen aus dem Synagogenbau. Die Juden versuchten mühsam sich über Wasser zu halten. So zogen sie fast alle in kleinere Wohnungen, David Levi nach dem Verkauf seiner Wohnung für 70 fl. vorübergehend in die nicht mehr benutzte Synagoge. Ein Gemeindeleben gab es nicht mehr. Um die Schulden der Judenschaft zu reduzieren, wurde die Synagoge am 1. Oktober 1777 mit allem Inventar außer den drei Messingleuchtern an zwei Christen für 140 fl. verkauft. Mit herrschaftlicher Erlaubnis fanden umfangreiche Umbauten statt. Die neu entstandenen Woh-nungen wurden einzeln verkauft, doch nach wenigen Jahren fiel das jetzt als *neuer Bau* bezeichnete Gebäude der Herrschaft wieder zu. Trotzdem mußten die Juden weiterhin Schulgeld zahlen, allerdings seit 1775 auf 1 fl. reduziert. Das Schutzgeld wurde auf 5 fl. ermäßigt.

1785 starb einer der ältesten Hausväter, Jonas Ephraim, nachdem er vor dem Amt sein Testament niedergelegt hatte. Allen jüdischen Schulmeistern in mehreren Orten vermachte er je 5 fl., *wofür sie alle das ganze Jahr beten sollen für seine Seel.* Seine Wohnung im ehemaligen Judenhaus A 3 wurde geteilt. Das obere kleinere Drittel erbte David Levi, der sich um das Geschäft des altersschwachen Jonas gekümmert hatte. So hatte er, der auch schon bessere Tage gesehen hatte, endlich wieder ein eigenes Domizil, in dem er noch zehn Jahre bescheiden lebte. Nach dem Verlust der Wohnung in der Synagoge hatte er bei verschiedenen Christen in Untermiete gelebt. Erbe des größeren unteren Teils der Wohnung wurde Schönle Veis, Tochter von Davids Bruder Veis Levi, die den alten Jonas bis an sein Lebensende gepflegt hatte. Sie nahm ihren seit 1786 schutzgeldfreien Vater bis zu seinem bald darauf erfolgten Tod auf und heiratete Marum Salomon von Oberndorf. Doch nach kurzer Zeit ging Marum durch und wurde nicht mehr gesehen. Nicht einmal seine Frau kannte seinen Aufenthaltsort. Die Wohnung wurde zur Deckung der Schulden zwangsversteigert.

Trotz aller negativen Erfahrungen gab Pfeil nicht auf und ermunterte neue Familien zur Ansiedlung. So zogen 1786 Gabriel Nathan (A 7) aus Crailsheim, der Jüdel, die Tochter des David Levi, heiratete, und Jakob Beer aus Ingersheim (B 6) auf. Aaron Beer von Goldbach und Israel Hirsch von Ballenberg kauften gemeinsam ein im Bau befindliches Haus oberhalb der

Judengasse für 190 fl. Israel zog jedoch kurz darauf in die Wohnung B 3. Seine Haushälfte übernahm Baruch Salomon von Langensulzbach.

Wirtschaftliche Tätigkeit

Die wirtschaftliche Tätigkeit der Pfeilschen Juden spielte sich zumeist in der auswärtigen Nachbarschaft ab. Seit 1715 hatten die Juden bei jedem Besuch des Markgraftums Brandenburg-Ansbach einen Leibzoll von 30 kr. für jeden Grenzübertritt zu entrichten. Diese Abgabe war eine drückende Last und war 1714/15 erstmals durch eine Jahrespauschale für die gesamte Judenschaft ersetzt worden, zunächst 10, später 7 fl. jährlich, dann seit 1732 2 fl. pro Familie. 1734 einigte man sich erneut auf eine Pauschale von 10 fl., die 1738 auf 14 fl. erhöht wurde. 1741 ging man wieder zur Einzelpauschale über. Seligmann Abraham und Amson Jonas zahlten je 2 fl., Veis Levi 1 fl. Nur diese drei trieben damals von Unterdeufstetten aus zollpflichtigen Handel. Nachdem die Zahl der Haushalte wieder zugenommen hatte, wollte Brandenburg-Ansbach 1753 diese Pauschale aufheben und erneut durch die einträglichen Tageszölle ersetzen. Der vom Holtzische Amtmann Baumann hatte jedoch klargelegt, daß die vorhandenen zwölf Familien insgesamt höchstens ein Vermögen von 600 fl. besaßen. Fast alle gingen *schnurren, sind lauter blutarme Leut und meistens Bettler*. Das war kaum übertrieben, aber man wollte natürlich nicht den Anschein von Wohlhabenheit der eigenen Juden erwecken, um die Forderungen unterlaufen zu können. Außer im Ansbachischen trieben die Juden Handel im Gebiet der benachbarten Fürstpropstei Ellwangen und in der Grafschaft Öttingen.

Nach langen Verhandlungen war es 1760 dem Baron vom Holtz gelungen, die bestehende Jahreszollpauschale beizubehalten. Die gesamte Unterdeufstettener Judenschaft mußte weiterhin 2 fl. jährlich pro Haushalt bezahlen und erhielt dafür Jahrespässe für insgesamt 14 Familien maximal. Diese durften unbegrenzt im Markgraftum Handel treiben. Mit der wachsenden Zahl jüdischer Familien wuchs der Bedarf an Leibzollpässen. So schrieb Baron von Pfeil 1769 an die Regierung in Ansbach, *daß seit der Zeit ich dieses Rittergut besitze, gegen diese Juden keine Klage noch Beschwerung im geringsten vorgekommen, auch dergestalten in gute Ordnung gebracht sind, daß sie zum Teil sich mit Handarbeit und solchen Handtierungen nähren, welche nützlich und niemand beschwerlich sind*. Es bleibt unklar, welche Tätigkeiten damit beschrieben sind. Zu denken ist natürlich an die noch arbeitende Farbfabrikation. Weiter schrieb Pfeil: *Meine Absicht gehet selbsten nicht dahin, die hiesige Judenschaft allzu stark zu vermehren, sondern allein denjenigen Zuwachs, der von sich selbsten entstehet und nicht zu verhüten ist, mit diesem Vorwort zustatten zu kommen*. Bis 1785 blieb daraufhin die Pauschale bei 2 fl. und wurde seitdem auf 3 fl. für neu rezipierte Juden erhöht.

Ob die Juden für die Ortsherrschaft eine einträgliche Steuereinnahmequelle darstellten, das ist eine Frage, die nicht eindeutig zu beantworten ist. Fest steht dagegen, daß es keine ausgesprochen wohlhabenden Juden im 18. Jahrhundert in diesem Flecken gab. Aufgrund seiner kleinen Markung – 1953 waren es 434 ha[124], davon lediglich 26,2 % Ackerfläche – bot Unterdeufstetten selbst bei intensiver Nutzung nur wenigen bäuerlichen Familien gesicherten Lebensunterhalt. So war der Handel die Haupterwerbsquelle, später nicht nur der Juden.

124 Nach D. DÜRR, Ostschwäbische Händlerdörfer in Geschichte und Gegenwart. Diss. masch. Tübingen 1961, S. 5.

D. Dürr meint in ihrer Dissertation, daß die Juden für die Ortsherrschaft eine einträgliche Steuereinnahmequelle darstellten. »Wie die heute noch in Unterdeufstetten vorhandenen festen großen Steinhäuser ehemaliger Handelsjuden erkennen lassen, wies die Gruppe der Handelsjuden einen gewissen Wohlstand auf und distanzierte sich damit deutlich von der mit Waren aller Art hausierenden Bevölkerung«[125]. Diese Ansicht ist nicht haltbar, wenn man die Geschichte der Judenhäuser kennt, die der Autorin noch nicht zugänglich war.

Inneres Leben

Wenig erfährt man über das innere Leben der kleinen geschrumpften Kolonie. 1785 nahm die Gemeinde den Simon Lesser aus Linnich im Herzogtum Jülich mit seiner Frau Mendel als Schulmeister, Vorsinger und Schächter an. Schon nach einem Jahr war er wieder entwichen. Als Nachfolger wurde David Seckel May unbekannter Herkunft gewonnen, der für 110 fl. die Hälfte eines neuen Hauses erwarb. Aber auch er hatte sich übernommen, kaufte die Wohnung B 4 von Bernhard Hafner, zog aber dort nicht ein. *Jud ist heimlich entwichen, mußte also Hafner sein Haus behalten*, vermeldet das Amtsprotokoll.

1786 wurde ein Streit vor dem herrschaftlichen Beamten verhandelt. Der Vorsteher David Levi hatte angeblich neue finanzielle Lasten auf die Judenschaft umgelegt, die immer darum zu kämpfen hatte, die liturgisch vorgeschriebene Zehnzahl männlicher Beter zusammenzubekommen. Viele der Männer waren ja tage- und wochenlang geschäftlich unterwegs. So hatte die Herrschaft die Juden Aaron und Jacob Beer vor allem deshalb in den Schutz aufgenommen, damit sie die Beterzahl am Sabbat verstärkten. Sonst hätte man von einer Nachbargemeinde Juden zum Gottesdienst herbeiholen müssen, denen man ihren Aufwand in der Regel in solchen Fällen bezahlte. Aber Aaron und Jacob waren trotz ihrer Zusagen häufig am Sabbat auswärts. Sie erfüllten die Bedingung, an die ihr Schutz geknüpft war, mehr als schlecht. So wurden sie aufgefordert, auf ihre Kosten im Falle der Abwesenheit Ersatzleute zu stellen oder eine Strafe in die Judenkasse zu zahlen. Auch um diesen amtlichen Bescheid kümmerten sich die beiden Beer nicht. Auf der Amtsregistratur suchte man vergeblich nach Parallelfällen, doch außer dem Rezeß von 1720 fand sich nichts vor. Die beiden Beer taten hoch erstaunt, daß das »Amt« von jüdischen Zeremonien einige Wissenschaft habe. Ihr Streit sei innerjüdisch und gehöre daher vor den Rabbiner, nicht vor die Herrschaft. Doch schließlich unterwarfen sie sich dem rabbinischen Spruch von 1720 und verpflichteten sich, am Sabbat anwesend zu sein oder für den Ersatzmann zu zahlen. Damit waren alle einverstanden. Die Harmonie kehrte vielleicht in die kleine Gemeinde zurück.

Die Ausgaben für die religiösen Aufgaben der Gemeinde, für die Unterhaltung der Synagoge und des Bades, wurden durch Umlage erhoben. Basis für die Verteilung der Kosten war eine Vermögensschätzung, die jeweils durch zwei gewählte Vertreter der Gemeinde vorgenommen wurde. Absolute Ehrlichkeit der Steuerpflichtigen war Voraussetzung für dieses System, das anscheinend in aller Regel funktionierte. Niemand fühlte sich übervorteilt.

Die seit Jahren unter der Zehnzahl schwankende Zahl der religiös mündigen Bürger gefährdete immer wieder die Möglichkeit, Gottesdienst zu halten, wie sich aus einzelnen Vorfällen nachweisen läßt. Einen eigenen Rabbiner besaß die Gemeinde nie. Die Toten wurden von den Anfängen an auf dem Verbandsfriedhof im später bayerischen Schopfloch

125 Ebd.

beigesetzt. Die bedrückende religiöse Situation war das glaubwürdige Motiv dafür, daß zum Beispiel Aaron Beer seiner Gemeinde den Rücken kehrte. Noch 1788 hatte er Genedel Levi aus Pflaumloch geheiratet. 1794 kündigte er den Schutz wegen der geringen Zahl der Haushalte, die den Gottesdienst und das Halten eines Schulmeisters finanziell unmöglich machten. So verkaufte er sein Haus und zog nach Pflaumloch.

Kurze Gastspiele gaben als Vorsänger Joseph Maier und Joseph Marx, der dann nach Schopfloch zog. Es ging mit der Gemeinde weiter bergab, denn alle Neuankömmlinge verfügten kaum über Vermögen, dessen Höhe für die Aufnahme die Herrschaft nie vorschrieb. Nur so ist die überaus ungewöhnliche, untypische Fluktuation zu erklären. Man konnte sein Eigentum bequem davontragen und so rasch bei Nacht entweichen. Das taten David Jakob von Bechhofen nach drei Jahren und Marum Salomon. Nachdem Jakob Beer drei Jahre auf dem Bettel unterwegs war, wurde seine Haushälfte zwangsversteigert. Vorübergehend Bürger in Unterdeufstetten waren Meier Mendel (1795–1800), Abraham Veis (1798–1802), Moses Kern (1799–1803) und Amson Meier (1805–1807).

Um 1800 lebten noch Sorla, die Witwe von Baruch Salomon (A 3), die Anschel Abraham geheiratet hatte, Israel Hirsch (B 3), Meyer Isaac (B 5) und Lazarus Abraham ständig in Unterdeufstetten. Von rund 90 Unterdeufstettener Schutzjuden, deren Werdegang einigermaßen sicher geklärt werden kann, starben nur 29, nicht einmal ein Drittel, an ihrem Aufnahmeort. Den Schutz kündigten 15 ordnungsgemäß auf und zogen fort. Geflüchtet waren unter Hinterlassung von mehr oder weniger großen Schulden 28, verschollen, in der Fremde verstorben oder gar nicht aufgezogen waren acht, nur kurzzeitig anwesend sechs. Das ist ein fundamental anderes Bild als bei den sonstigen hier behandelten Gemeinden gleicher Größe und zeigt die Ausnahmestellung dieses Händlerdorfes.

Es bleibt noch anzumerken, daß etwa seit 1780 auswärtige Juden, vor allem aus Mönchsrot, immer stärker in den Immobilienhandel eingriffen, der neben dem Viehhandel zu einer weiteren jüdischen Domäne wurde. Unterdeufstettener Juden jedoch besaßen nicht das notwendige Kapital, um hier mithalten zu können.

C. Die Napoleonische Zeit

Nach dem Tode Pfeils (1784) und seiner Gattin fiel das Rittergut 1794 an seinen Schwiegersohn Alexander von Seckendorff-Gutend. Er nahm 1797 den Juden Löw Salomon aus Oberndorf in den Schutz auf. In dieser Zeit versuchte Brandenburg–Ansbach hoheitliche Rechte in Unterdeufstetten zur Geltung zu bringen, doch wenige Jahre später streckte ein Mächtigerer die Hand nach dem Rittergut aus. Seit 1806 gehörte es zu Bayern.

Damit veränderten sich die Rechtsverhältnisse auch für die Juden, doch nicht ohne Schwierigkeiten, wie an einem Beispiel gezeigt werden soll. Rifca, die Witwe des 1786 aufgenommenen Israel Hirsch, erbte ein Viertel des von ihm bewohnten Hauses Nr. 15. Ihre Tochter Bella, 20 Jahre alt, wollte ihren Vetter Löw Isaac aus Ballenberg heiraten, der seit 1797 in Unterdeufstetten wohnte, ohne einen Schutzbrief zu besitzen. Der Gutsherr von Seckendorff zählte die Schutzaufnahme zu den ihm auch nach der Mediatisierung durch Bayern zustehenden polizeilichen Rechten. Nach seiner Zustimmung wurde das zuständige Landgericht in Ansbach über die Aufnahme informiert. Nun hatte die bayerische Regierung verfügt, daß die Zahl der jüdischen Haushalte nicht wachsen sollte. Die Beamten des Freiherrn machten ihrem Dienstherrn jedoch klar, daß er keine Skrupel zu haben brauche, denn es würde ja nur eine bereits bestehende *jüdische Feuerstelle mit einem neuen Subjekt besetzt.* Gegen eine Gebühr von 15 fl. wurde der mit Ellenwaren handelnde Löw Isaac im Januar 1809 in den gutsherrlichen Schutz aufgenommen. Mit der Zustimmung des Landgerichts wurde er schließlich im September dieses Jahres zum königlich-bayerischen Mediatschutzjuden ernannt.

Amson Meier, Sohn des Meier Isaac, hatte im Sommer 1805 den Schutz des Gutsherrn erhalten und heiratete Vögelein, die Tochter des Löw Salomon zu Schopfloch. Unter Hinterlassung von Schulden zog er danach in die Heimat seiner Frau. 1807 wurde das Kameralamt Feuchtwangen angewiesen, den Zahlungsunwilligen nach Unterdeufstetten auszuweisen. Aber aus Angst ging er nicht dorthin, sondern kündigte durch zwei Verwandte aus Schopfloch einfach den Schutz auf. In seinem Kündigungsschreiben gab er an, daß er nicht böswillig Schulden hinterlassen habe. Wegen seiner hauptsächlich im Altmühltal sich abspielenden Handelsgeschäfte war er in das günstiger gelegene Schopfloch ausgewichen. Ein zweiter Grund war die schon mehrfach festgestellte mangelhafte religiöse Betreuung, *weil dahier keine Schule wegen der wenigen Juden gehalten werden kann.* Die beiden Abgeordneten hatten die fälligen Gebühren entrichtet. Der Barnos Hirsch Nathan hatte ihnen 11 fl. abgenommen für fällige Gemeindeabgaben. Dem Amson Meier spiegelten sie später vor, sie hätten zwei Carolinen an Schmiergeldern zahlen müssen, um die Schutzfreigabe zu erreichen. Doch der so Geprellte kam schließlich zu seinem Recht, seinem Geld und zur freien Rückkehr nach Schopfloch.

Eine gewisse Liberalisierung zeichnete sich in dieser Zeit schon ab. Als man die Pockenschutzimpfung in Bayern 1809 generell einführte, wurden die Juden zwar in besonderen Impflisten erfaßt, aber gemeinsam mit den Christenkindern geimpft. – Mit der Übernahme der Landeshoheit durch Bayern war eine Trennung der im eigentlichen Sinne staatlichen Einnahmen von den eher privatrechtlichen Einnahmen der mediatisierten Gutsherrschaft vorzunehmen. Zu dieser sogenannten Revenuenausscheidung wurden genaue Aufstellungen über die Besitzverhältnisse, die sogenannten Güterfassionen, angefertigt. Aus ihnen geht hervor, daß Juden und Christen wie früher gemeinsam in einem Haus wohnen konnten, wie Meier Isaac und Bernhard Hafner.

Die Synagoge, als eigenes Gebäude gar nicht mehr vorhanden, war abgabenfrei. Außer dem Schutzgeld, das zum Teil von 2 fl. 30 kr. auf 1 fl. 15 kr. ermäßigt war, zahlten die Juden ein Neujahrsgeld von 30 kr. und das noch aus Rüdingsfelser Zeit stammende Bronnengeld in Höhe von 16 kr. Im Durchschnitt der Jahre 1797–1806 hatte die Herrschaft jährlich knapp 18 fl. erhalten. Die Revenuenausscheidung war noch nicht abgeschlossen, als durch den Grenzbereinigungsvertrag von 1810 Unterdeufstetten an das Königreich Württemberg fiel.

IV.
Die Reichsstadt Schwäbisch Hall

1. Im Mittelalter

Erste Erwähnungen

Unsichere Überlieferungen aus dem 14. und dem 16. Jahrhundert haben zu Überlegungen geführt, ob sich schon im 7. und 8. Jahrhundert Juden in Hall aufgehalten haben[1], doch sind die Ortsangaben in den Quellen so wenig eindeutig, daß man sie schwerlich auch nur mit einiger Sicherheit auf die Salzstadt am Kocher beziehen kann. Der erste sichere Beweis für die Anwesenheit von Juden in der Stadt ist das berühmte Reichssteuerverzeichnis des Jahres 1241. Die Haller Juden hatten danach acht Mark Silber an das Reich zu zahlen – eine insgesamt wenig aussagekräftige Nachricht, die weder auf die Zahl noch auf Beruf und Leben der Haller Juden Rückschlüsse zuläßt[2]. Die Stadt selbst hatte 170 Mark Silber zu zahlen. Mit großer Wahrscheinlichkeit wohnten die Haller Juden in der Nähe des Haals, der Salzquelle, gegenüber der Sulfurt in einem eigenen Viertel[3]. Die ersten können sich schon im späten 11. Jahrhundert dort niedergelassen haben.

Die Juden galten seit dem 13. Jahrhundert als »des Reiches Kammerknechte«, waren also direkt dem Kaiser unterstellt, an den sie ihre Steuer entrichteten. So ist es leicht erklärlich, daß König Ludwig der Bayer der durch einen Brand beschädigten Stadt 1316 für ein Jahr die Nutzung der Judensteuer übertrug[4]. 1328 wird ein Josuel von Hall erwähnt, der dem Ritter Götz von Enslingen eine größere Summe Geldes leihen konnte. Nach seiner Kaiserkrönung gebot Ludwig der Bayer 1340 der Stadt, die Juden zu schützen und mit allen bisherigen Rechten weiterhin in Hall wohnen zu lassen. Zwei Jahre später setzte er den Zinsfuß, den seine Kammerknechte, die Haller Juden, *die jetzo da sint oder furbas dahin chemmen*, bei der Ausleihe von Geldern nehmen durften, auf wöchentlich zwei Heller von einem Pfund fest. Dieser Zinssatz von unter 1 % war für kurzfristige, meist riskante Kapitaltransaktionen sicher kein Wucher[5]. Der erste namentlich bekannte Haller Jude war Salman von Hall.

---

1 Jüdische Gotteshäuser und Friedhöfe. 1932, S. 7f. Vgl. die Bewertung durch I. Elbogen, in: Germania Judaica I, S. XXXIX Anm. 22.
2 Germania Judaica I. Artikel Schwäbisch Hall.
3 G. Wunder, Die Bürger von Hall, 1980, S. 94.
4 König Ludwig begnadet die von Hall, *das sie sollen der jar ains haben und niessen die Juden zu Stewr und Hilff*. Stadtarchiv Schwäbisch Hall 4/16.
5 Es ist nicht zulässig, den Wochenzins von 2 Hellern auf jährlich 104 Heller und damit – auf ein Pfund gingen 240 Heller – einen Jahreszins von 43 % zu errechnen. Vgl. W. German, Chronik von Schwäbisch Hall, und danach mit unhaltbaren Folgerungen I. Wendnagel, Zur Geschichte der Juden in Schwäbisch Hall vom Mittelalter bis zur Gegenwart, masch. o. J., S. 5. Urkunde HStASt H 51 Nr. 437.

1343 befreite Kaiser Ludwig den Burggrafen Johann von Nürnberg und seine Erben von allen Schulden bei 79 Juden, die namentlich aufgeführt werden, in 29 Orten. Neben Isak von Wimpfen und Moysse von Heilbronn war es Salman, der auf diese Art Kapital einbüßte, ohne daß die Gründe für diesen kaiserlichen Gnadenakt deutlich werden[6]. Man kann aber daraus ersehen, daß die Geldgeschäfte der Juden häufig von Kapitalgemeinschaften getätigt wurden und sich weit über den Wohnsitz hinaus erstreckten. 1348 erließ Kaiser Karl IV. zahlreichen Städten, darunter auch Hall, die eigentlich ihm verfallenen Judenschutzgelder.

Die Pestpogrome 1348/49

Als der Schwarze Tod, die Pest, 1348/49 sich wie ein Lauffeuer durch direkte Ansteckung vor allem in den relativ dicht besiedelten Orten ausbreitete, kam es zu brutalen Übergriffen gegen Juden, denen man die Vergiftung der Brunnen anlastete, weil man keine Erklärung für die Verbreitung der tödlichen Seuche fand – als ob die Juden nicht auch aus den Brunnen trinken mußten. Aufgrund ihrer strengen, religiös begründeten Hygiene waren die Juden vielleicht weniger anfällig gegen die Seuche. Was damals in Hall passierte, hat der Chronist Johann Herolt überliefert, allerdings wohl um ein Jahr zu spät datiert: *Anno domini 1350 da verbranten die von Hall die Juden in dem Thurm uff dem Rosenbühl genannt.* Auch er nennt die Brunnenvergiftung als Motiv und schildert, wie in der Folge viele Juden aus fast allen Reichsstädten vertrieben worden seien. Auch der Chronist Widman berichtet von diesen grausamen Geschehnissen. Nach seiner kurzen Darstellung hatten die Juden ein Kind aus Hagenbach getötet. Er gibt den an anderen Orten behaupteten Grund für den Mord, nämlich den Gebrauch des Blutes zu rituellen Zwecken, nicht an. Nur diese Juden seien in dem alten Turm auf dem Rosenbühl verbrannt worden. Dieser Turm sei später wieder aufgebaut worden und heiße seitdem der neue oder Bürgerturm.

Nicht alle Juden wurden ermordet. Ein Teil floh mit ihrer Habe auf die Burg Bielriet. Die bei den dort herrschenden Küchenmeistern vermutete Sicherheit war trügerisch. Nach einem Monat vertrieb auch der Küchenmeister die Juden, angeblich auf Befehl des Kaisers. Nichts durften sie mitnehmen. Ihre Habe eignete sich der Burgherr von Bielriet an. Der Kaiser wollte der Ermordung und Beraubung seiner Kammerknechte nicht tatenlos zusehen. Der Rat und die Bürger von Hall wurden von Karl IV. 1349 aufgefordert, eine Buße von 800 Gulden zu zahlen, die den Grafen Eberhard und Ulrich von Württemberg ausgehändigt werden sollte. Allerdings durften die Haller alles behalten, was bis dahin den Juden, Toten wie Lebenden, gehört hatte. Den Württembergern als Inhabern des Reichsschultheißenamts in der Stadt war der Kaiser diese Summe schuldig[7]. Die Haller jüdische Gemeinde hat mindestens zehn religiös mündige Israeliten umfaßt, denn sie besaß eine Synagoge. Das kann man aus einer Urkunde von 1356 erschließen, in der der Haller Bürger Heinrich von Tullau ein Haus an Walter Gelbinger verkauft. Das Haus liegt *an dem gemalten Steinhaus einhalb und anderthalb an der Juden Schul, an dem Hoff daneben daraus gegen der Gassen, die do geet gegen den Sulfarth.*

Nach den schrecklichen Ereignissen kehrten die überlebenden Juden nach und nach wieder in die ungastliche Stadt zurück, wahrscheinlich wieder in ihr altes Viertel. 1373 übertrug

---

6 Monumenta Zollerana Bd. 3, S. 105.
7 HStASt H 51 Nr. 535.

Kaiser Karl IV. dem Edlen Kraft von Hohenlohe die Pflicht, die Haller Juden zu schirmen und dafür von ihnen Steuern zu erheben[8]. 1376 erwarben Abraham Haly und Merge ein Haus gegenüber der Sulfurt.

Mehr als dürftig sind die Informationen über die Haller Juden in den folgenden Jahrhunderten. Zwar kam es nicht mehr zu allgemeinen Pogromen, aber der finanzielle Druck auf diese Minderheit und religiös motivierte Austreibungen mit Vermögenskonfiskationen kamen immer wieder vor. König Wenzel, ständig in Finanznöten, suchte Geld durch Abtretung der Judensteuern von den Reichsstädten zu erhalten. So übertrug er 1393 der Stadt die Hälfte der Judensteuern, während die andere Hälfte an die königliche Kammer abzuführen war. Auch der Judenpfennig, eine jährlich zu Weihnachten zu entrichtende Sondersteuer aller Juden über zwölf Jahre, war durch die Stadt einzuziehen.

Daß die Herrscher versuchten, ihre Rechte an den Juden durchzusetzen, zeigt der Befehl von Wenzels Nachfolger Ruprecht von 1401. Er beanspruchte darin zum einen die Hälfte der Judensteuern und erteilte zum anderen der Stadt die Erlaubnis, zunächst für vier Jahre Juden aufnehmen zu dürfen. Noch war der König formell Inhaber des Judenregals. Nur er besaß das Recht, Juden die Ansiedlung zu erlauben. Hall ließ sich wie andere Städte auch mit der Zahlung der Steuern Zeit und wurde dringend von Ruprecht gemahnt, die Gelder dem Hofschreiber des Königs, Johann Kirchheim, auszuzahlen[9]. 1412 quittierte Burggraf Friedrich den Empfang der halben Judensteuer[10]. Auf der anderen Seite verbot der König den Haller Bürgern, sich mit Juden in Geldgeschäfte *Anlehen, wucherlich Contract und verbottene Gewerb* einzulassen. Damit war den Juden die Existenzgrundlage entzogen. Vereinzelt werden zwar noch 1414 und 1438 Juden in Hall erwähnt, als der Reichserbkämmerer Konrad von Weinsberg beauftragt wurde, die Judensteuern im ganzen Reich einzuziehen.

Über das erneute Ende der jüdischen Gemeinde liegen keine Nachrichten vor. Gründe sind nur zu vermuten. Es ist aber nicht davon auszugehen, daß die Juden schon damals auf das Land abwanderten. 1445 wird in einem Kaufvertrag festgelegt, daß dem Judenhaus das Licht nicht verbaut werden dürfe[11]. 1457 wird die Haller Synagoge verkauft. Das ist nur denkbar, wenn damals nur noch wenige, wahrscheinlich aber gar keine Juden mehr in der Stadt ihrer Leiden wohnten. Besitzer war damals Anna Spieß, Witwe des Walther von Bachenstein. Anna Spieß verkaufte unter anderem *die Judenschule und den Judenhof beim Sulfertor an der Stadtmauer*[12]. Natürlich kamen immer wieder Juden nach Hall, um dort Geschäfte zu tätigen. Sie durften aber in der Regel nicht übernachten. Ihr Aktionsradius war in zahlreichen diskriminierenden Vorschriften festgelegt. Aufnahme fanden einige Juden allerdings bei den Schenken von Limpurg und im Gebiet des Klosters Comburg im Dorf Steinbach.

8 Hohenlohisches Urkundenbuch Bd. 3, S. 601.
9 Vgl. F. PIETSCH, Die Urkunden des Archivs der Reichsstadt Schwäbisch Hall Bd. 2, 1967, U 1136, 1146, 1151, 1156, 1184.
10 Ebd., U 1353.
11 Ebd., U 2043.
12 Ebd., U 2320.

2. Nach der Reformation

Verstreute Nachrichten

Juden gab es seit der Reformation als ständige Bewohner nicht mehr in der Stadt. Ganz zwangsläufig führte die Aufnahme von Juden durch die Schenken von Limpurg und das Stift Comburg dazu, daß sich der Haller Rat immer wieder einmal mit den Juden befassen mußte. Er mußte Streitfälle klären, Beschwerden nachgehen, allgemeine Regeln erarbeiten, auch wenn kein Jude in der Stadt wohnte. So wurde 1531 verfügt, daß kein Jude sich außerhalb der Markttage in Hall aufhalten durfte. Als besonderes Kennzeichen mußten sie ein gelbes Ringlein auf der Kleidung tragen und durften nicht hausieren[13]. Als Begleitung wurden ihnen vom Torwart Jungen mitgegeben, denen sie ein Entgelt zahlen mußten. Sie unterlagen also schärfster Aufsicht. Das galt auch für die Unterlimpurger Juden, die nach dem Erwerb des Dorfes 1541 durch die Stadt dort wohnen bleiben durften. Auch sie unterlagen den strengen Rechtsvorschriften für auswärtige Juden.

Immer wieder wurde den Untertanen eingeschärft, sich nicht in Geschäfte mit Juden einzulassen. Die Häufigkeit dieser Verbote zeigt deutlich, daß die Juden und ihre Geschäfte einem Bedürfnis von Teilen der Bürgerschaft durchaus entsprachen. 1561 wird den Juden ohne Paß und Geleit der Aufenthalt in der Stadt untersagt[14]. An den Zollstätten mußte von den Juden ein erhöhter Leibzoll entrichtet werden. In Geislingen, wo das Haller Gebiet mitten auf der Kocherbrücke begann, mußte 1681 ein reitender Jude sechs, ein gehender vier Kreuzer entrichten, und für einen Toten waren 50 kr. fällig[15]. 1610 werden die Stadtknechte angewiesen, durch Hall ziehende Juden zu beobachten und ihre Geleitsbriefe zu kontrollieren. In der Stadt wurde eine *Judenzahlbüchse* aufgestellt. Angeblich sollte ein Jude für eine Stunde Aufenthalt einen Gulden einzahlen. Das war praktisch undurchführbar, hatte auch zunächst keine Konsequenzen. Während des Dreißigjährigen Krieges wachte man mit Argusaugen über die Juden. Sie durften seit einem Ratsbeschluß von 1629 nur noch am Dienstag die Stadt betreten, eine Maßnahme, die kaum Gültigkeit erlangte. Natürlich versuchte die Stadt auch, sich mit den Steinbacher Juden zu arrangieren. Als sie sich nach der Plünderung durch die Schweden 1631 weigerten, der Stadt ein Darlehen zu geben, wurde ihnen der Handel im Herrschaftsbereich der Stadt formell verboten. Die Bevölkerung wurde 1642 aufgefordert, keine Beziehungen irgendwelcher Art zu den Juden aufrechtzuerhalten. Auch die Zollschraube wurde angezogen.

Nach dem Dreißigjährigen Krieg wurden an allen fünf Stadttoren besondere Büchsen für den Judenleibzoll aufgestellt, dessen Erträge alle Vierteljahr in die Stadtrechnungen eingetragen wurden. Während kaum ein Jude das Riedener oder das Weilertor passierte, waren das Gelbinger und das Neutor an der Hauptstraße stark frequentiert, eingeschränkt auch das Langenfelder Tor.

Wenig zahlreich sind von der Stadt Hall verliehene persönliche Privilegien für Juden. 1657 erhielt der Arzt Jud Hirsch Zollfreiheit im Hällischen Gebiet, *seiner sonderbaren vortrefflichen Experienz, Kunst und Wissenschaft halber.* Hirsch war promotus Doctor medicinae, also

---

13 Stadtarchiv Schwäbisch Hall 4/492.
14 Ebd., 5/1423.
15 Ebd., 5/527.

kein Quacksalber[16]. Damit fand der Rat keinen ungeteilten Beifall, vor allem nicht beim Kapitelsdekan und Prediger an der Stadtkirche St. Michael, Hieronymus Holl. Er vertrat öffentlich die Meinung, es *sey besser mit Christo gestorben, als mit dem Teufel gesund werden. Die Juden sein abgesagte Feind des christlichen Namens, grausame Gotteslästerer, stellen den Christen nach Leib und Leben.* Wie die Sache ausging, ist in den Ratsprotokollen nicht überliefert. Konkurrenzneid christlicher Ärzte spielte keine Rolle, es war theologisch begründete Abneigung.

1668 wurde den Juden, die immer noch gelbe Ringlein an der Kleidung tragen mußten, eingeschärft, daß sie nur noch auf den Jahrmärkten in der Stadt Handel treiben dürften. Das Hausieren wurde ihnen verboten. Über seinen Schatten sprang der Rat, als er 1677 der Witwe des Juden Lämblein und ihrem verheirateten Sohn mit Frau und Kind gegen den wütenden Protest der Geistlichkeit die Niederlassung in Unterlimpurg genehmigte. Magdalena Lämblein war eine sehr geschäftstüchtige Frau. Trotzdem hatte auch sie das comburgische Steinbach aufgrund der vom Stiftskapitel beschlossenen Nichtverlängerung des Schutzes für alle Steinbacher Juden verlassen müssen. Die Witwe mußte dafür der Stadt ein zinsloses Darlehen von 1500 fl. als Sicherheit leisten, war aber dafür von besonderen Schutzgeld- oder Zollzahlungen befreit.

In dem Schutzbrief wurde festgehalten, daß alle Familienmitglieder nur eine Haushaltung führen sollten. Beherbergungen fremder Juden waren nur mit Erlaubnis des Amtmannes des Amts Schlicht möglich. Verboten wurde bezeichnenderweise der Handel mit Wein, der neben dem Salzhandel maßgeblich für die Prosperität der Stadt war. Alle Vierteljahre durfte ein Stück Vieh geschächtet werden. Mit Ausnahme der Hinterviertel durfte nichts davon verkauft werden. An Sonn- und Feiertagen durften die Juden keine Arbeiten verrichten, die Christen ärgerten, oder Handel treiben. Gerichtsobrigkeit war die Stadt. Kommissionsgeschäfte für andere Juden waren verboten, natürlich auch alle betrügerischen Machenschaften. Bei einer Rückerstattung des Kapitals sollte die Witwe binnen eines Vierteljahrs fortziehen. Sie konnte aber auch selbst mit einer dreimonatigen Frist das Kapital und damit den Schutz aufkündigen. Der eifernde Dekan wurde damit beruhigt, daß der Schutz nur vorübergehend sei, höchstens bis zum Ende des Krieges und der Winterquartiere durchziehender Soldaten. Damals tobte bekanntlich der erste vom französischen König Ludwig XIV. angezettelte Krieg gegen Holland, der mit dem Frieden von Nymwegen 1679 endete.

Schon 1678 gab der Rat das Geld zurück und forderte statt dessen 5 % von dieser Summe als jährliches Schutzgeld. Erstmals wurden 1679 112 fl. gezahlt. Der Sohn mußte 16 fl. *Schutzgeld oder Personalzoll*, wie es in der Rechnung heißt, entrichten. Im gleichen Jahr erhielt der Jude Simon aus Gaildorf Handelsfreiheit im hällischen Gebiet gegen eine vierteljährliche Zahlung von 6 fl. Noch im gleichen Jahr verließ die Witwe das teure Haller Pflaster und zog mit ihrer Familie nach Crailsheim, nachdem der Rat den weiteren Aufenthalt abgelehnt hatte. Auch hatte er verboten, daß ein neugeborener Knabe in Hall nach jüdischer Sitte beschnitten wurde. Für sich selbst, seine Mutter und drei Brüder zahlte David, der älteste Sohn Magdalenas, 1680/81 25 fl. für die weiterbestehende Handelsfreiheit. Doch schon 1682 kappte der Rat mit einer scharfen Verordnung alle Beziehungen zu den Juden. 1682/83 wird in der Stadtrechnung nur noch der Ertrag der Zollbüchsen notiert.

---

16 Vgl. G. WUNDER, Die Zulassung des Dr. med. Hirsch. In: Der Haalquell 16,1964, Nr. 2 S. 8.

Nachdem noch 1679 erneut allen Hallern eingeschärft worden war, daß sie ohne Genehmigung des Rats nicht mit fremden Juden handeln durften, dieses Verbot 1682 noch durch Androhung einer Geld- oder Haftstrafe verschärft worden war, erhielt um 1688 Seligmann oder Salomon Mayer – beide Namen werden genannt – einen Schutzbrief der Stadt. Er zahlte ein Schutzgeld von 72 fl., eine exorbitante Summe gegenüber dem, was beim ritterschaftlichen Adel üblich war. Er durfte höchstens einen Heller Zins vom Gulden im Monat nehmen. Er blieb lange Zeit der einzige städtische »Hofjude«. Generell blieben Geschäfte mit Juden unter Strafandrohung verboten, es sei denn, der Rat erteilte eine Ausnahmegenehmigung[17]. In übelsten Ausdrücken verwahrte sich 1690 der Kapiteldekan Georg Bernhard Wibel, dem die neue tolerante Richtung nicht paßte, gegen die Aufnahme von *Teufelsgeschmeiß* in die judenfreie Republik, gegen die Aufnahme von Dieben, Räubern und verdammten Blutegeln. Trotz aller Anwürfe duldete der Rat nach sorgfältiger Prüfung seitdem die Niederlassung von Juden in geringer Zahl im städtischen Gebiet außerhalb der Mauern in Unterlimpurg.

1704 mußte Seligmann eine besondere Kriegssteuer von 6 fl. entrichten,[18] durfte aber zum Beispiel 1705 keine Nachbarn aus Braunsbach einladen, um mit ihnen das Neujahrsfest zu feiern, besaß auch kein eigenes Haus. Die städtischen Gültregister 1688–1707 nennen keinen einzigen Juden[19]. Sein Sohn Moses Mayer (Seligmann) durfte zunächst kein eigenes Haus erwerben[20]. 1709 starb Seligmann. Nun zahlte seine Witwe 15 fl. Schutzgeld im Quartal. Nach zähen Verhandlungen wurde ihr Sohn Moses in den Schutz aufgenommen und erhielt einen Schutzbrief nach ansbachischem Muster. Zunächst sollte er als Sicherheit der städtischen Steuerstube 800 fl. zu 4 % leihen, dann 1000 fl. zusammen mit seinem Schwager Moses Marx aus Crailsheim. Schließlich wurde ihm statt dessen der Erwerb des Feuchterschen Hauses gestattet für 700 fl. 600 fl. gingen an die Feuchterschen Gläubiger, 100 fl. als Konzessionsgeld an die Stadt. Moses Mayer erhielt schließlich einen Schutzbrief auf sechs Jahre zu den gleichen Konditionen wie sein verstorbener Vater. Der Brief wurde immer wieder verlängert, doch durfte Moses keine Betteljuden beherbergen. Am 15. Juni 1711 wird Moses Mayer Jud als Besitzer des Hauses von Johann Peter Feuchter im Gültregister des Amts Schlicht eingetragen. Das Haus Nr. 61 lag neben dem Haus des Sternwirts Firnhaber. Als jährliche Belastung waren 7 Schilling und ein Fastnachtshuhn zu entrichten[21].

Judentaufen

Über die religiösen Sitten und Bräuche der Juden wußte man in Hall nicht viel. Als Moses wie sein Vater bat, das Neujahrsfest feiern zu dürfen, fragte der Rat bei Johann Christian Ludwig Haller an, worin denn die Bedeutung dieses Festes liege. Haller hieß ursprünglich Eliakim Götz und stammte aus Posen. Als Sohn des Rabbiners hatte er die Funktion eines Lehrers und Schächters in Steinbach übernommen, war aber 1709 konvertiert und getauft worden. Haller starb 1759, nachdem er als Baugegenschreiber seinen Lebensunterhalt in städtischem Dienst erworben hatte. Haller klärte den Rat darüber auf, daß zur Feier des Gottesdienstes mindestens zehn Juden vorhanden sein mußten. Die Mutter des Juden war krank, und deshalb wollte

17 Stadtarchiv Schwäbisch Hall 5/1423.
18 Ebd., 4/1424.
19 Ebd., 4/1710 und 1711.
20 Ebd., 4a/171.
21 Ebd., 4/1713.

Moses die Gäste nach Hall einladen. Das Gesuch wurde genehmigt. Später hatte der Rat gegen gelegentliche Gottesdienste trotz der großen Zahl vorübergehend anwesender Juden nichts einzuwenden, so als 1712 die hochbetagte Mutter des Moses starb.

Judentaufen waren immer eine spektakuläre Angelegenheit, die vor versammelter Gemeinde feierlich vollzogen wurden. Als Eliakim Götz am Abend des 11. August 1709 in der Michaelskirche getauft wurde, waren niemand Geringeres als die amtierenden Stättmeister Johann Nicolaus Schragmüller und Johann Peter Hetzel zusammen mit dem Ratsmitglied Ludwig David Müller Taufpaten. Der Täufling erhielt eine eigens geprägte Taufmedaille. Die Taufpredigt, seine Taufprüfung und alle Gebete wurden durch den Dekan Jakob Reitz veröffentlicht. Knapp vier Wochen später hielt der neue Christ eine Rede, in der er aus jüdischen Schriften bewies, daß der Messias längst gekommen sei. Seine Einleitung war Wasser auf die Mühlen der antijüdischen Geistlichkeit. Er schreibt unter anderem: *Dann schaue ich zurück in mein voriges Leben, so erblicke ich mich in einem tiefen Abgrund zeitlichen und ewigen Verderbens ... Gehe ich nach Prag, wohin mich mein Vater im 15. Jahr meines Alters lernens halber geschickt, so erblicke ich mich mitten unter solchen Lehrern, welche wenig Wort von dem göttlichen Wort heiliger Schrift, dargegen ein großes Geprahl von den Schriften der Rabbinen und dem Talmud machen, ja diese jenem weit vorziehen: hier hörte ich anstatt der himmlischen Weisheit der Talmudisten eitele Torheiten und lernete wohl allerhand falsche Possen und Auslegungen über die heilige Schrift, wie auch, was in Speis und Trank, in Fest und Sabbather, in Kleidern und andern albern Gebräuchen zu beobachten war. Wie ich aber gottselig leben und dermaleins die ewige Seligkeit erlangen sollte, davon schwiegen meine Rabbinen durchaus still. Es hieße damals wohl redlich: Wie kann ein Blinder dem andern den Weg weisen, werden sie nicht alle beide in die Grube fallen? Beschaue ich mich endlich als einen Rabbi, wie ich in Frankenland und in der Nachbarschaft selbst einen Lehrer der Kinder präsentiert, ach, so muß ich abermal meinen erbarmungswürdigen Zustand erblicken, der mich mehr zu einem Sclaven als Menschen gemacht, da ich unter dem garstigen und schmutzigen Judengesind gesteckt, Knechtsarbeit tun, hingegen mit elendem Speis und Trank zufrieden sein müssen.* Geistlichkeit und Obrigkeit hielten die Darlegungen für so überzeugend, daß sie sie drucken ließen.

Knapp ein Jahr später fand erneut eine Judentaufe statt. Diesmal war der Konvertit eine 15jährige Vollwaise aus Hohebach, der den Namen Georg Christoph erhielt. Löw hieß der Sohn des Salomo und der Mündle. Als er das Grab des Vaters in Schopfloch besuchte, nahmen ihn Steinbacher Juden mit, um die notwendige Zahl der Beter für das Jahresgedächtnis ihres verstorbenen Vaters zu erreichen. Zweifel an der jüdischen Lehre führten ihn zum Rektor Johann Ludwig Seufferheld, der ihn auf die Taufe vorbereitete. Der Stadtrat hatte die Genehmigung dazu erteilt, nachdem Löw versichert hatte, daß er sich bei seinen Glaubensbrüdern nichts hatte zuschulden kommen lassen und auch nicht darauf spekuliere, als Christ gute Tage zu haben. Auch sein Taufakt, den diesmal der Dekan Heinrich Kern vollzog, wurde für die Mit- und Nachwelt als nachahmenswertes Beispiel gedruckt.

Allmählich wurden die Befugnisse des Moses erweitert. Seit 1714 durfte er Viehhandel im gesamten hällischen Gebiet betreiben und einen ledigen Knecht halten. Später erhielt er die Erlaubnis, jährlich vier Rinder im Beisein eines Metzgers zu schächten. Eine generelle Gottesdiensterlaubnis gab es nicht. 1718 wollte der Rat durch den Amtmann von Schlicht *fleißig nachfragen lassen, ob der Jud in Unterlimpurg eine Schul halten und ob am Samstag ein Rabbi oder andere Juden dahin kommen, daß sie einen Gottesdienst hal-*

ten.[22] 1727 erhielt Löw Wolff aus Wassertrüdingen einen Schutzbrief der Stadt. Er zahlte eine Aufnahmegebühr von 45 fl. und ein jährliches Schutzgeld von 32 fl. Auch er erhielt Handelsfreiheit und durfte höchstens 6 % Zins bei Kapitalausleihungen nehmen. Löw hatte die älteste Tochter des Moses geheiratet. Diese Verstärkung der Juden war wohl der Grund, daß Moses Mayer den Rat bat, regelmäßig Gottesdienst abhalten zu dürfen. Nach einem Gutachten des Konsistoriums wurde diese Erlaubnis mit einigen Auflagen erteilt. Seitdem scheint im später Wallerschen Hause ein ständiger Raum dafür bereitgestellt worden zu sein. Löw starb 1738.

Die Unterlimpurger Synagoge

An ziemlich verborgener Stelle, im oberen Stock des Hauses in der Unterlimpurger Straße, wurden zwei Zimmer mit Holz ausgekleidet und 1739 – im Jahre 5499 nach Erschaffung der Welt, wie es an einer Stelle in hebräischer Sprache vermerkt wurde – durch den Maler Elieser Sußmann aus Brod in Polen ausgemalt. Über eine überdachte Außentreppe gelangte man direkt in die Synagoge. Nach dem Konkurs von Mayer Löw, Schwiegersohn des Synagogenstifters, wurde das Haus 1782 zwangsversteigert und von einem Christen erworben. Die Synagoge verlor ihre Funktion und geriet nach der fast eine Generation später erfolgten Erbauung der Steinbacher Synagoge in völlige Vergessenheit.

1904 machte der Lehrer Nathan Hänlein auf diese Kostbarkeit in einem Vortrag im Historischen Verein für Württembergisch Franken aufmerksam. Der Frankfurter Verein für jüdische Altertümer wollte 1907 die Holzverkleidung erwerben, doch konnte der Historische Verein mit einem Gebot über 525 Mark den damaligen Eigentümer Waller bewegen, ihm die Synagogenauskleidung zu überlassen. Sie wurde zunächst im alten, 1906 erworbenen Färberhaus in der Gelbinger Gasse untergebracht. Die Malereien, die Decken und Wände voll ausfüllen, zeigen Blumen, Ranken, Vögel, Säugetiere, Städte und zahlreiche hebräische Inschriften. Eine ähnliche Synagoge schuf Sußmann in Bechhofen in Mittelfranken[23]. Nach ihrer Restaurierung zählt die Synagoge zu den unersetzlichen Kostbarkeiten des Hällisch-Fränkischen Museums in der Keckenburg in Schwäbisch Hall.

1734 wurde das Schutzgeld in Unterlimpurg auf 100 fl., 1741 auf 150 fl. für jeden Schutzverwandten erhöht. Zwei weitere Töchter des Moses Mayer heirateten 1741 Nathan David und 1742 Mayer Löw aus Stein. Wie die Steinbacher Juden erhielten Mayer Löw und Nathan David 1757 die Erlaubnis, jährlich zwölf Tiere zu schächten. Moses entrichtete seine Gült bis zu seinem Tod am 24. November 1744. Dann übernahm sein Schwiegersohn Mayer Löw das Haus[24]. Fradel, die Witwe des Moses, starb 1746. Das bis zum Tode seines Schwiegervaters (Schwehers) fällige Schutzgeld zahlte Nathan David. Mayer Löw zahlte 1746 *vor seine auch verstorbene Schwieger* (Schwiegermutter), *Witwe des Moses Mayer, und ihre ledige Tochter*. Damit ist vermutlich die Witwe des Löw Wolff, nicht eine weitere Tochter gemeint. So gab es seit 1746 nur noch zwei Familien und die ledige Witwe.

---

22 Ebd., 4/1424.
23 Vgl. W. GERMAN, Die Holzsynagoge in Schwäbisch Hall. In: Schwäbisches Heimatbuch 1928, S. 30 ff. Dort auch Übersetzung der hebräischen Inschriften und ein Grundriß des Synagogenraums.
24 Stadtarchiv Schwäbisch Hall 4/1716.

Nathan David erwarb im Mai 1765 eine Hälfte des unmittelbar benachbarten Hauses Nr. 35 des Sternwirts Firnhaber, das sogenannte Salpeterhaus[25]. Nach Nathans Tod 1777 übernahm es seine Witwe Bezel. 1774 hatte Nathan ein weiteres Haus gekauft. Trotz einer gewissen Liberalisierung – soweit man bei der Erlaubnis zur Niederlassung von drei Juden davon reden kann – war der Handel der Juden durch Auflagen der Stadt, durch die vor allem die christlichen Konkurrenten geschützt werden sollten, beschränkt. Nathan David zahlte bis zu seinem Tod 1777 als Schutzjude in Unterlimpurg jährlich 50 fl. Schutzgeld. Die Zahlungen erfolgten sehr unregelmäßig und waren direkt von den Einkünften abhängig. Bei Nathans Tod mußte seine Witwe Bezel (Bessel) 115 fl. nachzahlen. Ihr Schwager Mayer Löw zahlte 1778 für sieben Jahre 350 fl. auf einen Schlag. Mayer machte 1782 Konkurs, wie bereits erwähnt, und verließ die Stadt[26]. Nach dem Tode Nathan Davids wurde im März 1778 sein Schwiegersohn Samuel Levi aufgenommen. Am 3. April 1783 zog dieser nach Worms, nachdem er alle Schulden beglichen hatte. Mit ihm war der letzte Schutzjude der Reichsstadt verschwunden. In den Stadtrechnungen bis zum Ende der Reichsstadtherrlichkeit werden zwar noch die Erträge aus den Sammelbüchsen für die Judenzölle aufgeführt, aber keine Schutzgelder mehr.

Verwandschaft der ersten Haller Juden

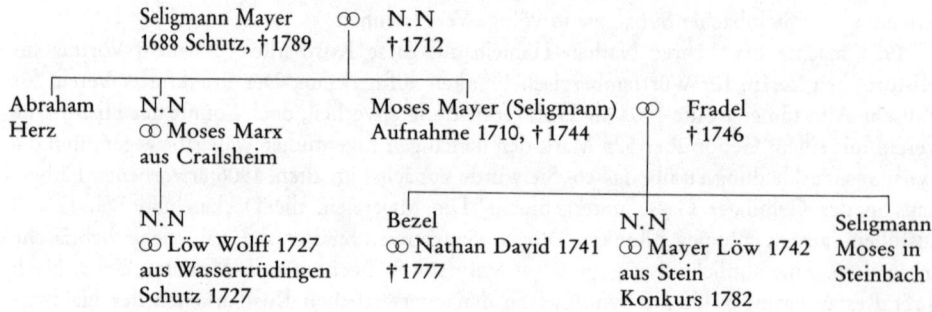

25 Ebd., 4/1718.
26 Ebd., 4/1720.

V.

Stift Comburg

1. Steinbach

Die Anfänge

Die ersten Juden in Steinbach, das dem Stift Comburg gehörte, wurden unmittelbar vor dem Dreißigjährigen Krieg durch den Dekan Georg von Wiesentau aufgenommen, der 1619–1621 amtierte. Er erlaubte ihnen den Kauf von Wohnungen. Sie erhielten die üblichen Schutzbriefe. Außergewöhnlich war die Verpflichtung, Öl für die Lampen am heiligen Grab in der Stiftskirche kaufen zu müssen.

Von 1625 an sind die Juden in den Obervogteirechnungen des Stifts Comburg an versteckter Stelle, nämlich in der Rubrik *Einnahmen Geld insgemein*, aufzuspüren. In diesem Jahr zahlen die drei namentlich nicht genannten Juden zu Steinbach gemeinsam 40 fl. Schutzgeld. 15 fl. zahlt der ausdrücklich als *der vierte Jud* bezeichnete Salomon, der bei einem Christen wohnen durfte, also kein eigenes Haus besaß[1]. 1628 zahlt *Salme, der vierte Jud* 20 fl. für Freisitz und Schutzgeld. Jetzt wird auch die Anonymität der anderen drei gelüftet: Scheu und seine beiden Tochtermänner zahlen 50 fl. *Wegen beharrlichen Kriegswesens* hatten sie sich bereit erklärt, drei Jahre lang statt 45 fl. 5 fl. mehr zu bezahlen, danach wieder 45 fl. Mit dieser Information korrespondiert das im Stadtarchiv Schwäbisch Hall verwahrte Gültregister des Stifts, in dem die von 1628 bis 1638 geforderten Zahlungen von Grundstückseignern eingetragen wurden. Zwei Juden werden als gültpflichtige Hauseigner genannt. Jud genannt Scheuch besitzt ein Haus, Salme (Salomon) der Jud ein Scheunenhäuslein mit Krautbeet[2].

Als 1631 die Schweden Hall besetzten, hielten sie sich an Katholiken und Juden schadlos. Die Steinbacher mußten damals 270 Taler Brandschatzung entrichten, eine beträchtliche Summe[3]. Offensichtlich haben nach dem Abzug der Schweden weitere Juden Schutz im Stiftsgebiet gesucht. In der Kontributionsrechnung 1631/32 vermerkte der Rechner: *Demnach etliche Juden bei mir umb Schutz angesuchet, als ist von ihnen Schirmgeld eingezogen 160 fl.* Namen und Zahl werden hier nicht genannt, sind aber aus den folgenden Obervogteirechnungen zu entnehmen.

Scheu war anscheinend gestorben. 1634 wohnen in seinem Haus Nathan, Moschi und Sießle, vermutlich alle drei Schwiegersöhne Scheus. Außer Salomon, der wegen seiner Armut eine Ermäßigung des Schutzgeldes erhielt, werden 1636/37 als Hausgenossen Feißle, Joseph, Judas und Jung Moschi genannt. Die Rechnung von 1637 nennt Nathan, Moschi, Sießle,

---

1 StAL B 375 II L B 567 ff.
2 Stadtarchiv Schwäbisch Hall 4/1768.
3 Ebd., 4/237.

Füchsle oder Feißle, Salomon, Jung Moschi, David, Joseph und Lew. Diese neun Haushaltsvorstände zahlen insgesamt 180 fl. Schutzgeld.

Zu großen Veränderungen kam es 1641. Jung Moschi, David und Joseph verschwinden. Salomon, genannt der schwarze Jude, starb 1641. Seine Witwe verkaufte ihr auf 60 fl. taxiertes Haus an Lew für 100 fl. und die Übernahme einiger Schulden. Sie blieb noch kurze Zeit bei einem *wegen höchster Armut* auf die Hälfte reduzierten Schutzgeld in Steinbach, zog dann aber fort. Ein weiterer Jude Meyer tauchte in diesem Jahr auf und übernahm das Haus des Judas, das dieser wiederum von einem Christen gekauft hatte, für 102 fl. Als 1643 der Jude Füchsle *entloff*, erhielt Meyer aus Weißenburg sein Haus für 150 fl. und 10 fl. Handlohn. Bald darauf wurde Lew *abgeschafft*. An seine Stelle trat Lämblein, der Lews Haus für 105 fl. übernahm. Nun gab es also sechs Familien: Nathan, Moschi, Sießle, beide Meyer und Lämblein, die das Ende des großen Krieges in Steinbach erlebten. Kurz war auch der siebte Jude Marx, Moschis Tochtermann, in Schutz, wurde aber nach zwei Quartalen 1649 zunächst wieder abgeschafft, *als welcher im Schutzbrief nicht begriffen.* Daraus wird deutlich, daß es damals keine individuellen Schutzbriefe in der comburgischen Herrschaft gab. In einer gemeinsamen Urkunde wurden die Juden in den zeitlich befristeten Schutz aufgenommen.

Die sechs Familien zahlten zusammen 160 fl., die sie untereinander nach der wirtschaftlichen Leistungskraft aufteilten. Es gab also kein einheitliches Schutzgeld. 1653 starb einer der beiden Meyer. Marx ergriff die Gelegenheit und kaufte den Erben Meyers Behausung für 120 fl. ab. Daß Nathan, Moschi und Sießle in einem gemeinsamen Haus wohnten, geht aus vielen Hinweisen hervor. 1656 mußten die *drei Juden im großen Haus* eine Strafe von 3 fl. entrichten. Ein Nachbar hatte sich beschwert, daß sie ihre *Heimlichkeit,* den außerhalb des Hauses stehenden Abtritt, nicht ordnungsgemäß gesäubert hatten.

Die Eintragungen über Strafen weisen naturgemäß auf die Haupterwerbsquelle der Juden, den Viehhandel, hin. Moses (Moschi) mußte zum Beispiel 1 fl. zahlen, weil er den Verwalter des Klosters Schöntal in Hall in einem Roßtausch *Betrüger und verlogener Mann gescholten.* Teurer wurde ein Vergehen für Marx. Er hatte eine tragende Kuh geschächtet, den Fötus und die Innereien vergraben. Die Dorfhunde gruben das für sie gefundene Fressen aus – und Marx war um 5 fl. ärmer. Aus einem 1657 angelegten Lagerbuch des Stifts Comburg gehen weitere Informationen hervor. *Nathan, Sießle und Moschi die Juden bewohnen eine Behausung sambt einem Anbau davor und ¼ Küchengarten, so umzäunt«* [4]. Sie zahlten sechs Schilling Gült, zwei Hühner, ein Schilling Zehnt und ein Fastnachtshuhn. Mayer Jud hatte eine geringe Behausung von Michel Knetz erworben samt einem Stücklein Kraut- und Küchengarten. Lämble Jud besaß Haus und Garten, *so zuvor Lew und Salomon besaßen*, allerdings nacheinander. Marx hatte das Haus von Meyer übernommen. Sechs Familien wohnten in den vier Häusern.

1660 erhielt der alternde Moschi einen Nachlaß auf das Schutzgeld bis zu seinem Tod – *ad dies vitae –*, der 1663 eintrat. Seine Witwe Esther wurde aufgefordert, ihr Hausdrittel bald an einen Juden zu veräußern. 1664 kaufte Sießles Sohn Abraham dieses Drittel. Im Jahr 1660 starb Nathan. Seine Witwe überließ ihrem Sohn Itzig (Isaak) für 75 fl. ihr Hausdrittel. 10 fl. Sterb- und Bestehehandlohn waren dafür zu entrichten. Am 28. Juni 1661 beschloß das Stiftskapitel, die pauschale Schutzgebühr für alle Juden auf 150 fl. zu ermäßigen. 1664 wurde Salomon, der Sohn des »oberen« Meyer, der eine Tochter Sießles geheiratet hatte, in den Schutz aufgenommen.

4 HStASt H 221 B 83.

1673 war das Stiftskapitel – ohne daß ein Grund dafür ersichtlich ist – fest entschlossen, den befristeten Schutz der Juden nicht mehr zu verlängern. Doch nach zähen Verhandlungen erreichten die Juden gegen eine Sonderzahlung einen Aufschub. *Haben die sämtliche wieder auf vier Jahre eingenommene schutzverwandten Juden um ihrer angekündeten Ausschaffung wider zu verbleiben entlich bezahlen müssen 75 fl.* Außer dieser einmaligen Sonderabgabe hatten sie 109 fl. Schutzgeld zu entrichten, dazu seit neuestem für jedes geschächtete Stück Vieh eine Sonderabgabe, die Viehakzise. 1675 lebten nur noch Sießle, Lämblein, Marx, Isaac und Salomon als Schutzjuden mit ihren Familien in Steinbach.

Aus den Kapitelsprotokollen

Aufschlußreiche Einzelheiten zur Geschichte der Juden in Steinbach verbergen sich im voluminösen Protocollum temporale des Stifts Comburg, das der Stiftssyndicus führte[5]. Mayer der Junge erhielt im Februar 1675 einen scharfen Verweis. Das Stift hatte Pferde als Vorspann benötigt. Mayer hatte die Herausgabe eines Pferdes verweigert, weil er es angeblich bereits verkauft hatte. Aber tatsächlich stand es noch bei ihm im Stall. Er wäre wegen seiner Lüge in den Turm gesteckt worden, wenn nicht der Amtsknecht und seine Frau *krank darnieder gelegen weren.* Um diese Zeit starb der Jude Lämblein. Sein Haus wurde mit 90 fl. taxiert. Seine Witwe Magdalene übernahm das Haus und zahlte das um einen Gulden ermäßigten Bestehehandlohn von 5 fl. Wenige Tage danach bat die Witwe Dechant und Kapitel des Stifts um Intervention zu ihren Gunsten bei der Stadt Hall. Tatsächlich schrieb das Stift an den Magistrat und teilte mit, daß die Witwe wegen der gefährlichen Zeitläufte ihr Vermögen in die Stadt in Sicherheit bringen und freien Zutritt dazu haben wollte. Die Antwort der Stadt ließ sich nicht ermitteln. Als Magdalena wenig später um eine Schutzgeldermäßigung bat, wurde ihre Bitte abgeschlagen. Sie blieb also noch in Steinbach.

Häufig werden die Steinbacher Juden als Kläger oder Beklagte vernommen. So hatte Seligmann ein ihm verpfändetes Kleid unzulässigerweise bereits nach acht Tagen weiterverkauft. Seligmann und seine Brüder David und Herz waren Söhne des 1643 aufgezogenen Meyer aus Weißenburg, der damit zum Ahnherrn der meisten Steinbacher Juden des 18. Jahrhunderts werden sollte. Doch verlief die Entwicklung nicht nahtlos, ohne Sprünge.

Im März 1675 forderte die hohenlohe-waldenburgische Kanzlei das Stift auf, den Juden Marx zu einem Verhör nach Waldenburg zu schicken. Marx war dem Michael Kraft von Gailenkirchen angeblich 18 fl. schuldig. Comburg hatte seinerseits die Überstellung eines waldenburgischen Untertanen gefordert, der einen Verstoß gegen das sechste Gebot begangen hatte. Hohenlohe-Waldenburg sagte die Überstellung zu, wenn der Jude ebenfalls überstellt werde oder seine Schuld bezahle. Hohenlohe hielt allerdings auch 21 fl. als Repressalie zurück, die den Steinbacher Juden aus einem Stierhandel in Neunkirchen zustanden.

Es war damals übliche Politik, durchaus auf Kosten nicht unmittelbar Beteiligter Rechtspositionen zu behaupten. Hohenlohe beharrte stur auf der Überstellung von Marx, dann könne man über die comburgischen Wünsche reden. Auf nochmalige Intervention des Stifts lenkte Hohenlohe schließlich ein und überstellte den Beischläfer, der inzwischen seine Geliebte geheiratet hatte und mit 6 fl. bestraft wurde. Darauf ordnete das Stift an, daß

5 StAL B 381 Bd. 1242.

sich Marx in Waldenburg rechtfertige. An seiner Stelle schickte man jedoch sicherheitshalber den Kanzleidiener Maier, mit dem Hohenlohe allerdings nicht einverstanden war. Der Jude mußte persönlich erscheinen. Der Kanzleidiener begleitete ihn, versehen mit einer Bittschrift des Stiftssyndikus zugunsten des Juden. Es kam ein Vergleich zustande. Marx mußte außerdem 3 fl. Strafe zahlen, die er hocherfreut akzeptierte und gleich erlegte. Im Protokoll wird vermerkt, er sei *wohl content heimbkommen, dann er sich sehr besorgt, er werde unter 100 Thaler Straf nicht davon kommen.* Es bleibt festzuhalten, daß das Stift zu dieser Zeit auch die Rechte seiner Juden zu wahren wußte, besonders dann, wenn am Prinzip der Gegenseitigkeit bei der Schlichtung bürgerlicher Streitigkeiten gerüttelt wurde. Aus diesem Grund intervenierte das Stift auch beim Haller Magistrat zugunsten von Moyses, weil ein Haller Untertan einen ihm gehörigen Ochsen im Hause eines anderen Hallers gepfändet hatte. Moyses, ein Sohn des Lämblein, erhielt den Ochsen zurück.

Im Juli 1675 verstarb der Jude Meyer und fast gleichzeitig seine Frau. Die von ihnen hinterlassenen sieben Erben wollten das Haus einem Juden oder Christen verkaufen. Das Stift ordnete an, daß das Haus zunächst zwei Monate lang für Christen feilgeboten werden, erst dann für Juden käuflich sein sollte. David, Seligmann und Herz, die Söhne des verstorbenen Meyer, brauchten keinen Sterbhandlohn für das auf 50 fl. taxierte Häuslein zu entrichten, weil sie außer einem alten Büchlein nichts geerbt hatten. Alles andere war ihrer ledigen Schwester als Heiratsgut überlassen worden. Im März 1676 kaufte schließlich David das väterliche Haus für 77 fl., leistete Erbhuldigung und zahlte 4½ fl. Handlohn. Er sollte sich nicht lange seines Besitzes freuen.

Im August dieses Jahres wurde allen Juden bei schwerer Strafe verboten, mehr als 5 % Zinsen auf Kapitalausleihungen zu nehmen, ganz gleich, ob die Schuldner Einheimische oder Auswärtige waren. Dieses Gebot galt rückwirkend auch für bereits getätigte Ausleihungen.

Wie in Ansbach üblich, mußten auch die Comburger Schutzjuden ausrangierte Pferde des Stifts übernehmen – meist zu einem überhöhten Preis – und konnten sie dann weiterverkaufen. So mußten sie 1675 einen Gaul für 16 fl. übernehmen, konnten aber nur 12 fl. dafür erzielen. Deshalb erhielten sie zwei Gulden zurück, um den Verlust erträglich zu gestalten. Wenn sie Pferde stellten, die als Reittiere vom Stift gebraucht wurden, erhielten sie Reitgeld oder Futtergeld, so etwa Marx vom Dechanten für 31 Tage oder Sießlein für die zwölftägige *Herleihung eines Pferdes, so bei den Durchzügen gebraucht.* Damals machten kaiserliche Truppen die Gegend unsicher. Einer der Leidtragenden war der Jude Isaak. Im Mai 1675 nahmen ihm drei kurbrandenburgische Reiter in der Nähe von Tullau ein Pferd ab. Im Februar 1676 ist er ohne eigenes Verschulden unweit von Kupferzell auf hohenlohischem Gebiet von kaiserlichen Soldaten *gefährlich gehauen worden.* Für ihn intervenierte das Stift bei dem Kommandeur der Marodeure und bei der Regierung in Waldenburg, um Schadens- und Kostenersatz für seinen Schutzbefohlenen zu erwirken.

Hat man zunächst den Eindruck, daß das Stift seine Aufgabe als Schutzherr effektiv wahrnahm, so änderte sich aus nicht eindeutig zu klärender Ursache die grundsätzliche Einstellung zu den Juden, was schon bei der Erneuerung des generellen Schutzbriefs 1673 deutlich wurde. Trotzdem zeigte sich die um Objektivität bemühte Einstellung noch Anfang 1676. In der Nacht nach Neujahr hatte David ein Rind geschlachtet und sollte deswegen bestraft werden. Geschlachtet werden durfte nur bei Tageslicht, um Krankheiten des Schlachtviehs erkennen zu können. David war sich keines Unrechts bewußt und wollte mit einem jüdischen Eid beschwören, daß er nicht absichtlich gegen ein Verbot verstoßen habe, *wie bey*

ihnen, *da bei eingegangener Nacht nach ihrem Sabbat zu schaffen gleich wieder erlaubt seye.*
Die Strafe wurde daher wieder aufgehoben.

Moyses war nur Hausgenosse und als solcher verpflichtet, Botengänge zu erledigen. Er
wurde *hoc tempore guerrae des Botenlaufens halben befreyt gemacht, erwogen, er sonst den
herrschaftlichen Schutz cum effectu nicht genießen könnt.* Doch der günstige Wind drehte sich.
So wurde den Juden im Frühjahr 1676 verboten, während der Fastenzeit zu schächten.
Außerdem wurde angeordnet, daß sie künftig im Bedarfsfall ihre Pferde unentgeltlich dem
Stift zur Verfügung stellen sollten, *sintemalen die armen Untertanen wegen des vielfältigen
hergebenden Fürspanns auch von niemand ein Entgeltnuß zu hoffen.*

Auf der anderen Seite war man auffällig bemüht, Forderungen von Juden durch Rückzahlung oder Vergleich zu erfüllen. Als der Pfarrer Gräter zu Michelfeld starb, schloß seine
Witwe einen Vergleich mit Magdalena Lämblein, der ihr Mann 100 fl. schuldig war. Sie erhielt
zwei Ochsen, eine Kuh, 18 fl. Bargeld und Dünger an verschiedenen Stellen, mußte aber auf
eine Restforderung von 25 fl. verzichten und der Pfarrerswitwe eine absolvierende Quittung
ausstellen, die sie von allen Nachforderungen befreite. Auch eine Seilerin aus Hall verglich
sich mit Moyses, Jud Lämbleins hinterlassenem ältestem Sohn, und seiner Mutter Madel
(Magdalene). Für eine Schuld von 10 fl. erhielten sie 4 Lot bereits als Pfand hinterlegtes Silber
und 3 fl. in bar.

Am 9. Juni 1676 fand eine für die Juden schicksalhafte Sitzung des Stiftskapitels statt, ohne
daß ersichtlich ist, was die Stiftsherren zu diesem Zeitpunkt zu ihrem Beschluß veranlaßte, den
der Syndikus Thomas Ruemensperger im Protokoll festhielt: *Haben sich meine gnädigen
Herren auch capitulariter dahin vereinbahrt, daß denen sambtlichen Juden zu Steinbach solle
bedeutet werden, daß nach Ausgang ihres jetzt habenden Schutzes keiner mehr werde geduldet
werden, so ihnen zur Nachricht darum zu wissen gemacht werde, damit sie zeitlich ihre Häuser
verkaufen und an andern Orten umb Underkommen sich bewerben mögen, doch solle hiervon
zuvor ihro hochwohlgeborene und gnedige Herrn Domdechant und Herrn Landwehren als
hiesigen Capitularherren zu Würzburg communication getan werden und als dann die
Ufkündigung gegen die Juden vorgenommen werden.* Es war also kein einsamer Vertreibungs-
beschluß des Dekans von Ostein[6].

Am 22. Juni 1676 vermerkt das Protokoll: *Den Juden zu Steinbach samentlich wird das
jüngste capitlische peremptorische conclusum, vermög dessen sie uf die Zeith, wann ihr
Schutzbrief aus seiner Wirkung gangen sein wird, das Dorf völlig räumen sollen, umbständlich
eröffnet und zu ihrer Nachricht zu Gemuth geführt.* Die Reaktion der Betroffenen wurde
nicht festgehalten. Die nächsten Monate verliefen scheinbar normal. Die Brüder Herz und
Seligmann stritten sich um das Recht an einem Keller, Herz weigerte sich, eine gemeinschaftliche Kapitalschuld der Juden von 100 fl. mit abzutragen, weil sie vor seinem Aufzug vereinbart
worden war, und David wurde freigestellt, sein Haus bestmöglich zu verkaufen. Im November wurde dann den Juden ein amtliches Dekret zugeschickt, in dem sie aufgefordert wurden,
ihre Häuser zu Geld zu machen. Sollte das bis Petri 1677 nicht geschehen, würden sie
trotzdem das Dorf räumen müssen. Ein unverkauftes Haus würde keinesfalls als ein Entschul-
digungsgrund gelten. Niemand solle sich mit Unwissenheit herausreden können, nachdem er
nun schwarz auf weiß den Ausweisungstermin kannte. Aber man war dann doch wieder
nachgiebig, denn als Marx bis Petri noch keine neue Bleibe gefunden hatte, durfte er bis

6 Vgl. G. WUNDER, Die Bürger von Hall, S. 96.

Mitfasten bleiben. Sießlein dagegen hatte seinen Abzug angezeigt und nach seiner Restschuldigkeit gefragt. Rechtshilfe wurde den Juden weiterhin gewährt.

Magdalena Lämblin hatte Unterschlupf in Unterlimpurg gefunden, hatte allerdings ihr Steinbacher Haus noch nicht verkauft und bat bereits im Juni um erneute Schutzaufnahme, vergeblich: *Ist nach Überlegung der Sach, ohnveracht sie und die ihrige sich sonst eines bescheidnern und redlichern Wandels als alle andern hier in Schutz gewesene Juden beflissen, einhelliglich beschlossen worden, daß nicht allein diese, sondern alle andern Juden, weil sie einmahl zu dem Dorf hinauskommen, draußen bleiben und also der Supplicantin ihr Bitt abgeschlagen sein solle.* Tatsächlich verließen alle Juden das Dorf. Die Kontributionsrechnung 1677/78 vermerkt, daß die *annoch ohnverkaufte 6 Judenhäuser, so von Onpartheyischen angeschlagen worden pro 715 fl.*, abgabenfrei blieben. Wer sollte sie auch zahlen, nachdem man die Eigentümer vertrieben hatte? Nach und nach wurden die Häuser verkauft.

Offensichtlich glaubte mancher Schuldner, mit der Vertreibung der Juden auch seine Schulden losgeworden zu sein, doch die stiftische Verwaltung ließ sich auf keine faulen Geschäfte ein. Die Juden erhielten ihr Recht. David, der jetzt in Crailsheim weilte, erhielt den Restkaufpreis für sein für nur 52 fl. verkauftes Haus. Ein *alieniertes* Spinnrad und eine Bettstatt mußte der Käufer ersetzen und gab dem Juden dafür einen Haudegen. David übergab dem Stift eine Liste aller Schuldner und erklärte sich bereit, noch vier Wochen zu warten, bevor er jeden einzelnen verklagte. Er erhielt in allen Fällen Recht, wenn er auch kleinere Einbußen in Kauf nehmen mußte.

Spektakulär endete eine Klage des Juden Maier, der nach seiner Schutzaufkündigung in Crailsheim aufgenommen worden war, gegen den comburgischen Pfarrer zu Reinsberg. Zwei Ochsen standen dem Juden zu, deren Herausgabe der Pfarrer verweigerte, trotz mehrmaliger Aufforderung durch das Stift. Schließlich holte der Stiftsdiener die Ochsen gewaltsam ab und stellte sie dem Juden zu. Daraufhin beschwerte sich der Pfarrer bei der Stadt Hall, auf deren Territorium diese seiner Meinung nach unzulässige Exekution stattgefunden hatte. Die Stadt protestierte beim Stift gegen die Verletzung ihrer landesherrlichen Rechte und verlangte die Restitution der Ochsen. Das Stift tat das seiner Meinung nach einzig Richtige. Es entließ den Pfarrer und schrieb die Stelle aus. In dieser Situation sah der Pfarrer sein Fehlverhalten ein und bat um Entschuldigung und um Gnade, die ihm schließlich auch gewährt wurde.

Eine Episode zieht sich durch das Protokoll, die nur mittelbar mit den Juden zu tun hat. Wohl bald nach 1670 wurde im Stift eine junge Jüdin auf den Namen Emerentia getauft. Sie hielt sich bei der Wäscherin Salome auf und ging so nachlässig mit dem offenen Feuer um, daß ihr der Hausschlüssel abgenommen wurde. Sie verließ daraufhin Steinbach und ging nach Bayern. Im Spätherbst 1675 kehrte sie zurück und erhielt Aufenthaltserlaubnis unter der Bedingung, daß sie sich wohl verhielt. Man wollte ihr allerdings auch ein Zeugnis über die stattgehabte Taufe und einen Zehrpfennig übergeben, wenn sie weiterwandern wolle. Wenige Wochen später war sie schwanger, gab aber den Vater nicht preis. Daraufhin wurde sie ausgewiesen. Irgendwo brachte sie ihr Kind zur Welt. Doch es zog sie an den Ort ihrer Bekehrung zurück, denn *den 24. Februar 1677 hat die allhier getaufte Jüdin Emerentia ihr ferndt ohnelich aufgeklaubtes Kind allhier nachts vor des hiesigen Benders Haus exponiert.* Sie wurde am folgenden Tag in Wackershofen gefaßt und nach Comburg geführt. Man vermutete, daß der Bender der Vater gewesen sei, konnte es aber nicht nachweisen. Emerentia wurde erneut des Landes verwiesen. Es wurde ihr aber die Möglichkeit zur Heimkehr angeboten, falls sie nach zwei Jahren mit guten Leumundszeugnissen zurückkehrte. Das Kind wurde ihr abgenommen und als Waise in Pflege gegeben. Den Unterhalt trug das Stift aus Mitteln für das Hospital.

Für fast eine Generation wohnten keine Juden mehr im Schatten der Kirchenburg, doch um die Jahrhundertwende änderte sich die Einstellung der Stiftsherren, deren Zusammensetzung sich auch gewandelt hatte.

Neue Ansiedlung

Schon 1699 wird ein Steinbacher Jude Marx im Haller Ratsprotokoll genannt. Vielleicht ist er identisch mit dem letzten aus Steinbach fortgezogenen Juden. Er war aber kein Schutzjude des Stifts um die Jahrhundertwende. 1700 wird ein Jude Hirsch genannt. Er besaß eine Thorarolle. Kam es zu Rechtsstreitigkeiten in der Stadt, in deren Verlauf ein Jude einen Eid schwören mußte, wurde diese Thora aus Steinbach geholt, damit der Eid den rituellen Vorschriften entsprechend abgelegt werden konnte.

Das kurz vor 1700 angelegte neue Lagerbuch des Stifts enthält keine jüdischen Hausbesitzer mehr. Alle Häuser befanden sich in der Hand von Christen oder waren vom Stift übernommen worden, so das Haus des Marx oder das Haus der drei Juden, *so annoch zu verkaufen samt einem Anbau*[7]. Das Haus des Marx wurde 1683 verkauft, das des Seligmann 1678. Isaacs Haus erwarb 1684 der Metzger Hans Domer.

Um 1700 wurde der Jude Seligmann in den Schutz aufgenommen. Mit an Sicherheit grenzender Wahrscheinlichkeit ist es einer der 1677 vertriebenen Söhne des Meyer aus Weißenburg. Als Seligmann Mayer kaufte er am 12. Februar 1700 ein eigenes Haus. Er hatte zwei ledige Söhne, die in einem Haus miteinander wohnten und in den Schutz eingeschlossen waren. Seligmann wurde schließlich der Schutz aufgekündigt, dafür seine beiden Söhne aufgenommen, die zusammen nun 50 fl. Schutzgeld entrichten mußten statt der 80 fl., die ihr Vater gezahlt hatte. Ihnen wurde auferlegt, *daß sie danebenst sich miteinander friedfertiger, als bishero beschehen, leben oder gewärtigen sollten, daß man sie miteinander wieder fortschaffe.* So mußte Seligmann sein Haus bereits im Dezember 1700 wieder verkaufen, wie aus dem Schuldbuch des Stifts hervorgeht[8]. Aus dem Stiftslagerbuch, das um 1753 neu angelegt wurde, kann man entnehmen, daß Abraham Meyer im Januar 1701 ein Haus erworben hat[9]. Im Herbst 1702 wird Abraham, der mit einem der Söhne Seligmanns identisch ist, in den Schutz aufgenommen und zahlt für die restlichen Monate 8 fl. Schutzgeld, im folgenden vollen Rechnungsjahr 25 fl. Auch sein Bruder Herz oder Hirschle wird rezipiert. Das Kapitel ermäßigte 1728 Hirschles Schutzgeld auf die Hälfte. Ihr gemeinsames Haus wurde mit 150 fl. veranschlagt. Bald darauf starb Hirschle. Seinen Hausanteil erwarb Mayer Abraham, der jüngste Sohn Abrahams.

1736 sind vier Familien ansässig: außer Abraham noch Seligmann Moses und Seligmann Abraham sowie Emanuel Abraham. Herzle war inzwischen gestorben. Seit 1730 zahlten seine nicht genannten Erben die Steuern für das Haus. Abrahams Sohn Mayer übernahm vor 1740 das halbe Haus seines verstorbenen Onkels. Auch die beiden Seligmann bewohnten ein gemeinsames Haus. Im Juni 1737 wandten sich die Steinbacher Juden an das Stift Comburg

7 StAL B 381 B 1.
8 StAL B 375 L.
9 HStASt H 221 B 93.

und baten um die Erlaubnis, *uff Sabatt-Tägen nach ihren Juden-Ceremonien die Schul dahier halten zu dörffen.* Sie hatten vorgebracht, daß es ihnen bei Regen und Winterwetter sehr beschwerlich falle, *untern Berg zur Schuhl hineinzugehen.* Daraus wird man schließen können, daß die Steinbacher Juden bis dahin nach Unterlimpurg zum Gottesdienst gingen. Das Stiftskapitel genehmigte am 17. Juni 1737 die Bitte, nicht ohne eine Anerkennungsgebühr von 5 fl. jährlich für die Erlaubnis zur Abhaltung des Gottesdienstes festzusetzen [10].

Das Stift Comburg wollte die Juden in Steinbach anscheinend ghettoartig konzentrieren. Als Emanuel Abraham 1736 um Schutzaufnahme und Erlaubnis zum Kauf eines Hauses bat, wurde beides bewilligt. Er mußte 24 fl. Schutzgeld jährlich bezahlen. Das Haus sollte er *in der Nähe bei der Nachbarschaft, wo die andern Juden wohnen, verschaffen, damit sie sich nicht weiter in dem Ort Steinbach extendiren mögen, sondern beisammen wohnen.* [11] Das Schutzgeld wurde damals allgemein auf 24 fl. festgesetzt, so daß alle Juden ihre Schutzbriefe erneuern lassen mußten. Dieser Betrag wurde künftig bis zum Anfall an Württemberg unverändert beibehalten. Noch 1790 zahlen Marx Moses, Löw Seligmann, Salomon Löw, Isak Seligmann und Gerson je 24 fl. Löw Marx blieb als Neuankömmling in diesem Jahr noch schutzgeldfrei. Seligmann Abrahams Witwe zahlte seit 1766 nur 15 fl. Auch das Schulgeld blieb mit 5 fl. in den folgenden Jahrzehnten unverändert.

Traditionell bestritten die Steinbacher Juden ihren Lebensunterhalt weitgehend durch Viehhandel. Für jedes geschächtete Stück Vieh war eine Gebühr, eine Akzise, zu entrichten. Sie belief sich zum Beispiel 1744 auf

12 kr. für einen Ochsen		3 kr. für eine Schaf	
8 kr. für ein Rind		3 kr. für einen Bock	
8 kr. für eine Kuh		7 kr. für eine Geiß	
4 kr. für ein Saugkalb			

Mayer Abraham, der Senior, zahlte im Namen aller Steinbacher Juden in diesem Jahr für immerhin 105 Stück Vieh, darunter 25 Rinder und 63 Böcke, 7 fl. 56 kr. Ein großer Teil des Fleisches wurde an Christen verkauft. Im Jahr zuvor war auch Seligmann Moses an der Abrechnung beteiligt. Damals wurden 76 Tiere geschächtet, darunter 37 Rinder und 34 Geißböcke. Die Herrschaft erhielt 7 fl. und 18 kr. [12]

1765/66 bestand die kleine Gemeinde, die sich inzwischen eine eigene Zimmersynagoge eingerichtet hatte und für die Konzession für den Gottesdienst jährlich 5 fl. entrichtete, aus sechs Familien. Der Wert der von ihnen bewohnten Häuser geht relativ aus den Kontributionsanschlägen hervor:

Seligmann Moses	37 fl. 30 kr. (halbes Haus)
Seligmann Abraham	37 fl. 30 kr. (halbes Haus)
Emanuel Abraham	40 fl.
Mayer Abraham	75 fl.
Herzle Abraham	75 fl.
Salomon Löw	160 fl.

10 StAL B 381 B 1290.
11 Ebd.
12 Ebd. Beilagen zur Stiftsrechnung 1743–1745.

Neu dazu kam 1772 Marx Moses. Die Zahl der Haushalte blieb also klein. Salomon Löw hatte 1756 das Mollische Haus für 900 fl. erworben, war also recht wohlhabend. Als Herzle Abraham 1772 starb, hinterließ er eine Witwe Sara mit sieben Kindern. Emanuel Herz, der älteste Sohn, übernahm die obere Wohnung als halbes Haus, Mayer Abrahams Witwe Itte mit zwei Töchtern die untere Wohnung. Als Mayer Abraham 1771 starb, nahm seine Witwe eine Schuld von 12 fl. auf. Zu diesem Zeitpunkt war der Nachlaß noch nicht inventarisiert, aber es gab erhebliche Schulden. So meldete der Haller Bürger Schüller allein eine Forderung von 350 fl. an den Nachlaß an.

Die kleine Gemeinde war darauf angewiesen, ihre Zehnzahl der Beter für den eigenen Gottesdienst zusammenzuhalten. 1772 wurde Meyer Seligmann, der noch keinen Schutzbrief besaß, mit 5 fl. bestraft, weil er gegen den ausdrücklichen Befehl der Herrschaft in die Unterlimpurger Synagoge gegangen war, anstatt die einheimische Judenschule zu besuchen.

Interessant ist das Testament, das der am 23. Juli 1771 verstorbene Seligmann Moses kurz vor seinem Tode verfaßte. Er bedachte als Wohltäter die armen Leute, also Christen und Juden, in Steinbach und Schopfloch mit einem Legat von 36 fl. Die Almosenpflege in Steinbach und seine private Almosenbüchse sollten um je 20 fl. bereichert werden. Auch um sein Seelenheil war Seligmann bemüht. Je 5 Reichstaler wurden fünf nicht genannten Schulmeistern ausgesetzt, die ein Jahr lang täglich ein bestimmtes Gebet für den Verstorbenen verrichteten. Das übrige Vermögen wurde unter die erbberechtigten Verwandten aufgeteilt. Als Vormund der Kinder wurde der Schwager des Erblassers bestimmt. Es ist Mayer Löb (Löw), Schwiegersohn von Moses Mayer Seligmann, der den Auftrag zur Ausmalung der Unterlimpurger Synagoge gab. Unser Testamentsverfasser ist also der Sohn des Stifters. Als Zeuge fungierten Liebmann Jakob, der als Rabbiner bezeichnet wird, und der Privatschulmeister Joseph Mendel. Nathan David, ein weitere Schwager des Testators, übersetzte das hebräische Testament für den Eintrag in das Kanzleiprotokoll ins Deutsche. Bevor Mayer Löb allerdings alle Legate erfüllen konnte, hatte er eine Menge ausstehender Schulden einzutreiben. Ganz deutlich wird hier die enge familiäre Verflechtung der Unterlimpurger und der Steinbacher Juden, die auf den gemeinsamen Stammvater aus Weißenburg in Bayern zurückgehen. Isac, der 1771 noch minderjährige Enkel des Seligmann, nahm 1828 den Namen Rosenheimer an[13].

Das Mißtrauen mancher Juden gegenüber wird an einem 1771 protokollierten Vorfall deutlich. Salomon Löw wollte zu seinem Schwiegervater nach Obernbreit im Markgräflichen verreisen. Weil er im Verdacht stand, unabgemeldet fortziehen zu wollen, informierte er die Kanzlei über seine beabsichtigte Reise und bat sich zu überzeugen, daß er nur Dinge für eine kurze Reise mitführe. Die Kanzlei forderte ihn auf zu beschwören, daß er noch nichts von seinem Vermögen fortgebracht habe. Das lehnte er ab. Daraufhin untersagte ihm die Kanzlei die Reise. Wenige Tage später lenkte Salomon ein, leistete den verlangten Eid und versprach baldige Rückkehr.

Gegen Ende des Jahrhunderts wuchs die Gemeinde immer stärker an. Beim Anfall an Württemberg 1802/03 bestand die Steinbacher Judenschaft aus den folgenden Familien:

Meyer Emanuel	Moses Hänle	Salomon Löws Witwe
Samuel Herzle	Emanuel Seligmann	Marx Moses Witwe
Aron Herzle	Gerson Isac	Hesekiel Moses
Falk Herzle	Lippmann Jacob	Löw Marx
Marx Herzle		

---

13 Vgl. dazu den Katalog Die Comburg: Vom Mittelalter bis ins 20. Jahrhundert, hg. von E. Schraut, 1989, S. 184 ff. (Beitrag von R. Joos).

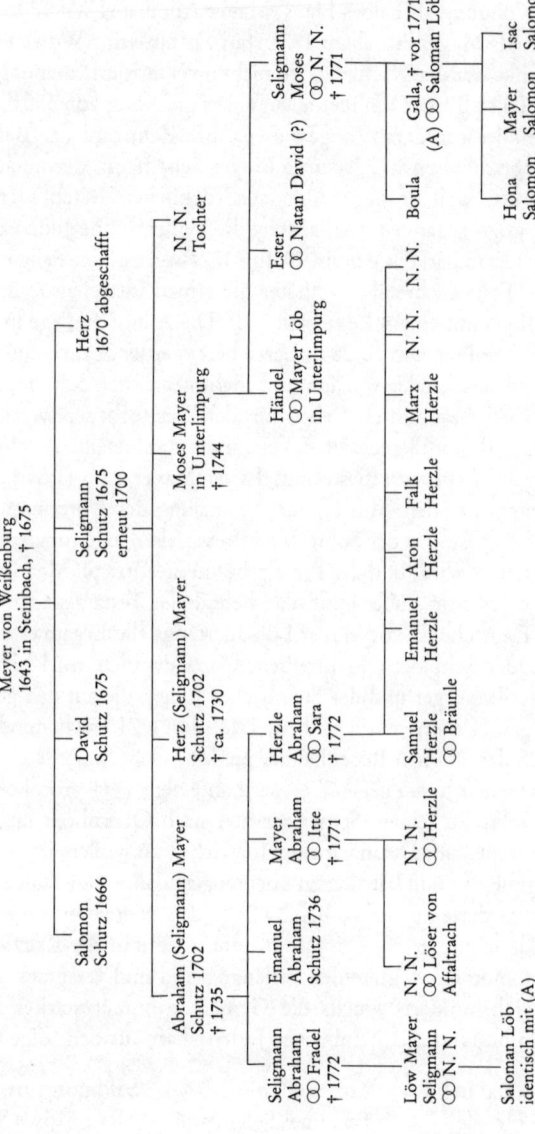

Die ältesten Steinbacher Schutzjuden bis zur Vertreibung

1	Scheu	1625	† vor 1637	
2	Nathan	vor 1637	† 1660	Schwiegersohn von 1
3	Moschi	vor 1637	† 1663	Schwiegersohn von 1
				∞ Esther
4	Salomon	1625	† 1641	
5	Sießle	vor 1637	1677 Abzug	Schwiegersohn von 1
6	Feißle, Füchsle	1631	1643 entlaufen	
7	Jung Moschi	1631	vor 1641 ?	
8	Judas	1631	vor 1641 ?	
9	David	1631	vor 1641 ?	
10	Joseph	1631	vor 1641 ?	
11	Lew	1631	1643 abgeschafft	
12	Meyer aus Weißenburg	1643	† 1675	
13	Meyer	1643	† 1653	
14	Lemblin (Lämblein)	1643	† 1675 (ca.)	∞ Magdalene
15	Marx	1649		Schwiegersohn von 4
16	Isaac, Itzig	1666		Sohn von 2
17	Salomon	1666		Sohn von 12, Schwiegersohn von 3
18	Abraham	1669		Sohn von 3
19	Herz	1670	1670 abgeschafft	Sohn von 12
20	David	1675		Sohn von 12
21	Seligmann	1675		Sohn von 12
22	Moyses	1675		Sohn von 14

B.
IM KÖNIGREICH UND IM VOLKSSTAAT WÜRTTEMBERG

I.

Die Juden im Königreich Württemberg

1. Die allgemeine Entwicklung 1806–1918

Alle Gemeinden im heutigen Landkreis, die um 1803 jüdische Einwohner besaßen, fielen durch die territorialen Veränderungen der Napoleonischen Zeit bis 1810 an das zum Königreich erhobene Württemberg. Sie gehörten seitdem zu einem Staat, der seit 1498 die Juden aus seinem Gebiet grundsätzlich ausgeschlossen hatte. Die vereinzelte Tätigkeit jüdischer Hoffaktoren ändert nichts an dieser Tatsache. Bei der Übernahme reichsritterschaftlicher Besitzungen mit jüdischen Ansiedlungen im 18. Jahrhundert durch Württemberg durften die Juden dort bleiben, wurden nicht mehr vertrieben wie in den Jahrhunderten zuvor. Um 1800 gab es im damaligen Herzogtum 534 Juden. Wie bereits gezeigt, unterstanden die Gemeinden unseres Kreises bis 1803/10 verschiedensten Landesherren. Ihre rechtlichen Verhältnisse waren unterschiedlich geregelt. Das Maß der Freiheit, die steuerlichen Belastungen, die Organisationsformen hingen von der durchaus wechselhaften Haltung der Landesherrschaft ab.

Der König von Württemberg sah sich vor riesige Probleme gestellt, die Fülle der verschiedenartigen Neuerwerbungen einheitlich zu organisieren. Dieses Problem war auch für die inzwischen auf etwa 7000 Seelen angestiegene Judenschaft des Königreiches zu lösen. Einer generellen Regelung, die seine Regierung 1808 vorschlug, versagte er die Genehmigung, weil sie ihm nicht tolerant genug erschien. Daraufhin suchte er durch Einzelverordnungen die Stellung seiner neuen Untertanen mosaischen Glaubens zu verbessern, sie auf den Weg zur Gleichstellung mit den christlichen Untertanen zu bringen[1]. So erlaubte er 1807 überall den Grunderwerb, hob 1808 die vereinzelt noch vorhandenen Leibzölle auf und gestattete 1809 die Ausübung von Gewerben, die den Juden wegen des Zunftzwanges bislang versperrt gewesen waren. Juden durften seitdem den Zünften beitreten. Bereits im November 1807 wurde die Führung von Familienregistern in den Orten angeordnet, die eine eigene Synagoge besaßen. Diese Verordnung wurde aber nur in wenigen Fällen eingehalten.

Alle nicht von den neuen Normen betroffenen Rechtsverhältnisse blieben zunächst bestehen. So kam es erst 1812 zu einer Neuregelung über Schutzgeld und Aufnahmegebühren. Eine Reihe von speziellen Abgaben der Juden wie das Schächtgeld, das Neujahrsgeld oder die Gebühr für die Erlaubnis zum Gottesdienst entfiel seitdem. Schutzgeldfrei blieben Ehefrauen und unverheiratete Judensöhne, die keine eigene Haushaltung besaßen. In gutsherrschaftlichen Orten – und dazu zählten fast alle kleineren Orte mit jüdischen Gemeinden im Landkreis Hall – hatten die Gutsherren weiterhin das Recht, einer Aufnahme zuzustimmen. Sie konnten

---

1 Sämtliche einschlägigen Gesetze bei F. F. Mayer, Sammlung der württembergischen Gesetze in Betreff der Israeliten (Anhang zur Gesetzessammlung von Reyscher), 1847.

auch private Vereinbarungen mit den Juden treffen, falls diese gutsherrliches Eigentum nutzten, wenn etwa ein Friedhof an die Juden verpachtet war. 1815 wurden die Schutzgelder neu festgesetzt. Bewohner von Oberamtsstädten wie Crailsheim zahlten seitdem 8 fl., die aller kleineren Ortschaften nur noch 4 fl. Die Niederlassungsfreiheit wurde noch 1816 auf die Orte beschränkt, an denen bereits Juden wohnten. Ausländische Juden erhielten kein Niederlassungsrecht, wohl aber Frauen, die inländische Juden heirateten.

Im Juni 1818 erbat das Ministerium des Innern Aufklärung über den Güter- und Hausierhandel der Juden. Der Crailsheimer Oberamtmann Deistler berichtete, geprägt von seiner grundsätzlich negativen Einstellung, daß die Juden im Fürstentum Ansbach, zu dem Crailsheim bis 1806 gehört hatte, das unbestrittene Recht zum freien und unbeschränkten Hausier- und Güterhandel hatten. Sie durften innerhalb von sechs Wochen nach dem Erwerb Liegenschaften sogar handlohnfrei weiterverkaufen.

In dieser ganz glücklichen Lage war es den Juden nicht darum zu tun, mit dem Geist der Zeit voranzuschreiten und sich den Christen zu nähern. Die württembergischen Landesgesetze, welche schon vor Jahrhunderten den schädlichen Karakter der Juden und ihren verwerflichen Wuchergeist nur zu genau kannten, waren daher gleich bei Okkupation der hiesigen Gegend den Juden ein großer Dorn im Auge. Besonders traf sie die Verordnung von 1811[2], die den Güterhandel der Juden verbot, den Erwerb für den eigenen Bedarf aber erlaubte. Deistler fährt fort: *Bei seiner ausgesonnenen Schlauheit wußte er zu Befriedigung seiner habsüchtigen, schmutzigen Spekulationen bald darin eine andere Nahrungsquelle ausfindig zu machen, daß er sogenannte Kommissionsverträge ... einging.* Sie waren nach Auffassung des Amtes lediglich simulierte Kaufverträge, um die Verordnung zu unterlaufen. Es kam zu Prozessen und häufig zur Annullierung tatsächlicher verbotener Verkäufe. Vorteile aus jüdischem Güterhandel für den Staat oder die Christen konnte sich der Oberamtmann nicht vorstellen. Es gab vier Erwerbsquellen für die Juden im Oberamt, den Güter-, den Vieh-, den Hausierhandel und das Schmusen.

Güterhandel konnten nur wenige treiben, da nur bei einigen Familien das Vermögen dazu hinreicht; in den Viehhandel teilten sich mehrere, und mit Hausieren befaßt sich hauptsächlich nur die ärmste Klasse. Das ganz unsichere schädliche Schmusgewerbe ernährt wenige mehr und trifft nur ganz arme Juden, die zu unvermögend sind, eine einträgliche Handelschaft zu treiben. Die Güterzerschlagung hielt der Amtmann für sehr bedenklich. Gegen den Viehhandel sei nichts einzuwenden, da der Bauer den Wert seines Viehs und die Marktlage in aller Regel kenne. Damit war eine Übervorteilung weitgehend ausgeschlossen. Die Juden verliehen Vieh, zahlten dafür Futtergeld und ließen es den Sommer über arbeiten (und durchfüttern). Im Herbst wurde das Vieh wieder abgeholt und mit Gewinn verkauft.

Der Hausierhandel war unbedeutend, wurde aber von den niedergelassenen Kaufleuten als schädliche Konkurrenz und als durchaus überflüssig betrachtet. Allerdings gaben die Juden häufig ihre Ware preiswerter ab, nicht weil sie weniger geschäfstüchtig waren, sondern weil die Waren zum Teil von minderer Qualität sein sollten. Allerdings wurde auch zugegeben, daß die Juden auf den großen Messen in Frankfurt, Leipzig oder Fürth günstig in großen Mengen einkauften. Der Bauer könne auf die Jahrmärkte gehen, um seine Bedürfnisse zu befriedigen. Als gefährlich wurden Geldwechsler oder Taschenspieler angesehen, die mit unlauteren Mitteln den Leuten das Geld aus der Tasche zogen. *Ich bin weit entfernt, dem israelitischen*

2 StAL E 175 I, Bü 88.

Volke widerrechtlich zu nahe zu treten und ihm bei gleichen Pflichten nicht gleiche Rechte mit den Christen zu gönnen. Trotzdem äußerte er den Wunsch, *daß diese Volksklasse für den ehrlichen Bürger und Landmann unschädlich gemacht und zu nützlicheren Geschäften angehalten werden mögte.* Diese Stellungnahme des Crailsheimer Oberamtmanns fügt sich nahtlos ein in eine Reihe ähnlicher ablehnender Äußerungen. Der Güterhandel der Juden wurde 1818 untersagt, nur der Erwerb liegender Güter zum eigenen Gebrauch weiterhin erlaubt.

Die neue Verfassung vom 25. September 1819 garantierte die Religionsfreiheit. Volle bürgerliche Rechte genossen aber nur die drei anerkannten christlichen Konfessionen. Ein positiver Schritt für die Juden war jedoch die Erlaubnis zum Hochschulstudium. Die Führung der Familienregister wurde 1820 erneut eingeschärft und konkreter geregelt. Bemühungen, die Rechtsstellung der Juden in einem einheitlichen Gesetz zu regeln, setzten bald nach der Verabschiedung der Verfassung ein. Bereits 1818 war eine landesweite Erhebung über die Zahl der Juden durchgeführt worden. Sie ergab für den heutigen Landkreis die folgenden Zahlen:

Ort	Christen	Juden verheiratet	Juden Witwer	Waisen	Einwohner ledige Männer bis 20	bis 30	über 30	ledige Frauen bis 20	bis 30	über 30	Summe
Crailsheim	2566	38	–	8	23	7	9	16	8	6	115
Ingersheim	470	12	3	1	9	2	1	5	–	2	35
Goldbach	389	26	1	2	9	3	2	19	–	1	63
Unterdeufstetten	921	14	–	3	6	–	–	3	2	–	28
Gerabronn	512	5	–	1	5	–	6	8	1	6	32
Hengstfeld	410	18	2	–	12	5	2	15	8	4	66
Michelbach	469	58	3	5	52	6	1	32	1	2	160
Wiesenbach	523	16	–	2	6	4	1	7	2	–	38
Dünsbach	622	11	3	3	25	5	15	18	5	12	97
Hall	6233	10	–	–	2	–	–	8	–	–	20
Steinbach	809	28	–	4	14	1	5	17	2	1	72
Braunsbach	665	62	3	7	33	9	10	39	8	10	181
gesamt		298	15	36	196	42	52	187	37	44	907

1821 wurde für die Ausarbeitung eines Gesetzentwurfs zur Bestimmung der bürgerlichen Verhältnisse der Juden, der durch die Kammer der Abgeordneten im Jahr zuvor angeregt worden war, eine Kommission eingesetzt. Um die Vorstellungen und Wünsche der Juden in die Beratungen einbringen zu können, wurde eine Versammlung gewählter jüdischer Vertreter auf den 26. August 1821 nach Weikersheim einberufen. Die Gemeinde Goldbach wählte Lazarus Salomon von Crailsheim als ihren Bevollmächtigten. In Weikersheim trat dann aber Lazarus Isaak ohne Vollmacht als Goldbacher Sprecher auf. Lazarus Salomon wurde zusammen mit Emanuel Moses auch von Crailsheim und Igersheim gewählt. Hofagent Hayum Henle wurde von Braunsbach, Hall, Steinbach, Michelbach und Dünsbach beauftragt, die von

Marx Pfeiffer geleitete Versammlung zu besuchen. Allerdings teilte Moses Henlein aus Steinbach seinem Bruder Hayum mit, daß die Steinbacher die Vollmacht nicht unterschreiben wollten. Abraham Thalheimer sprach für Wiesenbach und Niederstetten. Die Kosten für die Versammlung wurden auf die delegierenden Gemeinden umgelegt. Wegen allzu großer Armut beteiligten sich daher Gerabronn, Hengstfeld und Unterdeufstetten nicht. Die Ergebnisse der Konferenz wurden der Regierungskommission mitgeteilt. Marx Pfeiffer wurde immer wieder von ihr zu Rate gezogen. 1824 lag der erste Gesetzentwurf vor.

Nach langen Beratungen, die gekennzeichnet waren durch extreme anti- wie projüdische Stellungnahmen, wurde am 25. April 1828 das »Gesetz in Betreff der öffentlichen Verhältnisse der israelitischen Glaubensgenossen« verkündet[3]. Aus den Schutzjuden wurden damit Untertanen, die in wesentlichen Bereichen mit den christlichen Untertanen gleichgestellt waren, gleiche Pflichten und Leistungen zu übernehmen hatten, aber auch weitgehend gleiche Rechte besaßen. Eine neue kirchliche Organisation mit einem Israelitischen Oberkirchenrat, einer landesumspannenden Einteilung in Rabbinatsbezirke und der Festlegung der Religionsgemeinden stellte die jüdische Konfesssion neben die christlichen, ebenfalls der Staatsaufsicht unterworfenen Kirchen. Wichtige Punkte des Gesetzes waren auch die Verpflichtung zur Einführung von Familiennamen, wie es bereits 1820 angeordnet worden war, und die Verwendung der deutschen Sprache bei jedem – auch innerjüdischen – Rechtsgeschäft.

Jeder württembergische Jude mußte einer politischen Gemeinde als Bürger oder Beisitzer angehören. Die Bewilligung des Ortsbürgerrechts konnte von bestimmten Voraussetzungen abhängig gemacht werden, etwa von der Zahl der Handwerker in einzelnen Berufszweigen (Metzger, Bäcker) an einem Ort. Der Schacherhandel sollte energisch eingeschränkt werden. Junge Juden, die davon lebten, sollten erst mit 35 Jahren das Recht zur Niederlassung erhalten. Auch der Erwerb von landwirtschaftlichen Flächen wurde erlaubt, wenn sie selbst bewirtschaftet wurden. Das Gesetz war ein ausgesprochenes Erziehungsgesetz, das die Lebensbedingungen der Juden verbessern wollte, ihnen die Anpassung an die christliche Umgebung erlauben sollte, um schließlich die »Reife« zur völligen Gleichberechtigung zu erlangen. Die seit 1825 bestehende Schulpflicht vom 6. bis zum 14. Lebensjahr konnte in christlichen oder besonderen jüdischen, staatlich genehmigten Elementarschulen absolviert werden. Jüdische Privatschulen wurden aufgehoben oder in öffentliche Schulen umgewandelt.

Eine Zentralkirchenkasse wurde errichtet, in die jeder männliche volljährige Jude und jede jüdische Witwe nach Aufhebung der Schutzgelder vom 1. Juli 1828 an eine jährliche Personalsteuer in Höhe von 6 fl. beziehungsweise 3 fl. abzuführen hatte. Die Höhe dieser Steuer wurde durch Selbsteinschätzung der Juden festgesetzt. Außerdem zahlte der Staat einen Zuschuß in diese Kasse, aus der künftig die Mitglieder des 1832 erstmals zusammentretenden Oberkirchenrats besoldet wurden sowie die Rabbiner. Arme Gemeinden erhielten Zuschüsse zu Lehrer- und Vorsängergehältern, arme Jugendliche Erziehungsbeihilfen. Die Einnahmen der ersten drei Haushaltsjahre wurden bei der Hofbank als Grundstock angelegt. Am 3. August 1832 war die Neueinteilung der Gemeinden vollendet. Es wurden 13 Rabbinatsbezirke geschafffen mit 41 Gemeinden. Sämtliche Gemeinden des Landkreises Schwäbisch Hall gehörten zum Rabbinatsbezirk Braunsbach, dessen Sprengel im Lauf der Zeit mehrfach geändert wurde. Kleinere Gemeinden wurden zusammengefaßt wie etwa Igersheim und Goldbach mit Crailsheim.

3 Text bei MAYER, (wie Anm. 1) und Regierungsblatt 1828.

Der Artikel 32 des Gesetzes von 1828 über das Verbot des Schacherhandels verursachte gelegentlich Interpretationsschwierigkeiten. In der Michelbacher Gegend trieben die Juden Handel, der von ihnen bewußt nicht als Schacherhandel, sondern als Großhandel bezeichnet wurde. Sie kauften den Bauern selbstgefertigtes Leinen ab, das diese für den Eigenbedarf nicht benötigten, oft nur wenige Ellen. Zahlreiche Bauern und Bürger besaßen für den Eigenbedarf an Wolle einzelne Schafe. Auch hier nahmen die Juden den nicht selbst verbrauchten Überschuß an Wolle pfundweise auf. Wenn sie auf diese Art und Weise ein größeres Quantum an Wolle oder Leinwand aufgekauft hatten, veräußerten sie es auf Märkten, an Großhändler oder Fabrikanten. Daneben handelten sie aber auch mit Vieh oder Hopfen. Sie besaßen keinen Laden, waren nicht in die Handlungs-Innung aufgenommen und führten keine Bücher. Trotzdem war es unsicher, ob diese Art des Handels Schacher im Sinne des Gesetzes war und bekämpft werden sollte. Einen solchen Großhandel trieb auch Jacob Elias Wassermann in Michelbach/Lücke. Er wurde von seinem Sohn unterstützt, der 1809 geboren war und kein ordentliches Gewerbe erlernt hatte.

Die Verbindung von zwei Zielen im Artikel 32, nämlich die Abschaffung des Schacherhandels und die Pflicht für junge Juden zur Erlernung eines ordentlichen Berufes, konnte in der Praxis zu Ungerechtigkeiten führen. Als nämlich der junge Wassermann 1834 um die immer noch notwendige Heiratserlaubnis bat, war das Oberamt Gerabronn unschlüssig, ob man ihm diese überhaupt erteilen dürfe, da er zwar kein Gewerbe erlernt hatte, sein Geschäft aber nicht dem Schacherhandel zuzurechnen war. Großhandel im Sinn von Artikel 107 der geltenden Gewerbeordnung, die dafür Umsätze von mindestens 30 fl. pro Geschäftsvorgang forderte, war Wassermanns Tätigkeit aber auch nicht[4].

Nach der Revolution von 1848/49 wurden weitere Beschränkungen für die Juden aufgehoben. Die volle Emanzipation, die uneingeschränkte Gleichstellung erreichten sie mit dem Gesetz vom 13. August 1864[5]. Bestehen blieben lediglich das Verbot christlich-jüdischer Mischehen. Dieses Heiratsverbot war bis dahin in keinem Gesetz festgelegt. Es wurde von der Landeskirche nach altem Gewohnheitsrecht praktiziert und, weil es keine Ziviltrauung gab, von der Kirche überwacht. Die Verfassung des Deutschen Reiches beseitigte auch dieses letzte, der Gleichstellung feindliche Relikt. Mit dem Erwerb der Freizügigkeit zogen Juden in viele Orte, die ihnen bis dahin versperrt geblieben waren. Auch viele Dörfer beherbergten in der Regel für kurze Zeit Juden. Nach den in den Staatsbüchern publizierten Daten gab es solche vorübergehenden Wohnsitze in Amlishagen (1886, 2), Bächlingen (1910, 1), Billingsbach (1905, 1), Brettheim (1886, 1; 1892, 2; 1905, 1), Eckartshausen (1910, 1), Gaggstatt (1886, 2), Geislingen/Kocher (1895, 1; 1905, 2), Herrentierbach (1905, 1; 1910, 1), Ilshofen (1886, 1; 1910, 1), Langenburg (1886, 1), Leuzendorf (1905, 1; 1910, 1), Matzenbach (1905, 1), Marktlustenau (1910, 1), Rot am See (1905, 1), Schmalfelden (1886, 1), Stimpfach (1886, 3), Übrigshausen (1886, 2), Untermünkheim (1905, 2), Uttenhofen (1905, 1; 1910, 1), Vellberg (1866, 4; 1869, 2), Waldthann (1900, 2; 1905, 2). Ansätze zu stärkerer Besiedlung gab es in Blaufelden (1886, 8; 1892, 6; 1895, 5; 1910, 1), Schrozberg (1886, 13; 1892, 6; 1895, 2) und Wallhausen (1886, 3; 1892, 2; 1895, 3; 1910, 2).

---

4 StAL E 175 I, Bü 87.
5 Text im Regierungsblatt 1864; vgl. dazu A. Tänzer, Die Geschichte der Juden in Württemberg, 1937.

Nach dem Ersten Weltkrieg war dieses Zwischenspiel vorbei. 1928 werden zwei Juden in Mainhardt gezählt, 1936 einer in Langenburg. Es handelt sich dabei um eine mit einem Christen verheiratete Jüdin, die durch diese Heirat der Deportation entging, aber nicht den Schikanen einer unchristlich gewordenen Umwelt. Sie starb nach dem Kriege in Langenburg.

Die Entwicklung der jüdischen Haushalte im ganzen Land läßt sich seit der Organisation der Gemeinden exakt anhand der Rechnungen der Israelitischen Zentralkirchenkasse nachvollziehen. Sie weist eine bemerkenswerte Konstanz auf. Seit der Emanzipation stieg die Zahl der vollständigen Haushalte in zehn Jahren lediglich um knapp 90 an. Die Zahl der Witwen stieg um 50.

2. Jüdische Haushalte in Württemberg

(Nach den Rechnungen der Israelitischen Zentralkirchenkasse bis zur Abschaffung der Personalsteuer)

Rechnungs-jahr	Steuerpflichtige Männer	Witwen	Haushalte	Rechnungs-jahr	Steuerpflichtige Männer	Witwen	Haushalte
1832–33	1831	285	2116	1854–55	2252	342	2594
1833–34	1899	283	2182	1855–56	2246	352	2598
1834–35	1995	298	2293	1856–57	2223	362	2585
1835–36	2041	310	2351	1857–58	2229	354	2583
1836–37	2065	318	2383	1858–59	2240	372	2612
1837–38	2080	325	2405	1859–60	2224	377	2601
1838–39	2098	331	2425	1860–61	2217	390	2607
1839–40	2119	345	2464	1861–62	2227	388	2615
1840–41	2140	340	2480	1862–63	2235	392	2627
1841–42	2175	341	2516	1863–64	2270	397	2667
1842–43	2186	339	2525	1864–65	2324	388	2712
1843–44	2223	334	2557	1865–66	2341	387	2728
1844–45	2247	332	2579	1866–67	2341	387	2728
1845–46	2281	324	2605	1867–68	2367	402	2769
1846–47	2316	330	2644	1868–69	2385	412	2797
1847–48	2325	339	2664	1869–70	2383	422	2805
1848–49	2269	342	2611	1870–71	2365	443	2808
1849–50	2264	332	2596	1871–72	2367	460	2827
1850–51	2287	319	2606	1872–73	2412	465	2877
1851–52	2306	329	2635	1873–74	2388	448	2836
1852–53	2286	322	2608	1874–75	2413	437	2850
1853–54	2273	335	2608				

1874 wurde die bislang an die Zentralkirchenkasse entrichtete Personalsteuer aufgehoben, statt dessen eine Umlage von den Gemeinden erhoben, die sich an der allgemeinen Vermögenseinschätzung orientierte. Die Werte zeigen deutlich den Niedergang:

Crailsheim	141 fl.	
Unterdeufstetten	22 fl.	
Dünsbach	15 fl.	
Gerabronn	9 fl.	
Michelbach	99 fl.	

Hengstfeld	59 fl.
Wiesenbach	20 fl.
Steinbach-Hall	98 fl.
Braunsbach	66 fl.

Bis 1881 stieg der Steinbacher Beitrag – jetzt umgerechnet – auf 71 Mark, der Dünsbacher fiel auf 11, der Gerabronner von 16 auf 8 Mark. Aus den Vermögensschätzungen im Oktober 1881 für die Steuerperiode 1882–1885 und die folgenden Perioden ergeben sich die folgenden Zahlen:

	Beitrag in Mark in den Steuerperioden			
	1882–1885	1885–1888	1891–1894	1894–1897
Crailsheim	128	115	200	191
Unterdeufstetten	12	15	20	21
Dünsbach	11	11	15	15
Gerabronn	10	10	23	16
Michelbach	122	134	142	150
Hengstfeld	44	22	25	22
Wiesenbach	28	21	28	27
Steinbach-Hall	160	146	200	235
Braunsbach	65	57	68	61

Von den 10 900 Mark des Jahres 1882 brachte Stuttgart allein 4051 auf. Nimmt man noch die größten damaligen Gemeinden Heilbronn, Cannstatt und Laupheim dazu, hatten die übrigen 55 Gemeinden zusammen 5169 Mark aufzubringen. Doch die Entwicklung ging weiter.

	Beitrag in Mark in den Steuerperioden				
	1900–1903	1903–1906	1906–1909	1909–1912	1915
Crailsheim	276,48	298,98	297,18	413,60	454,45
Unterdeufstetten	24,48	20,34	16,74	–	–
Dünsbach	17,10	17,46	15,30	17,00	–
Gerabronn	19,62	19,62	19,62	30,00	–
Michelbach	167,94	112,32	69,30	56,20	70,00
Hengstfeld	16,56	–	–	–	–
Wiesenbach	34,20	34,20	35,64	48,80	37,45
Steinbach-Hall	334,62	346,86	352,26	398,60	280,70
Braunsbach	66,06	63,72	74,16	76,00	38,30

3. Im Kaiserreich und der Weimarer Republik

Durch ein Gesetz des Norddeutschen Bundes, dem Baden und Württemberg nicht angehörten, vom 3. Juli 1869 wurde die Diskriminierung jeder Religion aufgehoben. Die Juden erhielten dadurch aktives und passives Wahlrecht und das Recht zur Bekleidung öffentlicher Ämter. Diese Bestimmungen gingen in die Bismarcksche Reichsverfassung von 1871 ein. Damit war die volle rechtliche Gleichstellung erreicht. Doch sie war nicht identisch mit der gesellschaftlichen und sozialen Integration. Tiefe, über Jahrhunderte eingewurzelte Vorurteile schienen unüberwindlich zu sein, weniger in den Dörfern und kleineren Städten auf dem Lande als in den Großstädten, vor allem in der Reichshauptstadt Berlin.

Die Verdrängung der Juden aus Gesellschaft und Wirtschaft war das Ziel der Bestrebungen, die mit dem Begriff »Antisemitismus« bezeichnet wurden, seitdem Wilhelm Marr 1873 in Berlin eine Schrift mit dem Titel »Der Sieg des Judentums über das Germanentum – vom nichtkonfessionellen Standpunkt betrachtet. Vae victis!« herausgegeben hatte. Hier wurden die Juden als Rasse bezeichnet, auch die schon jahrhundertelang in Deutschland lebenden Juden, die man kaum noch als Semiten bezeichnen konnte. Paradox ist die Bezeichnung aus heutiger Sicht schon deshalb, weil auch die Araber der Völkergruppe der Semiten zuzurechnen sind. Die antijüdische Hetze fand Eingang in Hofkreise, besonders durch den Hofprediger Adolf Stöcker, aber auch in die Wissenschaft. Der Historiker Heinrich von Treitschke formulierte 1879 das böse Wort: *Die Juden sind unser Unglück!* Parallel zur Abwertung des Judentums wurde das Germanentum aufgewertet, vor allem durch Houston Stewart Chamberlain, den Schwiegersohn Richard Wagners, in seinem 1898 erschienenen Werk »Die Grundlagen des 19. Jahrhunderts«.

Viele Parteien nahmen antijüdische Parolen auf, doch hing die Intensität solcher Erklärungen eng mit der jeweiligen wirtschaftlichen Lage zusammen. Bereits 1892 wurde ein »Verein zur Abwehr des Antisemitismus« gegründet, dessen Stuttgarter Ortsverein unter anderem Robert Bosch angehörte. Von deutlich artikulierten antisemitischen Strömungen in den Jahrzehnten nach der Emanzipation ist in Südwestdeutschlend, vor allem in Württemberg, wenig zu spüren. Ein Prozeß um ein Handelsgeschäft mit einem Juden, wie sie zum Beispiel im Viehhandel häufiger vorkamen, ist noch kein Zeugnis für Antisemitismus, sondern für die überproportionale Aktivität der Juden in diesem Bereich. Auch von wirtschaftlicher Dominanz, abgesehen vom Viehhandel, ist kaum zu reden. Natürlich gab es erfolgreiche jüdische Kaufleute, gab es gute Ärzte und seit dem 19. Jahrhundert vor allem Rechtsanwälte, Literaten, Journalisten und andere akademische Berufe. Die relativ geringe Zahl ausgebildeter Handwerker und Bauern war historisch bedingt. Die jahrhundertelange Ausschließung von den Zünften wirkte nach, trotz aller Bemühungen der württembergischen Regierung in den vergangenen Jahrzehnten um eine Änderung dieses Trends.

Unabhängig von den auf dem Lande kaum spürbaren politischen Antisemitismus-Diskussionen vollzog sich in der Stille eine tiefgreifende, unumkehrbare Umstrukturierung der bestehenden Gemeinden. Im ganzen Land starben zahlreiche jüdische Gemeinden aus. Die Synagogen wurden profaniert, verkauft, abgebrochen. Bis 1925 waren die Gemeinden in Gerabronn, Goldbach, Hengstfeld und Unterdeufstetten erloschen. Dünsbach mit nur noch zwölf und Wiesenbach mit fünfzehn jüdischen Einwohnern hatten ihren Gemeindestatus verloren. Im heutigen Landkreis Schwäbisch Hall gab es außer in der Kreisstadt selbst nur noch jüdische Gemeinden mit ständig rückläufiger Seelenzahl in Braunsbach, das von 239

Israeliten im Jahre 1841 auf 55 geschrumpft war, in Crailsheim mit 196 und in Michelbach mit 45. Vorübergehende Ansiedlungen etwa in Blaufelden, Wallhausen oder Schrozberg waren nach wenigen Jahren wieder aufgegeben worden. Es waren individuelle Entscheidungen einzelner Familien.

Im Ersten Weltkrieg wurden viele Juden Soldat. Sie kämpften für ihr Vaterland – und das war nicht ein vom Zionismus beabsichtigter jüdischer Staat in der Heimat der Vorväter. Sie fühlten sich als Deutsche, als Württemberger. Unverhältnismäßig hoch war ihr Blutzoll, aber auch die Zahl der Auszeichnungen wegen Tapferkeit. Es wurde ihnen nicht gedankt. In diesem Rahmen vollzog sich auch die Entwicklung der jüdischen Gemeinden unseres Kreises bis zum Ende des Ersten Weltkrieges. Die Gesamtentwicklung sei nochmals in einer Tabelle anhand der in den Staatshandbüchern veröffentlichten Ergebnisse der Volkszählungen übersichtlich zusammengefaßt:

	1822	1841	1864	1880	1890	1900	1910	1925	1933
1 Braunsbach	175	239	175	145	164	120	88	55	39
2 Crailsheim	123	168	195	288	291	316	325	196	160
3 Dünsbach	88	98	66	35	22	20	13	12	10
4 Gerabronn	25	49	26	25	21	14	10	3	–
5 Goldbach	68	81	46	6	3	–	–	–	–
6 Hengstfeld	65	110	100	65	52	18	–	–	–
7 Ingersheim	35	33	–	–	–	–	–	–	–
8 Michelbach/Lücke	172	166	216	160	156	129	81	45	33
9 Steinbach	78	83	46	22	12	10	6	2	3
10 Schwäbisch Hall	24	49	72	263	177	187	156	130	118
11 Unterdeufstetten	33	48	56	37	46	46	11	–	–
12 Wiesenbach	44	46	48	28	30	30	30	15	4
gesamt	930	1170	1046	994	974	890	720	458	367
Einzelpersonen in anderen Gemeinden		7	24	48	17	7	18	5	2
gesamt	930	1177	1070	1042	991	897	738	463	369

4. Jüdische Bevölkerung im Spiegel der Volkszählungen

Aufgeführt werden das Jahr der Zählung und (in Klammern) das Jahr der Publikation im Staatshandbuch. Es werden zunächst die Gesamteinwohnerzahlen genannt, dann die der Juden. Auffällige Sprünge ergeben sich dadurch, daß zum Beispiel nicht immer deutlich zwischen Ortsangehörigen (mit Bürgerrecht) und Ortsanwesenden unterschieden wird. Auch Eingemeindungen lassen die Einwohnerzahlen deutlich ansteigen (zum Beispiel bei Wiesenbach oder Hall). Differenzen zwischen der Gesamtzahl der Juden in einem Oberamt und der Summe aus den angeführten Gemeinden beruhen darauf, daß vereinzelt an anderen Orten vorübergehend Juden wohnten.

		Oberamt Crailsheim		Crailsheim		Goldbach		Ingersheim		Unterdeufstetten	
1821	(1824)	20730	259	2688	123	474	68	512	35	1101	33
1826	(1828)	21762	294	2771	135	490	71	536	35	1073	53
1829	(1831)	22462	308	2764	144	495	71	545	37	1124	56
1833	(1835)	22915	307	3022	146	476	69	580	40	1158	52
	(1839)	23557	300	3037	137	476	75	584	38	1200	50
	(1843)	24582	330	3080	168	476	81	608	33	1285	48
1846	(1847)	25190	346	3139	178	491	91	616	34	1324	43
	(1854)	25308	352	3099	182	504	89	600	34	1302	47
1861	(1862)	25964	386	3036	179	543	113	564	29	1452	65
1864	(1866)	24209	297	2923	195	442	46	529	–	1134	56
1867	(1869)	24856	290	3592	210	446	29		–	925	51
1871	(1873)	24732	297	3688	245	453	6		–	737	46
1885	(1887)	26710	339	4710	291	467	4		–	791	41
1890	(1892)	26445	340	4961	291	466	3		–	726	46
1895	(1896)	25762	324	5040	276	451	–		–	693	48
1900	(1901)	25480	364	5251	316		–		–	821	46
1905	(1907)	26122	340	5747	308		–		–	820	29
1910	(1912)	26522	337	6101	325		–		–	843	11
1925	(1928)	27273	196	6420	196		–		–		–
1933	(1936)	27011	160	6444	160		–		–		–

		Oberamt Gerabronn		Gerabronn		Dünsbach		Hengstfeld		Kirchberg	
1821	(1824)	25636	565	596	25	706	88	490	65	1235	–
1826	(1828)	26622	602	602	29	521	101	522	70	1232	–
1829	(1831)	27143	611	637	30	754	103	540	74	1227	–
1833	(1835)	27417	639	699	37	504	97	526	88	1236	–
	(1839)	28222	655	733	44	547	99	540	104	1366	–
	(1843)	28830	669	745	49	578	103	559	110	1302	–
1846	(1847)	29370	732	769	51	600	99	584	119	1366	6
	(1854)	29263	726	776	53	607	100	605	119	1286	6
1861	(1862)	29267	736	797	38	620	72	624	118	1186	5
1864	(1866)	28892	677	770	26	501	66	613	100	1152	3
1867	(1869)	30613	657	718	23	503	59	587	84	1167	7
1871	(1873)	29158	608	716	21	486	50	592	78	1167	3
1885	(1887)	30300	519	911	24	544	29	600	50	1238	1
1890	(1892)	30125	485	1009	21	514	22	617	52	1197	–
1895	(1896)	29192	447	1079	16	508	23	607	50	1135	–
1900	(1901)	28392	374	1392	14	759	20	767	18	1093	–
1905	(1907)	27803	319	1453	12	746	13	565	–	1046	2
1910	(1912)	27592	258	1508	10	684	13		–	1003	1
1925	(1928)	26716	182	1532	3	635	12		–	1000	1
1933	(1936)	25797	130	1586	–	657	10		–	929	1

		Oberamt Gerabronn		Michelbach		(Niederstetten)	Wiesenbach	
1821	(1824)	25636	565	711	172	171	601	44
1826	(1828)	26622	602	729	175	185	621	42
1829	(1831)	27143	611	674	164	189	638	51
1833	(1835)	27417	639	679	167	200	654	50
	(1839)	28222	655	679	160	198	678	50
	(1843)	28830	669	667	166	195	704	46
1846	(1847)	29370	732	723	184	217	702	48
	(1854)	29263	726	715	185	215	674	40
1861	(1862)	29267	736	590	225	208	631	53
1864	(1866)	28892	677	672	216	202	588	48
1867	(1869)	30613	657	692	216	199	574	49
1871	(1873)	29158	608	693	200	185	618	45
1885	(1887)	30300	519	708	158	192	623	33
1890	(1892)	30125	485	721	156	188	647	30
1895	(1896)	29192	447	687	136	182	632	30
1900	(1901)	28392	374	661	129	163	1104	30
1905	(1907)	27803	319	655	111	146	1098	30
1910	(1912)	27592	258	607	81	116	1120	30
1925	(1928)	26716	182	555	45	106	1097	15
1933	(1936)	25797	130	511	33	81	1054	4

		Braunsbach OA Künzelsau				Oberamt Hall		Hall		Steinbach	
1821	(1824)	891	175	1821	(1824)	22110	102	6332	24	969	78
1826	(1828)	940	198	1826	(1828)	22866	111	6519	27	1012	84
1829	(1831)	939	197	1829	(1831)	23431	109	6641	28	998	81
1833	(1835)	949	201	1833	(1835)	23498	113	6220	30	909	83
	(1839)	1009	237		(1839)	24222	136	6489	51	1062	85
	(1843)	1005	239		(1843)	25106	134	6758	49	1025	83
1846	(1847)	1009	241	1846	(1847)	25690	134	6856	44	989	90
	(1854)	995	234		(1854)	25510	136	6766	48	983	88
1861	(1862)	906	186	1861	(1862)	26876	134	6634	89	809	65
1864	(1866)	849	175	1864	(1866)	27724	122	7203	72	1083	46
1867	(1869)	838	164	1867	(1869)	27114	133	7204	84	899	47
1871	(1873)	859	167	1871	(1873)	23038	177	7749	137	1036	35
1885	(1887)	900	143	1885	(1887)	30081	224	9072	205	1109	16
1890	(1892)	919	164	1890	(1892)	29458	189	8926	177	1201	12
1895	(1896)	883	159	1895	(1896)	29530	158	9100	142	1245	14
1900	(1901)	828	120	1900	(1901)	29165	197	9255	187	1232	10
1905	(1907)	770	99	1905	(1907)	29440	202	9400	189	1052	8
1910	(1912)	750	88	1910	(1912)	29328	165	9321	156	1374	6
1925	(1928)	692	55	1925	(1928)	29980	134	8909	130	1296	2
1933	(1936)	639	39	1933	(1936)	30560	115	11322	115		(3)

II.
Die Auflösung der
brandenburg-ansbachischen Landjudenschaft

Durch den Grenzausgleichvertrag zwischen Bayern und Württemberg vom 6. November 1810 waren mehrere Gemeinden an Württemberg gefallen, die vorher zur brandenburg-ansbachischen Landjudenschaft gehört hatten. Diese Korporation war – wie bereits geschildert – vor allem ins Leben gerufen worden, um Umlagen des Landes gerecht auf die Juden zu verteilen und sie bei ihnen zu erheben. Konkret ging es um die Unterhaltung der Rabbiner und des Landschreibers, die generellen Schutzgelder und die Stempelfreiheit in landschaftlichen Angelegenheiten. Im Normalfall mußte jede Eingabe auf amtliches Papier geschrieben werden, das mit einem gebührenpflichtigen Stempel versehen war, sogenanntes Stempelpapier. Insgesamt mußten jährlich damals rund 8000 fl. durch die Judenschaft finanziert werden. Hierfür wurden jährlich zwei Schatzungen durchgeführt. Kapitalaufnahmen waren eigentlich nicht vorgesehen, um die Finanzbedürfnisse des Landesherrn zu befriedigen.

Um den Forderungen des Landesherrn nachkommen zu können, hatte die Landjudenschaft Kredite aufnehmen müssen. Alle fünf Jahre wurde das Vermögen der Juden geschätzt und danach die Höhe der einzelnen Leistungen festgelegt. Von den Gemeinden des heutigen Landkreises Schwäbisch Hall gehörten Crailsheim mit Ingersheim und Goldbach, Gerabronn, Hengstfeld und Michelbach dazu, außerdem Archshofen, Creglingen und Unterdeufstetten[1]. Noch 1806 wurden auf einem Schätzungstag der versammelten Landjudenschaft sechs Kreisbarnosse, zwölf Kreisassistenten, zwei Kassierer und zwei Kontrolleure gewählt. Sie sollten in jedem Jahr einmal zusammenkommen, doch blieb das eine bloße Absichtserklärung. Der Ansbacher Barnos und die beiden Kassierer agierten ohne jegliche Kontrolle. Rechnungen legten sie nicht vor. Eigentlich war eine Kapitalaufnahme der Landjudenschaft nicht vorgesehen. Trotzdem beliefen sich die Gesamtschulden im Jahre 1817 auf 62 827 fl.

1817 wollte Bayern die überflüssig gewordene Korporation liquidieren. Bis dahin zahlten die vormals brandenburgischen Gemeinden in Bayern noch regelmäßig Beiträge zur Gesamtkasse in Ansbach, nicht jedoch die an Württemberg gefallenen Gemeinden. Die Auflösung konnte natürlich erst dann erfolgen, wenn alle Gläubiger zuvor befriedigt waren. Auch die vormals brandenburgischen, nun württembergischen Gemeinden sollten zur Kasse gebeten werden. Insgesamt sollten sie 3500 fl. aufbringen, knapp 6 % der Gesamtschulden. Im Februar 1818 traf sich der bayerische Polizeikommissar Pflaumer aus Dinkelsbühl mit dem württembergischen Commun-Rechnungsrevisor Baumann in Ellwangen, um das Problem zu lösen[2].

---

1 StAL E 175 I, Kreisregierung Ellwangen Bü 91.
2 In ihrer Zulassungsarbeit (Exemplar im StA Nürnberg) über die brandenburg-ansbachische Landjudenschaft erwähnt G. SAPKE diese Vorgänge nicht.

Abb. 32 Jüdischer Friedhof in Braunsbach. Im Hintergrund die Autobahnbrücke über das Kochertal, 1983

Abb. 33 Grabstein auf dem Judenfriedhof in Braunsbach, 1983

Abb. 34 Grabstein auf dem Judenfriedhof in Braunsbach, 1983

Abb. 35   Ehemalige Synagoge in Crailsheim, um 1930

Abb. 36   Jüdischer Friedhof in Crailsheim, 1983

Abb. 37   Jüdischer Friedhof in Crailsheim, 1983

Abb. 42 Alter Judenfriedhof
in Crailsheim, 1928

Abb. 43 Judengasse in Goldbach,
um 1930

◁ Abb. 38 Alter jüdischer Grabstein
in Crailsheim, 1983

Abb. 39 Grabstein mit segnenden
Händen, Symbol eines Cohen, 1983

Abb. 40 Grabstein mit Palmzweigen,
1983

Abb. 41 Grabstein mit Gesetzestafeln, 1983

Abb. 44   Jüdischer Friedhof in Dünsbach, 1983

Abb. 45   Jüdischer Friedhof in Dünsbach, 1983

Abb. 46   Ehemalige Synagoge in Dünsbach, um 1930

Abb. 47   Grabmal Landauer auf dem Friedhof Dünsbach, 1983

Abb. 48 Innenansicht der ehemaligen Synagoge in Dünsbach, um 1930

Die württembergischen Juden dachten nicht im Traum daran, sich in die Verantwortung für die Schulden der Landjudenschaft einbinden zu lassen. Crailsheim, Ingersheim und Unterdeufstetten – vertreten durch ihre Barnosse Lazarus Salomon, Jonas Simon und Lazarus Abraham – protestierten energisch gegen die Verhandlungen überhaupt. Sie forderten die Vorlage eines Vertrags, aus dem hervorginge, daß den Barnossen das Recht zustand, Schulden ohne Vorwissen der Gesamtjudenschaft zu machen. Jetzt räche es sich, daß die vorgesehenen jährlichen Versammlungen nicht stattgefunden hatten. Entschieden protestierten auch die Goldbacher Vertreter Lazarus Isaac und David Wolf. Sie verwiesen auf die Zugehörigkeit zur Grafschaft Geyer bis zur Usurpation durch Preußen 1792.

Die Gerabronner Juden waren fast alle wegen Armut von der Pflicht zu Abgaben an die Landjudenschaft befreit. In Hengstfeld machte man – wie gesagt – einen Unterschied zwischen immediaten und mediaten Schutzjuden. Die mediaten waren erst 1805 der Landjudenschaft inkorporiert worden.

Die Michelbacher Juden sollten 288 fl. von den Altschulden bezahlen. Diese Forderung wurde von ihnen als glatter Mißgriff bezeichnet, zumal Michelbach wie Archshofen *so falsch als vorsätzlich mit dem Prädikat immediat ausdrücklich bezeichnet sind.* Außerdem waren im Gegensatz zum Regierungsdekret von 1805 die normalen Schatzungssätze für immediate Juden berechnet worden – eine doppelte Ungerechtigkeit. Sie waren bereit, für die Dauer ihrer Zugehörigkeit zur Landjudenschaft vom 4. September 1805 bis zum 6. November 1810 die korrekt errechneten Anteile zu zahlen, jedoch keinen Kreuzer mehr. Sie forderten Rechnungseinsicht und reklamierten sogar die Herausgabe eines Guthabens. Die Schuldzinsen auf die ausgeliehenen Kapitalien waren nämlich bei der Festsetzung der jährlichen Schatzungsanlagen einbezogen worden. Da sie aber von der Tilgung der Altlasten befreit gewesen seien, hätten sie natürlich auch keine Zinsen dafür mitzutragen. Diese Stellungnahme legte der Barnos Mayer Salomon im Namen seiner Gemeinde am 12. August 1818 dem Oberamt vor.

Nach dieser ersten Verhandlungsrunde berieten im Mai 1820 die Vorsteher fast aller jüdischen Gemeinden in den drei Oberämtern Hall, Crailsheim und Gerabronn in Ellwangen über das weitere Vorgehen. Hier wurde noch einmal die Entwicklung der Landjudenschaft als Korporation nachgezeichnet, wie sie sich seit dem 17. Jahrhundert vollzogen hatte. Es gab keinen Gesellschaftsvertrag. Die Statuten bestanden aus den Beschlüssen der Volksversammlung, wie sie in den von Fall zu Fall gegebenen Situationen gefaßt wurden. Lazarus Salomon legte zur Verdeutlichung seine Instruktion von 1806 vor.

Bayern drängte immer entschiedener auf die Lösung der Finanzfragen, um die Korporation endlich formell aufheben zu können. Für 1821 sah man deshalb die Veranstaltung einer Konferenz unter Beteiligung jüdischer Vertreter aus Württemberg in Feuchtwangen vor. Die Juden lehnten jedoch die Absendung von Deputierten ab. Nach langem Widerstreben entsandte schließlich jedes betroffene Oberamt einen Verteter, Mayer Salomon aus Gerabronn, Hirsch Isaak aus Hengstfeld und Lippmann Moses aus Michelbach. Nach harten Verhandlungen im April/Mai 1822 wurde schließlich in einer neuen Verhandlung am 23. Mai 1822 in Dinkelsbühl der Schlußstrich unter die brandenburg-ansbachische Landjudenschaft gesetzt. Die Oberämter Crailsheim, Gerabronn und Mergentheim sollten wiederum je einen gewählten Vertreter entsenden. Die Gerabronner wählten den Handelsjuden Hirsch Gundelfinger von Michelbach und bestellten Moses Hona zum Eventual-Stellvertreter. Er wurde mit umfassender Verhandlungsvollmacht ausgestattet. Die absendenden Gemeinden verpflichteten sich in Vollmachtsurkunden an Eides Statt, alles zu genehmigen, was er empfahl. Zur

Sicherheit für die Einhaltung aller Beschlüsse setzten sie ihr gesamtes Vermögen zum Unterpfand. Die gleiche Vollmacht erteilten am 26. April 1822 die Crailsheimer, Goldbacher und Ingersheimer Juden dem Lazarus Salomon, die Mergentheimer dem Abraham Amson.

Die württembergischen, vormals bayerischen Gemeinden wurden zur Zahlung von 4697 fl. verpflichtet. Davon entfielen allein auf Crailsheim 2234, auf Michelbach 387 fl. Von diesen Summen wurden aber eingezahlte Kapitalien, die aus jüdischen Stiftungen stammten, abgerechnet, da ihre Rückzahlung nicht vorgesehen wurde. So blieb schließlich eine Forderung von 2600 fl. offen, von denen jetzt 2158 auf Crailsheim fielen. Es wurde vereinbart, die Schulden in elf Jahresraten – einmal 600, zehnmal 200 – zu bezahlen. Die Verteilung des Rests auf die anderen Gemeinden machte nochmals Schwierigkeiten, die im Herbst 1822 beigelegt wurden. Noch 1846 kam es zu Streitigkeiten über Landjudenschaftsgelder, als die Moses Mendelsche Stiftung in Crailsheim Forderungen an die Gemeinden Gerabronn, Hengstfeld und Michelbach stellte. Es waren die Reste der Agonie einer Institution, die von den Juden allenfalls als lästiges, aber notwendiges Übel betrachtet wurde, mit dem man sich ungern identifizierte.

III.
Das Rabbinat Braunsbach

1. Der Rabbinatsbezirk

Das Israeliten-Gesetz von 1828 sah die Bildung von Religionsgemeinden und Rabbinatsbezirken vor. Nach umfangreichen Ermittlungen über die Stärke und die vorhandenen Institutionen der bestehenden Gemeinden wurde 1832 die neue Kircheneinteilung vorgenommen[1]. Eine genaue Erhebung der Seelenzahlen führte 1828 zu folgendem Ergebnis:

Braunsbach	198	Wiesenbach	42
Steinbach mit Hall	105	Michelbach	175
Crailsheim mit Ingersheim	170	Hengstfeld	70
Goldbach	71	Dünsbach	101
Gerabronn	29	insgesamt	961

Unterdeufstetten mit seinen 53 Seelen wurde im ersten Entwurf zur kirchlichen Einteilung mit Regelsweiler dem Bezirk Oberndorf zugeschlagen, wobei Regelsweiler aus dem bayerischen Gemeindeverband gelöst werden sollte. Braunsbach wurde schließlich Sitz des Bezirksrabbiners für die fünf neugeschaffenen israelitischen Gemeinden Braunsbach, Crailsheim mit Goldbach, Ingersheim und Unterdeufstetten, Dünsbach mit Gerabronn, Michelbach/Lücke mit Hengstfeld und Wiesenbach sowie Steinbach – Schwäbisch Hall. Der Rabbinatsbezirk umfaßte also bei seiner erstmaligen Einrichtung ausschließlich und vollständig alle Gemeinden mit jüdischen Religionsgemeinden im heutigen Landkreis Schwäbisch Hall. Der für Crailsheim zuständige Rabbiner saß in der brandenburg-ansbachischen Zeit in Wassertrüdingen. Seit dem Anfall an Württemberg besaß Crailsheim keinen eigenen Rabbiner. Von Fall zu Fall mußten sich die Gemeindemitglieder einen fremden Rabbiner kommen lassen[2]. Um 1821 betreute der Rabbiner Mahrum Wolf aus Niederstetten die dortige Gemeinde, daneben aber auch Gerabronn, Wiesenbach, Hengstfeld, Dünsbach und Michelbach an der Lücke[3].

Die größte Gemeinde, die seit alters her einen Rabbiner auch für die umliegenden jüdischen Gemeinden besaß, war Braunsbach. Der Ort lag zwar nicht im Zentrum des Bezirks, aber der größte Teil seiner 1829 aus 1014 Seelen bestehenden Judenschaft lag in seiner Reichweite. Auch galten die dortigen Juden als relativ vermögend. Man hatte zeitweilig auch an Crailsheim als Rabbinatssitz gedacht, aber dort war man nicht davon begeistert. Nach Ansicht des Oberamts waren die dortigen Juden mit Ausnahme von drei Individuen von sehr geringem Vermögen, zum Teil sehr arm. Die Synagoge war eng geworden und konnte damals angeblich nicht ausgebaut werden. So fiel die Entscheidung eindeutig auf Braunsbach.

Die Gemeinden Crailsheim und Ingersheim hatten sich schon früh zusammengeschlossen und besaßen eine gemeinschaftliche Synagoge. In der Stadt lebten 135 Juden in 31 selbständigen und sieben Witwenhaushalten, in Ingersheim 35 Juden in sieben Haushaltungen,

---

1 Das Folgende nach HStASt E 201c Bü 3 und 8; StAL E 212 Bü 181.
2 StAL E 175 I Bü 87.
3 Ebd., Bü 89 Unterfaszikel 6.

darunter eine Witwe. Ihr Vorsänger Salomon Marum Hirsch, später Crailsheimer genannt, war 1826 auf acht Jahre von ihnen angestellt worden und verdiente etwa 200 fl. jährlich. Der Friedhof lag im bayerischen Schopfloch. Hirsch übernahm auch die Rabbinatsfunktionen. Die Rabbiner in Ansbach und Wassertrüdingen hatten ihn dazu legitimiert. Die Kinder beider Orte besuchten die jeweiligen christlichen Elementarschulen. Der 28jährige Joel Löw, später Löwenthal genannt, erteilte den israelitischen Religionsunterricht zusammen mit dem vom Konsistorium geprüften Sigmund Crailsheim, der eine Stelle im Staatsdienst übernehmen wollte.

Die Gemeinde besaß mehrere kleine Kapitalstiftungen. 15 fl. Zins von 300 fl. Kapital konnten zur Brennholzbeschaffung für Arme verwendet werden, weitere 15 fl. für eine Wachskerze in der Synagoge und der Zins aus 75 fl. ebenfalls für Arme ohne Zweckbindung. Die Ortsarmen wurden außerdem durch Umlagen und Spenden unterstützt. Die beträchtlichen Kosten – allein 155 fl. für Arme, 165 fl. für den Vorsänger – wurden je zur Hälfte nach Kopfzahl und Vermögen umgelegt. Die Vermögen wurden durch Selbsteinschätzung angegeben. Eine gewählte Kommission prüfte diese Angaben und forderte in Zweifelsfällen eine eidliche Bestätigung. Die Heiligkeit des Eides zwang zur Steuerehrlichkeit, und so kam es kaum einmal zu Beschwerden oder Klagen über die Einschätzung. Die Unkosten für die Synagoge wurden aus einer besonderen Heiligenpflegekasse bestritten. Eine drückende Last war die Verpflichtung zur Zahlung von 1400 fl. in sieben Jahresraten zur aufgelösten Ansbacher Landjudenschaft. Da die geringe Kopfzahl die Bestellung eines eigenen Rabbiners verbot, hatte man gegen die Zuordnung zu Braunsbach nichts einzuwenden.

Nun wurde zu diesen 170 Seelen die Gemeinde G o l d b a c h geschlagen mit immerhin 71 Seelen. Die Synagoge in Goldbach sollte geschlossen werden. Nach einer dann doch möglichen Vergrößerung der Crailsheimer Synagoge wurde die Schließung in Goldbach durchgeführt. Die Goldbacher Juden konnten wenigstens durchsetzen, daß sie einen eigenen Religionslehrer für ihre Kinder behielten. Der 1862 unternommene Versuch, wieder die Erlaubnis für eigene Gottesdienste am Ort zu erhalten, scheiterte.

Das größte Problem bildete U n t e r d e u f s t e t t e n , vier Stunden zu Fuß von der vorgesehenen Synagoge in Crailsheim. Nach dem Bericht des israelitischen Oberkirchenrats zählten die 56 Juden dort zu den ärmsten und verwahrlosten des Landes. Tagesreisen zu Gottesdienst und Religionsunterricht für die Kinder schienen unzumutbar. Das sah auch der Oberkirchenrat und schrieb an das zuständige Ministerium: *Wir glauben, daß da, wo es sich darum handelt, aus sittlich verwahrlosten Menschen nützliche Untertanen zu bilden und die Jugend vom Verderben zu bewahren, kein Opfer gescheut werden dürfe.* So wurde Unterdeufstetten formal der Gemeinde Crailsheim zugeordnet, durfte aber einen eigenen Religionslehrer und Vorsänger anstellen, der den überwiegenden Teil seines Gehalts aus der Zentralkirchenkasse erhielt. Der Plan, den Lehrer aus dem benachbarten bayerischen Schopfloch für diese Tätigkeit zu gewinnen, scheiterte allerdings.

G e r a b r o n n besaß trotz seiner nur fünf Familien mit 29 Seelen eine eigene Synagoge, die man behalten wollte. Das war nach der neuen Konzeption, die ausreichende Gemeindegrößen schaffen und Steuerkraft für die Aufbringung der Unkosten konzentrieren wollte, unmöglich. So sah man den Anschluß an D ü n s b a c h mit seinen 101 Juden vor, sehr zum Mißfallen dieser, weil auch sie allein bleiben wollten. Die Gerabronner waren nicht in der Lage, das Gehalt auch nur für einen Kirchendiener aufzubringen. So mußten sie sich fügen und künftig nach Dünsbach zum Gottesdienst gehen.

Michelbach, 1828 175 Seelen, darunter 24 selbständige und drei Witwenhaushalte, wurde von dem 57jährigen Rabbiner Salomon David Katz betreut, der zugleich als Vorsänger amtierte. Neben freier Wohnung bezog er ein Grundgehalt von 150 fl., das durch Gebühren für Amtshandlungen als Rabbiner um etwa 30 fl., als Vorsänger um etwa 50 fl. aufgebessert wurde. Der Friedhof befand sich in Schopfloch. Die Kinder besuchten die allgemeine Ortsschule. Religionsunterricht erteilte der 24jährige Privatlehrer Moses Augmann aus Wiesenbronn, der in Fürth studiert hatte. Die Gemeindeumlagen wurden hälftig nach Kopfzahl und Vermögen erhoben. Die altehrwürdige Synagoge wurde durch freiwillige Opfer unterhalten. Salomon Katz wurde mit 75 fl. Pension 1835 in den Ruhestand versetzt, die er bis zu seinem Tod im März 1842 genießen konnte.

Die Gemeinde Hengstfeld bestand 1828 aus 70 Seelen in elf Haushalten. Sie waren keinem Rabbinat zugeteilt. Ihr hier geborener Vorsänger Lehrer und Schächter Wolf Hänlein Eichberg erledigte seit 1817 alle religiösen Akte. Die Kinder besuchten die evangelische Ortsschule. Beigesetzt wurden die Verstorbenen im bayerischen Schopfloch.

Arme wurden durch freiwillige Spenden unterstützt. Die Gemeindelasten wurden wie in Dünsbach in drei Klassen erhoben. Allerdings hatte die Gemeinde noch 400 fl. Schulden von ihrem Synagogenbau und einem Rückstand bei der ehemaligen Ansbachischen Landjudenschaft zu bezahlen. Sie wollten sich eigentlich dem Rabbiner von Michelbach anschließen, wurden dann aber doch Braunsbach zugeteilt.

Vorsänger Wolf Eichberg erhielt seit 1835 eine Pension von 15 fl. Er lebte bis dahin von seinen etwa 120 fl. betragenden Jahreseinkünften. Mit seiner Frau und seinen drei Kindern stand er nun praktisch ohne Einkommen da. Sein uralter Vater Isak Hänlein, 1752 in Klein-Nördlingen im Ries geboren, von dem Wolf das Amt übernommen hatte, wurde von der Gemeinde unterstützt. Für ihn baten 1836 Pfarrer Ammon und Schultheiß Egelhaaf um eine Rente aus der Zentralkirchenkasse, die allerdings nicht gewährt wurde.

Die Gemeinde Wiesenbach bestand 1828 nur aus 42 Seelen mit zehn Haushaltungen, darunter zwei Witwen. Ihr einziger religiöser Betreuer und Vorsteher war der 1779 hier geborene Aron Bär, der seit 1810 als Vorsänger und Schächter im Nebenberuf – er war Ellenwarenhändler – lediglich etwa 35 fl. verdiente. Einen Rabbiner kannte man nicht. Die Toten wurden nach Schopfloch in Bayern gebracht, wo man je nach Vermögen des Toten 1 fl. 15 kr. bis 5 fl. entrichten mußte. Für die Unterhaltung dieses Verbandsfriedhofs für zahlreiche jüdische Gemeinden der Umgebung wurde eine jährliche Steuer in Höhe von 1 kr. für 100 fl. Vermögen und 6 kr. je Haushalt erhoben. Den Religionsunterricht für die Jugend, die die allgemeine Schule besuchte, erteilte der 55jährige Lippmann Hirsch von Bechhofen, der in Fürth studiert hatte. Die Umlagen für sämtliche Gemeindebedürfnisse wurden zu drei Viertel als Vermögenssteuer, zu einem Viertel als Kopfsteuer erhoben. Sie wollten sich eigentlich dem Rabbiner in Niederstetten anschließen, doch die großräumige Neuregelung verwies sie nach Braunsbach.

Vorsänger Aron Bär, der sich jetzt Neumann nannte, wurde 1834 mit 30 fl. Pension in den Ruhestand geschickt. Er hatte sechs unversorgte Kinder. Der alternde Mann wollte das Schächteramt nicht mehr versehen, da es ihn von seinem eigentlichen Broterwerb abhielt.

Die Gemeinde Hall mit Steinbach bestand 1828 aus 105 Seelen in 19 Familien- und vier Witwenhaushalten. In religiösen Fragen wandten sie sich an den Rabbiner von Braunsbach. Vorsänger und Schächter Isak Nördlinger aus Pflaumloch, geboren 1790, war seit 1822 angestellt und erhielt rund 150 fl. jährlich an Gehalt, Sporteln und Spenden. Der eigene

Friedhof wurde aus einer besonderen Begräbniskasse unterhalten. Die Kinder besuchten die Ortsschulen. Religionsunterricht erteilte Herz Schain aus Niederstetten, der fünf Jahre beim Rabbiner in Freudenstadt dazu ausgebildet worden war. Arme erhielten nur Kost. Von den Umlagen, die zur Hälfte auf dem alle drei Jahre eingeschätzten Vermögen ruhten, zur Hälfte auf der Kopfzahl, brauchten Witwenhaushalte nur 50 % zu bezahlen. Vorsänger Löw Löwensteiner erhielt seit seiner Pensionierung 1835 ein Ruhegehalt von 85 fl. bis zu seinem Tod 1850.

Die Gemeinde B r a u n s b a c h bestand 1828 aus 198 Seelen in 32 Familien- und sieben Witwenhaushalten. Von jeher hatte sie einen Rabbiner, der auch die Israeliten von Hall-Steinbach und Dünsbach betreute, die Teile seines Gehalts beisteuerten. Außer freier Wohnung erhielt er 125 fl. an Personalbeiträgen aus Braunsbach, 20 fl. aus Hall und Steinbach, 16 fl. 20 kr. aus Dünsbach und 25 fl. aus einer Stiftung. Dazu kamen Gebühren von etwa 50 fl. aus Amtshandlungen und freie Wohnung. Der Vorsänger Baruch Adler wohnte in einer bescheidenen Wohnung in der Synagoge. Er erhielt ein Fixum von 70 fl., dazu rund 130 fl. an Schächt- und Beschneidungsgebühren sowie freiwilligen Spenden bei Hochzeiten und anderen festlichen Gelegenheiten.

Der uralte Friedhof war der jeweiligen Grundherrschaft lehenspflichtig. Beim Tod des Trägers, der von der Gemeinde als Lehensempfänger benannt wurde, war jeweils eine Sterbfallgebühr in Höhe von 10 % des Grundstückswerts entrichtet worden. Bei Todesfällen wurde ein Betrag von 2 fl. 30 kr. in die Begräbniskasse eingezahlt, aus der die Aufwendungen für den Friedhof bestritten wurden. Der Totengräber war besonders zu entlohnen. Die Kinder besuchten die allgemeine evangelische Volksschule. Hayum Henle hatte einen vom evangelischen Konsistorium legitimierten Privatlehrer aus Nördlingen. Der Religionsunterricht wurde von Levi Löw Schiller und Michael Adler erteilt, beide junge, unerfahrene Schulinzipienten von 20 beziehungsweise 18 Jahren.

Hayum Henle hatte 1825 ein Kapital von 500 fl. gestiftet, aus dessen Zinsen der Zuschuß zum Gehalt des Rabbiners bezahlt wurde, solange er in Braunsbach seinen Sitz hatte. Kultkosten und Armenunterstützung wurden aus der Heiligenkasse, der sogenannten Hektisch, bestritten. Jeder, der zur Thora gerufen wurde, hatte dafür in diese Kasse einen Obolus zu entrichten. Die so erzielten 15–20 fl. pro Jahr reichten bei weitem nicht aus, um den Anforderungen gerecht zu werden. So entstand allmählich ein Defizit, das bis 1828 auf 415 fl. angestiegen war. Eine öffentliche Armenunterstützung gab es nicht und war auch nicht notwendig. Die für die Besoldungen notwendigen Beträge wurden auf die Gemeindemitglieder umgelegt, zur Hälfte als Kopfsteuer, zur Hälfte als Vermögensabgabe. Das Vermögen wurde zunächst nach dem Zubringensinventar bei der Hochzeit ermittelt, später durch Übereinkunft mit dem Gemeindevorstand. Nach dem gleichen Schlüssel wurden Baukosten für die Synagoge und das Frauenbad umgelegt.

Als ungeprüfter Vorsänger wurde Baruch Adler nach 30jähriger Tätigkeit 1834 mit 50 Jahren entlassen. Sein Vater Michael Moses Adler hatte 42 Jahre lang bis zu seinem Tod 1800 als Schächter und Vorsänger gewirkt. Ein Unterstützungsgesuch lehnte der Oberkirchenrat ab.

Während Steinbach-Hall weiterhin eine Gemeinde bleiben durfte, waren die Eingriffe bei Michelbach beträchtlich. Hier wirkte auch seit einigen Jahren ein Rabbiner, der aber nicht die seit 1828 geltenden Voraussetzungen für die Berufsausübung in Württemberg erfüllte. Die Synagoge der 175 Seelen umfassenden Gemeinde war groß genug, um die Juden von kleineren

Nachbargemeinden aufzunehmen. So wurden Hengstfeld mit 70 und Wiesenbach mit 42 Seelen als Filialen angeschlossen. Beide Gemeinden setzten sich heftig gegen diese Verschmelzung zur Wehr, vor allem wegen der unzumutbar großen Entfernungen. Wiesenbach war früher nach Niederstetten orientiert gewesen. Hengstfeld erzielte einen Teilerfolg. Es brauchte seine relativ neue Synagoge nicht zu schließen und durfte weiterhin eigene Gottesdienste halten, mußte sich aber an den Kultkosten in der neuen Muttergemeinde Michelbach beteiligen. Dieser finanzielle Druck sollte eigentlich einen Meinungsumschwung herbeiführen, aber die recht armen Hengstfelder blieben bei ihrem Vorhaben. Erst 1855 erhielt auch Wiesenbach wieder die Erlaubnis zu eigenem Gottesdienst auf eigene Kosten.

2. Die Rabbiner

Die Zulassung zum Amt des Rabbiners wurde vom Bestehen einer staatlichen Prüfung abhängig gemacht. Nur sechs der 1832 im Königreich Württemberg amtierenden Rabbiner erfüllten bis 1834 diese Voraussetzung. Erster Rabbiner in Braunsbach nach der neuen Kircheneinteilung wurde Seligmann Grünwald, der mit einem staatlichen Stipendium in Tübingen studiert hatte. Er hatte 1827 sein Amt in Braunsbach angetreten und versorgte außerdem Steinbach – Hall und Dünsbach. Für Crailsheim und seine späteren drei Filialen war der dortige Vorsänger Ersatzrabbiner, für Michelbach, Hengstfeld und Gerabronn der von Michelbach. Grünwald schlug 1831 die Verlegung des Rabbinatssitzes nach Crailsheim vor. Die Stadt bot nach seiner Ansicht bessere schulische Möglichkeiten, Bibliotheken, günstigere Mietwohnungen. Aber die Behörden entschieden anders, vor allem wegen der Randlage von Crailsheim im Bezirk[4].

Im April 1834 bestand Naphtali Frankfurter aus Oberndorf nach Gymnasiumsbesuch in Ellwangen und Stuttgart und anschließendem Studium in Heidelberg und Tübingen seine Rabbinatsgehilfenprüfung und wurde vom 1. September an als Gehilfe in Lehrensteinsfeld bei Heilbronn angestellt. Am 1. Januar 1835 wurde Frankfurter als Bezirksrabbinatsverweser nach Braunsbach versetzt, sein Vorgänger Grünwald nach Lehrensteinsfeld. Das Jahresgehalt betrug 525 fl., wovon die Gemeinden 200 fl. nach einem bestimmten Schlüssel aufzubringen hatten. Weltliche Gerichtsfunktionen besaß der Rabbiner nicht mehr, aber er führte eines der neuen, vom Hofgraveur Hirsch gefertigten Rabbinatssiegel. Seine definitive Anstellung erfolgte im Juni 1837. Im August 1840 wurde Dr. Frankfurter nach ausgezeichneten Probepredigten zum Prediger am neuen israelitischen Tempel in Hamburg gewählt, einer Gemeinde, die als eine *der gebildetsten und kirchlich freigesinntesten Gemeinden Deutschlands* galt. Hierin wurde auch eine Auszeichnung Württembergs gesehen und dem tüchtigen Gelehrten der Abschied bewilligt. Die Anerkennung ging aber nicht so weit, daß man Frankfurter die Rückzahlung seines Stipendiums erließ, zu der er sich für den Fall verpflichtet hatte, daß er aus dem württembergischen Staatsdienst ausschied. Lediglich eine Tilgung in sechs Jahresraten von 60 fl. wurde ihm aus Gnaden bewilligt[5].

Nachfolger in Braunsbach wurde am 11. August 1840 als Amtsverweser Maier Hirsch Landauer aus Kappel. Schon im November mußte er krankheitshalber Braunsbach verlassen

4 StAL E 212 Bü 190.
5 Ebd., Bü 210.

und starb kurz darauf in seiner Heimat. Vom 19. November 1840 bis zum 26. März 1841 erledigte Rabbiner Dr. Abraham Wälder aus Berlichingen die Braunsbacher Amtsgeschäfte mit. Vom 11. April 1841 an leitete der bisherige Freudentaler Rabbiner Dr. Maier Hirsch den Bezirk. Mit höchster Erlaubnis heiratete er nach seiner Berufung Nanette Schlesinger aus Pforzheim.

1851 wurde der Rabbinatsbezirk Berlichingen aufgelöst. Die Gemeinden Ernsbach und Nagelsberg wurden dem Bezirk Braunsbach zugeschlagen, das Gehalt des Rabbiners um 50 fl. erhöht, 1858 auf 650 fl. jährlich. 250 fl. mußten davon jetzt die Gemeinden erbringen. Die unterschiedliche Größe der Gemeinden und die Vermögensverhältnisse spiegeln sich im Verteilerschlüssel wider. So zahlten:

Braunsbach	40 fl.	Gerabronn	8 fl.
Crailsheim	40 fl. 12 kr.	Michelbach	53 fl. 20 kr.
Dünsbach	22 fl.	Nagelsberg	26 fl.
Ernsbach	37 fl.	Steinbach-Hall	23 fl. 28 kr.
		insgesamt	250 fl.

Am 30. August 1860 starb Rabbiner Dr. Hirsch. Sein Nachfolger, zunächst als Amtsverweser, wurde Menco Berlinger aus Oberndorf, der am 21. Juli 1862 zum Rabbiner bestellt wurde. Die Rabbinergehälter wurden den Besoldungen im öffentlichen Dienst laufend angepaßt. Eine Pensionskasse wurde 1875 für sie und ihre Hinterbliebenen gegründet. Nachfolger des am 1. August 1900 pensionierten Menco Berlinger wurde am 19. Oktober 1900 sein Sohn Dr. Jakob Berlinger. Schon vom 24. Juli 1895 an hatte er seinen hochbetagten Vater als Rabbinatsgehilfe unterstützt. Einen Teil seiner Besoldung von 1000 Mark im Jahr hatte der alte Rabbiner aufzubringen.

Schon am 13. Juni 1904 eröffnete die Israelitische Oberkirchenbehörde dem Oberamt Hall, daß man eine Verlegung des Rabbinatssitzes von Braunsbach in eine Stadtgemeinde ins Auge fasse, und zwar nach Crailsheim oder Hall. Die israelitische Gemeinde Hall sollte sich dazu äußern, vor allem deshalb, weil sie gegebenenfalls eine Dienstwohnung für den Rabbiner zu stellen hatte. Die Anregung ging direkt vom Rabbiner aus. Die Gemeinde Braunsbach legte Widerspruch gegen seinen Wunsch ein. Crailsheim hatte aus Kostengründen kein Interesse, Hall zeigte sich nur bedingt interessiert und auch nur dann, wenn ein Antrag auf Mietkostenzuschuß aus der Zentralkirchenkasse positiv entschieden worden wäre. Hall und Braunsbach hatten damals zahlenmäßig etwa gleich große jüdische Gemeinden. Nach dem negativen Ausgang der Sondierungen lehnte die Oberkirchenbehörde das Gesuch des Rabbiners im September 1904 ab[6]. Mit Wirkung vom 1. Juli 1913 wurde dann der Rabbinatssitz von Braunsbach nach Schwäbisch Hall verlegt. Es war eine Konsequenz aus der Bevölkerungsentwicklung, aus der Landflucht, aus dem Anwachsen der städtischen Gemeinden an Zahl und Bedeutung.

Nach der Auflösung des Rabbinats Berlichingen und mehrerer ausgestorbener kleiner jüdischer Gemeinden umfaßte der räumlich weit ausgedehnte Sprengel des Rabbinats Schwäbisch Hall die Gemeinden Braunsbach, Crailsheim, Ernsbach, Hall, Künzelsau, Michelbach, Öhringen und Wiesenbach. Am 1. April 1934 wurde Rabbiner Berlinger pensioniert. Da die Zahl der Gemeinden und der Juden so stark zurückgegangen war, daß die Kosten für ein

6 Kreisarchiv Schwäbisch Hall A 92/8.

Rabbinergehalt zur drückenden Last wurden, wurde das Rabbinat Schwäbisch Hall zu diesem Termin offiziell aufgelöst[7].

3. Schopfloch und sein Judenfriedhof

Auch nach der Bildung des Rabbinatsbezirkss Braunsbach gab es noch Beziehungen zu einem kleinen Ort mit altehrwürdiger jüdischer Tradition jenseits der Landesgrenze in Bayern. Schopfloch fiel 1616 an Brandenburg-Ansbach. Seit 1561 sind Juden dort nachgewiesen. Im 17. Jahrhundert vergrößerte sich die Gemeinde. Sie hatte 1785 217 Seelen, 1835 332 und ging dann wie alle ländlichen Gemeinden stark zurück : 1872 215, 1898 125 und 1933 noch 37 Juden. Wohl im 17. Jahrhundert wurde an einem Hang mit wundervoller Fernsicht in das Wörnitztal der große Verbandsfriedhof angelegt, auf dem zahlreiche Juden aus vielen fränkischen Gemeinden ihre letzte Ruhe fanden, ehe nach der territorialen Neuordnung und der Vermehrung der Zahl der Juden eigene Friedhöfe geschaffen wurden. Von den Gemeinden des Landkreises Hall bestatteten hier ihre Toten:

1. Braunsbach bis 1747
2. Crailsheim mit Goldbach und Ingersheim bis 1841
3. Dünsbach bis 1823
4. Gerabronn bis 1823 (dann in Dünsbach)
5. Michelbach bis 1840
6. Hengstfeld bis 1809 (dann in Steinbach, ab 1840 in Michelbach)
7. Schwäbisch Hall mit Steinbach bis 1809
8. Unterdeufstetten bis 1841 (dann in Crailsheim)
9. Wiesenbach bis 1840 (dann in Michelbach)
   Noch im 19. Jahrhundert wurde der Friedhof erweitert. Die letzten Beisetzungen sollen 1937 stattgefunden haben[8]. Der Braunsbacher Friedhof ist der älteste im heutigen Kreisgebiet. Alle anderen entstanden erst im 19. Jahrhundert.

7 Ebd., C 4/2.
8 Karl PHILIPP, 700 Jahre Schopfloch, 1960. – Israel SCHWIERZ, Steinerne Zeugnisse jüdischen Lebens in Bayern, 1988, S. 181.

IV.

Judenbäder

Die rituellen Bäder, denen sich die Frauen nach ihrer Periode und nach Geburten unterziehen mußten, waren vor allem im Winter gesundheitsgefährdend. Die Eiseskälte des fließenden oder des Grundwassers, auch Krankheitskeime, führten vielfach zu Unterleibserkrankungen und schweren Erkältungen. Wenn keine künstliche Einrichtung vorhanden war, in der Regel eine gemauerte Grube im Keller eines Hauses, in der Grund- oder Quellwasser gesammelt wurde, mußten die Waschungen in einer beliebigen Quelle stattfinden. In der Regel nahm man zunächst ein reinigendes Bad und ging dann in die Mikweh. Ein einmaliges völliges Untertauchen unter Wasser reichte aus, setzte aber eine entsprechende Tiefe und damit eine relativ große Wassermenge voraus.

Im April 1821 ordnete die Regierung Nachforschungen über die Badegewohnheiten der jüdischen Frauen an. Das Oberamt Gerabronn lud daraufhin den Rabbiner Mahrum Wolf aus Niederstetten vor, der zunächst die religiösen Voraussetzungen nannte, nämlich das Kapitel 15 im dritten Buch Mose und die entsprechende Auslegung des Talmud. Nach seiner Aussage durfte das Wasser erwärmt werden, mußte aber aus dem Quellwasser genommen und wieder hineingeschüttet werden. Wolf sah es als unschädlich an, wenn anderes warmes Wasser zugegossen wurde.

Die Erwärmung kostete natürlich Brennholz. So konnten sich nur reiche Juden den Luxus warmer Bäder leisten. In Gerabronn hätte man das Wasser theoretisch erwärmen können, doch konnte die Gemeinde es sich einfach nicht leisten. Eine generelle Umlage dafür scheute man, weil der Gebrauch des Bades natürlich individuell sehr unterschiedlich war. Auch im Oberamt Hall wurde kalt gebadet. Es gab Bäder in Unterlimpurg und in Steinbach. Der Gebrauch der Bäder galt als eine *unnachsichtliche Bedingung der Ehe.* Willig unterwarfen sich die Frauen dieser harten Tortur. Beide Gemeinden hatten vor, ein gemeinsames erwärmbares Bad einzurichten, und sahen sich durchaus in der Lage, die entstehenden Kosten für Bau und Unterhalt zu tragen, und waren bereit, sich staatlicher Bauaufsicht zu unterwerfen. Die *Tunke* wurde 1821/22 tatsächlich erbaut.

Die gesammelten Informationen aus dem Jagstkreis wurden dem Innenministerium zugeleitet. Nach einer genauen Erläuterung der mosaischen Gesetze, deren zeitliche und lokale Gebundenheit betont wurde[1], zitierte man einen ungenannten *aufgeklärten Israeliten*, der die angebliche Unreinheit der Frauen auf ihre Geringschätzung durch mittelalterliche Rabbiner zurückführen wollte. Er hätte dieses Relikt gerne ganz aufgehoben gesehen, ohne daß göttlichen Gesetzen damit zu nahe getreten worden wäre. Doch zu Recht bezweifelte er, daß

---

1 StAL E 175 I Bü 89 13: *Die mosaischen Gesetze ..., die mit den Sitten, Gewohnheiten und Gebräuchen des israelitischen Volkes in den Zeiten jener Gesetzgebung, mit der Himmelszone, unter welcher sie damals lebten, in genauem Zusammenhange standen...*

die Rabbiner grundsätzlichen Änderungen zustimmen würden. Die Kreisregierung stellte fest, daß gegen die Erwärmung des Badewassers keine stichhaltigen, religiös begründeten Einwände gemacht werden könnten. Eine Umwandlung der gemeinschaftlichen Bäder in gewöhnliche Hausbäder komme bei den *beschränkten Ansichten der meisten Rabbiner* nicht in Betracht. Eine entsprechende Änderung könne wohl nur ein *Sanhedrin aufgeklärter teutscher Juden* bewirken.

Einstweilen schlug die Kreisregierung vor, daß *ohne die jüdischen Ceremonialgesetze zu verletzen die für die Gesundheit der israelitischen Frauen so sehr nötige Anordnung getroffen werden dürfte, daß in allen wohlhabenden Judengemeinden die bestehenden Bade-Gewölbe zur Zubereitung warmer Bäder eingerichtet werden müssen und daß zur Winterszeit alle Weiber der Israeliten nur gewärmter Bäder sich bedienen und da, wo keine Einrichtung zu warmen Bädern getroffen werden kann, sie gehalten sein sollen, durch Hinzugießen siedend heißen Wassers das zum Bade gebraucht werdende Quellwasser zu wärmen.* Am 6. Oktober 1821 erging ein entsprechendes Dekret der Regierung. Die jüdischen Gemeinden im Oberamt Crailsheim erklärten sich wegen Armut außerstande, große Aufwendungen für heizbare Bäder zu machen. Sie waren nur bereit, für arme Frauen kostenlos Brennholz zum Erwärmen von Wasser zu stellen. Lediglich einige Familien in Crailsheim konnten sich den Luxus der Wärme damals leisten. Insgesamt gab es drei Tunken in Privathäusern, nämlich bei Lazarus Salomon, Hirsch Lämmlein und Baruch Löw. Gegen den von der Kreisregierung geforderten Bau eines Bades für Crailsheim und Ingersheim sträubten sich die Juden. Die geschätzten Kosten von 500 fl. konnten sie nicht aufbringen. Ein Anbau an die Synagoge kam aus feuerpolizeilichen Gründen nicht in Frage[2]. An dieser Situation hatte sich bis 1825 nichts geändert. Ein Neubau war nicht zu finanzieren.

Im Oberamt Gerabronn sah es noch trüber aus. In Gerabronn gab es nur zwei Frauen, die das Bad gebrauchen mußten. Dünsbach war zu arm. Hengstfeld wollte baldmöglichst Einrichtungen zur Erwärmung schaffen. Für ein gemeinsames Bad fehlte ein geeignetes Gebäude. Außerdem war die Gemeinde durch die Abzahlung ihrer Schulden für den Synagogenbau und der Ablösung von Schulden der Ansbacher Landjudenschaft schwer belastet. In Michelbach gab es sieben bis acht private Bäder, die bislang unbeheizt waren, mit geringem Aufwand aber umgebaut werden konnten. Fortschrittlich war Wiesenbach, wo bereits in erwärmtem Wasser gebadet wurde[3]. In Braunsbach, das zum Oberamt Künzelsau gehörte, wurde ein neues steinernes Badehaus geplant und erbaut. Im Jahre 1837 wurde nach zahlreichen Beanstandungen durch die Ärzte der Medizinalaufsicht eine allgemeine Visitation aller Judenbäder durchgeführt.

Hengstfeld mit seinen 88 Juden und Michelbach wünschten zunächst den Bau einer erwärmten Tauche, doch zog die Gemeinde Michelbach ein Jahr später ihren Antrag zurück. Man sah die vorhandenen Privatbäder als ausreichend an. Ein öffentliches Bad gab es im Hause des Lehrers Mainhard. Es war ausgemauert, lag im Keller und wurde durch einen unweit davon gelegenen Brunnen gespeist. Erwärmt wurde das Wasser auf dem Herd in der Küche. Zwei Kessel warmes Wasser reichten aus, um *dem Inhalte des Tauches eine angenehme Temperatur zu erteilen.* Ansonsten herrschte die Temperatur eines guten Kellers. Die

---

2 Ebd., 17.
3 Ebd., 22.

Privatbäder lagen zu ebener Erde in zugigen Holzlagern oder in schlechten Kellern, waren mangelhaft ausgebaut und von Quellwasser gespeist, das nicht erwärmt werden konnte. Der Amtsrat Dr. Preßler hielt die Privatbäder für absolut gesundheitsgefährdend und auch die Kellertemperatur bei Lehrer Mainhard *keineswegs eine für die Gesundheit eines Badenden erträgliche.* Gut funktionierende Bäder waren zwischenzeitlich in Crailsheim – auch für Ingersheim –, in Unterdeufstetten und Goldbach entstanden.

Ein ausführlicher Bericht von 1839 liegt über das sehr schlechte Wiesenbacher Bad vor. Es befand sich in einem kleinen gewölbten Keller eines Bauernhauses. Die Tauche war 4 Schuh lang, etwa 3½ Schuh breit und tief. Drei steinerne Stufen führten in das Wasser. Das Bad war unbeleuchtet. Licht fiel nur durch die geöffnete Kellertür. Vorrichtungen zur Ablage der Kleidung gab es nicht. Das Wasser wurde nie ausgeschöpft. Angeblich wurde das Bad nur von Regenwasser gespeist, das bei schlechtem Wetter in den Keller eindrang. 1839 waren von den Bädern im Oberamt Gerabronn nach einem Bericht des Oberamtsarztes Dr. Wolshofer nur die in Gerabronn und Dünsbach gut eingerichtet. Hier wurde das erwärmte Wasser nach dem Bade abgepumpt. Ganz schlimm waren die Zustände in Hengstfeld und Wiesenbach.

In einem düsteren, feuchten, modrigen Keller des Hauses der Gebrüder Dreyfuß befand sich das Steinbacher Bad. Aus einer Quelle floß das Wasser in die abflußlose 6 Fuß lange, 3 Fuß breite und 4 Fuß tiefe Tauche. Im Winter wurde etwas warmes Wasser eingegossen, aber die Temperatur blieb so niedrig, *daß die Frauen nie ohne großen Horror und wirklichen Frost sich zu reinigen im Stande sind.* Der Oberamtsarzt Dr. Dürr malt ein abschreckendes Bild – sicher übertrieben, wie er die Konsequenzen zieht, aber doch eindrucksvoll. Er schreibt 1839: *Daß ein Bad von solch niederer Temperatur, in solcher Lokalität und von dieser unreinen Qualität (das Wasser mag oft Jahre lang für alle Badenden dasselbe bleiben und von dem angehäuften Schlamme nicht gereinigt werden) auf den weiblichen Körper gleich nach der Menstruation genommen nur nachteilige Wirkungen haben könne, ist nur zu gewiß: daher die traurigen Schmerzensgestalten, unter welchen diese Frauen einherwandeln, daher das frühe hinwelken derselben, daher das rachitische Aussehen, daher die vielen Fälle von Kurzatmigkeit, Rheumatismus, Gicht, daher die erbärmliche junge Generation, weil die Frauen oft ihre Menses bei eingetretener Gravidität noch haben und also schwanger (ohne es zu wissen) noch baden.* Dr. Dürr schlug vor, im linken Seitenflügel der Synagoge ein Bad einzurichten mit Zulauf aus einem Brunnen und Ablauf in den nahegelegenen Kocher.

Die jüdische Gemeinde zahlte den Brüdern Dreyfuß jährlich 8 fl. Pacht für ihren Keller, in dem *zu- oder vielmehr notfällig eine hierzu eingerichtete Wassersammlung vorhanden war.* Weil die Brüder nach Ende der Pacht 1839 den Preis auf 33 fl. schrauben wollten, zog die Gemeinde die Einrichtung eines eigenen Bades vor. In Braunsbach konnte die an die Synagoge anstoßende Tauche ausgepumpt und mit warmem Wasser versehen werden. Insgesamt war das Ergebnis der Visitation nicht sehr positiv und mündete in einen Antrag der Kreisregierung an das Medizinalkollegium von 1842 zur Reform des Badewesens der Juden.

So stellte die Kreisregierung fest: *Die eingekommenen Berichte* (der Oberämter) *geben nun größtenteils ein klägliches Bild von dem Zustande dieser Bäder und liefern deutliche Beweise, daß die Judenfrauen in den meisten Orten ihren Gesetzesvorschriften nicht genügen können, ohne dabei an ihrer Gesundheit schaden zu leiden. Die Ministerialverfügung vom 20. August 1821 wegen der Einrichtung zum Erwärmen des Badewassers ist dem Buchstaben nach fast durchgängig befolgt, d. h. es sind Wärmeapparate vorhanden, allein nichtsdestoweniger ist der Zweck dieser Anordnung – Verhütung der schädlichen Folgen der Erkältung – fast ebenso durchgängig verfehlt ... zudem kommt noch, daß alle diese Bäder unterirdisch, meistens in dunklen kalten, feuchten, teils nicht, teils bloß mit Steinplatten belegten, oft Wind und Wetter ausgesetzten Spelunken untergebracht sind ... In jedem Fall dürfte das Untertauchen im Freien weniger schädlich sein als der Aufenthalt in diesen Löchern, indem im ersten Fall der Kälteeindruck durch schnelles Ankleiden und Heimlaufen bald ausgeglichen wird.*

Außer diesem verfehlten Hauptzwecke kommt auch noch die Unreinlichkeit und der Schmutz in Betracht, der entweder im Badewasser oder in dem finsteren Locale, oder in beiden zugleich angetroffen wird. Das auf der Oberfläche oft helle Wasser hat eine schlammige Unterlage, die durchs Baden selbst noch aufgerührt wird. Bald ist dasselbe zu tief – in einem Falle bis zur Gefahr des Ertrinkens – bald zu stagnierend, so daß es gar nicht erneuert werden kann, indem der gehörige Abfluß fehlt, und wenn man die Erneuerung und Reinigung durch noch so viele Rezesse anordnet, so hilft dies nichts... Die Locale selbst sind häufig ohne Fenster, die Wände rissig, nicht geweißt, mit anderen hier nicht hingehörigen Requisiten überstellt und voll Spinngewebe und verdorbener Luft. Nach Ansicht der Kreisregierung begünstigten die Bäder drei Punkte: Erkältung, Ekel, Ansteckung. Einer durchgreifenden Reform standen Armut, die vorhandenen Localitäten, Indolenz und das Festhalten an alten Satzungen im Wege. Man hoffte auf Unterstützung durch den gebildeten Teil der Judenschaft und die Frauen. Wenige Monate später erging ein Erlaß des Innenministeriums, der die Einrichtung der rituellen Bäder zwingend vorschrieb. Ihm waren zwei Erklärungen beigefügt, nämlich zuerst eine »Zusammenstellung der israelitischen Ritualgesetze über die Einrichtung der hergebrachten Tauchbäder für Frauen«[4].

Zunächst kommt bei der Einrichtung eines solchen Tauchbades die Qualität des Wassers in Betracht. Nach dem Talmud eignet sich dazu:

1. *das gesammelte Regenwasser;*
2. *das Quellwasser, und zwar a) sowohl der süßen, als b) der mineralischen Quellen, welches erstere (das süße Quellwasser) jedoch allein bei jüdischen Gesetzeslehrern »lebendiges Wasser« heißt;*
3. *das Flußwasser.*

Zwischen den ersten und den beiden letzten Arten des Wassers findet der Unterschied statt, daß Regenwasser nur in seinem ersten, ursprünglichen Zustande und an dem Orte, wo es sich gesammelt hat, zu einem vorschriftsmäßigen Bade benützt werden darf, das Quell- und Flußwasser auch in abgeleitetem Zustande und wo es mittels Teicheln oder Rinnen hingeführt wird. In letzterem Fall muß das Wasser des Badebehälters während des Badens mit der Quelle oder dem Flusse in unmittelbarer Verbindung sich befinden.

Nach einer späteren rabbinischen Vorschrift, welche die Einrichtung neuer zweckmäßiger Bäder und die Verbesserung vorhandener sehr erleichtert, eignet sich zu einem ritualmäßigen Bade
4. *auch das gepumpte Wasser, wenn es nur nicht unmittelbar in den Badebehälter gepumpt, sondern mittels Teicheln oder Rinnen hineingeleitet wird.*

Die Wassermasse eines solchen Bades muß so groß sein, daß sie einen Behälter von einer Elle im Quadrat und drei Ellen Tiefe füllet (ohne daß es jedoch vorgeschrieben wäre, daß das Bassin diese Gestalt haben müsse). Nach einer genauen Berechnung beträgt dieses Quantum zwei Eimer vier Imi Württembergisches Maas. Dieses muß, wenn das Bad aus Regenwasser

4 Ebd., 49.

besteht, schon vorhanden sein, ehe anderes, durch Menschenhand geschöpftes oder gewärmtes hinzugegossen werden darf; besteht es jedoch aus Quell- oder Flußwasser, so genügt ein ganz geringes Maas, das, wenn es vorhanden ist, gestattet, daß der Rest bis zu dem angegebenen Minimumsgehalt kalt oder gewärmt hinzugelassen werde.

Was endlich das Bassin betrifft, so darf dieses nicht aus einem Stücke bestehen, da es sonst als ein Gefäß betrachtet wird, in welchem ein solches Bad nicht genommen werden darf, sondern aus einzelnen zusammengefügten Steinplatten und muß am Boden befestigt oder besser in der Erde eingemauert sein.

Für die Bewirkung der vorgeschriebenen Verbindung des Bades mit dem fließenden Wasser genügt es, wenn nach Herstellung der nöthigen Temperatur des Badewassers durch Zulassung von gewärmtem Wasser bei dem Eintritte des Badenden der Hahnen an der Zuleitungsröhre des kalten Quell- oder Flußwassers nur etwas geöffnet wird, ohne daß zugleich des Ableitungskanals nöthig wäre.

Diese ritualmäßige Einrichtung der Frauenbäder der Israeliten beruht übrigens, wie der Gebrauch des Badens der israelitischen Frauen nach der Menstruation oder dem Wochenbette selbst, nicht auf einer ausdrücklichen Anordnung der Heiligen Schrift, sondern auf einer noch aus dem Morgenlande stammenden Sitte, die ihre Sanktion in der Tradition oder im Talmud hat.

Da der Zweck dieser ritualen Vorschrift kein anderer ist, noch sein kann, als der der Reinigung, so kann dieser nach dem Ausspruche der Oberkirchenbehörde ebenso gut oder noch besser durch ein einfaches Wannenbad erreicht werden, und es hat auch die zweite Rabbinerversammlung zu Frankfurt im Juli vorigen Jahres sich dahin ausgesprochen, daß der Absicht des talmudischen Gesetzes vollkommen Genüge geschehe, wenn die israelitische Frau anstatt des bisherigen Tauchbades eines einfachen Wannenbades sich bediene.

Danach folgten: »Normen für die Einrichtung der Tauchbäder, wo solche beibehalten werden wollen.«

1. Die Tauche muß in einem heizbaren, mit einem Bretterboden belegten, durch Fenster gehörig erhellten Zimmer sein. Das Badlocal ist stets reinlich zu halten. Die Fenster müssen, wo sie den Blicken von außen ausgesetzt sind, mit Vorhängen versehen werden.

2. In der Regel sind nur Tauchen zu gestatten, welche mit Quell- oder Flußwasser gespeist werden, weil dieses nach den Ritualgesetzen an jeden passenden Ort geleitet werden darf, was bei dem Regenwasser nicht der Fall ist, und weil auch ein Quantum von nur einigen Maaßen Quellwasser genügt, um zu gestatten, daß anderes geschöpftes oder gewärmtes Wasser hinzugegossen werde.

3. Der Badebehälter muß durchaus mit wohl zusammengefügten Steinplatten bekleidet, höchstens drei und einen halben Fuß tief sein und soll wegen der Schwierigkeit der Erwärmung nicht mehr als das ritualmäßige Wasserquantum von zwei Eimern vier Imi Württembergischen Maaßes halten. Derselbe darf nicht über einer Quelle, wie es bisher häufig der Fall war, angelegt sein, sondern es muß sowohl das kalte als das in einem Kessel von angemessener Größe zu erwärmende Wasser durch (mit einer Hahneneinrichtung versehene) Röhren in den Badebehälter geleitet werden. Am Boden muß derselbe eine Abzugsöffnung zum Ablassen des Wassers erhalten und seine Einsenkung in den Fußboden darf nur in soweit stattfinden, als diese dem Abflusse des Wassers nicht hinderlich ist.

4. Sowohl im Sommer als im Winter soll dem Bade bis zur Herstellung eines angemessenen Wärmegrades warmes Wasser zugelassen und in rauher Jahreszeit auch das Badlokal

erwärmt werden. Für Arme ist das nöthige Holz aus dem Armenfonds der Kirchengemeinde abzugeben.

Die Bemühungen, hygienische und rituelle Vorschriften in Übereinstimmung zu bringen, waren von hohem Ernst getragen. Die Regierung wollte auch hier, wie in der Ausbildungsfrage, erzieherisch wirken. Weil sie sich dabei im religiösen Bereich bewegte, konnte und mußte sie entschieden mehr Rücksicht auf die Emotionen der von den Maßregeln Betroffenen und mit Kosten Belasteten nehmen.

V.
Die Gemeinden

1. Braunsbach

Unter Württemberg

Nach dem Anfall an Württemberg wurden auch in Braunsbach sofort herrschaftliche von grundherrschaftlichen Rechten getrennt. Für die herrschaftlichen Abgaben wurde eine besondere Regalienrechnung eingeführt. Davon waren seit dem 13. August 1806 das Konzessionsgeld für die Synagoge, das Schächtgeld und die Judenschutzgelder betroffen, seit dem 13. September auch die Begräbnisgelder. Sie wurden genau anteilig zu diesen Stichtagen abgerechnet, entfielen dann oder wurden an die Kasse des neuen Landesherrn abgeliefert[1]. Ansonsten änderte sich zunächst nichts. Die folgenden Rechnungen des hohenlohischen Amts sind daher seitdem für die Juden nicht mehr aussagekräftig, enthalten auch keine Listen mehr wie ihre Vorgänger fast 100 Jahre lang.

Die Aufhebung des Zunftzwanges und die Öffnung aller Gewerbe für Juden stießen bei vielen christlichen Gewerbetreibenden auf Widerstand. Ein Beispiel dafür bietet der wohl prominenteste Braunsbacher Jude seiner Zeit, der Hoffaktor Hayum Henle. 1819 beantragte er die Konzession für einen Lederhandel, den sein zweiter Sohn Falk betreiben sollte. Falk hatte den Kaufmannsberuf in Fürth erlernt mit dem Schwerpunkt Lederwaren. Die Gerber- und die Handlungsinnung in Künzelsau – Braunsbach gehörte zu diesem Oberamt – legten Einspruch ein. Henles Gesuch wurde von der Kreisregierung abgelehnt. So wandte er sich direkt an das Innenministerium und verwies auf die schwierige Erwerbssituation und die positive Aufnahme seiner Absicht bei der Dorfbevölkerung. Nach Meinung der Künzelsauer Innungen war Henle so reich, daß er es nicht nötig hatte, auch diesen Handel noch zu betreiben. Henle unterstrich, daß er sich auf das Geschäft mit Kalbsleder beschränken wolle. Aus prinzipiellen Gründen lehnte die Regierung das Gesuch ab. Nicht der Handel, sondern Handwerk und Landwirtschaft der Juden sollten gefördert werde. Hayum Henle konnte die Ablehnung verschmerzen[2].

Bei der Neuorganisation des israelitischen Kirchenwesens erhielt Braunsbach den Rabbinatssitz wegen seiner zentralen Lage im Bezirk und der Größe der Gemeinde.

Bereits 1824 hatten die Juden Familiennamen angenommen, die im Öhringer Intelligenzblatt publiziert wurden. Diese Verknüpfung alter und neuer Namen, die man zum Teil auch in den Familienregistern nachvollziehen kann, ist wichtig, wenn man die Verbindung zu den älteren Quellen herstellen will. Ein Teil der mit den neuen Namen geschmückten Juden war

---

1 HZA Archiv Niederstetten, Amt Braunsbach, B 99 Amtsrechnung 1806–07.
2 HStASt E 146 Bü 1199.

nicht mehr in den Schutz aufgenommen worden, weil sie entweder erst nach 1806 volljährig geworden waren oder geheiratet hatten. Die Namen der 33 Haushalte waren nicht besonders phantasievoll ausgewählt. Merkwürdigerweise kam niemand auf die Idee, sich Braunsbacher zu nennen. Gemeinsame Familiennamen weisen auf enge Verwandtschaft hin (Eltern – Kinder – Geschwister). Abraham Isak nannte sich Ertheiler. Josef Abraham und seine Söhne Maier Löb und Hayum Hirsch hießen jetzt Reiß. Die übrigen Namen änderten sich wie folgt:

Nathan Joel	Nathan Pfeifer
Simon und Lazarus Abraham	Simon und Lazarus Schlächter
Abraham und Maier Levi	Abraham und Maier Frey
Abraham Juda	Abraham Uhlmann
Benedikt Israel	Benedikt Mittelberger
Hayum Wolf und sein Sohn Isaak	Hayum und Isaak Wolf
Hayum Moses	Hayum Strauß
Abraham und Isak Hirsch Lippmann	Abraham und Isak Hirsch Guthmann
Hirsch und Moses Hayum	Hirsch und Moses Heumann
Isaak Joseph	Isaak Schiller
Samuel Hayum	Samuel Sontheimer
Abraham, Marx und Hayum Henlein	Abraham, Marx und Hayum Henle
Aron Henlein und sein Sohn	Aron und Jakob Hirsch
Jakob Hirsch Aron	
Salomon Löb Falk	Salomon Falk
Baruch und Moses Michel	Baruch und Moses Adler

Die Brüder Jakob, Abraham Löb und Seligmann Samuel nannten sich Sahm. So hießen auch Maier, der Sohn Jakobs und Moses, der Sohn von Abraham Löb.

Aufgrund der Königlichen »Verordnung, die Bildung und den Wirkungskreis der Vorsteherämter der israelitischen Kirchengemeinden und der israelitischen Oberkirchenbehörde betr.« vom 27. Oktober 1831 fanden 1832 die ersten Wahlen in Braunsbach statt. Da die Gemeinde unter 250 *Genossen* – wahlberechtigten Mitgliedern – bestand, wurde der Vorstand, dem der Rabbiner und der Vorsänger kraft Amtes angehörten, auf drei Beisitzer begrenzt. Gewählt wurden Marx Hertz, Israel Mittelberger und Lazarus Schlächter. Die Gemeinde erhielt seit 1834 einen jährlichen Zuschuß aus der Zentralkirchenkasse. Als Vorsänger diente ihr noch viele Jahre Baruch Adler, der 1842 in Pension ging und 1850 starb. Immerhin waren schon 1829/30 acht Familien so arm, daß ihre Kirchensteuer herabgesetzt wurde. Es gab damals 36 Haushalte und sieben Witwen. Neu zugezogen waren die Familien Grünwald, Rosenthal und Wertheimer. Marx Henle war Vorsteher. Die relative Armut der Gemeinde zeigte sich auch darin, daß eine ganze Reihe Jugendlicher Ausbildungsbeihilfen erhielt.

Ausbildung

Joel Lehmann von Braunsbach weilte seit 1835 als Schulamtszögling im Lehrerseminar Esslingen mit einer Ausbildungsbeihilfe. Das Weberhandwerk erlernten Marx Nathan und Nathan Heumann, die Schlosserlehre absolvierte Joseph Rosenthal. Schuster wurde Aaron Löw Frey, Seifensieder Lazarus Sahm. Weiter gefördert wurden (in Klammern der Beginn der Lehrzeit):

Abraham Stern, Weber (1837)

Elias Mittelberger, Weber (1840)

Salomon Eichberg, Kaufmann (1840)

Hirsch Frey, Schneider (1840)

Joseph Mittelberger, Schuster (1842)

Simon Eichberg, Kaufmann (1842)

Zacharias Sahm, Schneider (1842)

Löw Frey, Schuhmacher (1843)

Löw Adler, Bäcker (1843)

Joachim Sahm, Schuhmacher (1843)

Salomon Sahm, Glaser (1844)

Abraham Schlachter, Schuster (1844)

David Eichberg, Steinhauer (1844)

Lippmann Ertheiler, Schneider (1844)

Marum Mittelberger, Seiler (1846)

Samuel Theodor Eichberg, Kaufmann (1846)

Herz Frey, Drechsler (1846)

Hirsch Sahm, Flaschner (1847)

Über die innere Entwicklung der Gemeinde wissen wir wenig. Ein zum Glück nur seltenes Spektakel erlebte die Synagoge 1838. Während des Gottesdienstes beschimpfte Abraham Henle den Rabbiner Dr. Frankfurter und den Gemeindevorstand auf das übelste, so daß der Gottesdienst abgebrochen werden mußte. Er wurde zu einer viermonatigen Arbeitshausstrafe verurteilt[3].

Die jüdische Gemeinde erwarb 1831 für 160 fl. das halbe Haus des Schuhmachers Odenwälder. 1834 verkaufte sie das Haus, in dem früher der Rabbiner gewohnt hatte, und erwarb ein Haus, das der Witwe des Hoffaktors Hayum Henle gehörte, die in Schwäbisch Hall lebte. Zum Haus gehörten Stallung, Keller, Hofraite und ein Sommergarten. Im Hof befand sich ein Pumpbrunnen. Ausgeschlossen blieben das Hinterhaus und ein Drittel am Brunnen, die Joseph Mittelberger vorab gekauft hatte. Der Preis betrug 1435 fl. Damit konnte dem Rabbiner eine angemessene Bleibe zur Verfügung gestellt werden[4].

Die schlechten Lebensbedingungen, die Mißernten und die Teuerung führten dazu, daß auch aus Braunsbach manche Juden, vor allem Jugendliche, auswanderten. In allen Synagogen des Landes wurde am 19. Juni 1847 ein allgemeiner Gebetstag gegen die Teuerung mit einheitlichen Gebeten analog zu den christlichen Kirchen abgehalten[5]. Ausgewandert sind nach Amerika: 1852 Salomon Löw Falk, Metzger, und Ephraim Rosenthal, 1854 Benedikt Mittelberger, Schuhmacher, Hirsch Sahm sowie der Kaufmann Abraham Schlachter mit Frau. Im Verhältnis zu anderen Gemeinden waren das relativ wenige. Der Schluß auf erträgliche Lebens- und Arbeitsbedingungen ist daher zulässig.

3 StAL E 212 Bü 125.
4 Gemeindearchiv Braunsbach, Kaufbuch.
5 StAL E 212 Bü 105.

Die Schule

Immer wieder waren auch in der Vergangenheit jüdische Kinder durch Privatlehrer unterrichtet worden. Seit 1825 waren es die Lehrer Kahn und Rosenthal. Seit 1829 wurden alle Kinder durch den Lehrer Haarburger unterrichtet. Aber erst als der staatlich geprüfte Jonas Eichberg 1834 zum Lehrer und Vorsänger bestellt wurde, erhielt der bisher geleistete Unterricht die notwendige öffentliche Anerkennung. Die so konstituierte Schule befand sich im Erdgeschoß des Rabbinatsgebäudes, die Lehrerwohnung im gleichen Hause. Eichberg lehrte bis 1857. Ihm folgten bis 1865 fünf kurzfristig tätige Amtsverweser. Der 1865 aufgezogene Lehrer Stern erhielt einen Zuschuß von 120 fl. aus der Zentralkirchenkasse. Er wurde 1873 an das israelitische Waisenhaus in Esslingen berufen. Aus dem von 1866 bis 1871 geführten erhaltenen Schulwochenbuch kann man sich ein zuverlässiges Bild über den Schulalltag und den Fächerkanon machen, in dem Hebräisch eine herausragende Rolle spielte. Die Schule unterstand der Aufsicht der Schulbehörden; sie wurde vom evangelischen Pfarrer visitiert.

Im November 1866 konnten neue Räume für die Schule eingeweiht werden. Rund 20 Kinder besuchten damals die Schule. Nach dem Weggang von Lehrer Stern wurde erwogen, die israelitische Schule aufzugeben, die Schüler in die christliche Grundschule zu schicken. Die Pläne scheiterten. Nach einer Vakanz wurde die Schulstelle 1879 erneut besetzt. Jakob Strauß (* 1853) wurde als Schullehrer und Vorsänger engagiert. Sein Nachfolger wurde 1900 Oberndörfer. Strauß wurde nach Crailsheim versetzt. Zu seiner Verabschiedung traf sich am 22. April 1900, wie das Haller Tagblatt vom 26. April 1900 berichtet, eine große Versammlung im Löwensaal. Schultheiß Fuchs hob die großen Verdienste des scheidenden Lehrers hervor, der seit vielen Jahren aktiv im Gemeinderat mitgewirkt hatte. Strauß hatte für alle Kinder Zeichenunterricht gegeben, worauf der Ortspfarrer Hahn hinwies. Auch der katholische Pfarrer Allgeyer fand lobende Worte. Bleibende Verdienste hatte Strauß sich auch als langjähriger Direktor und späteres Ehrenmitglied des Liederkranzes erworben, als Vorstandsmitglied des Darlehnskassenvereins seit seiner Gründung, als Kassierer und Vorstand des Militärvereins. Der so geehrte und reich beschenkte Lehrer brachte einen Toast auf den konfessionellen Frieden aus. Sein Abschied wurde bedauert, galt er doch als einer der besten Bürger Braunbachs *von trefflichen Charaktereigenschaften*, als tüchtiger und gewissenhafter Lehrer, als angenehmer Gesellschafter und für viele als persönlicher Freund. Alle guten Wünsche der gesamten Gemeinde begleiteten ihn auf seine neue Stelle. Die Braunsbacher Schule war seit 1914 die einzige noch bestehende israelitische Konfessionsschule im heutigen Landkreis.

1919 folgte Julius Wissmann als Lehrer bis zur Auflösung der Schule in der Inflationszeit 1923. Danach besuchten die wenigen Kinder die evangelische Schule. Erst 1933 wurde unter dem Druck der schleichend einsetzenden Verfolgung eine neue israelitische Schule gegründet, an der Simon Berlinger und Manfred Bernheim bis zur erzwungenen Auflösung der Schule 1939 unterrichteten.

Gemeindeleben

Nach der vollen Emanzipation waren Juden auch in den bürgerlichen Gremien vertreten. Salomon Wertheimer, Nathan Pfeiffer und sein Sohn Salomon waren lange Jahre Mitglieder des Gemeinderats. Salomon, der 1931 für sechs Jahre gewählt war, mußte sein Mandat bald nach der Machtergreifung Hitlers niederlegen. Eine interessante Charakteristik des jüdischen

Einflusses findet sich in der Beschreibung des Oberamts Künzelsau von 1883. Dort heißt es: *Der Einfluß der Juden macht sich in dieser Bevölkerungsschicht in einem etwas jüdischen Ton der Sprache geltend. Die Einwohner von Braunsbach sind durch den starken Zuzug von außen, durch das Zusammenleben von Protestanten, Katholiken und Juden in ihrem Charakter, Leben, Kleidung mehr abgeschliffen, städtisch-kosmopolitischer und weltoffener geworden, im Unterschied zur Umgebung.*

Eine Domäne der Braunsbacher Juden war seit dem 19. Jahrhundert der Viehhandel. Bei der Wahl zum Kirchenvorsteheramt waren von 38 Wahlberechtigten 21 Viehhändler, weitere 15 Handelsmänner oder Kaufmann. Ein Bäcker und ein Glaser waren trotz aller Umerziehungsversuche bis 1862 die einzigen früher zunftgebundenen Berufe. Seit 1864 nahm die Zahl der Braunsbacher Juden durch Abwanderung vor allem der jungen Generation in die größeren Städte kontinuierlich ab.

Das Verhältnis zur christlichen Bevölkerung war ungetrübt, weil jeder die Religion des anderen respektierte, wie Pfarrer Heintzeler in seiner Braunsbacher Chronik um 1875 schreibt. Die Juden brachten den christlichen Nachbarn Mazzen (ungesäuertes Brot) und Berches und luden sie am Laubhüttenfest in die festlich geschmückten Laubhütten ein. Offensichtlich war der größte Teil der Braunsbacher Juden Anhänger der streng orthodoxen Richtung, einschließlich der Rabbiner. Die religiösen Vorschriften wurden buchstabengetreu erfüllt, nicht einmal ein Brief am Sabbat geöffnet oder eine Rechnung im Wirtshaus bezahlt.

Wie gut das Verhältnis war, zeigt sich auch im Bericht des Haller Tagblattes vom 7. Januar 1903 über die Trauerfeier für den im Alter von 72 Jahren verschiedenen Alt-Rabbiner Berlinger. Alle Konfessionen beteiligten sich an der erhebenden Feier. Nach den Trauerreden am Sarg in der Synagoge setzte sich der *imposante Trauerzug in Bewegung dem isrealitischen Friedhof zu.* Unter den Gedenkrednern am Grabe waren Oberrabbiner Stössel aus Stuttgart, der Gemeindevorstand Oberndörfer, aber auch Schultheiß Fuchs als Vorstand der politischen Gemeinde und Pfarrer Hahn als Vertreter der christlichen Gemeinde. Der Bericht schließt: *Nicht nur die isrealitische, sondern die ganze hiesige Gemeinde wird dem Heimgegangenen, der von jedermann geachtet und verehrt wurde, wovon auch die zahlreiche Begleitung zur letzten Ruhestätte zeugte, stets ein freundliches und dankbares Andenken bewahren. Möge ihm die Erde leicht sein!*

2. Crailsheim

Die neue Situation

Zahlreiche Probleme beschäftigten in den Jahren nach der Gründung des Königreichs die Regierung bei der Eingliederung der Juden. Vor manchen Festlegungen wurden umfassende Erkundigungen über die Oberämter eingeholt. 1813 wurden die Juden verpflichtet, ihre Pässe deutsch zu unterschreiben. Schutzaufnahmegesuche mußten an die Landvogteiämter weitergeleitet werden. Der Zuzug ausländischer Juden wurde 1814 grundsätzlich untersagt.

Die Bestrebungen, die Juden zur Abkehr vom Schacherhandel zu bringen, begannen schon vor dem Erlaß der Verfassung von 1819. So forderte die Kreisregierung Ellwangen 1818 einen Bericht über den Hausier- und Güterhandel der Juden an. In seinem ausführlichen Bericht[6], der darin gipfelte, daß die Juden *unschädlich* gemacht werden müßten, wollte der Crailsheimer

6 StAL E 175 I Bü 188.

Oberamtmann Deistler nur ausdrücken, was als offizielle Linie der damaligen württembergischen Politik galt: die Juden vom Schacherhandel abzuziehen, daß sie in dieser Tätigkeit niemandem Schaden zufügen könnten, und sie zu als nützlicher betrachteten Tätigkeiten anzuhalten. »Unschädlich machen« war also durchaus positiv gemeint, hat nichts mit Vertreibung und Vernichtung zu tun, wie man leicht annehmen könnte[7].

Aufgrund der Berichte der Oberämter lehnte die Kreisregierung die Erlaubnis zum Güterhandel für Juden generell ab. Der Hausierhandel, der in nahezu allen früheren Privilegien garantiert war, sollte zunächst weiterhin erlaubt sein. Die Regierung schloß sich diesen Vorschlägen an. Juden sollten künftig die erworbenen Güter selbst nutzen oder ihre Kinder Handwerke erlernen lassen. Es würde sich nicht mit den bestehenden gesetz- und ordnungsmäßigen Einrichtungen vertragen, wenn sich alle von ihrer zahlreichen Genossenschaft ausschließlich dem Handel widmeten.

Im Juni 1818 fragte die Regierung an, wie Juden eigentlich den Tod feststellten, weil sie relativ rasch die Toten beerdigten. 1820 wurde eine besondere Verfügung über die Behandlung der Toten erlassen, wonach mindestens 48 Stunden zwischen Todeszeitpunkt und Begräbnis verstreichen mußten. Die Verwendung der deutschen Sprache in den von Rabbinern verfertigten jüdischen Eheverträgen wurde 1818 ebenfalls eingeschärft. Ganz wesentlich war die Einführung jüdischer Familienregister, die 1820 vom Innenministerium angeordnet wurde[8]. Zwar war schon 1807 in einem Generalreskript die Führung solcher Register durch die Gemeindevorsteher in Orten, an denen Synagogen bestanden, angeordnet worden[9], doch hatte sich kaum eine Gemeinde daran gehalten. Geburten, Ehen und Todesfälle sollten seit 1820 chronologisch von den Vorstehern geführt werden. Den Pfarrern der vorherrschenden Konfession wurde zur Auflage gemacht, Familienregister für die Juden zu führen.

Am 2. Januar 1829 wurde dem Juden-Vorsänger auferlegt, alle *durch Geburts-, Sterb- oder Copulationsfälle vorgehenden Veränderungen unverzüglich und bei Strafe dem Stadtpfarramt anzuzeigen*. Vom 1. Januar 1868 an ging die Führung der israelitischen Standesbücher an das evangelische Stadtpfarramt über[10]. Die drei Register (Heiraten, Taufen, Sterbefälle) enden 1876. Ein neues Taufregister führt bis ans Ende der jüdischen Gemeinde. So wird noch am 20. Januar 1939 notiert, daß Helene Rosenfeld geb. Goldstein zusätzlich den Namen »Sara« angenommen hat. Daß sie dazu gezwungen wurde, verschweigt das Register. Auch die 1847 geborene Rosalie Kahn mußte mit 91 Jahren diese Brandmarkung erdulden. Dem Trauregister ist zu entnehmen, daß Salomon Mahrum Crailsheimer oder der Rabbiner Grünwald aus Braunsbach die Trauungen vorgenommen haben. Crailsheimer war 1767 als Sohn des Marum Hirsch aus Bechhofen geboren. Bis zu seinem Tod 1847 fungierte er als Vorsänger, Ortsrabbiner und Schächter.

Die Crailsheimer Juden bestatteten ihre Toten zunächst auf dem Verbandsfriedhof in Schopfloch. Für jede Beisetzung wurden dort vom Friedhofsverband 1–4 fl. erhoben, dazu eine zwischen 10 und 30 kr. schwankende jährliche Umlage von allen steuerpflichtigen Juden im Verbandsgebiet. 1841 wurde am Südhang des Karlsbergs an der Beuerlbacher Straße etwa einen Kilometer außerhalb der Stadtmauern ein eigener Gottesacker angelegt. Über 400 jüdische Bürger fanden bis zur Schließung des Friedhofs hier ihre letzte Ruhe. Im Toten-

---

7 Vgl. dazu ausführlich oben S. 232f.
8 Regierungsblatt 1820, S. 358.
9 Regierungsblatt 1807, S. 577.
10 Vgl. Regierungsblatt 1867.

dem neuen eigenen Friedhof am 5. November 1841[11]. Diese Register wurden nach 1940 an das Reichssippenamt nach Berlin abgegeben und sind dort durch Kriegseinwirkung verlorengegangen. Zum Glück wurde der größte Teil vor der Abgabe verfilmt und steht heute für Forschungszwecke zur Verfügung.

Dann mußte die Frage geklärt werden, ob nach dem Erlaß der Verfassung Juden den Gemeinderat in Crailsheim mitwählen dürfen. Sie besaßen bürgerliche Häuser und zahlten ihre Steuern. Allerdings waren sie nicht förmlich als Ortsbürger aufgenommen, sondern nur als »Staatsschutzbürger«. Die Kreisregierung hielt den Ausschluß der Juden von der Wahl für berechtigt, da der Judenschutz sich nur auf privatrechtliche, nicht auf staatsrechtliche Verhältnisse erstrecke, die Lasten mit Besitz und Gewerbe zusammenhingen und daher nicht von selbst das Bürgerrecht zur Folge hätten, das zur Wahlberechtigung zwingend erforderlich sei. So durften die Juden noch nicht wählen. Als es im Zusammenhang mit den sogenannten Hep-Hep-Unruhen im Sommer 1819 auch im Württembergischen zu Aufregungen kam, warnte die Kreisregierung unter Strafandrohung vor Übergriffen gegen die Juden[12]. Eingeschärft wurde immer wieder das Verbot, am Sonntag Handel zu treiben, so zum Beispiel im Februar 1823.

Konsequent war dann im ersten Gleichstellungsgesetz von 1828 die Verpflichtung zur Annahme von Familiennamen (Art. 3), wie sie auch früher schon praktiziert worden war. So hatte schon 1824 Simon Salomon den Namen Crailsheimer angenommen. Das Oberamt ordnete die öffentliche Bekanntmachung im Schwäbischen Merkur an. Alle Namensänderungen wurden auf diese Weise verbreitet. Aus Isaac Lazarus wurde Ignatz Crailsheim. Seit 1824 nahmen auch die übrigen jüdischen Hausväter im Vorgriff auf die gesetzliche Regelung Familiennamen an. Die letzte Judentabelle alter Art stammt aus dieser Zeit:

Salomon Marum Hirsch	Koppel Isac	Lazarus Salomon
Jesaias Hirsch	David Abraham	Salomon Lazarus
Heym Löw Marx	Mayer Löw	Samuel Veiß Kohn
Nathan Maier	Emanuel Moses	Mendlein Abraham
Hirsch Lämlein	Veis Moses Löw	Herz Abraham
Simon Hänlein	Enslein Feis	Jakob Seligmann
Hundrin Lob		

Verordnungen wurden am Sabbat in der Synagoge durch den Schultheißen publiziert. So wurde den Juden am 14. Mai 1831 eingeschärft, keine fremden Juden ohne polizeiliche Anmeldung übernachten zu lassen. Das war durch eine Polizeiverordnung von 1807 streng verboten und mit hoher Geldstrafe belegt, wurde aber immer wieder praktiziert. Zwei Jahre lang wurde danach eine Übernachtungsliste für fremde Juden geführt. Dann schlief diese Aktion wieder ein.

Welche Probleme sich bei der Integration ergaben, sei an einem charakteristischen Beispiel dargestellt, um gleichzeitig die unsinnige und unseriöse Darstellung in dem Buch »Judendörfer in Württemberg« zurechtzurücken, das nach meinem subjektiven Eindruck vorgefaßte, zudem vielfach falsche Thesen mit einer viel zu geringen Quellenbasis beweisen will und konsequent alle Quellen vernachlässigt, die die Thesen in Frage stellen können. Artikel 2 des Emanzipationsgesetzes schrieb vor, daß *jeder dem Staat angehörige Israelite den in der*

---

11 Filme der Register befinden sich im Hauptstaatsarchiv Stuttgart und im Kreisarchiv Schwäbisch Hall.
12 StAL F 161 Bü 399.

Staatsverfassung vorgeschriebenen Huldigungseid wie andere Untertanen abzulegen hat. Der Eid hatte bei den Juden streng religiösen Charakter und war – wie verschiedentlich bereits geschildert – an vorgeschriebene rituelle Abläufe gebunden. Die christliche Form der Eidesleistung, besonders das Anheben der Schwurfinger, lehnten die Juden daher ab. So war es völlig unklar, wie den Juden ein gleichförmiger Huldigungseid abgenommen werden konnte, ohne ihre religiösen Gefühle zu verletzen. In dieser völlig ungeklärten Lage fragte der Crailsheimer Oberamtmann, dem man keine prinzipiell antijüdische Parteinahme unterstellen kann, bei der Kreisregierung an, wie er sich künftig verhalten solle. Er habe in Crailsheim selbst den Juden den Huldigungseid in Form der Handtreue abgenommen. Er möchte aber nicht in allen Orten z. B. *in Deufstetten und besonders in den Sommermonaten alle Judenhände angreifen.*

Jeggle[13] unterstellt, daß der Amtmann Berührungsängste gehabt habe und es ablehnte, »den Juden, was seine Pflicht gewesen wäre, den Huldigungseid per Handschlag abzunehmen«. So darf man Akten nicht interpretieren. Keineswegs war der Amtmann zum Handschlag verpflichtet oder zu einer Reise nach Unterdeufstetten, dem entlegensten Amtsort. Das Gesetz sagte eben nicht klar aus, wie die Huldigung aussehen sollte, nur der jüdische Eid kam dafür nicht in Frage. Erst am 23. September erging ein Ministerialerlaß über die Form der Ablegung des Huldigungseides durch die Juden. So wurde ihnen das Aufheben der Schwurfinger nicht abverlangt, nur eine kollektive Teilnahme an der Eidesleistung mit den christlichen Mitbürgern. Auch später noch wurden Sonderregelungen getroffen.

Streng wachte man in Crailsheim darüber, daß den Vorschriften genüge getan wurde. Der Gütermakler Moses Rosenfeld, 54 Jahre alt, hatte zwölf Kinder. Fünf Söhne hatten ein bürgerliches Gewerbe erlernt. Nach Art. 28 des Emanzipationsgesetzes wurde ihm die Beteiligung an Grundstücksgeschäften unter Christen untersagt. Noch 1835 wurde eine Bitte um Dispens von dieser Vorschrift abgelehnt.

Im August 1844 beantragte der Schafwollhändler Gundel Oppenheimer aus Olnhausen Beisitzrecht in Crailsheim, wo sein einziger Bruder Veit wohnte. Gundel hatte vier Kinder und besaß ein Vermögen von 8000 fl. Da er keine zehnjährige Berufstätigkeit nachweisen konnte, wurde sein Gesuch abgelehnt[14].

Die Gemeinde

Bis 1835 war Salomon Crailsheimer als Vorsänger im Amt. Dann wurde er pensioniert und erhielt ein staatliches Ruhegehalt von 30 fl. bis zu seinem Tod am 9. August 1847. Crailsheimer war tatsächlich mehr als nur Vorsänger gewesen. Er hatte als Ortsrabbiner amtiert und war auch zuständig für die Juden in Ingersheim, Goldbach und Unterdeufstetten. Das Gesetz von 1828 hatte festgelegt, daß nur noch staatlich geprüfte Rabbiner in dieser Funktion tätig sein sollten. Für die Ablegung dieses Rabbinatsexamens war für die amtierenden Rabbiner eine fünfjährige Frist vorgesehen, die 1833 verstrichen war. Crailsheimer wollte sich mit 65 Jahren keiner neuen Prüfung mehr unterziehen und legte Zeugnisse vor, die belegten, daß er von den Landesrabbinern Samuel Jacob in Wassertrüdingen und Moses Cohn Hochheimer in Ansbach geprüft worden war. Diese Prüfung hatte er 1805 abgelegt. Obwohl Stadtschultheiß und Stadtrat ihm die einwandfreie rabbinische Amtsführung bestätigten, durfte er aufgrund der

13 JEGGLE, S. 28.
14 StAL F 161 Bü 398.

neuen strengen Ordnung nicht im Amt bleiben. So mußte er mitansehen, wie Rabbiner Grünwald aus Braunsbach die einträglichen Trauungen etwa in seinem Amtsbereich vornahm. Er hatte sich gegen die vorgesehene Entlassung beim Innenministerium beschwert, doch hatte er lediglich die Erlaubnis erhalten, bis zur definitiven Besetzung des am 3. August 1832 geschaffenen Rabbinats in Braunsbach seine Funktionen wie bisher wahrzunehmen, danach jedoch nicht mehr.

Crailsheimer war tief gekränkt und bat wenigstens um Belassung als Vorsänger und Schächter. Auch dieses Gesuch wurde, weil es im Widerspruch zum Gesetz von 1828 und seinen erzieherischen Zwecken stand, abgelehnt. Mit 67 Jahren mußte der verdiente Mann seine Gemeindeämter aufgeben. Lediglich als Schächter durfte er noch ein bescheidenes Zubrot verdienen. Auch Joel Rosenthal mußte zum 1. Januar 1835 auf sein Lehramt verzichten, da er die vorgeschriebene Prüfung als öffentlicher Religionslehrer nicht bestanden hatte. Er erhielt keinerlei Pension und stand plötzlich mittellos auf der Straße.

1835 wurde die erste öffentliche anerkannte jüdische Schule in Crailsheim eingerichtet. Sie befand sich zunächst in einem gemieteten Haus. Dieser Zustand galt als unbefriedigend. So sparte man für den Kauf oder die Errichtung eines eigenen Gebäudes, und 1839 konnte man eine geeignete Haushälfte für 1200 fl. kaufen. Darin sollten die Schule und die Wohnung des Vorsingers untergebracht werden. Der Schulfonds hatte bis dahin allerdings erst 200 fl. angespart. Die restlichen 1000 fl. nahm man als Darlehen auf und beantragte außerdem einen Staatszuschuß[15]. Als Unterlage dazu wurde eine Vermögensschätzung der Juden eingereicht. Zum Schulfonds trugen 31 Familien mit 149 Angehörigen in der Stadt selbst und sieben Familien mit 23 Seelen in Ingersheim bei. Von diesen galten 22 Familien als vermögenslos.

Zunächst schätzte eine von den Juden selbst eingesetzte Kommission das Vermögen, aufgeteilt in Kapital- und Gewerbevermögen einerseits, Grundvermögen andererseits. Diese Selbsteinschätzung wurde dann einer Revision durch den Stadtrat unterzogen, der zum Teil zu anderen, meist höheren Werten kam. Die Ergebnisse wurden in einem Verzeichnis zusammengefaßt. Die Stadt gab nur die abweichenden Schätzungen an.

Verzeichnis der Israeliten-Familien dahier und Begutachtung
deren Vermögensverhältnisse

Name	Schätzung von seiten der Israelitischen Behörde		Schätzung von seiten des Stadtrates	
	Kapital- und Gewerbsvermögen	Grundvermögen	Kapital- und Gewerbsvermögen	Grundvermögen
Breunle Kohn, Witwe	16 200	1800		2500
Veis Bamberger, 80 Jahre	–	900		
Herz Mandelbaum, Viehhändler	15 400	600		1000
Veis Oppenheimer	–	–	4000	
Joel Löwenthal, Pfandleiher	500			500
Nathan Hirschmann, Warenhändler	850	300	600	500
Löw Meyer, Speisewirt	2500	700		1200

15 HStASt E 201c Bü 21.

Name	Schätzung von seiten der Israelitischen Behörde		Schätzung von seiten des Stadtrates	
	Kapital- und Gewerbsvermögen	Grundvermögen	Kapital- und Gewerbsvermögen	Grundvermögen
Baruch Löwenthal, Warenhändler	2100	400		800
Abraham Bamberger, Warenhändler	1500	600		1000
Salomon Hirsch Marx, Warenhändler	1700	1900	3000	3000
Alexander Reinemann, Viehhändler	3000	500		800
Isaak Hirsch Lippmann, Viehmakler	975	450	900	600
Nathan Mayer, gewerbslos	600	–		
August Loeser, Posamentierer	–	800	2000	1200
Israel Veis Kohn, blind, gewerbslos	–	600		1000
David Blumenthal, Lumpensammler	–	–	100	200
Samuel Veis Kohn, Speisewirt	–	–		400
Lämlein Hirsch, Schmuser	–	–		400
Moses Rosenfeld, Schmuser	–	–		
Salomon Loeser, Schmuser	–	–		
Koppel Isaac Badmann, Schmuser	–	–		
Abraham Rosenfeld, Bürstenmacher	–	–		
Simon Haenlein, Schmuser	–	300		500
Emanuel Moses Levi	–	–	300	500
Bernhard Stein, Schacherer	–	–		
Gabriel Rosenfeld, Schacherer	–	–		
Jacob Seligmann, Bücherhändler	–	–		
Elias Baer Wolf, Schacherer	–	–		
David Frank, Schmuser	–	–		
Heinrich Rosenfeld, Metzger	–	–	200	
Marx Badmann, Metzger	–	–	25	

Diese Vermögensschätzung, die der Stadtrat am 12. März 1840 unterzeichnete, gibt ein klares Bild der Lebensverhältnisse der Crailsheimer Juden im Vormärz wieder. Die Stadt hatte der Selbsteinschätzung nicht recht getraut und vor allem im Bereich des Grundvermögens die Schätzung zum Teil kräftig nach oben korrigiert, zum Teil überhaupt erst angesetzt. Von den 31 Haushalten besaßen 19 Grundvermögen, zum Teil allerdings sehr bescheidenes. Absolut vermögenslos waren neun Haushalte, vor allem die der Schmuser und Schacherer (7). Die angegebenen Berufe zeigen die traditionellen voremanzipatorischen Möglichkeiten nach der Aufhebung des Zunftausschlusses. Viehhändler (4), Warenhändler (4), Schmuser (6), Schacherer (3), Speisewirte (2) und Metzger (2) stellen das größte Kontingent neben den Hausvätern, die erwerbslos oder alt und krank waren (6). Auch die übrigen Berufe – Pfandleiher, Lumpensammler, Bürstenmacher und Posamentierer –, die je einmal vertreten waren, hatten kein hohes Ansehen. Eine Ausnahme bildet der Buchhändler, der von diesem Gewerbe aber kaum leben konnte und sicher keinen Laden besaß. Aufgrund dieser Erhebungen wurde der erbetene Staatsbeitrag abgelehnt. Als aber 1847 der weitere Hausanteil für 432 fl. erworben wurde, beteiligte sich der Staat mit einem bescheidenen Zuschuß von 100 fl.

Um 1825 besaßen die Juden in Crailsheim zeitweilig keinen Schächter, wie aus einem Bericht des Oberamts hervorgeht. Je nach dem Bedarf an koscherem Fleisch schächteten die christlichen Metzger abwechselnd größere oder kleinere Viehstücke. Die Juden hatten eine Art von Erstkaufsrecht am Fleisch des *koscher gefallenen* Viehs. Den von den Juden nicht benötigten Rest verkauften die Metzger wie normales Fleisch an Christen. Mißlang das rituell einwandfreie Schächten, mußte der Metzger ein neues Stück Vieh schlachten. Angeblich unterwarfen sich die christlichen Metzger diesem Diktat der Religion, um die Juden nicht zu veranlassen, eine eigene Metzgerei einzurichten, denn damit wäre eine neue Konkurrenz entstanden. Auch die Juden hätten natürlich die für sie nicht in Frage kommenden Teile an jedermann verkauft[16].

Seit der Errichtung einer Tunke für die Frauen in der Synagoge 1834 mußte zur Bestreitung der Kosten von jedem rituell geschlachteten, koscheren Pfund Fleisch ein Pfennig eingezogen werden. Der Einzug wurde an den Metzgermeister Heinrich Rosenfeld verpachtet. Auch Auswärtige von Goldbach, Hengstfeld und Michelbach sollten seit 1840 diese Gebühr bezahlen. Gegen diese Neuerung protestierte der Metzger, denn es war nicht einzusehen, warum Auswärtige mit eigenen Frauenbädern das Crailsheimer Bad mitfinanzieren sollten. Mit dieser Beschwerde erhielt Rosenfeld recht.

Bis etwa 1839 gab es überhaupt keinen jüdischen Metzger in der Stadt. Die christlichen Metzger bestellten den von der Gemeinde bezahlten Schächter, der im Normalfall auf Vorbestellung ein Rind pro Woche schächtete. Anschließend besorgte der Schächter nur noch das sogenannte Porschen, die Herausnahme der großen Blutadern aus dem Fleisch. Die Abgabe war nur von dem Fleisch zu entrichten, daß durch die Hand des Schächters gelaufen war. Er zog seine Gebühren selbst bei den Käufern ein. Sein Gehalt taucht daher im Haushalt der israelitischen Religionsgemeinde nicht auf. Als sich der erste jüdische Metzger niederließ, lieferten die christlichen Metzger auf Beschluß der Metzgerzunft kein Fleisch mehr an Israeliten. Bis dahin war das Schächten bei den christlichen Metzgern abwechselnd vorgenommen worden. Erst wenn das koschere Fleisch aus einer Schlachtung vollständig verkauft war, kam ein anderer Metzger an die Reihe. So gab es kein geschäftliches Risiko. Das änderte sich nun, weil der israelitische Metzger ständig schächten ließ. Die Schächtgebühren für Salomon Crailsheimer wurden auf 24 kr. für ein Rind, auf 3 kr. für Schafe, Kälber und Ziegen festgelegt. Geflügel und Ziegenlämmer waren von der Gebühr befreit. Diese Gebühren waren auch bei Hausschlachtungen zu entrichten. Sie wurden nun von der Gemeinde eingezogen und zur Besoldung des Schächters zweckgebunden verwendet. Das Fleisch war also mit Schächtgebühr und der Abgabe für das Bad doppelt belastet.

Auf den erneuten Einspruch von Rosenfeld wurde die Schächtgebühr für Rinder auf 12 kr. ermäßigt. Daraufhin entließ die Gemeinde den Schächter Crailsheimer aus dem Gemeindedienst und schloß mit ihm einen Privatvertrag auf der Basis der ermäßigten, von Rosenfelder aber nicht anerkannten Gebühren ab. Jeder, der jetzt Vieh schächten lassen wollte, auch die jüdischen Metzger, hatten sich an Crailsheimer zu wenden und ihn direkt zu bezahlen. Mit dieser Lösung waren schließlich alle Parteien zufrieden, denn die Kosten wurden jetzt nach dem Verursacherprinzip erhoben. Die Lösung bewährte sich in der Praxis und wurde vom Israelitischen Oberkirchenrat akzeptiert[17].

16 StAL E 175 I Bü 87.
17 StAL E 212 Bü 290.

Die Synagoge

In der Crailsheimer Synagoge hatten die Kinder besondere Plätze. Sie saßen mit dem Gesicht zur Gemeinde in zwei Bänken rechts und links von der heiligen Lade zu beiden Seiten des Vorsängers. Kinder sind Kinder. So blieb es nicht aus, daß es Beschwerden darüber gab, daß die Kinder den Gottesdienst störten. 1856 stellte man Überlegungen an, ob man die Kinder während der Gottesdienste anderweitig betreuen könne. Julius Halheimer und Hirsch Lippmann wollten das übernehmen, so wie es früher auch üblich gewesen war. Doch die Gemeinde stieß auf den Widerspruch des Rabbiners. Mit bissigen Bemerkungen lehnte er der Regierung gegenüber den Wunsch ab und machte seinem Unmut über den Crailsheimer Gemeindevorstand Luft: *Der eine hält sich in Crailsheim für den Messias, der andere figuriert blos neben ihm als dessen Esel!* Den Vorstand bildeten damals Marx Bamberger, Elkan Maier, M. Rosenfeld und S. Levi[18].

1863 wurde die Synagoge, die beträchtliche Altersspuren aufwies, grundlegend umgestaltet. Die Renovierung, kein Neubau, und der Einbau eines Frauenbads sowie die Einrichtung eines weiteren Schulzimmers im Schulhaus verschlangen 3341 fl., an denen sich diesmal der Staat mit 440 fl. beteiligte. Nach Vorplanungen des Werkmeisters Häfner hatte ein Architekt Adolf die Pläne erstellt und die Umbaumaßnahmen geleitet[19]. Ein weiteres Schulzimmer wurde im gleichen Jahr im Schulgebäude eingerichtet. – Nach einer Statistik von 1872 lebten in Crailsheim 119 jüdische Männer und 126 Frauen. Es bestand ein Stiftungsfonds zu Kirchen- und Armenzwecken, der ein Stiftungskapital von 19000 fl. verwaltete. Zur aktiven Unterstützung der Armen gab es außerdem einen Männer- und Frauenverein[20]. Die israelitische Konfessionsschule wurde mit Wirkung vom 1. Juli 1874 zur Volksschule erhoben. Die Gemeinde brauchte seitdem keinen Zuschuß zum Lehrergehalt zu bezahlen. Im November 1877 bestand der Lehrer und Vorsänger Königsberger seine zweite Dienstprüfung und erhielt eine Gehaltszulage. 1900 wurde der Lehrer Strauß aus Braunsbach nach Crailsheim versetzt.

Umerziehung

Die durch das Gesetz von 1828 initiierte berufliche Umerziehung der jungen Judensöhne stieß in Crailsheim auf Schwierigkeiten, da die relativ armen Eltern vielfach das geforderte Lehrgeld kaum aufbringen konnten. Bei der ersten von der Regierung angeordneten Erfassung aller männlichen Jugendlichen im Februar 1829 gab es lediglich acht Jugendliche zwischen 14 und 18 Jahren.

Die vermögenslose Witwe des Maier Abraham hatte fünf Töchter und drei Söhne. Hayum, der älteste, absolvierte in Fürth eine Buchdruckerlehre. Marx erlernte das Metzgerhandwerk in Klein-Nördlingen. Der 14jährige David war körperlich für eine Lehre zu schwach. Auch die zehn Kinder des Schmusers Moses Abraham Rosenfeld waren unversorgt. Marx hatte erfolgreich die Buchbinderei gelernt und arbeitete als Geselle in Crailsheim. Marx Hirsch Badmann wollte Rotgerber werden. Nach 14tägiger Probezeit hatte ihn der Meister wegen angeblicher Unfähigkeit wieder entlassen. Der Stadtrat nahm an, daß der Meister von seinen Kollegen unter Druck gesetzt worden war, die keine Ausbildung von Juden wünschten. Dem

18 Ebd., Bü 41.
19 HStASt E 201c Bü 21.
20 Ebd., Bü 1.

Oberamt wurde nahegelegt, diesem Verdacht nachzugehen. Marx selbst nahm kurz darauf eine Metzgerlehre in Öttingen auf. Abraham Mandelbaum arbeitete in der Landwirtschaft des Vaters. David Rosenfeld war Seifensiederlehrling in Feuchtwangen. Über die Ausbildung von Seligmann und Löw Badmann war noch nicht entschieden.

Einer der ersten Knaben, die eine Lehrzeit mit Hilfe eines öffentlichen Zuschusses absolvierten, war 1833 David, Sohn der Witwe Betti Maier, der das Schusterhandwerk erlernte. Seligmann Badmann ließ sich zum Bäcker ausbilden, Löw zum Drechsler. Gefördert wurden auch Lippmann Künzelsauer, Heinrich Rosenfeld, die Küferlehrlinge Isak Bär Badmann und Nathan Hirsch Wolf. Lehrgeld aus der Israelitischen Zentralkirchenkasse erhielten auch Mändlein Wolf, Schreiner (1837), Hirsch Rosenfeld, Bäcker (1839), Veit Cohen, Glaser (1840), Heinrich Hirsch, Schneider (1842), Maier Rosenfeld, Schlosser (1843), Aron Stein, Ingersheim, Weber (1843), Emanuel Rosenfeld, Seiler (1845), Hesekiel Levi, Ingersheim, Weber (1845), Aaron Wolfsteiner, Ingersheim, Schuster (1846), Jonas Levi, Ingersheim, Bortenmacher (1847), Gabriel Rosenfeld, Schuster (1848), Samuel Hirsch, Säckler (1849), Moritz Blumenthal, Schneider (1849).

Die Aufsicht über die Jugendlichen war scharf. Nachdem Isak Bär Badmann und Nathan Hirsch Wolf ihre Küferlehre erfolgreich abgeschlossen hatten, kehrten sie nach Crailsheim zurück, ohne einer regelmäßigen Arbeit nachzugehen. Das Oberamt trug dem Stadtrat auf, ein wachsames Auge auf beide zu haben, damit sie sich nicht wieder dem verbotenen Schacherhandel zuwandten. Beide wurden vorgeladen und die Übertragung öffentlicher Arbeiten angedroht, wenn sie nicht in ihrem erlernten Beruf arbeiteten. Alle vier Wochen mußten sie sich nun auf dem Rathaus melden und über ihre Tätigkeit Auskunft geben. Auch ihre Arbeitgeber wurden vorgeladen und befragt. Tatsächlich waren beide jungen Burschen krank und mittellos von ihrer Wanderschaft zurückgekehrt. Nach fast einem Jahr erst endete die amtliche Observierung. Alle Gesellen mußten ihr Wanderbuch bei der zuständigen städtischen Stelle hinterlegen. Ohne dieses Buch fanden sie nirgends eine geregelte Anstellung.

Die Überwachung der Juden fand erst mit der Gleichstellung 1864 ihr Ende. Bis dahin wurden tatsächlich alle jüdischen Knaben peinlich genau erfaßt. Insgesamt 62 Namen weisen die sehr gründlich geführten Listen für Crailsheim auf[21]. Die Erfassung begann mit dem Geburtsjahr 1812 und endete mit dem Jahrgang 1849. Erfaßt wurden:

1812	2	1819	2	1826	2	1832	1	1838	2	1844	7
1813	2	1820	–	1827	2	1833	2	1839	2	1845	–
1814	1	1821	–	1828	2	1834	1	1840	1	1846	3
1815	–	1822	2	1829	–	1835	1	1841	2	1847	4
1816	3	1823	2	1830	–	1836	2	1842	2	1848	3
1817	–	1824	2	1831	–	1837	1	1843	1	1849	3
1818	–	1825	1								

Nach der Teilemanzipation

Auch nach dem Gesetz von 1828 unterstanden die Juden einer strengen Aufsicht. Heiraten waren genehmigungspflichtig, auch der Zuzug wurde kontrolliert. Die Genehmigungsbehörde war das Oberamt, das jedoch zuerst den Stadtrat anhörte und seinen Beschlüssen in der Regel

21 Stadtarchiv Crailsheim BA 71.

folgte. Das Oberamt fertigte den Erlaubnisschein aus. Einige Beispiele sollen die Problembereiche erläutern[22]. 1833 wollte der Bürstenbinder Abraham Rosenfeld, 27 Jahre alt, die 29jährige Miriam Jesaias aus Creglingen, die Tochter des Vorsingers Jesaias Ulfelder, heiraten. Sie brachte 600 fl. mit in die Ehe. *Stadtrat und Bürgerausschuß bedauern zwar sehr, daß der Vermehrung der jüdischen Familien keine Schranken gesetzt werden dürfen,* erhoben aber keinen Einwand, da alle Voraussetzungen des Gesetzes erfüllt waren.

Ohne Einwand durfte Hayum Löw Marx mit 48 Jahren 1834 die aus Fürth stammende Zipora Eisig ehelichen. 1837 durfte Nathan Seligmann, der sich jetzt Mayer nannte, die 28jährige Regine Maier aus Buchau mit 750 fl. Mitgift heiraten. Der in Ingersheim geborene Salomon Löw Levi (* 1808), Sohn des Baruch Jacob, verband sich mit Babette Levi (* 1814) aus Ingersheim. Der reiche Handelsjude Mändlein Mandelbaum gab seiner Tochter Jette (* 1815) 2600 fl. Mitgift in die Ehe mit Veiß Oppenheimer (* 1809) aus Olnhausen. Er wies ein Vermögen von 4500 fl. nach. Stadtrat und Bürgerausschuß stimmten der Eheschließung zu und nahmen Veiß als Beisitzer auf.

Es fällt auf, daß das Heiratsalter auch der Mädchen deutlich höher liegt als bei Christen. Die Männer hatten in der Regel jetzt eine qualifizierte Ausbildung. Der Metzgermeister Heinrich Rosenfeld (* 1816) war immerhin 27, als er Rechle Essinger (* 1818) aus Oberndorf heiratete. Sein Bruder, der Buchbindermeister Marx Rosenfeld, war 31. Er heiratete Rosina Weismann aus Harburg. Utz Jeggle charakterisiert das Heiratsverhalten der Juden in den Judendörfern: »Man suchte für die Töchter metropolitane Galane, um Ihnen das Schicksal des idiotischen Landlebens zu ersparen. Die Fremdheit prädestinierte diese Damen, die Kultur der Stadt auf dem Dorf zu vermitteln. Sie wurden nachgeahmt. Was sie hatten, wollten die anderen Frauen auch haben«[23]. Diese Feststellung ist – gelinde gesagt – unsinnig. Man muß sich allerdings die Mühe machen, die Familienregister zu analysieren, um zu völlig anderen Schlußfolgerungen zu kommen.

Der Stadtrat in Crailsheim prüfte bei jedem Heiratsgesuch, 1) ob es zu nahe Verwandtschaft oder sonstige Ehehindernisse gab; 2) ob die Einkünfte beziehungsweise das Vermögen für eine Familiengründung ausreichend war; 3) ob – bei Ausländern – der Aufnahme in das württembergische Staatsbürgerrecht Hindernisse im Wege standen. Einige weitere Ehebewilligungen, die wertvolle familienkundliche Informationen liefern, seien nur tabellarisch mitgeteilt:

1843 Salomon Löw Levi, Viehhändler aus Ingersheim, Witwer
     mit Schoilen (Jeanette) Deplitz (Toplitz) aus Schopfloch.
1844 David Rosenfeld, Seifensiedermeister,
     mit Esther Landesberger aus Ichenhausen.
1844 Marx Bachmann, Metzgermeister,
     mit Friederike Weiler aus Tennenlohe.
1844 Baruch Mayer, Sattlermeister aus Unterdeufstetten,
     mit Therese Löwengart aus Pflaumloch.
     Sie erhalten Bürgerrecht in Crailsheim.
1844 Samuel Israel Hallheimer, Metzgermeister aus Ingersheim,
     mit Zipora Murr (* 1808) aus Deggingen.
     Hallheimer (* 1816) hatte seine Militärdienstpflicht erfüllt.

22 StAL F 161 Bü 398.
23 JEGGLE, S. 226.

1845 Isak Hirsch Beer (* 1816), Metzgermeister aus Goldbach,
   mit Hanna Offner (* 1814) aus Aufhausen.
   Bedenken wurden geäußert, weil es schon zwei Metzger in Goldbach gab.
1845 Gabriel Rosenfeld (* 1809), Nadler,
   mit Karoline Kühn (* 1818) aus Fürth.
1845 Joel Falk (* 1809), Viehhändler aus Braunsbach,
   mit Fanny Meyer (* 1817) aus Goldbach.
1846 Baruch Löwenthal, Kramhändler,
   mit Fanny Allmayer aus Ederheim (Öttingen).
1847 Bär David, Witwer, ehemaliger Vorsänger,
   mit Hefla Sahm aus Braunsbach.
1848 Löw (Leopold) Rosenthal (* 1818), Maurer aus Unterdeufstetten,
   mit Malca (Mina) Essinger (* 1820) aus Oberndorf.

Nach der Revolution von 1848 war der Stadtrat nicht mehr mit Heiratsbewilligungen befaßt. Ausführlich überliefert ist die Behandlung des im März 1843 gestellten Antrags auf Verleihung des Beisitzrechts in der Stadt an David Jacobi, Säcklermeister und Kappenmacher aus Aufhausen. Er hatte sich mit Jeanette Rosenfeld, der Tochter des Moses Rosenfeld, verlobt und strebte das Beisitzrecht in der Stadt an. 1832 hatte er seine Lehre beendet, hatte dann im 6. Infanterie-Regiment gedient und nach Ende der zehnjährigen Wartezeit das Meisterrecht bei der Zunft in Bopfingen erworben. Der Erwerb des Beisitzrechts war zu dieser Zeit an den Nachweis eines Vermögens von 800 fl. gebunden. Der Brautvater Rosenfeld hatte 14 Kinder und galt als vermögenslos. Die beiden in Crailsheim tätigen Kappenmacher wandten sich gegen die beabsichtigte Konkurrenz, von der sie ihren Ruin befürchteten.

Der Stadtrat lehnte das Gesuch ab, weil Jacobi das Vermögen seiner Braut nicht ausreichend nachweisen konnte. Die Bedenken gründeten sich auf mehrere weitere Faktoren: Noch nie habe sich ein Säckler in Crailsheim ernähren können, und Kappenmacher seien genügend vorhanden. Die Judengemeinde bestehe zudem bereits aus zumeist verarmten Mitgliedern. Das Oberamt als nächste Instanz bestätigte die ablehnende Entscheidung des Stadtrats. Jacobi wandte sich an die Kreisregierung, die den Oberamtsbescheid verwarf, weil alle gesetzlich notwendigen Voraussetzungen für die Aufnahme gegeben waren. Gegen diese Entscheidung appellierte der Stadtrat an das Innenministerium. Daraufhin wurde das Warenlager Jacobis in Aufhausen, das im wesentlichen sein Vermögen bildete, taxiert. Nach Meinung des Stadtrats war der Wert viel zu hoch angesetzt, um auf die geforderte Summe zu kommen. Es handle sich zumeist um nicht absetzbare Ladenhüter. Das Innenministerium verwarf die Einwände der Stadt, die trotzdem den Aufzug Jacobis nicht duldete. Nach drei Jahren gab der Säckler entnervt seine Bemühungen auf und ließ sich alle von ihm eingereichten Unterlagen zurückgeben.

Ausklang des Jahrhunderts

Der Konkurrenzneid der Christen zeigte sich an einem Vorfall, der sich 1840 abspielte. Im September dieses Jahres beschwerte sich die Crailsheimer Handlungsinnung über den Umfang der Geschäfte der jüdischen Kaufleute Marx und Bamberger und erwirkte eine Beschränkung der Geschäftskonzessionen durch die Kreisregierung auf bestimmte Artikel. Beide Juden protestierten erfolgreich gegen diese diskriminierende und geschäftsschädigende Maßnahme beim Innenministerium.

Hayum Löw Marx wurde 1802 als preußischer Schutzjude in Crailsheim aufgenommen. Er eröffnete ein gutgehendes Ellenwarengeschäft, das er 1815 seinem Geschäftspartner und Adoptivsohn Salomon Hirsch Marx (* 1808) übertrug. Salomon wurde 1830 als Beisitzer in der Stadt angenommen und als selbständiger Kaufmann in den Gewerbekataster eingetragen. Abraham Bamberger heiratete 1830 die Witwe des Isaias Hirschmann und übernahm das Ellenwarengeschäft des Verstorbenen. Auch er erhielt das Beisitzrecht in der Stadt. Sowohl der Gemeinderat als auch das Oberamt erklärten, daß ein echter Bedarf an Ellenwaren aller Art in Crailsheim vorhanden sei, der durch die langjährige erfolgreiche Betätigung beider Händler in diesem Metier offenkundig sei. Die Geschäfte der Beschwerdeführer waren alle später entstanden. So hob das Innenministerium die einschränkende Verfügung der Kreisregierung auf und stellte für beide Bittsteller die volle Handlungsfreiheit mit allen Ellenwaren und dem notwendigen Zubehör wieder her[24].

Nach der vollen Emanzipation stieg die Zahl der Juden in Crailsheim allmählich an, vor allem durch Übersiedler aus benachbarten kleineren Gemeinden. Mit 325 Juden war 1910 der zahlenmäßige Höhepunkt der Gemeinde erreicht. Schon 1925 lebten nur noch knapp 200 Juden hier. Die industrielle Entwicklung machte auch vor Crailsheim nicht halt. Der Kaufmann Rosenfeld gründete eine Getreidehandlung, Josua Stein eine Landmaschinenfabrik.

Die Juden waren bis zur Jahrhundertwende gesellschaftlich voll integriert. Im Turnverein, im Roten Kreuz, in der Freiwilligen Feuerwehr oder in den nach dem Ersten Weltkrieg entstandenen Soldatenvereinigungen waren sie Mitglied. Fünf Juden kehrten aus dem Ersten Weltkrieg nicht mehr zurück, mehrere erhielten hohe Auszeichnungen für ihre Tapferkeit. Wenige Jahre später zählte das alles nicht mehr.

Die Juden führten in ihren Geschäften vor allem die Dinge des täglichen Bedarfs. So gab es eine Bäckerei (Moses Rosenthal), eine Metzgerei (Max Mezger), eine Damenschneiderin (Flora Levy), mehrere Manufakturwarengeschäfte (Moses Eppstein, Samuel Friedmann, Sidonie Schlesinger), zahlreiche Viehhändler (Max Essinger, Julius Goldstein, Julius Gutmann, Karl Hallheimer, Luis Mezger, Julius Steiner), aber auch einige Großhandlungen, die mit Landesprodukten, Eisenwaren, Tabakwaren oder Farben handelten (Hermann Hilb, Nathan Kohn, Nathan Landauer, Julius Levi, Mezger & Stein, Rosenfeld & Cie., Gebrüder Stein). Diese Aufzählung könnte noch um einige weitere Namen ergänzt werden. Überörtliche Bedeutung hat kein Unternehmen gewinnen können[25].

3. Dünsbach

Erste Maßnahmen

Eine der ersten Maßnahmen der neuen königlichen Regierung nach der Mediatisierung war das Verbot der weiteren Zahlung des Schulgeldes und des Schutzgeldes an die Herrschaft. Die Besitzwechsel der Häuser und Haushälften lassen sich im 1764 angelegten Morsteiner Lagerbuch

---

24 HStASt E 146 Bü 1199.
25 Vgl. Deutscher kaufe nicht beim Juden! Verzeichnis jüdischer Geschäfte in Württemberg und Hohenzollern, 1935.

nachweisen. Als typisches Beispiel kann das von Joseph Abraham übernommene Haus dienen. 1764 gehörte eine Hälfte mit einem halben Gemeinrecht der Witwe Eva Maria Hettinger. Sie bewohnte das Erdgeschoß mit Stube, Küche, Stubenkammer und einem Kämmerlein. Vorn stieß das Haus an die Dorfstraße und besaß hinten einen Sommergarten. 1774 kaufte Aaron Gabriel diese Hälfte. Sie fiel 1779 an Löw Gabriel und wurde 1831 von Pfeiffer Schwab im Namen der jüdischen Gemeinde *zu einer Badanstalt und Kirchhofvergrößerung* erkauft. 1847 kaufte Löw Steiner den Hausanteil. Zur oberen Hälfte gehörte ein Stall. Sie fiel 1764 an Joseph Abraham, *der die Manassische Witwe geheiratet hat*, 1781 an seinen Sohn Jekof Manasse, 1823 an dessen Sohn Löw Steiner. Seit 1847 besaß dieser das ganze Haus.

Auch die Besitzerfolgen – und damit Hinweise auf Filiationen – der 1764 in jüdischer Hand befindlichen Häuser des Pfeifer Michael, des Schmul Jakob, des Michel Manasse oder des erst 1777 durch Lippmann Israel erworbenen Hauses sind nachvollziehbar[26]. Die relative Stabilität des Hausbesitzes in den Familien zeigt die Prästationstabelle von 1810/11, die die grundherrlichen Abgaben für Häuser nachweist.

Löw Gabriel und Jekof Manasse	ein Haus
Aaron Joseph	ein Häuslein
Aaron Moises Arnstein	ein Haus
Immanuel Pfeifer, Israel Pfeifer, Aaron Gabriel	ein Haus
Moises Loeser	ein halbes Haus
Manasse Jekof	ein Haus
Löw Moises und Simson Joel	ein Haus.

Seit 1808 wurden jüdische Familienregister in Dünsbach geführt. Das war wegen der komplizierten Namensgebung der Juden nicht einfach. Als um 1820 ein neues Register angelegt wurde, beklagte sich der Verfasser: *Solange nicht die Regierung Württembergs gleich anderen Regierungen die Juden zur Annahme bestimmter Familiennamen anhält, wird in diese Familientafeln weder Licht noch Ordnung gebracht werden können.* Das sahen die Dünsbacher Juden selbst ein und nahmen 1825 Familiennamen an, die von der Obrigkeit genehmigt und im März des gleichen Jahres im Schwäbischen Merkur publiziert wurden[27].

Die Übersiedlung von Juden aus Gemeinden außerhalb Württembergs nach Dünsbach kam einer Auswanderung gleich. So erlaubte 1822 der Stadtrat von Fürth der Vögele Mannes die Heirat mit dem Handelsmann Loeb Jacob Steiner in Dünsbach und die Auswanderung[28]. Eine ähnliche Erlaubnis erhielt Gietel Neumark aus Windsbach durch das Landgericht Heilsbronn, als sie Pfeiffer Simon, den ältesten Sohn von Simson Joel in Dünsbach heiraten wollte[29].

Die nun zur Gutsherrschaft degradierten Freiherren sahen das Anwachsen der Judenschaft, auf das sie keinen Einfluß mehr ausüben konnten, nicht gern, zumal sie ja keinen Vorteil mehr davon hatten. Als der Jude Moses Löser starb, wollte seine Witwe ein Drittel des Hauses auf ihre Tochter übertragen, die damit Wohnrecht auch für ihren künftigen Ehemann erhielt. Dieser Aufsplitterung der grundherrschaftlichen Rechte widersetzte sich das Amt Morstein. Der Amtmann schrieb an das württembergische Oberamt Gerabronn unter ande-

---

26 Archiv Morstein, Amt Morstein, Lagerbuch von 1764.
27 Familienregister Dünsbach, Filmkopie im Kreisarchiv.
28 StAL F 168 Bü 436a.
29 Ebd., Bü 436d.

rem: *Übrigens ist es einem etc.* (OA Gerabronn) *selbst bekannt, daß der Ort Dünsbach bereits schon mit Juden – und zwar mit vielen armen – überschwemmt ist, so daß von mehreren die gutsherrlichen Gefälle nicht mehr entrichtet werden können. Man wird es daher der Gutsherrschaft nicht verdenken, wenn sie auf allen Seiten vorbeugt, daß noch mehrere Häuser in den Besitz der Juden kommen, denn wollte man bei der ganz außerordentlichen Fruchtbarkeit dieser Nation allen ortseingeborenen Juden und Jüdinnen gestatten sich einzukaufen und anzusiedeln, ohne Nachweise über ihre Fähigkeit sich fortzubringen zu fordern, so würde Dünsbach bald e i n k l e i n e s J e r u s a l e m werden.*

Ein kleines Jerusalem – dazu kam es in Dünsbach und anderswo nicht, aber die Tatsachenfeststellungen des Amtmanns trafen zu. Die überaus hohe Geburtenzahl wurde jedoch durch die vielfach nachweisbare ebenso hohe Kindersterblichkeit relativiert. Diese ablehnende Haltung verschärfte sich, aber das mag auch individuell bedingt gewesen sein. Als 1833 Joseph Stein aus Dünsbach Niederlassungsrecht in Morstein erhielt, schrieb der Gutsherr: *Wir haben solches Gesindel genug in Dünsbach und hätten nicht auch noch welches in Morstein gebraucht*[30]. Die Gemeinde Dünsbach bestand 1828 aus 101 Seelen mit 13 selbständigen und vier Witwenhaushalten. Für sie zuständig war der Rabbiner in Braunsbach. Vorsänger, Schächter und Lehrer war seit 1814 Simon Nördlinger aus Pflaumloch. Er unterrichtete die Kinder, die die christliche Ortsschule besuchten, in Religion. Der eigene Begräbnisplatz wurde aus einer Kasse finanziert, die aus einer jährlichen Umlage, Gebühren beim Aufruf zur Thora und aus Begräbniskosten finanziert wurde. Zwei arme Witwen wurden durch Umlage mit wöchentlich 1 fl. unterstützt. Für diese Armenumlage waren die Steuerpflichtigen in drei Vermögensklassen eingeteilt.

Kompliziert, aber sozial sehr ausgewogen war der Modus für die Erhebung der übrigen Aufwendungen. Der Anteil an den Rabbinatskosten wurde hälftig als Kopf- und Vermögenssteuer entrichtet. Das Gehalt des Vorsängers wurde zu je einem Drittel als Familien- und Vermögenssteuer finanziert, zu einem Drittel auf die Familien mit schulpflichtigen Kindern nach der Kinderzahl umgelegt. Die Unterhaltung der Synagoge wurde aus Opfern bestritten, die des Frauenbades von den Benutzern getragen[31]. Bei der Schaffung der israelitischen Kirchenorganisation wurde die Gemeinde Dünsbach mit der wesentlich kleineren Gemeinde Gerabronn vereinigt, obwohl beide ihre Selbständigkeit behalten wollten.

Die Vermögensverhältnisse waren nicht sehr gut. Seit 1829/30 mußten anstelle der früheren Schutzgelder Personalsteuern an die neu geschaffene Israelitische Oberkirchenkasse gezahlt werden. Es bestand die Möglichkeit, auf Antrag Steuernachlaß oder Steuerbefreiung zu erhalten. Die Anträge mußten vom Kirchenvorstand, von der politischen Gemeinde und vom Oberamt unterstützt werden. Im Rechnungsjahr 1834/35 zahlten zehn Familien und die Witwe Kahn die volle Steuer. Die übrigen vier Haushalte, also fast ein Drittel, waren wegen Bedürftigkeit von der Steuer befreit. Erst seit 1851 ging die Zahl der Befreiten zurück. Seit 1871 zahlten alle noch vorhandenen 14 Haushaltungen ihren Obolus. 1830 erwarb die kleine Gemeinde das halbe Haus des Löw Gabriel von seiner Witwe, über die ein Zwangsvollstreckungsverfahren (Gant) verhängt worden war, für 85 fl. und richtete darin ein Schullokal und das Frauenbad ein. 1836 erwarb sie für 690 fl. ein zweites Gebäude, in dem der Lehrer und Vorsänger Nördlinger eine Wohnung erhielt.

30 Archiv Morstein, Rentamt Hornberg, Bü 251.
31 StAL E 212 Bü 181.

Vor 1828 schon hatte man einen eigenen Friedhof angelegt, um die weiten Wege zunächst nach Schopfloch, nach 1750 aber zum Braunsbacher Friedhof zu sparen. 400 fl. hatte man dafür investiert, weitere 400 fl. in das neue Frauenbad. Es war nötig geworden, nachdem die Kreisregierung die hygienischen Verhältnisse der Frauenbäder und den gesundheitsschädlichen Gebrauch kalten Wassers beanstandet hatte. Daraufhin wurde – wie oben geschildert – eine Visitation aller Bäder durch die Medizinalvisitationskommission durchgeführt. Das Dünsbacher Bad konnte mit warmem Wasser beschickt werden. Ein ordentlicher Ablauf war auch vorhanden. Bis zum Neubau war das Bad in einem Privathaus untergebracht[32]. Noch 1821 hatte die Gemeinde sich außerstande gesehen, aus Kostengründen für erwärmtes Wasser zu sorgen.

1847 wurde das Schulhaus mit dem Bad für 200 fl. an Löw Steiner, der die andere Hälfte geerbt hatte, das Lehrerhaus für 750 fl. an Pfeiffer Schwab verkauft. 3300 fl. jedoch kostete der Neubau von Schule, Bad und Lehrerwohnung, zu dem ein Staatsbeitrag von 250 fl. gewährt wurde. Für das den Vorschriften entsprechende Frauenbad wurde ein eigener Brunnen gegraben. Ein Backofen wurde ebenfalls in dem Gebäude errichtet. Den Baugrund erwarb man von Abraham Stern, der für 110 fl. ein Stück seines Gemüsegartens opferte. Durch diese kurzfristig aufgelaufenen Investitionen, die weitgehend durch Darlehensaufnahme finanziert wurden, war die Gemeinde hoch verschuldet[33]. Den Schulunterricht hatte seit vielen Jahren Simon Nördlinger erteilt. Er war der einzige alte Vorsänger im Lande, der 1830 die neu eingeführte Staatsprüfung bestand und als Religionslehrer im Dienst bleiben konnte. 1815 hatte er sein Amt angetreten und 1822 Breindel Wassermann geheiratet. Im März 1865 erhielt er von König Karl nach 50 Dienstjahren die silberne Zivilverdienstmedaille. Mit 76 Jahren suchte er 1867 um seine Pensionierung nach, die er in Gnaden erhielt. Seine Pension betrug 250 fl. 1871 starb er kinderlos und hoch betagt[34].

Der Rückgang der Kinderzahlen gefährdete die jüdischen Schulen. Nach einer Statistik von 1872 gab es damals nur noch zehn schulpflichtige Knaben und zwei Mädchen in Dünsbach. Die Schule wurde bis 1865/66 mit 75 fl., danach mit 95 fl. Staatsbeitrag gefördert. Große Mühe gab sich die württembergische Regierung um die Förderung der Ausbildung in gewerblichen Berufen.

Berufliche Bildung

Simson Herrmann (* 1829) war der Sohn des Pfeifer Simon. Er sollte das Metzgerhandwerk erlernen, war aber noch zu schwach. Jakob Steiner litt an den Folgen eines Sturzes vom Pferde und sollte eigentlich eine Schreinerlehre beginnen; Rufen Strauß (* 1828) übernahm 1846 den elterlichen bäuerlichen Betrieb und entzog sich damit der Ausbildung, lernte dann aber bei seinem Vater, der als Bauer und Viehhändler arbeitete. Schulein Steiner war 61 Jahre alt und hatte zehn Kinder, darunter acht Söhne. Zwei davon lebten bei ihm. Jakob bewirtschaftete die 25 Morgen teils eigener, teils gepachteter landwirtschaftlicher Güter. Joel Hermann (* 1834) Sohn des Handelsmannes Pfeifer Hermann, war 1848 noch zu schwach für einen Lehrberuf. Nathan Stern von Morstein (* 1836) Sohn des vermögenslosen Handelsmannes Joseph Stern,

---

32 StAL E 175 I Bü 89.
33 HStASt E 201c Bü 21.
34 Ebd., Bü 88.

lernte die Metzgerei. Er beabsichtigte, nach Amerika auszuwandern, und hielt diesen Beruf trotz der Bedenken des Oberamts für die richtige Basis. Sein Bruder Abraham (* 1838) wollte ebenfalls auswandern.

Löw Wassermann (* 1836) Sohn des Viehhändlers Pfeifer Wassermann, erlernte die Metzgerei bei Lipmann Jandorf in Hengstfeld, dem Schwager seines Vaters. Moses Kahn (* 1839) Sohn des Wirts und Handelsmannes Jacob Kahn, wanderte 1854 nach Amerika aus. Maier Kahn (* 1841) Bruder des Moses, wanderte ebenfalls 1856 ohne Ausbildung aus. Moses Steiner arbeitete in der Landwirtschaft der Eltern. Lazarus Strauß (* 1843) wollte 1857 nach Amerika auswandern. Jakob Steiner (* 1846) Sohn des Handelsmannes und Metzgers Seligmann Steiner, wollte 1859 auswandern, *ein Antrag, zu dem von Israelitensöhnen des diesseitigen Bezirks nicht selten gegriffen wird.* Alles in allem wurden die Kinder vielfach, den Absichten des Gesetzgebers entsprechend, vom traditionellen Handel durch die qualifizierte Ausbildung ferngehalten.

Familienverhältnisse

Werfen wir einen kurzen Blick auf die Familienverhältnisse der Juden in Dünsbach. Zwischen 1784 und 1869 wurden 33 Ehen geschlossen, davon drei Zweit- und eine Drittehe, also 29 Familiengründungen. Diesen 33 Ehen entsprangen 189 Kinder, also im Durchschnitt sechs. Aus sieben Ehen stammten zehn und mehr Kinder, drei waren kinderlos. Zieht man diese zehn Ehen ab, verbleiben 109 Kinder, die sich auf 23 Ehen verteilen, also im Durchschnitt knapp fünf Kinder. Tatsächlich lag auch in anderen Orten die normale Kinderzahl zwischen drei und acht. Von den 189 Kindern starben 48, also rund 25 %, vor dem zehnten Lebensjahr, davon 25 aus den kinderreichen Familien. Hier betrug die Rate der Kindersterblichkeit über 31 %. Mindestens 20 Kinder wanderten nach Amerika aus, viele Mädchen heirateten nach auswärts.

Nach 1870 ging die Zahl der jüdischen Einwohner stetig zurück. Lediglich fünf Ehen wurden danach noch geschlossen, aus denen bis zur letzten registrierten Geburt 1926 sieben Kinder entstammten. Ihnen standen allein seit 1890 23 Sterbefälle gegenüber. Für die bis 1871 durch das Oberamt Gerabronn registrierten Auswanderungen gab es im wesentlichen zwei Gründe: Aufbau einer wirtschaftlichen Existenz in Amerika oder Heirat jenseits der Landesgrenzen[35]. 1845 heirateten Dina Arnstein nach Neckarzimmern und Matha Gutmann nach Sennfeld, 1846 Haye Schwab nach Weiler, sämtlich in Baden gelegen. Sie mußten deshalb auf ihr württembergisches Staatsbürgerrecht verzichten, wie Carline Arnstein, die einen Hausstand in Bödigheim begründete.

Nach Amerika gingen 1853 Löw Wassermann, 1854 Joel Hermann und Löw Steiner, 1855 Moses Kahn und Moses Strauß. Manche wollten sich auch offensichtlich vor dem Militärdienst drücken wie Löw Kahn, der unmittelbar vor seiner Rekrutierung auswanderte. Meist waren es ledige junge Burschen, die Dünsbach verließen. Mit dem beträchtlichen Reisegeld von 1000 fl. machte sich 1871 Michael Steiner auf den Weg, begleitet von den guten Wünschen seines Vaters. Einer der Auswanderer stiftete 1884 die steinerne Umfassungsmauer für den Friedhof. In mehr und mehr verwitternder Schrift steht dort auf den Pfeilern des Tores: *Hirsch Steiner aus Schigago.* Woher sollte der biedere Steinmetz auch diesen Ort in der Neuen Welt kennen?

---

35 StAL Rechnungen der Israelitischen Oberkirchenkasse 1875 ff. Bd. 126 ff..

Die Zahl der jüdischen Haushalte erreichte 1849/50 mit 23 ihren absoluten Höhepunkt und sank dann bis 1870 auf 18, bis 1875 auf zehn Familien ab. Nach den Volkszählungsergebnissen ergab sich folgendes Bild:

	Gesamt	Juden	%		Gesamt	Juden	%
1821	706	88	12,5	1867	503	59	11,7
1826	521	101	19,3	1871	486	50	10,3
1829	754	103	13,6	1885	544	29	5,3
1833	534	97	18,1	1890	514	22	4,3
1839	547	99	18,1	1895	508	23	4,5
1843	578	98	16,9	1900	759	20	2,6
1846	600	94	15,6	1905	746	13	1,7
1854	607	95	15,6	1910	684	13	1,9
1861	620	72	11,6	1925	635	12	1,9
1864	501	66	13,7	1936	657	10	1,5

Als im Jahre 1875 die Personalsteuern aufgehoben wurden, zahlte die kleine Gemeinde jährlich 15 fl. an die Zentralkirchenkasse. Nach der Umstellung auf Mark zahlte Dünsbach seit 1881 11 Mark zu den Rabbinatskosten und ebensoviel zur Kirchenkasse, seit 1891 insgesamt 15 Mark jährlich. Noch 1900 erhielt die Gemeinde einen Zuschuß von 50 Mark aus einem Fonds für ökonomisch bedrängte Gemeinden. Seit 1915 zahlte die Gemeinde keine Beiträge mehr, da das für die Berechnung zugrunde gelegte Vermögen-Steuerkapital den Mindestsatz von 500 Mark nicht mehr erreichte. Die Schule war kurz nach 1900 geschlossen worden[36].

Die Gemeinde wurde nach dem Ersten Weltkrieg aufgelöst. Schon vor der nationalsozialistischen Machtergreifung kam es zu Belästigungen der wenigen noch in Dünsbach lebenden Juden. Im Mai 1930 wurden Grabsteine auf dem jüdischen Friedhof von unbekannten Tätern umgestürzt. Die Synagoge wurde 1930 verkauft und 1935 abgebrochen. 1921 lebten in Dünsbach noch 13 Juden, 1933 noch acht, von denen sechs zur Familie Adler gehörten. Einer war der 1921 geborene Otto S. Adler. Sein Vater Rudolf, Frontkämpfer im Ersten Weltkrieg für sein deutsches Vaterland, der bis 1938 ein Gemischtwarengeschäft betrieb, und sein Bruder starben in Auschwitz, die Mutter und die Schwester in Riga, die Großmutter in Theresienstadt. Nach einer abenteuerlichen Flucht gelangte Otto als einziger Überlebender über Spanien 1941 in die USA und wurde dort 1943 Soldat. 1945 kehrte er ins Zivilleben zurück[37].

4. Gerabronn

Die kleinste Gemeinde

Gerabronn war 1828 die kleinste jüdische Gemeinde im heutigen Landkreis. Hier wohnten 29 Juden mit fünf selbständigen und einem Witwenhaushalt. Ihre Synagoge war ein Zimmer in einem Wohnhaus. Der einheimische, seit 1822 tätige Vorsänger und Schächter Abraham Moses, später Gutmann genannt, verdiente nur 45 fl. im Jahr und unterrichtete die wenigen

36 StAL F 168 Bü 409ff.
37 HStASt J 305 Dünsbach.

Kinder, die die allgemeine Ortsschule besuchten, in Hebräisch und Religion. Einen zuständigen Rabbiner kannte man nicht. Die Verstorbenen kamen wie seit Menschengedenken auf den Friedhof nach Schopfloch. Die Besteuerung war analog zu Hengstfeld geregelt, und wie diese Gemeinde hatte man noch Beiträge zur ansbachischen Landjudenschaft zu zahlen. Auch die Gerabronner Juden tendierten wie Wiesenbach zum Rabbinat Niederstetten, kamen dann jedoch zum neu errichteten Rabbinatsbezirk Braunsbach.

Eine selbständige Gemeinde wurde nicht errichtet. Die Gerabronner Juden wurden an die benachbarte größere – was die Zahl der Juden anbetrifft – Gemeinde Dünsbach angeschlossen. Damit die Kinder den zweistündigen Weg dorthin nicht laufen mußten, kam Vorsänger Nördlinger aus Dünsbach zum Religionsunterricht und erhielt dafür einen Geldbetrag aus der Zentralkirchenkasse seit 1835. Gutmann behielt danach nur das Amt des Schächters. Im Rechnungsjahr 1829 zählte die Gemeinde sechs Familien: den Vorsteher Hayum Landauer, Salomon Aron, Abraham Gutmann, Aron Koppel, David Hayum und Moses Lazarus[38]. Auch hier war es um die Vermögensverhältnisse nicht zum Besten bestellt. 1834/35 wurden die drei letztgenannten von der Personalsteuer befreit. Eine Ermäßigung erhielt Blümlein Stern, deren Mann nach zweijähriger Ehe verstorben war, Marx Landauer, der sich gerade verheiratet hatte, und Abraham Gutmann. Voll bezahlten der Vorsteher, Salomon Aron und der neu hinzugekommene Joel Gutmann. Wolf Sterner aus Wilhermsdorf, gelernter Tuchmacher mit Meisterbrief, heiratete die Witwe Blümlein Stern, eine geborene Landauer. Sie erhielt von ihren Brüdern 700 fl. Heiratsgut. Nach mehreren vergeblichen Anläufen erhielt Sterner 1841 das Bürgerrecht in Gerabronn, nachdem sich der Stadtrat wohlwollend für ihn eingesetzt hatte. Das Oberamt hatte sich abweisend gezeigt[39].

Im gesamten Oberamt Gerabronn gab es 1843 22 männliche israelitische Jugendliche, die der Ausbildungsaufsicht unterworfen waren. 16 davon befanden sich in einer ordentlichen Lehre, zwei besuchten das Gymnasium, einer die Lehrerpräparandenanstalt. Die Ausbildung bei den Eltern als Landwirt wurde argwöhnisch beobachtet. Vielfach waren die jungen Burschen hier tatsächlich billige Arbeitskräfte. Auch lag der Verdacht nahe, daß sie durch Schacherhandel ihr Bareinkommen verbesserten. Oft machten die Eltern Zusicherungen hinsichtlich der künftigen Ausbildung ihrer Jungen. Das Oberamt wachte scharf über die Einhaltung dieser Versprechungen. Vor allem Viehhändler mit Grundbesitz gaben vor, ihre Söhne die Landwirtschaft erlernen zu lassen. Die Kreisregierung ermahnte immer wieder die Oberämter, alles daran zu setzen, die Jungen ein ordentliches Gewerbe lernen zu lassen, um sie vom Handel jeder Art abzubringen. Der Entzug der Handelserlaubnis war eines der wenigen Druckmittel gegenüber halsstarrigen Eltern, das aber anscheinend selten praktiziert wurde.

Mit Hilfe einer Lehrgeldbeihilfe aus der Zentralkirchenkasse nahm 1832 Joel Wil eine Dreherlehre auf, Koppel Aron wurde Sattler. Abraham Gutmann (* 1832), Sohn des vermöglichen Viehhändlers Joel Gutmann, hatte eine Lehre auf dem Gut des christlichen Bauern Maurer begonnen, und zwar mit gutem Erfolg. Dann wechselte er als Knecht zum Viehhändler Feldenheimer in Hengstfeld, der zwar auch einige Äcker besaß, aber den jungen Gutmann beim Viehhandel beschäftigte. Auf eindringliche Ermahnungen versprach der Vater ernsthafte Bemühungen um die Unterbringung des Abraham in einem rein landwirtschaftlichen Betrieb,

38 StAL E 212 Bü 55.
39 HStASt E 146 Bü 1196.

Lazarus Gutmann (* 1834), Sohn des vermögenslosen Schmusers Joel Abraham Gutmann, verließ 1851 eine begonnene Schusterlehre und verdingte sich als Bauernknecht. 1854 ging er nach Amerika. Israel Landauer (* 1838), Sohn des Kaufmanns Hayum Landauer, wurde in Würzburg als Handlungslehrling untergebracht. Sein Vater geriet 1853 in Konkurs und floh nach Amerika. Daraufhin wanderte auch Israel im folgenden Jahr aus. Die schwierigen wirtschaftlichen Verhältnisse um die Jahrhundertmitte ließen in Gerabronn für etliche andere junge Juden auch Amerika als das gelobte Land erscheinen. Im April 1849 verließen Abraham Gutmann mit 175 fl., Salomon Landauer mit 100 fl. und Samuel Stern ebenfalls mit 100 fl. Reisegeld ihre Heimat. Sie waren 16 bis 19 Jahre alt. Ihnen folgten 1853 die Geschwister Caroline und Moses Landauer, 1856 die Witwe Blümlein Kahn geb. Landauer mit fünf Kindern, 1858 Jeanette Landauer, 1865 der Schuster Lippmann Salomon, 1866 Wolf und Rosine Salomon. Die letzte Auswanderin vor der Reichsgründung war Rösle Gutmann, die nach Baden heiratete und eine Aussteuer von 2400 fl. von ihrem Vater erhielt.

Daß den ausbildungswilligen Juden auch Schwierigkeiten in den Weg gelegt wurden, zeigt der Fall des Hayum Landauer. Er legte 1840 erfolgreich seine Meisterprüfung als Kaufmann ab. Nachträglich wurde ihm unterstellt, sich gegenüber einem Mitglied der Prüfungskommission in einer Art geäußert zu haben, die den Verdacht auf Beeinflussung oder gar Bestechung nahelegte. Die Kreisregierung hob daher die vom Oberamt verfügte Meisterrechtsverleihung auf und ordnete eine neue Prüfung an. Dagegen legte Landauer erfolgreich Beschwerde beim Innenministerium ein, weil er seinen guten Ruf für gefährdet hielt. Offensichtlich hatten die christlichen Kaufleute in Langenburg und Gerabronn eine Intrige gestartet, um vor allem zu bewirken, daß Landauer, dem das Oberamt beste Zeugnisse ausstellte, von der Lehrlingsausbildung ausgeschlossen blieb. Landauer erklärte sich bereit, auf dieses Recht zu verzichten. Den Denunzianten, die dem Oberamtmann auch noch Parteilichkeit und unvollständige Beweiswürdigung vorwarfen, drohte schließlich noch ein Strafverfahren, dessen Einleitung dem beleidigten Beamten durch das Innenministerium anheimgestellt wurde[40].

Nach zähen Bemühungen erreichte die im Jahr 1844 auf zehn Haushalte angestiegene Gemeinde die Erlaubnis, künftig Filialgottesdienst in Gerabronn zu halten[41]. Erster Vorsänger wurde Carl Kahn. Ihm folgten ein gewisser Sommer und – nach einer Vakanz – von 1854 an Maier Fröhlich. Der aus Bayern nach Gerabronn zugezogene Kaufmann Max Glaser führte die Errichtung einer eigenen Religionslehrer- beziehungsweise Vorsängerstelle auf sein etwa 8000 fl. betragendes Steuerkapital zurück. Vom etwa 180 fl. betragenden Aufwand hatte er allein rund 100 fl. aufzubringen. Das empfand er als ungerechtfertigt und bat um Ermäßigung. Eine genaue Nachprüfung ergab, daß Glaser tatsächlich 105 von 172 fl. allein aufbrachte. Er verpflichtete sich schließlich freiwillig, jährlich 50 fl. zu entrichten, um den mühsam erlangten Gottesdienst nicht wieder zu verlieren. Für den Ausfall erhielt die Gemeinde seit 1856 einen jährlichen Kultaufwandzuschuß aus der Zentralkirchenkasse in Höhe von 25 fl. Glaser stammte aus Thüngen und hatte nach dem Tod des Kaufmanns Landauer 1854 dessen Geschäft aus der Gantmasse gekauft und im folgenden Jahr die württembergische Staatsbürgerschaft erworben[42]. Schon bald darauf benötigte die Gemeinde immer wieder sogenannte Mietlinge, um die vorgeschriebene Zehnzahl der männlichen Beter zu erreichen. Sie kamen aus

---

40 Ebd., Bü 1199.
41 Ebd., Bü 333.
42 HStASt E 146 Bü 1196.

benachbarten Orten und erhielten – wie früher in Unterdeufstetten – Weggeld und Zehrungskosten von der Gemeinde.

Vorsteher der Gemeinde war immer noch Hayum Landauer. 1850 brach er einen Streit mit dem Vorsänger vom Zaune, wobei es in der Synagoge zu peinlichen Tätlichkeiten kam. Vorsänger Kahn reichte beim Oberamt eine Klage wegen Mißhandlung ein. Beide versöhnten sich rasch wieder, aber das verursachte Ärgernis hatte eigenes Gewicht. Alle Gemeindemitglieder wollten die Sache rasch unter den Teppich kehren. Auch der Rabbiner Dr. Hirsch hielt die Niederschlagung des Verfahrens für angemessen. Kahn zog seine Klage zurück, das Verfahren wurde eingestellt[43].

Bevölkerungsentwicklung

Die Zahl der jüdischen Haushalte in Gerabronn stieg bis 1850 auf zehn an und sank dann rasch bis 1857 auf fünf ab, 1873 auf drei. Sie waren immer eine verschwindende Minderheit.

Jahr	Gesamt	Juden	Jahr	Gesamt	Juden	Jahr	Gesamt	Juden
1821	596	25	1854	776	53	1895	1079	16
1826	602	29	1861	797	38	1900	1392	14
1829	637	30	1864	770	26	1905	1453	12
1833	699	37	1867	718	23	1910	1508	10
1839	733	44	1871	716	21	1925	1532	3
1843	745	49	1885	911	24	1933	1586	–
1846	776	53	1890	1009	21			

Bis zum Beginn des Dritten Reiches war die Stadt Gerabronn von den Juden verlassen. Doch bedeutende jüdische Mitbürger haben dort Bleibendes geschaffen.

Die Familie Landauer

Eine der bedeutendsten jüdischen Familien in Gerabronn war die Familie Landauer. Israel Landauer, 1843 geboren, war der Begründer einer Vielzahl von Einrichtungen, die große lokale Bedeutung gewannen. Dazu zählen die Gründung der Volksbank Gerabronn, die Schaffung einer Molkereigenossenschaft, die Errichtung der Hohenlohischen Nährmittelfabrik – später Schüle –, die Initiative zum Bau der Bahnlinie Blaufelden–Gerabronn, die Erstellung der ersten vereinseigenen Turnhalle Deutschlands, die Begründung eines zentralen Zuchtviehmarkts. Nach einem erfüllten Leben starb Israel, hochangesehen, 1913 in Gerabronn. Landauerhaus und Landauerstraße erinnern noch heute an den bedeutenden Wirtschaftspionier. Sein Sohn Eduard übernahm die Leitung der Volksbank. Mit großen Mehrheiten wurde er mehrfach in den Stadtrat gewählt und war seit 1919 Mitglied der Amtsversammlung. Er starb 1932. Mit einer Gedenksitzung gedachte der Gemeinderat seines verdienten

43 Ebd., Bü 190.

Mitglieds[44]. Seine Witwe und sein Sohn Alfred konnten sich 1937 nach England retten. Hilfe leistete ihnen dabei David Landauer, der als Kaufmann und Reeder in London zu Wohlstand gekommen war. Alfred Landauer lebte später in Edinburgh. Als erfolgreicher Kaufmann, aber auch als engagierter Publizist und als Lyriker trat er vielfach an die englische Öffentlichkeit[45]. Die Familie Landauer war die letzte in Gerabronn noch ansässige jüdische Familie. Die meisten ihrer Mitglieder sind auf dem Friedhof in Dünsbach begraben.

5. Goldbach

Die kleine Goldbacher Gemeinde stand wie die Ingersheimer nach dem Übergang an Württemberg ganz im Schatten der aufstrebenden Oberamtsstadt Crailsheim. 15 jüdische Familien mit insgesamt 48 Personen wurden 1807 gezählt. Drei Familien ernährten sich recht und schlecht vom Viehhandel, die anderen vom Schacher.

Als Besitzer von Häusern, die angeblich ursprünglich Christen gehört hatten, sollten die Goldbacher Juden auch nach dem Anfall an Württemberg dem evangelischen Pfarrer jährlich 4 fl. als sogenannte Stolgebühren entrichten. Im Februar 1812 erging eine Verordnung zur Vereinheitlichung der Abgaben der Juden, in der auch bestimmte Abgaben an die Pfarrer aufgehoben wurden. Unter Hinweis auf diese Regelung verweigerten 1814 die Goldbacher Juden die weitere Zahlung der Stolgebühren, worüber sich der Pfarrer beschwerte. Das Oberkonsistorium bat daraufhin das Oberamt Crailsheim um Auskunft, ob die Zahlungsverweigerung rechtmäßig sei. Lazarus Isaak als Vorsteher der Gemeinde erklärte im Mai 1815, daß nur ein Mitglied ein Haus von einem Christen erworben habe. Alle anderen Häuser seien als jüdische Bauten errichtet worden. Zwar hätten sie bis jetzt aus Unkenntnis der Rechtslage die Stolgebühren entrichtet, würden es aber nun auf einen Rechtsspruch ankommen lassen. Sie seien nicht gewillt, *Seelsorger einer anderen Religion zu salarieren*[46]. Tatsächlich waren die kleinen Judenhäuser meist aneinander gebaut. An die Synagoge schloß sich die Lehrerwohnung an.

Relativ viele junge Goldbacher Juden unterlagen der strengen Ausbildungsaufsicht des Oberamts. Die Bemühungen werden am Beispiel des *simpelhaften* Abraham Bär (* 1828) deutlich. Er sollte zunächst versuchsweise in eine Lehre gegeben werden, doch fand sich kein geeigneter Lehrmeister. Schließlich erlernte Abraham das Schneiderhandwerk. Sein Bruder David (* 1830) absolvierte seit 1845 eine Schusterlehre in Crailsheim und ging 1848 mit dem Wanderbuch ausgestattet in die Fremde. Das Oberamt stellte häufig *körperliche Untüchtigkeit zu anstrengenden Gewerben* fest. Dieser Mangel übte bei den Judensöhnen großen Einfluß auf die Wahl des Lehrberufs aus. Schuster, Seifensieder, Metzger, Glaser, Strumpfwirker, das waren einige Berufe Goldbacher Lehrlinge. Marx Einhorn (* 1839) zog die Auswanderung nach Amerika einer Lehre vor. 1830 wurde Goldbach an die neu konstituierte Gemeinde Crailsheim angeschlossen. Die Zahl der Juden stieg bis 1858 auf 113 an. Doch dann setzte eine rasche Abwanderung, vorwiegend nach Crailsheim, ein. 1869 gab es noch 29 Juden, 1876 sechs und 1884 vier. Zehn Jahre später verließ der letzte Jude das Dorf. Die Gemeinde war bereits

---

44 Vgl. K.-D. LILIENFEIN, Das politische Erbe. Zulassungsarbeit, masch. (1965), Exemplar im Kreisarchiv Schwäbisch Hall.
45 Nach einem Bericht im Hohenloher Tagblatt vom 25. 8. 1983, S. 17.
46 StAL F 161 Bü 399.

1873 aufgelöst worden. Im Jahr darauf hatte man das 1858 erbaute rituelle Bad abgebrochen und die Synagoge verkauft. Sie wurde zu einem heute noch an der Hauptstraße stehenden Wohnhaus umgebaut.

6. Hengstfeld

Der Übergang

Ohne bemerkenswerte Einschnitte vollzog sich der Übergang der Hengstfelder Juden unter die neue württembergische Herrschaft. Aus dem 1815 angelegten Blutzehntregister erfährt man, daß damals ingesamt 82 Familien in 66 Häusern im Dorf wohnten. Vor allem Juden bewohnten meist nur halbe Häuser, waren also nicht gerade zu den reichen Einwohnern zu rechnen. Die Häuser waren durchnumeriert. Juden wohnten in

Nr. 17	Abraham Veiß	52a	Koppel Isaac
34	Lippmann Jandorf	b	ein Christ
35a	ein Christ	59a	Moises Isaak
b	Joseph Hayum	b	Hirsch Isaak
c	Hirsch Moises	60a	Lippmann Jandorf
37a	Vorsinger Henlein	b	Moises Jandorf
b	Jud Mayers Tochter.		

Insgesamt waren das nur elf Haushalte. Nur wenige sporadische Informationen waren über die kleine Gemeinde zu ermitteln, die bei der Neuorganisation des jüdischen Lebens nach 1828 ihre Selbständigkeit verlor und mit insgesamt 70 Seelen der größeren Gemeinde Michelbach angeschlossen wurde. Die Synagoge durfte in der Filialgemeinde noch viele Jahre weiterhin genutzt werden. Die Toten wurden nun in der Muttergemeinde Michelbach beigesetzt.

Beruf und Ausbildung

Der erste Hengstfelder, der im Zuge der Umerziehungspolitik der Regierung eine Lehrgeldunterstützung von 60 fl. erhielt, war 1832 der Bortenwirker oder Posamentierer Adolph Alexander Abraham. Weiter gefördert wurden Joseph Jandorf als Buchdrucker (1843), Jakob Hirsch Feldenheimer als Schlosser (1844), Abraham Eichberg als Glaser (1845) oder Abraham Feldenheimer als Sattler (1847). Isak Eichberg (* 1830), Sohn des armen Schmusers Lippmann Hänlein Eichberg, hatte noch keine Lehrstelle. Es war vorgesehen, ihn zu einem Chirurgen nach Niederstetten in die Lehre zu geben, doch kam er schließlich 1845 mit Unterstützung der Zentralkirchenkasse in eine Schlosserlehre. Abraham Bär Gutmann (* 1827), Sohn des armen Schmusers Veit Abraham, mußte aus Gesundheitsgründen seine Schusterlehre abbrechen. Seine Untauglichkeit für irgendein Handwerk bestätigte das Oberamt, wo der Sohn mit dem Vater vorgesprochen hatte. Rufen Jandorf (* 1831), Sohn des armen, einige Ökonomie besitzenden Hayum Moses Jandorf, hatte 1845 noch keine Lehrstelle als Schuster gefunden, war aber eifrig auf der Suche und begann 1846 eine Schlosserlehre.

Hirsch Kahn (* 1831), Sohn des wohlhabenden Handelsmannes Abraham Kahn, der 30 Morgen Güter besaß, war ohne Lehrstelle, während sein Bruder Jakob als Seifensiedergeselle tätig war. Der Vater lehnte es kategorisch ab, seinen Sohn in eine Lehre zu geben, da er ihn für die Arbeit auf dem Feld benötigte, vor allem als Jakob seinen Militärdienst ableisten mußte. Pfeifer Jandorf (* 1833), Sohn des wohlhabenden Bauers und Metzgers Rufen Lippmann Jandorf, sollte das Metzgerhandwerk erlernen, blieb aber dann beim Vater, der zwei Söhnen eine Ausbildung ermöglicht hatte. Im April 1852 wanderte er nach Amerika aus. Rufen Lippmann Eichberg (* 1833), Sohn des Lippmann Heinlein Eichberg, der als vermögensloser Schmuser sein Leben fristete, weilte seit seinem sechsten Lebensjahr bei seinem Onkel in Laudenbach, Eisenhändler und Besitzer von sechs Morgen. Hier lernte er angeblich die Landwirtschaft, um später den Besitz des Onkels zu übernehmen. Joseph Hirsch Feldenheimer (* 1835), Sohn der Witwe Zilli Feldenheimer, die in dürftigen Verhältnissen lebte, war ein Problemfall. Die Mutter konnte das erforderliche Lehrgeld nicht auftreiben. Es wurde geplant, durch eine Lehrzeiterhöhung den Betrag für das Lehrgeld zu reduzieren. Vorläufig lernte er Ökonomie bei Baruch (Bernhard) Moses Feldenheimer in Hengstfeld. Vorher war er im Waisenhaus, seit 1851 in der Schusterlehre in Michelbach. Im April 1852 wanderte er nach Amerika aus.

Moses Hayum Jandorf (* 1835), Sohn des Hayum Jandorf, war für die Ökonomie und das Metzgergewerbe bestimmt. Der Vater weigerte sich, weil er bereits zwei Söhne ein Gewerbe hatte lernen lassen. Ruwen Moses Süßfeld (* 1836), Sohn des Handelsmannes Moses Hirsch Süßfeld, lernte die Metzgerei in Hengstfeld bei Nathan Alexander. Auch hier halfen keine Vorstellungen des Oberamts, das natürlich wieder einen Viehhändler vermutete.

Isak Rufen Jandorf (* 1836), Sohn des wohlhabenden Metzgers Rufen Lippmann Jandorf, war 1850 noch schwächlich, lernte dann bei seinem Vater Ökonomie. Er wurde notwendig dort gebraucht, nachdem sein älterer Bruder Pfeifer ausgewandert war. Mayer Kahn (* 1838), Sohn des wohlhabenden Handelsmannes Abraham Kahn, plante die Auswanderung nach Amerika und setzte sie in die Tat um. Isak Jandorf (* 1839), Sohn des Handelsmannes Hayum Moses Jandorf, wanderte ebenfalls 1854 nach Amerika aus. Isak Salomon Feldenheimer (* 1840), Sohn des unbemittelten Viehhändlers Salomon Koppel Feldenheimer, war gelähmt und konnte daher nichts lernen. Sein Bruder Josef Bär Feldenheimer (* 1842) hatte einen lahmen Fuß, konnte nicht längere Zeit sitzen und war daher für eine Lehre untauglich.

Seit 1843 hatten die Oberämter jährlich einen Bericht darüber zu erstatten, wie die jeweils 14–18jährigen beschäftigt waren. Diese Überwachung endete mit dem Emanzipationsgesetz 1864, erfaßte also die Geburtsjahrgänge 1828–1849. Während die ersten Jahre von wachsendem Optimismus gekennzeichnet waren, änderte sich das Bild auch unter dem Eindruck der schweren wirtschaftlichen Krisen vor der Revolution von 1848. In dieser Zeit begann die Auswanderung vor allem junger Juden nach Amerika, sei es aus Unlust vor einer Verpflichtung zur Lehre, sei es aus bitterer Not. Überdurchschnittlich viele Juden verließen Hengstfeld, um im Ausland, vor allem in Amerika, ihr Glück zu suchen. 1850 wanderte der 18jährige Sattlergeselle Abraham Feldenheimer zusammen mit dem wenige Monate älteren Schustergesellen Rufen Jandorf in die Neue Welt. Für beide bürgte der Handelsmann Hayum Moses Jandorf. Beide Auswanderer hatten 150 fl. als Reisegeld in der Tasche. Ihre Nachkommen leben noch heute in Amerika[47]. Moses Hayum Jandorf, der Sohn des Bürgen, hatte eine Lehre als Zigarrenmacher absolviert. Er war nicht einmal 16, als er im Juni 1851 die große Reise antrat[48]. Sie stehen am Beginn einer langen Reihe von Emigranten.

47 StAL F 168 Bü 416 und KOBER, Jüdische Auswanderung.
48 Ebd., Bü 417.

Dann wanderte Pfeifer Jandorf, ein Schusterlehrling (* 1833), im Frühjahr 1853 mit dem Bauern Josef Hirsch Feldenheimer (* 1835) in die neue Welt aus. Mayer Kahn (* 1838), Sohn des wohlhabenden Handelsmannes Abraham, wollte ihnen folgen und setzte diesen Entschluß 1854 in die Tat um. 1855 ergriff auch Isak Jandorf (* 1839) das Reisefieber. Die einzige Familie, die abwanderte, war die des Handelsmannes Mändle Eichberg, der mit Frau und vier Kindern 1853 das Dorf verließ. Die Witwe Zilli Feldenheimer war mit ihren drei Kindern und 900 fl. in Begleitung des Händlers Isaak Feldenheimer 1854 unter den Emigranten. Dann beruhigte sich die Lage. Als erste ledige Frau verließ Adelhaide Jandorf 1864 das Dorf, um in den USA zu heiraten. Während die übrigen Auswanderer selten mehr als 150–250 Gulden mitnehmen konnten, trug sie eine Mitgift von 1000 fl. mit sich.

Bis 1855 waren zwölf junge Juden abgewandert. 1828–1840 waren insgesamt nur 19 Knaben in Hengstfeld geboren worden – und der Aderlaß wurde schlimmer. Von 1856 bis 1871 hatten weitere 20 Personen Amerika angesteuert. Bis zum Jahre 1871 liegen die Auswanderungslisten des Oberamts Gerabronn vor. Es waren zumeist junge Burschen aus den verschiedensten Berufen. Sie waren fast alle ledig. Mädchen wanderten in der Regel aus, um zu heiraten. So hatte Clara Jandorf mit einer Aussteuer von 2300 fl. nach Baden geheiratet. Manche heute blühende Familie in den Vereinigten Staaten geht auf diese Auswanderer zurück. Es fällt auf, daß offensichtlich Familienmitglieder, die in Amerika festen Fuß gefaßt hatten, ihre Geschwister und Verwandten nachzogen, die zumindest einen Anlaufpunkt in der neuen Heimat vorfanden. Die jungen Männer hatten in der Regel ihren Militärdienst nicht abgeleistet. Es waren (in Klammern das mitgenommene Vermögen in fl.):

1856	Pfeifer Löw Wassermann	(150)
	Simon Alexander	(150)
1857	Moses Jandorf	(150)
1858	Jakob Feldenheimer	(150)
1860	Heiner Wassermann, Schuster	(150)
	Meyer Löw Kahn	(200)
1863	Gütel Jandorf, Heirat nach Baden	(2300)
1864	Löw Hirsch Alexander, Uhrmacher	(200)
	Ricke Alexander	(200)
	Adelhaide Jandorf, Heirat in USA	(1000)
1866	Koppel Jandorf, Kaufmann	(200)
	Rufen Alexander	(200)
	Mina Wassermann	(200)
	Ferdinand Feldenheimer, Kaufmann	(5000)
	Hähnlein Alexander, Bauer	(250)
1867	Manasse Hahn, Viehhändler	(250)
	Simon Alexander, Metzger	(200)
1869	Hirsch Kahn, Handelsmann	(1000)
1870	Koppel Feldenheimer, Metzger	(1000)
	Ruben Alexander	(1000)
	Maier Eichberg, Kaufmann	(600)

Von diesem Aderlaß hat sich die Gemeinde nicht wieder erholt. Die Zahl der Haushalte hatte 1832 16 betragen, war bis 1841 auf 23 gestiegen und 1871 auf 16 und vier Witwenhaushalte geschrumpft. Die Seelenzahlen machen den Verlust noch deutlicher: Von 70 im Jahre 1826 war sie bis 1846 auf 119 angestiegen, betrug 1866 noch 100 und im Dezember 1871 noch 84. Die Zahl der christlichen Einwohner dagegen blieb konstant. Der Gipfel war 1846 mit 605 erreicht, und 1871 wohnten 592 im Ort. Bei der Volkszählung 1905 lebte kein Jude mehr in Hengstfeld.

Ein bedeutender Sohn der Gemeinde war Adolf Jandorf. Mit 22 Jahren eröffnete der Kaufmannssohn 1892 ein Geschäft in Berlin, aus dem 1907 das KaDeWe (Kaufhaus des Westens) entstand. 1926 verkaufte Jandorf seinen inzwischen rund 3000 Mitarbeiter umfassenden Konzern an die Firma Hermann Tietz[49]. Sie wurde im Dritten Reich »arisiert«. Die Synagoge an der Hauptstraße wurde 1895 geschlossen und später abgebrochen. Ein Garten hat die Erinnerung an die Gemeinde überwuchert.

7. Michelbach

Veränderungen

Die Ereignisse der napoleonischen Zeit veränderten das gewohnte Bild der territorialen Vielfalt. Die von Preußen beanspruchten Schwarzenbergischen Lande wurden mit den Ansbachischen Landen im Pariser Vertrag vom 15. Februar 1806 an Bayern abgetreten. Preußen erhielt dafür das Kurfürstentum Hannover. Im Mai 1806 übernahm der zum König erhobene Max Joseph I. von Bayern formell das Land und damit auch Michelbach. Im Juli 1807 forderten die Ansbacher Behörden die Justizkanzlei in Schwarzenberg auf, eine Generaltabelle aller Juden zu erstellen und einzusenden. Das Amt Michelbach hatte noch während der preußischen Episode entsprechende Aufstellungen an das Amt Crailsheim übersandt. Offensichtlich hatte das Amt gemerkt, daß es keine Befugnisse hatte, diese Angaben in Michelbach anzufordern. So wurden die der Tabelle beiliegenden Schriftstücke – sicher aussagekräftige Dokumente – an das Amt Michelbach zurückgesandt und müssen als verloren gelten[50].

Die Namen der jüdischen Familien gehen aus dem Familienregister hervor, das um 1828 in einer ersten, später mehrfach erneuerten Fassung angelegt wurde. Es gab zahlreiche, zum Teil nicht direkt miteinander verwandte Familien Elkan (5), Grünsfelder (2), Gundelfinger (5), Landauer (4) und Stern (3). Weitere Familien nannten sich nach 1828: Leininger, Löwenberg, Mainhardt, Ries, Rosenthaler, Schönmann, Strauß, Wassermann und Unterdörfer[51].

Als Sohn des Handelsjuden Nathan Isaac wurde im Dezember 1804 Jakob Nathan, der sich später Landauer nannte, geboren. Er erlernte das Schuhmacherhandwerk und bestand 1831 in Gerabronn die Meisterprüfung. 1837 heiratete er Sarah Lippmann aus Feuchtwangen. Er brachte sein Haus, seine Möbel, zwei vollständige Betten, Kleider, Weißzeug und einen Männerstand in der Synagoge in die Ehe ein. Seine Braut besaß 900 fl. Bargeld, ein wenig Schmuck, ein vollständiges Bett, Kleider und Weißzeug als Mitgift. Für 200 fl. kaufte Jakob

---

49 J. HAHN, Erinnerungen und Zeugnisse jüdischer Geschichte in Baden-Württemberg, S. 519.
50 Archiv Orlik Generalia 5 Bü 1093.
51 Vgl. StAL E 212 Bü 55.

1841 das alte Michelbacher Pfarrhaus von seinem Onkel Moses Landauer. Das Pfarrhaus hatte Moses zusammen mit Löw Elkan im August 1837 für 715 fl. gekauft, schon mit der Absicht, es später seinem Neffen zu überlassen. Der älteste Sohn Jakobs mit Namen Isaak heiratete eine Metzgerstochter aus Mergentheim, die stolze 4500 fl. als Mitgift mitbrachte. Hier zeigt sich ein gewisser sozialer Aufstieg. Ein Sohn aus dieser Ehe wanderte später nach Amerika aus und begründete einen heute noch blühenden Zweig der Familie.

Die Einteilung der Gemeinden nach dem Gesetz von 1828 brachte für Michelbach 1834 die Angliederung der Juden aus Wiesenbach, Hengstfeld und Unterdeufstetten. 1840 legte die Gemeinde einen eigenen Friedhof an[52]. Fast 300 Juden fanden hier bis 1938 ihre letzte Ruhe. Bereits 1815 hatte man gemeinsam mit den Hengstfelder, Wiesenbacher und Gerabronner Juden ein Grundstück zu diesem Zweck erwerben wollen, doch konnte anscheinend die notwendige Genehmigung nicht erlangt werden. So zerschlug sich der Kauf[53].

Eine interessante, an die Wertungen im Dreißigjährigen Krieg erinnernde Charakterisierung der Juden findet sich in der Pfarrbeschreibung des evangelischen Pfarrers von Michelbach von 1831. Er schreibt: *Bei der großen Anzahl Juden, die mehrenteils Viehhändler sind, ist es immer lebhaft in dem Ort, aber wie sich auch wohl denken läßt, die geistige Eigenschaft der Einwohner jüdischer Art: List, Trug, Vervortheilung des andern, heute nicht mehr halten, was man gestern mündlich versprochen hat ... das sind die geistigen Eigenschaften der Einwohner von Michelbach*[54].

Die Gemeinde Michelbach bat im Juli 1834, ihren bisherigen Rabbiner und Vorsänger Salomon David Katz aus Baiersdorf bei Erlangen ohne Prüfung als Vorsänger zu belassen. Er war seit 1814 im Amt, inzwischen 63 Jahre und ohne Aussicht auf einen Broterwerb. Er hatte sechs unversorgte Töchter und einen Sohn. Das evangelische Pfarramt stellte ihm ein sehr günstiges Zeugnis über sein Verhalten aus. Unterschrieben war das Gesuch von

Jakob Gundelfinger	Jakob Elias Gundelfinger
Jakob Elkan	Nathan Elkan
Joseph Rosenthal	David Gundelfinger
Löw Stern Hirsch	Gundelfinger
Moses Elkan	Samuel Stern
Hayum Elkan	Bär Grünsfelder.

Das Gesuch wurde abgelehnt, weil es dem Gesetz widersprach, doch wurde es der Gemeinde freigestellt, Katz nach Anstellung eines geprüften Vorsängers auf eigene Kosten beizubehalten zur Entscheidung religiöser Fragen – also als Rabbiner – und als Schächter. Immerhin hatte er bis dahin etwa 250 fl. im Jahr für seine religiösen Funktionen erhalten. Katz wollte sich trotz seines Alters der Vorsängerprüfung unterziehen, wurde aber mit 75 fl. in Pension geschickt. Seitdem zog er sich verbittert von seinen Amtsgeschäften zurück und weigerte sich, etwa den Hengstfelder Juden irgendwelche *rabbinisch-kasuistischen Auskünfte* unentgeltlich zu geben, trotz ihrer Beschwerde beim Oberkirchenrat[55]. Katz starb 1842.

Der neue Rabbiner in Braunsbach achtete streng auf seine Rechte. 1837 beschwerten sich Samuel Grünsfelder und Hona Elkan über ihren geistlichen Vorgesetzten. Bei Trauungen war

---

52 Vgl. Rüb, S. 30. Rüb unterscheidet immer Juden und Deutsche (z. B. S. 53 u. ö.)
53 Rüb, S. 26.
54 Landeskirchliches Archiv Stuttgart A 29/2847.
55 StAL E 212 Bü 382.

es üblich, daß der Rabbiner mit einer Kutsche auf Kosten der Brauteltern abgeholt wurde. Bei der Trauung des Elkan schickte man einen offenen zweispännigen Berner Wagen. Rabbiner Dr. Frankfurter sandte ihn zurück, weil er einen gedeckten Wagen haben wollte, obwohl es ein freundlicher Maientag war, und nahm seinen eigenen Wagen, den er mit 8 fl. 28 kr. teuer in Rechnung stellte. Bei Nathan Elkans Hochzeit nahm er auch die nun gestellte gedeckte Chaise nicht an, weil sie nur einspännig war. Die Beschwerdeführer legten dar, daß sie gegenüber christlichen Mitbürgern bei meist ungünstigen Verhältnissen dreifache Lasten hätten. Sie fanden Unterstützung durch die gewählten Vorsteher der Gemeinde (Mainhardt, Rosenthal, Elkan und Gundelfinger). Der Rabbiner stellte klar, daß er wegen der großen Entfernung berechtigt war, auf einem gedeckten Zweispänner zu bestehen. So wurde die Beschwerde abgewiesen, doch war das Verhältnis zum Rabbiner seitdem nicht mehr ungetrübt[56].

Die jüdischen Kinder besuchten zunächst die allgemeine Schule. In seinem bereits erwähnten Bericht von 1831 äußerte sich der evangelische Pfarrer – ganz im Gegensatz zu seiner generellen Charakterisierung – sehr positiv. Er schreibt: *Juden besuchen die gemeinsame Schule. Der Schreiber dieses muß immer mehr den Judenkindern seinen Beifall geben. Die gespannte Aufmerksamkeit, der unermüdliche Fleiß im Lernen, die Ruhe und Stille derselben in der Schule … muß dem Lehrer Achtung und Liebe zu ihnen einflößen.* Er plädierte dafür, keine eigene jüdische Schule einzurichten, denn die Kinder würden in der gemeinsamen Schule *den geheimen Haß gegen die Christen vergessen, der im Gegenteil von jüdischen Lehrern gelehrt und – vom Talmud dazu veranlaßt – immer mehr genährt wird*[57]. Als Lehrer war seit 1832 der in Michelbach geborene David Mainhardt tätig. Sein Gehilfe war Jakob Löwenstein aus Bonfeld.

Die Vergrößerung der Gemeinde erforderte, trotz der Bedenken des Ortspfarrers, auch den Neubau einer Schule. Im Juni 1842 fand eine erste amtliche Besichtigung des vorgesehenen Bauplatzes statt. Der Bau sollte am östlichen Ende des Orts an der nach Leitsweiler führenden Vizinalstraße entstehen. An drei Seiten war das Grundstück unbebaut, das Haus des Löw Stern im Westen war weit genug entfernt. Die alte Schule, in der Abraham Löw und die Gundelfinger tätig gewesen waren, war ein Nebengebäude der Synagoge. Sie galt als unfreundlich und wegen ihrer *kellerähnlichen Feuchtigkeit* als ungesund. Als sie zu klein wurde, hatte man größere Räume gemietet. Geplant wurde jetzt ein zweistöckiges Haus mit Schulzimmer, Lehrerwohnung, Versammlungsraum des örtlichen Kirchenvorstands und einem Frauenbad. Ein erster Kostenvoranschlag belief sich auf stattliche 4953 fl. Ein Gesuch um Überlassung eines Raumes in der 1839 errichteten christlichen Schule war abgeschlagen worden.

Von dem neuen Schulgrundstück waren wie für die Synagoge Gülten an die Schwarzenbergische Domänenkanzlei als Grundherrschaft zu entrichten. Das gesamte Grundstück mit 2 Morgen, 1½ Vierteln hatte Löw Stern von Georg Seibold erworben und zahlte dafür 1 fl. 7 kr. jährlichen Grundzins. Das auf einem Teil dieser Fläche zu errichtende Gebäude sollte 46 Schuh lang und 36 breit werden mit einem steinernen Erdgeschoß, einem Ziegeldach, ausgemauerten Fachwerkriegeln an den Giebeln und im ersten Stock. Ein Straßenabstand von 20 Schuh war einzuhalten. Löw Stern sollte dafür ein Stück von 100 Fuß Länge, 60 Fuß Breite abgeben.

---

56 StAL E 212 Bü 70.
57 Wie Anm. 54.

Die Domänenkanzlei erklärte ihr Einverständnis, wenn die Judenschaft jährlich 5 kr. Grundzins entrichtete, dazu einmalig 10 % Handlohn von dem an Löw Stern gezahlten Kaufpreis von 225 fl., und sich zu einer Handlohnzahlung von 10 % des Gebäudewerts alle 20 Jahre verpflichtete, erstmals 1862. Bei Privatgebäuden wurden in unregelmäßigen Abständen bei Kauf, Tausch oder Erbfall das Handlohn in Höhe von 10 % des »Einheitswerts« fällig. Das war bei einem öffentlichen Gebäude, dessen Eigentümer die Religionsgemeinschaft war, nicht zu erwarten. Der Ausfall sollte durch die alle 20 Jahre fällige Gebühr kompensiert werden. Mit der Ablösung der Grundlasten nach der Revolution von 1848 entfielen diese Lasten 1850 beziehungsweise nach 1865[58]. Das Baugesuch wurde schließlich vom Oberamt genehmigt, allerdings für ein wesentlich verkleinertes Gebäude. Die neuen Pläne sahen nur noch ein einstöckiges Haus vor. Es sollte parallel zur Straße stehen, keine Dungstelle und keinen Abtritt zur Straße hin haben. Hier sollte ein kleines Sommergärtchen angelegt werden. Die Kosten beliefen sich nach Abschluß der Bauarbeiten 1843/44 auf 3942 fl., für die ein Zuschuß aus der Zentralkirchenkasse angefordert wurde[59].

Nach der Begründung des Antrags besaßen die 42 Familien, darunter sieben Witwen, in Michelbach mit insgesamt 183 Seelen nur 55 Morgen Land, ernährten sich vornehmlich von Vieh-, Wollen-, Ellenwaren- und Hopfenhandel. Ein Drittel galt als arm, ein weiterer als auskömmlich verdienend, der Rest *in der Art wohlhabend, daß sie etwas erübrigen können*. So wurde ein Zuschuß von 450 fl. bewilligt. 1855 mußte das Schulhaus wegen der steigenden Schülerzahl vergrößert werden. Als Lehrer wirkte seit 1849 der aus Mähringen stammende Salomon Harburger, der vorher in Hohebach unterrichtet hatte.

Kurz vor 1860 wurde dann die inzwischen über 100 Jahre alte Synagoge einer gründlichen Renovierung unterzogen. Auch dafür wurde den als arm, aber fleißig bezeichneten Juden in Michelbach ein Zuschuß von 150 fl. zu den Ausgaben von 816 fl. für Schule und Synagoge bewilligt. Damals wurde auch der jüdische Friedhof mit einer massiven Steinmauer umgeben. 1867 wurde ein neues Frauenbad errichtet, da Rabbiner Berlinger aus rituellen Gründen mit dem alten Bad nicht mehr einverstanden war. Er setzte sich damit gegen den Vorsteher Levi durch, der den kostspieligen Bau für überflüssig hielt[60]. Einer der in Michelbach tätigen Lehrer war Schulmeister Isak Levi, 1818 als Sohn von Wolf Levi in Hochberg am Neckar geboren. 1849 heiratete er in Edelfingen die Metzgerstochter Sara Adler. Er unterrichtete zunächst in Eschenau, dann in Hohebach, seit 1864 schließlich in Michelbach.

Ausbildung

Viele Michelbacher junge Juden unterzogen sich mehr oder weniger freiwillig einer bis 1864 streng überwachten Lehre, durch die sie vom Schacherhandel abgebracht werden sollten. Marx Rieß (* 1831), Sohn des unvermöglichen Schmusers Abraham Hirsch Rieß, war für eine Handwerkslehre vorgesehen, Mayer Strauß, Sohn des Schuhmachers Hirsch Strauß, für die Erlernung des Seilerhandwerks in Neckarbischofsheim. Veit Rosenthal (* 1830), Sohn des armen Schmusers Josef Rosenthal, begann eine Kaufmannslehre in Pforzheim.

58 StAL F 168 Bü 386.
59 HStASt E 201c Bü 22.
60 StAL E 212 Bü 93.

Ruben Strauß (* 1828), Sohn des vermögenden Schuhmachers Löw Strauß, hatte das 18. Lebensjahr überschritten und bewirtschaftete die väterlichen Feldgüter (15 Morgen). Ein Bruder war Metzgerlehrling, der jüngste, Immanuel, besuchte die Schule. Als er 1846 daraus entlassen wurde, weigerte sich der Vater, ihn ein Gewerbe erlernen zu lassen, und schützte die ausschließliche Verwendung des Knaben bei der Feldarbeit vor. Bei den nur knapp 15 Morgen galt das dem Oberamt als sehr suspekt. Später arbeitete Imanuel als Knecht. Halsstarrigkeit des Vaters war auch der Grund, warum Salomon Grünsfelder (* 1832), Sohn des reichen Viehhändlers Bär Grünsfelder, kein Handwerk erlernen durfte. Mit seinem Bruder Matthias Hirsch bewirtschaftete er angeblich die 30 Morgen Acker. In Wirklichkeit half er dem Vater beim Viehhandel, denn es war allgemein üblich, daß vermögende Juden mit Grundbesitz Äcker durch christliche Knechte bebauen ließen, um Zeit für den Handel zu haben. Schließlich resignierte das Oberamt, als beide 18 geworden waren.

Moses Grünsfelder (* 1837), Sohn des Viehhändlers Bernhard Grünsfelder, sollte eigentlich Bäcker werden, wurde dann aber Metzger. Marx Rosenthal (* 1838), Sohn des Schmusers Joseph Marx Rosenthal, sollte Kaufmannslehrling werden, doch er wanderte nach Amerika aus. Nathan Elkan (* 1838), Sohn des gering bemittelten Hohna Elkan, ging nach Bischofsheim in die Lehre bei einem Kaufmann. Isak Elkan (* 1838), Sohn des ebenfalls als gering bemittelt eingestuften Nathan Moses Elkan, sollte die Landwirtschaft erlernen, plante dann aber die Auswanderung nach Amerika. Das zog auch Nathan Landauer (* 1840), Sohn des Schustermeisters Jakob Nathan Landauer, 1854 vor. Nathan Elkan (* 1840), Sohn des unbemittelten Handelsjuden Löw Elkan, wurde Metzgerlehrling.

Die Berufsausübung wurde den Juden nicht immer leicht gemacht. Menk Stern, 34 Jahre alt und verlobt, suchte 1838 um die Konzession für eine Handlung mit Spezereiwaren nach. Der christliche Konkurrent am Ort widersprach heftig, aber der Gemeinderat stellte sich hinter Stern, dessen Vater das schon lange bestehende Geschäft altershalber auf seinen Sohn übertragen wollte. Der Rat bestätigte dem jungen Stern einen guten Leumund und legte dar, daß viele bayerische Einwohner in Michelbach, drei Stunden von der nächsten größeren Stadt – gemeint war Crailsheim – entfernt, ihre Einkäufe tätigten. Auch wollte man sich nicht dem Preismonopol eines einzigen Händlers beugen, zumal die Juden anerkannt günstige Preise forderten. Obwohl das Oberamt Gerabronn die Bitte des Menk Stern ablehnte, durfte er, gestützt auf eine unmittelbare Konzession des Ministeriums, das Geschäft des Vaters übernehmen[61].

Auswanderung

Die große Auswanderungswelle um die Mitte des 19. Jahrhunderts erfaßte auch die Juden in Michelbach. Als Auswanderung galt auch die Übersiedlung in ein anderes Land des Deutschen Bundes. 1844 verheiratete sich Babette Gundelfinger nach Eichtersheim in Baden. Aron Leiningers ledige Tochter Jetta ging 1845 nach Amerika, Babette Landauer nach ihrer Heirat 1848 nach Grünsfeld in Baden. Nach dem Hungerwinter 1849/50 zog der Säckler oder Seilmacher Moses Elkan im Herbst 1851 in die Fremde. Ihm folgte der Seifensieder Marx Ries. Nach Bayern ging der Metzger Isaak Löwenberger, der seinen Beruf in Hengstfeld erlernt hatte, um dort zu heiraten. Der Schuhmacher Georg Michael Strauß ging 1853 mit Frau und sechs Kindern über den Ozean in die USA, ein Jahr später Isak Elkan mit Frau und Schwester.

61 HStASt E 146 Bü 1199.

Abb. 49 Die Synagoge in Michelbach vor der Restaurierung, 1978

Abb. 50 Innenansicht der Synagoge in Michelbach vor der Restaurierung, 1978

Abb. 51 Jüdischer Friedhof in Michelbach, 1983

Abb. 52 Jüdischer Friedhof in Michelbach, 1983

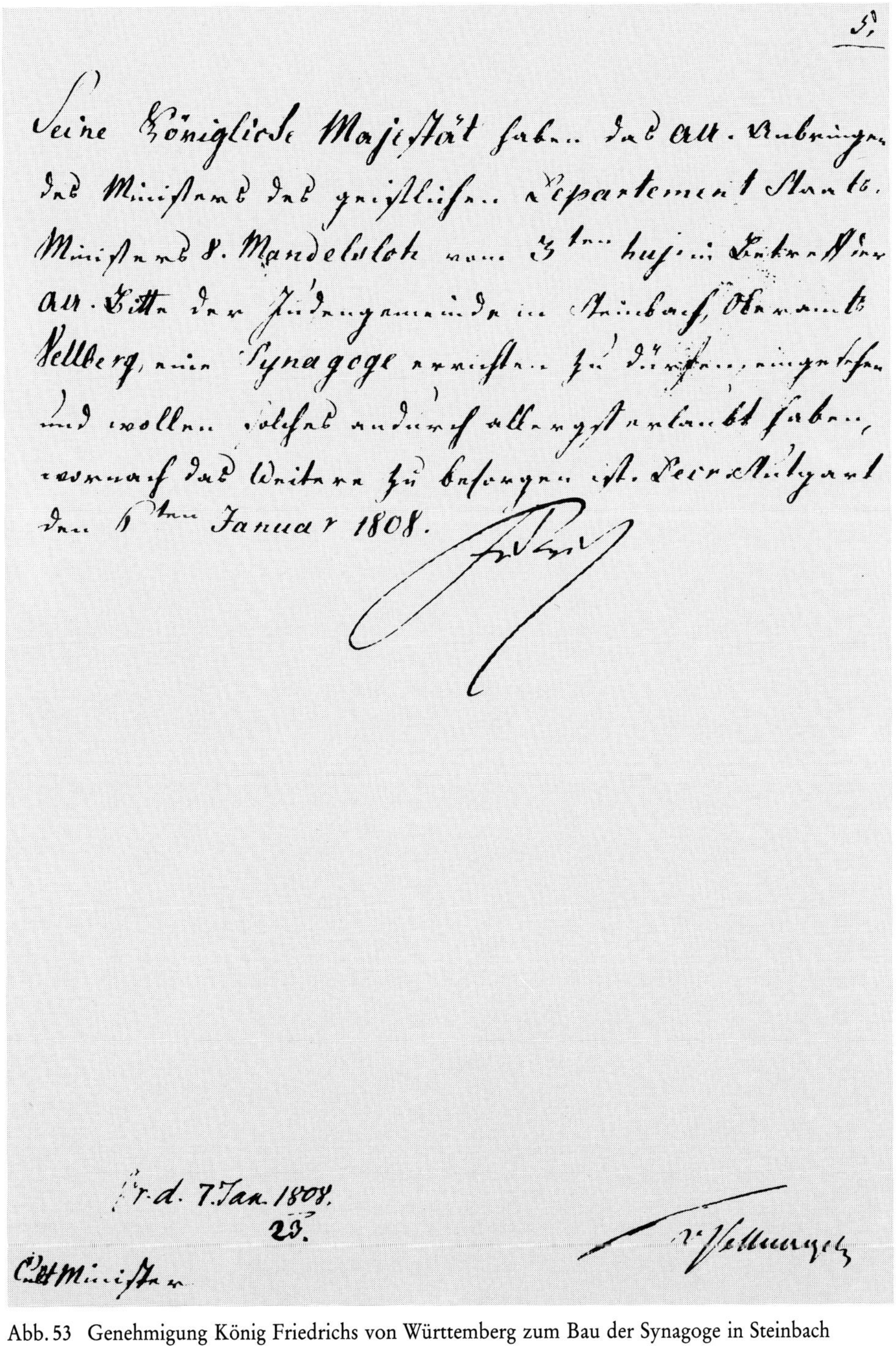
5.

Seine Königliche Majestät haben das All. Anbringen
des Ministers des geistlichen Departements Staats-
Ministers v. Mandelsloh vom 3ten huj. in Betreff der
All. Bitte der Judengemeinde in Steinbach, Oberamts
Vellberg, eine Synagoge errichten zu dürfen, eingesehen
und wollen solches andurch allergnädigst erlaubt haben,
wornach das Weitere zu besorgen ist. Decr. Stuttgart
den 6ten Januar 1808.

Friedrich

Pr. d. 7. Jan. 1808.
23.

v. Vellnagel

Cult Minister

Abb. 53 Genehmigung König Friedrichs von Württemberg zum Bau der Synagoge in Steinbach

Abb. 54 Die ehemalige Synagoge in Steinbach unterhalb der Comburg (das erste Haus links), um 1820

Abb. 55 Grabstein des Aron Herz, †1817, Initiator des Synagogenbaus in Steinbach, auf dem Steinbacher Friedhof, 1983

Abb. 56 Die ehemalige Steinbacher Synagoge
in der Neustetter Straße, um 1930

Abb. 57 Innenraum der ehemaligen Synagoge
in Steinbach, um 1930

Abb. 58 Judenfriedhof in Steinbach, 1983

Abb. 59 Gedenkstein auf dem jüdischen
Friedhof in Steinbach, 1983

Abb. 60 Ehemaliger jüdischer Betsaal in ▷
der Oberen Herrengasse 8 in Schwäbisch
Hall

Abb. 61   Der letzte Rabbiner von Schwäbisch Hall, Dr. Jakob Berlinger, um 1935

Abb. 62   Ehemaliges Rabbinatshaus in Schwäbisch Hall, 1983

Abb. 63   Ehemalige Synagoge in Unterdeufstetten, um 1930

David Gundelfinger folgte 1855. Aus der Reihe schlug Nathan Jakob Landauer (* 1840), der mit 400 fl. im gleichen Jahr nach Australien auswanderte. Weitere Auswanderer gehen aus den Listen des Oberamts Gerabronn hervor:

1855 Nathan Rosenthal
1856 Therese Henle mit Sohn
1857 Clara Leininger, Heirat in Bayern
1859 Louis Landauer, Seifensieder
1860 Nathan Landauer, Handlungslehrling
1862 Joseph Landauer
1863 Fanny Sprinz Grünsfelder, Heirat in Baden mit 5600 fl. Mitgift
1864 Sophie Gundelfinger, Heirat in Bayern mit 3500 fl. Mitgift
     Salomon Gundelfinger, Kaufmann
     Henriette Stern, Heirat in Bayern mit 4500 fl. Mitgift
1865 Julie Gundelfinger, Heirat in Baden mit 4000 fl. Mitgift
     Robert Meinhardt, Kaufmann
1866 Leopold Elias Gundelfinger
     Hirsch Elkan, Metzger
     Ignaz David Stern, Kaufmann
1867 Lippmann Gundelfinger, Kaufmann
     Lazarus Stern, Kaufmann
     Elias Salomon Gundelfinger, Kaufmann
1868 Falk Rosenthal, Kaufmann
1869 Hirsch Gundelfinger nach England mit 1000 fl.
     Max Stern, Handelsmann
1870 Sophia Stern, Heirat in Bayern mit 2900 fl. Mitgift
     Jakob Gundelfinger, Kaufmann.

Im Verhältnis zur Einwohnerzahl war die Abwanderung nicht nennenswert. Das beweist, daß die Lebensverhältnisse in Michelbach für die Juden zu dieser Zeit erträglicher waren als in manchen anderen Orten des Oberamts Gerabronn.

Die Gemeindeakten

1864 wurde in Michelbach ein neues Güterbuch angelegt. Nach der Vorbemerkung lebten zu dieser Zeit 370 Protestanten, 13 Katholiken und 236 Juden im Ort. Es gab 106 Haupt- und 110 Nebengebäude. 1850 hatten Michel Rütter und Hona Moses Elkan gemeinsam eine Wiese am Weg nach Leitsweiler gekauft. In dieser Wiese lag ein Brunnen. Bei einer späteren Aufteilung der Parzelle fiel ein Viertel mit dem Brunnen an Hona. Die übrigen Anteilseigner durften den Brunnen jedoch weiter benutzen. Diese Brunnenrechte erwarb nach und nach die israelitische Gemeinde. Die Verkäufer verpflichteten sich, auf ihren Parzellen keine eigenen Brunnen zu graben. Der Brunnen wurde genutzt, als man 1868 ein Badhaus in der Wiese erbaute. Es ist heute verschwunden.

Der gesamte Grundbesitz der jüdischen Gemeinde bestand nach dem Güterbuch von 1864 zunächst aus der steuerfreien Synagoge in der Judengasse (Gebäude 103). An die Synagoge angebaut war die zweistöckige alte Schule, die jetzt als Wohnhaus genutzt wurde (Gebäude 104). Die neue einstöckige Schule war Gebäude 117, das Frauenbadhaus am Dorfseeweiher trug die Nummer 128.

Parzelle 639 war der Friedhof im Gewann Judenwasen. 1884 wurde er durch den Ankauf von zwei kleineren Parzellen (638/2 und 641) um knapp 300 qm vergrößert. Außerdem gehörte die Parzelle 640, ein Wiesenstück, seit unvordenklichen Zeiten den Juden. Die Verteilung des jüdischen Grundbesitzes, verstreut über die ganze Markung, geht aus den Güterbüchern hervor. Sie ist zufällig. Die Familien, die im Index genannt werden, sind: Elkan, Grünsfelder, Gundelfinger, Gutmann, Landauer, Leininger, Löwenberger, Löwenthal, Mayer, Ries, Rosenthal, Stern, Strauß und Wassermann.

Seit der vollen Gleichberechtigung spielten Juden auch im öffentlichen Leben der Gemeinde eine Rolle. Der starke jüdische Anteil an der Gemeinde machte eine Beteiligung – auch im jüdischen Gemeindeinteresse – notwendig. Um ihre Wahl mußten die Kandidaten nicht allzu besorgt sein bei freiem und gleichem Wahlrecht. Ein Mitglied der Familie Gundelfinger wurde schon im September 1864 in den sechsköpfigen Bürgerausschuß gewählt. 1885 kam Hermann Gundelfinger in den auf sieben Mann verstärkten Ausschuß und wurde im folgenden Jahr sein Obmann. Auch Nathan Landauer kam in den Ausschuß. Hermann Gundelfinger wurde 1888 Mitglied des neu konstituierten Gemeinderats, Otto Leininger 1890.

Nach der Einführung des Bürgerlichen Gesetzbuches zum 1. Januar 1900 mußte ein Vormundschafts- und Nachlaßgericht gebildet werden. Es hatte bei Todesfällen Vermögensaufnahmen und Gebäudeschätzungen vorzunehmen. Hermann Gundelfinger wurde 1899 zum Waisenrichter in diesem neuen Gremium gewählt, erneut 1902 und 1905. Auch als Gemeinderat wurde er ständig wiedergewählt, so 1905, 1911, 1917, 1919, 1925. Bis zu seinem Tod im April 1930 hatte er in zahlreichen Kommissionen erfolgreich mitgewirkt, so in den jeweiligen Wahlvorständen. Die Zahl der Gemeinderäte wurde 1907 – Michelbach war mit 605 Einwohnern eine Gemeinde der Dritten Klasse – auf sieben festgesetzt, 1919 auf acht. Zu ihnen gehörte auch Otto Leininger, der 1908, 1913 und 1919 wiedergewählt wurde. Waisenrichter wurde 1922 auch Nathan Landauer, der allerdings 1925 fortzog.

Eine verhältnismäßig große Zahl vor allem junger Juden wanderte nach den Gründerjahren aus. Der Gemeinderat hatte seine Genehmigung dazu zu erteilen. Vor allem mußten alle Rechtsverbindlichkeiten geklärt sein. Sie sind in den Protokollen des Gemeinderats vermerkt.

Auswan-derungs-jahr	Name	geb.	Vater und Mutter	Auswan-derungs-land
1876	Isak Ries	1860	David und Nanette	England
	Hermann Stern	1863	Jakob und Bertha	Schweiz
	Moses Löw Stern		† Menk Stern	Bayern
1883	David Ries	1867	Meier und Helene	USA
	Isidor Gundelfinger	1866	† Jonathan	USA
	Nathan Ries	1865	† Meier und Helene	USA
1884	Nathan Ries	1867	Hona und Helene	USA
1888	Abraham Leininger	1873	Jette	USA
1889	Leopold Elkan	1873	Nathan	USA
1890	Jonas Ries	1873	Hona und Helene	England

Auswanderungsjahr	Name	geb.	Vater und Mutter	Auswanderungsland
1894	Meier Leininger	1877		USA
1896	Nathan Landauer	1883	Isak	USA
1901	Lippmann Elkan	1885	Nathan	USA
1911	Sigmund Alexander	1895		USA

Auf die wirtschaftlichen Belange der jüdischen Mitbürger nahm man Rücksicht. Von März bis Dezember 1911 herrschte Maul- und Klauenseuche im Ort. Der Hausierhandel mit Vieh mußte aus diesem Grund untersagt werden. Der Gemeinderat billigte daraufhin den Viehhändlern David, Lippmann und Samuel Gundelfinger sowie Moritz Eichberg einen Steuernachlaß zu.

Der Rückgang der jüdischen Bevölkerung machte sich vor allem in der Schule bemerkbar. Auf der anderen Seite stieg die Zahl der christlichen Kinder langsam an. Die Gemeinde beschloß daher, eine zweite Lehrerstelle zu beantragen. Natürlich benötigte man dafür auch neuen Schulraum. Die israelitische Schule, knapp 70 Jahre alt, wurde 1912 nur noch von fünf Schülern besucht. Es stand zu vermuten, daß diese Schule in absehbarer Zeit einging. Die Tatsache, daß vor allem vermögende, steuerkräftige Juden abwanderten, war dem Gemeinderat bewußt. Da die große Mehrzahl der Einwohner wenig bemittelt war, kam ein Schulbau nicht in Frage. Den Termin für die Einrichtung der zweiten Lehrstelle wollte man weit hinausschieben. Der Oberschulrat stand den Michelbacher Absichten, die israelitische Schule zu erwerben und den neuen Bedürfnissen anzupassen, aufgeschlossen gegenüber. Er riet, schon jetzt Renovierungskapital anzusparen, und zwar jährlich 400 Mark. Nach dem Krieg standen 2400 Mark zur Verfügung. Die Pläne zerschlugen sich jedoch. 1933 wurde die zweite Schulstelle wegen des allgemeinen Bevölkerungsrückgangs endgültig abgelehnt. Der Ort hatte nur noch 555 Einwohner.

Mehrere Michelbacher Juden nahmen am Ersten Weltkrieg teil. Nathan Gundelfinger fiel. Max Gundelfinger geriet in Kriegsgefangenschaft und erhielt nach seiner Rückkehr eine Ehrengabe von 50 Mark. Der nicht zum Militärdienst taugliche Vorsänger Isak Strauß übernahm freiwillig Unterricht in der Elementarschule, als der Grundschullehrer eingezogen wurde.

Den Gemeinderat beschäftigte 1920 das Einbürgerungsgesuch von Benni Stern. Er war 1862 in Ziegenhain in Hessen geboren, war nach Amerika ausgewandert und hatte 1886 in New York die Michelbacherin Babette Wassermann geheiratet. Im gleichen Jahr war sein Sohn Feudy in New York zur Welt gekommen. Er kehrte wie sein Vater in die Heimat der Mutter zurück und ließ sich 1924 naturalisieren.

Trotz aller Umerziehungsversuche vor der Emanzipation blieb die überwiegende Zahl der Michelbacher Juden dem Handel verbunden. Auch die Metzger beteiligten sich am Viehhandel. Es gab keine jüdischen Geschäfte wie in den größeren Städten, sieht man von zwei Lebensmittelläden oder einer Kohlenhandlung ab. Bedeutung gewann um die Jahrhundertwende Otto Leininger als Betreiber einer lokalen Privatbank und Hopfenhändler. Zahlreiche Dorfbewohner wurden von den jüdischen Händlern beschäftigt. Die kleine Ortsmarkung konnte nur wenige allein von der Landwirtschaft leben lassen. Als Knechte, Mägde, Köchinnen oder als gelegentliche Futterschneider, Viehtreiber, Viehpfleger und Transporteure verdienten manche ihren Lebensunterhalt, manche, die heute zu den Pendlern gehören würden.

Wenn über viele Jahrzehnte fast ein Drittel der Bevölkerung der israelitischen Gemeinde angehörte, dann ist es nicht weiter verwunderlich, wenn vor allem in die Sprache mehr Brocken des Jiddischen eingeflossen sind als anderwärts. Friedrich Rüb hat 1953 die verwendeten Ausdrücke systematisch erfaßt. Schwierig ist dabei die Abgrenzung. Was kommt unmittelbar aus dem Hebräischen? Was sind bloße Verballhornungen, was Übernahmen aus speziellen Gaunersprachen? Bis in die Zeit des Dritten Reiches nahmen die Juden an allen kulturellen Veranstaltungen teil. Ihre Feste, vor allem der Sabbat, wurden von den Christen respektiert, und mancher verdiente sich durch Verrichtungen, die den Juden an diesem Tag nicht gestattet waren, ein Taschengeld, etwa durch das Anheizen der Öfen.

Berühmte Nachfahren Michelbacher Juden

Ein berühmter Heidelberger stammt von Michelbacher Juden ab: der Germanist Friedrich Gundolf. David Gundelfinger hatte Reizka Isak aus Marktbreit geheiratet. Aus dieser Ehe ging 1814 der Sohn Salomon hervor. Mit Genehmigung der Standesherrschaft Hohenlohe-Kirchberg richtete David in Kirchberg ein gutgehendes Ellenwarengeschäft ein. Voraussetzung für die Erlaubnis war die Verpflichtung Gundelfingers, seine Familie nie nach Kirchberg zu holen. Er blieb also Michelbacher Bürger und erhielt lediglich das Beisitzrecht in Kirchberg. Der Sohn Salomon erlernte 1831–1834 in Fürth den Kaufmannsberuf und legte 1838 in Horb die Meisterprüfung ab. Er konnte beste Zeugnisse vorlegen, als er nach dem Tode des Vaters 1839 das Kirchberger Geschäft übernahm. Zu den gleichen Bedingungen wie sein Vater erhielt der damals noch ledige Salomon das Beisitzrecht in Kirchberg. 1841 heiratete er die aus Freudental stammende Julie Simon. Drei Kinder wurden ihnen in Michelbach geschenkt: Sophie (* 1842), Ludwig (* 1843, † 1885 in Frankfurt am Main) und Jacob (* 1845). Als 1844 seine Familie in das inzwischen von ihm erworbene Haus in Kirchberg einziehen wollte, erhob sich Widerspruch in der Gemeinde. Das Beisitzrecht wurde ihm aufgekündigt. Gegen diese unchristliche Maßnahme legte Gundelfinger erfolgreich Protest bei der Kreisregierung ein, die wiederum das Innenministerium über die Angelegenheit informierte. Die Regierung sah sehr wohl, daß das erzwungene Auseinanderreißen der Familie eine Diskriminierung war. Es gelang schließlich, den Gemeinderat umzustimmen. Gundelfinger erhielt das unbedingte Beisitzrecht für sich und seine Familie. Die Familie siedelte im Januar 1846 nach Kirchberg an der Jagst über, doch behielt Salomon sein Michelbacher Gemeindebürgerrecht[62]. 1846 wurde der Sohn Sigmund in Kirchberg geboren. 1847 beschwerte sich Salomon, daß er, obwohl er nun zwei Stunden von seiner Kirchengemeinde entfernt wohnte, keine Erlaubnis des Braunsbacher Rabbiners zum Schächten von Federvieh für den Hausgebrauch erhielt, weil er angeblich nicht fromm genug war. Er stand vermutlich der traditionell orthodoxen Richtung des Rabbiners kritisch gegenüber[63]. Salomon starb 1887 in Crailsheim, wohin er nach dem Tod seiner Frau 1877 verzogen war.

Nach dem Besuch des Gymnasiums in Ansbach, später in Stuttgart, studierte Sigmund Mathematik und Physik in Heidelberg und Königsberg und promovierte 1867 in Gießen. Schon zwei Jahre später habilitierte er sich in Tübingen und wurde 1873 Professor für Mathematik. Seit 1879 lehrte er an der späteren Technischen Hochschule Darmstadt. Zahlrei-

---

62 HStASt E 146 Bü 1196.
63 StAL E 212 Bü 287.

che bedeutende mathematische Publikationen stammen aus seiner Feder, viele Auszeichnungen ehrten den verdienten, hochangesehenen Gelehrten, der 1910 in Darmstadt starb[64].

Hier wurde am 20. Juni 1880 als erstes Kind Sigmunds aus der Ehe mit der Augsburger Tuchgroßhändlerstochter Amalie Gunz Friedrich Leopold Gundelfinger geboren, der sich später Gundolf nannte. Scherzhaft äußerte er einmal gegenüber einem Freund, er habe den »finger« abgeschnitten. Nach dem Studium in München, Heidelberg und Berlin habilitierte er sich 1911 in Heidelberg und lehrte hier seitdem neuere deutsche Literatur. Als Dichter, Shakespeare-Übersetzer, Herausgeber und Verfasser literaturwissenschaftlicher Bücher wirkte er maßgeblich daran mit, daß die Heidelberger Universität nach dem Ersten Weltkrieg hohes internationales Ansehen gewann. Seine Werke erlebten auch noch nach dem Zweiten Weltkrieg vielfache Auflagen. Er starb am 12. Juli 1931 in Heidelberg[65].

1921 hatte sich ein strebsamer junger Mann aus streng katholischem Elternhaus bei ihm um ein Dissertationsthema bemüht. Es scheint ihm aber nicht gelungen zu sein, in den engeren Schülerzirkel Gundolfs aufgenommen zu werden, der zudem das Privileg besaß, keine Prüfungen abhalten zu müssen. Obwohl die Anregung zur Arbeit über Wilhelm von Schütz von Gundolf stammen dürfte, hat sich der junge Mann einen anderen Doktorvater suchen müssen. Er fand ihn in dem aus Czernowitz stammenden Juden Max Freiherr von Waldberg. Kein anderer als Joseph Goebbels, der Propagandist des Antisemitismus, war dieser junge Mann, der 1921 in Heidelberg sein Rigorosum ablegte[66].

8. Schwäbisch Hall

Zögernde Anfänge

Nach dem Anfall an Württemberg 1806 veränderte sich die Haller Stellung zu den Juden nur ganz allmählich. Ein unbeschränkter Zuzug konnte nicht stattfinden, da ja im Gebiet der Kernstadt bis dahin keine Juden auf Dauer gewohnt hatten. So fanden neue Schutzaufnahmen – diesmal als königliche Gnade – vermutlich nicht statt. 1810 wurden sechs Juden gezählt, wohl die Unterlimpurger, und 1824 waren es erst 24, also nur drei bis vier Familien. Dazu zählte die reiche Witwe des Braunsbacher Hoffaktors Hayum Henle, der 1826 gestorben war.

In Unterlimpurg wohnte vermutlich David (* 1788), der sich später Limburger nannte. Er heiratete Babette Jandorf aus Hengstfeld. Seine Schwester Klara (* 1790) heiratete Judas David Widelshofer aus Klein-Nördlingen (1784–1830). Als 1829/30 alle Mitglieder aller Gemeinden aus steuerlichen Gründen erfaßt wurden, ist David Limburger als Vorsteher beider Gemeinden – Hall und Steinbach – genannt. Alle fünf Haller-Unterlimpurger Familien wurden mit einer Jahrespersonalsteuer von je 6 fl. belastet.

In Steinbach lebten 15 Familien und vier Witwen. Nur fünf zahlten den vollen Steuersatz von 6 fl., einer zahlte 3 fl., vier zahlten 2 fl. Fünf Familien zahlten wegen Armut keine Steuern, so der vergantete Marx Adler mit fünf Kindern, der bettelarme Isak Dreifuß mit drei Kindern, der vergantete Löw Nagel und Gerson Weiß. In den ersten frei gewählten Gemeindevorstand

---

64 NDB VII, 1966, S. 315.
65 Ebd., S. 319.
66 H. Heiber, Joseph Goebbels, 1962, S. 31. Kritisch dazu: Die Tagebücher von Joseph Goebbels, hg. von E. Fröhlich, Band 1, 1987, S. XXIX.

nach der Neuorganisation des Gemeindewesens wurden Henle Reis, Falk Sontheimer und Salomon Haller berufen.

Auch nach der Teilemanzipation von 1828 war es für ausländische Juden nicht leicht, sich in Württemberg naturalisieren zu lassen. Zwei gegensätzliche Beispiele dafür sind aus Hall überliefert[67]. Abraham Weil stammte aus dem Elsaß und trieb seit vielen Jahren einen schwunghaften Handel mit Schlachtvieh, das er im Oberamt Hall aufkaufte und nach Straßburg schaffte. Sein Umsatz wurde auf 100000 fl. jährlich geschätzt, sein Vermögen auf rund 12 000 Francs. Als er 1846 um das württembergische Staatsbürgerrecht nachsuchte, gab es keine Anstände, denn die Stadt Hall sagte die Aufnahme in ihr Bürgerrecht zu, eine unerläßliche Voraussetzung. Jeder Württemberger mußte zunächst Bürger einer Gemeinde sein.

Weniger glücklich war David Wittelshofer. Er stammte wie sein Bruder Judas David aus dem bayerischen Klein-Nördlingen und hatte sich seit 1802 in Hall und Steinbach aufgehalten. Sein Vater David stammte aus Wittelshofen und hatte den sich darauf beziehenden Namen angenommen. 1817 suchte David zum ersten Mal vergeblich um das württembergische Staatsbürgerrecht nach. Er war bei Verwandten in Unterlimpurg aufgezogen worden und hatte später einen Handel mit goldenen Uhren begonnen. Vorübergehend stand er sogar in Verdacht, mit einer Gaunerbande in Verbindung zu stehen, auch an Paßfälschungen beteiligt zu sein. Nachzuweisen war ihm allerdings nichts. Als sein Bruder 1830 durch eine von einem Salinenarbeiter fahrlässig verursachte Pulverexplosion ums Leben kam, suchte David erneut um das Bürgerrecht nach. Damals betrieb er ohne entsprechende Ausbildung einen kleinen Handel mit Wolle und Pelzwerk. Das Ministerium lehnte die Einbürgerung ab. Maßgebend war, daß man seiner Zusicherung keinen Glauben schenkte, daß er den Schacherhandel aufgeben wolle. Auch hatte die Stadt ihm nur den Beisitz, nicht aber das volle Bürgerrecht zugesagt. Seine Verwicklung in die seinerzeitige Kriminaluntersuchung sprach nicht zu seinen Gunsten. So wurde ihm lediglich erlaubt, der Witwe seines verunglückten Bruders als Gewerbegehilfe zur Seite zu stehen. Er wurde kein Württemberger.

Gemeindefinanzen

Die 1828 konstituierte Gemeinde Steinbach-Hall unterstand der Aufsicht weltlicher und kirchlicher Behörden. Aus ihren Unterlagen können für die Gemeindeentwicklung wichtige Informationen gewonnen werden. Die neue Kirchenorganisation erforderte zur Bestreitung der allgemeinen Kosten Einkünfte. Auch sollte versucht werden, ärmere Gemeinden auf Kosten reicherer zu unterstützen. Nach Artikel 59 des Gesetzes vom 25. April 1828 zahlte jeder selbständige Haushalt jährlich 6 fl., jede Witwe 3 fl. zum zentralen Kirchenfonds. Als Aufnahmegebühr in eine Gemeinde waren zunächst 100 fl. für eine Familie, 50 fl. für ledige Männer festgesetzt. 1839 wurde diese Gebühr auf 50 beziehungsweise 25 fl. ermäßigt.

Die an die Gemeinde zu entrichtenden Abgaben wurden nicht pauschal erhoben. Es gab einen Anteil, der als Personalsteuer auf die Haushalte umgelegt wurde (Rosche Bajis), und der größere Anteil, der als reine Vermögenssteuer (Erach) eingezogen wurde. Zu diesem Zweck wurde alle drei Jahre durch freiwillige Selbsteinschätzung die Bemessungsgrundlage (Steuerkataster) festgesetzt, das sogenannte Erach-Machen. Handtreue (Tekeha Kas) besiegelte die

---

67 HStASt E 146 Bü 1196.

Angaben. Mit dieser Art der Besteuerung wurde im Rechnungsjahr 1834/1835 begonnen. 1844 scheiterten Überlegungen, die Vermögenssteuer durch eine Einkommenssteuer zu ersetzen. Allein mit den recht unregelmäßigen Einkünften aus Handel und Arbeit war eine geordnete Finanzierung der Aufgaben nicht möglich. Nicht immer waren Wohnsitz und bürgerlicher Heimatort identisch. Dann wurden die Erach-Abgaben zur Hälfte an den Heimatort überwiesen. Seit 1873 war nur noch der Hauptwohnsitz für die Besteuerung maßgeblich.

Gut sind wir über die Männer unterrichtet, denen die Gemeindefinanzen anvertraut waren. Zunächst war es von 1839 an der Vorsänger Marx in Steinbach. 1842 wurde Salomon Haller zum Kirchenpfleger bestellt, 1855 Michel Steiner. 1859 wurde der ledige Haller wiedergewählt. Er galt als vermögend und brauchte deshalb die für einen Rechner übliche Kaution nicht zu erlegen. 1863, 1869 und 1872 wurde er im Amt bestätigt, allerdings 1874 wegen Amtsversäumnis durch den Vorsteher Heinrich Steiner abgelöst, der 1875 mangels anderer Kandidaten das Amt übernahm, 1878 aber eine Wiederwahl ablehnte. So wurde Lippmann Wolff gewählt, der nach fünfmaliger Wiederwahl 1889 aus Altersgründen durch Jakob Reiß ersetzt wurde. Als er 1902 starb, wurde er durch den Kaufmann Josua Victor Schwab ersetzt, der noch 1921 im Amt war[68].

Die Gemeinde Steinbach-Hall war nicht allzu finanzstark, wie aus den Steuerübersichten hervorgeht[69].

Zeitraum	Rosche Bajis (fl.; ⅓)	Erach (fl.; ⅔)	pro Familie	pro 100 fl Vermögen
1842–45	364	728	5 fl. 23 kr.	34 kr.
1845–48	288	576	3 fl. 51 kr.	32 kr.
1848–51	83	167	3 fl. 14 kr.	27 kr.
1861–64	187	374	4 fl. – –	46 kr.
1865–67	179	358	2 fl. – –	22 kr.
1867–70	155	310	2 fl. – –	34 kr.
1870–73	181	362	2 fl. – –	27 kr.

Dann kam die Umstellung auf die neue Markwährung:

Zeitraum	Rosche Bajis	Erach	pro Familie	pro 100 fl Vermögen
1873–76			2 fl. 30 = 4.29 M	12 kr. = 34 Pf
1875–76	140	2243	4 Mark	60 Pf
1876–79	140	1868	3 M. 50 Pf	25 Pf
1879–82	134	2451	3 M. 70 Pf	28 Pf
1882–85	156	2530	3 M. 80 Pf	18 Pf
1885–88	160	2385	4 Mark	19 Pf
1888–91	164	2288	4 Mark	19 Pf

68 Kreisarchiv Schwäbisch Hall C 4/4.
69 Ebd., C 4/2.

Das Steuerkapital für die Erach-Abgabe und die Zahlungen an die Zentralkirchenkasse betrugen:

Steuerperiode	Steuerkapital	an Kirchenkasse
1876–79	863 900	107 M 14 Pf
1879–82	1 302 100	– –
1882–85	1 302 000	160 M 54 Pf
1885–88	1 217 700	146 M 46 Pf
1888–91	1 195 000	179 M 40 Pf
1891–94	1 330 500	199 M 65 Pf
1894–97	1 569 000	235 M 35 Pf
1897–1900	1 732 000	259 M 80 Pf

Der israelitische Kirchengemeindeetat wurde landesweit nach einem ganz bestimmten Schema für einen Drei-Jahres-Zeitraum erhoben.

Einnahmerubriken waren:
1. Zinsen aus Aktiven
2. Vom Grundstock
3. Pachtgeld:
   a) von Synagogenstühlen
   b) von Grundstocks-Objekten
4. Vom Aufrufen zur Thora und anderen Ehrenverrichtungen
5. Aufnahmegebühren (Hakdama) von neueintretenden Kirchengenossen
6. Strafen
7. Abgabe von Fleisch (Fleischsteuer oder Schächtgebühren)
8. Opfergelder
9. Schulgeld
10. Beitrag des Filials
11. Gebühren bei Trauungen, Leichenbegängnissen usw.
12. Sonstige Einnahmen

Ausgabenrubriken waren:
1. Zinsen aus Passiven
2. Für Tilgung von Passiven
3. Zum Grundstock
4. Bonifikationen, Wartgeld usw.
5. Steuern und Abgaben
6. Beitrag zu der Landesumlage an Stelle der aufgehobenen Personalsteuer
7. Reparaturen und Unterhaltungskosten
8. Neubauten oder größere Reparaturen
9. Besoldungen:
   a) Beitrag zur Rabbinatsbesoldung
   b) Besoldung des Schullehrers
   c) Besoldung des Vorsängers

d) Besoldung des Kirchenpflegers
e) Besoldung des Vorbeters
f) Besoldung des Kirchendieners
g) Besoldung des Schächters
10. Aufsichts- und Verwaltungskosten:
a) für Stellung der Kirchenpflegrechnung
b) Schreibmaterialien-Aversum, Porti usw.
c) sonstige Kanzleikosten
d) für Erfüllung stiftungsmäßiger Verbindlichkeiten
e) Mietgeldaversum an den Rabbinen
11. Schulkosten:
a) Mietgeldaversum an den Lehrer oder Vorsänger
b) Heizung und Beleuchtung des Schullokals
c) für Inspektion und Visitation der Schule
d) für die Sonntagsschule
e) sonstige Schulbedürfnisse und Schulkosten
12. Kultkosten:
a) Beleuchtung der Synagoge
b) Reinigung der Synagoge
c) Anschaffung von kirchlichen Gegenständen
d) Sonstige Kultkosten
13. Kosten der Erhaltung des Frauenbads
14. Armenversorgungskosten
15. verschiedene Ausgaben
16. für unvorhergesehene Ausgaben

Die Summe der Einnahmen wurde von der Summe der Ausgaben abgezogen, die Differenz auf drei Jahre verteilt. Dieses Drittel mußte durch Umlagen finanziert werden. Als Beispiel sei der Etat von Hall-Steinbach 1876/79 aufgeführt:

Israelitische Kirchengemeinde Hall-Steinbach
Zu dem Etat für 1876 bis 79 inclus.

Es beträgt nach dem Voranschlage:

die Summe der Einnahmen auf die Jahre 1876/77, 1877/78, 1878/79	*1026 M – Pf*
die Summe der Ausgaben auf die gleiche Zeit	*7050 M – Pf*
und ist somit ein Deficit vorhanden von	*6024 M – Pf*
oder in jedem der obigen Jahre durchschnittlich	*2008 M – Pf*

Hiervon sollen für 1876/79 inclus. nach dem Antrage des Kirchenvorsteheramts umgelegt werden:

	(Bruchteil)
auf Rosche Bajis (Familien)	*¹/₁₅ oder 140 M – Pf*
auf Erach (Vermögen)	*¹⁴/₁₅ oder 1868 M – Pf*

Und es wird hiernach künftig treffen:

Eine Familie Rosche Bajis	*3 M 50 Pf jährlich*
das 100 M. Erach	*– M 25 Pf jährlich*

zu der Etatsperiode 1873/76 (inclus.) traf

Eine Familie Rosche Bajis	*2 fl. 30 kr. = 4 M 29 Pf*
das 100 fl. Erach	*– fl. 12 kr. = – M 34 Pf*

Die Richtigkeit des vorliegenden Etats
beurkundet
Hall, 29. Oktober 1876
das Kirchenvorsteheramt

Die Gemeinde von damals besaß keinerlei Kapitalvermögen, allerdings auch nur rund 1000 Mark Schulden. Strafen und Schächtgebühren wurden nicht erhoben, auch gab es keine Filiale. Opfergelder wurden direkt an Arme verteilt und erschienen nicht in der Rechnung. Das Schulgeld wurde auf 4 Mark festgesetzt, mußte allerdings nach Schließung der Steinbacher Schule an andere Schulen abgeführt werden. Bei den Ausgaben entfielen Zuführungen zum Grundstock, für Neubauten, Schullehrer und Vorbeterbesoldung, die der Schächter erhielt. Die Besoldung für Vorsänger und Schächter sowie die anteilige Rabbinatsbesoldung verschlangen 65 % der Ausgabenansätze.

1891–1894 beliefen sich die durchschnittlichen Einnahmen auf 235 Mark, die der Ausgaben auf 2518 Mark. Die Familiensteuer wurde auf 4 Mark festgesetzt, die Vermögenssteuer auf 16 Pfennig pro 100 Mark Vermögen. Die Erhebung der Vermögen war vertraulich und wurde durch Gemeindedeputierte vorgenommen. Dem Oberamt mußte nur die Gesamtsumme des Anlagekapitals genannt werden. Das Steuergeheimnis wurde streng respektiert. Bereits 1924/1925 erhielt die Gemeinde Unterstützung aus der Zentralkirchenkasse, weil bei stabilen Ausgaben die Einnahmen sanken. Der Zuschuß belief sich auf 1600 Mark. Die letzte Gemeinderechnung wurde dem Oberamt für 1936/37 vorgelegt.

Ausbildung

Abraham Limburger (* 1828) war der erste Haller Jude, der 1843 nach Erreichen des 14. Lebensjahres der oberamtlichen Ausbildungsüberwachung unterstellt wurde. Diese Überwachung endete mit Vollendung des 18. Lebensjahres. Er besuchte die lateinische und die Realschule, galt als befähigt, ohne schon einen bestimmten Beruf anzustreben. Moses Aron Herz war schon Seifensiedermeister. Da er aber noch keine Werkstatt besaß, kaufte er Unschlitt auf, vertauschte dieses gegen Seife und Lichter beim Seifensieder Gauger und verkaufte diese Produkte. Aron und Marx Sontheimer waren Tuchmacher. Diese erste 1843 vom Oberamt pflichtgemäß erstellte Liste aller Judensöhne zwischen 14 und 18 Jahren umfaßte zwölf Personen, von denen aber neun das 18. Lebensjahr bereits vollendet hatten. Sie wurden aus der Liste gestrichen, auf der nun noch drei übrigblieben. Hall und Steinbach wurden nicht getrennt erfaßt.

1844 kam ein Schuhmacherlehrling dazu. Lion Rosenheimer von Steinbach hatte seine Lehre, für die er körperlich und geistig nicht geeignet war, wieder abbrechen müssen. Er kam dann in eine Schneiderlehre. Drei weitere Steinbacher wurden 1845 14, besuchten aber weiterhin die Elementarschulen. Jakob Reiß (* 1831) sollte das Gerberhandwerk erlernen. Nach dem plötzlichen Tod seines Bruders mußte er im elterlichen Geschäft, der Kronenwirtschaft, die als nicht unbedeutend bezeichnet wurde, mitarbeiten. Angeblich sollte er dort neben der Ökonomie die Landwirtschaft erlernen. Hermann Adler und Isac Rosenheimer waren noch unentschlossen. 1851 wurde Aron Mittelberger in Steinbach 14, der in die Präparandenanstalt in Hall aufgenommen wurde, um sich dem Lehrfach zu widmen. Marx Rosenheimer taugte wegen seiner körperlichen Schwäche noch nicht zu einem Gewerbe und blieb zunächst im elterlichen Hause, ehe er 1852 eine Schneiderlehre begann. 1852 kamen David Gundelfinger in Hall und Isak Sontheimer aus Steinbach auf die Liste, 1853 Isak Hirsch Mirabeau, Nördlinger, Elias Rosenheimer und Emil Marx. Mirabeau und Rosenheimer wollten das Kaufmannsgewerbe erlernen, Nördlinger war bereits Handlungslehrling, Marx war als Lehramtsanwärter auf der Präparandenanstalt. David Gundelfinger trat 1853 bei einem Kaufmann in Mannheim in die Lehre. 1854 trat Isak Sontheimer eine Schuhmacherlehre in Hall an, Elias Rosenheimer eine Kaufmannslehre in Ellwangen. Mirabeau hatte zunächst eine Lehrstelle in Wertheim angetreten, war dort aber erkrankt und lernte nun im elterlichen Geschäft in Hall. Die Eltern bemühten sich um eine neue Stelle in Mainz.

1855 befanden sich zehn Jugendliche aus Hall (sechs) und Steinbach (vier) in ordentlichen Lehrberufen, 1856 elf, 1857 zwölf und 1858 zehn. Inzwischen hatte sich das Interesse immer stärker dem Kaufmannsberuf zugeneigt. So ermahnte die Regierung das Oberamt, daß sich die Judensöhne künftig stärker als bisher anderen Berufen zuwenden sollten. Dann nahm die Zahl der Jugendlichen wieder ab: 1859 sieben, 1860 sieben, 1861 fünf, wovon zwei eine Kaufmannslehre absolvierten, die übrigen die Uhrmacherei, die Weberei und die Buchdruckerkunst erlernten. Im folgenden Jahr kam ein Maler dazu. 1863 war ein Haller bei einem Münchner Bankier in der Lehre. Dem Abschluß der Lehre schloß sich in der Regel eine Wanderzeit an, die auch der gelernte Damastweber 1864 begann. Mit der vollständigen Gleichstellung der Juden endete auch die Ausbildungsaufsicht der Oberämter, die insgesamt als erfolgreich zu betrachten ist. Mit Ausnahme der körperlich Schwachen, von denen ein Teil als Ersatzberuf das Schneiderhandwerk erlernte, erreichte im Oberamt Hall jeder männliche Jude seit 1834 einen echten Lehrabschluß. Die erzieherische Absicht der Regierung war hier durchaus erfolgreich verwirklicht worden.

Weiteres Wachstum

Die Zahl der Haushalte geht aus den seit 1832 geführten Rechnungen der Israelitischen Zentralkirchenkasse hervor. Sie betrug bis zur Gleichstellung:

Jahr	Männer	Witwen	gesamt	Ha + St	Jahr	Männer	Witwen	gesamt	Ha + St
1833	6	1	7	24	1844	7	–	7	28
1834	7	1	8	25	1845	7	–	7	25
1835	7	1	8	27	1846	8	–	8	31
1836	7	1	8	28	1847	9	1	10	29
1837	7	1	8	27	1848	10	–	10	27
1838	7	1	8	24	1849	9	1	10	26
1839	7	1	8	26	1850	9	1	10	26
1840	6	2	8	26	1851	10	2	12	26
1841	6	–	6	26	1852	10	2	12	26
1842	5	–	5	25	1853	10	2	12	26
1843	6	–	6	26	1854	10	2	12	25

Jahr	Männer	Witwen	gesamt	Ha + St		Jahr	Männer	Witwen	gesamt	Ha + St
1855	9	3	12	24		1860	11	2	13	26
1856	8	3	11	22		1861	12	3	15	26
1857	8	3	11	22		1862	12	3	15	27
1858	8	2	10	21		1863	12	4	16	29
1859	9	2	11	25						

Die Emanzipation brachte für Hall kein sprunghaftes Anwachsen der jüdischen Bevölkerung mit sich. Auch vollzog sich erst nach und nach eine Umsiedlung der Steinbacher Familien nach Hall oder in andere, meist württembergische Städte. Das zeigt die Tabelle der Haushalte bis zur Abschaffung der Personalsteuern seit 1874. Steinbach wurde seit 1871 nicht mehr gesondert ausgewiesen.

	Hall			Steinbach			Hall und
Jahr	Männer	Witwen	gesamt	Männer	Witwen	gesamt	Steinbach gesamt
1864	13	3	16	11	2	13	29
1865	11	6	17	10	1	11	28
1866	11	2	13	10	1	11	24
1867	12	3	15	11	1	12	26
1868	12	3	15	12	1	13	28
1869	12	3	15	12	2	14	29
1870	13	4	17	9	2	11	28
1871	20	6	26				26
1872	20	6	26				26
1873	31	7	38				38
1874	31	7	38				38

Der eigentliche Zuzug begann also erst verhältnismäßig spät nach dem Emanzipationsgesetz von 1864. Vor allem Juden aus Braunsbach zogen – wie das Braunsbacher Familienregister ausweist – mit ihren Familien in die Stadt, natürlich auch einige Steinbacher, wo um die Jahrhundertwende nur noch zehn Juden wohnten. Ein echter Zugewinn war erst in den Gründerjahren mit dem deutlichen Anstieg von 26 auf 38 Haushalte festzustellen. Auch die in der allgemeinen Personenstatistik nachgewiesenen Gesamtzahlen zeigen die gleiche Tendenz. Um 1880 war mit rund 290 Juden in Hall und Steinbach ein absoluter Höhepunkt erreicht. Von da an gingen die Zahlen wie auf dem Lande ständig zurück. Hall hatte keine zentralen Funktionen und bot keine großen wirtschaftlichen Möglichkeiten. Um die Jahrhundertwende lebten noch knapp 200 Juden hier, unmittelbar vor dem Ersten Weltkrieg rund 160.

Die Integration der Juden ging langsam voran. Da sie von 1864 an Bürger wie jeder andere waren, läßt die Überlieferungsdichte spürbar nach. Sie entwickelten ein normales Gemeindeleben, hatten ihre koscheren Wirtschaften, achteten die religiösen Gebräuche und wurden als Mitbürger akzeptiert und respektiert. Die Kenntnis der ehemaligen Sonderstellung nahm ab. Wer Juden nicht mehr als Schutzjuden, sondern nur als gleichberechtigte Bürger kennengelernt hatte, die einer anderen Religion angehörten, brauchte nicht von vornherein Vorurteile zu pflegen.

Ein großes Problem bildeten – eigentlich seit dem 16. Jahrhundert – die Armen. Die Ortsarmen wurden zum Beispiel zur Anschaffung des Mehls für Mazzen am Pessachfest durch eine Kollekte unterstützt. 1854 trug diese Kollekte so wenig ein, daß eine außerordentliche Umlage beschlossen wurde. Sie zeigt die Vermögenssituation der Armen und der weniger Armen auf. Von Reichen sprach damals niemand.

Empfänger von Mehl waren:	die Witwe Dreifuß	6 Pfund
	Isaak Dreifuß	18 Pfund
	Seligmann Dreifuß	24 Pfund
	Geschwister Nagel	22 Pfund
	Esther Marx	14 Pfund
	Seligmann Rosenheimer	12 Pfund
	die Witwe Weiß	16 Pfund
Auf das Vermögen wurden umgelegt:	Ruben Adler	14 kr.
	Löb Adler	15 kr.
	Lemlein Archshöfer	26 kr.
	Salomon Haller	38 kr.
	Chaim Henle	48 kr.
	M. Josef Herz	32 kr.
	Sigmund Kahn	1 fl. – kr.
	Joseph Mittelberger	10 kr.
	Isak Nördlinger	20 kr.
	Chaim Hirsch Reiß	32 kr.
	Marx Reiß Witwe	2 fl. – kr.
	Henle Reiß	5 fl. – kr.
	Jakob Rosenheimer	4 kr.
	Falk Sontheimer	20 kr.
	Michael Steiner	1 fl. 20 kr.
	Abraham Weil	1 fl. 20 kr.
	Witwe Wittelshofer	12 kr.
	insgesamt	15 fl. 11 kr.

Der Kronenwirt Reiß und die Witwe Marx verweigerten allerdings die Zahlung wegen der unverhältnismäßigen Höhe. Für sie galt Mazzenmehl nicht als unabweisbares Bedürfnis. Gegen diese Auffassung wandte sich der Vorstand ganz entschieden. Selbst bei Strafgefangenen war der Verzehr von Mazzen an Ostern als religiöses Bedürfnis anerkannt. So wurde die Beschwerde der Reichen abgewiesen. Um von solchem Ärger unabhängig zu werden, war ein Armenverein gegründet worden, der fremde und einheimische Arme unterstützte. Satzungsgemäß bemühte er sich um die Abschaffung des Bettels. Nach den Kriegen von 1866 und 1871 nahm die Zahl jüdischer Bettler aus Ungarn, Polen, Ostpreußen und dem Elsaß so zu, daß vor allem die Landgemeinden schwer darunter litten, waren sie doch durch ihre Religion zur Hilfe verpflichtet.

1872 gründete sich ein »Comite zur Centralisation des Wanderbettels«. In Heilbronn entstand ein Bezirksarmenverein. Die Einzelgemeinden gaben ihre bislang gewährten

Zuschüsse an eine neue Zentralkasse in Heilbronn, die durchreisende Israeliten unterstützte. Kräftige, aber arbeitsscheue Personen, solche, die beim Hausbettel in einer Verbandsgemeinschaft ertappt wurden, und Betrüger wurden von Leistungen ausgeschlossen. Zu den 33 Gemeinden dieses Verbandes zählten auch die Gemeinden des Rabbinats Braunsbach (Braunsbach, Crailsheim, Dünsbach, Hall mit Steinbach, Hengstfeld, Künzelsau, Michelbach). Wer trotz erhaltener Unterstützung bettelte, wurde von jeder künftigen Leistung ausgeschlossen. Sie wurde höchstens zweimal jährlich an Inländer, einmal an Ausländer gezahlt. Durch den Entzug und die Schmälerung der Gaben sollten jüdische Arme vom Zuzug abgehalten werden, vor allem ausländische. Auch dem professionellen Bettel sollte das Wasser abgegraben werden. Es liegen keine Angaben vor, ob die erstrebten Ziele im Bezirk erreicht wurden.

Aus dem Gemeindeleben

Im März 1872 legte das Oberamt Schwäbisch Hall dem Innenministerium einen ausführlichen Bericht über die israelitische Gemeinde vor[70]. Sie bestand aus 172 Mitgliedern. In Hall wohnten 66 männliche und 71 weibliche, in Steinbach nur noch 17 männliche und 18 weibliche. Die Folgen der Freizügigkeit seit 1864 werden hier besonders deutlich.

Außer Synagoge und Friedhof gab es keine gemeindeeigenen Gebäude. 1862 hatte die Gemeinde das Anwesen von Seligmann Dreifuß für 208 fl. erworben. Auch von G. Weiß hatte sie ein weiteres Anwesen gekauft. Insgesamt acht Stiftungen mit 655 fl. Vermögen waren ins Leben gerufen worden. Aus ihren Erträgen erhielt der Vorsinger Belohnungen bei bestimmten Gelegenheiten, Arme wurden unterstützt, Kerzen für den Gottesdienst bezahlt. Zwei Wohltätigkeitsvereine dienten caritativen Zwecken. Der israelitische Frauenverein hatte sich der Pflege Kranker verschrieben. Nach §§ 1–2 seiner Statuten wollte er *besonders in Zeiten der Not auf tunliche Weise israelitischen Armen, besonders weiblichen Personen* helfen. Nach der Auflösung der Schule in Steinbach wurde 1872 die gemeindeeigene Lehrerwohnung für 870 fl. verkauft. 700 fl. steckte man in die dringend notwendige Renovierung der Synagoge, der Rest wurde zur Schuldentilgung verwendet. Da aber die Gesamtkosten der Erneuerung mit 1250 fl. oder 2057 Mark zu Buche schlugen, mußte erneut ein Darlehen von 350 fl. genehmigt werden. Das Frauenbad war 1874 mit einem Kapitalaufwand von 350 fl. ausgebaut worden.

Immer unbefriedigender gestalteten sich die gottesdienstlichen Verhältnisse, als immer weniger Juden in Steinbach wohnten und die Schule dort geschlossen werden mußte. So bemühte man sich um den Ankauf eines Anwesens in der Stadt und wurde fündig. Am 13. Februar 1893 wurde der im Dezember getätigte Ankauf des Hauses in der Oberen Herrengasse 8 zur Einrichtung eines Betsaals von der Oberkirchenbehörde genehmigt. Am 22. September 1893 wurde hier der Betsaal eingeweiht. Außerdem wurde eine kleine Wohnung für den Vorsänger eingerichtet. Nur an hohen Feiertagen wurde seitdem die Synagoge in der Neustetter Straße in Steinbach bis 1935 noch benutzt. Der Friedhof in Steinbach schien nicht mehr lange zu reichen. So kaufte man 1898 ein anschließendes Grundstück mit einer Fläche von einem Hektar und 81 Ar für 5300 Mark für eine Erweiterung. Bis auf 6 Ar wurde aber

70 Ebd., C 4/2.

alles wieder für 5000 Mark verkauft, als die zahlenmäßige Entwicklung der Gemeinde diese Fläche als langfristig nicht notwendig erwies[71].

Ein Schlaglicht auf innergemeindliche Gewohnheiten wirft ein Vorfall, der sich 1885 abspielte. Bestimmte Ehrenverrichtungen in der Synagoge konnten gekauft oder ersteigert werden, so das Recht, aus der Thora vorzulesen. Ein Mitglied der Gemeinde war nun mit 8 Mark im Rückstand für solche Ehrendienste. Als er trotzdem wieder zur Thora gerufen werden wollte, lehnte der Kirchenvorstand dieses Ansinnen ab. Daraufhin beschwerte sich der Abgewiesene beim Oberamt und stellte die ganze Affäre als einen Irrtum dar. Er wohnte seit 22 Jahren in der Gemeinde, war also gleich nach erhaltener Freizügigkeit in Hall aufgezogen. Er betonte, daß er absolut nicht streitsüchtig sei, aber sein Bruder Samuel habe die fragliche Summe bereits für ihn bezahlt. Er bestand auf einem Nachweis seiner angeblichen Schuld. Nun durften aber über solche Ehrenverrichtungen keine Aufzeichnungen gemacht werden. Nur mit Zahlen, nicht mit Namen versehene Papierstreifen wurden angelegt. Die Gemeinde betrachtete daher das Ansinnen des Klägers als eine bloße Schikane. Die Angelegenheit wurde vom Oberamt nicht weiter verfolgt, da es sich nicht in die religiös begründeten Angelegenheiten einmischen wollte.

Am 17. Dezember 1870 wurde Nathan Hähnlein (* 1846) zum Vorsänger gewählt und übernahm 1879 zusätzlich die Schochet-Funktion. Seine Anstellung wurde mit dem Siegel des »Israelitischen Kirchenvorsteheramts Hall« beglaubigt. J. Rosenberger aus Kalisch in Polen wurde 1900 als Synagogendiener eingestellt.

Der Vorstand wurde nach 1870 regelmäßig im Sitzungssaal des Rathauses gewählt. Marx Reiß (* 1822) wurde 1888, 1894, 1899 gewählt, Heinrich Herz (* 1848) 1890, 1896, Julius Weil (* 1840) 1892 – er zog 1897 fort – und Samuel Flegenheimer 1897, 1898, 1904. Die Wahlperiode dauerte in der Regel sechs Jahre. Gewählt wurde, wenn ein Vorstandsmitglied ausschied. Bei den Wahlen 1900 und 1904 waren 38 Juden wahlberechtigt, 14 beziehungsweise 20 stimmten tatsächlich ab[72].

1899 fand eine Gemeindevisitation statt. Bei dieser Gelegenheit erhielt Marx Reiß, der seit 36 Jahren im Kirchenvorstand saß, also seit 1863, vor versammelter Gemeinde einen kostbaren Ehrenbecher. Das Oberamt sprach ihm im Auftrag der Oberkirchenbehörde, die von dieser Ehrung erfahren hatte, volle Anerkennung aus. 1901 segnete er das Zeitliche. Als Heinrich Herz im Januar 1909 sein 25jähriges Amtsjubiläum als erster Vorsteher feierte, erhielt er einen kostbaren silbernen Chanukka-Leuchter überreicht[73]. Herz starb 1915 und wurde durch Samuel Flegenheimer ersetzt[74].

Die Integration der Juden, die nie von der Idee des Zionismus begeistert wurden, der die Juden aus der Diaspora in das alte Gelobte Land Palästina zurückführen wollte, zeigt sich im politischen und sportlichen Engagement. Als 1912 der Sportverein aus der Taufe gehoben wurde, waren mehrere Juden dabei und übernahmen Vorstandsfunktionen. Im Gemeinderat waren die Juden 1906 erstmals mit Heinrich Herz vertreten. Sein Sohn Moses Herz wurde 1924 Mitglied des Israelitischen Oberrats. Seine sozialen und caritativen Aktivitäten waren beispielhaft. Nach dem Zweiten Weltkrieg wurde eine Straße nach ihm benannt. Im Ersten Weltkrieg zogen 28 Haller Juden an die Front, drei als Freiwillige. Zwei kehrten nicht mehr

71 Ebd., A 92/8.
72 Ebd., C 4/7.
73 Ebd., A 92/8.
74 Ebd., C 4/3.

zurück, vier erlitten Verwundungen. Viele erhielten Auszeichnungen für Tapferkeit, zumeist das Eiserne Kreuz Zweiter Klasse und die württembergische silberne Militärverdienstmedaille. Die Namen der Gefallenen finden sich auf dem Kriegerdenkmal. Von parteipolitischen Aktivitäten Haller Juden in der Weimarer Republik ist nichts bekannt. Einige waren Mitglied im »Reichsbanner Schwarz-Rot-Gold«.

Die Kinder besuchten nach der Schließung der Steinbacher Schule die Grundschule oder die weiterführenden Gymnasien, die Mädchen die »Höhere Töchterschule«. Lediglich der jüdische Religionsunterricht wurde im Schulzimmer in der Oberen Herrengasse abgehalten.

9. Steinbach

Nach dem Übergang

Nach der Besitzergreifung durch Württemberg wurden die lokalen Verhältnisse in den neu erworbenen Gebieten untersucht. Nach einem Bericht vom 14. Januar 1807[75] besaß jeder jüdische Hausvater in Steinbach ein bürgerliches Haus und zahlte jährlich 24 fl. Schutzgeld. Die Armut überwog. Lediglich drei bis vier Familien besaßen eine ordentliche Ernährungsbasis. Eine Synagoge hatte man sich aus eigenen Mitteln bislang nicht bauen können. Die Gottesdienste fanden daher in der Schule statt.

Im November 1807 erbat der Vorsteher Samuel Herzle die Erlaubnis zum Bau einer Synagoge. Nach seinen Darlegungen hatte die jetzt 17 Familien umfassende Gemeinde in dem rein katholischen Dorf zu Füßen des Stiftes seit unvordenklichen Zeiten eine Schule mit zwei Räumen, die sich in Privatbesitz befand. Über das Oberamt und den Staatsminister der geistlichen Angelegenheiten von Mandelsloh kam das Gesuch auf den Schreibtisch des Landesherrn. Am 6. Januar 1808 erteilte König Friedrich persönlich die Baugenehmigung. Im Mai des gleichen Jahres wurde eine Kollekte genehmigt, um die Baukosten, die für die kleine Gemeinde allein unerschwinglich schienen, aufzubringen[76]. Bis 1809 war das bescheidene Bauwerk fertiggestellt. Die Bemühungen des Vorstehers Herzle um die Synagoge sind symbolisch auf seinem Grabstein auf dem Steinbacher Judenfriedhof verewigt. Er zeigt ein Bild dieses heute verschwundenen Kultbaus.

Auch nach der Eingliederung in Württemberg nahm die Gemeinde keine sprunghafte Entwicklung. Im ältesten als Film erhaltenen Familienregister der Gemeinde Steinbach und Hall werden 18 Familien aufgezählt. Bei einigen kann man Hinweise auf die Herkunft finden, auch die Familiennamen, die 1826 angenommen wurden. Im einzelnen nennt das Register:

1. Gerson Isac (1790 erwähnt) – Gerson Weiß
2. Löw Marx, Aufnahme 1790, Zuzug aus Braunsbach – Löw Nagel
3. Marx Herz – Marx Herz Adler
4. Wolf Lippmann – Wolf Arnstein
5. Moses Henle – Moses Henle
6. Mayer Emanuel, * 1757 – Mayer Stern
7. Seligmann Salomon, * 1776 – Seligmann Dreifuß

---

75 HStASt E 201c Bü 1.
76 Ebd., Bü 27.

8. Moses Marx, * 1776, † 1840 – Moses Strauß
9. Jeremias Salomon, * 1788, † 1853 – Jeremias Dreifuß
10. Isac Salomon, * 1784 – Isaac Dreifuß, verh. mit Hanna Eisig aus Wiesenbach
11. Falk Meyer, * 1790 in Weikersheim – Falk Sontheimer
12. David Isac, * 1784 in Korb – David Hessenthaler
13. Seligmann Isac, * 1789 – Seligmann Rosenheimer
14. Jakob Isac, * 1791 – Jakob Rosenheimer

Die meisten dieser Familien, deren neue Namen am 20. März 1826 im Hallischen Wochen-blatt publiziert wurden, verließen Hall im Lauf der Zeit oder starben ohne Nachkommen. In der Stadt selbst und in Unterlimpurg wohnten fünf Familien.

1. David Löw – David Limburger
2. Judas David, * 1784, † 1830 – David Wiedelshofer, Wittelshöfer
3. Isac Henle, * 1768, † 1839 – Zuzug aus Braunsbach
4. Moses Löw Marx, * 1776, Sohn des Steinbachers Löw Marx – Moses Löw Reis
5. Henle Marx, * 1799 – Henle Reis

Ausbildung

Seit 1835 weilte Jakob Löwenstein als Schulamtszögling im Lehrerseminar Esslingen. Moses Löwensteiner erhielt eine Ausbildung als Schlosser, Seligmann Adler als Glaser. Von 1838 bis 1842 erhielt Isak Hessenthaler einen Zuschuß zu seiner Bäckerausbildung. 1853 forderte die Zentralkirchenkasse diesen Zuschuß zurück, da er nicht in seinem Beruf tätig war, sondern als Händler. Aus der Stellungnahme Hessenthalers zur Zahlungsaufforderung geht hervor, daß nicht nur Unlust am wohlwollend aufgezwungenen Handwerksberuf schuld am Rückfall in die von der Regierung energisch bekämpfte Schacherprofession war. Er schrieb: *Ich war auch einige Zeit in der Fremde, allein ich sah nur zu bald ein, wie schwer es für einen Israeliten war, in eine ordentliche Kondition zu kommen, da 50 Gewerbegehilfen christlicher Konfession ein Unterkommen finden, bis nur ein Israelit Arbeit bekommt.* Das war sicher für seinen Beruf nicht übertrieben. Trotzdem ließ man keine Gnade ergehen. Isak mußte zahlen[77]. Weiter gefördert wurden: Isak Rosenheimer, Schreiner (1839)

Isak Löwensteiner, Seckler (1839)

Isak Nagel, Buchdrucker (1842)

Seligmann Rosenheimer, Schuhmacher (1843)

Lämlein Rosenheimer, Schuhmacher (1843).

Streit um Religionsvorschriften: Das Schächten

Zu den wichtigen religiösen Vorschriften gehörte es, daß Juden Fleisch nur von rituell mit einem Schnitt durch die Halsschlagader getöteten Tieren essen durften. Die jüdischen Metzger beherrschten diese Tötungsart, das Schächten. Da es aber in Steinbach keinen jüdischen Metzger gab, kam M. Adler aus Braunsbach drei- bis viermal in der Woche zum Schächten nach Steinbach. Auf Veranlassung des Rabbiners Berlinger ließ sich der aus Russisch-Polen

---

77 StAL E 212 Bü 178.

stammende Jude Mandelblatt, ein talmudisch gebildeter Mann, in Steinbach nieder und übernahm das Geschäft des Schächtens. Er starb nach kurzer Zeit und hinterließ seine Witwe mit vier Kindern in ärmlichen Verhältnissen. Daraufhin bestellte der Rabbiner 1876 den aus Preußisch-Polen stammenden Juden Davidsky, der früher als Schächter und Religionslehrer in der der Auflösung entgegengehenden Filialgemeinde Hengstfeld tätig gewesen war. Die Gemeinde Steinbach legte nach den Erfahrungen mit einer böhmischen und einer polnischen Familie keinen Wert auf eine dritte arme Familie. *Wie anderwärts, so herrschte auch hier eine Antipathie gegen polnische Juden, die in Anbetracht der leidigen Erfahrungen, die man mit denselben schon gemacht hat, vielleicht eine gerechtfertigte ist.* Davidsky quittierte in Hengstfeld seinen Dienst, ließ sich in Hall nieder und bewarb sich offiziell um das Schächteramt. Ein Teil der Gemeinde stand ihm durchaus wohlwollend gegenüber, doch der Kirchenvorstand lehnte ihn trotz des Votums des Rabbiners in einer Kampfabstimmung ab. Er bat statt dessen M. Adler, seinen Wohnsitz nach Hall zu verlegen, und stellte ihn mit einem Gehalt von 514 Mark fest an. Der Rabbiner betrachtete das als offene Kampfansage und lehnte Adler als Schächter ab, obwohl er unbeanstandet seit 30 Jahren geschächtet hatte. Das Rabbinat erklärte daraufhin die Gemeinde in bezug auf das Schächten (Schechita) für exkommuniziert. An allen Synagogentüren des Rabbinatsbezirks wurde ein Schreiben des Rabbiners angeschlagen, in dem er das Schächten in Hall und Steinbach untersagte. Die aufgebrachte Gemeinde und der Vorstand forderten einen scharfen Verweis gegen das Rabbinat wegen Einmischung in die inneren Angelegenheiten der Gemeinde. Das Schächtverbot war ein schwerer wirtschaftlicher Schlag für Metzger, Wirte, Pensionsinhaber und alle Juden, die Gäste beherbergten. So kümmerte man sich nicht um das rabbinische Verbot – und das wiederum betrachtete der Rabbiner als gerechtfertigt im Sinne der Gewissensfreiheit. Berlinger war ein ausgesprochener Traditionalist, auch wenn er sich von den polnischen konservativen Juden, den Chassidim, zumindest verbal distanzierte. Immer wieder beschuldigte er den Vorsteher Hähnlein der Übertretung jüdischer Vorschriften. Die Auseinandersetzung um das Schächten betrachtete er als einen Machtkampf. So bat er die Israelitische Oberkirchenbehörde, seine Autorität vor einem *gewalthaberischen Kirchenvorsteheramt* zu schützen. Berlinger erhielt jedoch statt der Unterstützung einen scharfen Verweis wegen Selbstherrlichkeit, Amtsanmaßung und Mangel an Objektivität. Seine öffentlichen Erklärungen über das Schächtverbot mußte er widerrufen[78].

Die Steinbacher Schule

Nach dem Emanzipationsgesetz von 1828 suchte der Katholische Kirchenrat *dem Unterricht der israelitischen Jugend vorläufig eine zweckmäßige, die geistige Bildung sichernde Gestaltung* zu geben. In allen katholischen Orten und in den gemischt-konfessionellen, die mehrheitlich von Katholiken bewohnt waren, sollte die katholische Schulordnung von 1808 auf die Israeliten angewendet werden. Alle jüdischen Kinder zwischen sechs und vierzehn Jahren hatten regelmäßig, soweit es keine besondere jüdische Schule am Ort gab, die örtliche christliche Schule zu besuchen, allerdings nicht an den jüdischen Feiertagen und am Sabbat. Selbstverständlich waren sie vom christlichen Religionsunterricht befreit. Jede Kränkung der jüdischen Religion sollte von Geistlichen und Lehrern vermieden werden. Hauptaugenmerk

78 StAL E 212 Bü 46.

sollte auf die sorgfältige Erlernung der deutschen Sprache verwendet werden. Hebräisch war daneben wichtiges Lehrfach. Die Schulen unterstanden der Aufsicht des Ortsgeistlichen der bestimmenden Konfession.

Schon bald nach dem Bau der Synagoge hatte es Bestrebungen gegeben, die jüdischen Kinder in Steinbach planmäßig in einer eigenen Schule zu unterrichten. Beide winzigen Gemeinden Steinbach und Hall waren aber so arm, daß sie neben Vorsänger und Schächter nicht auch noch einen ausgebildeten Lehrer unterhalten konnten. 1824 gab es nur zwölf schulpflichtige Kinder, drei aus Hall, eins aus Unterlimpurg, acht aus Steinbach. So genügten die jüdischen Kinder ihrer Schulpflicht durch den Besuch der christlichen Schule. Dadurch wurde aber nach Auffassung der jüdischen Eltern *besonders in religiöser Hinsicht dem Bedürfnisse eines Unterrichts nicht genügend entsprochen.* Mit Genehmigung des Katholischen Kirchenrats vom 18. März 1829 wurde deshalb in Steinbach eine eigene israelitische Elementarschule eingerichtet. Sie wurde zunächst provisorisch mit dem Lehrer Isaak Weil besetzt. 1834 erhielt er zusätzlich die Vorsängerstelle, doch war auch diese Doppelbesetzung zunächst noch Provisorium. Die erste definitive Anstellung erhielt erst 1841 Seligmann Marx aus Mühringen bei Horb, der bis 1858 sein Amt mit besten Zeugnissen versah. Die Schule bestand aus einem an die Synagoge in Steinbach angebauten Raum.

Eine Bagatelle zeigt, wer sich um diese Schule kümmerte. Um die Weihnachtszeit 1831 schlug der Lehrer den Sohn des Gemeindevorstehers Falk Sontheimer mit dem Lineal. Der erboste Vater beschwerte sich beim Oberamt wegen Kindesmißhandlung. Er unterstellte dem Lehrer, daß er aus persönlichem Ärger mit dem Vater den Sohn zum Prügelknaben im wahren Sinn des Wortes gemacht hatte. Das Oberamt hielt den Lehrer zur Mäßigung an. Nach seiner Aussage war das schlechte Benehmen der Kinder, nicht der Ärger über den Vater Grund für die Züchtigung gewesen. Als im kalten Winter 1834 der Schulunterricht wegen Brennholzmangel ausfallen mußte, erhielt Vorsteher Sontheimer einen scharfen Verweis des Oberamts. Die Gemeinde war verantwortlich dafür, daß die äußeren Bedingungen für die Abhaltung der Schule geschaffen wurden.

Inzwischen nahm die Zahl der schulpflichtigen Kinder im Haller Stadtgebiet zu. 1849 waren es 14 in Hall (David und Julie Gundelfinger, Max Kahn, Josua Henle, Amon Herz, Rosalie, Karoline, Theresia und Isaak Mirabeau, Samuel und David Nördlinger, Sophie Reiß sowie Fanny und Karoline Wittelshöfer), nur sieben in Steinbach (Babette, Max und Elias Rosenheimer, Babet Reiß, Isaak Sontheimer, Joseph und Rebekka Stern). Um den Weg der Haller Schulkinder, die ebenfalls nach Steinbach zur Schule gingen, zu verkürzen, wurde die israelitische Elementarschule nach Unterlimpurg verlegt, und zwar in das Haus des David Limburg. Als Unterrichtslokal diente nach dem Tode von Lehrer Marx das von seiner Witwe vermietete Wohnzimmer. Unter Aufsicht des katholischen Schulinspektorats begann im Mai 1849 der Unterricht in Unterlimpurg. Leider kam es immer wieder zu Beschwerden der Lehrer über nachlässigen Schulbesuch.

Zwei Schüler erhielten 1857 Beihilfen in Höhe von 15 fl., um eine Ausbildung als Lehrer und Vorsänger zu absolvieren. Es handelte sich um Joseph Hirsch, den Sohn des Steinbacher Metzgers Immanuel Stern, und um Isaak Hirsch, den Sohn des Adolph Mirabeau. Emil Marx aus Steinbach wurde zunächst in der Präparanden-Anstalt in Hall und anschließend im Schullehrerseminar Esslingen ausgebildet. In der Zeit von 1854 bis 1857 hatte er dafür eine Beihilfe von 140 fl. aus der Zentralkirchenkasse erhalten. Nach Abschluß der Ausbildung wurde er zunächst Vorsänger-Amtsverweser in Talheim, kündigte aber dann, um in einer

Erziehungsanstalt in Homburg vor der Höhe einen lukrativeren Posten anzutreten. Weil er nicht mehr im Lande tätig war, wurde er 1865 zur Rückzahlung der Beihilfe aufgefordert. Dieser Fall zeigt, wie scharf die Aufsicht und Kontrolle über die Unterstützungsempfänger war.

Als 1858 Eduard Sommer als Nachfolger von Seligmann Marx bestellt wurde, erhielt er ein Jahresgehalt von 162 fl. Zusätzlich wurde ihm das Schächteramt übertragen. Schwerpunkt des Unterrichts war die hebräische Sprache, die Sprache der Bibel. Sie wurde wöchentlich an sechs Stunden gelehrt. Regelmäßige Übersetzungen aus dem alten Testament *mit Ausschluß der für die Jugend nicht passenden Stellen* standen auf dem Lehrplan. Lehrer Sommer mußte mehrfach wegen seiner Unterrichtsformen durch das Schulinspektorat gerügt werden. Vor allem sollte er die Kinder nicht mehr mit Büchern auf Kopf und Ohren schlagen. Mangelnde Disziplin könne man nicht den Kindern zur Last legen. Dafür trage der Lehrer die volle Verantwortung.

1861 wurde die Unterlimpurger Schule von 23 Schülern besucht, 1863 von 18. Witwe Marx sparte sehr am Brennholz. Die Kinder froren, und so beantragten die Eltern die Rückverlegung der Schule in die Steinbacher Synagoge. Die Familien, die zunächst Unterlimpurg bevorzugt hatten, besaßen keine schulpflichtigen Kinder mehr. Der Vorsteher Henle war mit fünf schulpflichtigen Nachkommen nach Stuttgart gezogen. Andere schickten ihre Kinder auf die höheren Schulen in der Stadt, die ihnen inzwischen offenstanden. Diese Kinder mußten nur dreimal in der Woche wegen des Religionsunterrichts und Hebräisch in die israelitische Schule. Sämtliche Elementarschulkinder stammten aus Steinbach. Das Schulzimmer in Unterlimpurg diente zugleich als Gemeinde- und Sitzungszimmer, wo der Vorsänger und Lehrer als damaliger Vorsteher der Gemeinde den Rest seiner freien Zeit mit Arbeiten für die Gemeinde zubrachte. Das Gesuch um die Rückverlegung ging über das katholische Pfarramt an den Katholischen Oberkirchenrat als die zuständige Oberschulbehörde. Außer dem Lehrer Sommer befürworteten die Vorstandsmitglieder Adler und Mittelberger die Rückverlegung.

Die sinkende Schülerzahl führte noch im gleichen Jahr dazu, daß um völlige Aufhebung der nur noch von neun Kindern besuchten Schule gebeten wurde. Bis 1869 – und das war abzusehen – wurden nur noch insgesamt 18 seit 1856 geborene Kinder schulpflichtig, darunter jeweils drei von Maier Schwab aus Hall und von Löb Adler aus Unterlimpurg, vier von Lehrer Sommer aus Steinbach[79]. Dem Bezirksrabbiner gelang es jedoch, die Gemeinde umzustimmen. 1869 wurde erneut die Auflösung oder zumindest eine vorläufige Suspendierung der Schule beantragt. Der Oberkirchenrat stimmte nun der Aufhebung zu, doch mußte der Lehrer Sommer zunächst weiter besoldet werden. Er fand wenig später eine neue Anstellung in Archshofen. Seitdem wurde in Steinbach nur noch Religionsunterricht durch den Vorsänger erteilt, der dafür kein besonderes Gehalt mehr erhielt. Alle Kinder besuchten seitdem die allgemeinen Haller Schulen[80]. 1870 starb der in den Ruhestand versetzte Vorsänger Löb Löwenstein.

Um ein Garantiegehalt von 250 fl. für Lehrer, 200 fl. für Vorsänger finanzieren zu können, außerdem eine Alterszulage von 25 fl. nach 15 Dienstjahren, erhielt die Israelitische Zentralkirchenkasse 1852–1855 einen jährlichen Zuschuß von 2400 fl. aus Staatsmitteln zugewiesen. Davon profitierten die Lehrer Eichberg in Braunsbach, Rosenthal in Crailsheim, Haarburger in Michelbach und Marx in Steinbach, die alle über 15 Jahre im Amt waren.

79 Kreisarchiv Schwäbisch Hall, Israelitische Konfessionsschule.
80 Kreisarchiv Schwäbisch Hall Nr. 206. Vgl. auch K. ULSHÖFER, Die Judenschule zu Steinbach. In: Der Haalquell (28) 1976, Nr. 12 S. 47f.

Die Gemeinden wurden 1861 in fünf Größenklassen eingeteilt. Sie durften ⅕ bis ⅗ des Ertrags der Personalsteuer für örtliche Zwecke zurückbehalten. Freiwillig errichtete Konfessionsschulen erhielten Staatsleistungen für die Besoldung. Davon profitierten 1865 Crailsheim, Unterdeufstetten, Dünsbach, Michelbach, Wiesenbach – diese für einen Vorsängeramtsverweser – und Steinbach in unterschiedlicher Höhe. 1866 erhielten Lehrer Rosenthal, der Lehrer Sommer in Steinbach, der auch Religionsunterricht in Hall erteilte, Lehrer Levi in Michelbach und Vorsänger Nördlinger in Dünsbach eine Gehaltsaufbesserung von 25 beziehungsweise 50 fl. Levi und Rosenthal erhielten 1871 weitere 40 fl. Zulage, der neue Braunsbacher Lehrer Stein 25 fl.

Das Ende der Gemeinde und der Friedhof

Mit 88 Juden war 1850 der absolute Höhepunkt der kleinen Gemeinde am Fuße der Klosterburg errreicht. Seit 1862 begann die kontinuierliche Abwanderung nach Hall, die schließlich zur Eingliederung der Steinbacher Gemeinde in die sie überflügelnde Haller führte. Die Auflösung der Steinbacher Gemeinde war die Konsequenz, wenn auch Synagoge, Mikweh und Friedhof nach wie vor ihre religiöse Bedeutung für die Haller Juden behielten. Die Steinbacher Juden schafften ihre Toten zunächst auf den Verbandsfriedhof im heute bayerischen Schopfloch. Als aber 1747 in Braunsbach am Kocher ein neuer Friedhof mit Begräbnisrecht für Fremde angelegt worden war, wählten die Steinbacher Juden bis zur Anlage ihres eigenen Friedhofs diese bequemere Möglichkeit.

Durch einen Beschluß des Oberrats der israelitischen Religionsgemeinschaft Württembergs vom 21. März 1939 wurde die Religionsgemeinde Schwäbisch Hall aufgelöst. Das Innenministerium genehmigte mit Erlaß vom 12. Juli 1939 die Auflösung. Das Vermögen wurde formal der Israelitischen Zentralkirchenkasse mit der Maßgabe übergeben, daß es – pure Heuchelei – nur zugunsten notleidender Religionsgemeinden oder für Juden in Württemberg verwendet werden solle. Im Gegensatz dazu bestimmte das Reichsministerium für kirchliche Angelegenheiten, daß das verbliebene Vermögen der Reichsvereinigung der Juden in Deutschland zufallen müsse. Sie wurde der Gesamtrechtsnachfolger. Zur Regelung aller Fragen sollte ein Liquidator, grundsätzlich der letzte Vorstand der Gemeinde, bestellt werden – aber den gab es im Februar 1941 nicht mehr in Hall. So unterblieb eine förmliche Liquidation.

1943 wurde das gesamte Vermögen der inzwischen aufgelösten Reichsvereinigung beschlagnahmt und in Württemberg der Verwaltung des Oberfinanzpräsidenten unterstellt. Zu diesen Vermögenswerten gehörte auch der Friedhof in Steinbach, die Parzellen 431 und 419/2. Erst im April 1944 wurde die nicht mehr existierende Reichsvereinigung als Eigentümer eingetragen. Danach wurde der Friedhof durch das Finanzamt Schwäbisch Hall an die Stadt verkauft. Als Verkäufer galt das Großdeutsche Reich (Reichsfinanzverwaltung), obwohl es nicht Eigentümer war. Die mitverkauften Grabsteine galten als Reichsbesitz oder als Eigentum von Juden, deren Vermögen nicht eingezogen oder verfallen war. Mit Ersatzansprüchen beim Verkauf der Grabmäler rechnete man nicht, wollte jedoch die Stadt verpflichten, das Reich von möglichen Ersatzansprüchen freizustellen. Dieser Passus wurde schließlich weggelassen. Der Kaufpreis betrug 525 RM für rund 35 Ar.

Mehrfach war der Friedhof nach Kriegsausbruch schon geschändet worden. 1943 beschloß der Stadtrat, mutwillig umgestürzte Grabsteine zu entfernen und zu verwerten. Seit dem

17. Juli 1944 gehörte nun der Totenacker der Stadt. Eine Auflassung erfolgte jedoch nicht mehr. Der eiserne Zaun wurde bald darauf entfernt. Die Grabmäler im ungeschützten Areal wurden umgeworfen und zum Teil zerschlagen. Die beschädigten Steine wurden auf Veranlassung des Bürgermeisters abgeführt. Ein Teil wurde einer Bildhauerschule auf der Comburg als Arbeitsmaterial übergeben. Weitere Steine waren bei der Erstellung eines Unterkunftraumes für das Stadtgärtnereipersonal an der Michelfelder Straße verwendet worden. Andere fanden Verwendung beim Bau eines Durchgangs zu einem Luftschutzkeller, der nach Kriegsende gesprengt wurde.

Im März 1946 beschwerte sich ein in der englischen Armee dienender Jude, vermutlich Abkömmling einer Haller Familie, über den üblen Zustand des Friedhofs. Sofort wurde eine neue Einzäunung aus Holz in Auftrag gegeben und erstellt. Sie kostete 1400 RM. Insgesamt 41 Steine wurden wieder aufgestellt, davon 27 aus den Jahren 1875–1935 in deutscher Schrift. Eugen Flegenheimer ließ 1948 einen Gedenkstein für die hier begrabenen Mitglieder seiner Familie aufstellen. Etwa 150 Häftlinge des Lagers Hessental, einer Außenstelle des Konzentrationslagers Natzweiler im Elsaß, fanden hier ihre letzte Ruhe. Mit einem Mistwagen wurden die Leichen auf den offiziell geschlossenen Friedhof gekarrt, zunächst noch in Särgen, schließlich nur in Tücher gehüllt[81]. Für sie wurde 1947 ein Gedenkstein enthüllt.

10. Unterdeufstetten

Finanzielle Regelungen

Die neue Administration übernahm 1812 als erste finanzielle Maßnahme das Schutzgeld, da der Gutsherrschaft diese hoheitliche Aufgabe entzogen wurde. Bei der Überprüfung der Gutsrechnungen stieß die Revision 1817 auch auf das noch immer geforderte und gezahlte Neujahrs- und das Bronnengeld. Der weitere Einzug wurde sofort von Stuttgart aus verboten. Die Gutsherrschaft legte Protest ein, da beide Abgaben privatrechtlicher Natur seien. Der Protest wurde abgelehnt. Wenn den Judenfamilien aus dem gutsherrlichen Eigentum und Einkommen Nutzungen zufließen würden, so müßte eine Privatübereinkunft über die jährliche Entschädigung getroffen und diese zur Genehmigung bei den staatlichen Stellen vorgelegt werden. Das Neujahrsgeld war unter diesen Voraussetzungen nicht mehr zu rechtfertigen. So blieb nur das Bronnengeld als besondere, auch von der königlichen Regierung akzeptierte Abgabe für die Gutsherrschaft übrig. 1828 wurde das Schutzgeld aufgehoben. In den Seckendorffischen Rechnungen wurden aber nach wie vor Schutz-, Neujahrs- und Bronnengeld als Einnahmen geführt, auch wenn sie nicht gezahlt wurden. Erst 1849 wurden alle seit 1812 ausstehenden Leistungen an sogenannten Souveränitätsgefällen als uneinbringlich aus der neuen Rechnung eliminiert. Noch 1833 war zum Beispiel die folgende Berechnung angestellt worden:

81 Vgl. M. S. KOZIOL, Rüstung, Krieg und Sklaverei. Der Fliegerhorst Schwäbisch Hall-Hessental und das Konzentrationslager, 1986, S. 113.

	Schutzgeld	Neujahrsgeld	Bronnengeld	1829/30
Anschel Abraham	2 fl. 30 kr.	30 kr.	16 kr.	?
Marx Levi	2 fl. 30 kr.	30 kr.	16 kr.	M. Frei
Löw Isaac	2 fl. 30 kr.	30 kr.	16 kr.	L. Ballenberger
Salomon Löw	1 fl. 15 kr.	30 kr.	16 kr.	S. Rosenthal
Lazarus Abraham	2 fl. 30 kr.	30 kr.	–	L. Degginger
Benjamin Jeidel	2 fl. 30 kr.	30 kr.	16 kr.	F. Berlinger (?)
Israel Liebermann	2 fl. 30 kr.	30 kr.	16 kr.	I. Künzelsauer
Michela Gabriel	1 fl. 15 kr.	30 kr.	16 kr.	Witwe Julie
Bernhard Mayer	2 fl. 30 kr.	30 kr.	–	Witwe N. N.
	20 fl.	4 fl. 30 kr.	1 fl. 52 kr.	

Diese Liste beruhte aber offensichtlich nur auf fortgeschriebenen älteren Angaben, die zwischenzeitlich überholt waren, zum Beispiel durch die Übernahme von neuen Familiennamen. So hatte Löw Isaac den Namen seines Geburtsortes gewählt und nannte sich Ballenberger. Aus Israel Liebermann wurde Israel Künzelsauer.

Die Angliederung an Crailsheim

Unterdeufstetten hatte 1823 53 jüdische Einwohner in acht selbständigen und drei Witwenhaushalten. Diese damals als ärmste aller jüdischen Gemeinden im heutigen Landkreis betrachtete konnte sich zu dieser Zeit – wie gelegentlich früher auch – nicht einmal einen Vorsänger leisten. Die Gemeindemitglieder wechselten sich in dieser Funktion ab. Wie die benachbarten Gemeinden begruben sie ihre Toten nach wie vor in Schopfloch. Die Kinder besuchten die seit 1768 aus einer Sonntagsschule hervorgegangene katholische Ortsschule. Der 18jährige Samuel Friedländer aus Lauchheim, der eine Ausbildung als Lehrer in Gmünd oder Esslingen beabsichtigte, unterrichtete die Kinder, fungierte auch als Schächter und zeitweilig als Vorsänger. Neben freier Kost und Logis verdiente er vertraglich ganze 18 fl. im Jahr und etwa 14 fl. aus Gebühren für amtliche Handlungen. Bei besonderen Anlässen, für die üblicherweise ein Rabbiner zuständig war, wandte man sich an den Crailsheimer Vorsänger Hirsch. Die sämtlichen Unkosten der Gemeinde wurden gleichmäßig auf die acht Familienväter umgelegt. Die Witwen zahlten nichts. Es war kein Wunder, daß die katastrophalen Lebensumstände – auch bei den christlichen Einwohnern – unliebsame Folgen hatten. Nicht ohne Grund wurde Unterdeufstetten 1855–1874 unter Staatsaufsicht gestellt. Die israelitische Gemeinde wurde Crailsheim bei der Neuorganisation der jüdischen Gemeinden aufgrund des Gesetzes von 1828 als Filiale angegliedert. Die Teilgemeinden waren oft im Vorstand der Muttergemeinde personell nicht vertreten. Um die notwendigen Kontakte sicherzustellen, wurde in den Filialen ein sogenannter *Anwalt der Israeliten* bestellt. Er war verantwortlich für die Ordnung in der Synagoge, doch gab es keine gesetzlichen Bestimmungen, in denen die Funktionen des Anwalts näher beschrieben waren. Erster Anwalt wurde Salomon Rosenthal, der 1846 um Dispens von seinem Amt bat und durch David Ballenberger abgelöst wurde. Es ist allerdings nicht klar, welches Gebäude nach dem Verkauf des »neuen Baus« als Synagoge gedient hat.

Die Bitte der Gemeinde, den Religionsunterricht weiterhin aus Kostengründen von einem ungeprüften Religionslehrer erteilen zu lassen, wurde 1831 vom Oberamt Crailsheim genehmigt[82]. 1829/30 wohnten folgende Juden im Ort:

Fesel Neuburgers Witwe, im Gant	Julie Gabriel, Witwe
Marx Frei, Metzger	Bernhard Mayers Witwe
Löw Ballenberger, Schacherjud	Wolf Massenbacher
Salomon Rosenthal	Basele Neuburgers Witwe
Lazarus Degginger	Israel Meyers Witwe
Israel Künzelsauer	Gabriel Degginger

Ausbildungsbemühungen

Die Bemühungen der Regierung und der Oberkirchenbehörde um die Ausbildung der jungen Israeliten lassen sich auch am Beispiel von Unterdeufstetten zeigen. Einer der wenigen, die sich einem körperlich anstrengenden Beruf widmeten, war der Maurer Löw Rosenthal, der 1837 auf Wanderschaft ging. Glaser wurde Bernhard Maier, Sattler Josef Ballenberger. Weiter gefördert wurden Samson Rosenthaler, Schlosser (1842), Salomon Rosenthal, Kaufmann (1843), Jacob Rosenthal, Handlung (1844), Ludwig Massenbacher, Ackerbauschule Esslingen (1844), Jakob Rosenfeld, Kaufmann (1845) und Salomon Massenbacher, Bäcker (1847). Der 1832 Geborene ging nach dem Abschluß seiner Lehre in Pflaumloch auf Wanderschaft und emigrierte schließlich nach Amerika. Die jüdischen Einwohner von Unterdeufstetten waren nicht im Ort verwurzelt. Schon die Vergangenheit war von starker Fluktuation geprägt gewesen. Das hatte sich auch nach dem Anfall an Württemberg nicht sofort geändert. Streitigkeiten, vielleicht auch Konkurrenzneid, vergifteten zusehends die Atmosphäre und ließen nicht nur die jüdische Gemeinde in schlechtem Licht erscheinen.

Kritische Jahrzehnte

Nach einigen kritischen Berichten der katholischen Kirchenaufsicht eilte der Rabbiner Dr. Frankfurter 1837 nach Unterdeufstetten. Damals gab es zehn Haushalte, davon drei von Witwen geführte, mit insgesamt 50 Seelen. Alle waren bettelarm. Sie lebten vom Lumpensammeln, von kleinen Tauschgeschäften oder buchstäblich vom Bettel. Einige der älteren Söhne hatten – wie gesagt – ein Handwerk gelernt. Die schulpflichtigen Kinder gehörten zu den besseren Schülern in der katholischen Ortsschule. Die Familien waren unter sich zerstritten. Fünf Köpfe – fünf Parteien. Man lebte nach dem Grundsatz, was nicht verboten ist, das ist erlaubt. Die religiöse Bildung war katastrophal. Prügeleien auch innerhalb der Familie waren an der Tagesordnung, selbst in der Synagoge. Hier traf man sich, um seinem Groll über das kärgliche Leben Luft zu machen. Keiner der damaligen Familienväter – man denke an die Namen – war in Unterdeufstetten geboren. Hier hatten sich die niedergelassen, die niemand haben wollte. Jeder hielt den anderen für schuldig an seiner Armut.

Der Rabbiner suchte in Anwesenheit des katholischen Geistlichen auf die Väter einzuwirken. Es war vergeblich. Die Jugend, dem Spiel und Trunk ergeben, zeigte sich einsichtig und

---

82 StAL F 161 Bü 399.

reumütig. Erfreulich war die religiöse Kenntnis der Schuljugend, die vom katholischen Pfarrer und einem katholischen Lehrer Religionsunterricht nach den für Israeliten vorgeschriebenen Lehrbüchern erhielten. Aber der Besuch des Rabbiners weckte den Wunsch nach einem eigenen Religionslehrer, damit es mit den Eltern besser und mit der Jugend nicht so schlimm werde wie mit diesen. Man hatte bis vor einiger Zeit den kärglich besoldeten Privatlehrer Friedländer gehalten. Die dafür aufgewandten Unkosten von inzwischen 40 fl. im Jahr wollten die Unterdeufstettener weiter selbst aufbringen. Die Bitte, den Lehrer aus dem bayerischen Schopfloch auch für drei wöchentliche Religionsstunden in Unterdeufstetten zu gewinnen, war unrealistisch wegen der großen Entfernung, des hohen Alters dieses Mannes und der finanziellen Forderungen, die er stellte.

Obwohl die Synagoge nach der Neueinteilung der Gemeinden eigentlich hätte geschlossen werden sollen, wurde sie nach wie vor etwa für Privatandachten genützt. Sinnvoll schien das aber nur, wenn ein geordneter Gottesdienst gehalten werden konnte. Die Armut der Leute durfte kein Hindernis für die Anstellung eines Lehrers sein, sonst wären sie ja doppelt bestraft. Die Bitte fand Gehör. Am 30. Dezember 1837 genehmigte das Innenministerium widerruflich die Einrichtung des Filialgottesdienstes und die Bestellung eines Religionslehrers, der mit 100 fl. aus der Zentralkirchenkasse bezahlt wurde. Als erster Lehrer wurde der Schulamtskandidat Hermann Schlesinger von Hochberg berufen, der sein Amt am 20. März 1838 antrat, was der Anwalt Salomon Rosenthal bestätigte. Schlesinger wurde schon im Januar 1839 nach Korb versetzt. Sein Nachfolger in Unterdeufstetten war Lehrer Selz aus Lehrensteinsfeld, dann 1841 Jakob Kuhn, damals Privatlehrer in Gerabronn, der dorthin 1842 als Lehrer auf die neueingerichtete Schulstelle zurückkehrte. Niemand blieb lange in Unterdeufstetten.

M. Schönmann, seit 17. Januar 1842, wurde versetzt nach Lehrensteinsfeld (20. März 1843). Von dort strafversetzt wurde Moritz Einstein am 20. Juli 1843, der schon nach wenigen Monaten um Versetzung von dieser verrufenen Stelle bat und nach Oedheim abzog. Er wurde am 1. Dezember 1843 abgelöst durch Karl Kahn von Nordstetten, der nach vier Wochen (seit 30. Dezember 1843) Lehrer in Gerabronn wurde. Dann kam Lämlein (später Ludwig) Stern aus Bieringen, nachdem er rasch sein Examen beim Rabbiner zu Berlichingen abgelegt hatte, vom 19. Januar 1844 an. Er war mit 100 fl. Jahresgehalt der am schlechtesten bezahlte Vorsänger in Württemberg und besaß nicht einmal eine eigene Bibel. Nachdem das letzte Unterdeufstettener Kind konfirmiert war, ging er jeden Montag zu Fuß nach Ellwangen in das Gymnasium, um die Voraussetzungen für ein Studium der Theologie zu erwerben. Die Sache kam heraus, als er eine Versetzung ablehnte, weil ihm damit die Bildungschancen geraubt worden wären.

Seit 1849 bemühte er sich um eine andere Stelle, da er sich mit dem Gemeindevorsteher Ballenberger überworfen hatte, der ihm sogar mit dem Tode drohte. Das war in einem Orte, *wo sich zu Hunderten Subjekte finden, die um ein paar Maß Bier zu jedem Schurkenstreich bereit sind*, nicht ungefährlich. Lieber wollte Stern sein Leben künftig *in einem amerikanischen Blockhaus fristen oder in der Fremdenlegion Algeriens enden*. Im August 1850 ging er als Vorsänger nach Markelsheim. Dringend bat die Gemeinde, an der Spitze der gescholtene Ballenberger, um Ersatz. Stern hatte wesentlich am Bau der neuen bescheidenen Synagoge, die 1851 eingeweiht werden konnte, mitgewirkt. Die Kosten für den Neubau beliefen sich auf etwa 2700 fl. Die Zentralkirchenkasse stellte einen Beitrag von 300 fl. zur Verfügung und erlaubte die Veranstaltung einer Kollekte. Die Begründung war einleuchtend: Unterdeufstetten sei ursprünglich eine Bettlerkolonie gewesen und zur Stunde auch nicht viel besser. Eine unglücklichere Gemeinde im Lande gäbe es nicht[83]. Dieser Einschätzung entsprach auch die regelmäßige Unterstützung der Gemeinde durch die Zentralkirchenkasse. Von den dorthin abgeführten Personalsteuern durfte Unterdeufstetten seit 1836 die Hälfte, seit 1846 ¾ und seit 1862 ⅕ behalten[84].

Im April 1851 kam der Kandidat Leopold Rosenthaler aus Bonfeld als Nachfolger. Wie seine Vorgänger hatte er über die kärgliche Besoldung von jetzt 130 fl. im Jahr zu klagen. Ein Essen kostete 9–12 kr., so daß der größte Teil des Gehalts allein für das tägliche Brot benötigt wurde. Auch er hatte Differenzen mit der schwierigen Gemeinde und machte den Anwalt Ballenberger dafür und für die mangelhafte Ordnung in der Synagoge verantwortlich[85]. 1853 wurde er nach Wankheim versetzt. Die Stelle blieb zunächst vakant. Als mehrere schulpflichtige Kinder nachwuchsen, die zum Teil am katholischen Religionsunterricht teilnahmen, bat die Gemeinde erneut um einen ˙Vorsänger und Religionslehrer. Sollte das nicht möglich sein, erbat man einen Zuschuß zur Unterstützung des ersatzweise amtierenden Vorbeters Wolf Maier, der als Sattler tätig war. Nachdem Maier sich einer Prüfung unterzogen hatte, erhielt die Gemeinde einen Zuschuß von 25 fl., um ihn zu bezahlen. Die Zahl der Kinder stieg bis 1859 auf elf, die der Haushalte auf 15.

Im Mai 1862 – Sattler Maier hatte inzwischen ein Geschäft eröffnet und um Dispens von seinem Amt gebeten – kam der Kandidat Hilb für einige Monate in die kleine Gemeinde. Nach seiner Versetzung nach Oberndorf schloß die Gemeinde einen Dienstvertrag unter Vorbehalt der Genehmigung mit Moses Falk aus Braunsbach. Er wurde als ein Provisorium betrachtet, erwies sich aber seiner Aufgabe überhaupt nicht gewachsen. Es kam zu unerquicklichen Szenen, so daß Anwalt Ballenberger schon 1864 einen seminarisch gebildeten Lehrer für seine Gemeinde erbat. Rabbiner Berlinger, der Falk vermittelt hatte, wies die Anschuldigungen Ballenbergers energisch zurück. Er schilderte seine Glaubensgenossen in Unterdeufstetten als roh, zanksüchtig und unter sich selbst in Unfrieden lebende, dabei aber *alles besseren religiösen Gefühls bare Menschen.*

Im April 1865 kam der Verweser Lazarus Bernheim aus Hohebach, während Falk in Hengstfeld angestellt wurde. Zu den bis dahin gezahlten 25 fl. aus der Zentralkirchenkasse schoß der Staat nochmals 20 fl. zu. Als Bernheim dann schon 1867 nach Buchau ging, blieb Unterdeufstetten zunächst wieder unversorgt. Auf ein Inserat der Gemeinde in der Allgemeinen Zeitung des Judentums meldeten sich drei Kandidaten. Man entschied sich für Isidor Neumann aus Lübben bei Berlin. Wieder war es ein Mißgriff, denn schon ein Jahr später ging er nach Haigerloch, um seiner Militärpflicht im preußischen Hohenzollern zu genügen.

Der häufige Wechsel der Vorsänger war nicht nur den Rabbinern ein Dorn im Auge. Das Verhältnis der Gemeindemitglieder untereinander war die klar erkannte Ursache für dieses Phänomen, nicht die Qualität der Lehrer. Wer die dauernden Querelen auch nur einige Monate miterlebt hatte, für den gab es kein Halten, wenn sich eine bessere Möglichkeit bot. Die Gemeinde engagierte 1869 dann Maier Rosenthal aus Oberlauringen in Bayern. Alle Kandidaten hatten Zuschüsse aus der Zentralkirchenkasse beantragt und erhalten[86]. Schon 1841 wurde in Unterdeufstetten ein israelitischer Wohltätigkeitsverein gegründet. Der Vorsängeramtsverweser Selz hatte durch religiöse Vorträge die Spendenwilligkeit angeregt. Ein

83 HStASt E 201c Bü 23.
84 Vgl. die Rechnungen im StAL.
85 StAL E 212 Bü 128.
86 StAL E 212 Bü 399.

Fonds war zustande gekommen, dessen Zinsen später den Ortsarmen zukommen, aber auch Grundlage für einen Schulfonds sein sollten. Die Stiftung wurde dem Rabbinat Braunsbach unterstellt, Statuten erarbeitet und von den Behörden genehmigt[87].

Trotz der Stagnation der Bevölkerungszahl nach den Gründerjahren plante man 1876 den Bau eines Schulhauses mit Lehrerwohnung für kalkulierte 5200 fl., obwohl damals nur elf Familien am Ort wohnten. Der Bau kam nicht zustande. Ein Zuschuß wurde abgelehnt, weil eine Schule oder eine echte Lehrerstelle nicht bestand. Lediglich das Provisorium, die Stelle eines Vorsängeramtsverwesers, blieb vorläufig erhalten. Die Zahl der Haushalte war seit der Emanzipation hier nahezu konstant geblieben. 1828 waren es elf (acht Familien, drei Witwen), 1833–1840 zehn (7;3). Dann stieg die Zahl auf 13 (10;3), 1851 auf 16 (13;3) und sank bis 1870 auf zehn Familienhaushalte ab. Im Spiegel der Volkszählungsergebnisse bot die Bevölkerungs-entwicklung das folgende Bild:

Jahr der Zählung	Gesamt-einwohnerzahl	Jüdische Einwohner	%-Anteil
1821	1101	33	3,0
1826	1073	53	4,9
1829	1124	56	5,0
1833	1158	52	4,5
1838	1200	50	4,2
1843	1285	48	4,2
1846	1324	43	3,7
1854	1302	47	3,2
1861	1452	65	4,5
1864	1134	56	4,9
1867	925	51	5,5
1871	737	46	6,2
1885	791	41	5,2
1890	726	46	6,3
1895	693	48	6,9
1900	821	46	5,6
1905	820	29	3,5
1910	843	11	1,3
1925		0	0

Nach der Aufhebung der Personalsteuer 1875 wurde statt dessen eine Vermögenssteuer erhoben. Unterdeufstetten hatte 1882–1885 jährlich 12 Mark zu entrichten. Aufgrund der sich leicht verbessernden Vermögenssituation stieg dieser Beitrag in der Steuerperiode 1894–1897 auf 21 Mark an, sank dann aber aufgrund des Rückgangs der Gemeindemitglieder bis 1909 auf 16,74 Mark (Steuersatz 18/1000 vom sogenannten Erach-Kapital).

87 StAL E 212 Bü 20.

Die Umschichtung der jüdischen Bevölkerung traf Unterdeufstetten nach den Gründerjahren mit aller Härte. Es gab kaum noch Nachwuchs. Die tatkräftigen Jugendlichen wanderten ab. Der Sterbeüberschuß war beträchtlich. 1900–1911 wurden in fünf Ehen noch acht Kinder geboren. Ihnen standen 13 Todesfälle gegenüber. Im Juli 1910 teilte die Israelitische Oberkirchenbehörde der Zentralkirchenkasse das bevorstehende Ende der Gemeinde mit: *Nachdem für die Etatsperiode 1909/12 eine Vermögenseinschätzung in der Israelitischen Kirchengemeinde Unterdeufstetten mangels des Vorhandenseins von vermöglichen Gemeindemitgliedern nicht mehr stattgefunden hat, ist von der genannten Gemeinde die Zahlung von Landesumlage und Rabbinatsbeitrag nicht mehr zu leisten, desgleichen ist der Unterstützungsbeitrag abzuschreiben.* Noch im gleichen Jahr 1910 wurde die israelitische Filialgemeinde aufgelöst. Synagoge, Schulhaus und Badhaus (Gebäude 142, 130 und 125) wurden 1912 öffentlich meistbietend versteigert und erbrachten 5516 Mark. Die Synagoge wurde bald darauf zu einem Wohnhaus umgebaut. Nichts erinnert heute mehr an die lange, bewegte Geschichte der Juden in Unterdeufstetten, nachdem auch die letzten Familien Künzelsauer, Schloßberger und Weinberger vor 1925 das Dorf verlassen hatten[88].

11. Wiesenbach

Nach dem Anfall an Württemberg mußte jeder, der ein Handelsgeschäft betrieb oder betreiben wollte, sein Gewerbe anmelden. Nach einem entsprechenden Verzeichnis im Gemeindearchiv waren um 1811/12 sechs Familien im Handel tätig[89].

Name	Jahresumsatz
Moses Meyer	400 fl.
Aron Eisig	300 fl.
Moses Abraham	200 fl.
Löw Meyer	300 fl.
Lazarus Oscher	25 fl.
Aron Moses	200 fl.

Vorsänger der Gemeinde war Aron Bär, der Sohn des Eisig Aaron und der Mathilde Löw von Schopfloch. Er heiratete 1809 Kaja, die Tochter des Vorsängers Jakob Liebermann aus Nagelsberg und der aus Illereichen stammenden Händle. Hier wird der weite Heiratskreis deutlich. Aus dieser Ehe stammten 15 Kinder, von denen jedoch acht nicht einmal ein Jahr alt wurden. Aaron nahm den Namen Neumann an und wird im Familienregister als Anwalt der israelitischen Gemeinde genannt. Unter Aaron Bär wurde 1824 die Synagoge erweitert. Sie blieb aber ein bescheidener einstöckiger Bau mit Riegelwänden, nicht unterkellert, nicht tief

88 Dürr, S. 36.
89 Wiesenbach. Eine kleine Chronik, ²1983.

gegründet. Die Gemeinde umfaßte 1829 acht Familien ohne Witwen mit 49 Seelen bei insgesamt 1024 Einwohnern. Es waren 1829/30 mit den Witwen[90]:

Aron (Bär) Neumann	(† 1861)	∞ 1809	Kaja († 1850)
Abraham (Meyer) Stern	(† 1848)	∞ 1812	Sora
Joseph (Moses) Strauß		∞ 1820	Rahel († 1863)
Baruch (Moses) Strauß	(† 1855)	∞ 1824	Kaila
Meyer Löw (Moses) Strauß	(† 1863)	∞ 1813	Gietel († 1845)
Moses (Meyer) Stern	(† 1831)	∞ 1810	Frommet († 1856)
Lazarus (Oser) Freundlich	(† 1848)	∞ 1840	Klara († 1873)
Moses Abrahams († 1824) Witwe	(† 1850)	∞ 1820	Dina
Herz (Löw) Gotthilf	(† 1841)	∞ 1819	Fratel († 1848)
Abraham (Jakob) Freundlich	(† 1840)	∞ 1797	Merla († 1834)
Moses Aarons Witwe	(† 1845)	∞ 1784	Zierla

Nach der Neuordnung der Gemeindeverhältnisse und dem Anschluß von Wiesenbach und Hengstfeld an Michelbach sollte die Wiesenbacher Synagoge geschlossen werden. Nach entschiedenem Protest durfte sie weiterhin als Filiale genutzt werden. In ihrem Hofraum stand eine Mikweh. In der Hirtengasse diente ein bescheidenes, ebenfalls einstöckiges Gebäude als Schulhaus und Wohnung für den Lehrer, doch ging die Schule schon im 19. Jahrhundert ein. Aus den neu angenommenen Namen geht hervor, daß mehrfach Brüder die Familienoberhäupter stellten so bei Stern (2), Strauß (3), Freundlich (2). Wir können diese Familien zum Teil weiter zurückverfolgen.

Abraham Freundlich hieß ursprünglich Abraham Jakob. Er hatte 1797 Merla, Tochter eines Juden aus dem Elsaß, geheiratet. Sein Vater Jakob Abraham stammte aus Wiesenbach. Die einzige Tochter Gitele heiratete 1848 nach Michelbach. Herz Gotthilf wurde 1766 als Sohn des aus Hall stammenden Meyer Löw und der Esther geboren. 1806 heiratete er Beerel, die Tochter des Isaac aus Schopfloch und der Despra. Seine Brüder David (* 1784) und Samson (* 1798) zogen nach dem Anfall Wiesenbachs an Württemberg nach Hall. Nach dem Tode seiner ersten Frau heiratete Gotthilf 1819 Fratel, die Tochter des Goez aus Wittelshofen. Moses Abraham wurde 1769 in Treuchtlingen als Sohn des Abraham Besach geboren. 1811 heiratete er Kehla, die Tochter des Wiesenbacher Handelsjuden Moses, und nach ihrem Tod Dina, die Tochter des Elias Bär aus Michelbach.

Lazarus Oser, der sich später Freundlich nannte, war der Sohn von Oser Joseph und Rebekka. 1821 heiratete er die aus Tennenlohe stammende Mergam. Nach ihrem Tode ging er mit Klara, der Tochter des Vorsängers Aron Bär Neumann, 1840 eine zweite Ehe ein. Als er 1848 das Zeitliche segnete, heiratete die Witwe Lazarus Hirsch Feldenheimer aus Hengstfeld (1815–1881). Sie starb 1873. Drei Jahre später verband sich der alte Witwer mit Therese, der Witwe von Gabriel Kaufmann aus Öhringen, einer Tochter des Hirsch Gundelfinger aus Michelbach. Hier wird deutlich, wie durch die Heiraten ein weitmaschiges Netz von Verwandtschaft geknüpft wurde, ohne daß Bedenken zu naher Verwandtschaft aufkommen konnten. Der alteingesessene Moses Aron heiratete 1784 die aus Steinhard stammende Zierla (1756–1845). Drei ihrer Söhne heirateten in Wiesenbach, einer zog nach Niederstetten. Die Tochter Sorla verband sich mit einem Juden in Öttingen. Der jüngste Sohn Baruch, später

90 Nach dem Familienregister der jüdischen Gemeinde Wiesenbach. Film im HStASt.

Benedikt Strauß (1800–1855), hatte aus seiner Ehe mit der aus Schnodsenbach stammenden Kaila Loffheußer fünf lebensfähige Kinder[91]. Samuel, Lämlein und Gitele wanderten nach Amerika aus. Jette heiratete nach Braunsbach, Babette (1830–1896) den aus Oberndorf stammenden Joseph Löw Bär. Sie zogen 1873 nach Bartenstein, später nach Crailsheim. Ihre jüngste, 1872 in Wiesenbach geborene Tochter Sophia mußte 1938 den Beinamen Sara annehmen.

Die Zahl der jüdischen Haushalte in Wiesenbach blieb viele Jahrzehnte fast konstant. 1832 gab es zwölf Haushalte, seit 1846 16, seit 1857 13. Dann ging die Zahl auf zehn zurück. Die kleine Gemeinde verlor zahlreiche junge Mitglieder in der Mitte des Jahrhunderts durch Auswanderung, da das kleine Dorf keine ausreichenden Ernährungsmöglichkeiten für alle bieten konnte. Sie gingen zumeist in die Vereinigten Staaten von Amerika. Isak Neumann ging 1856, der Metzger Oser Freundlich 1860. Der Kaufmann Josef Neumann brach seine Zelte 1865 ab, Eufemia und Rosa Neumann gingen 1866. Mathilde Freundlich heiratete 1867 nach Baden. Zwischen 1856 und 1866 gaben 695 Einwohner des Oberamts Gerabronn ihr Heimatrecht auf, um auszuwandern. 33 davon waren Juden. Die Gesamtzahl der jüdischen Bewohner entwickelte sich entsprechend. Waren es 1824 44, so stieg die Zahl bis 1835 auf 50 an. Nach der Gewährung völliger Freizügigkeit schrumpfte die Judenschaft kontinuierlich. Nach den Volkszählungsergebnissen waren es 1847 noch 48, 1873 45, 1886 33, 1890–1910 30, 1925 15 und am 16. Juni 1933 noch vier.

Seit 1858 erhielt die schrumpfende Gemeinde einen Zuschuß von 11 fl. aus der Zentralkirchenkasse und seit 1865 zusätzlich 39 fl. für einen Vorsängerbesoldungsteil. Sie gewannen für den Unterricht den Amtsverweser Falk aus Hengstfeld, der in Wiesenbach Religionsunterricht erteilte. Am 10. Mai 1868 legte er sein Amt nieder. Damit war die Wiesenbacher Schule vorübergehend verwaist, bis 1870 der Hengstfelder Vorsänger Levi den Unterricht in der Filiale übernahm. Den Status einer selbständigen Religionsgemeinde hatte Wiesenbach bereits 1828 verloren. Trotzdem wurde die Synagoge bis 1928 weiter benutzt. Dann wurde sie geschlossen und später abgebrochen. Die jüdischen Kinder besuchten die Elementarschule und erhielten lediglich Religionsunterricht.

Vier Familien erlebten den Beginn des Dritten Reiches. Lippmann Neumann verdiente seinen Lebensunterhalt als Vieh-, Stoff- und Grundstückshändler, Simon Stern war Tuchmacher. Sie verließen die ungastlich gewordene Heimat. Einer der letzten Juden in Wiesenbach war Maier Max Stern, der seinen Lebensunterhalt als geachteter Vieh- und Pferdehändler verdiente. 1938 wanderte er nach Amerika aus. Da es keine jüdische Gemeinde, keine Einrichtungen gab, die zum Ziel spektakulärer Veranstaltungen werden konnten, hat die Zeit des Dritten Reiches keinen Niederschlag in der Presse gefunden. Und doch gab es auch hier ein Opfer der Verfolgung. Die 1876 geborene Regina Rosenthal hausierte noch 1935 mit Manufakturwaren. Sie siedelte nach Mönchengladbach über und wurde im Dezember 1941 nach Riga verschleppt. Sie verschwand wie viele tausend Leidensgenossen spurlos und wurde für tot erklärt. Die anderen beiden Wiesenbacher gelangten wie Max Stern in die USA.

---

91 Das Gericht der Herrschaft Schwarzenberg in Scheinfeld bestätigte am 28. April 1823 der Chaile Levhauser, Tochter des Schutzjuden Aaron Levhauser zu Schnodsenbach, daß sie sich bisher gut aufgeführt habe und über 100 fl. Heiratsgeld sowie ein Bett verfüge. Im Juli erhielt sie die Erlaubnis zur Auswanderung nach Württemberg. Vgl. StAL F 168 Bü 436c.

C.
JUDEN UNTER DER HERRSCHAFT DES NATIONALSOZIALISMUS

I.

Diskriminierung, Verfolgung, Vernichtung

Die menschenverachtende, nahezu totale brutale Vernichtung des Judentums in Deutschland in einem knappen Dutzend Jahren nationalsozialistischer Herrschaft überschattet die Beschäftigung mit der Geschichte der Juden. Sie steht scheinbar am Ende einer Entwicklung, die lange vorherzusehen war. Aber die Geschichte des Judentums ist nicht Vorgeschichte des Nationalsozialismus, und sie endet nicht mit ihm – zum Glück, wie wir heute sagen können. Diese leidvolle Phase staatlicher und menschlicher Verirrung ist aber ein unauslöschlicher Teil der deutschen Geschichte geworden, der nicht vergessen, verdrängt oder verfälscht werden darf[1].

Nach dem verlorenen Krieg entstanden neue Parteien, die mit dem Erbe der Niederlage auf verschiedene Art und Weise fertig werden wollten. Neu beim Antisemitismus, den sich die Partei Adolf Hitlers ins Parteiprogramm geschrieben hatte, war die rassische Komponente. Simplifizierend lief sie darauf hinaus, daß die Menschen wie die Tier- und Pflanzenwelt in verschiedene Rassen unterschiedlicher Bewertung eingestuft wurden. Zu den hochwertigen zählte die arische (germanisch-nordische), zu den minderwertigen die jüdische Rasse. Durch Vermischung würde die arische Rasse allmählich vergiftet, vernichtet – bei den aktuellen Zahlen ein Unsinn, indirekt ein Zeichen von Unterlegenheitsgefühlen. Die pseudowissenschaftliche Rassenlehre wurde zunächst von vielen, vor allem auf dem Land, als bloße Spinnerei abgetan. Man kannte doch seinen jüdischen Nachbarn anders, besser. Aber auf dem Nährboden der schwankenden Republik, vor dem Hintergrund der wirtschaftlichen Schwierigkeiten konnte sich diese Sumpfblüte menschlicher Phantasie weiterentwickeln, wurde zum Schicksal für Millionen. Umgekehrt zur Anschauung ihrer Gegner fühlten sich die Juden als gleichberechtigt, als deutsche Staatsbürger israelitischer Konfession.

Typisch für die kleinen ländlichen Gemeinden ist, daß die Propaganda lange keinen Eindruck machte, daß die Bevölkerung tolerant war. Hier gab es kein Leben in der Anonymität, keinen hervorstechenden Reichtum, der Neid erregte, kein unsoziales Verhalten. Von der angeblichen Gefahr des Weltjudentums spürte man in Michelbach genausowenig wie in Crailsheim oder Braunsbach. Was ging einen die große Politik an, der Ärger außerhalb des eigenen Dorfes, wenn man hier Frieden und Menschlichkeit bewahren konnte. Man konnte es nicht auf Dauer, denn das Unheil wurde von außen hereingetragen[2].

---

1 Die Vorgänge in Württemberg, Baden und Hohenzollern sind in den von der Staatlichen Archivverwaltung herausgegebenen sechs Bänden der Arbeitsergebnisse der 1962 eingerichteten Dokumentationsstelle zur Erforschung des Schicksals der 1933 im Gebiet des heutigen Baden-Württemberg lebenden und später zugezogenen jüdischen Mitbürger niedergelegt. Auf sie wird empfehlend hingewiesen. – Vgl. auch P. SAUER, Württemberg in der Zeit des Nationalsozialismus, 1975.
2 Nach Utz JEGGLE, Judendörfer, äußerten über 90 % der von ihm befragten Einwohner, daß zunächst Harmonie herrschte (S. 313). Er will es nicht wahrhaben und erklärt die übereinstimmenden Äußerungen als den Versuch einer posthumen Harmonisierung, einen Versuch, das schlechte Gewissen zu beruhigen

Was keiner geglaubt hatte, der die Bücher Hitlers gelesen, seine Reden gehört hatte, wurde zur schrecklichen Wirklichkeit, zum tödlichen Alptraum. Am 1. April 1933 setzte der im ganzen Reichsgebiet verkündete Boykott der jüdischen Geschäfte die Welle der allgemeinen Verfolgung in Gang. Auf dem Land, wo man auf die jüdischen Geschäfte vielfach angewiesen war, hatte die Aktion, soweit sie überhaupt stattfand, keine nachhaltige Wirkung. Sie fand an einem Sabbat statt, und da hatten die meisten Geschäfte in den Dörfern ohnehin geschlossen. Weitblickende Juden rechneten schon damals mit einer Verschlimmerung der Lage, während andere, vor allem etwa die Weltkriegsteilnehmer, es sich nicht vorstellen konnten, was dann tatsächlich über die Juden im nationalsozialistischen Machtbereich hereinbrach, auch über die eigenen Landsleute. Viele, die den Ernst der Lage erkannten, verkauften Hab und Gut und kehrten der Heimat bitter enttäuscht den Rücken. Die Emigranten fanden vorwiegend in den USA und in Palästina Aufnahme, die jedoch von Jahr zu Jahr mit größeren Schwierigkeiten verbunden war.

Mit dem Gesetz zur Wiederherstellung des Berufsbeamtentums vom 7. April 1933 verloren zahlreiche Juden im öffentlichen Dienst ihren Arbeitsplatz, vor allem Hochschullehrer. Mit den Nürnberger Gesetzen vom 15. September 1935 wurden die Juden als nicht »deutschblütig« zu Staatsangehörigen zweiter Klasse gemacht. Ehen zwischen den sogenannten Ariern und Juden wurden verboten. Verstöße dagegen, wie später die Beschäftigung jüdischen Hauspersonals, galten als Rassenschande.

In den darauffolgenden drei Jahren wurde von Monat zu Monat der Lebensraum der Juden durch eine Fülle von Gesetzen und Verordnungen mehr und mehr eingeschnürt. Nach und nach wurden die Konzessionen für kleinere Unternehmen entzogen. Größere Firmen wurden zwangsenteignet und in »arischen« Besitz übergeführt. Berufsverbote trafen Ärzte und Rechtsanwälte. Systematisch wurden die Bildungschancen der zahlenmäßig durch Auswanderung stark dezimierten nachwachsenden Generation verringert. Im August 1938 wurde jeder Jude, der einen deutsch klingenden Vornamen trug, gezwungen, zusätzlich die Namen Sarah oder Israel anzunehmen. Sie wurden in die Ausweise eingestempelt, in den Familienregistern nachgetragen.

Als die volle Tragweite der Verfolgungsmaßnahmen von vielen Juden erfaßt wurde, setzte eine Massenauswanderung ein, die zunächst unbehindert blieb, nach den Novemberereignis-

(S. 315). – Wie widersprüchlich seine Aussagen sind, sei an einem Beispiel belegt. Er schreibt als Fazit: »Die ausgewogene Balance wurde durch einen Eingriff von außen gestört. Das ist das Bild, an dem man überall festhält, das man bis in Einzelheiten weitermalt« (S. 316). Wenige Seiten zuvor hat er festgestellt: »Die dörfliche Idylle zerplatzte wie eine Seifenblase, dem Druck von außen hielt keine der sozialen Bindungen stand« (S. 306), oder: »Die Gemeinde läßt sich botmäßig lenken, ihre Entscheidungen werden außen gefällt« (S. 306). – Er hat auch die Kräfte identifiziert, die – und das dürfte der Wahrheit vielfach nahekommen – den Frieden in den Dörfern störten: »Dennoch besann man sich allmählich auch in den Judendörfern auf das neue Gedankengut. Vermittler waren in erster Linie die Volksschullehrer ... Sie brachten die Kinder auf ideologischen Trab und nahmen damit keinen kleinen Einfluß auf das Elternhaus ... So wurden in ungefähr 50 % der untersuchten Dörfer Volksschullehrer nationalsozialistische Funktionäre. Sie als Ortsfremde wurden zu Initiativpersonen, die das Dorf infizierten und die Untaten der Jugendlichen« – gemeint sind Übergriffe gegen Juden – »anstifteten, wenn nicht legitimierten« (S. 302). – Es erscheint bedenklich, 90 % einer Gruppe tendenziöse Aussagen zu unterstellen, wenn man die Richtigkeit dieser Aussage selbst statistisch untermauert. Im ganzen Landkreis Schwäbisch Hall kann man von antisemitischen oder judenfeindlichen Stimmungen in der Bevölkerung bis zur nationalsozialistischen Machtergreifung, ja eigentlich bis zum Beginn der Zwangsmaßnahmen 1935 außerhalb der NS-Organisationen wenig oder nichts feststellen.

sen von 1938 zur Massenflucht wurde, für viele mit tragischem Ausgang. Nicht nur gegen einzelne Personen, auch gegen die Religionsgemeinden richtete sich die Verfolgung. Sie verloren 1938 den Charakter öffentlich-rechtlicher Körperschaften und wurden als Vereine behandelt.

Die sogenannte Reichskristallnacht am 28. Oktober 1938 zeigte der Weltöffentlichkeit das wahre Gesicht der Verfolger. Im Oktober hatte man alle polnischen Juden verhaftet und über die Grenze ins Niemandsland abgeschoben. Betroffen davon waren auch die Eltern des jungen Juden Herschel Grynspan, der aus Verzweiflung über das Unrecht in der deutschen Botschaft in Paris als Zufallsopfer einen Legationsrat erschoß. Das war der langersehnte Anlaß für reichsweite Aktionen, die von langer Hand vorbereitet waren, auch wenn sie als »spontane Kundgebungen« ausgegeben wurden. Rollkommandos der SA, in den kleineren Gemeinden und Dörfern in der Regel von auswärts angerückt, demolierten Wohnungen und Synagogen, mißhandelten, verhafteten und töteten in vielen Fällen Juden.

Die splitternden Glasscheiben in Wohnungen und Geschäften, die glasbedeckten Bürgersteige gaben dieser barbarischen Nacht im immer sehr treffsicheren Berliner Jargon die Bezeichnung Reichskristallnacht. Dieser Name ist keinesfalls ein quasi verharmlosender amtlicher Name. Die Verwendung des Wortes »Reich« deutete auf den Charakter der reichsweit geplanten Aktion hin, ganz und gar nicht im Sinne der Drahtzieher der Aktion, die die Fiktion der Spontaneität des so merkwürdig kongruenten, flächendeckenden Volkszorns für wichtig hielten. Die Hochstilisierung der Fensterscheiben oder auch eines Kronleuchters zu edlem Kristall ist eine bewußt sarkastische Symbolisierung dessen, was tatsächlich geschah. Pogrome, Pogromnächte, Ausschreitungen gegen Juden gab es in allen Zeiten und an vielen Orten. Die Reichskristallnacht war singulär wie ihr Name, den man ihr nicht nehmen sollte. Die Aktionen zielten auf das Herz des Judentums, die verhaßte Religion, die letztendlich dem Rassebegriff der Hitlerpartei zugrunde lag.

Bis zum Herbst 1939 wurden alle jüdischen Gemeinden im Lande aufgelöst. Alle württembergischen Juden gehörten seitdem der einzigen erlaubt gebliebenen Großgemeinde Stuttgart an. An die Stelle des Oberrats trat die Jüdische Kultusvereinigung Württemberg e.V. Auch die Stuttgarter Gemeinde wurde schließlich in die 1939 gegründete »Reichsvereinigung der Juden in Deutschland« eingegliedert, die der unmittelbaren Aufsicht der Geheimen Staatspolizei unterstand. Seit Kriegsbeginn durften die Juden sich abends nicht mehr außerhalb ihrer Wohnungen aufhalten. Der Besitz von Rundfunkempfängern wurde verboten. Sie wurden entschädigungslos eingezogen. In die Lebensmittelkarten wurde seit der Umstellung auf die Kriegswirtschaft ein »J« eingestempelt, und dieses J bedeutete verkürzte Rationen. Schließlich erhielten sie keine Seife, vor allem keine Rasierseife mehr. Die Männer sollten durch ihre Bärte gleich auffallen. Die selbst banalste Dinge regelnden Verordnungen und Vorschriften machten das Leben allmählich, aber ständig fortschreitend zur Hölle.

Im Oktober 1940 wurden in einer Blitzaktion alle Juden aus Baden, der Pfalz und dem Saarland nach Gurs in den Pyrenäen in das unbesetzte Frankreich deportiert. Am 27./28. November 1941 wurden rund 1000 württembergische Juden, darunter mehrere Familien aus dem Kreis Schwäbisch Hall, auf dem Killesberg in Stuttgart unter dem Vorwand der Auswanderung unter Polizeiaufsicht zusammengezogen. Am 1. Dezember verließ der versiegelte Sonderzug den Stuttgarter Hauptbahnhof in Richtung Riga. Kaum wurde das Verschwinden einer so großen Zahl in der Öffentlichkeit bemerkt. Kaltblütig und brutal wurden die Ahnungslosen bald nach der Ankunft erschossen. Von diesen 1000 haben nachweisbar nur 42 das Kriegsende erlebt. Angst ging nun auch in den Dörfern um.

Im Januar 1942 wurden auf einer Besprechung im Haus der deutschen Dienststelle der Interpol am Wannsee auf der sogenannten Wannseekonferenz Maßnahmen zur »Endlösung« der Judenfrage in dem vom Deutschen Reich beherrschten Europa vereinbart. Von Westen nach Osten fortschreitend, sollte Europa von Juden »gesäubert« werden. Im Konzentrationslager Auschwitz begannen im gleichen Monat die Massentötungen durch Giftgas. Den Zügen nach Riga folgten Deportationen nach Izbica und im Juli 1942 erstmals nach Auschwitz, später in das sogenannte Altersghetto Theresienstadt. Die bei den letzten Deportationen erfaßten Partner aus christlich-jüdischen Ehen hatten noch die besten Überlebenschancen. Insgesamt wurden aus dem Gebiet des heutigen Landkreises mehr als 100 jüdische Mitbürger deportiert. Bis auf drei starben alle in den Vernichtungslagern des Ostens. Nicht eingerechnet sind die in den Konzentrationslagern und Gefängnissen im Inland Gestorbenen, die Opfer der Euthanasie oder diejenigen, die in der Ausweglosigkeit ihrem Leben selbst ein Ende setzten.

II.

Die Gemeinden

1. Braunsbach

Die Braunsbacher Juden waren vorwiegend geachtete Viehhändler und weit über ihren Wohnort hinaus auf den traditionellen Märkten bekannt. Die Bevölkerung Braunsbachs hatte seit Beginn des 20. Jahrhunderts kontinuierlich abgenommen. Noch 1938 führte der damalige Bürgermeister als eine Ursache dafür die Abwanderung der Juden in die Städte an. Die Ausschaltung der jüdischen Viehhändler bezeichnete er im gleichen Jahr als äußerst nachteilig für den kleinen Ort. Diese Stellungnahmen des Ortsoberen zeigen, daß die Juden voll in den Ort integriert waren. So sind auch keine weiteren Aktionen gegen Juden, abgesehen von einem nicht geklärten Vorfall von 1933, aktenkundig geworden. Heimlich oder offen unterstützten die Braunsbacher die immer mehr in das Abseits gedrückten, schließlich direkt verfolgten Mitbürger. Aus Braunsbach stammte auch Leo Adler, der 1908–1938 als Religionslehrer und Oberkantor in Stuttgart wirkte und sich 1939 in die USA retten konnte.

Gegen 4.30 Uhr am Morgen des 10. November 1938 wurde der Polizeiposten in Braunsbach telefonisch vom Kreisleiter der NSDAP darüber informiert, daß in einer halben Stunde die Braunsbacher Synagoge brennen würde. Der Ortspolizist wies auf die Gefährdung des eng bebauten Viertels hin, doch konnte er die aus Hall anrückenden Marodeure nicht aufhalten. Ihm war ausdrücklich bedeutet worden, sich nicht einzumischen. Nach Zeugenaussagen im Prozeß vor dem Landgericht Heilbronn, der nach dem Ende des Krieges die Vorgänge zu klären und zu sühnen suchte, handelte es sich um sechs bis sieben Leute, die in der Synagoge alles mit Beilen kurz und klein schlugen, die Thora-Rollen zerrissen. Niemand von den Braunsbachern beteiligte sich. Die meisten verschliefen ahnungslos diese Nacht.

Am nächsten Morgen berichtete der Gendarmerieposten Braunsbach dem Landrat und der Gestapo in Heilbronn, daß die Inneneinrichtung der Synagoge durch unbekannte Täter beschädigt worden sei. Zu kirchlichen Zwecken könne die Synagoge nicht mehr benutzt werden. Auf eine nähere Untersuchung verzichtete die zuständige Staatsanwaltschaft in Heilbronn, da ja die Gestapo Kenntnis von dem Vorfall hatte. Beschädigungen von Privatwohnungen unterblieben, weil sich die Täter offensichtlich nicht auskannten. Selbst den Weg zur Synagoge hatten sie sich erklären lassen müssen. Lediglich im Haus des Salomon Pfeiffer wurden zwei Fensterscheiben eingeschlagen, zwei Fensterläden demoliert. Der Schaden wurde auf 6–8 Mark taxiert[1]. Salomon Pfeiffer (* 1872), früherer Gütermakler und Pferdehändler, sowie Isaak Heumann (* 1887) wurden am 10. November festgenommen und ins Haller Gefängnis eingeliefert. Heumann wurde im Steinbruch in Rüblingen verhaftet. Die Kosten für die Fahrt mit dem eigenen Wagen des Braunsbacher Gendarmeriemeisters in Höhe

1 Kreisarchiv B 18/145.

von 7,94 Mark wurden später dem Verhafteten in Rechnung gestellt und von der Ortsamtskasse vereinnahmt. Während Heumann in das KZ Dachau verbracht wurde, kam Pfeiffer am folgenden Tag wieder frei. Bereits am 17. November wurde er erneut festgenommen und von der Heilbronner Gestapo aus Hall abgeholt. Der Grund für die Verhaftung ist aus den Akten nicht ersichtlich. Im Juli 1939 wurde die jüdische Gemeinde aufgelöst. Der letzte Vorsinger der Gemeinde, Louis Adler (* 1888), der seit 1928 amtierte, war 1937 nach Palästina ausgewandert.

Nach der Reichskristallnacht eskalierte die antijüdische Stimmung. Schulpflichtige Kinder warfen auch in Braunsbach in Judenwohnungen Scheiben ein. Das Kultusministerium sah sich veranlaßt, den Bezirksschulrat in Hall anzuweisen, über die Schulleiter solche Zerstörungshandlungen zu unterbinden. Gegen ertappte Täter sollte mit Schulstrafen eingegriffen werden. Der Braunsbacher Volksschulleiter bestätigte im November 1939 die Bekanntgabe des Erlasses. Aus den sich verschärfenden Maßnahmen ist ein symptomatischer Fall aktenkundig geworden. Als im September 1939 der Einzug sämtlicher Rundfunkgeräte bei Juden verfügt wurde, beschlagnahmte der Gemeindeposten in Untermünkheim den Radio-Apparat von Hannchen Schlachter (* 1880) aus Braunsbach. Dieser Apparat stand in der Wohnung des Nachbarn, der das Radio wegen des geplanten Wegzugs der Familie Schlachter kaufen wollte. Trotzdem wurde das Gerät eingezogen, die Rundfunkgenehmigung widerrufen. Eine Beschwerde des Nachbarn beim Oberamt wurde verworfen. Schließlich war er nicht Eigentümer des Volksempfängers.

1939 gelang Moses Sahm zusammen mit der Familie seiner Schwester Cilly Neugebauer die Flucht nach Palästina. Sie ließen sich in Shave Zion, einem weitgehend von Württembergern besiedelten Dorf, nieder. Schon vom ersten Todestransport nach Riga im Dezember 1941 wurden Braunsbacher Familien erfaßt. In Riga starben Babette (* 1888) und Abraham Frey (* 1889), Blanda (* 1895) und Isaak Heumann, Julia Pfeiffer (* 1905), Ernestine Stern (* 1897) und Sofie Wertheimer (* 1883).

1940 war das Ehepaar Falk in das jüdische Altersheim in Heilbronn verbracht worden. In seinem Braunsbacher Haus wurden nach dem ersten Deportationsschub nach Riga 1941 die wenigen noch zurückgebliebenen Juden kaserniert. Mit dem zweiten Schub nach Theresienstadt im Dezember 1942 erlosch das jüdische Leben in Braunsbach. Das Dorf war »judenrein« im Jargon des Unrechtssystems. In Theresienstadt starben 1942 Jette Stern (* 1860), Hanna (* 1880) und Salomon (* 1875) Pfeiffer, 1943 die nach Heilbronn gezogene Ida Falk. Bertha (* 1880) und Falk Sahm (* 1872) wurden von dort in das Vernichtungslager Maly Trostinec verschleppt. Abraham und Klara Schlachter wurden von Schwäbisch Hall aus nach Theresienstadt deportiert.

Bereits im März 1933 waren Moritz Pfeiffer und sein Bruder Heinrich mit ihrem Vater Salomon ohne Grund verhaftet und viele Wochen im KZ Heuberg festgehalten worden, dem ersten dieser berüchtigten Lager in Württemberg. 1938 wanderte er mit seiner Frau nach Amerika aus. Seine Eltern und eine seiner Schwestern – Julia – blieben zurück. Die Eltern wurden 1942 mit anderen Todesgefährten vom Haller Güterbahnhof aus in einem verschlossenen Viehwaggon deportiert. Die SS hatte die Verladeaktion weiträumig abgeschirmt, so daß es kaum Augenzeugen dieses traurigen Vorgangs gab. Die Eltern Pfeiffer starben in Theresienstadt[2].

---

2 Nach einem Bericht im Haller Tagblatt vom 12. 11. 1980, S. 17. Daß Julia Pfeiffer wenige Tage vor der Befreiung durch die Engländer in einem Lager an Hunger starb, ließ sich nicht erhärten. Sie wurde für tot erklärt und als Todestag der 1. 12. 1941 in Riga festgelegt. Vgl. Die Opfer der nationalsozialistischen Judenverfolgung in Baden-Württemberg 1933–1945, 1968, S. 271.

Besonders tragisch ist das Schicksal derjenigen, die zunächst dem fürchterlichen Tod entronnen zu sein schienen. Siegbert Adler wurde in Belgien gefaßt. Samuel Wollenberger hatte die aus dem Elsaß stammende Jeanne Simon geheiratet. Mit seinem Bruder Israel führte er bis 1935 eine Viehhandlung. 1936 wanderte er nach Frankreich aus und wurde nach dem Kriegsausbruch in den Vogesen interniert. Um dem trostlosen Lagerleben zu entgehen, meldete er sich zur Fremdenlegion, die er aber nach wenigen Monaten wieder verließ. Bis 1944 hielt sich das Ehepaar unter falschem Namen versteckt. Jeanne wurde Anfang 1944 verhaftet und über Drancy nach Auschwitz verschleppt. Samuel erlebte das Kriegsende in der Illegalität in Frankreich. Sein Bruder Israel war 1937 in Braunsbach verstorben. Seine Witwe Rosa wanderte mit den Kindern Selma (* 1921) und Julius (* 1924) nach Frankreich aus. Während sie selbst wie ihr Schwager untertauchen konnte, wurden die Kinder bereits 1942 verhaftet und 1944 in Auschwitz umgebracht.

Von den 49 Anfang 1933 anwesenden und danach zugezogenen Juden starben 20 als direkte Opfer der Verfolgung. Auswandern, vor allem nach Palästina und in die USA, und überleben konnten 23. Zwei starben in der Heimat. Drei zogen aus Braunsbach fort, ohne das ihr Schicksal geklärt wurde. Von ihnen wurde Meta Schlachter (* 1878) für tot erklärt.

Einer überlebte die Hölle. Nathan Frey (* 1924) kam 1939 mit einem Kindertransport nach Holland, wurde dort 1942 verhaftet und in das KZ Westerbork eingeliefert. Von dort kam er 1944 nach Bergen-Belsen, wo er die Befreiung erlebte. Über Holland wanderte er 1946 nach Israel aus. Nach Braunsbach kehrte niemand zurück.

Hoch über dem Kochertal am Hang des Elsenbergs liegt der gepflegte Friedhof, nicht mehr so entlegen wie zur Zeit der Anlage. 1938 fand hier die letzte Beisetzung statt. Joseph Falk, ein bereits 1900 in die Schweiz ausgewanderter Jude, ließ 1979 einen Gedenkstein für die Opfer der Verfolgung errichten[3]. Die geschändete Synagoge wurde wieder hergerichtet und diente seit 1952 als Turn- und Festhalle. 1982–1984 gestaltete die Gemeinde diese Halle neu und nannte sie »Burgenlandhalle«. Der ehemalige Synagogenraum mit seinem Tonnengewölbe und den Korbbogenfenstern bildet seitdem eine eigene kleine Halle, die auch als Bühnenraum für die große Halle dient. Eine Gedenktafel weist seit 1978 auf die ursprüngliche Funktion des jüdischen Gotteshauses hin.

2. Crailsheim

Der neue Ungeist, der sich nach der Machtübernahme durch die Nationalsozialisten wie ein mühsam zurückgehaltener Flächenbrand, der außer Kontrolle geriet, ausbreitete, zeigte sich unmittelbar nach der Machtergreifung. Die Nationalsozialisten hatten bei den Reichstagswahlen am 5. März 1933 in Crailsheim über die Hälfte aller Stimmen gewonnen. Schon vier Tage später wurde die Stadt demonstrativ von der SA besetzt. Wie bedrohlich die Zukunft aussah, zeigte sich am »Tag von Potsdam«, dem 21. März, als die Crailsheimer SA überfallartig brutale Hausdurchsuchungen bei Sozialdemokraten, Kommunisten und Juden durchführte. Am hellen Tage wurden die verhafteten Opfer, bekannte und vermutete Gegner des Nationalsozialismus, durch die Stadt geführt. Nach Verhören zum Teil mit Prügel und massiven Drohungen wurden die meisten der vom Terror erfaßten Bürger wieder freigelassen. Einige

---

3 Hohenloher Zeitung vom 3. 12. 1980, S. 20.

wanderten in das Konzentrationslager auf dem Heuberg. Für die ersten Juden war dieser Ausbruch der Gewalt das Signal zum Aufbruch aus der angestammten Heimat. Die Rädelsführer dieser ersten offenen Aktion wurden 1946 in einem Strafverfahren zu relativ milden Strafen verurteilt.

Als am 1. April zum Boykott aller jüdischen Geschäfte aufgerufen wurde, hielten auch in Crailsheim SA-Leute Wache an den Eingängen. In der lokalen Presse wurde die Bevölkerung aufgerufen, nur in deutschen Geschäften zu kaufen. Eine scharfe Überwachung wurde angedroht. Auch die neue antijüdische Gesetzgebung fand ihren Widerhall in Crailsheim. So wurde 1935 das Verbot der Benutzung der städtischen Bäder für Juden verhängt.

Nur schwer zu verfolgen sind die Aktionen, die sich in der Reichskristallnacht abspielten. Es war zu gefährlich, die 1787 erbaute Synagoge anzuzünden. So zerschlug man die Fensterscheiben und die Inneneinrichtung. Nach den Ausschreitungen der Reichskristallnacht stand die verwüstete Synagoge leer. Im Mai 1940 beschloß der gleichgeschaltete Gemeinderat den Abbruch des Gebäudes in der Küfergasse. An Stelle des Gotteshauses, das für den damaligen Stadtplaner einen *absoluten Fremdkörper* darstellte, sollte eine Grünfläche mit einem Brunnen angelegt werden. Zunächst wurde die Synagoge jedoch als Quartier für Kriegsgefangene benutzt. In der Schlacht um Crailsheim bei der Besetzung durch die Amerikaner wurde auch die Synagoge in der Nacht vom 20. zum 21. April 1945 zerstört. Eine Straße wurde beim Wiederaufbau über das Gelände geführt. Erhalten blieb lediglich eine Tafel mit den Namen der jüdischen Gefallenen des Ersten Weltkriegs. Von Übergriffen gegen jüdische Wohnungen ist nichts bekannt. Kein Schriftstück konnte über Einzelheiten dieser brutalen Nacht des Landfriedensbruchs, des Religionsfrevels, der Brandstiftung, der Verbrechen gegen die Menschlichkeit ermittelt werden. Gnädiges Schweigen?

Als letzter Vorsänger und Lehrer war der aus Baisingen stammende Wilhelm Kahn (* 1881) tätig. Vorher hatte er in Berlichingen, Lehrensteinsfeld und Laupheim in den jüdischen Gemeinden gewirkt, bevor er sich Ende April 1932 in Crailsheim niederließ. Im April 1938 wurde er pensioniert und konnte noch 1939 mit seiner Frau nach Palästina ausreisen.

Nach den Ereignissen der Kristallnacht vollendete sich auch in Crailsheim das Schicksal der jüdischen Gemeinde mit aller Brutalität. Schon im Juni 1938 war Berthold Stein (* 1871) aus unbekannten Gründen in das KZ Dachau eingeliefert worden und wurde dort am Tag nach der Ankunft erschossen. Nach anderen Informationen starb er an den Folgen erlittener Mißhandlungen. Salomon Adler (* 1887) wurde nach der Kristallnacht nach Dachau verschleppt, von dort nach Buchenwald, schließlich erneut nach Dachau, wo er 1941 an den Entbehrungen starb. Auch Jakob Steiner (* 1882) überlebte die Haft in Dachau nicht.

Von der ersten großen Deportation, die vom Sammellager auf dem Stuttgarter Killesberg 1941 nach Riga führte, wurden Alice (* 1908), Max (* 1880) und Selma (* 1883) Essinger erfaßt, ebenso Lina (* 1881), Marie (* 1871), Mina (* 1882) und Toni (* 1907) Friedmann. Beate (* 1920), Louis (* 1885) und Louise (* 1900) Metzger, der Synagogendiener Max (* 1908) und Sophie (* 1904) Rosenfeld, Mathilde (* 1883) und Mina Stein (* 1904) gehörten ebenfalls diesem Transport an. Niemand von ihnen, denen man eine Auswanderung vorgegaukelt hatte, kehrte zurück. Nach Izbica, Auschwitz oder Maly Trostinec, direkt oder über mehrere Stationen des Leidens, wurden Paula (* 1874) und Sophie (* 1885) Goldstein, Hedwig Hallheimer (* 1896), Amalie und Hermann (* 1877) Hilb, Fritz (* 1901) und Jeanette (* 1871) Levi, Lina Metzger (* 1883), Julie Rosenheimer (* 1876), Moses (* 1878) und Rosa (* 1875)

Rosenthal, Adolf (* 1880), David (* 1872) und Selma (1884) Stein sowie Zerline Strauß (* 1887) verfrachtet, sie starben an den Entbehrungen oder wurden getötet. Zurück blieb die Asche geschundener Körper in den Krematorien der Vernichtungsstätten.

David Stein, ein Sohn des Landmaschinenfabrikanten Josua Stein und seiner aus Goldbach stammenden Frau Klara geborene Mezger, erlernte den Kaufmannsberuf und diente bei den Königsgrenadieren in Ulm. Mit seinem Schwager Nathan Mezger leitete er seit 1908 eine große Weinhandlung. Im Ersten Weltkrieg kämpfte er an der Ostfront. Als Mitglied der Deutschen Demokratischen Partei wurde er 1923 erstmals in den Gemeinderat gewählt. Auf der Liste der bürgerlichen Parteien, des Bürger-, Gewerbe- und Handelsvereins wurde er 1928 mit der zweithöchsten Stimmenzahl wiedergewählt und wurde bis 1931 auch Mitglied der Oberamtsversammlung. In seiner knappen Freizeit engagierte er sich in den lokalen Vereinen, war stellvertretender Kolonnenführer im Roten Kreuz, Schriftführer der Freiwilligen Feuerwehr und Vorstand des Israelitischen Wohltätigkeits- und Krankenpflegevereins. Nach der Machtergreifung der Nazis verlor er alle Ehrenämter. Sein Geschäft mußte er verkaufen, lehnte es aber ab, zu seinen beiden Söhnen in die USA auszuwandern. Wie seine Tochter Mina kam er ums Leben, sie 1941 in Riga, er vermutlich 1942 in Maly Trostinec[4].

Im »Altersghetto« Theresienstadt starben 1942/43 Zilly Elkan (* 1877), Moses (* 1861) und Zerline (* 1868) Eppstein, Jakob Essinger (* 1850), Lazarus Goldstein (* 1855), Emma (* 1871) und Karl (* 1891) Hallheimer, Sara Levi (* 1860), Jakob Oppenheim (* 1881) und David Pappenheimer (* 1864). Insgesamt 42 Crailsheimer Juden wurden damit nachweisbar Opfer der Endlösung. Einzelne waren vorher in andere Städte gezogen oder wie Fritz Levi nach Frankreich geflüchtet. Der beliebte praktische Arzt Dr. Königsberger verließ den ungastlich gewordenen Ort bereits 1936[5]. Martin Mezger wanderte nach dem Abitur 1933 nach Frankreich aus. Sein Vater starb 1936 in Crailsheim, seine Mutter wurde 1942 deportiert. Nach dem Medizinstudium ging Mezger in die Fremdenlegion und baute nach dem Kriegsende eine Arztpraxis in der Nähe von Dijon auf, wo er 1973 starb[6].

Im Verhältnis zur Gesamtzahl der Crailsheimer Juden war der Blutzoll außergewöhnlich hoch. Es fällt auf, daß eine ganze Anzahl relativ junger Menschen deportiert wurde. Es ist heute wohl nicht mehr zu klären, warum sie nicht den rettenden Weg ins Ausland fanden[7]. Die letzten Juden waren 1942 im Haus Eppstein am Schweinemarktplatz untergebracht worden. Im August 1942 wurde in der Lokalzeitung verkündet, Crailsheim sei nun *judenfrei*. Wieviel Unmenschlichkeit verbarg sich hinter dieser Feststellung!

Nach dem Krieg errichtete man einen Gedenkstein auf dem Israelitischen Friedhof, der 51 Namen jüdischer Opfer aus Crailsheim aufwies, einen zuviel, wie sich später herausstellte, denn Manfred Rosenfeld hatte überlebt. »Erniedrigt, verstoßen, verfemt und ermordet. Opfer

---

4 Hohenloher Tagblatt vom 11.4.1987, S.22.
5 Ebd. vom 14.4.1987, S.20.
6 Ebd. vom 20.4.1987, S.20.
7 Vgl. dazu H.J. KÖNIG, Jüdische Mitbürger in Crailsheim. In: Hohenloher Tagblatt 1985, Nr.72 und 73. – Zur Geschichte der Juden in Crailsheim vgl. auch die während meiner Nachforschungen erschienene Zusammenfassung von H.J. KÖNIG, Die Crailsheimer Juden und ihr Schicksal in sechs Jahrhunderten. In: Mitteilungsblätter des Historischen Vereins Crailsheim 4, 1987. Ein Teilmanuskript wurde mir von Pfarrer König vorab zur Verfügung gestellt, wofür ihm mein Dank gilt. Meine Darstellung beruht jedoch auf eigenen Quellenforschungen.

der nationalsozialistischen Gewaltherrschaft beschwören Dich: Niemals wieder« – so lautet die stumme Botschaft. Eine Gedenktafel am Hause Adam-Weiß-Str. 3 hält seit 1960 die Erinnerung an die Synagoge wach. Sie fordert die Wahrung von Menschlichkeit und Recht.

3. Michelbach

Das Dritte Reich beschleunigte den Zerfall der schrumpfenden, traditionsreichen Gemeinde. Von auffälligen Aktionen ist nichts zu vermelden gewesen, keine Zeitungsnotiz, keine Akten. Nur die allmähliche Einschnürung des Lebensraumes erfaßte auch die entlegenen Dörfer, die nie im Rampenlicht standen. Selbst die schrecklichen Ereignisse der Kristallnacht fanden kaum einen dokumentarischen Niederschlag. Die Synagoge wurde demoliert. Moritz Eichberg und Bruno Flörsheim wurden verhaftet und einige Wochen im Konzentrationslager Dachau festgehalten. Daß die böse Saat aufgegangen war, wird an einem Vorfall deutlich, der eher durch Zufall bekannt geworden ist. Die Ortsgruppen der NSDAP hatten regelmäßig über besondere Vorkommnisse in ihrem Bereich an die Gauleitungen zu berichten. Die Ortsgruppe Wallhausen teilte im April 1939 mit, daß die Jugendlichen in Michelbach sich *seit Neuestem die Zeit mit Belästigungen von Juden* vertrieben. Ziel der Aggressionen war vor allem der fast 80jährige Salomon Landauer. Die Bevölkerung sah dem Treiben der Jugendlichen nicht unbeteiligt zu, sondern beschwerte sich bei der NSDAP. Der Lehrer versuchte daraufhin, die Jugendlichen zur Ordnung zu rufen. Die Gauleitung schlug auf den Bericht hin dem Innenministerium vor, Landauer die Übersiedlung in ein jüdisches Altersheim, gegebenenfalls mit einem Zuschuß, zu ermöglichen, denn *es wäre zu wünschen, daß der genannte Landauer in ein jüdisches Altersheim verschwinden würde.* Der hochbetagte Mann starb im Juni 1939 in seinem Heimatort. Als letzter fand er seine letzte Ruhe auf dem altehrwürdigen jüdischen Friedhof[8].

Immer mehr Mühe hatte es in den letzten Jahren gemacht, zehn männliche Beter zusammenzubringen. Im Juli 1939 wurde die israelitische Gemeinde aufgelöst.

Grausame Ernte hielt der Tod in den Vernichtungslagern. Insgesamt 18 jüdische, zumeist ältere Mitbürger, wurden am 1. Dezember 1941 nach Riga und am 22. August 1942 nach Theresienstadt verfrachtet. Sie wurden bei Nacht und Nebel mit ihren wenigen Habseligkeiten zum Bahnhof gebracht und mit für die Einwohner und die Betroffenen unbekanntem Ziel abtransportiert. Ihre Einrichtungsgegenstände wurden durch das Finanzamt Crailsheim öffentlich meistbietend versteigert. Vor allem die Familien Gundelfinger wurden von der Tötungsmaschinerie erfaßt. Der 85jährige David Gundelfinger überstand die Strapazen des Transports nach Theresienstadt und wurde bald nach der Ankunft nach Osten transportiert. Wie er wurden für tot erklärt: Heinz (* 1932, Riga), Hugo (* 1898, Riga), Kurt (* 1936, Riga), Mina (* 1895, Riga) und Selma (* 1905, Riga). Peppi (* 1871), Sara (* 1861) und Adelheid (* 1868) starben in Theresienstadt, Samuel (* 1869) in Maly Trostinec. Irma Kuder geb. Gundelfinger starb mit ihren Kindern Helga (* 1927) und Walter (* 1930) in Riga, ebenso Meta Neumann geb. Gundelfinger (* 1885) und Martha Selig (* 1903).

Benjamin Stern (* 1862), der unglückselige Rückwanderer aus der Neuen Welt, wurde zunächst mit seiner Frau Jeanette (* 1857) in das jüdische Altersheim Eschenau eingewiesen und kam mit den übrigen Insassen nach Theresienstadt. Der Zug nach Maly Trostinec nahm auch

---

8 StAL E 141i; Kopien im Bestand der Judendokumentation im HStASt, Ortsfaszikel Michelbach.

ihn in den Tod. Seine Frau war wenige Monate nach dem Einzug in Eschenau an Altersschwäche gestorben. Seinem Sohn Feudy war 1939 mit Frau, Sohn und Tochter die erneute Auswanderung nach Amerika geglückt. Wie durch ein Wunder überlebten Thea Gundelfinger und der Viehhändler Moritz Eichberg die Hölle der Lager. Moritz Eichberg wurde am 4. November 1894 in Hengstfeld geboren. Während seiner Kindheit verzog die Familie – der Vater war Viehhändler – nach Michelbach/Lücke. Eichberg nahm als Landsturmmann am Ersten Weltkrieg teil und wurde verwundet. Als Frontkämpfer erhielt er die württembergische silberne Militär-Verdienstmedaille sowie das Eiserne Kreuz Zweiter Klasse.

1937 wurde Eichberg die Ausübung seines Berufes als Vieh- und Pferdehändler untersagt. Nach der Reichskristallnacht wurde er in das Konzentrationslager Dachau gebracht, als ehemaliger Frontsoldat jedoch bald wieder entlassen. Bis zur Deportation mußte er seinen Lebensunterhalt als Arbeiter im Steinbruch Wallhausen bestreiten. Seiner Mutter und seinen Geschwistern gelang die Auswanderung nach Argentinien; sein Vater war inzwischen verstorben. Mit dem ersten Transport wurde Eichberg am 1. Dezember 1941 mit seiner Frau Maxi, geb. Oppenheimer, nach Riga in das Konzentrationslager Jungfernhof deportiert. Während seiner Odyssee durch verschiedene Konzentrationslager verlor Eichberg seine Frau. Ihr Schicksal blieb ungeklärt. 1945 wurde er im Konzentrationslager Theresienstadt befreit. Trotz des Ausbruchs einer Fleckfieberepidemie in Theresienstadt beteiligte er sich freiwillig an Leichentransporten während der Lagerauflösung. Er kehrte im Juni 1945 nach Michelbach zurück und nahm seinen angestammten Beruf als Vieh- und Pferdehändler wieder auf. 1950 verzog er nach Crailsheim, wo er am 2. Juni 1968 verstarb. Er wurde auf dem dortigen jüdischen Friedhof beigesetzt.

Lina Elkan (* 1875), Tochter des Hirsch Elkan, starb 1942 wenige Wochen nach ihrer zwangsweisen Umsiedlung in das jüdische Altersheim in Dellmensingen. So starben 19 Michelbacher direkt durch die Verfolgung, 13 retteten sich ins Ausland.

Der jüdische Grundbesitz in Michelbach wurde zum Teil vor der Machtergreifung verkauft. Der größere Teil wurde während der Verfolgung und nach der Deportation veräußert. Alle Verkäufe wurden nach 1945 auf ihre Rechtmäßigkeit geprüft. In der Regel mußten Nachzahlungen geleistet werden, wenn der gezahlte Preis offensichtlich unter dem Wert des Grundstücks lag. Insgesamt 36 Häuser waren um die Jahrhundertwende nach einer Aufstellung der Gemeinde jüdisches Eigentum. Hermann Gundelfinger besaß allein fünf davon, der Bäcker Hermann Ries drei. Bis 1984 wurden zwölf davon abgebrochen oder einer anderen Verwendung als Stall oder Scheune zugeführt.

Während des Krieges diente die Synagoge als Lager für Munition und unterstand der Flugplatzverwaltung in Crailsheim. 1949 wurde sie von einem Privatmann erworben und diente anschließend als Lagerraum einer Getränkefirma. 1979 erwarb der Landkreis das fast völlig verfallene Gebäude. Nach eingehenden Untersuchungen begannen 1982 die Arbeiten an der Restaurierung der ältesten, noch in wesentlichen Teilen erhaltenen Synagoge in Württemberg. Mit einer würdigen Feier in Anwesenheit des Bundestagspräsidenten Dr. Philipp Jenninger und zahlreicher Vertreter der Politik, des öffentlichen Lebens und zahlreicher jüdischer Mitbürger, an der Spitze Landesrabbiner Dr. Joel Berger, wurde das altehrwürdige ehemalige Haus der Gottesverehrung 1984 seiner neuen Bestimmung als Gedenk- und Dokumentationsstätte übergeben. Überaus zahlreiche Juden haben inzwischen die Synagoge in Wallhausen-Michelbach aufgesucht, ihre Eindrücke und ihre Wünsche in das aufliegende Gästebuch eingetragen, das selbst schon wieder ein geschichtliches Dokument geworden ist[9].

9 Die bereits vollgeschriebenen Bücher werden bei der Ortsverwaltung Michelbach verwahrt.

4. Schwäbisch Hall

1933–1938

Überschaut man die lokale Presse in Hall[10] zu Beginn der dreißiger Jahre, dann ist von Antisemitismus nichts zu spüren. Wenn einmal von Juden die Rede ist, dann von der Entwicklung in Palästina. Die Juden waren in Hall voll integriert und gingen ungehindert ihren Geschäften nach. Als auf einer Wahlkampfkundgebung im Herbst 1932 Prinz August Wilhelm von Preußen sich voll hinter seinen Führer Adolf Hitler stellte und lauthals verkündete, Hitler werde sich auch nach einem Wahlsieg nicht ändern, war nicht von den Juden die Rede, nur von der ominösen »Zinsknechtschaft«, die gebrochen werden sollte.

Vor Weihnachten 1932 gab die Zeitung ein Sonderblatt heraus, in dem fast alle Haller Geschäfte inserierten. Das Stammhaus der Firma M. J. Herz war 1863 am Haalplatz gegründet worden. Daraus entstand 1881 die Großhandlung für Kurzwaren und Strickgarne Herz und Co. Seit 1897 war Heinrich Herz Alleininhaber. Beste Ware – reellste Bedienung galten als Geschäftsprinzip. Auch die Firma Maute am Markt, Damenkonfektion, Stoffe, Gardinen, bestand schon über 50 Jahre. Am 14. Februar 1933, am »Deutschen Tag« der NSDAP, trat die Hitlerbewegung zum ersten Mal massiv in Hall durch einen Marsch von Steinbach zu einer Kundgebung auf dem Marktplatz auf. Sie machte, wie es im Haller Tagblatt[11] hieß, *von dem Recht auf die Straße in größerem Maß Gebrauch.* Das im März verkündete Schächtverbot war die erste gezielte Maßnahme gegen die Juden nach der Machtergreifung Hitlers[12].

Das Haller Tagblatt berichtete am 30. März, daß mehrere bekannte jüdische Persönlichkeiten aus Stuttgart am 28. März ein Telegramm an den Großrabbiner von Frankreich nach Paris gesandt hätten, wo eine internationale Protestversammlung gegen die Judenverfolgung in Deutschland stattfinden sollte. Sie baten darin dringend, von dieser unbegründeten Versammlung Abstand zu nehmen. Gewaltakte einzelner Unverantwortlicher würden strengstens geahndet. Jeder Hetze gegen ihr deutsches Vaterland und jeder Boykottbewegung träten sie in Übereinstimmung mit allen deutschen Juden entschieden entgegen. In Deutschland herrsche Ruhe und Ordnung! Vorahnung, Ahnungslosigkeit oder Versuch zur Verhinderung von Boykottmaßnahmen – das Motiv des Telegramms war der Versuch, die Eskalation der Verfolgung durch die Betonung der nationalen Zugehörigkeit der Juden zu vermeiden.

Am 31. März wurde trotzdem reichsweit, auch in Hall, zum Boykott gegen jüdische Geschäfte aufgerufen. Genannt wurden in der Presse unter anderem die Brüder Heumann, die Firma Kapp, die schon seit November 1932 ihren Totalausverkauf betrieb, die Geschäfte Pfeiffer, Würzburger, Wertheimer, Frey und Schwab. Hier sollte man in Zukunft nicht mehr einkaufen. Dieser Boykott, der sich auch gegen Ärzte und Rechtsanwälte richtete, verlief in der Stadt ohne größere Aufregung. Vor den Läden bezogen SA-Leute Wachen. Die nichtjüdische Bevölkerung verhielt sich passiv, ebenso die jüdischen Geschäftsinhaber, die in der Mehrheit hierin einen Ausrutscher der Partei sahen, ein bloßes Muskelspiel, da zudem der Boykottag auf einen Sabbat fiel. Kaum einer ahnte, daß dies der Anfang vom Ende war,

---

10 Haller Tagblatt, kursorische Durchsicht.
11 Ebd., 25. Februar 1933.
12 Ebd., 18. März 1933.

doch war dieses Ende noch nirgendwo klar vorgezeichnet. Der Parteibasis war Judenhaß eingetrichtert worden. Wie man sich ihrer entledigen wollte, blieb bewußt unerklärt.

Auf dem Markt fand damals eine Kundgebung statt, in der ein Stadtrat erklärte, die Judenfrage sei für die Nationalsozialisten keine religiöse Frage, habe auch nichts mit Rassenhaß zu tun, sondern sei eine Frage des Volkstums. Die Geschichte lehre, daß die Juden aus Haß gegen das Christentum stets die Führer der Umsturzbewegungen gewesen seien. Die soziale Frage könne nur gelöst werden, wenn die Macht des Judentums – was immer der Redner darunter verstanden haben mochte – gebrochen sei[13]. Ob die Haller Bürger, die ihre Geschäftsleute und deren angebliche Macht kannten, diese Reden schon beeindruckt haben, kann man kaum noch feststellen. 115 Menschen mosaischen Glaubens in jeder Altersstufe am 30. Januar 1933 (110 bei der Volkszählung vom 30. Juni dieses Jahres) waren eine verschwindende Minderheit in der Stadt. Wenige Tage nach dem Boykott erschienen wieder Annoncen jüdischer Geschäftsleute im Tagblatt. Sie wurden dann aber rasch seltener, und als das Tagblatt im Oktober 1933 zur »National-sozialistischen Tageszeitung für Württ. Franken« gemacht wurde, hörten sie vollständig auf.

In zahlreichen Vortragsveranstaltungen wurde die Bevölkerung in den folgenden Jahren mit den nationalsozialistischen pseudo-wissenschaftlichen Erkenntnissen zur Judenproblematik vertraut gemacht – wenn sie wollte. Über die Art des Publikums erfährt man nichts, doch waren es wohl vorwiegend Pflichtveranstaltungen für Parteimitglieder. Wie sollten auch die wenigen Haller Juden, die man als solide Mitbürger kannte, ein Interesse an antisemitischen Ergüssen wecken? Man fühlte sich nicht von dem angeblichen Streben der Juden nach Weltherrschaft bedroht. Die wenigen erhaltenen Akten in den Archiven, die kärgliche Berichterstattung der Tagespresse zeigen, daß es keinen exzessiven Haß, keine spektakulären Übergriffe in den ersten Jahren gab. Die unheilschwangere Gesamtentwicklung läßt sich mit Haller Unterlagen allenfalls bruchstückartig nachzeichnen. Manche der das tägliche Leben mehr und mehr durchdringenden antijüdischen Maßnahmen werden in Hall nicht sichtbar, weil die entsprechenden Zielgruppen fehlten, so die Zwangsentlassungen von Beamten oder Hochschullehrern. Die Auswanderung der Juden galt als erwünscht und wurde zunächst gefördert. Der Abzug größerer Vermögenswerte sollte allerdings durch eine Fluchtsteuer eingeschränkt werden.

Als im Mai 1933 die Oberämter und die staatlichen Polizeiämter beauftragt wurden, dem Zentralverein deutscher Staatsbürger jüdischen Glaubens besondere Aufmerksamkeit zu widmen, erstattete das Oberamt Hall Fehlanzeige. Es gab keine überörtlich organisierten Juden. Im Oktober 1933 mußten die nichtjüdischen Geschäftsleute Schilder in ihre Schaufenster stellen mit der Aufschrift »Deutsches Geschäft«. Damit war bereits gesagt, daß man jüdische Geschäfte als nicht-deutsche betrachtete. Im Vorgriff auf spätere gesetzliche Maßnahmen wurde damit den Angehörigen einer Religionsgemeinschaft de facto die Staatsbürgerschaft aberkannt, ein erster Schritt auf dem Wege zur sogenannten Endlösung. Doch damit war die Mehrzahl der Haller noch nicht vom Einkauf in den gut geführten Läden abzuhalten. So mußte der Kreisleiter der NSDAP noch im Juni 1934 in einer Rede vor den Haller Beamten darauf hinweisen, daß es eine besondere Pflicht gerade dieser Gruppe sei, deutsche Unternehmen zu stärken. Weitere Boykottmaßnahmen waren offiziell seit Oktober 1933 verboten. Auch ein hier und da verhängtes Werbungsverbot jüdischer Geschäfte wurde widerrufen, der Besuch der Märkte – auch in Hall – noch ausdrücklich erlaubt. Offensichtlich befürchtete man

13 Ebd., 3. April 1933.

Versorgungslücken beim zu raschen Ausfall vieler jüdischer Geschäfte, auch die Gefährdung der Arbeitsplätze »arischer« Mitarbeiter.

Die Stadtverwaltung bemühte sich zunächst noch um eine neutrale Haltung gegenüber ihren jüdischen Einwohnern, wurde jedoch nach der Gleichschaltung auch des Haller Stadtrats durch die immer schärfer werdenden Gesetze und Verordnungen von dieser Linie abgebracht. Eine Judenkartei wurde angelegt. Der Exodus der Juden begann. Im Juni 1933 beschloß der Gemeinderat, eine Ehrentafel im Rathaus anzubringen, auf der Ehrenbürger und wohltätige Stifter aufgeführt werden sollten. Unter diesen befand sich auch der Jude Beni Wolff, ein ehemaliges Mitglied des Bürgerausschusses. 1936 wurde die Entfernung seines Namens von der Tafel angeordnet und durchgeführt. Die restlichen Namen fielen mit der Tafel dem Rathausbrand im Krieg zum Opfer.

Ein erster Höhepunkt in der Schaffung eines Ausnahmerechts für die Juden waren die im September 1935 erlassenen Nürnberger Gesetze, das Gesetz zum Schutze des deutschen Blutes und der deutschen Ehre und das Reichsbürgergesetz. Nach der systematischen Verdrängung aus Hochschulen, Schulen und Beruf griff man jetzt massiv in die Familien ein, in denen sich die Diskriminierten bis dahin noch gegenseitig stützen konnten. Nichtarier konnten nicht mehr Reichsbürger sein, sondern lediglich Staatsangehörige. Diese Gesetze schufen die politische und psychologische Basis für die Ausbürgerung, für die Deportationen. Sie sind eine Schande für die damit befaßten Juristen.

Nach § 3 des sogenannten Blutschutzgesetzes durften Juden keine deutschen Frauen unter 45 Jahren im Haushalt beschäftigen. In Hall hat man diese Vorschriften nach glaubwürdigen Zeugnissen zunächst nicht beachtet. Man wies betroffene christliche Frauen auf die Gesetze durch das Arbeitsamt und durch Parteistellen hin, ließ aber bestehende Arbeitsverhältnisse unberührt. Selbst im jüdischen Betsaal half eine christliche Frau ohne Beeinträchtigung bei der Reinigung aus. Die Boykottschraube wurde allerdings seit 1936 schärfer angezogen, angestachelt nicht zuletzt durch den berüchtigten »Stürmer« des fanatischen Gauleiters in Franken, Julius Streicher, der seine Schuld mit dem Tod am Galgen bezahlte, unbeirrt bis zuletzt in seinem primitiven Judenhaß. Ein eigener »Stürmerkasten« am Postplatz wurde für dieses Pamphlet angebracht. Von dieser Zeit an wurden vor allem Beamte und ihre Frauen scharf beobachtet, ob sie immer noch in jüdischen Geschäften kauften. Das Denunziantenunwesen machte vor Hall nicht halt. Immer wieder wurden einzelne Betroffene zur Kreisleitung bestellt und zurechtgewiesen. Weitergehende Maßnahmen oder Bestrafungen sind nicht bekannt. 1937 wurden die jüdischen Viehhändler auf Beschluß des Stadtrats vom Jubiläums-Pferdemarkt und von allen künftigen Märkten in der Stadt ausgeschlossen, für viele von ihnen eine existenzvernichtende Maßnahme.

Seit 1936 mußten alle jüdischen Kinder die neu eröffnete Bezirksschule in Braunsbach besuchen, die allerdings nur bis 1938 bestand[14]. Die höheren Schulen wurden den Juden versperrt. Die durch die Auswanderung schrumpfende Gemeinde traf sich im Betsaal in der Herrengasse oder in den beiden Wirtschaften Pfeiffer und Rothschild. Die Synagoge in Steinbach hatte bereits 1935 den letzten Gottesdienst erlebt.

Die Schicksale der meisten Auswanderer sind heute in Umrissen bekannt. Der aus Polen stammende Zigarrenhändler David Stobetzki wanderte mit Frau, Sohn, Schwiegersohn und Tochter, die im elterlichen Geschäft die Buchhaltung führte, 1933 nach Palästina aus. Isaak

14 Akten des Kreisarchivs Schwäbisch Hall.

Fey wohnte mit seiner aus Wachbach stammenden Frau Emma zunächst in Braunsbach. Er trieb einen ambulanten Handel mit Antiquitäten, Kurzwaren und Fellen. Mit den Kindern Jakob und Zilly wanderte das Ehepaar 1937 nach Amerika aus. Ihm folgte 1939 Heinrich Guthof, der nach der Kristallnacht einen Monat in Dachau eingesperrt war, mit Frau und Tochter.

Isaak Heumann besaß mit seinem Bruder Naphtali eine Zigarrenfabrik, die vor ihrer Schließung Ende April 1933 etwa 80 Arbeiter und drei Angestellte beschäftigte. Isaak wanderte mit Frau und Sohn 1937 in die USA aus. Frau und Tochter seines 1936 verstorbenen Bruders folgten 1937. Rita Kahn gelangte über Frankreich und Palästina 1937 in die USA. Hugo Oettinger hatte drei Töchter. Seit 1922 war er Alleininhaber der Firma Otto Maute, Tuch- und Modewarengeschäft, das zeitweilig zwölf Angestellte beschäftigte. Im März 1936 gab er unter dem ungeheuren Druck das Geschäft auf und folgte mit seiner Frau und seiner Tochter Ruth seinen beiden Kindern Hanna und Lieselotte nach Palästina. Lieselotte (* 1923) mußte 1935 das Mädchengymnasium in Hall verlassen und kam dann bis zur Auswanderung in das Waisenhaus nach Esslingen. Hugo Oettinger starb 1961 bei einem Autounfall. Julius Pfeiffer (* 1901), Inhaber eines Manufakturwarengeschäfts, wanderte mit Frau und zwei Töchtern 1937 in die USA aus. Heinrich Pfeiffer besaß ein Geschäft für Öfen, Herde und landwirtschaftliche Maschinen. Als sein Vater nach der Kristallnacht in Braunsbach verhaftet wurde, floh er mit Frau und Tochter nach Frankreich. Josef Pfeiffer (* 1868) führte eine Metzgerei mit Gasthof in der Schwatzbühlgasse, die er am 11. November unter dem Eindruck der schrecklichen Nacht verkaufte. Mit Frau und zwei Söhnen gelangte er in die USA, wo der bereits 1934 nach Palästina gezogene dritte Sohn zu ihnen stieß. Auch der zweite Metzger Louis Rothschild ging mit seiner Frau nach Amerika.

Albert Flegenheimer, 1890 geboren, starb 1972 in New York. Dr. Eugen Flegenheimer, 1888 in Schwäbisch Hall geboren, wurde Rechtsanwalt und wanderte über Holland 1938 in die USA aus. Nach einem erneuten Studium mit 50 Jahren wurde er als Assessor beim Obersten Gerichtshof des Staates Washington angestellt, mußte sich aber 1949 aus Gesundheitsgründen zurückziehen. Eugen Schorsch (1866–1944) war Teilhaber der Großhandlung für Raucher- und Kurzwaren Flegenheimer & Schorsch. Er konnte zu seiner Tochter nach Argentinien fliehen. Sein ebenfalls in der Firma tätiger Sohn Max gelangte über die Schweiz und Kuba in die USA. Sein Compagnon Adolf Flegenheimer war 1935 in Stuttgart gestorben. Die Familie des Moses Herz war von Braunsbach nach Hall übergesiedelt. Sein Vater eröffnete eine Kurzwarenhandlung am Haalplatz und gehörte viele Jahre dem Gemeinderat an. Moses Herz, geboren 1876, wanderte nach Palästina aus, kehrte aber 1938 zurück. Als er die Ausweglosigkeit der Lage endgültig erkannte, floh er 1939 nach England, wo er 1953 starb. Die Stadt benannte 1982 einen Weg nach dem selbstlosen Förderer seiner Glaubensgenossen[15].

Die Reichskristallnacht

Auslösender Faktor für die zum Teil sich überstürzende Flucht vieler war die Reichskristallnacht, in der eine Orgie der Zerstörung fast alle Gemeinden mit jüdischen Bürgern erfaßte. Die Familie des Salomon Lewkowitz war von der Aktion betroffen, die Ursache für das Attentat Herschel Grynspans wurde, die Zwangsvertreibung der polnischen Juden. Salomon

15 Bericht im Haller Tagblatt vom 20. 12. 1982, S. 17.

(* 1898 in Wielun/Polen) lebte seit 1923 in Hall, wurde Hilfsvorbeter, Synagogendiener und Schächter der jüdischen Gemeinde und heiratete 1924 Gusta Rosenberg, Tochter eines Haller Geschäftsmannes. Sie hatten zwei Söhne. Salomon Lewkowitz wurde am 28. Oktober zwangsweise nach Polen geschafft. Er starb 1942 in einem Arbeitslager in der Provinz Brandenburg. Frau und Söhne wurden später deportiert und gelten als verschollen.

In der Nacht vom 9. zum 10. November, deren Ereignisse M. S. Koziol minutiös nachgezeichnet hat[16], wurde die Synagoge in Steinbach verwüstet und angezündet. Die Marodeure unter der Leitung eines Obersturmbannführers waren teils in Zivil, teils in Uniform. Sie zerschlugen die Bima (Kanzel) und das Gestühl. Nach einem ersten gescheiterten Versuch, das relativ feuchte Gebäude anzuzünden, half man mit einigen Kanistern Benzin nach. Der Feuerwehr war zuvor untersagt worden, den »politischen« Brand zu löschen. So beschränkte sie sich im wesentlichen darauf, die benachbarten Häuser zu schützen. Das Feuer ergriff bald den Dachstuhl. Das Dach stürzte ein. Bis auf die Grundmauern brannte das mit königlicher Genehmigung erbaute Gotteshaus nieder. Auch der Saal in der Herrngasse wurde verwüstet. Feuer konnte man hier nicht legen, da sonst ein Großbrand zu befürchten war. So weit dachte man bei aller »Spontaneität« der Aktionen doch. Auf dem Marktplatz verbrannte man danach Kultgegenstände, Gebetbücher und Gewänder, die man aus dem Betsaal und der Synagoge geholt hatte, sowie private Bücher und Einrichtungsgegenstände. In derselben Nacht wurden mehrere Wohnungen und Geschäfte demoliert. Alles, was nicht niet- und nagelfest war, wurde zerschlagen oder auf die Straße geworfen, Bilder, Möbel, Bücher, Radios. Und die Haller schauten zu – eine größere Menschenmenge. Was ist wohl damals in ihnen vorgegangen? Die Polizei verleugnete sich auf Anweisung von oben. Das war kein gerechter Volkszorn.

Das Haus, in dem der allseits beliebte Rabbiner Dr. Berlinger wohnte, gehörte einem Arier. So wurden Fenster und Türen nicht beschädigt, aber die fast 3000 zum Teil wertvollen Bücher der Privatbibliothek Berlingers wanderten auf den Scheiterhaufen am Marktplatz. Die betroffenen Familien flüchteten in die Wirtschaft Rothschild. Einzelne wie Moses Herz flohen in Pantoffeln. Er versuchte, mit dem Frühzug nach Stuttgart zu gelangen. Niemand wußte ja, was zu erwarten war. Zu befürchten war alles. Der Rabbiner (* 1866 in Braunsbach), Leopold Wertheimer (* 1865 in Braunsbach), Max Schorsch (* 1905 in Schwäbisch Hall) und Heinrich Guthof (* 1892 in Lorch) wurden am nächsten Morgen verhaftet und in das Untersuchungsgefängnis eingeliefert. Allerdings sollten sechs wohlhabende Juden aus dem Landkreis eingesperrt werden. Deshalb wurden auch die beiden Braunsbacher Salomon Pfeiffer und Isaak Heumann vorgeführt. Moses Herz, dessen Schutzhaft der Kreisleiter wünschte, war nach seiner Flucht nicht greifbar. Dr. Berlinger, L. Wertheimer und S. Pfeiffer wurden am 11. November wieder entlassen. Sie entsprachen nicht den »Anforderungen« des die Verhaftungen weisungsgemäß anordnenden Landrats. Die ausgesuchten Häftlinge sollten nämlich rüstig, haftfähig, nicht älter als 60 Jahre sein und durften *dem Staat kein Geld kosten*. Die anderen drei wurden noch am Abend des 10. November nach Heilbronn in das Polizeigefängnis gebracht und von dort aus für einige Wochen in das Konzentrationslager Dachau. Die Geheime Staatspolizei ordnete an, daß alle jüdischen Geschäfte zu schließen seien. Gegen weitere Zerstörungen solle nicht eingeschritten werden, nur gegen Angriffe auf das Leben sollten geeignete Vorkehrungen getroffen werden.

16 M. S. KOZIOL, »Das ist ein politischer Brand!« Die Reichskristallnacht in Schwäbisch Hall und Braunsbach, 1988.

Abb. 64 Ehemalige Synagoge in Wiesenbach

Abb. 65 Gedenkstein auf dem jüdischen Friedhof in Braunsbach, 1983

Abb. 66   Gedenkstein auf dem jüdischen Friedhof in Crailsheim, 1983

◁ Abb. 67 Wohnhaus
an der Stelle der ehe-
maligen Synagoge in
Steinbach, 1983

Abb. 68 Haus Waller
in Unterlimpurg.
Hier befand sich die
von Elieser Sußmann
ausgemalte Zimmer-
Synagoge, 1983

Abb. 69 Die ehemalige
Synagoge in Unter-
deufstetten. Im Hinter-
grund das Schloß der
Ortsherrschaft, 1987

Abb. 70 Restaurierung der Synagoge in Michelbach, 1980

Abb. 71 Restaurierung der Synagoge in Michelbach, 1980

Abb. 72 Die restaurierte Synagoge in Michelbach, 1984

Abb. 73 Einweihung der restaurierten Synagoge in Michelbach, 1984. Von links 1. Reihe: K. Östreicher, MdL; H. Bachmeier, MdL; S. Lang, MdL; Staatssekretär Balle; Staatsminister Dr. Jenninger; Landrat Dr. H. Biser, Schwäbisch Hall; 2. Reihe: Landrat Dr. F. Susset, Hohenlohekreis; Landrat G. Denzer, Main-Tauber-Kreis; 3. Reihe: Regierungsdirektor A. Rothmund, Schwäbisch Hall

Abb. 74 Innenraum der restaurierten Synagoge Michelbach, 1984

Die Mehrheit der Bevölkerung war vollkommen ahnungslos. Als man am nächsten Morgen von den Vorfällen der Nacht hörte, machte sich Betroffenheit, ja hier und da Empörung breit. Selbst der Bürgermeister beschwerte sich bei der Kreisleitung der NSDAP. In einem Bericht der Kriminalpolizei Schwäbisch Hall an die Gestapo in Heilbronn wurde über die *Aktiv-Aktion gegen die Juden* berichtet. Die Aktionen *beschränkten sich auf eine Reihe von Sachbeschädigungen an Mobiliar und Einrichtungsgegenständen verschiedener Juden und der judenkirchlichen Einrichtungen in Schwäbisch Hall und Steinbach.* Die Polizei machte keinerlei Anstalten, Nachforschungen anzustellen *bis Weisung wegen solcher erfolgen sollte, da die Aktion als Ausfluss der Ermordung des Gesandschaftsrates vom Rath unter anderen Gesichtspunkten zu betrachten ist, als üblicherweise.* Der Haller Vertreter der Staatlichen Feuerversicherung machte seiner Gesellschaft Mitteilung von dem *Schadensfall.* Er schrieb: *Nachdem es sich hier um eine Maßnahme des Volkes handelt und zwar unter Duldung der Behörden, so glaube ich, daß die Aufnahme des Schadens (in der Synagoge und im Betsaal) nicht erforderlich sein dürfte.* Nichts war nach diesen Ereignissen mehr so wie früher. Der Wiederaufbau der zerstörten Synagoge wurde untersagt. Weitere Übergriffe einzelner gegen Juden und jüdische Einrichtungen sollten nach dem einstimmig negativen Urteil der Weltpresse auf die Ereignisse der Kristallnacht unterbunden und bestraft werden.

Als Vertreter der jüdischen Gemeinde übertrug am 6. Februar 1939 Moses Herz das Eigentum an der niedergebrannten Steinbacher Synagoge mit Grundstück und Hofraum der Stadt, kostenlos. Die Stadt verpflichtete sich lediglich, das Grundstück in einen ordnungsgemäßen Zustand zu bringen. Im Juni 1940 wurde der Antrag auf Genehmigung eines Dreifamilienhauses an dieser Stelle gestellt. Nach Meinung der Antragsteller verschandelte die Brandruine *des früheren Judentempels* die Landschaft. Doch dann wurde das Grundstück von der Stadt an einen unbeteiligten Privatmann veräußert.

In der Haller Presse erschien am Tag nach den wüsten Ausschreitungen, über die man Einzelheiten dem in der Nachkriegszeit durchgeführten Prozeß gegen die nachweisbaren, noch lebenden Täter und Verantwortlichen entnehmen kann, ein gleichgeschalteter, rechtfertigender Artikel über den *Volkszorn gegen die Juden.* 35 Mittäter mußten sich 1948 vor dem Heilbronner Landgericht verantworten. Kreisleiter Otto Bosch erhielt die nach dem Strafgesetzbuch mögliche Höchststrafe von zwei Jahren, die in der Revision auf ein Jahr drei Monate reduziert wurde. Durch eine Amnestie kamen alle Verurteilten zum 31. Dezember 1949 wieder frei. Die in diesem Prozeß geäußerten Lügen und Schutzbehauptungen machten eine objektive Wertung nach fast zehn Jahren sehr schwer.

Aber die kollektive Entrechtung ging weiter. Vom 1. Januar 1939 an wurde den Juden der Betrieb von Einzelhandels-, Versandgeschäften oder Bestellkontoren sowie der selbständige Betrieb eines Handwerks verboten. Alle Autos mußten verkauft werden. In alle Pässe – noch gab es solche – wurde ein J eingestempelt. Familiennamen, die den Bestandteil »deutsch« enthielten, mußten geändert werden. Schon im September 1939 gab es im ganzen damaligen Landkreis Schwäbisch Hall keinen einzigen Juden mehr, der eine Gewerbeerlaubnis für Vieh- oder Pferdehandel besaß. Seit September 1939 durften sich Juden abends nicht mehr außerhalb ihrer Wohnungen aufhalten. Der Besitz von Rundfunkempfängern wurde verboten. Lediglich bei Hedwig und Mathilde Wolf in der Schulstraße konnte noch ein unbrauchbarer Apparat gefunden und eingezogen werden[17]. Seit Oktober wurde die sofortige Verhaftung von Juden

17 Akten des Kreisarchivs Schwäbisch Hall.

befohlen, die irgendeiner auch noch so geringfügigen Anordnung nicht sofort nachkamen. Seit 1940 wurden die Lebensmittelrationen gekürzt, ein J in die Lebensmittelkarten gestempelt. Blutspenden wurden verboten. Aus der gesetzlichen Krankenversicherung wurden sie ausgeschlossen. Nach dem Kriegsausbruch verschlimmerte sich die Lage fast täglich. Seit 1. September 1941 mußten alle Juden über sechs Jahre in der Öffentlichkeit einen gelben Davidstern an der Kleidung tragen. Orden und Ehrenzeichen mußten abgelegt werden. Die Benutzung öffentlicher Verkehrsmittel wurde zunächst eingeschränkt, schließlich verboten. Schreibmaschinen, Fahrräder, Photoapparate und Ferngläser mußten abgeliefert werden.

Die Deportationen

Dann kam die sogenannte Endlösung. Von den 115 Juden, die 1933 noch in Hall lebten, und von den rund 20, die später zuzogen, wurden 1941 und 1942 25 nach Osten deportiert. Keiner von ihnen kehrte zurück. Sie starben in Riga, Izbica, Auschwitz, Theresienstadt oder an anderen Orten des arischen Wahnsinns. 79 Juden gelang direkt die Auswanderung, darunter dem Rabbiner Berlinger, der nach Palästina floh, wo er 1945 starb. Zehn jüdische Mitbürger starben eines natürlichen Todes in der so unerbittlich gewordenen Heimat. Die übrigen zogen fort, ohne daß in jedem Fall das weitere Schicksal geklärt werden konnte. Ganze Familien wanderten in die Vernichtungsstätten, wurden ausgelöscht. Eine anscheinend typisch deutsche Gründlichkeit, die auch das Verbrechen normierte, katalogisierte, Buch darüber führte, wer wann wohin gebracht wurde, müßte demjenigen Schamröte ins Gesicht treiben, der immer noch oder schon wieder von der Auschwitzlüge spricht.

Während die Auswanderung wegen der damit verbundenen Haushaltsauflösung – dem Verkauf von Mobiliar und Grundstücken – von Freunden, Bekannten und Nachbarn in der Regel bemerkt wurde, kamen die Deportationen heimlich, kurzfristig, nachts oder am frühen Morgen. Die Juden waren auf einmal nicht mehr da. Von den nachweisbaren 25 Opfern wurden nur sieben und der Pole Lewkowitz direkt von Hall aus in den Tod geschickt – nach dem Osten, wie es in der Einwohnermeldekartei eingetragen wurde. Ihr Verschwinden fiel daher zunächst nur wenigen auf. Über das Sammellager auf dem Stuttgarter Killesberg nach Riga geschickt wurden 1941 Mathilde Adler, Jakob Stern, Karoline und Maier Pfeiffer. Nach Theresienstadt verschleppte man 1942 Adolfine Adler und nach Izbica 1941 Berthold und Karoline Wolff. Die übrigen 17 erreichte der Befehl zur Reise in den Tod an anderen Orten, wohin sie freiwillig oder gezwungen umgezogen waren.

Adolfine Adler (* 1894) befand sich wegen Gelenkversteifungen in der Diakonissenanstalt. Im Januar 1939 wurde ihr der Aufenthalt gekündigt und die Aufnahme in ein jüdisches Heim nahegelegt. Am 20. August 1942 nach Theresienstadt deportiert, starb sie wenige Tage vor Weihnachten im Lager. Mathilde Adler (* 1895) fand den Tod nach der 1941 erfolgten Deportation nach Riga. Auch der ledige Lederhändler Maier Pfeiffer (* 1888) und seine Schwester Karoline (* 1891), Kinder des Braunsbacher Viehhändlers Abraham Pfeiffer (1850–1930), gehörten zu den ersten nach Riga verschleppten Opfern.

Ida Falk (* 1871) wurde von Braunsbach aus deportiert. Sie starb 1943 in Theresienstadt. Gertrud Kahn (* 1903) wurde 1942 in Koblenz von der Tötungsmaschinerie erfaßt und starb an einem unbekannten Ort im Osten. Rosalie Kapp (* 1871), deren Ehemann Julius 1941 in Hall gestorben war, kam mit ihrer Tochter Lucie (* 1900) in das im März 1942 in Tigerfeld bei Münsingen eingerichtete jüdische Altersheim. Mit 42 Leidensgenossen aus dem im August wieder aufgelösten Heim kamen sie nach Theresienstadt und von dort in ein Vernichtungsla-ger im Osten. Der beinamputierte, schwerkriegsbeschädigte Emil Odenheimer (* 1897) war mit seiner Mutter Lina (* 1870) im März 1942 nach Heilbronn gezogen. Über Theresienstadt, wo sie zwei Jahre den Strapazen trotzten, schickte man sie 1944 in die Gaskammern von Auschwitz. Berta Reiß (* 1869) weilte einige Monate im Altersheim für Juden in Schloß Eschenau. Von dort führte sie die Reise in den Tod nach Theresienstadt. Der in Braunsbach geborene Viehhändler Abraham Schlachter (* 1875), der allen Verboten zum Trotz das im Ersten Weltkrieg verliehene Eiserne Kreuz neben dem Judenstern trug, zog mit seiner Frau Klara (* 1885) im März 1942 an seinen Geburtsort zurück. Hier holten sie die Schergen wenige Monate später ab. Er starb 1943 in Theresienstadt, seine Frau ein Jahr später in Auschwitz. Ihren Kindern gelang rechtzeitig die Auswanderung. Gretchen (* 1895) und Lotte Schorsch (* 1923) wurden in Stuttgart und Adelsheim verhaftet. In Riga endete ihr Lebenslauf. Sara Stein (* 1869) fiel der Euthanasie in Grafeneck bei Münsingen zum Opfer. Hedwig Weitzner (* 1903), eine Schwester von Mathilde Adler, wurde von Stuttgart aus nach Riga deportiert und getötet. Richard Wertheimer zog 1933 nach Berlin und wanderte von dort aus in die Niederlande aus. Hier wurde er nach der deutschen Besetzung verhaftet und starb in Auschwitz.

Mathilde (* 1872) und Hedwig Wolff (* 1876) kamen auch zunächst in das Altersheim Eschenau, von dort nach Theresienstadt und wenige Monate später in das Vernichtungslager Maly Trostinec. Ihre Geschwister Berthold (* 1879) und Karoline (* 1878) wurden von Hall aus im April 1942 nach Izbica deportiert. Die genauen Todesdaten sind für die in Theresien-stadt gestorbenen Deportierten in der Regel bekannt. Die übrigen wurden nach dem Ende des Krieges offiziell für tot erklärt.

Eine Gedenktafel am ehemaligen Betsaal erinnert an seine frühere Funktion. Zahlreiche ehemalige jüdische Einwohner und ihre Nachfahren haben inzwischen die verlorene Heimat besucht, alte Freundschaften erneuert, neue geschlossen. Doch ist die Zeit des Grauens nicht vergessen – sie sollte unvergessen bleiben.

D.
AUSBLICK

Die Schrecken der nationalsozialistischen Herrschaft liegen fast ein halbes Jahrhundert zurück. Die Zahl der persönlich von den Ereignissen Betroffenen nimmt ab. Die direkte Erinnerung schwindet. Was bleibt, ist historische Erinnerung. Hinweisschilder an Betsälen und Synagogen, gepflegte jüdische Friedhöfe, einzelne wiederhergerichtete Synagogen in Michelbach, seit der Gebietsreform 1973 Teilort der Gemeinde Wallhausen, in Sulzburg, Freudental oder Affaltrach – reicht das aus? Denkmalschutz – genügt das? Dokumentationen, die nur auf die wirken können, die sie betrachten und studieren – ist damit der Erinnerung Genüge getan? Wir brauchen diese Erinnerung, brauchen die authentischen Quellen, die vom Grauen berichten. Nur die Kenntnis kann vor Wiederholung bewahren. Immer noch wollen Ewiggestrige vertuschen, verharmlosen. Wissenschaftlich untermauerte Schilderung kann die Möglichkeit zur Verfälschung der Wahrheit zumindest für Mitdenkende ausräumen. So wird man dem Andenken an die Opfer am besten gerecht, die nichts anderes wollten, als leben und arbeiten – und friedlich sterben.

Die jüdischen Friedhöfe in Baden-Württemberg werden aufgrund einer Absprache zwischen Bund, Ländern und den israelitischen Religionsgemeinschaften in Deutschland vom 21. Juni 1957 ständig gepflegt. Die umweltbedingten Schäden nehmen bedrohlich zu. Zur Sicherung hat der Landkreis photographische Dokumentationen veranlaßt. Die religionsrechtliche Prüfung der Zulässigkeit von Restaurierungsmaßnahmen ist inzwischen erfolgt[1]. So ist zu hoffen, daß kulturhistorisch wertvolle Grabsteine als Denkmäler jüdischer Geschichte in einer typischen Auswahl erhalten werden können. Friedhöfe in ihrer Totalität sind nicht auf Ewigkeit angelegt. Mancher jüdische Grabstein wird zerfallen, wie es seit Jahrhunderten geschah. Wir sollten darum nicht trauern.

Über 2000 jüdische Mitbürger – Bekenner des mosaischen Glaubens, Deutsche, wie andere Christen oder Atheisten, wie wir – leben heute wieder in Baden-Württemberg. In neuen, wenigen Synagogen wird wieder gelernt und Gottes Ehre gepriesen. Möge ihnen und allen Lesern dieser Schilderung eine friedvolle, humane, tolerante Zukunft beschieden sein, eine Zukunft, in der jeder, wie es Friedrich der Große einst ausdrückte, nach seiner Façon selig werden kann.

---

1 Vgl. Landtag von Baden-Württemberg. Drucksache 10/2431 vom 2.11.1989, S. 7ff.

Literatur

Aufgeführt werden nur die tatsächlich benutzten, zitierten und gegebenenfalls korrigierten Arbeiten. Die allgemeine Literatur zur Geschichte der Juden in Deutschland war für das spezielle Thema wenig aussagekräftig und sollte nicht referiert werden. Die Arbeit stützt sich im wesentlichen auf die im einzelnen nachgewiesenen Quellen in zahlreichen Archiven.

BAUER, H.: Israeliten in Württembergisch Franken. In: Württ. Franken 5 (1861)

Beschreibung des Oberamts Crailsheim, 1884 (Nachdruck 1967)

Beschreibung des Oberamts Gerabronn, 1847 (Nachdruck 1973)

Beschreibung des Oberamts Hall, 1847 (Nachdruck 1969)

COHEN, D. J.: The »small council« of the Jewry of Brandenburg-Ansbach, 1960

CRECELIUS, W.: Das Pfarrbuch von Crailsheim. In. Württ. Franken 10 (1875)

Dokumente über die Verfolgung der jüdischen Bürger in Baden-Württemberg durch das Nationalsozialistische Regime 1933–1945. Bearb. von P. SAUER. 2 Bände, 1966

DÜRR, D.: Ostschwäbische Händlerdörfer in Geschichte und Gegenwart. Diss. masch. Tübingen 1961

FRÖHLICH, E. (Hrsg.): Die Tagebücher von Joseph Goebbels 1, 1987

GERMAN, W.: Die Holzsynagoge in Schwäbisch Hall. In: Schwäbisches Heimatbuch, 1928

Germania Judaica: 1. Von den ältesten Zeiten bis 1238, 1934 – 2. Von 1238 bis zur Mitte des 14. Jahrhunderts, 1968 – 3,1. 1350–1519 Aach–Lychen 1987

GRUBE, W.: Quellen zur Geschichte der Judenfrage. In: Zeitschr. für württ. Landesgeschichte 2 (1938)

GUNZENHAUSER, A.: Sammlung der Gesetze, Verordnungen, Verfügungen und Erlasse betr. die Kirchenverfassung und die religiösen Einrichtungen der Israeliten in Württemberg, 1909

HAENLE, S.: Geschichte der Juden im ehemaligen Fürstentum Ansbach, 1863

HAHN, J.: Erinnerungen und Zeugnisse jüdischer Geschichte in Baden-Württemberg, 1988

HEIBER, H.: Joseph Goebbels, 1962

Historischer Atlas von Baden-Württemberg I,9: Plan der Stadt Crailsheim von Johann Christoph Horland 1738, 1982

Hohenlohisches Urkundenbuch 1–3, 1899–1912

JEGGLE, U.: Judendörfer in Württemberg, 1969

Jüdische Frontsoldaten in Württemberg und Hohenzollern, 1926

Jüdische Gotteshäuser und Friedhöfe in Württemberg, 1932

KELLERMANN, F. (Hrsg.): Die Künstlerfamilie Sommer, 1988

KOBER, A.: Jewish Emigration from Württemberg to the United States of America 1848–1855. In: Publication of the American Jewish Historical Society XLI, 3 (1952)

KÖNIG, H.-J.: Die Crailsheimer Juden und ihr Schicksal in sechs Jahrhunderten. In: Mitteilungsblätter des Hist. Vereins Crailsheim 4 (1987)

KÖNIG, H.-J.: Christoph Karl Ludwig von Pfeil. In: Lebensbilder aus Schwaben und Franken VIII (1962)

KÖNIG, H.-J.: Unterdeufstetten in Geschichte und Gegenwart. In: Württ. Franken 49 (1965)

KOZIOL, M.S.: »Das ist ein politischer Brand!« Die Reichskristallnacht in Schwäbisch Hall und Braunsbach, 1988

KOZIOL, M.S.: Rüstung, Krieg und Sklaverei. Der Fliegerhorst Schwäbisch Hall-Hessental und das Konzentrationslager, 1986

KÜNZL, H.: Die älteste Synagoge des Landes in Michelbach an der Lücke. In: Schwäbische Heimat 36 (1985)

Lilienfein, K.P.: Die Demokratie als ein Grundstein der politischen Erziehung (Juden im Oberamt Gerabronn). Zulassungsarbeit masch. 1964

Mayer, F.F.: Sammlung der württembergischen Gesetze in Betreff der Israeliten (Anhang zur Gesetzessammlung von Reyscher), 1847

Monumenta Zollerana. Urkundenbuch zur Geschichte des Hauses Hohenzollern, 1852–1866, 1890

Neue Deutsche Biographie VII, 1966

Philipp, K.: 700 Jahre Schopfloch, 1960

Pietsch, F.: Die Urkunden des Archivs der Reichsstadt Schwäbisch Hall 1–2, 1967

Rüb F.: Die Juden in Michelbach/Lücke. Masch. 1953

Sapke, G.: Die brandenburg-ansbachische Landjudenschaft. Masch. [o.D.]

Sauer, P.: Die jüdischen Gemeinden in Württemberg und Hohenzollern, 1966

Sauer, P.: Württemberg in der Zeit des Nationalsozialismus, 1975

Schnurrer, L.: Zur Geschichte der Juden in der Reichsstadt Dinkelsbühl. In: Jahrbuch des hist. Vereins für Mittelfranken 84 (1966/67)

Schubert, E.: Arme, Bettler und Gauner im Franken des 18. Jahrhunderts, 1983

Schuhmann, G.: Die Markgrafen von Ansbach-Bayreuth, 1980

Schumm, K. (†) und M.: Hohenlohische Dorfordnungen, 1985

Schwarzenberg, K. Fürst zu: Judengemeinden schwarzenbergischer Herrschaften. In: Schwarzenbergischer Almanach, 1968

Schwierz, I.: Steinerne Zeugnisse jüdischen Lebens in Bayern, 1988

Strauss, W. (Hrsg.): Lebenszeichen. Juden aus Württemberg nach 1933, 1982

Tänzer, A.: Die Geschichte der Juden in Württemberg, 1937

Tänzer, P.: Die Rechtsgeschichte der Juden in Württemberg 1806–1828, 1922

Toury, J.: Soziale und politische Geschichte der Juden in Deutschland 1847–1871, 1977

Treml, M. u.a. (Hrsg.): Geschichte und Kultur der Juden in Bayern, 1988

Ulshöfer, K.: Die Judenschule zu Steinbach. In: Der Haalquell 28 (1976), Nr. 12

Weber, O.: Die Entwicklung der Judenemanzipation in Württemberg bis zum Judengesetz von 1828, 1940

Wendnagel, I.: Die Geschichte der Juden in Schwäbisch Hall vom Mittelalter bis zur Gegenwart. Zulassungsarbeit masch. o.J.

Wenninger, M.J.: Man bedarf keiner Juden mehr. Ursachen und Hintergründe ihrer Vertreibung aus den deutschen Reichsstädten im 15. Jahrhundert, 1981

Wiesenbach. Eine kleine Chronik, ²1983

Wunder, G.: Die Zulassung des Dr. med. Hirsch. In: Der Haalquell 10 (1964), Nr. 2

Wunder, G.: Die Bürger von Hall, 1980

Abbildungsnachweis

Archiv Cesky Crumlov: 13
Archiv Murau: 12
Gemeinde Wallhausen: 72
Hauptstaatsarchiv Stuttgart: 5, 31, 53, 56
Hällisch-Fränkisches Museum Schwäbisch Hall: 23
Hohenlohe-Zentralarchiv Neuenstein: 20–22
Kreisarchiv Schwäbisch Hall: Schutzumschlag, 1, 6–7, 14–15, 29–30, 32–52, 54–55, 57–68, 70–71, 73–74
B. Schwedler: 24–28
K. Siewert: 17, 69
Staatsarchiv Ludwigsburg: 8–11, 18
Staatsarchiv Nürnberg: 2–3
Stadtarchiv Crailsheim: 4
Stadtarchiv Rothenburg: 16
Stadtarchiv Schwäbisch Hall: 19

Ortsregister

Affaltrach 129–130
–, Synagoge 345
Ailringen 99, 125
Alfdorf 185
Altdorf 130
Altenberg 94
Amerika 118, 277, 280, 282, 284–285, 287, 290, 293, 314, 327, 333, 337; s. auch USA
Amsterdam 202
Anhausen, Kloster 137–138, 142
Ansbach 23, 26, 33–34, 36–37, 41, 45, 56, 63, 72–73, 75, 77, 81–82, 127, 130, 162–165, 206, 242, 246, 265, 286
–, Hofrat 61
–, Konsistorium 43, 57, 61, 66, 75, 141
–, Kriegs- und Domänenkammer 26, 29, 143
–, Regierung 26, 30, 66, 95, 139–140, 142–143, 154, 204
–, Waisenhaus 146
Ansbach-Bayreuth, Markgraftümer 30
Archshofen 29, 242–243, 310
Argentinien 333, 337
Aufhausen 272
Augsburg 61, 68, 295
Auschwitz, Vernichtungslager 278, 326, 329–330, 340–341
Australien 291

Baden 22, 105, 113, 238, 277, 280, 285, 290, 320, 324
Baden-Württemberg 181
Baiersdorf 35, 287
Baisingen 330
Baldern 179
Ballenberg 203, 206
Bamberg 51, 163–164
–, Bischof von 149
Bartenstein 320
Bayern 13, 30, 86, 91, 137, 162, 165, 180, 206–207, 222, 225, 242–243, 247, 251, 280, 286, 290, 316
Bechhofen 75, 82, 89, 99, 182, 185, 206, 215, 247, 263
Belgien 329
Bemberg, Amt 93
Bergen-Belsen, KZ 329
Berlichingen 104, 132, 250, 315, 330
–, Rabbinatsbezirk 250
Berlin 12, 143, 197, 238, 286, 295, 316, 341
–, Reichssippenamt 264
Berolzheim 75, 81–82

Bielriet, Burg 209
Bieringen 315
Bischofsheim 290
Bischwinden 164
Blaufelden 239
Bödigheim 163, 277
Böhmen 65, 155, 163
Bonfeld 288, 316
Bopfingen 272
Brandenburg-Ansbach, Fürstentum 19, 25, 113, 137–138, 140, 149, 160, 165–166, 178, 180, 182, 187, 204, 206, 220, 232, 251, 262, 286
–, Landjudenschaft s. Landjudenschaft
–, Markgrafen 21
Braunsbach 53, 58–59, **94–118**, 118–119, 124–126, 128, 130–133, 190, 213, 233, 238, 239, 241, 245, 248, 250–251, 253, **258–262**, 263, 266, 269, 275, 287, 294–295, 302, 304, 307, 310–311, 316, 320, 323, **327–329**, 336–338, 340–341
–, Amt 119, 129
–, Amtshaus 96–97, 105
–, Amtskeller 126
–, Friedhof 85, 102, 251, 276, 329; Abb.6, 32–34, 65
–, Judenbad 254
–, Rabbinatsbezirk 233, **245–252**, 266, 279, 304, 308, 317
–, Schule 261, 336
–, Synagoge 97–98, 101–102, 109, 248, 258, 260, 329; Abb.29–31
–, Torhaus 99
Bretten 18
Brod 215
Bruck 201
Buchau 271, 316
Buchen 18
Buchenwald, KZ 330
Büttenheim 164
Burgambach 164
Burgkunstadt 164

Cannstatt 236
Chikago 277
Colmberg 108
Comburg, Kloster, Stift 53, 112, 146–149, 150, 210–211, 217–227, 306, 312
Crailsheim 19–20, 25–27, **30–84**, 86, 91–93, 95, 97, 108, 128, 138–139, 142, 144–146, 183, 188–190, 203, 212–213, 222, 232–233, 239–240, 242–246, 249–250, 253–254, 261, **262–274**, 263,

Personenregister

Bis etwa 1820 sind – von wenigen eindeutigen Ausnahmen abgesehen – die Juden unter ihrem Vornamen eingereiht. Ein nicht durch Komma abgetrennter zweiter Name ist in der Regel der Vorname des Vaters, da üblicherweise ein Jude als »Sohn des N.« bezeichnet wurde. Folgt nach dem ersten Namen ein Komma, dann ein zweiter Name, handelt es sich um einen echten Familiennamen. Personenidentitäten bei Mehrfachnennungen können nicht immer ausgeschlossen werden. Nicht erfaßt wurden die in Tabellen und Stammtafeln aufgeführten Namen.

Abkürzungen: J. = Jude/Jüdin; B. = Braunsbach; C. = Crailsheim; M. = Michelbach an der Lücke; U. = Unterdeufstetten.

Aaron s. auch Aron
–, J. in B. 96–97
–, J. in C., Sohn des Jakob, J. in C. bzw. Jagstheim 43, 45–47, 49, 51, 63, 92
–, J. in Dünsbach 124–126
–, J. in Hengstfeld 138
–, J. in Ingersheim 73
– Bär (später Neumann), J. in Wiesenbach, Vorsänger 247, 318–319
– Bär (Beer), J. in Goldbach, Sohn des Anschel Marx, dann in U. 90, 203, 205–206
– Dessauer 75
– Gabriel, J. in Dünsbach, vorher in Nagelsberg 132, 134–135, 274
– Joseph, J. in B., Sohn des Joseph Aron 107
– Mayer Schwab 75
– Mayer, J. in M. 180
– Moses, J. in Weikersheim 113
– Moyses, J. in Goldbach 107
Abraham, J. in B. 96, 100–101
–, J. in B., dann in C. 53, 59
–, J. in C. 59
–, J. in C., Sohn des Gabriel 41
–, J. in C., Sohn des Jakob 46, 52
–, J. in C., Sohn des Jakob, J. in Jagstheim 92
–, J. in Dünsbach, vorher in Ailringen 125–127
–, J. in Hornberg, Sohn des Löw 144–145
–, J. in Jagstheim, Sohn des Jakob 45
–, J. in M. 167, 173, 175
–, J. in Steinbach., Sohn des Sießle 218
–, J. in Wiesenbach, vorher in C. 93
– Amson, J. in Mergentheim 244
– Bechhöfer, J. in U. 185
– Besach, J. in Treuchtlingen 319
– Braunsbacher, J. in C. 60–61, 63, 67, 72, 92, 97
– David, J. in C. 27
– Eppstein, J. in U., Barnos 186–188
– gen. Frommele, J. in B., Sohn des Marx 96–97, 101
– gen. Knechtlein, J. in C. 45–46
– Gideon, J. in U., vorher in Rexingen 199, 202

– Haly, J. in Hall 210
– Hayum, J. in Goldbach 89
– Hayum, J. in U. 189
– Henle, J. in B., Sohn des Hayum Henle 108, 260
– Isaac, J. in B. 107
– Israel, J. in Cronheim, später in U. 190
– Jakob (Freundlich), J. in Wiesenbach 319
– Jakob, J. in Krautheim, Landbarnos 75
– Jonas, J. in U. 188
– Juda, J. in B., Sohn des Juda Abraham 113–114
– Levi, J. in Hengstfeld 141
– Lippmann, J. in B., Sohn des Lippmann Jachiel 109
– Löw, J. in B., Rabbiner 114
– Löw, J. in B., Sohn des Schmuhl Marx 107
– Löw, J. in M. 179, 181–183, 288
– Meyer, J. in S., Sohn des Seligmann 223
– Meyer, J. in U., vorher in Klein-Nördlingen 195
– Moses (Gutmann), J. in Gerabronn, Vorsänger 278
– Moses, J. in B., Sohn des Moses Mayer 108, 112
– Nathan, J. in C. 66, 72, 139
– Veis, J. in U. 206
–, Adolph Alexander, J. in Hengstfeld 283
Adler, Adolfine, J. in Hall 340
–, Hermann, J. in Steinbach 300
–, J. in Hall, Vorsteher 310
–, Leo, J. in B. 327
–, Löb, J. in Hall 310
–, Louis, J. in B. 327
–, M., J. in B., Schächter 307–308
–, Marx, J. in Steinbach 295
–, Mathilde, J. in Hall 340–341
–, Michael, J. in B., Lehrer 248
–, Otto, J. in Dünsbach 278
–, Rudolf, J. in Dünsbach 278
–, Salomon, J. in C. 330
–, Sara, J. in Edelfingen 289

368

Sachregister

Stammtafel der Familie Gundelfinger in Michelbach/Lücke

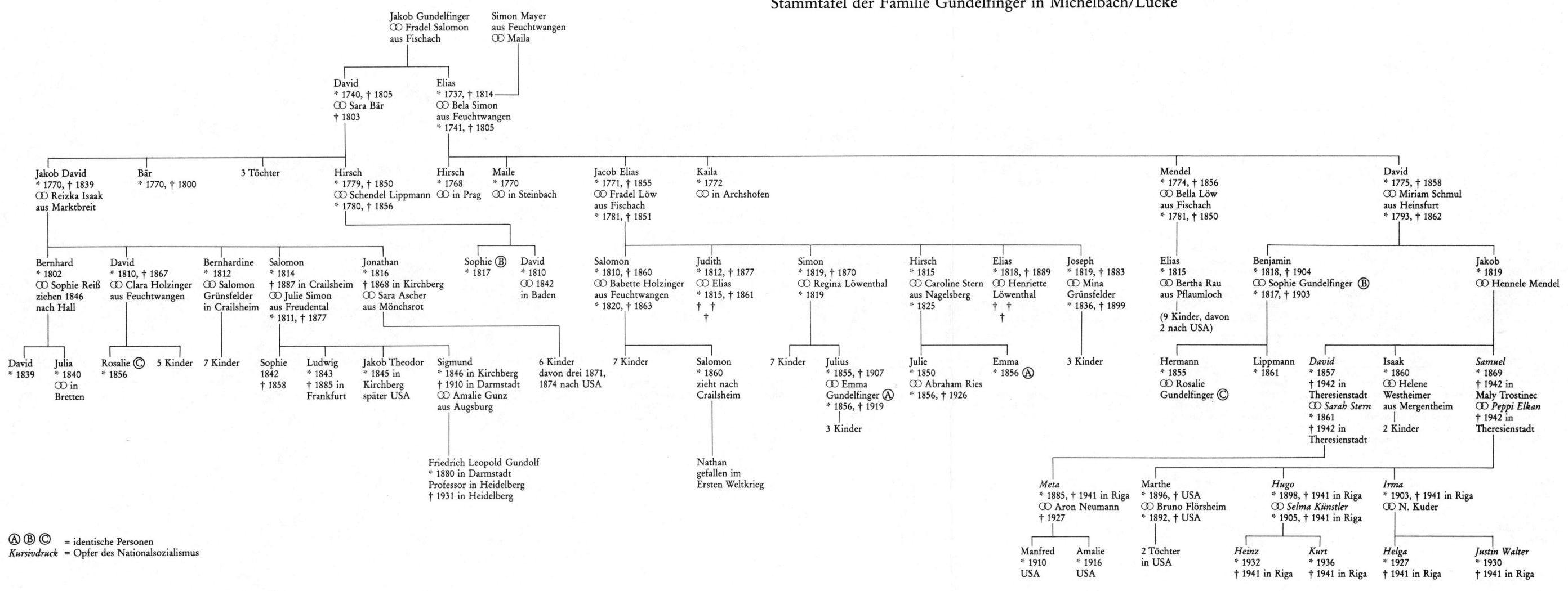

Jakob Gundelfinger ⚭ Fradel Salomon aus Fischach — Simon Mayer aus Feuchtwangen ⚭ Maila

David * 1740, † 1805 ⚭ Sara Bär † 1803 — Elias * 1737, † 1814 ⚭ Bela Simon aus Feuchtwangen * 1741, † 1805

Jakob David * 1770, † 1839 ⚭ Reizka Isaak aus Marktbreit — Bär * 1770, † 1800 — 3 Töchter — Hirsch * 1779, † 1850 ⚭ Schendel Lippmann * 1780, † 1856 — Hirsch * 1768 ⚭ in Prag — Maile * 1770 ⚭ in Steinbach — Jacob Elias * 1771, † 1855 ⚭ Fradel Löw aus Fischach * 1781, † 1851 — Kaila * 1772 ⚭ in Archshofen — Mendel * 1774, † 1856 ⚭ Bella Löw aus Fischach * 1781, † 1850 — David * 1775, † 1858 ⚭ Miriam Schmul aus Heinsfurt * 1793, † 1862

Bernhard * 1802 ⚭ Sophie Reiß ziehen 1846 nach Hall — David * 1810, † 1867 ⚭ Clara Holzinger aus Feuchtwangen — Bernhardine * 1812 ⚭ Salomon Grünsfelder in Crailsheim — Salomon * 1814 † 1887 in Crailsheim ⚭ Julie Simon aus Freudental * 1811, † 1877 — Jonathan * 1816 † 1868 in Kirchberg ⚭ Sara Ascher aus Mönchsrot — Sophie Ⓑ * 1817 — David * 1810 ⚭ 1842 in Baden — Salomon * 1810, † 1860 ⚭ Babette Holzinger aus Feuchtwangen * 1820, † 1863 — Judith * 1812, † 1877 ⚭ Elias * 1815, † 1861 † ⚭ † — Simon * 1819, † 1870 ⚭ Regina Löwenthal * 1819 — Hirsch * 1815 ⚭ Caroline Stern aus Nagelsberg * 1825 — Elias * 1818, † 1889 ⚭ Henriette Löwenthal † ⚭ † — Joseph * 1819, † 1883 ⚭ Mina Grünsfelder * 1836, † 1899 — Elias * 1815 ⚭ Bertha Rau aus Pflaumloch (9 Kinder, davon 2 nach USA) — Benjamin * 1818, † 1904 ⚭ Sophie Gundelfinger Ⓑ * 1817, † 1903 — Jakob * 1819 ⚭ Hennele Mendel

David * 1839 — Julia * 1840 ⚭ in Bretten — Rosalie Ⓒ * 1856 — 5 Kinder — 7 Kinder — Sophie 1842 † 1858 — Ludwig * 1843 † 1885 in Frankfurt — Jakob Theodor * 1845 in Kirchberg später USA — Sigmund * 1846 in Kirchberg † 1910 in Darmstadt ⚭ Amalie Gunz aus Augsburg — 6 Kinder davon drei 1871, 1874 nach USA — 7 Kinder — Salomon * 1860 zieht nach Crailsheim — 7 Kinder — Julius * 1855, † 1907 ⚭ Emma Gundelfinger Ⓐ * 1856, † 1919 — Julie * 1850 ⚭ Abraham Ries * 1856, † 1926 — Emma Ⓐ * 1856 — 3 Kinder — Hermann * 1855 ⚭ Rosalie Gundelfinger Ⓒ — Lippmann * 1861 — David * 1857 † 1942 in Theresienstadt ⚭ Sarah Stern * 1861 † 1942 in Theresienstadt — Isaak * 1860 ⚭ Helene Westheimer aus Mergentheim 2 Kinder — Samuel * 1869 † 1942 in Maly Trostinec ⚭ Peppi Elkan † 1942 in Theresienstadt

Friedrich Leopold Gundolf * 1880 in Darmstadt Professor in Heidelberg † 1931 in Heidelberg

Nathan gefallen im Ersten Weltkrieg

3 Kinder

Meta * 1885, † 1941 in Riga ⚭ Aron Neumann † 1927 — Marthe * 1896, † USA ⚭ Bruno Flörsheim * 1892, † USA — Hugo * 1898, † 1941 in Riga ⚭ Selma Künstler * 1905, † 1941 in Riga — Irma * 1903, † 1941 in Riga ⚭ N. Kuder

Manfred * 1910 USA — Amalie * 1916 USA — 2 Töchter in USA — Heinz * 1932 † 1941 in Riga — Kurt * 1936 † 1941 in Riga — Helga * 1927 † 1941 in Riga — Justin Walter * 1930 † 1941 in Riga

Ⓐ Ⓑ Ⓒ = identische Personen
Kursivdruck = Opfer des Nationalsozialismus

Die Verflechtung jüdischer Familien in Dünsbach

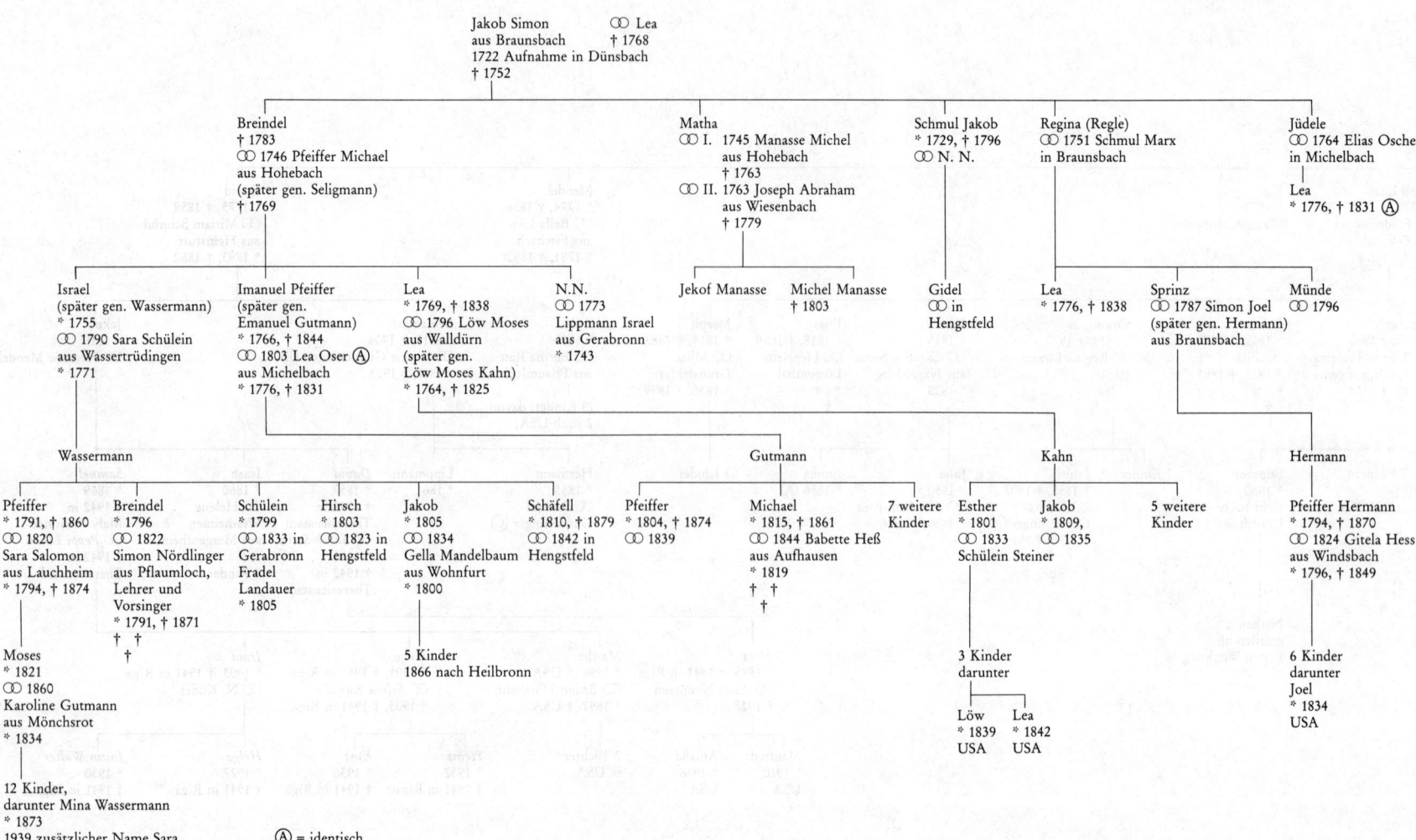

Jakob Simon ⚭ Lea
aus Braunsbach † 1768
1722 Aufnahme in Dünsbach
† 1752

Breindel
† 1783
⚭ 1746 Pfeiffer Michael
aus Hohebach
(später gen. Seligmann)
† 1769

Matha
⚭ I. 1745 Manasse Michel
aus Hohebach
† 1763
⚭ II. 1763 Joseph Abraham
aus Wiesenbach
† 1779

Schmul Jakob
* 1729, † 1796
⚭ N. N.

Regina (Regle)
⚭ 1751 Schmul Marx
in Braunsbach

Jüdele
⚭ 1764 Elias Oscher
in Michelbach

Lea
* 1776, † 1831 Ⓐ

Israel
(später gen. Wassermann)
* 1755
⚭ 1790 Sara Schülein
aus Wassertrüdingen
* 1771

Imanuel Pfeiffer
(später gen.
Emanuel Gutmann)
* 1766, † 1844
⚭ 1803 Lea Oser Ⓐ
aus Michelbach
* 1776, † 1831

Lea
* 1769, † 1838
⚭ 1796 Löw Moses
aus Walldürn
(später gen.
Löw Moses Kahn)
* 1764, † 1825

N.N.
⚭ 1773
Lippmann Israel
aus Gerabronn
* 1743

Jekof Manasse   Michel Manasse
† 1803

Gidel
⚭ in
Hengstfeld

Lea
* 1776, † 1838

Sprinz
⚭ 1787 Simon Joel
(später gen. Hermann)
aus Braunsbach

Münde
⚭ 1796

Wassermann

Pfeiffer
* 1791, † 1860
⚭ 1820
Sara Salomon
aus Lauchheim
* 1794, † 1874

Breindel
* 1796
⚭ 1822
Simon Nördlinger
aus Pflaumloch,
Lehrer und
Vorsinger
* 1791, † 1871
† †

Schülein
* 1799
⚭ 1833 in
Gerabronn
Fradel
Landauer
* 1805

Hirsch
* 1803
⚭ 1823 in
Hengstfeld

Jakob
* 1805
⚭ 1834
Gella Mandelbaum
aus Wohnfurt
* 1800

Schäfell
* 1810, † 1879
⚭ 1842 in
Hengstfeld

Gutmann

Pfeiffer
* 1804, † 1874
⚭ 1839

Michael
* 1815, † 1861
⚭ 1844 Babette Heß
aus Aufhausen
* 1819
†

7 weitere
Kinder

Kahn

Esther
* 1801
⚭ 1833
Schülein Steiner

Jakob
* 1809,
† 1835

5 weitere
Kinder

Hermann

Pfeiffer Hermann
* 1794, † 1870
⚭ 1824 Gitela Hess
aus Windsbach
* 1796, † 1849

Moses
* 1821
⚭ 1860
Karoline Gutmann
aus Mönchsrot
* 1834

12 Kinder,
darunter Mina Wassermann
* 1873
1939 zusätzlicher Name Sara

†

5 Kinder
1866 nach Heilbronn

3 Kinder
darunter

Löw   Lea
* 1839   * 1842
USA   USA

6 Kinder
darunter
Joel
* 1834
USA

Ⓐ = identisch

Die Familie Landauer aus Gerabronn – ein Beispiel für die Auswanderung

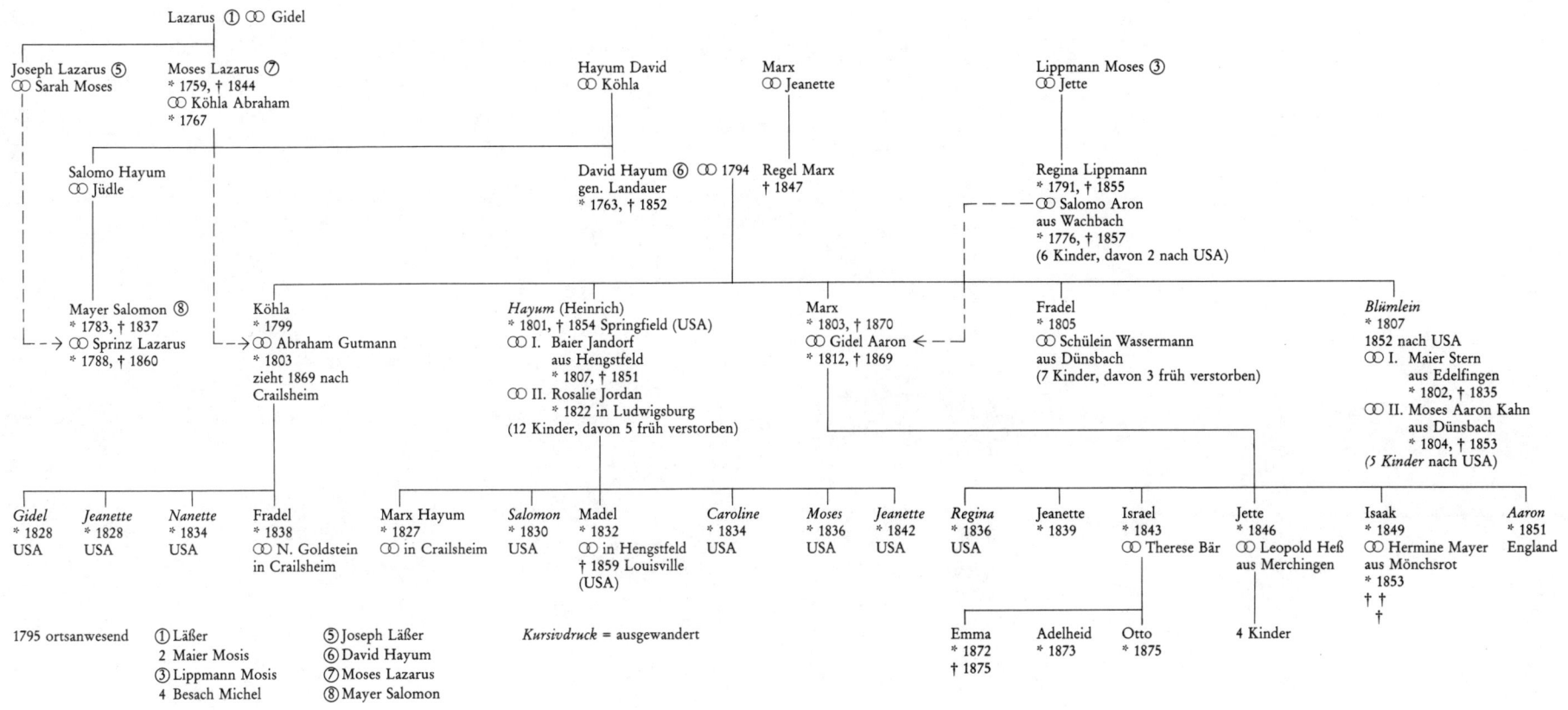

Lazarus ① ∞ Gidel

Joseph Lazarus ⑤
∞ Sarah Moses

Moses Lazarus ⑦
* 1759, † 1844
∞ Köhla Abraham
* 1767

Hayum David
∞ Köhla

Marx
∞ Jeanette

Lippmann Moses ③
∞ Jette

Salomo Hayum
∞ Jüdle

David Hayum ⑥ ∞ 1794 Regel Marx
gen. Landauer   † 1847
* 1763, † 1852

Regina Lippmann
* 1791, † 1855
∞ Salomo Aron
aus Wachbach
* 1776, † 1857
(6 Kinder, davon 2 nach USA)

Mayer Salomon ⑧
* 1783, † 1837
∞ Sprinz Lazarus
* 1788, † 1860

Köhla
* 1799
∞ Abraham Gutmann
* 1803
zieht 1869 nach
Crailsheim

Hayum (Heinrich)
* 1801, † 1854 Springfield (USA)
∞ I. Baier Jandorf
aus Hengstfeld
* 1807, † 1851
∞ II. Rosalie Jordan
* 1822 in Ludwigsburg
(12 Kinder, davon 5 früh verstorben)

Marx
* 1803, † 1870
∞ Gidel Aaron ←
* 1812, † 1869

Fradel
* 1805
∞ Schülein Wassermann
aus Dünsbach
(7 Kinder, davon 3 früh verstorben)

Blümlein
* 1807
1852 nach USA
∞ I. Maier Stern
aus Edelfingen
* 1802, † 1835
∞ II. Moses Aaron Kahn
aus Dünsbach
* 1804, † 1853
(5 Kinder nach USA)

Gidel
* 1828
USA

Jeanette
* 1828
USA

Nanette
* 1834
USA

Fradel
* 1838
∞ N. Goldstein
in Crailsheim

Marx Hayum
* 1827
∞ in Crailsheim

Salomon
* 1830
USA

Madel
* 1832
∞ in Hengstfeld
† 1859 Louisville
(USA)

Caroline
* 1834
USA

Moses
* 1836
USA

Jeanette
* 1842
USA

Regina
* 1836
USA

Jeanette
* 1839

Israel
* 1843
∞ Therese Bär

Jette
* 1846
∞ Leopold Heß
aus Merchingen

Isaak
* 1849
∞ Hermine Mayer
aus Mönchsrot
* 1853
† †
†

Aaron
* 1851
England

Emma
* 1872
† 1875

Adelheid
* 1873

Otto
* 1875

4 Kinder

1795 ortsanwesend

① Läßer
2 Maier Mosis
③ Lippmann Mosis
4 Besach Michel

⑤ Joseph Läßer
⑥ David Hayum
⑦ Moses Lazarus
⑧ Mayer Salomon

Kursivdruck = ausgewandert

Jüdische Gemeinden, Synagogen und Friedhöfe im Landkreis Schwäbisch Hall

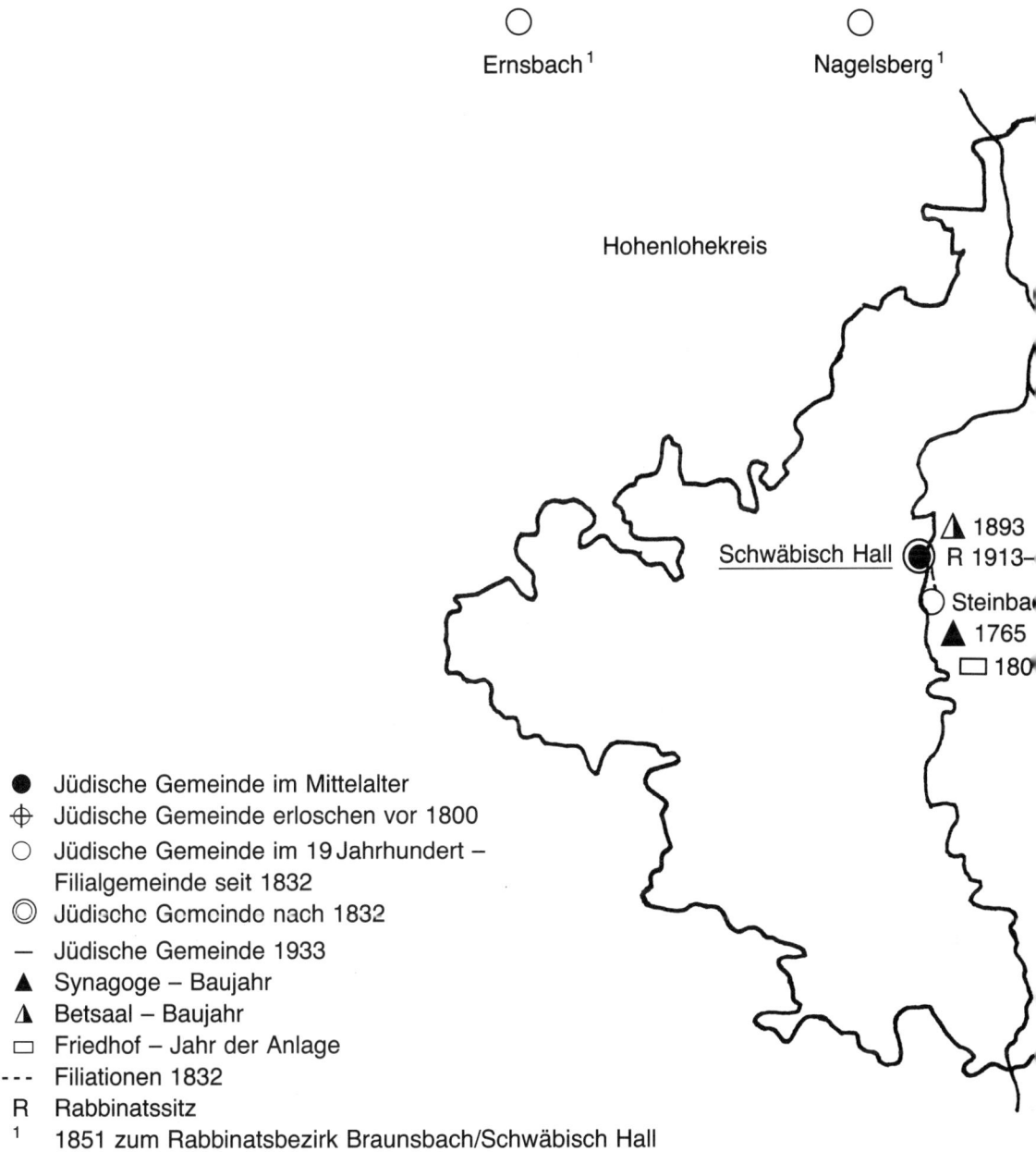

Ernsbach[1]

Nagelsberg[1]

Hohenlohekreis

Schwäbisch Hall △ 1893
R 1913–

○ Steinba

▲ 1765

□ 180

● Jüdische Gemeinde im Mittelalter
⊕ Jüdische Gemeinde erloschen vor 1800
○ Jüdische Gemeinde im 19 Jahrhundert –
  Filialgemeinde seit 1832
◎ Jüdische Gemeinde nach 1832
— Jüdische Gemeinde 1933
▲ Synagoge – Baujahr
▲ Betsaal – Baujahr
□ Friedhof – Jahr der Anlage
--- Filiationen 1832
R Rabbinatssitz
[1] 1851 zum Rabbinatsbezirk Braunsbach/Schwäbisch Hall